国家重大出版工程项目
"十二五"国家重点图书

中国古建筑丛书

◎杨大禹 编著

云南古建筑（上册）

中国建筑工业出版社

审图号：GS（2015）2780号

图书在版编目（CIP）数据

云南古建筑（上册）/杨大禹编著.—北京：中国建筑工业出版社，2015.12

（中国古建筑丛书）

ISBN 978-7-112-18834-5

Ⅰ.①云… Ⅱ.①杨… Ⅲ.①古建筑-介绍-云南省 Ⅳ.①K928.71

中国版本图书馆CIP数据核字（2015）第297734号

责任编辑：唐　旭　李东禧　杨　晓　吴　绫
书籍设计：康　羽
责任校对：李欣慰　刘　钰

中国古建筑丛书

云南古建筑（上册）

杨大禹　编著

*

中国建筑工业出版社出版、发行（北京西郊百万庄）
各地新华书店、建筑书店经销
北京锋尚制版有限公司制版
北京顺诚彩色印刷有限公司印刷

*

开本：880×1230毫米　1/16　印张：29¼　字数：772千字
2015年12月第一版　2015年12月第一次印刷
定价：398.00元
ISBN 978-7-112-18834-5
（25827）

版权所有　翻印必究
如有印装质量问题，可寄本社退换
（邮政编码100037）

《中国古建筑丛书》总编委会

总顾问委员会：

罗哲文　张锦秋　傅熹年　单霁翔　郑时龄

总编辑委员会：

主　任： 吴良镛　周干峙
副主任： 沈元勤　陆元鼎
总主编： 陆　琦　戴志坚
委　员（按姓氏笔画排序）：

丁　垚　王　军　王　南　王金平　王海松　左满常　朱永春
刘　甦　李　群　李东禧　李晓峰　李乾朗　杨大禹　杨新平
吴　昊　张玉坤　张兴国　张鹏举　陆　琦　陈　琦　陈　颖
陈　蔚　陈伯超　陈顺祥　范霄鹏　罗德启　柳　肃　胡永旭
姚　赯　徐　强　徐宗威　翁　萌　高宜生　唐　旭　黄　浩
谢小英　雍振华　蔡　晴　谭刚毅　燕宁娜　戴志坚

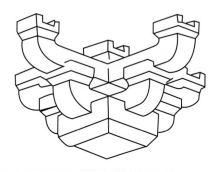

《云南古建筑》

杨大禹　编著

顾　　问：蒋高宸　朱良文　邱宣充　陈海兰　余剑明　仆保怡　李炳楠

参编人员：杨　毅　李莉萍　张　婕　唐黎洲　余穆谛　施　润　孙朋涛　张剑文

审　稿　人：朱良文

总 序

中国历史悠久，地大物博，人口众多，是一个多民族的国家，文化遗产极为丰富。中国古建筑是世界建筑史上的四大体系之一，五千年来，光辉灿烂，独特发展，一脉相传，自成体系。在建筑历史发展过程中，从来都没有中断过，因而，积累了大量的极为丰富的优秀建筑文化遗产。中国古代建筑的实践经验、创作理论、工艺技术和艺术精华值得总结、传承和发扬。

中国古代建筑具有强大的生命力，首先是独特的地理环境。中国位于亚洲东方，北部有长白山、乌苏里江高山河流阻挡，西有天山、喀喇昆仑山脉和沙漠横贯，西南有喜马拉雅山脉，东南则沿海，形成封闭与外界隔绝的地域，加上地处热带、温带和寒带，宽阔的地理和悬殊的气候，促进建筑与环境的巧妙和谐结合。

其次，独特的民族性格。中国是以汉族为主的多民族所组成。以中原文化为主的汉族人民团结、凝聚着居住和生活在各地的少数民族。由于各民族的历史、文化、宗教信仰、生活习俗与审美爱好的不同，以及他们所处地区的自然条件和地理环境的差异，长期的劳动实践，形成了各民族独特的性格和绚丽灿烂的建筑风貌。

其三，文化的独特体系。中国文化是以黄河流域中原文化为中心，周围有燕赵文化、晋文化、齐鲁文化、吴越文化、楚文化、秦文化和巴蜀文化所烘托，具有历史渊源长久、人类智慧集中、思想资源丰富的特点。中国传统文化思想的集中表现是以儒学、道学为代表，其后，佛教的传入与中国传统文化的结合，形成以儒学为主的儒、道、释三者合一的中国传统文化思想。归纳起来，就是天人合一的宇宙观念，以人为本、和为贵的人文思想，整体直觉的思维方式，真善美相结合的美学观念。

封闭而独特的地理环境，团结凝聚而又富于创造的民族性格，以儒学为主的文化独特体系，创造了中华民族的雄伟壮丽的建筑工程。长期的经验积累，独树一帜，虽经战争的炮火，民族之间的斗争与融合，外来文化之传入及本土化，但中华民族建筑始终一脉相传，傲然生存下来，顽强发展，独树一帜而不倒，在世界建筑史发展中是罕见的、独有的。

中国古代建筑发展经历了原始社会、奴隶社会和封建社会三个历史阶段。

旧石器时代，原始人群利用天然崖洞作为居住场所。南方湿热多雨，虫害兽多，出现巢居。1973年，在浙江余姚河姆渡村发现大约建于6000~7000多年前的、长约23米、进深约8米的木构架建筑遗址，推测是一座长方形、体量相当大的干阑式建筑，这是我国最早采用榫卯技术构筑房屋的一个实例。

原始社会晚期，黄河流域有广阔而丰厚的黄土层，土质均匀，含有石灰质。黄河中游的氏族部落，在利用黄土层作为壁体的土穴上，用木架和草泥建造简单的穴居，逐步发展到浅穴居，再到地面上的房屋，形成聚落。

奴隶社会，夯土技术逐步成熟，宫室建于高大的夯土台上，木构建筑逐步成为中国古代建筑的主要结构方式。等级制度出现。工程管理有了专职的"司空"，以后各朝代沿袭发展成为中国特有的工官制度。

封建社会初期，高台建筑盛行，修建了长城、驰道和水利工程。东汉时代，建筑中已大量使用成组的斗栱，木构楼阁增多，城市和建筑类型扩充，中国古代独特的木构建筑体系基本形成。

两晋南北朝是我国历史上充满着民族斗争和民族融合的时期，佛教的传入，宗教建筑大量兴建，高大的寺庙、壮丽的塔幢，石窟中精美的雕塑和壁画，这是我国古建筑吸收外来文化使之本土化的创造时期。

隋、唐统一全国，开凿贯通南北的大运河，促进了我国南北物资和文化的交流和发展。唐代的长安、洛阳成为世界上最大的城市。木构建筑的宫殿、楼阁和石窟、塔、桥，无论布局或造型都具有较高艺术和技术水平，唐代建筑已发展到成熟的阶段。

宋、辽、金时期，南方在经济和文化方面居于先进地位。由于手工业分工更加细致，国内商业和国际贸易活跃，城市逐渐开放，改变了汉以来历代都城采用的封闭式里坊制度，形成沿街设店的方式。建筑的设计和施工达到一定程度的规格化、制度化，公元12世纪初在总结经验的基础上编写了《营造法式》这一部重要文献。

元代大都建立，喇嘛教和伊斯兰教建筑影响到各地。明、清时期官式建筑已经达到完全程式化、定型化阶段。明代后期出现资本主义萌芽，清代在城市规划上、建筑群体布局和建筑艺术形象上有所发展，例如北京城、故宫、天坛等。民居、园林和民族建筑遍布各地，呈现一片繁荣景象。

中国古建筑有明显的特征。在城市规划上，严谨规整、对称宏伟，表现出庄重威武的中华民族性格。单体建筑中，雄伟的飞檐屋宇、大红的排列柱廊、高大的汉白玉台基，呈现出崇高壮丽又稳定的形象。黄河流域盛产的木材资源，形成了中国古建筑木构架体系的特色。室外装饰的富丽堂皇、金碧辉煌，室内陈设装修的华丽多样、细腻雕饰，体现了中国古建筑绚丽多彩的民族风格。

聚居建筑方面，包含民居、祠堂、家庙、书院等遍布全国各地，它们与人民生活息息相关。各地各族人民根据自己的生活习俗、生产需要、经济能力、民族爱好和审美观念，结合本地的自然条件和材料，因地制宜、因材致用地进行设计与营造。他们既是设计者，又是营建者、使用者，可以说设计、施工、使用三位一体，因而，这种建造方式所形成的民宅民间建筑，既实用简朴，又经久美观，并富有民族风格和地方特色。

中国古园林的特征。以自然山水即中国山水画为蓝本，并以景区、景物和建筑、山水、花木为构件，由景生情，产生意境联想，达到艺术感受。皇家园林因其规模大、范围广，其园林布局自秦、汉时期的一池三岛，到唐、宋以山水画为蓝本，明、清仍沿袭池中置岛古制，但采用人工造山置水的方法。

明、清私家园林因属民间，士大夫文人常在宅后设园休闲宴客，吟诗享乐，其特点是以最小的场所造成无限的景色为目的。因其规模小，常以叠石或池水为主，峰峦洞壑、峭壁危径或曲径通幽取胜。在情景中则采用巧于因借、精在体宜的手法。

我国是一个人口众多的多民族国家。相传秦汉以前，中华大地上主要生存着华夏、东夷、苗蛮三大文化集团，经过连年不断的战争，最终华夏集团取得了胜利，上古三大文化集团基本融为一体，历史上称为华夏族。春秋、战国时期，东南地区古老的部族称为"越"，逐渐为华夏族所兼并而融入华夏族之中。秦统一各国后，到汉代都用汉人、汉民这个称呼，直到隋、唐，汉族这个名称才固定下来。

由于各民族的历史文化、宗教信仰、生活生产、习俗性格的不同，又由于各族人民所处地区的自然条件和环境的不同，导致他们各自产生了富有特色的建筑和民宅，如宏伟壮丽的藏族布达拉宫，遍布各族聚居地的寺院庙宇、寨堡围村、楼阁宅居，反映了绮丽多彩的民族风貌。

中国传统文化渗透了中国古建筑，中国古建筑深刻地体现了中国文化。

新中国成立后，作为全国性有领导有组织地编写中国古代建筑史，第一次是1959年，由原建筑科学研究院组织"编写三史"开始。当时集中了全国高等院校、科研部门分工编写，1962年由中国工业出版社出版《中国建筑简史》第一册（古代部分）。随后，又组织有关院校、文化、历史、考古等单位对古代建筑史有研究的人员，经多次修改，由刘敦桢教授执笔主编的《中国古代建筑史》，于1966年完成。由于"文化大革命"，未能出版，1980年才由中国建筑工业出版社正式出版。作为高等院校的中国建筑史教材则由全国高校教师编写，参考了上述专著，由中国建筑工业出版社1982年出版。

作为系统的、全面的、编写中国古建筑丛书是从1984年开始，当时作为《中国美术全集》中的一个门类——建筑艺术，称为《中国美术全集·建筑艺术编》，共6辑，包含宫殿、坛庙、陵墓、宗教建筑、民居、园林，1988年完成出版。

第二次编写从1992年开始，编写的原因是《中国美术全集·建筑艺术编》6辑出版后，各界反映良好，但感到篇幅不够，它与我国极为丰富的建筑文化遗产大国不相适应。于是，再次组织编写《中国建筑艺术全集》丛书30辑，其中古建筑24辑，近现代建筑6辑。古建筑部分仍按类型编写。该丛书中的24辑于1999年5月出版。

由于这两次丛书都是全国性编写，按类型写，又着重在艺术，因此，一些地方特色和民族特色的、中型的优秀古建筑就难于入选。为了弘扬和传承优秀传统建筑文化体系，总结经验和规律，保护我国优秀传统建筑文化遗产，因此，全面地、系统地、按省（区）来编写古建筑丛书是非常必要的、合时宜的。

本丛书编写的主要特点是：其一，强调本省（区）古建筑的民族特色和地方特色；其二，编写不限于建筑艺术，而是对本省（区）古建筑的全面叙述，着重在成就、价值、特色、技术和经验、规律等各个方面，这是我国民族和地区的资料比较全面和丰富的传统建筑文化丛书。

陆元鼎
2015年1月10日

前　言

古建筑，作为历史遗留下来的实物，本身就是各个国家和各个民族文明发展的标志。

建筑是时代的一面镜子，它以其独特的空间艺术语言，反映出一个时代、一个民族的物质需要与审美追求，并在其后的发展演变过程中，不断地显示出各个民族所创造的物质文明与精神文明。中国古代建筑是中国传统文化的物质载体，并以木结构为独立的建筑体系，在中国古代的城市规划建设、建筑组群布局、单体建筑营造以及在建筑材料、结构等方面的技艺处理，都取得了辉煌的历史成就。

作为中华民族传统文化的象征，中国古建筑"数千年来无遽变之迹，掺杂之象，一贯以其独特纯粹之木构系统，随我民族足迹所至，树立文化表态，都会边疆，无论其为一郡之雄，或为一村之僻，其大小建制，或为我国人民居处之所托，或为我政治、宗教、国防、经济之所系，上至文化精神之重，下至服饰、车马、工艺、器用之细，无不与之息息相关"①。使之在世界建筑史上独树一帜。

云南古建筑，总体上难以和中原内地一些先进的古建筑建构技艺相比拟，但因其自身所处的环境和发展历史，在对外学习吸收、借鉴融合中创造出的新的建筑技艺，同样放出夺目的光彩。在已申报批准通过的前面七批重点文物保护单位中，有国家级的132处，省级的347处。另外，根据云南省第三次全国文物普查结果，对云南省129个县（市、区）调查登记不可移动文物共15800多处，新发现11800多处，使云南省的各级文物保护单位和挂牌保护文物由2764处增加到3949处，其中古建筑就占了一半以上。

回顾历史，云南古建筑最具地方民族特点的干阑式与井干式建筑，大致形成于青铜器时代，其中的干阑式平台与"长脊短檐"的屋顶造型，是古滇文化显著的建筑特征。从东汉永平十二年（公元69年）在云南建立永昌郡开始，中原地区的汉族文化因素就在云南边疆逐步增加，特别在建筑方面表现非常明显。如云南汉晋时期的墓葬出土陶制房屋模型，单檐硬山的屋顶形式与中原地区的建筑相同。昭通东晋的墓室壁画绘制的望楼、阙门，表现的也是典型的中原汉式建筑。唐承汉制，在长达500多年的云南南诏、大理国期间，其遗存的汉式建筑占据主要地位，如大理崇圣寺三塔、弘圣寺塔、佛图寺塔、昆明慧光寺塔等，均为唐塔样式。虽无木构建筑遗存实例，但从剑川石钟山石窟的石雕建筑形式上看，其建筑中的梁柱、出挑的斗栱等建构都是唐宋时期常见的样式。

云南现存的古建筑，大多属于明清时期的遗构，在众多的木构古建中，寺观祠庙约占了一半，且不同宗教信仰的寺观祠庙，在保持合院式平面布局的基础上，表现出丰富的建筑空间形态与鲜明的地方特色，构成了云南古建筑的主流风格。同时，对于信仰南传佛教的滇西南少数民族，其寺院建筑更多反映出来自云南周边国家和地区等多元建筑文化的影响，呈现不同的建筑空间形态与文化表现。信仰藏传佛教的滇西北少数民族，其寺院建筑规模与风格接近西藏寺院，并体现出藏汉、藏白及纳西族等多种建筑特点的有机融合。

云南现存的道教建筑，形式与中原地区相同，

---

① 梁思成. 中国建筑史[M]. 天津：百花文艺出版社，1998：11.

但有相当一部分与佛教建筑糅合在一起，反映了明清以后儒、道、释三教合流的倾向。

云南伊斯兰教的清真寺，目前现存基本上是清代建筑，且与内地清真寺相比，其建筑的平面布局多数设为四合院式而非纵向布置，明显受到儒教和佛教建筑布局的影响，还有部分清真寺仍然保持有亭阁式门楼。而建造更晚一些的基督教教堂，则是在保持纵向空间格局的前提下，表现出中西合璧式和地方民族化两种建筑特点。

云南的文庙建筑，布局与中原地区基本上是一个模式，但在建筑方位朝向的选择、泮池的设置与建筑单体平面的格局上，呈现出多样化、地方化的明显倾向。

元明以来，在云南边地少数民族地方推行土司制度，或实行土流兼治，土司的衙署建筑既有以本土民族传统建筑形式为主的，如孟连傣族宣府司署、建水彝族纳楼土司署，也有模仿汉族地区官府衙署的，如梁河傣族的南甸宣府司署，体现多民族建筑特色。而会馆作为一种兼顾商贸等多重功能的独特公共建筑，一是服务于云南边疆的贸易往来，如保山、腾冲会馆；二是服务于"滇铜"、"滇锡"的生产与外运经营，如会泽、个旧等地的会馆。

云南属山地高原环境，境内高山峡谷阻碍、江河流域纵横，遗存的古桥梁不仅数量较多，且建筑形式也非常多样，既有较为原始的溜索、藤桥、竹筏桥，也有多种不同形式的铁索桥、风雨廊桥、石拱桥，还有独特的木构悬臂拱桥、楼阁式亭阁式拱桥，对研究古代桥梁建筑史具有重要的意义。

云南的古代园林，大多与寺观庙宇等宗教寺院紧密结合，融自然的山、水和古建筑、园艺为一体，特别与大的山形和水体关系密切，或因山借势，或以水取胜，如昆明西山、宾川鸡足山、巍山巍宝山、剑川石钟山、通海秀山；昆明大观楼、丽江黑龙潭、蒙自南湖等，形成独特的滇派园林风格。而遍布于城乡各地的名人故居、楼阁亭塔、戏台门坊等单体建筑，已构成云南各地方城镇历史文化的景点和标志。

云南古建筑的建构技艺，在积极学习借鉴汉族先进的建筑技术经验和外来建筑文化的同时，紧密结合地方本土的选择思考与各民族民间工艺的灵活运用，创造出了极其丰富的建筑形式，具有浓郁的地方民族建筑特色，成为中国古代建筑与中华民族历史文化遗产的重要组成部分。

"前人留胜迹，吾辈复登临"。系统认真地梳理和重新认识遗存至今的古建筑，已刻不容缓，这将有助于对云南古旧建筑的科学保护、文化挖掘和再生利用。

在组成本书的九个章节里，有以下老师和研究生参与编写，具体为：第二章聚落城镇李莉萍（娜允镇）、张婕（诺邓村、团山村）、唐黎洲（沙溪镇、郑营村、翁丁村）、余穆谛（东莲花村）、孙朋涛（参与省级历史文化名城、光禄镇、河西镇梳理），第三章清真寺部分余穆谛参与梳理，第七章名人故居部分张剑文参与梳理编写，第八章施润参与梳理编写，各章节的古建筑分布位置示意图由孙朋涛完成。

杨大禹
2015年11月30日

目　录

（上册）

总　序

前　言

第一章　环境基质
第一节　云南复杂的自然环境 ／ 〇〇二
一、自然环境的复杂性 ／ 〇〇二
二、生态资源的优越性 ／ 〇〇五
第二节　云南丰厚的人文环境 ／ 〇〇六
一、民族构成的多样性 ／ 〇〇六
二、历史发展的特殊性 ／ 〇〇九
三、文化特质的多元性 ／ 〇一〇
第三节　云南古建筑的本土化历程 ／ 〇二〇
一、汉化的传播影响 ／ 〇二〇
二、原始基底的构筑 ／ 〇二六
三、多元文化的融合 ／ 〇三一

第二章　聚落城镇
第一节　云南聚落城镇的发展演变 ／ 〇三九
一、聚落城镇的生长历程 ／ 〇三九
二、云南聚落城镇发展概况 ／ 〇四〇
第二节　云南聚落城镇的分类特征 ／ 〇四四
一、云南聚落城镇的分类 ／ 〇四四
二、云南聚落城镇的特征 ／ 〇四八
第三节　云南聚落城镇的历史遗存 ／ 〇四九
一、国家级历史文化名城 ／ 〇五四
二、省级历史文化名城 ／ 〇八六
三、国家级历史文化名镇名村 ／ 一〇三

第三章　寺观祠庙
第一节　三宝一体的佛教寺庙 ／ 一三三
一、云南佛寺的兴建发展 ／ 一三四
二、云南佛寺的类型特征 ／ 一四六
三、云南佛寺建筑实例分析 ／ 一五六
第二节　平步青云的道教宫观 ／ 二一八
一、云南道观的兴衰历史 ／ 二一八
二、云南道观的选址布局 ／ 二二二
三、云南道观的建筑形态特征 ／ 二三一

第三节　认主独一的清真古寺　/　二六一
一、云南伊斯兰教的传承流布　/　二六二
二、云南清真寺的建筑特征　/　二六七
三、云南清真寺建筑实例分析　/　二七〇
第四节　天赐福音的基督教堂　/　二九五
一、云南基督教堂的发展　/　二九六
二、云南基督教堂的分布　/　二九九
三、云南基督教堂的特征　/　二九九
四、云南基督教堂实例分析　/　三〇三
第五节　传递情感的血缘宗祠　/　三一五
一、云南宗祠的情感纽带　/　三一六
二、云南宗祠的空间格局　/　三一九
三、族性宗祠建筑实例　/　三二六

第四章　文庙书院
第一节　云南儒学的历史流变　/　三四九
一、儒学对云南的浸润教化　/　三四九
二、儒学在云南的推广影响　/　三五三
第二节　道德经纬的儒家圣殿　/　三六〇
一、倡导仁义礼制的文庙　/　三六〇
二、宣扬忠孝节义的武庙　/　四〇八
三、传播知识的地方书院　/　四一二
第三节　云南文庙的建筑特色　/　四二〇
一、布局的多样性　/　四二〇
二、鲜明的地域性　/　四二四
三、灵活的创造性　/　四二七

云南古建筑地点及年代索引　/　四二九

参考文献　/　四四六

后记　/　四四九

作者简介　/　四五二

（下册）

总　序

前　言

第五章　楼阁亭塔

第一节　特色鲜明的楼阁建筑 / 〇〇三
一、云南楼阁的历史追溯 / 〇〇三
二、云南楼阁的类型特点 / 〇〇五
三、云南楼阁的建筑技艺 / 〇三七
第二节　多姿多彩的亭塔经幢 / 〇四一
一、云南塔幢的传承发展 / 〇四二
二、云南塔幢的形式特点 / 〇四三
三、云南塔幢的文化嬗变 / 〇六九

第六章　府驿馆桥

第一节　统治地方的土司府邸 / 〇八五
一、云南土司府兴衰历史 / 〇八五
二、云南土司府布局形制 / 〇八七
三、云南土司府建筑特征 / 〇九二
第二节　功能多样的同乡会馆 / 一一〇
一、云南会馆的历史遗存 / 一一〇
二、云南会馆的形态特征 / 一二〇
第三节　穿越时空的联系桥梁 / 一四一
一、云南古桥的历史发展 / 一四一
二、云南古桥的类型特征 / 一四二

第七章　园林别苑

第一节　依山傍水的滇派园林 / 一七一
一、云南园林的历史钩沉 / 一七一
二、云南园林的类型风格 / 一七二
第二节　隐喻市井的名人故居 / 二二〇
一、云南名人故居的分布 / 二二〇
二、云南名人故居的特点 / 二二三

第八章　其他建筑

第一节　云南戏台建筑 / 二五三
一、社交怡情的民间舞台 / 二五三
二、不同戏台的建筑特色 / 二五六
第二节　云南门坊建筑 / 二六四
一、界定内外的标志门坊 / 二六四
二、丰富多彩的门坊形式 / 二六六
第三节　云南关隘石窟 / 二七四
一、联系内外的古道关隘 / 二七四
二、奇镌巧凿的石窟造像 / 二七九
第四节　云南古井、陵墓 / 二八六
一、充满生命之源的古井 / 二八六
二、记述历史人物的陵墓 / 二九七

第九章　古建筑技艺

第一节　云南古建筑技艺精华 / 三〇六
一、平面格局 / 三〇六
二、构架特征 / 三〇九
三、斗栱构造 / 三一四
四、装饰艺术 / 三三一
第二节　云南古建筑的地域特征 / 三三六
一、地域性特征 / 三三七
二、民族性特征 / 三三七
三、兼容性特征 / 三四一
四、独创性特征 / 三五六

云南古建筑地点及年代索引 / 三六五

参考文献 / 三九〇

后记 / 三九三

作者简介 / 三九六

云南古建筑

第一章 环境基质

第一节　云南复杂的自然环境

云南是一个多民族的边疆省份，居住着汉、彝、白、哈尼、傣、壮、苗、瑶、回、佤、拉祜、景颇、布朗、布依、纳西、普米、阿昌、基诺、德昂、蒙古、独龙、藏、怒、水、满等26个人口在5000人以上的世居民族。在全省4596万（2010年）的总人口中，少数民族有1533.7多万人，占全省总人口的1/3。除白族、回族、傣族等少数民族一部分人居住在坝区之外，其他80%的民族仍居住在山区。由于云南各民族聚居的自然环境和社会发育程度不同、各自生活的文化环境氛围不同，聚居于山地和平坝的民族形成了各具特色的生活方式和建筑的不同建构方式，以其合理性赢得广泛的承认，并不断地延传下来。

总体上，云南各个民族在经济、文化和社会发展等方面，与内地和发达地区相比仍处于相对滞后的状态，这种状况与其生存环境的制约和较低的社会发育层次影响下所形成的传统生活模式有密切关系，不仅山地和坝区自然生态的种种不利因素限定了云南社会、经济、文化等方面的发展，而且，诸如传统的生产、生活方式以及制约传统生活方式的居住意识形态、建构行为方式等，不同程度地造成了云南各民族发展水平的极端不平衡，也随之创造出丰富多彩的、满足不同生活模式、信仰审美需求与居住质量要求的传统建筑形式。

一、自然环境的复杂性

自然环境对人类社会生活的影响非常大。人们总是生活在一定的历史时间和地理空间范围中，不可能脱离具体的自然环境。自然环境作为人们借以活动的实实在在的背景和舞台，与人形影相随，共时并存。生产方式是社会发展的决定力量，其在一定的自然环境中形成，并被打上特定地域环境的印记，这在人类文明发展的早期表现得尤为突出。

与生产方式相比，自然环境具有相对"停滞"的性质。人类社会制度有可能在几十年甚至几年内发生翻天覆地的变化，而自然环境却可能在上千年中变化甚微，或者依然如故。正因如此，我们今天才能区别出各地方不同的自然景观风貌，自然环境对人类社会生活的影响才更深、更远、更普遍。"不识庐山真面目，只缘身在此山中"，这也许就是人们面对天天伴随着自己"日出而作，日落而息"的周围一切，觉得平淡无奇和漫不经心的原因。

如果说生活方式是社会发展的变量，自然环境则是社会发展的常量。一方面，自然环境永远作为历史发展的协同因素而存在，不会稍纵即逝；另一方面，随着人类实践活动的不断深入和范围的扩大，自然环境本身也在发生改变，并且与人的关系越来越密切。而自然环境中的一切，一旦与人发生联系之后，便具有了文化方面的含义。人们的各种社会实践活动，一方面使人自然化，另一方面也使自然人化。

自然环境往往通过生产方式和其他的中介环节来影响整个社会的向前发展。自然环境的差异对生产方式的影响，常常体现在文化的地域性特征上，进而导致不同的地域环境有不同的民风和习俗，以至产生"沃土之民不才，淫也；瘠土之民向义，劳也"[①]的区别。《汉书·地理志》把风俗解释为"凡民函五常（金、木、水、火、土）之性，而其刚柔缓急，声音不同，系水土之风气，故谓之风；好恶取舍，动静亡常，视君上之情欲，故谓之俗。"分开看，"风"反映一个地方人的本性受自然条件濡染而形成的集合特征；"俗"则指一个地方传统的政治文化氛围。"风俗"连用，便是一个地方自然环境和人文因素的总和。自然环境与文化之间的这种关系，表明为什么在相似的自然环境中会有不同的文化类型，在不同的自然环境中也会出现相似文化类型的情况。

（一）地理环境

云南的地理环境十分复杂，大体上可分为三个部分：处于云贵高原西部的滇东和滇中，地势波状

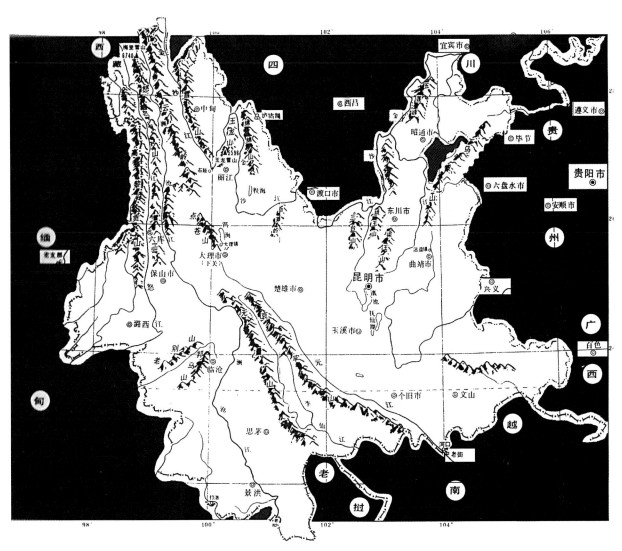

图1-1-1 云南省地理山势分布示意图

起伏；滇南属中南半岛的北部边缘，为中低山宽谷盆地区；滇西则属横断山脉的南端，高黎贡山、怒山、云岭等山脉呈南北走向，平行纵列（图1-1-1）。全省海拔相差很大，最高点德钦县境内的梅里雪山主峰卡瓦格博，海拔6740米，最低点河口县境内南溪河与元江汇合处，海拔仅76.4米。云南整个地势由西北向东南倾斜，江河顺着地势成扇形分别向东、南及东南流去，所形成的地貌特征如下：

1. 高原地形波状起伏

大面积的土地高下参差、纵横起伏，但在一定范围内又有起伏缓和的高山平原，形成一系列云南本地称为"坝子"的山间盆地。

2. 高山峡谷相间并存

此特征在滇西北"三江并流"地区表现尤为突出，形成著名的滇西纵谷区。从地图上看，高黎贡山是恩梅开江（缅甸）与怒江的分水岭；怒山是怒江与澜沧江的分水岭；云岭是澜沧江与金沙江的分水岭。各大山脉与江水均由北往南，强烈下切，形成气势磅礴的怒山峡谷、澜沧江峡谷和金沙江峡谷三个大峡谷，谷底是亚热带干燥气候，酷热如蒸笼，山腰则清爽宜人，山顶却终年被冰雪覆盖。因此，在几千米的垂直海拔高度范围内，其气候现象与自然景观，相当于从广东到黑龙江跨过的纬度。

3. 全省地势依次降低

云南全省地势自西北向东南分三大阶梯依次降低，德钦中甸一带为最高一级；滇中高原为第二级；南部及东南、西南部为第三级，平均每公里递降6米。

4. 山间盆地星罗棋布

因自然地质断陷构成了许多山间盆地，这些所谓的"坝子"，有的成群成带，连绵分布；有的则孤立镶嵌在重峦叠嶂的高原山地中。每个"坝子"地势相对平缓，气候温和，雨量充沛，河流蜿蜒其间。

5. 境内江河湖泊纵横

在云南这片红土高原上，除了滇西北著名的怒江、澜沧江与金沙江三江之外，还有大盈江、龙川江、把边江、元江（红河）、牛栏江、南盘江。同时，云南还有许多天然淡水湖泊，分部在云南腹地，它们是滇池、洱海、程海、阳宗海、碧塔海、抚仙湖、星云湖、杞麓湖、茈碧湖、异龙湖、泸沽湖等30多个天然湖泊。

（二）气候条件

由于受到印度洋季风和太平洋季风以及地形地貌的影响，云南的气候环境多种多样（图1-1-2）。并显示出以下气候特点：

1. 年温差小，日温差大

由于云南地处低纬度高原，空气干燥且较为稀薄，各地所得到的太阳光热能量随太阳高度角的变化而增减。同时，又因海拔较高，气温随地势的升高而降低。

2. 干湿季节界限分明，雨量充沛且分布不均

年降水量在季节和地域上的差别很大。在较小的范围内，"地形雨"对局部地区的影响很大，往往在山脉的迎风坡降水量大，背风坡降水量小，或形成"东边日头西边雨"的气候景象。

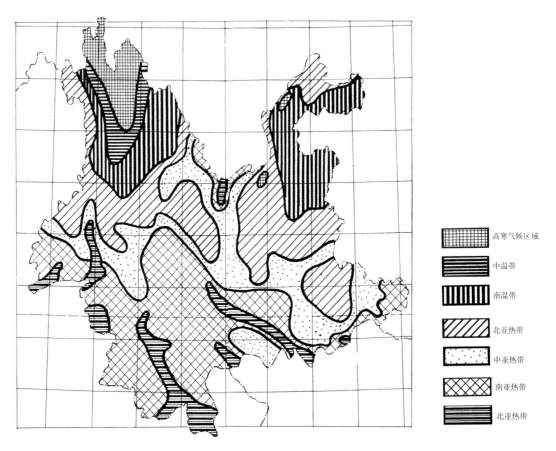

图1-1-2 云南气候类型示意图

3. 气候垂直变化十分显著

在云南境内，由于水平方向纬度的增加与垂直方向海拔的增高相吻合，呈现出寒、温、热三带共存的气候类型。所谓"一山分四季，十里不同天"，就是这种气候类型的真实写照。

地形环境和气候条件的显著差异，使云南的经济形态也显得十分多样。这里既有高原湖围和平坝农耕、山区半农半牧和高山游耕的经济形态，也有河谷稻作农耕以及以采集渔猎为主、刀耕火种为辅的原始经济等多种经济形态。这些不同的经济形态对人们的衣食住行、家庭结构、社会结构、民族性格和行为心理等方面都具有深刻的影响，成为云南传统古建筑形式产生和发展的一个基本和重要的因素。

二、生态资源的优越性

云南省自然生态资源丰富，资源优势突出，素有"彩云之南，万绿之宗"以及"植物王国"、"动物王国"、"有色金属王国"和"药材之乡"的美誉。这里不仅山河壮丽，自然风光优美，拥有北半球最南端终年积雪的高山，茂密苍茫的原始森林，险峻深邃的高山峡谷，发育典型的喀斯特岩溶地貌，特殊的地形地貌形成神奇美丽的自然景观，使云南成为自然风光的博物馆；而且还有众多的历史古迹、神秘的宗教文化、悠久的发展历史、浓郁的少数民族风情等，造就了绚丽多彩的民族文化，构成一幅幅美丽动人的画卷，更增添了云南的无限魅力，使之成为中国旅游资源最丰富、集中的省份之一。其四季如春、舒适宜人的气候环境，是夏无酷暑、冬无严寒的休闲度假胜地。

从云南环境资源的分布、构成、景观质量及特征、开发程度、社会发展情况等方面来看，这种资源的优势性特征可概括为以下几个方面：

（一）多样性

云南山川秀美，自然景观与环境资源构成复杂多样、丰富多彩。有寒、温、热带的立体气候，有雄伟壮丽的山川地貌，有古老悠久的历史文化遗存及近现代革命历史纪念物，还有各具特色的多民族文化，有多种奇异典型的地质现象、丰富的矿产矿床及动植物群落，有大量的高峰绝壁、急流险滩、洞穴和众多的高原湖泊。特殊的地理位置和巨大的垂直变异，使云南几乎囊括了从海南岛到黑龙江的所有气候类型和风景景观，既有热带雨林景致，又有雪域和草原风光，还有北半球纬度最低的雪山冰川，而雄奇壮伟的石林和"三江并流"更是独一无二。另外，特殊的地理区位，使云南成为中国大陆联结东南亚、南亚的桥梁，成为中原文化、青藏文化、东南亚文化、西方文化的交会点。

（二）奇特性

与国内外相似或同类景观相比，云南许多地区的地学景观都具有明显的奇特性，有的堪称世界自然奇观，构成了当地独特的环境资源优势。例如，"三江并流"景观雄奇壮美；虎跳峡以其雄壮奇险著称于世，是世界上最深的峡谷之一；而石林更以其特殊的高石芽喀斯特地貌景观而举世闻名；发育着现代冰川类型的玉龙雪山是世界上纬度最低的冰川，山上终年积雪，山下四季如春，从山脚河谷地带到峰顶具备了亚热带、温带、寒带的完整的垂直带自然景观；素有"东方大峡谷"之称的怒江大峡谷长310公里，平均深度2000米，比美国科罗拉大峡谷还要深，为世界著名的大峡谷；地处印度与欧亚大陆两大板块边缘的腾冲火山群类型齐全，规模宏大，保存完整，分布集中，居全国之首；建水燕子洞为特殊的地下喀斯特地貌景观，是亚洲最大、最壮观的溶洞之一。

（三）地域性

全省旅游环境资源分布极为广泛，除昆明、石林、大理、西双版纳等地区旅游景观久负盛名之外，在滇西北、滇中、滇东北、滇西南等广大地区旅游资源大量分布，且有相当程度的集中，构成不同的景观区、风景点。全省各地、州、市、县几乎都有风景名胜区、各有特色。当然这些景观资源的分布也受一定地域限制，例如滇东、滇西旅游景观差别显著及少数民族分布的地域性等。

(四) 民族性

云南的民族资源特色鲜明，丰富多样。人口超过5000人以上的少数民族就有25个，其中白族、哈尼族、傣族、佤族、拉祜族、纳西族、景颇族、布朗族、阿昌族、普米族、怒族、德昂族、独龙族、基诺族等15个民族为云南特有。各民族在长期的生产、生活中，形成风格各异、类型多样的民族文化、风俗习惯、节日、服饰、村舍建筑，构成了云南资源环境的一大特点和明显优势。

(五) 融合性

在全省，不同的地学景观与各异的动植物景观、气象景观和民族文化、少数民族风情组合，形成风格、特色不同的景区，各类景观相辅相成、互为依托，体现出极高的组合性。具体到某一景区，组合特点差异较大。如昆明的西山龙门景观，便是借滇池、城市和远山景观衬托出自身的雄奇；而大观楼更是以亭台楼阁、潭水、垂柳、远山、夕阳和悠久的历史文化融为一体而显得古朴、神奇，令人流连忘返。

(六) 跨境性

云南与缅甸、老挝、越南三国相连接壤，边境线总长4060公里。这里有出境公路20多条，国家级口岸10多个，省级口岸10个，还有86个边境或边民互市点。全省少数民族中有16个民族跨境而居。云南与东南亚、南亚这种地相接、山相连、水相通、人相往的状况，形成极大的区位优势，使云南成为民俗风情和边境旅游的最佳去处。

(七) 生态性

云南省生物资源景观极为丰富独特，素有"植物王国"、"动物王国"、"花卉王国"之美誉，不少动植物类型观赏价值极高，自然生态系统保存较好，成为国家级自然保护区数量最多的省份。西双版纳热带生态系统原始而典型，被誉为"北回归线上的一颗绿宝石"；位于滇西北的香格里拉生态旅游示范区，则充分体现了人与自然和谐相处、"天人合一"的主题，成为云南的一大生态旅游景观。

(八) 潜力性

云南地处祖国西南边陲，旅游资源丰富，但绝大多数未加以开发利用，可利用和挖掘的潜力还很大。例如：位于中甸德钦县境内的梅里雪山，冰峰相连，雪峦绵亘，势如刀劈剑削，气势非凡，到如今仍处于半开发状态；位于怒江两岸的高黎贡山是国家级自然保护区，蕴藏着丰富的动植物资源，景物雄奇壮观，是一块待开发的处女地；素有"东方多瑙河"之称的澜沧江（湄公河）是东南亚一条著名的国际河流，现在处于开发状态。另外，如石宝山、巍宝山、腾冲、滇东北等地，很多举世奇观尚未开发，仍处于"藏于深山人未知"的状况。故需要进一步深度开发，充分挖掘其潜力，不断补充内涵，赋予其新的生命力。

很明显，地理、气候、资源环境等相关因素，必然会影响云南古代建筑的空间形态、风格形式、结构构造、材料的选择应用等，最终形成一系列适合本地自然环境条件的建筑，而云南盛产的木材、竹子、土石和茅草等建筑材料，也为云南古建筑的营建提供了天然的物质资源条件。

第二节 云南丰厚的人文环境

一、民族构成的多样性

"民族不仅是自然环境的产物，更主要的是一个精神文化的实体，它由具有共同的观念、共同的文化，追求同一目标的人们组成"。每个民族，都是人在历史上经过长期发展而形成的稳定的共同体，都有其特定的文化。而每个地域环境的文化，也必定是居住在该地域环境内各个民族文化的复合体。不同历史时期遗存下来的古建筑，作为物质文化的表现形式之一，更是在民族学背景前展现出异彩纷呈的面貌。

少数民族众多是云南最为突出的一个特点。全国有56个民族，云南就占了其中的26个（特指聚居人数在5000人以上者），其种类几乎占了全国的一半（图1-2-1、图1-2-2）。

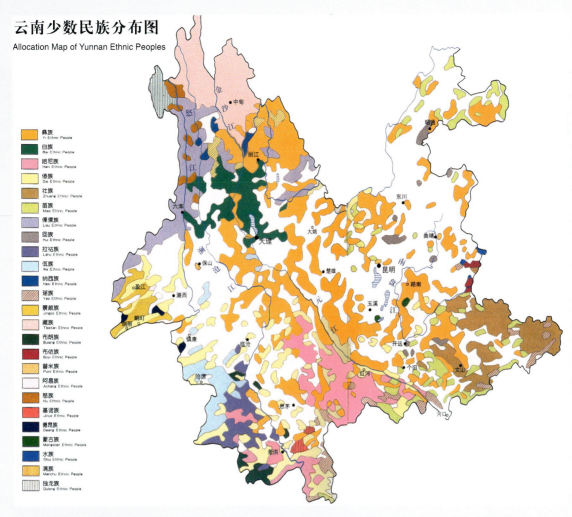

图1-2-1 云南省少数民族分布示意图

图1-2-2 和谐相处的云南少数民族

考古资料证明，云南是古人类的发源地之一，远古时代的云南就是众多民族生息繁衍的地方。从腊玛古猿、元谋猿人到西畴人、丽江人，隐约构成了一条人类的进化链条，并且具有自己显著的地域特征。当我们循着历史的轨迹去搜寻比石器更丰富、更先进的文化创造时，这种地域特征会更加突出。例如铜器，尤其是铜鼓，就是起源于云南的典型器物。这说明，云南高原不仅是远古人类起源、活动频繁的重要地带，而且很早就开始了对地域文化的创造。仔细观察一下那些仍然存活于各民族市井民间、传统乡村聚落中的诸多文化事象，那种"一方风物一方人"的特点十分明显。

从地理版图上看，云南北连青藏高原、南连中南半岛，是古代各民族分别沿横断山脉峡谷和三江（即怒江、澜沧江与金沙江）、红河流域南北迁徙的走廊。早在秦汉时期，属于"西南夷"地区的云南就是少数民族活动较多的地方。现代民族学家根据这些民族的族源、语言、风俗习惯和文化特征，把他们分为氐羌、白濮、百越三大族群系统，每个族群系统又包括若干个民族或部落。

1. 氐羌系统，属汉藏语系藏缅语族，包括彝族、哈尼族、傈僳族、独龙族、怒族、拉祜族、基诺族、景颇族、阿昌族、纳西族和白族等民族。

2. 百濮系统，属南亚语系孟高棉语族，包括布朗族、佤族、德昂族等民族。

3. 百越系统，属汉藏语系壮侗语族，包括壮族、傣族、水族、布依族等民族。

此外，还有一些其他的少数民族，也因种种历史原因而先后迁入云南。

由于民族众多，民族语言系属关系复杂，再加上长期所处的特殊地理环境，云南各民族在分布和生产方面，形成独自的特点，从而构成云南古建筑形态及其建筑文化上的多样化、多层次，以及在彼此间产生的相互影响。具体表现为：

第一，由于高山深谷的立体地理地貌，形成各民族聚居的立体分布情况，如民俗口谣里所说的："苗族住山头，瑶族住箐头，壮傣住水头，回汉住街头。"

居住于云南腹地"坝子"和边疆河谷地区的民族主要有白族、回族、纳西族、蒙古族、壮族、傣族、阿昌族、布依族、水族9个民族；居住于半山区的有哈尼族、瑶族、拉祜族、佤族、景颇族、布朗族、德昂族、基诺族8个民族和部分彝族。

居住于高山区和滇西北高原的有苗族、傈僳族、怒族、独龙族、藏族、普米族6个民族和部分彝族。汉族则居住于各地的城镇和坝区。各民族交错分布，形成"大杂居、小聚居"的局面。如在同一地区，由于地理高差的不同而居住着3个以上民族。在多个民族杂居共处的地区，常常是一个民族居住于一个村寨内，使得每个民族大多都能保持自己的语言和风俗习惯，而不易和其他民族同化融合，相互之间形成多边的、复杂的民族关系。

第二，由于寒、温、热三带兼有的立体气候，形成不同民族的立体农业生产状况。滇中、滇西、滇西南和滇东南温带地区，平坝较多，交通相对便利，生产水平较高，与之相应的建筑形式、建构技术、空间组合、审美追求也显得比较高、比较复杂，在这一地区所建造和遗存的古建筑也比其他地区的数量要多，质量要好。其居住的民族主要是汉族、白族、回族、纳西族、蒙古族等民族以及低山丘陵地区的部分彝族。在滇南和滇西以及金沙江河谷的热带、亚热带气候地区，以热带经济作物为主，传统建筑多为干阑式。居住这里的民族有壮族、傣族、哈尼族、瑶族、布朗族、景颇族、佤族、拉祜族、德昂族等民族。在滇西北和滇东北的高寒山区，以林业和畜牧业为主，民居则多为井干式。居住的民族主要有彝族、傈僳族、藏族、怒族、独龙族、普米族等民族（表1-2-1）。

云南传统民居分布一览表　　　　　　　　表1-2-1

民居类型		分布地区（以县为单位）	地域类型	主体民族
本土型民居	碉房	德钦	干冷地区	藏族
	土掌房	元谋、峨山、新平、元江、墨江、石屏、建水、红河、元阳、绿春、江城	干热地区	彝族、哈尼族（傣族、汉族）等民族
	井干式民居	中甸、丽江、宁蒗、维西、兰坪、漾濞、洱源、贡山、云龙、永平、南华	高寒地区	彝族、纳西族、藏族、白族、普米族、怒族、独龙族等民族
	干阑式民居	景洪、勐腊、勐海、孟连、镇康、澜沧、双江、陇川、福贡、耿马、潞西、瑞丽、盈江、泸水	温热地区（低热平坝、低热山地）	傣族、壮族、布朗族、佤族、德昂族、景颇族、拉祜族、基诺族、哈尼族等民族
汉化型民居	汉式合院民居	昆明、建水、石屏、大理、丽江	中暖平坝地区	汉族、白族、纳西族、彝族、回族、蒙古族、阿昌族、傣族等民族

从上述两个特点可以看出，云南各民族的分布情况，较北方地区的分布，其区别是十分显著的。北方民族的分布，往往是由一个单一的民族平面分布于大片草原或一个较大区域之内，在相同的气候带上从事单一的畜牧业和种植业。这种民族分布交错特点，造成了与之相应的云南古建筑遗存分布，基本上也是在交通便利、生产水平较高和受汉文化影响较大的平坝地区。

二、历史发展的特殊性

建筑起源于人类解决居住问题的生活需要，并逐步扩展到其他社会活动的需求方面，它的形成和发展，归根结底要受社会生产力发展水平和社会生产方式的制约和影响。所以，不同的社会历史环境可导致不同功能、不同风格形式的建筑的产生和发展。

云南的社会历史发展较为缓慢。战国时，云南大部分地区尚处于"编发左衽、随畜迁徙"的原始部落社会。到了秦汉，在滇池、洱海地区及曲靖、昭通等滇中、滇东部分地区，虽已形成"耕田、有邑聚"的状况，但在云南腹地坝区以外的边地及山区仍很落后。直至明清时期，云南仍然还有一些民族"岩居穴处，或架木为巢"[②]。一些民族的社会经济还停留在以狩猎、采集为主的阶段，如部分佤族、德昂族、布朗族、独龙族、拉祜族等民族；一些民族则停留在以原始农耕或畜牧为主的阶段，如部分佤族、德昂族、布朗族、景颇族、哈尼族、拉祜族、苗族、瑶族、基诺族等民族。

历史原因造成了云南各民族社会、经济发展的极端不平衡。这种不平衡状况，不仅反映在各个少数民族中，甚至在不同地区的同一民族中亦是如此。直到新中国成立初期，云南还同时并存着原始公社残余、奴隶社会、封建社会等多种社会经济形态。在云南的25个少数民族中，居住于腹地的白族、回族、壮族、纳西族、蒙古族、阿昌族、布依族、水族、苗族等民族和部分彝族、傣族、哈尼族、拉祜族、普米族，其封建地主经济占统治地位，甚至个别的还有资本主义经济发展的因素，如白族，因其居于交通便利地区，生产技术水平和汉族大体相同。而居住在边境地区的傣族、藏族、哈尼族、拉祜族、阿昌族、普米族，则基本处于封建社会的早期，即封建领主制阶段，政治上有比较完备的土司制度，经济上以土地为纽带，保留着严密的人身依附关系。另外，部分藏族和彝族还处于农奴制社会。分布在边境沿线山区的独龙族、傈僳族、怒族、佤族、景颇族、德昂族、布朗族、基诺族等民族，则处于原始社会的末期，保存有浓厚的原始公社残余，被高山深谷阻隔的封闭情形特别突出。

即使在同一种社会形态中，也因各民族所处具体条件的不同而产生不同的生产方式和社会形态，在其居住的区域范围内，既有农区、林区，又有牧区和水滨。居住地形既有坝区、山区，又有半山区和高寒山区。因而各民族都有自己的独特的生产生活方式、宗教信仰和行为习俗，这就形成云南古建筑特殊和复杂的社会环境。反过来看，各民族所创造和使用的有关建筑，也贴切地反映出各自不同的社会环境特点。比如，纳西族（摩梭人）的大房子，反映了母系制的残余，保存着较原始的走访婚制——阿肖婚；基诺族的大房子则反映出父系制的残余；白族的"三坊一照壁、四合五天井"透视出封建社会时期"四代同堂"、"合家欢"的大家庭观念；而傣族竹楼的亭亭自立，似乎显示着儿女婚配即自立门户的小家庭风俗。各民族表现出的不同宗教信仰习俗，也产生出彼此不同的宗祠寺庙、道观楼宇（图1-2-3）。

三、文化特质的多元性

"自从人类诞生以来，人类种族的每一个成员从他降临人世的那一刻起，便生存于一定的气候、地形、动植物群地带的自然环境之中，同时也进入一个由一定的信仰、习俗、工具、艺术表达形式等所组成的文化环境"。也就是说，每个地方有每个地方的地域文化，即这个地方所独有的文化特征和气质，而这种文化特质又来自这个地方独特的自然环境和社会人文环境。

文化，无论是人类全体的还是个别群体的，也无论是复合的还是单一的，都有其发生、发展、演变、消亡的历史和分布、扩散的不同格局，文化的历史传承和空间变位都是其运动的具体表现。任何一种文化现象的历史演变，总有地域上的表现相伴随，而任一区域的文化面貌又总是特定历史过程的产物。为了勾画这样一幅文化的全息景图，可分别从时间（历史）和空间（地理）两个维度把握文化的动态特征。实际上两者之间并无泾渭分明的界线，只是侧重不同。历史的描述无地理的说明不能概全，空间的描述无时间的贯穿也难以深入。

不管是侧重其作为一种思维和行为方式，还是作为"生活"和"存在"的特有方式，文化均可被看成人类在自身历史经验中创造的"包罗万象"的

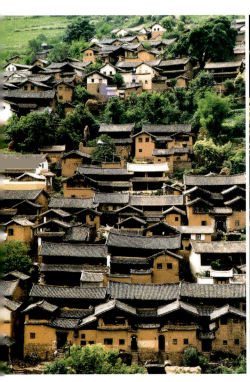

图1-2-3（a）居于山坡的白族合院民居　　图1-2-3（b）居于水边的傣族竹楼

综合体。它总是具体的，有自己的特质和界定，从而确定出一种文化形态。它可以反映出社会的组织结构样式、生产方式、制作技术、行为习俗、思维模式以及观念心态等各个层面。而且，一种文化形态也必须有其空间和时间的界限，空间标示它的区域性，时间标志它的历史性。显然，不存在一种超越时间和空间的文化形态。

那么，云南古建筑的文化时空界限在何处？它的特质又是什么？

回溯历史，自从楚国的庄蹻入滇开始，到东汉永昌郡的设立，或与唐、宋两代并列的南诏、大理国建立，元代开始设置的云南行省等，虽然沧海桑田，物换星移，但云南红土高原总体的自然环境没有改变，众多民族在这块古老神奇的红土地上迁徙、繁衍、创造、生息的活动也没有中断过。还有，云南自古以来一直就是中华文化圈的边缘地带。或许，我们可从以上这些基点来界定云南古建筑及其文化的时空外延，寻找其共同的文化特质。

（一）多元的文化形态

纵观云南的文化形态，似乎很容易发现其多元的文化特质，众多民族在这块红土地上所创造、融合的文化是如此丰富多彩，主要体现于从宏观到微观的三个层次上。

从总体看，云南文化本身的构成就是多元的，从古滇文化、青铜文化的更替，两爨文化的兴衰，到南诏、大理文化的显赫，再到元、明、清以后汉文化不同程度的覆盖，其中虽有一定的历史延续性，但文化的异质性体现似乎显得更多一些。这与中原地区自先秦时期就逐渐形成一个较为明确和清晰的文化传统显然不同。另外，即使在同一历史时期内，除了有一种占主导地位的主流文化外，在不同的地区，还同时并存着多种不同的文化类型。比如，在云南的西双版纳地区，傣文化就从来是一种独立的文化类型，百濮系文化也是自成一家。

在不同类型文化的层面上，它也是多元的。文化类型的划分很难有统一的标准，只能截取其中一点为基本模式。从经济类型看，可分为采集文化、游耕文化、畜牧文化、农业文化、工业文化和商业文化等；从宗教信仰和精神意识看，又有儒家文化、道教文化、佛教文化、原始宗教及巫鬼文化和基督教、伊斯兰文化之分；如果我们从族源出发，那么云南文化可分为氐羌文化、百越文化和百濮文化等几种类型。

从地理经济上看，氐羌文化起源青藏高原的氐羌族群，是一种高原游牧游耕文化，"编发左衽，随畜迁徙"是其特点；百越文化源于我国南方地区的百越族群，稻作农耕、干阑建筑、纹身为其本质；百濮文化则被视为云南的本土文化，或许可称作"以采猎为务"的狩猎文化，剽牛、猎头、喜山居……。显然，这种划分是极为粗略的。实际上，每一种文化都并非纯粹的文化类型，而是杂糅着各种不同的文化因子于其中，相互影响、相互交融的现象比比皆是。

具体到某种文化的微观方面，则由于云南各民族分布的"大杂居、小聚居"总体格局，以及在不同时期受外来文化的不断渗透、交融，很容易形成文化构成上的多元态势。种种历史原因造成了许多民族的迁徙流动，而民族的迁徙实际上就是民族文化的迁徙。一个古老的民族集团分裂以后，必然带着分裂前形成的精神文化，"依各自遇到的生活条件而独特地发展起来"。氐羌族群南下的情况即证实了这一论点。许多民族频繁迁徙而形成的多种民族文化交流撞击，本应发展为较优秀、较先进的文化，却因云南境内高山深谷的自然环境阻隔，使云南各民族文化之间的交流，受到很大的局限。如果说民族的迁徙可以促成民族文化总体特征发生较大的变化，那么邻近民族之间的相互影响，则是民族文化具体特征出现微小差异的主要原因之一（图1-2-4）。

在宗教信仰和意识形态方面，因普遍受到儒、道、佛三教不同程度的影响以及一些民族对基督教和伊斯兰教的信仰，从偶像到观念都兼收并蓄地将其纳入自己的文化之中，建构出适合于本地方、本民族在进行宗教仪式活动时所需要的不同宗教建筑

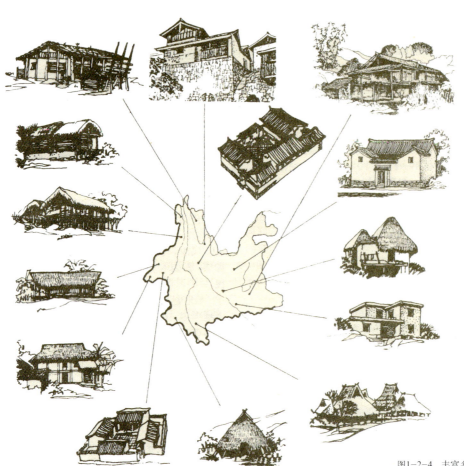

图1-2-4 丰富多彩的云南少数民族民居分布示意图

空间并传延至今；在生产技术方面，随着铁器、农耕劳作工具的输入传播，给不同的文化注入了新的因子。如哈尼族在山区借鉴了坝区的稻作农耕技术，形成自己独特的"梯田文化"；佤族在自己狩猎文化的基础上，引入农耕生产，创造了狩猎农耕文化。同样，在古建筑营造方面，云南本土的传统建筑，也在汉文化的影响和交融过程中，派生出一个以"汉式"合院建筑为主的建筑体系，即云南各民族根据自身的发展需要，借鉴中原传统建筑的先进经验，有效地移植、嫁接所创造出的具有本民族地域特质的另一建筑形式及其文化，不仅体现在"汉式"民居方面，也反映在其他类型的建筑方面。

（二）边缘的文化地理

独特的地理位置，使云南本土文化成为多种文化类型的叠合交会点，处于多种文化叠合交会的边缘地带。从文化圈的理论看，云南本土文化处在中原文化的西南边缘、青藏文化的东南边缘和东南亚文化的北部边缘。这一特点可以将云南文化称之为"边缘文化"。两千多年来的政治格局表明，云南一直位于中央王朝统治的边缘地带，随着历代王朝的兴衰及其政策的变更，云南的地方政权也有着断断续续、或大或小的独立性。这种边缘态势既造成了云南文化的多元与开放，又造成了中原文化的传播力及渗透力的衰减。因而，在大量吸取了各种文化因子后的云南本土文化，仍然保留着某种程度的封闭性。即使是庄蹻入滇后，也只能"变服，从其俗，以长之"。

或许是面对一个强大文化力量所产生的心理压力，或许是因为云南山险水急、交通往来困难的原因，使云南本土文化的创造者们充满了恪守一隅的自我认同感，可称为边缘心态或边缘意识。它是自卑与自傲的矛盾统一体，这在各民族文化现象中，表现得特别明显。另外，云南本土文化意识中崇尚传统和民族认同的色彩很浓，从而在整体上，保持着各民族文化完整和持续不断的传承，使人们今天仍然能看到一些较为简陋、原始的建筑形式和建构技术。

由于这种边缘文化心态和氛围，当然还有物质和技术条件的制约，所以，云南本土文化的风格特征，往往不以壮大雄奇见长，不能华丽繁缛为尚，而是倾向于纤小、简朴和古拙。仔细品味一下云南各民族的传统民居、地方古建，或是其他的石雕石刻、青铜器物、民族服饰，其简朴古拙的总体特征自然不言而喻。

（三）封闭的文化环境

独特的地形地貌、地理位置与生态环境，既形成了云南本土文化的多元性与复杂性，又造成了云南本土文化的封闭性。"夜郎自大"是众人熟知的历史典故，而最初问汉朝使者"孰与我大"的还是要算古"滇"王[③]。从中可体会到云南的封闭，这种封闭与云南的自然环境及地理条件关系很大。云南近94%的地方都是山区，平地极少，这些平地都是星罗棋布地分散于群山之中，形成一个个孤立的山间小盆地（即坝子）。它不像四川盆地那样集中，能成为一个有利于文化交融和积淀的较大区域。

与这种坝子分布的零散性相一致，云南文化也表现出相互隔绝的、小国寡民的地方特色。云南人口的分布大体上以坝子为核心，以坝子边缘山地为外围，形成一个个相对孤立的社会文化单元。人们的生产、生活又常以坝子为交叉分布，使各坝子之间、各民族之间的相互交往受到极大的地域限制，很容易形成一种内向的封闭性。因此，在云南少数民族中，即使是同一民族，但由于分布的区域不同，他们之间的文化差异也非常明显。例如，云南的彝族分布较广，支系也繁多，各地彝族的语言、风俗习惯、房屋住宅和服饰都有较大的差异。用"隔山不同语，隔村不同音"的俗语来形容云南地区的封闭是最恰当不过了。

这种内向的封闭性特点也可用一个"土"字来表达。"土"是云南人对自己文化一个极简练的概括。人之"土"意指憨厚老实、不开化、不善趋势

追新、不灵活应变。这种"土"使云南人历来有一种淳朴、简约、温和、闲适、散漫的气质，正如云南的气候没有明显的四季之分一样，人们不喜欢过分强烈的情绪，习惯于一种平衡的、没有冲突的缓慢生活（图1-2-6）。

适宜多种作物生长的温暖气候，使云南物产十分丰富。人们一年之中往往只需用几个月的耕作时间，就可以维持简单的生活。而且，即便是在这几个月间的田间耕作，也比长江中下游精耕细作的劳动强度要小得多。由于山多地少，不能进行大片的耕种，再加上高山阻隔、交通困难的现实条件，世代固守在狭小、封闭坝子中的云南人，很难通过商业贸易发达致富。正如明清云南地方志书中形容的那样，"既无赤贫，亦无巨富"。人们安贫知足，乐天知命，讲求实际。日子虽嫌清苦，却可以在闲适散漫的生活中得到精神补偿（图1-2-5）。

文化之"土"，有两层含义。一是乡土性，即云南文化的本土气息比较浓厚，雅文化和俗文化的分化尚不十分明显，具有地域特色的大群体（民族）文化仍然占据着主导地位，除傣族之外，各少数民族文化的主要执掌人，如彝族的毕摩、纳西族的东巴、景颇族的山官、佤族的董萨、魔巴等巫师，大多还没有从生产劳动中严格分化出来。另外，云南的城市化程度非常低，市民阶层出现较晚，且范围和数量也都十分有限。故云南文化基本上还是一种整体性的与农耕狩猎和民族繁衍息息相关的乡土文化。二是原始性，即云南文化中还残留着较为明显的原始文化遗痕，如前面提到的多种社会形态并存，母系、父系制残余，刀耕火种的原始耕作方式等，伴随着这些原始文化遗痕，仍然还有与母系制和父系制生活相应的大房子、子母房存在。

（四）并存的宗教信仰

与自然环境的复杂、民族构成的众多、社会发展的不平衡和文化特质的多元相伴随，云南地区文化生态的又一个特点，是各民族的多种宗教信仰同时并存，原始的自然崇拜、图腾崇拜、巫术

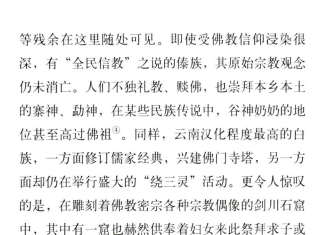

图1-2-5　温和闲适的民族生活

等残余在这里随处可见。即使受佛教信仰浸染很深，有"全民信教"之说的傣族，其原始宗教观念仍未消亡。人们不独礼教、赕佛，也崇拜本乡本土的寨神、勐神，在某些民族传说中，谷神奶奶的地位甚至高过佛祖[4]。同样，云南汉化程度最高的白族，一方面修订儒家经典，兴建佛门寺塔，另一方面却仍在举行盛大的"绕三灵"活动。更令人惊叹的是，在雕刻着佛教密宗各种宗教偶像的剑川石窟中，其中有一窟也赫然供奉着妇女来此祭拜求子或顺产的"阿姎白"（图1-2-6）。

人类学告诉我们，任何民族的历史都伴随有宗教活动，尤其是在原始社会，原始初民的自然崇拜与原始文化是彼此不分的。

宗教主要是由于"生存的困难，同自然斗争的困难使原始人受到十分沉重的压抑"而产生的，它是寻求解脱精神压抑的一种欲望表现。

宗教作为一种复杂的文化现象，与艺术紧密相联。无论是原始宗教的产生，还是艺术的起源均可证明这一点。黑格尔说过:"从客体或对象方面来看,艺术的起源与宗教的联系最为密切,……只有艺术才是最早的对宗教观念的形象解释"。以空间结构为表征的建筑艺术,之所以一开始就受到了宗教的青睐,正是因为建筑艺术所具有的象征性,使其能以感性和形象化的方式把真实(绝对)精神呈现于意识并成为神的象征。而每一种宗教,都有意要在人们的思想观念中设置一块神秘的禁地,神化一些事物,把它们变成一种可望而不可及的圣地,变成只许敬畏膜拜的偶像而不许怀疑动摇的神灵。

对于各种民族传统建筑来说,从一开始便伴随着人们的建构行为,融入了宗教的成分。人们兴建寺观庙宇,建屋建寨,总会选择一定的时辰,举行与之有关的仪式。在建屋建寨之前,"宗教观念就已知道作为一个重要的因素而在社会上起作用的村寨(住房)的存在方式了"。人们只有"卜云其吉"[5],方能建构。

每一种宗教,皆产生于某一个特定的民族或几个民族中间,并由那一个特定民族的精神乳汁孕育而生、哺育而长。是故它总要或深或浅地打上该民族精神的烙印,折射出该民族的某些内在素质、文化心理、审美观念和思维方式,反映出该民族的生活方式、外在环境、文化传统、风俗习惯和社会形态等多方面的状况。

云南各民族有自己的宗教信仰和宗教文化,不但形态丰富、品类繁多,而且还交融并存,主要表现为:

1.原始宗教是继巫术信仰之后各民族普遍信仰的宗教,包括自然崇拜(山神、水神、石神、树神、土地神等)、图腾崇拜、祖先崇拜和灵鬼崇拜,这些具体反映在各民族传统聚落的寨心、寨门、还魂桩、人头桩、祖灵牌位、石柱、纹身、木鼓房、鬼房、神树等诸多器物上。尽管信仰内容较多,却无至高无上的神灵;虽有繁杂的崇拜仪式,却没有固定场所和专门的神职人员(图1-2-7)。

2.白族的本主崇拜、彝族的土主崇拜和纳西族的东巴教,均属于云南特有的地方民族宗教(图1-2-8)。

3.伊斯兰教是随元代蒙古军征云南之后逐渐传入的,主要在回族内部信仰。

4.佛教有大乘佛教(禅宗、密宗、净土宗、华严宗)、小乘佛教两系和藏传佛教(喇嘛教)、汉传佛教、南传佛教三传及不同的信仰派别,还有云南大理地区民间崇信的"阿咤力"密教。佛教在云南除汉族、白族、纳西族、藏族、普米族、彝族、壮族、傣族、布朗族、阿昌族等民族信仰外,还有广泛的信众。而藏传佛教和南传佛教在藏族与傣族中几乎是全民信仰(图1-2-9)。

5.道教是汉族的本土宗教,在云南仍有白族、彝族、苗族、瑶族、布依族和蒙古族多个少数民族信仰。

6.基督教、天主教是20世纪初才逐渐在云南许多地方传播开的,并在白族、彝族、苗族、怒族、佤族、拉祜族、傈僳族、景颇族等民族地区建立教堂,发展教徒。

图1-2-6 剑川石窟中心供奉的"阿姎白"

图1-2-7（a） 藏族的玛尼堆　　　　图1-2-7（b） 云南少数民族寨门

图1-2-7（c） 云南少数民族寨心

图1-2-8　白族本主崇拜活动

图1-2-9（a） 藏传佛教

如果说云南的地理气候、社会发展、民族文化交流是复杂多元的，那么云南境内的宗教也是复杂多元的（图1-2-10），与之相应所建造的宗教建筑同样也是丰富多彩的。如，从选材择地所举行的祭祀仪式，到建筑的方位取向、规模形式、空间格局及室内装饰处理以及伴随着整个建构过程的各种宗教礼仪活动，甚至在建筑室内各种器具陈设布置上所反映的种种崇拜、禁忌，都可以充分体会到各民族在进行这一系列宗教活动时的行为心理。

（五）混融的审美追求

在人类文化的积淀中，还有一个十分重要的且前途无量的领域，那就是"审美"。人和外界自然的审美关系，伴随着实践关系和认识关系而产生、发展，并逐渐独立出来，结出丰硕的审美之果，并反过来进一步丰富着民族文化发展的内容，表现出一个民族不倦的追求精神。

图1-2-9（b） 伊斯兰教

审美包括审美情感、审美观念、审美能力和审美活动等方面的特有方式和对象。当一个民族的文化模式在其最初形成之时，就已经悄然诞生它的审美模式。所以无论是原始工具的制造、房屋建筑的建造，还是对环境的认同，甚至是语言思维的形成，都孕育着人类的形式以及人们对活动对象及创造物的特殊情感。

人对建筑是有感情的，凝注于建筑之外的形象中的目的，是人赖以生存和繁衍的生活的需求。从建筑文化层次上说，建筑的情感表达比其他艺术更

图1-2-10 有地方民居建筑特色的基督教、天主教教堂

直接。因为人们对建筑的情感来源是直接的，即对生活本身的情感，而各种不同的空间形态的民族建筑反映的就是生活。

有什么样的文化，就有什么样的审美。在一种文化中，如果语言思维是其最基本和核心的部分，那么审美则是其升华和最显露的部分，所以审美实质上是以确定的外观形式，表达着一种文化内在的深刻意义。通常在意义被形式化的过程中，审美便被升华了。不仅有功利性，而且有非功利性；不但是具体的，也是抽象的。这种确定的外观形式，构成了审美的外显性。云南民族的审美有以下的共同特征：

1. 多元性特征

相对于云南民族文化的多元性，其表现出来的审美风格也是多元的。彝族凝重，尚黑、尚红，热情的火象征其精神（火把节）；傣族轻盈，尚绿、尚白，纯洁的水寄托其理想（泼水节）；藏族尚白，洁白的哈达赋予吉祥和善良。就是"土掌房"在丛山之中也那么凝重，竹楼在江水河畔也那么轻盈，碉房在陡坡上也那么洁白。从不同的建筑形态中都可以挖掘到文化学层面上的意义（图1-2-11）。

2. 功利性特征

云南民族审美具有比较明显的功利性特征，表现在两方面：一是审美对象本身具有实用功利价值，二是人们的审美标准、审美态度是实用的。一方面，只要有利于人们生产、生活、繁衍的事物，才会进入审美的视域。按普列汉诺夫的说法，劳动先于艺术，美的观念是在劳动中产生的，并且"人最初是从功利的观点来观察事物和现象，只是后来才站到审美的观点上来看待它们"。与建筑形式、建筑结构相关的各种材料，如土、木、竹、石，因为它们经济实用，取材加工方便，所以才被广为使用。再如民居建筑室内的火塘，一块寸方之地，因其具备炊事、取暖、照明的基本功能，便伴随着人们从远古到现在，创造出一系列神秘的"火塘文化"。另一方面，审美对象本身不一定有实用价值，但人们以实用的标准或态度来看它，并赋予它一种幻想的实用功利价值。如建房中的宗教活动，室内空间的诸多禁忌、崇拜，还有各种"有意味的形式"。

3. 混融性特征

云南民族的审美具有混融性特征，其审美活动尚未从社会的其他活动中独立分化出来，还混融在生产劳动、宗教祭礼、人生礼仪、节日庆典和社会交往等的多种活动中。不论是一种活动仪式，还是一首民族诗歌，除了具有本身的审美功能外，它还传授着劳动技能和生活经验，教化着信仰模式、审美和行为规范。反之，也正是那些生产生活、宗教仪式、节日活动，才反映出丰富的审美创造。

4. 集体性特征

在现代人看来，审美完全是个人的心理体验。因而，审美活动是个体性的，且审美能力、审美趣味完全因人而异。比如一幅画或是其他艺术作品，所表达的是某一个体的独特体验，虽然作品也包含某一时代的社会性，展示出一种更为深广的意义，但对于观赏者来说，审美往往是根据自身的体验（社会经历，素质修养等）进行再度的创造或阐释后而接受的。但云南民族的审美通常是群体性的、有组织的活动。审美情感是大众共同的体验，"尤其是宗教情感变为一种民族的共同心理和传统习惯"时，其集体性特征更加明显，如许多民族节日庆祝、宗教祭祀上的各种歌舞仪式，都是最典型的群体审美活动。

群体是一个民族有机的社会共同体，在具有混融性和集体性的审美活动中，不但充满着民族的认同、宗教的认同和社会行为规范的认同，也充满着审美的认同。群体是美的创造者，也是美的欣赏者。群体的审美能力、审美趣味是相同的、共有的，创造者与接受者之间不存在体验的差异。因为人们的经历几乎是代代相传的、共同的。无论是创造者或是接受者，很少有谁能超出传统文化的规定，他们只是在不断地重复体验、强化体验。对个人来说，他一生下来，便处于一个既定的环境和民族文化的氛围之中，一切的标准早就规定好了，他唯一的任务就是学习，别无选择，或许这正是云南传统建筑形式变化甚微的缘故。

图1-2-11（a） 藏族土库房

图1-2-11（b） 傣族土掌房

图1-2-11（c） 傣族竹楼

图1-2-11（d） 哈尼族蘑菇房

图1-2-11（e） 彝族土掌房

以上分析表明，云南古建筑正是处于这种复杂、多样的自然生态和人文背景中，历经缓慢之发展演变，形成各种建筑多元性和交融并存的特点，并传延至今，或许这些特点，在某个层面上构成了云南建筑文化多元的特质。

第三节　云南古建筑的本土化历程

在文化的发展史上，不同文化之间从始至终都存在着相互冲突、相互排斥、相互渗透与相互融合的现象，任何一个民族文化都不可避免地要与其他民族文化进行相互交流。而建筑艺术也同其他文化现象一样，总是置于一种相互交流、相互影响、相互促进的开放环境中，并融合多种文化之精华的集大成，绝非置于封闭状态的独立发展之物。云南是一个多民族的边疆地区，在长期的社会历史发展过程中，各民族在居住环境上相互错杂，经济上相互促进，文化上相互交流，因而在云南古建筑及其建筑文化的形成与发展中，也相互渗透、相互影响。

一、汉化的传播影响

作为一种物质文化表现形态，云南古建筑及其文化的发展历程，似乎与其他文化类型所显示出的多元性一样，所创造、融合的建筑形态及其文化特征是非常丰富多彩的。

例如，伴随着古"滇"文化、青铜文化与两爨文化的兴衰更替，到南诏、大理文化的显赫，再到元、明、清以后汉文化不同程度的传播覆盖，云南古建筑的发展历程也呈现出不同的时代特点，在其发展演进中虽然有一定的历史延续性，但建筑文化的异质性表现似乎显得更多一些。比如自云南剑川海门口、祥云大波那、楚雄万家坝、晋宁石寨山、江川李家山等地大批文物出土之后，云南的青铜文化才逐渐被世人所认识（图1-3-1）。而云南的青铜文化时代作为一个有特殊价值的历史时代，前后相继约1000多年，对我们进一步认识这一时代的云南古建筑，有很重要的史料参考价值。

当古"滇"文化登上历史高峰时，在其辉映之下，由青铜器相关资料中所揭示的当时滇池地区的建筑也跨入了一个新的世纪，这在云南建筑发展史上，具有里程碑的性质和意义。

在祥云大波那和晋宁石寨山两个属于古"滇"文化系统的古墓中，不仅表现出早期干阑式建筑的外观形态，而且还有井干式结构的应用和图像显示。如祥云大波那出土的木椁铜棺，其外形就是一个长脊短檐悬山式屋面的干阑式建筑形式，屋面及四周侧壁遍铸几何花纹；而晋宁石寨山出土的几件青铜器屋宇人物镂花饰品，则更加明显和具体地表现了干阑式建筑的外形特征，并且其上层房屋的墙壁为圆木叠置的井干壁体。这些建筑造型处理，在今天云南少数民族传统民居建筑中仍屡见不鲜（图1-3-2）。

图1-3-1　云南出土的青铜器

与古"滇"文化、"昆明"文化处于大致相同时代的还有一个"哀牢"文化。史学家认为:"哀牢"文化乃分布在今天的滇西南地区,并说它带有东南沿海文化的特征。比如分布在滇西南地区的佤族属于古代百濮系民族,"濮"文化接近于越文化,亦即接近于东南沿海文化;干阑建筑正好又是东南沿海文化的要素特征,且从沧源所处的地理位置来看,说明它在"哀牢"文化分布范围之内也是站得住脚的。这样,可以不言自明:"哀牢"文化的表征性建筑当为沧源岩画中所表达的干阑(图1-3-3)。我们姑且称此干阑为"山地干阑",主要是与古"滇"文化所表达的"滨水干阑"相区别。

众所周知,古"滇"文化位于东南沿海文化圈的边缘地带,紧邻"昆明"文化,在两种文化的相互碰撞中,在一种文化身上带有另一种文化因子的现象是可以理解的。

云南历来存在着地区之间、民族之间社会发展不平衡的情况,青铜文化时期也不例外。相对而言,在青铜文化时期的古"滇"文化处于领先地位,"昆明"文化和"哀牢"文化则较为落后,也较少引起世人的关注,留下的史料自然稀少,也许还有更多的其他地域文化被历史遗忘。例如,建造历史可以追溯到新石器时代的元谋大墩子遗址中、后来又在云南许多地方广为流传的"土掌房",此时虽未有续论,但它不可能完全绝迹。再者古羌族群中进入岷江上游河谷居住的钟羌,"创造了碉房的建筑法,称之为宗。《后汉书·冉龙传》:'累石为室,高者至十余丈,为邛笼。'邛笼即宗。……华语碉,羌语邛笼"。这些"碉"或"邛笼"的亚种(图1-3-4),至今也遗留在云南的藏族、彝族、哈尼族等民族的传统民居之中,甚至对于白族、纳西族的传统民居建筑也产生过一定的影响,如果认真追溯起来,自然割裂不断与碉房和邛笼的内在联系。如果在青铜文化时代云南古建筑的系统图中补入土掌房、碉房的内容,或许是符合云南古建筑发展历史的。

历史的发展总是充满曲折和变化,曾经辉煌一

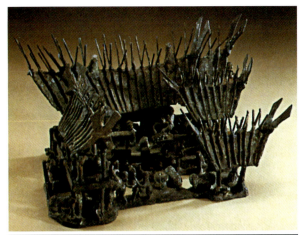

图1-3-2(a) 晋宁石寨山出土的青铜屋宇

图1-3-2(b) 祥云大波那出土的木椁铜棺

从有关史料可知,与古"滇"文化同时并存的还有"昆明"文化,亦即"皆编发随畜迁徙,毋常处,无君长"的文化,史学家刘小兵认为:"昆明"文化的考古遗存即是"石棺葬"文化,也有"井干式"建筑结构的具体应用。

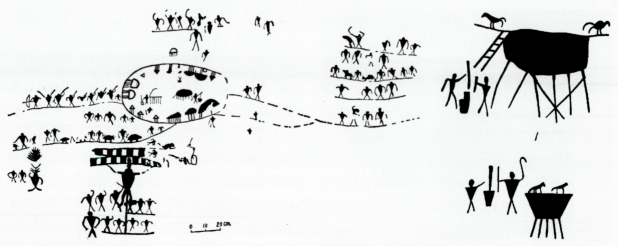

图1-3-3 沧源岩画中的干阑

图1-3-4(a) 羌藏民的族邛笼碉房1

图1-3-4(a) 羌藏民的族邛笼碉房2

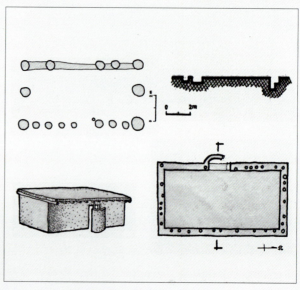

图1-3-4(b) 云南元谋大墩子遗址

时的古"滇"文化,自汉武帝于元封二年(公元前109年)举兵灭"滇"之后,便很快消亡在滇池地区,之后前来填补这个文化空白的,应是属于氐羌族系的"僰"人(即被认为是白族的先民)。至今在云南丘北县的野猪塘村,仍有"僰"人的后裔居住(图1-3-5)。

很明显,古"滇"文化在滇池地区的断裂,对云南百越文化的发展造成了严重的挫伤,以致后来始终未能够再高高地站立起来。但是百越文化也并未因此而完全消亡,只不过是在空间上转移、在载体上改变了而已,现在的"傣文化"应当就是古"滇"文化的继承者。

从另一方面来看,正是由于汉武帝的灭"滇",为氐羌文化的发展和向南迁移带来了新的契机。在历经数百年的孕育、生长之后,南诏政权在洱海地区迅速崛起,登上了继古"滇"文化之后云南历史上的又一个文化高峰。所不同的是,前者是"滇"人创造的,而后者则是以彝族和白族为主体的氐羌系民族的贡献。

对于在南诏、大理时期所创造的云南建筑文化,其特别突出的价值在于,它显示出了一个新的历史动向,亦即它冲破了本土文化构成的封闭局面,勇于吸收中原汉文化,把中原先进的建筑技术和建构经验与本民族自身的现实生活需要紧密结合起来,开创了云南地方建筑走向"汉化"的发展历程,并成为一股很强的历史潮流,终于导致"汉式"建筑技艺的传播与泛滥,进一步加重了云南地区建筑文化的多元性、多层次性的色彩。

图1-3-5　丘北野猪塘村民居

南诏、大理时期，云南地方建筑走向"汉化"的倾向，是与其受中原汉文化的传播影响分不开的。其实，从楚国的庄蹻入滇开始，便先后不断地有中原文化陆续输入，尽管庄蹻入滇的结局是所谓的"变服，从其俗，以长之"，但却给云南的民族和社会带来了新的刺激，并且在"滇"文化中可以看到其所发挥的促进作用。此后，历代封建王朝出于国家大一统的需要，均从未将地处边疆的云南置于脑后，伴随而来的是一次强过一次的文化冲击。比如，秦修"五尺道"，使其"余威震于殊俗"；汉初为了征讨云南，在"汉习楼船"之后，又在云南实行"且以其故俗治，毋税赋"的初郡制，并设立了益州、越巂、牂柯三郡；蜀汉时诸葛亮亲统大军，"五月渡泸，深入不毛"，本着"不以力制，而取其心服"的战略，取得"秋平四郡"的胜利。再往后的"唐标铁柱"、"宋挥玉斧"与"元跨革囊"，均记载着封建时期中原王朝与云南边疆地区不同程度的分合治理关系。

于是，在中原文化的一次次冲击下，促使云南发生了一系列重大的历史转变。

第一，它促进了云南社会的统一和进步，出现了辖区宽广、空前统一的南诏奴隶制地方政权；

第二，促进了云南边疆地区地方农业、手工业的迅速发展，形成云南地方经济的空前繁荣时期；

第三，习用汉字，尊孔学儒，逐步消除了本土民族对中原汉民族的生疏感和文化心理障碍，对维护祖国统一和维护边疆各民族大团结的意识空前增强；

第四，对佛教文化的不断引入和弘扬，也打破了本地原始宗教的独尊地位。

特别是在建筑及其文化方面发生的转变，从总体上看主要表现为：本土建筑"汉化"过程的发生和两种或多种文化的并立与共存。自汉晋以来，凡与中原交往频繁的地区，无一例外地开始发生了本土文化向中原文化一侧倾斜的状况，致使本土建筑相继发生不同程度的解体、断裂。一个可以简单地称之为云南本土建筑"汉化"的过程开始出现了，特别是在南诏崛起前后的大理地区表现得最为强烈。

所谓云南本土建筑的"汉化"过程，实际上是指云南地方社会的新需要与中原建筑的成熟经验相结合的演变过程，是云南本土建筑模式与中原传统建筑模式相互嫁接、相互融合的互动过程，其最终结果主要体现在以下4个方面：

1．在云南本土的民间建筑之外，还出现了一类高雅的、为地方统治阶级服务的贵族建筑，比如土司府署。

2．在供居住使用的民居建筑之外，还出现了宗教性和纪念性的建筑。

3．在民族传统村落之外，还出现了集镇和城市。

4．建筑的目的除谋求与自然环境的适应之外，还出现了社会和宗教的渗透。

这一系列的两两对立与共存，几乎构成了南诏建筑文化的全部内涵。

于是，在中原文化板块的强烈冲击下，洱海"塌陷"了，大理国固有的本土建筑文化断裂了。这种塌陷与断裂，标志着一个旧时代的结束和一个新时代的开始，大理人在新时代中重塑了自我，更高地站在历史舞台上，不断追求"汉化"的成功，使其成为后续云南各地方、各民族长久仿效的楷模，这就是南诏、大理建筑文化对后人的昭示。

元代是云南历史发展中的重大转折点，自"元跨革囊"攻灭大理国之后，云南从此开始结束了"羁縻"的统治，作为一个行省，被纳入中央王朝的直接管辖之下。历史学家评论：在云南历史上，元代以前是"夷强晋弱"，元代以后是"晋强夷弱"。这里的"夷"，指云南本土的原住民，"晋"是指汉民族。更确切地说，"夷"和"晋"都主要是从人的文化心态或价值观念上来区别定论的。宋人陈黼曾经说："苟以地言，则有华夷。以教言，亦有华夷乎？夫华夷者辨在心，辨心在察其趣向。有生于中州而行戾乎礼义，是形华而心夷也。生于夷域而行合乎礼义，是形夷而心华也。"

事实上，在元代以前进入云南的汉民族，由于数量较少，影响有限，绝大部分都融合到少数民族中去了。从人口数量来说，少数民族要多于汉族，但就文化而言，云南少数民族在元代以前尚不知尊孔，而已经融合到云南少数民族中去的汉人，也忘却乎"礼义"，表现出"形华而心夷"，所以就形成"夷强晋弱"的局面；元代以后则相反，汉族移民的人口数量已大大多于少数民族的人口数量，而且不仅是汉人知"礼义"，官府极力倡导和推行汉人之儒家"礼仪"，少数民族之中的不少人，也开始研习儒学，逐渐变得"形夷而心华"了。

显然，由"夷强晋弱"转变到"晋强夷弱"的核心因素主要有两个：一个是人口的大量迁徙；另一个则是儒学的普遍传播。

(一) 人口的迁徙

历史上，在不同时代进入云南的中原移民，大致有以下几种情况：

第一种，为了躲避中原战乱或自然灾害等原因而分散和先后进入云南。

第二种，因为战争原因随军队或被掳掠而成批进入云南。

第三种，因为实行军屯、民屯、商屯的戍边政策而主动成批进入云南。

一般分散进入云南的中原移民，他们的影响主要潜化在其所融入的那个民族当中，给那个民族的文化演进增添了量的积累。而成批进入云南的大量中原移民，他们的影响十分特别：首先，他们不单是只身前往，而是举家而来，甚至是带着汉族全套的"文化装备"而来；其次，由于中原各地居民也存在着文化上的差异，来自不同地方的移民，各自也都带着他们彼此不同的"乡音"，这一点也正好说明，云南受移民的影响往往也是因时、因地而异的；第三，明初来云南屯田的移民，往往集中分布在自然条件优厚的云南腹部地带，或在边境的坝区，形成星罗棋布的一座座移民村落、集镇和城市。这些村落、集镇和城市犹如一个个文化"核"，对周围聚居环境起较大的文化辐射作用。具体如石屏的郑营村、腾冲的和顺镇，均属于古代戍边军营遗存至今整体面貌仍保存较好的历史村镇（图1-3-6）。

由于历史上形成的各个民族，相互之间存在文化心理上的隔阂和生活方式上的差异，终将导致不同的民族很难居住在同一个小小的地理空间单元内，彼此的距离总是希望越远越好。正因如此，当中原移民来到云南之后，本土的原住民族往往不肯留下，他们总是要往外搬迁，搬迁到那些与中原移民少有接触的山区甚至边远山区等地，这种现象叫做"汉来夷走"，汉族移民来了，原住民族走了，这就造成了人口在不同地区的重新分布。

(二) 儒学的传播

儒学在云南的传播，曾经历了艰难特殊的道

图1-3-6 (a) 石屏郑营古村

图1-3-6 (b) 腾冲和顺古镇

路。南诏大理时期，云南尚未有儒学，后经元、明、清三代在云南府、州、县及卫所等地广修文庙、兴建学宫，通过诵诗书、宣礼教、习礼仪，在儒学传播上的不断努力，使云南"文教日兴，彬彬几埒中土"，对云南的社会发展起到重要的促进作用。

随着以儒学为中心的汉文化在云南腹地主导地位的逐渐确立，包括汉式合院民居在内的汉式传统建筑也在云南广为流行，甚至呈泛滥之势，从而形成继干阑式、井干式、土掌房三类本土民居建筑体系之外的第四类合院建筑体系。到了明、清之际，汉式传统建筑在云南已形成一个宏大的体系，其标志主要体现在：

1. 木构技术的地方化

灵活精巧的木构建筑体系，是中原传统古建筑的重要特征之一。当它在中原地区发展成熟的时候，云南尚处在不知用榫卯的阶段。这种技术最初由中原移民匠师带入云南，以后培养出一代又一代的云南本土工匠。从早期遗留的建筑看，其木结构体系与中原地区的差别并不大，但到清代，云南本土建筑的木结构已显现出自己独立的个性，形成别有特色的地方技术派别，完成了向地方化的转变和改造。

2. 空间布局的院落化

这里所说的"院落"，并非是指几座单体建筑的任意围合，而是指能表达体现儒家"礼制"秩序的特定组合，也只有体现出"礼制"秩序的合院式建筑，才具有中原建筑空间布局的典型性。云南本土建筑的各类模式，在空间布局上基本上是独立的外向性布置方式，只是在受到中原传统建筑思想观念的影响以后，才开始发生变化的，并不同程度地表现在各类建筑布局中。

3. 建筑观念的世俗化

世俗是相对于神灵而言的，由于虔诚于宗教信仰的缘故，云南早期的建房活动，无疑是某种程度的造"神"活动，人性几乎被神性所掩盖。儒学在云南广泛传播之后，礼、乐成了新的道德标准和审美标准，并渗透到建筑观念之中，成了后续云南传统建筑发展的理论向导。

二、原始基底的构筑

回顾历史，云南与中原的关系，远在楚国的庄蹻入滇之时就有所联系，从汉武帝设置益州郡开始，正式隶属中国。但境内民族组成极为庞杂，中央政权对云南边疆的控制，往往鞭长莫及，故汉晋之际，屡生叛变，号称"难治"。东晋以降，迄唐初叶，东、西爨雄踞滇东，垂数百年，虽奉为正朔，实同割据。其后到南诏、大理国时，相继独立，至元世祖灭大理后设置云南行省，乃复入中国版图。但是汉族与汉文化，自西汉中叶以来，挟其政治力量与文化之优越性，移植到云南之东北隅，渐次西及保山，南至建水，使当地的农田、水利、蚕桑、纺织、建筑、姓氏以及丧祭埋葬之法，服色装饰之微，效法华夏，不一而足。而大、小爨碑（即爨宝子碑和爨龙颜碑）（图1-3-7）及以下之金石遗文，与南诏、大理两代的传世诗词，其文辞淡雅，书法遒劲，比之中土，绝不逊色，足以证明当时统治阶级的汉文化程度之深，以及以汉文为其通行文字之广。明清以来，中原移民，数量增多。康雍以后，实行"改土归流"⑥，旧日土司，侪于齐民，迄至今日，省内各少数民族虽极繁杂，但除西北、西南二隅统治较晚者外，其余各地区之语言、风俗，皆以汉族为中心，渐趋于同化。

图1-3-7 爨宝子碑

在建筑方面，经唐天宝年间与南诏在西洱一役之后，举汉晋以来云南政治文化的中心，如两汉之益州郡（今晋宁县），三国以后之建宁（今曲靖市）、晋宁二郡，皆荡然兵荒。自唐之后，文献实物数量逐渐增多，其中最重要的，莫若南诏之郊邑、宫室、民居，见于唐樊绰的《蛮书》及现存寺刹所示的形式结构，与中原相比，几无二致。然而这种现象，按照建筑发展的规律判断，绝非在短期内所能产生，究其原因，必自两汉以来，经长期的潜移默化，方能达到如樊绰所言的"上栋下宇，悉与汉同"之情形。明清以后，由于历代的兵燹、地震灾害与政治变革、宗教因素等，现存木构建筑仅发现元代2处、明代20多处。

就现存遗物来看，云南的古建筑，仅砖、石两类，当有南诏、大理二代之遗物，木建筑则以元代为断。然而云南因地处西南边疆，其建筑的演变，恒较中原迟缓，故古法遗留，亦比其他省份居多。如元代的木构建筑，往往保持有宋代建筑比例，遽目睹之下，几可乱真，如安宁曹溪寺、建水指林寺。

而明代初期者，亦偶与中原元代建筑仿佛相类，如昆明真庆观大殿，安宁、楚雄两地的文庙大殿等。此外，丽江民居的屋顶，多用悬山式，两山挑出甚长，施博风板及悬鱼，又在正脊与垂脊前端仅施瓦当，均存汉代余法。而昆明等地的彩画施工，其底地不披麻、不捉灰，直接绘于木上，亦极富古风。

其砖塔一类，历元、明二代，迄于清末，犹墨守唐代密檐式方塔之矩矱。如清光绪中叶修建的昆明东寺塔，民国年间建于宾川县鸡足山的金顶寺楞严塔，均足以令人惊奇密檐砖塔影响之深与流传之久，远远超过中原各省，唯斗栱结构，自明中叶以后，殊形异制，杂然并陈，或施斜栱，或施网目形如意斗栱；或于跳头上置三幅云与雕花板，如江、浙一带通行方法，以代替内外拽瓜栱及厢栱；或于昂嘴及蚂蚱头，施以复杂的雕镂，或于斗栱后尾置斜撑，如清初河南一带的式样，且用材比例纤细，几丧失原有的结构意义，则不能不为例外。

从现存的传统民居建筑来看，早在南诏大理国时期，聚居于云南大理苍洱一带的"西爨白蛮"、"洱海蛮"等白族先民，就通过大量吸收中原先进文化，积极发展当地的农耕经济，为南诏、大理文化奠定了良好基础，并使汉族的传统木构建筑技术广泛地推广运用且与当地的居住需要相协调，逐步形成独具特色的彝族、白族和纳西族等民族的传统"汉式"合院民居。同时，南诏、大理的崛起，促进了洱海地区和滇池地区的社会经济发展，在引进汉民族先进文化的同时，也引进了大批的内地工匠，并兴建、扩建了以"太和城"和"阳苴咩城"为首的一批城镇。据《蛮书》五卷记载："太和城北去阳苴城（今大理）15里，巷陌皆垒石为之，高丈余，连延数里不数。""阳苴咩城，南诏本衙，门上重楼，左右又有阶道，高二丈余，墼以青石为磴，楼前方二、三里，南北城门相对，太和往来通衢也。从楼下门行三百步至第二重门，门屋五间，两行门楼相对，各有榜，并清平官大将军之曹长室也（图1-3-8）。"

公元836年修建的大理崇圣寺，基方7里，房屋近900间。寺前设立千寻塔（图1-3-9），为方形平面密檐式砖塔，塔高58米，16层。公元865年南诏王劝丰祐在城内又修建了"楼方广五丈，高百尺，上可容万人"的五华楼，这表明了云南当时的建筑技艺已发展到比较成熟的阶段。1276年，元朝建立云南行中书省，将行政中心从大理移至昆明，在滇池地区逐步形成封建地主经济。这以后陆续修建的昆明圆通寺、西山太华寺、华亭寺等基本上是汉式建筑形式，其中圆通寺大殿前的廊院改为池塘，在中轴线上用桥亭相连，周围水榭环绕，可谓是汉传佛寺建筑在云南地方上的大胆创新（图1-3-10）。此时建筑技术上的进步，也极大地促进了当地民居建筑的发展。

明、清以来，随着社会生产力的不断发展，昆明、大理、丽江等地逐步形成商品经济，并促进了当地手工业及建筑的发展。这时期所修建的丽江白

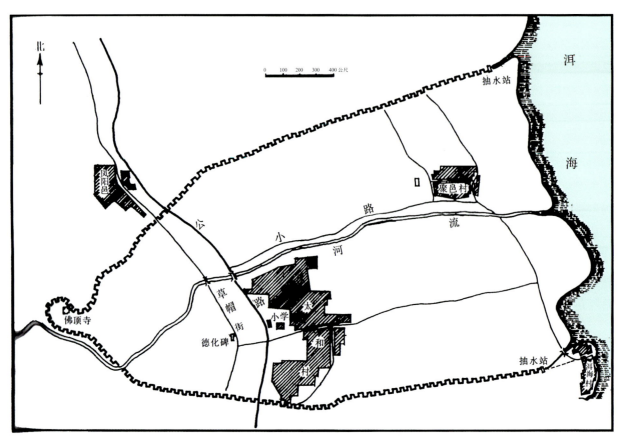

图1-3-8 太和城遗址平面示意图

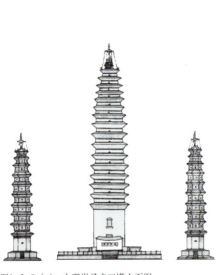

图1-3-9（a） 大理崇圣寺三塔立面图

图1-3-9（b） 大理崇圣寺三塔实景

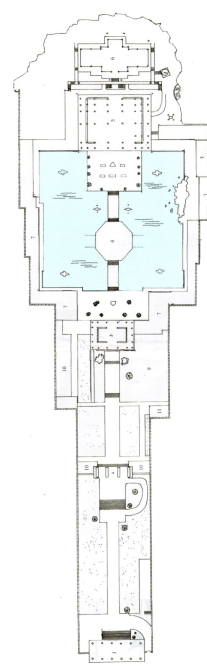

图1-3-10（a） 昆明圆通寺总平面图

图1-3-10（b） 昆明圆通寺大殿

图1-3-10（c） 昆明圆通寺水榭廊庑

沙古建筑群、昆明真庆观、黑龙宫、大观楼等，建筑式样丰富多彩，虽然这些建筑的形制已完全趋于汉化，但在许多建筑的局部，地方化的倾向却比较浓厚，并且在建筑的梁柱结构、梁枋截面尺寸、比例、斗栱结构形式上均保持了早期遗制，如昆明真庆观的紫薇殿和安宁、楚雄二县的文庙大成殿，与中原元代建筑相仿；安宁曹溪寺大殿，镇南广福寺大殿的阑额、普柏枋及斗栱也都有明显的宋辽遗风（图1-3-11）。可见，虽都源于同一原始建筑雏形，也都属于同一结构体系，但随着时代的发展变化以及受到其他民族建筑文化影响程度的不同，其建筑形式可谓千差万别。

在民居建筑方面，因受中原文化的影响较早，像白族、纳西族、壮族、布依族和部分彝族等民

图1-3-11 具有宋辽遗风的斗栱

族,一方面接受了中原汉民族先进的建筑技术,另一方面又保持着本民族的传统建筑技艺,在融合汉族和其他民族的建筑文化因素后,使本民族原有的建筑均有所发展,并形成一个由本土建筑模式转向汉式合院民居模式的过程(图1-3-12)。特别是在明、清以后,这些民族的传统民居建筑则更加成熟,又不同程度地影响着居住在其周边的其他少数民族,最终形成多种民居建筑形式同时共存的局面。

可见,经过漫长岁月的积淀,从新石器文化到青铜文化,再到"昆明"文化和"哀牢"文化,至迟在西汉以前,终于构成了一个支撑云南古建筑及其文化发展演变的"原始底层"。而各民族先民在不同地方,面对不同的自然环境条件,所创造出的三种具有浓厚地方本土特色的建筑空间模式:"干阑"、"井干"、"土掌房",即是这个建筑文化"原始底层"的基本结构。正如法国艺术家丹纳所言:"这便是原始的花岗石,寿命和民族一样长久。那是一个底层,让以后的时代把以后的岩层铺上去。"

随后,以这三种本土建筑空间模式为基础,通过不断的移植再生,调适整合,逐渐发展成为三种具有云南本土建筑特色的民居古建系列,并且在随后受到不同时期汉文化的持续影响,使云南古建筑在总体上呈现出"多元化和多层次性"的基本特性。

一般来说,文化的发展总是要靠人来推动的。建筑文化乃是建立在物质实体基础上的一种文化,如果没有人,特别是如果没有掌握建筑技术的广大民间匠师,那么建筑及其文化的进步将是无法实现的。比如在南诏之前,云南大理地区就有不少外来的汉人融入当地的白族当中,这些人早已带来了中原的先进建筑技术,早已对当地建筑的"汉化"产

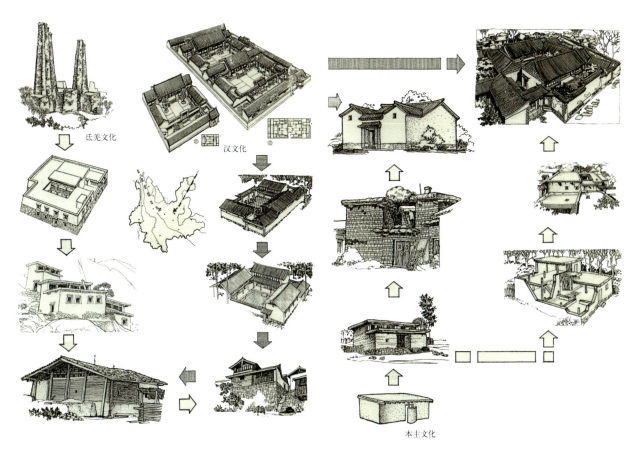

图1-3-12　云南本土民居建筑文化交流示意图

生着明显的影响和积极的推动作用。同时，还有一个不可忽视的因素，就是南诏时期曾经多次向外征战，掳掠奴隶，其规模宏大的建筑工程，从技术、劳力到财力也都包含着那些被俘奴隶的贡献。

由此，南诏时期的建筑技术达到了前所未有的高水平，取得了木构技术的进步、砖石技术的进步、砖瓦制作技术的进步等。这些技术的进步，都使人不能不想到那些"子女工伎"。

到了元、明、清三代，随着"改土归流"和屯兵戍边政策的推行、大量移民的迁入和儒学在云南不断的传播、发展，以儒学为中心的汉文化在云南腹地占据主导地位之后，才在云南本土建筑文化"原始底层"的基础上又有所发展，形成新的建筑体系，包括不同地区和不同形式的汉式合院系列。

三、多元文化的融合

"一切文化都是时代精神的体现"，云南古建筑及其建筑文化所体现的时代精神，包括反映的价值观念、社会心理、社会需求、行为准则、生活方式等在内，在不同的历史时期都有相应的较大变化，且不可同日而语。而新的建筑文化同样要体现出同时期的时代精神，满足相应的社会生活需求，就必须从传统不断走向现代，其根本出路在于创新。

云南是一个有两千多年历史的多民族聚居的边疆省份，自秦、汉以来，中原内地文化就先后不断地在传播与扩展，共同构成了云南古建筑文化体系的基础。同时，随着云南与周边国家和地区对外交往的频繁，中外建筑文化在这片土地上形成相互融合碰撞和相互影响的局面，使云南本土建筑既保留了中国传统汉式建筑及其建筑文化的根基，又或多

或少地受到来自周边国家和地区外来建筑文化的熏陶，各种方式的跨文化交流，促进了云南传统古建及其建筑文化整体的形成和发展。所以总体上看，多样性、特殊性和兼容性是云南古建筑及其建筑文化的显著特色。

云南各民族地区因自然地理环境和社会人文背景的特殊性和多样性，至今所遗存不同级别的古建筑，不但类型丰富，空间构成形态独特，并且与环境结合紧密，既表征着各地方、各民族丰厚的历史文化信息，以及人们对外交往学习的演变历程，同时也见证与记载着各个历史时期人们物质文化与精神文化生活的方方面面。例如：在云南聚落城镇发展演变历程的第二次大的历史性飞跃中，南诏时大规模扩建、兴建的城镇，呈现出以大理古城、巍山古城、昆明古城和建水古城为代表的云南地方古代城镇，一个个脱颖而出，基本赶上了当时中原地方城镇所达到的发展水平，并具有自己的鲜明特色。而从明代到清代初年，出现云南城镇营建的第二次高潮，一些府、州、县各级政权治所又有一批新兴城镇纷纷登上历史舞台，使原有城镇旧貌换新颜，规模宏大的砖石城垣，雄踞城门高处的城门楼宇，以文庙、书院、寺观为主体的各类大型纪念性建筑的大量修建，极大地丰富和强化了支撑城市空间的物质骨架和文化骨架，同时也极大地开拓了城市居民的世俗生活领域和精神生活领域。

这其中一个显著变化是，在城镇的平面格局形态上，虽然也着意追随带有方形根基的中原城镇营建模式，但更契合云南山多、地势起伏变化大的环境特点，并不受中原"礼制思想"的严格约束，对城镇聚落的规划布局，不论是在朝向选择上，还是在对方形格局的借鉴应用上，大多决定于本地区、本民族的文化取向，从而营建出一批有鲜明地域民族文化特色的历史文化城镇。

再就云南汉传佛寺的总体格局来看，元、明时期与南诏大理时期并无太大差别，自南诏立国以后，大量吸收了中原文化，不仅"城池郭邑，皆如汉制"，且寺院的规制、建筑风格、工匠乃至佛教文化等方面，都与汉传佛教有关，影响明显。张胜温当时所绘的大理《梵像卷》，甚至可看作汉传佛教绘画艺术的宝藏[7]，因为该画卷"画是中国画，字是中国字"[8]表现的内容也与汉传佛教关系密切。

尽管不同的汉传佛寺寺院在布局上会受到地形、地势等条件的限制，甚至少数寺院还有一些大的变动调整，然而云南大多数的汉传佛寺，仍然遵循中原内地汉传佛寺布局的规制，空间上以轴线对称和封闭院落式布局为主。如著名的昆明圆通寺、五华寺、海源寺、筇竹寺、华亭寺，晋宁盘龙寺，大理感通寺，通海涌金寺、清凉寺，建水指林寺，宾川鸡足山上的静室等均如此。

但在继承中原汉传佛寺典型平面布局的同时，云南汉传佛寺敢于突破中原的固有形制，这可以从山门的设置、法堂的有无以及对中原形制固有模式的背离三个方面得到验证。如始建于宋代的昆明筇竹寺和始建于元代的昆明西山华亭寺，山门的设置都处理成独门形式（图1-3-13）。昆明西山太华寺及昆明昙华寺的山门处理更以一座独特的三叠式牌坊代替殿宇式山门，这在中原汉传佛寺布局中极为少见（图1-3-14）。在昆明华亭寺、太华寺、筇竹寺以及安宁曹溪寺的整体布局上，却之不恭的讲经说法之法堂均已被省去。始建于唐代的昆明圆通寺，主体建筑分别由山门、牌坊、观音殿、八角亭、大雄宝殿、藏经楼等构成，既无法堂，又无天王殿，并在藏经楼之后复建接引殿，明显背离了中原汉传佛寺的规定形制。而且还在大雄宝殿之前，开挖巨池，池中又建一重檐八角亭的观音阁，通过南北石桥与其前后的观音殿、大雄宝殿相连，池畔采用回廊连接二殿，构成水榭式大殿与池院相围合的独特风格，如图1-3-10所示，这在全国汉传佛寺布局中极属罕见。

在云南，采用对称布局且有轴线贯穿的喇嘛寺，大多建于河谷、山间的平缓地带，主体建筑居中，附属建筑或呈十字展开，或居于四角，暗合佛教的"五方四天"之说。无明显轴线和不对称布局的喇嘛寺，多依山而建，循山顺势错落重叠，密若

图1-3-13（a） 昆明筇竹寺山门

图1-3-13（b） 昆明西山华亭寺山门

图1-3-14 昆明昙华寺牌坊式山门

鳞栉，并以白色为主调。虽然此类寺院在布局上并无统一规制，但由于建筑材料、色彩相同，主体建筑尺度较大，装饰精美繁杂，具有统一全局的作用，故整个寺院建筑群并不杂乱，如始建于清代的香格里拉的噶丹松赞林寺（汉名归化寺），既是滇西北地区最大的喇嘛寺，也是康区"十三林"之一，即为不对称布局的大型黄教喇嘛寺（图1-3-15）。该寺依山而建，大寺、金瓦寺与八大康村是其主体建筑。大寺居于全寺之中，四面立以红、白二色的平直高墙；金瓦寺居于其右；八大康村与能容纳千余喇嘛的养身房舍环绕于大寺周围，整个寺院的庙宇主殿与平顶碉房相结合，鳞次栉比，高低错落，再配以高大的围墙、哨楼，宛如城堡。据传，此寺本为西藏匠人仿照布达拉宫布局设计建造，远眺层楼重叠，极为壮观。

在信仰南传佛教的滇南地区，南传佛寺不但数

图1-3-15 香格里拉松赞林寺建筑群

量多、分布广，几乎是"村村有佛寺"，便于当地民众的日常"赕佛"活动，其佛寺建筑以佛殿规格最高，戒堂次之，僧房又次之。其建筑形式特征，最突出地反映在佛殿与戒堂这两种主要建筑类型上，因受到周边国家和地区不同民族文化、建筑文化的渗透影响，也同样呈现出各地彼此不同的建筑形态，概括起来可分为干阑式和落地式（殿堂式）两大类。干阑式佛寺主要指德宏州瑞丽地区的"奘房"，且建筑形态较多反映出与缅文化及缅甸南传佛寺的特点，而落地式佛殿主要分布在西双版纳、临沧和思茅等地，在建筑类型上又分为版纳型、临沧型。版纳型南传佛寺与泰国文化及泰国南传佛寺特点的建筑形态接近，如陡峭的"人"字形屋面和相似的装饰绘画等。处在德宏芒市、陇川一带的傣族、德昂族和阿昌族的佛寺，则介于干阑式与落地式之间，具有明显的汉、傣文化交融结合现象。

南传佛寺在云南傣族地区呈现出多种不同的建筑形式，同样经历了一个地方化的融合演变过程，一方面保持着南传佛寺所独有的建筑空间形态特征；另一方面又体现出南传佛教与傣族信仰的原始宗教、中原汉文化，以及来自缅、泰国家和地区外来文化的相互融合、相互吸收，多种建筑技术的交融和嫁接，从而形成其云南本土如此丰富多样的古建筑风貌和地方特征。

对于云南地方的现存文庙，其建筑在具体的规模建制、总体布局、建筑坐向、单体形态与空间组合等多方面，仍然表现出既有遵从中原文庙建构形制布局之规定，也有展示结合地方民族文化之创造，包括在与地形环境的结合、建筑群体空间的组合、单体建筑的形制处理和建筑主体梁柱结构构架与细部装饰的具体应用等，充分表明了云南各地方各民族在积极吸收借鉴中原汉文化的同时，没有忘却和抛弃自我的创造智慧，将汉族先进的建构技术工艺有机地应用于云南各地方的文庙建筑之中，并突出体现了建筑布局的多样性、鲜明的地域性和灵活的创造性等三个方面的特点。

而不论是佛教寺院、道教宫观、文庙书院，还是土司府衙、宗祠民宅以及楼阁桥塔等，云南地区的古建筑技艺，虽然总体上难以和中原地区先进的建构技术相比拟，但其自身的技术处理和在吸收、融合中创造出的新建筑技术，同样放出夺目的光彩，这些在后续的相关章节中有详细的论述。

总之，在云南地区遗存的不同形式的古建筑，不管其受到何种外来建筑文化的影响，彼此都经历了一个地方化、本土化的多元交流与相互融合、相互吸收的过程，同时也结合本地方本民族的实际需求，在交流借鉴与融合吸收中不断创新，将多种不同的建筑文化和建构技术相互嫁接，延续传承至今，从而形成云南古建筑丰富多样的建筑风貌和地方特征。

当然，我们也不得不承认，遗存至今的云南古建筑，虽然类型丰富多样，但仍有明显的不足，主要体现在：

一是遗存年代久远的古建筑较少。除了塔幢有唐、宋时期的遗存，如崇圣寺的千寻塔、大姚白塔和大理国经幢，大木结构的古建筑基本上是元、明以后的，且建于元代初期的都是凤毛麟角，仅有安宁曹溪寺、建水指林寺等。

二是缺乏大体量、大规模的建筑群体。尽管建水文庙规模位居全国第二，也只是因有宽大的学海（泮池）使其占地面积比较大，而单个的建筑体量并不大。

三是缺乏在形制上的统一和在技术上的规范。有些古建筑在具体营造时，参考了中原内地建筑的形制和范本，但在具体应用时，或出于对建构技术学习借鉴掌握得不完整，或出于对本土文化传统的情感延续，或是受到经济技术的限定等，导致云南古建筑有许多的创新，而在建造的技术上规范性、统一性相对不足。究其成因，都与云南的地理环境、文化传播以及各地方、各民族对外交往学习的实情密切相关。

本章较为系统地从自然环境与人文环境两大方面，简要阐述了云南古建筑在受中原汉文化、周边国家及地区外来文化等多种因素的限定和影响，通过自身的学习交流、融合吸收所走过的本土化发展历程，使读者对云南古建筑的生存环境与背景有初步认识和了解。

注释

① 见《国语》。

② 〔清〕乾隆.丽江府志略.上卷.

③ 史记·西南夷列传.

④ 在傣族的民间传说中，流传"谷神奶奶"与"佛祖"斗法的故事，最终谷神奶奶胜利，就是当地原始宗教与南传上座部佛教斗争的真实反映。

⑤ 诗经·庸风·定之方中.

⑥ 所谓"改土归流"，即明清两代在少数民族地区废除世袭土司，改行临时任命流官统治的一种政治改革。清雍正年间，在西南一些少数民族地区废除土司制，设立府、厅、州、县、派遣有一定任期的流官进行管理，在政治、社会经济和文化方面，都有其进步意义.

⑦ 全卷设色贴金，线条流畅自然，富于变化，人物比例恰当，神态形貌刻绘生动；布局上疏密有致，其绘画水平之高，完全可以作为汉传佛教绘画的典范。详见：杨学政.云南宗教史.昆明：云南人民出版社，1999：60~74.

⑧ 李根源，《胜温集》又题，大理图画卷题咏。

云南古建筑

第二章 聚落城镇

云南古城和古聚落分布示意图

(地图引自：中华人民共和国民政部编. 中华人民共和国行政区划简册2014. 北京：中国地图出版社，2014.)

❶ 丽江	❻ 会泽	⓫ 通海	⓰ 黑井镇	㉑ 河西镇	㉖ 翁丁村
❷ 昆明	❼ 腾冲	⓬ 石屏	⓱ 和顺镇	㉒ 团山村	㉗ 东莲花村
❸ 大理	❽ 保山	⓭ 广南	⓲ 沙溪镇	㉓ 诺邓村	
❹ 巍山	❾ 漾濞	⓮ 威信	⓳ 娜允镇	㉔ 郑营村	
❺ 建水	❿ 剑川	⓯ 香格里拉	⓴ 光禄镇	㉕ 城子村	

第一节　云南聚落城镇的发展演变

一、聚落城镇的生长历程

聚落城镇是个活的有机体，它的生长过程既复杂，又朦胧，这主要是因为它是在社会、历史、地理等诸多因素的共同作用下发展的，同时又因为这些过程都发生在历史的天际线背后，依稀隐现，使人一时很难以看清它的真实面目。

美国城市理论家刘易斯·芒福德在追溯城市发展的历史时告诉人们，在城市出现之前先有村庄，在村庄出现之前先有非永久性聚落（如生息繁衍地、墓地、圣地等形式）。而且在聚落的起源、形成和发展演变中，既不能忽视人类自身的动物性渊源，也不能忽视古代社会的社会性和宗教性这两股动力。这些观点，对我们今天去认识古代聚落的形成有很大的启发。

芒福德在其《城市发展史》一书中指出，许多动物物种都存在着"要求定居、休息的倾向，要求回归到安全而又能提供丰富食料的有利地点"。古代的人类又何尝不是如此。但是在真正实现永久性定居之前，人类的生活曾经在"游动和定居这两种极端形式之间摇摆不定"。究其原因，人们当时以采集、狩猎和牧业为主，生产力水平低下，游动是可以让采集的人与自然相适应的最有效的调适方式。只有游动，才能得到饱食和安全，相反，则意味着饥饿和危险。

于是，人们在游动迁徙的过程中，往往以临时定居点为依托，这类临时定居点，是一种以栅栏为围护，以"胜利桩"、"胜利石"为中心，以毡房、火塘为实体的氏族原始聚落形态。这里的"胜利桩、胜利石、胜利火"即是家神、村寨神的象征，人们把保护村寨平安、强化氏族凝集的希望都寄托在这些象征物的身上，无论人们迁徙到哪里，它们都会被供奉到哪里。

从对临时定居点的构成分析来看，不外乎有四类骨架，即物质骨架、宗教骨架、社会骨架和文化骨架。且宗教骨架还具有特殊的意义。芒福德曾在《城市发展史》一书中说："在非永久性聚落的三个起源形式中（即生息繁衍地、墓地、圣地），有两个都同神灵、祭祀有关，而不仅只同生存有关，……随着城市的逐步进化成形，其内容自然也日益丰富起来，但上述这些核心因素却始终是城市存在的依据……""在城市成为人类的永久性固定居住地之前，它最初只是古人类聚会的地点，古人类定期返回这些地点进行一些神圣活动，所以这些地点是先具备磁体功能，尔后才具备容器功能的。""人类最早的礼仪性汇聚地点，即各方人口朝觐的目标，就是城市发展最初的胚盘，我们姑且称此为圣地效应。"

显然，从游动到定居，是人类历史上具有划时代意义的一次伟大进步，但像面对其他伟大的历史转变一样，并非所有人都能很快适应，其中还有一些"还没迁徙下来"的人。因此，为了要把人们都吸引到定居点来，并进一步利用超自然的力量以巩固定居，人们常赋予定居点以神圣的含义，例如丽江玉龙雪山、大理苍山、永宁的狮子山等，以发挥其建立或维持一个聚落的强大威慑力和感召力。

对于聚落城镇的建立，昆明理工大学蒋高宸先生认为，"食与性是村寨追求的最高目的"。如对爱情的追求，摩梭民歌说得最为坦白："倘若此生无人爱，死到黄泉不安心，愿学老鹰飞上天，哪里快乐哪里歇。"对于饱食的追求，也在许多民族的村寨聚落选址中表露无遗。如"哪儿能种出蔓菁，哪儿就是纳西族要找的建寨地方"[①]。这种能饱食的传统村寨聚落选址原则，可认为是一种经验型的原则，体现着一种原始的生态观念。同时，对于永久性村落的出现，还与动植物的驯化以及由畜牧社会转入农耕社会的演变分不开。

从乡村聚落转变到城市是一个连续的过程，或者说，乡村是城市的雏形，"城市的胚胎构造已经存在于乡村之中了"。而且城市形成的过程，就是突破原有村落局限，促使村落生活急骤扭转的过程。

由乡村聚落转变到城市也是一个变革的过程。

这里所谓的"变革",至少包含着"它是一个世袭阶级社会,其组织方式完全为了满足少数统治阶级的利益,已不再是由一些卑微的家庭,互相帮助共同生活而组成的社区"这种含义。城市不仅在规模与人口上比乡村远为扩大,而且在方向上也超乎乡村,去追求比饮食、生存更高的目的。

显然,发展至后来的城市是人类在谋生活动中的伟大创造,而城市的起源,可以追溯到在城市出现之前便已存在的广大乡村,追溯到在乡村出现之前人类在游动中的周期性集聚的生息、繁衍基地,甚至可以追溯到更为久远的人类自身的动物性渊源。虽然能够提供这些认识的绝大部分史料现在还被埋藏在"地下",但我们应一点一滴地去发现、去积累、去努力……

二、云南聚落城镇发展概况

云南地处祖国的西南边陲,由于自然环境的多样性、民族构成的复杂性,从尚未完全脱离原始状态的村落集镇到近代都市,实际上存在着一部活的聚落城镇发展史。对于研究者来说,这无疑是一个巨大的诱惑。

众所周知,人类的生存曾经在游动和定居这两种极端形式之间长期摇摆,最终都或先或后地转向了定居。在进入定居之后,便有村落、集镇和城市相继出现。在不同国家、不同地区、不同民族中间,几乎都经历过这样一个相同的发展过程。但是,在这大致相同的发展过程中,不同国家、不同地区、不同民族却有着彼此不同的表现形式和不同的文化内涵,所有这些不同,正是对聚落城镇发展研究所应特别关注的核心所在。

聚落城镇作为居民赖以生活和生产的基地,它的发展历史最为悠久,数量最为庞大,分布地域最为广泛,所容纳的人口最为众多,所积淀的文化也最为深厚。

在云南许多民族聚居区,聚落城镇的产生与发展,从远古时代起从来就不是孤立的。可以说一个乡村或者一座城市,均可视为一个社会生态系统,其生长过程往往受到若干生态因子的制约。从乡村到城镇的转变过程,无非是许多生态因子共同作用的过程,这些生态因子具体体现在政治、经济、人口、文化和技术等多个不同的结构层次上。

1. 政治结构

古代村落政治结构的核心是"部落的酋长",而古代城镇政治结构的核心是"国家的国王"。在政治结构上,如果没有从酋长到国王的转变,就不会有从乡村到城镇的转变。南诏时期,在云南占统治地位的南诏奴隶主,就是云南的国王。

2. 经济结构

正如史津说的:"从城市演进的历史来分析,经济的发展是维持城市生命的基本要素。对于城市的分布、格局及功能起着重要的生态作用"。我国古代的城市理论,已用"地不辟则城不固"的语言表述,来表达经济对城镇的因果关系。在南诏时代的云南,已经显露出这样一个基本事实:大凡有城市分布的地区,都是云南经济条件较好,农业、手工业均较发达、人民生活较为富裕的地区,例如滇池地区、洱海地区、保山地区等。

3. 人口结构

自从南诏势力崛起之后,军队四出长途奔袭,特别是数十万人口从滇池到洱海,从洱海到滇池的大迁徙运动,促使当地的人口结构发生了改变。自然的阻隔尽管仍然存在,但更为重要的是,人的精神阻隔却已开始被打破。居住环境变换,不同民族杂处,已经熟悉的不再有用,有用的则需要重新学习。于是人们的眼界变宽了,视点增高了,不再偏安于自我崇拜了。新的环境带来新的刺激,新的刺激带来竞争意识,而竞争更能够激发起新的创造能力,并汇流到城镇建设中去,成为城镇中最活跃的因素。很明显,但凡人口迁徙波及最大的地区,后来都是最富有生机的地区,这无疑是一个很好的例证。

4. 文化结构

城镇是人类文化发展的结晶,同时又是文化的载体。凡是人们的生活方式、传统习俗、宗教信仰、环境意识、文化要素等，无不在城镇的实体空间中留下深深的历史印记，是形成城镇特色最活跃的因素。不同时代、不同地域、不同民族的城镇差异，主要根源就在于彼此文化的差异。

聚落城镇是"文化—生态"系统的一种物化形式，而"文化—生态"系统是人们利用自然与自然相结合的产物。不同聚落城镇表现出来的文化特性，往往是由不同的"文化—生态"特性所决定的。

5. 技术结构

主要是指建筑工程技术。城镇实体空间的塑造，不可缺少相应的技术支撑。因技术体系有其对环境的适应性和自身稳定性，在合适的条件下，可以经过适当改造进入城镇为新的需要服务。由于本土传统建筑技术在应用上有它的局限性，仅仅靠它不可能完全满足城镇兴建的需要，向外借鉴和引进先进技术已成为时代的要求。中原的建筑技术成就为此提供了示范，以木架体系为精髓的中国传统建筑技术，到唐代已发展到高峰阶段，通过南诏的媒介传入云南，首先被应用在城镇大型建筑的修建上，从而引发了一个云南本土建筑的"中原化"转化过程。

历史上，云南一些聚落城镇的出现，它们既是社会权力聚合的阶段结果，同时又是促进社会权力聚合的新的开始。它们既是一个宝库，容纳了各地方民族历史文化遗产中最可宝贵的财富；又是一个先锋，突破了许多民族古老社区的孤立和封闭状态，不断吸收新的生活方式。比如坐落在玉山丽水之畔的丽江古城大研镇，在明代以前，虽已形成一定规模的村落和集市，但按其性质来说，还不是真正意义上的城镇。元明之际，丽江古城在滇西北高原脱颖而出，标志着纳西族社会发展的新水平和村落建设的新高度，并开始走向古代城市化的新阶段。

纵观云南聚落城镇的发展演变历程，可大致划分为三次大的历史性飞跃：

第一次飞跃，从游动到定居的飞跃，从而产生出现原始村落。

第二次飞跃，在广大乡村的包围中间，一个个古代城镇脱颖而出，这可称为古代的城市化过程。

第三次飞跃，由古代城镇向近代城市转化的飞跃。

以上这三次大的历史性飞跃，标志着云南地方城镇发展的进步历程。

经考证，云南是迄今所知我国有人类频繁活动最早的地区之一。在元谋县大墩子发现有新石器时代的村落遗址；在沧源县发现的一批岩画中，保留着一幅完整的远古村落图（图2-1-1）。这幅村落图，像是在我们眼前打开的一扇窗子，通过这扇窗子，使我们窥见了云南古代聚落的原初面貌。

据文献记载，到西汉时期，云南本土民族的先民，一部分已进入"耕田，有邑聚"的阶段，一部分则还停留在"随畜迁徙、毋长处、毋君长"的阶

图2-1-1　沧源崖画远古村落示意图

段，说明当时云南各地方、各民族先民社会发展存在不平衡性。这种不平衡性，都在社会发展程度上和城镇建设的表现形式上有所差异，尔后也一直存在。

汉代，在当时所称的"西南夷"地区（大致包括现在的四川、贵州、云南地区）推行"初郡制"，其中益州郡的治所就设在滇池之滨的晋宁（今昆阳县晋城镇），这对云南古代城镇的出现起到催生的作用，并促使后来云南出现三次城镇营建的高潮。

第一次高潮：云南最早的城镇，出现在隋唐之际的洱海地区。而城镇营建的第一次高潮正是由"南诏"地方政权推动起来的。当"南诏"地方政权建立并受唐王朝赐封为"云南王"之后，又"西开寻传"、东受"两爨"、南达"墨嘴之乡"，其疆域之广，已"东接贵州，南括西双版纳，西抵今缅甸北部，北达大渡河，东南接越南边界，西南界骠国（今缅甸中部），西北与吐蕃的神川（今丽江北）为邻，东北达戎州"。为了巩固这一地盘，南诏时大规模扩建、兴建城镇，除了扩建、兴建了洱海地区的太和城、阳苴咩城、龙尾城、龙口城、大厘城、邓川城、宁北城、白崖城和云南城之外，又扩建、兴建了洱海以外地区的弄栋城（今姚安）、铁桥城（今丽江巨甸附近）、昆明城（今四川盐源附近）、永昌城（今保山）、银生城（今景东附近）等城镇。

其中，著名的太和城（现今只有遗址尚存）、阳苴咩城（今大理古城）、拓东城（今昆明古城）、南诏城（今巍山古城）、惠历城（今建水古城）等一批古城镇的涌现，开创了云南城镇发展的先河，为后来云南城镇的发展奠定了重要的基础。到元代，云南地区的一些主要城镇，已基本赶上了当时中原地方城镇所达到的发展水平，并具有自己的鲜明特色。例如，城镇与自然山水的巧妙融合、构成灵活的平面形态、热闹繁华的街市景观、优美怡情的家园环境、技艺精明的城镇标志性建筑等，作为历史的记忆，流传后世，成为今天不可多得的珍贵历史文化遗产。

第二次高潮：从明代到清代初年，出现了云南城镇营建的第二次高潮。随着府、州、县各级政权治所的建立，又有一批新兴城镇纷纷登上了历史舞台，而原有城镇也随之旧貌换新颜，规模宏大的砖石城垣（图2-1-2），雄踞城门高处的城门楼宇，以文庙、书院、寺观为主体的各类大型纪念性建筑的大量修建，极大地丰富和强化化了支撑城市空间的物质骨架和文化骨架，同时也极大地开拓了城市居民的世俗生活领域和精神生活领域（图2-1-3）。

城镇数量的增加、规模的扩大、分布地区的更加广泛，是云南第二次城镇营建高潮带来的又一个显著变化。与此同时，还有另外一个不可忽视的显著变化，即在城镇的空间形态上，更加着意于追随带有方形根基和母题的中原城镇营建模式，这是封建皇权统治和礼制城建思想在云南得到进一步强化的象征。

图2-1-2（a） 嘉庆年间临安府地理图

图2-1-2（b） 明代大理府地理图

图2-1-3（a） 大理北城门

图2-1-3（c） 巍山拱辰门

图2-1-3（b） 鹤庆南城门楼

第三次高潮：从18世纪末到20世纪30～40年代，作为云南省会城市的昆明，由于特殊的地理区位和历史机遇，带来人口的迅速增加，并拥有了现代公路、铁路交通和现代文化、教育、医疗卫生机构等，从而步入了全国新兴近代城市的行列。旧城的种种框限被突破，传统的建筑形式和城市功能结构发生解体，各式"洋风"建筑成为一时流行的风尚。新的工业区、商贸区、金融区、居住区逐渐形成，新的街道景观和各类公共建筑成为城市发展的新标志（图2-1-4）。这在云南建筑史中虽然只是一个特例，但却是云南城镇营建的第三次高潮和云南聚落发展第三次飞跃的典型代表。

以上是对云南聚落城镇发展中的一条主线的简要追溯。由于社会经济发展的欠发达，地区间的发展差异明显存在，就云南全省而言，以传统给自给自足农业经济为基础的广大乡村，仍然像是汪洋大海，城镇只是在这个汪洋大海中浮现着的一些岛屿。而且云南历史上产生发展的大多数城镇，在社会、经济、文化等方面，与乡村的关系十分密切，只能算是一种乡村型的城镇，或者是在从乡村向城市转化过程中的一种过渡型城镇，这是在云南聚落研究中不可回避的事实。

汤因比在其《历史研究》一书中评价说："中国原是一个和谐而安静的人文世界，有高明的天生理趣，有深刻的生命情操，也有弥漫的尘世乐趣，虽然也有一治一乱的循环与反复扰攘的战争，然而却撼动不了中国人文世界内在的和谐性。"把这段话用来描述云南的聚落城镇环境也是再确切不过的了。

图2-1-4（a） 昆明南屏街百货大楼

图2-1-4（b） 昆明同仁街

图2-1-4（c） 昆明文明街福林堂

第二节　云南聚落城镇的分类特征

一、云南聚落城镇的分类

中国古代营建的城市平面形态，常分为"方形根基"的理念形态和"因天才，就地利"的自然形态两种，即以《考工记·匠人》为代表的"礼制"城建思想和以《管子》为代表的"有机"城建思想，特别是后者，其不受"礼制"观念的约束，以生命为本，以人为本，崇尚自然的机理和环境的功能。而自北魏以后的中国历代都城的平面形态，几乎没有不尊崇方形格局与"礼制"城建思想建设的，因为方形平面形态简洁明了，有中心和四方，对称均衡，方向感很强，易于识别和控制，特别符合中国人的空间观念、哲学理念与审美习惯。有了都城的榜样和示范，地方诸多的城镇营建刻意仿效，蔚然成风，以至于形成2000余年中国城镇建设一脉相承的传统。

云南各民族先民，面对不同的自然生态环境和不同的社会文化环境，曾经创造了种种带有"理想国"色彩的村落模式，例如"沧源聚落"模式、"桑木底"模式、"惹罗"模式以及"普兹普武"模式等。在历史岁月的荡涤中，这种种村落模式的功能虽然发生了重大的变化，但其基本结构却被长久地保持下来。

云南早期的城镇，更多地继承了自然形态的传统，究其原因，一是云南山多，地势起伏变化较大，"方形根基"的观念形态不像在平原地区那样易于实现；二是云南远离京都，不受礼制思想的严格约束，城镇聚落的规划布局，不论是在朝向选择上，还是在对方形借鉴应用上，大多决定于本地区、本民族的文化取向，从而营建出一批有鲜明地域民族文化特色的历史文化城镇。

云南古代的地方城镇，就其平面形态而言，以有机形态出现得较早，如洱海地区的太和城；明代以后则观念形态普遍流行，并占了统治地位，当时云南著名的六大府城，无一不是这样。这一转变的发生说明，这是中原汉文化影响加深的结果。由此可以大致分为两种类型：一种是自然形态的城镇，以丽江古城为代表（图2-2-1）；另一种是观念形态的城镇，以建水古城为代表（图2-2-2）。这两种城镇是两种文化的象征，从比较研究中，可以丰富我们对中国古代城镇发展及地区间不同文化交融互渗特点的认识。正是有这种不同文化的交融互渗，才有云南聚落城镇丰富多样的格局风貌。

城市的自然形态，容易造成人们无序的错觉，而秩序也正蕴含在这看似无序之中。传统理论中有"地理之道，山水而已"。"山为龙兮"，山脉即龙脉，而水又为山之血脉，水的流动"皆血脉之贯通也"。"水飞走则生气散，水融注则内气聚"。"水深处民多富，水浅处民多贫；聚处民多稠，散处民多离"。故，在山，不伤龙脉；在水，不伤血脉。随山顺水来灵活地进行古城的布局与修建，这就是丽江古城所体现出的空间秩序，而古城的自然形态格局，也由此而成。

历史上，人们聚居环境的建设活动，如何适应自然环境，人与自然如何协调相处，或许丽江古城的创造能给我们很多启迪。

尽管"风水理论"对丽江古城格局产生较大的影响，如不破坏山形地势，不改动沟渠水流的分布、流向、路径等。但实际上对古城格局起支配作用的还是纳西人对待自然界的道德规范、道德态度和道德行为，一些最为朴素的建立在微生态环境和条件利用基础上的原始观念，也许比那些大的观念理论更能打动人，具体表为：

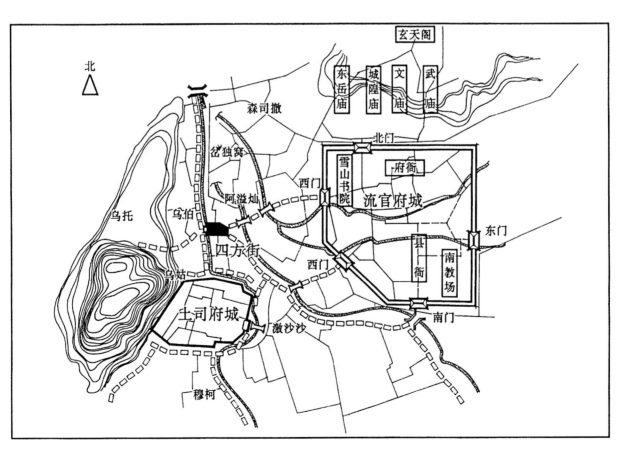

图2-2-1（a） 丽江古城平面图

图2-2-1（b） 丽江古城水系平面图

图2-2-1（c） 丽江古城鸟瞰图

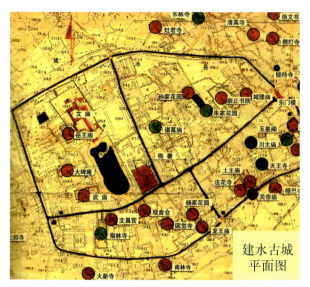

图2-2-2 建水古城平面图

图2-2-3 雄伟高大的建水东城门

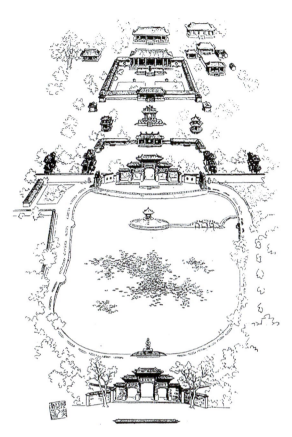

图2-2-4（a） 建水古城文庙鸟瞰示意图

图2-2-4（b） 建水文庙先师殿

图2-2-4（c） 建水文庙学海

　　明代的建水，是有大量汉族移民进入并为中央集权直接管辖的地区，古城在平面形态上的选择，必然不可能完全脱离礼制思制的轨道。可以说，明代形成的建水古城平面形态，是中原模式在云南边地的具体应用，其平面形态虽不十分的规整，但对方形母题的追求和对皇权的效忠，却显而易见。它那高大的城垣、雄伟的城门楼的象征意义，远远高于它的防卫意义（图2-2-3）。从明代到清代，真正面临战争威胁的次数并不多，而在数百年间经常发挥作用的倒是对皇权的张扬。

　　衙署、文庙的居中布置，在建水古城很明确。特别是文庙，于元代至元二十二年（1285年）兴建，明、清两代又增扩，不仅位置居中，而且规模宏敞、金碧壮丽，在古城内堪称第一。作为全城精神生活和接受外来知识的中心地位，更是没有其他场所可以与之相比（图2-2-4）。它不愧是所谓的

"一方总号诗书郡，六诏咸称礼乐邦"的枢纽和发动机。作为"文献名邦"的建水，不仅在出人才方面出类拔萃，更有广泛意义的是，在文庙的中心作用之下读诗书、尊孔孟的风气已遍及乡里，"不异中土"。从每年一次的祭孔典礼仪式所表达的情感说明，求科举、求"入世"的城市眼光，已经代替了求饱食、求生育的村落传统。这是一个"质"的转变，如果没有这种"质"的转变，即使有再多"量"的积累，传统乡村也不会转变为城市。

二、云南聚落城镇的特征

根据对云南现存的许多传统聚落城镇情况分析来看，有以下一些共性特征。

（一）综合性特征

综合性是聚落城镇本身所具有的基本特征，包括人、自然、社会的综合、功能和结构的综合、人的居住行为和构筑行为的综合，以及物质形态要素和非物质形态要素的综合等，这就决定了对聚落城镇的研究，也必定是综合的研究，就应当从以建筑学、规划学、文化生态学为中心的多学科结合的广泛视野上进行融贯的研究。

（二）动态性特征

聚落城镇的发展演变是不可限制的，只是有时快一些，有时慢一些，有时会停滞甚至会倒退。人们对聚落城镇发展演变的关注，往往不会停止在这些表象上面，而是在更为深层的动因上面。导致聚落城镇发展演变的动力因素，或者来自外部，或者来自内部，或者是外部、内部因素的综合作用。

鉴于聚落城镇空间结构在历史中是动态变化和演进的，需要追踪它的变化和演进过程，这就自然地进入对聚落城镇变迁历史的研究。而聚落城镇变迁的历史，常常又表现出阶段性和变化性两大特点。

在聚落城镇发展演变的每一个历史阶段，一般都有作为这一阶段典型代表的聚落或城镇空间模式的出现，而且具有相当的稳定性。在一个地区或一个民族中间，当从游动转向定居时所始创的聚落城镇空间模式，可称之为该地区或该民族聚落空间的原型模式，一个地区或一个民族的聚落空间原型模式，往往带有"理想家园"的性质，而且在一个地区或一个民族中间，保持的时间最为长久、对后者的影响也最为巨大，应该格外重视对聚落空间原型模式的研究。

为适应变化了的时代特点和发展需要，聚落空间常常面临着重构的任务。因有重构便带来聚落空间的变化。这种变化，既有缓慢的渐变，也有短时的突变，随机性很大，个体之间常有差异，需针对具体对象作具体分析。

（三）层次性特征

人们对聚落城镇空间形态的认知，通常分为三个层次，即聚落城镇的外部空间、聚落城镇空间和宅园空间等。聚落城镇的外部空间是聚落空间的底景，常有自然的属性，或可称为自然空间，例如平坝、峰峦、沟谷、荒坡、草地、林地等。聚落城镇空间是自然空间的人工部分，一般称为人工空间，其构成要素例如宅基地、道路、广场、祭祀场地、宗祠或庙宇、墓地、生产基地、商业点或集市、教育机构、行政管理机构、边界标志和防卫设施等。宅园空间是聚落城镇空间的重要构成部分之一，其构成要素例如睡眠、进食、休息娱乐、祭祀礼仪、人际交往、家务劳作、储藏、饲养、栽培、学习等。

从聚落城镇空间形态构成的三个层次，已不难明白，对于聚落城镇空间的研究，既要关照到自身各要素和各要素之间的地位与关系，还应该关照到聚落城镇空间与聚落城镇外部空间和宅园空间之间的地位与关系，进而再关照到一个聚落城镇与同一地域内的其聚落城镇之间的地位与关系，以便获得聚落城镇空间的完整概念。

（四）磁体性特征

聚落城镇的产生发展，是人类社会发展不断进步的新标志,作为"磁体"、作为"容器"、作为"象征",聚落城镇一旦出现,便成为其所在的一定地区的中心;而该地区乃是孕育城市的母体。这个"中心"与"母体"的相互关系,必然会反映在城市的深层结构之中。

(五)记忆性特征

城市是依靠它的历史记忆而存在的,也正是依靠这些历史记忆,把城市的昨天、今天和明天持续联系在一起。现在,呈现在人们面前的一座座久享盛誉的历史性城市,对研究者来说是一个个有多重价值的实例。每一个历史性城市的起源、发展、演变,城市作为地区中心的功能意义,它留存至今的宝贵历史记忆等,虽非完整无缺,亦非拔萃超群,但都有能够见证某种城市发展历史的真实性片段。为了城市持续发展的需要,为了"温故而知新"的认知需要,它呼唤着人们不断地去发掘。

在探讨云南聚落城镇的生态环境时,不能忽视一些重要的特点,例如,这里由于山峦、河川、森林的阻隔,人们的活动范围相对分散而狭小。不仅各分区之间气候差异很大,即使在同一个分区之内,随海拔高度变化,自河谷至山顶,因坡向、坡度及距海洋远近的不同,气候也呈明显差异。一般在山麓河谷地带,气候炎热,雨量较少;在山腰地带,气候温和,降水较多;在山顶地带,气候寒冷,降水量多,人们形象地称此为"垂直气候"。这种"垂直气候",不仅影响植被和自然景观,且在作物布局、耕作制度等方面的不同,在一定程度上也影响人口和民族分布的不同。滇东南一带曾流传着这样的口谣:"苗族住山头,瑶族住菁头,彝族住坡头,傣族壮族住水头,汉族回族住街头。"人们把这个特征称为民族的"垂直分布"。

上述呈现的自然生态环境特征,导致了云南文化类型多样、民族性和地方性特点强、聚落城镇分散且规模较小的状况。这就意味着在具体研究中,不仅要关注大的生态环境与聚落城镇的关系,更应关注微生态环境与聚落城镇的关系。

第三节 云南聚落城镇的历史遗存

经过自然与人文、历史与社会、物质与精神的双重选择、双重雕琢,云南至今仍然保存有一大批空间形态较为完整的聚落城镇,并以其独特的各种物质形态、物化空间场所和丰富多元的文化内涵,继续见证和传承着各民族人民与自然、与社会和谐相处的生活聚居模式,且彼此从不同角度和不同层面展示出各民族民间智慧与创造的多样性特点。

据有关资料统计,在2012年9月29日,住房与城乡建设部发布的对全国传统村落调查结果显示,在全国31个省、市、自治区、直辖市上报的11567个传统村落中,云南位列榜首,有1371个,占11.85%;同年12月公示的第一批中国具有重要保护价值的646个传统村落名录中,云南首批有62个入选,约占10%;在第二批入选的915个传统村落名录中,云南又有236个,占了近26%。在第一、二批有重要保护价值的传统村落中,云南的总计占了近36%,超过总数的三分之一还多。

另外,截止到2014年2月,云南省总计有78个公布为不同级别的历史文化名城、名镇、名村、名街(表2-3-1)。其中:国家级历史文化名城6个,省级历史文化名城9个;国家级历史文化名镇、名村16个,省级历史文化名镇18个,历史文化名村27个;以及省级历史文化名街区2个。具体分布位置如图2-3-1所示。

而在目前,除被列为国家级、省级历史文化名城、名镇、名村之外,仍然还保存有一大批传统历史古村(表2-3-2),尽管其规模大小不同、居住的地域环境和主体民族不同、所构成村落的物质要素多少不同,但每一个都有其独特的建筑风貌和鲜明的地域特征,真实地记录着人们的生活历史。

图2-3-1 云南省历史文化名城、名镇与名村位置示意图

注：国家级历史文化名城6个、名镇7个（孟连县娜允镇为省级孟连历史文化名城核心区域）、名村5个（娜姑镇白雾街村为省级娜姑历史文化名镇核心区域）；省级历史文化名城9个、名镇18个、名村30个，省级历史文化名街2个（祥云城历史文化街区和红河县城笆萨镇历史文化街区）。

云南省国家级省级历史文化名城名镇名村一览表　　　　表2-3-1

级别	序号	名称	级别	批准日期	审批机关
国家历史文化名城	1	昆明历史文化名城	国家级	1982年2月18日	国发〔1982〕26号
	2	大理历史文化名城	国家级	1982年2月18日	国发〔1982〕26号
	3	丽江历史文化名城	国家级	1986年12月8日	国发〔1986〕104号
	4	建水历史文化名城	国家级	1994年1月4日	国发〔1994〕3号
	5	巍山历史文化名城	国家级	1994年1月4日	国发〔1994〕3号
	6	会泽历史文化名城	国家级	2013年5月18日	国函〔2013〕59号

续表

级别	序号	名称	级别	批准日期	审批机关
省级历史文化名城	1	腾冲历史文化名城	省级	1987年7月	省政府
	2	威信历史文化名城	省级	1987年7月	省政府
	3	保山历史文化名城	省级	1993年1月	省政府
	4	广南历史文化名城	省级	1999年1月	云政发〔1999〕10号
	5	石屏历史文化名城	省级	1999年1月	云政发〔1999〕10号
	6	漾濞历史文化名城	省级	2001年4月	云政发〔2001〕60号
	7	香格里拉历史文化名城	省级	2002年1月	云政发〔2002〕11号
	8	剑川历史文化名城	省级	2003年12月	省政府
	9	通海历史文化名城	省级	2004年10月	云政发（2004）175号
国家历史文化名镇名村	1	禄丰县黑井镇历史文化名镇	国家级	2005年9月	建规〔2005〕159号
	2	会泽县娜姑镇白雾街村历史文化名村	国家级	2005年9月	建规〔2005〕159号
	3	剑川县沙溪镇历史文化名镇	国家级	2007年5月	建规〔2007〕137号
	4	腾冲县和顺镇历史文化名镇	国家级	2007年5月	建规〔2007〕137号
	5	云龙县诺邓镇诺邓村历史文化名村	国家级	2007年5月	建规〔2007〕137号
	6	石屏县郑营村历史文化名村	国家级	2008年	建规〔2008〕192号
	7	巍山县永建镇东莲花村历史文化名村	国家级	2008年	建规〔2008〕192号
	8	孟连县娜允镇历史文化名镇	国家级	2008年	建规〔2008〕192号
	9	云南省宾川县州城镇	国家级	2010年7月	2001年4月云政发〔2001〕60号省级建规〔2010〕150号
	10	云南省洱源县凤羽镇	国家级	2010年7月	
	11	云南省祥云县云南驿镇云南驿村	国家级	2010年7月	2003年12月，省级建规〔2010〕150号
	12	云南省蒙自县新安所镇	国家级	2010年7月	2007年1月云政发〔2007〕9号，省级建规〔2010〕150号
	13	隆阳区金鸡乡金鸡村历史文化名村	国家级	2014年2月	2007年1月云政发〔2007〕9号，省级建规〔2014〕27号
	14	弥渡县密祉乡文盛街村历史文化名村	国家级	2014年2月	
	15	永平县博南镇曲硐村历史文化名村	国家级	2014年2月	2010年1月云政发〔2010〕3号，省级建规〔2014〕27号
	16	永胜县期纳镇清水村	国家级	2014年2月	
省级历史文化名镇	1	大姚县石羊镇历史文化名镇	省级	1995年8月	云政发（1995）115号
	2	维西县叶枝乡历史文化名镇	省级	2001年4月	云政发〔2001〕60号
	3	保山市板桥镇历史文化名镇	省级	2001年4月	云政发〔2001〕60号
	4	广南县旧莫乡历史文化名镇	省级	2001年4月	云政发〔2001〕60号
	5	洱源县双廊镇历史文化名镇	省级	2003年12月	省政府
	6	盐津县豆沙关历史文化名镇	省级	2004年10月	云政发（2004）175号
	7	姚安县光禄历史文化名镇	省级	2004年10月	云政发（2004）175号
	8	保山市隆阳区蒲缥镇历史文化名镇	省级	2007年1月	云政发〔2007〕9号
	9	勐腊县易武镇历史文化名镇	省级	2007年1月	云政发〔2007〕9号
	10	凤庆县鲁史镇历史文化名镇	省级	2007年1月	云政发〔2007〕9号
	11	彝良县牛街历史文化名镇	省级	2008年2月	云政发〔2008〕38号
	12	永平县杉阳历史文化名镇	省级	2010年1月	云政发〔2010〕3号

续表

级别	序号	名称	级别	批准日期	审批机关
省级历史文化名镇	13	宾川县平川历史文化名镇	省级	2010年1月	云政发〔2010〕3号
	14	宁洱县磨黑历史文化名镇	省级	2010年1月	云政发〔2010〕3号
	15	鹤庆县松桂历史文化名镇	省级	2011年1月	云政发〔2011〕15号
	16	东川区汤丹历史文化名镇	省级	2012年4月	云政发〔2012〕63号
	17	通海县河西镇历史文化名镇	省级	2012年4月	云政发〔2012〕63号
	18	文山市平坝镇历史文化名镇	省级	2013年1月	云政发〔2013〕18号
省级历史文化名村	1	禄丰县炼象关历史文化名村	省级	2002年1月	云政发〔2002〕11号
	2	大理市喜洲镇周城村历史文化名村	省级	2007年1月	云政发〔2007〕9号
	3	宾川县大营镇萂村历史文化名村	省级	2007年1月	云政发〔2007〕9号
	4	云龙县宝丰乡历史文化名村	省级	2007年1月	云政发〔2007〕9号
	5	祥云县刘厂镇大波那历史文化名村	省级	2007年1月	云政发〔2007〕9号
	6	宣威市杨柳乡可渡村历史文化名村	省级	2007年1月	云政发〔2007〕9号
	7	沧源县勐角乡翁丁村历史文化名村	省级	2007年1月	云政发〔2007〕9号
	8	泸西县永宁乡城子村历史文化名村	省级	2007年1月	云政发〔2007〕9号
	9	建水县西庄镇新房村历史文化名村	省级	2008年2月	云政发〔2008〕38号
	10	禄丰县妥安乡琅井村历史文化名村	省级	2008年2月	云政发〔2008〕38号
	11	洱源县牛街乡牛街村历史文化名村	省级	2008年2月	云政发〔2008〕38号
	12	保山市隆阳区水寨村历史文化名村	省级	2010年1月	云政发〔2010〕3号
	13	景洪市勐龙镇曼飞龙村历史文化名村	省级	2010年1月	云政发〔2010〕3号
	14	勐海县西定乡章朗村历史文化名村	省级	2010年1月	云政发〔2010〕3号
	15	勐海县打洛镇勐景来村历史文化名村	省级	2010年1月	云政发〔2010〕3号
	16	香格里拉县洛吉乡尼汝村历史文化名村	省级	2011年1月	云政发〔2011〕15号
	17	香格里拉县尼西乡汤堆村历史文化名村	省级	2011年1月	云政发〔2011〕15号
	18	香格里拉县三坝乡白地村历史文化名村	省级	2011年1月	云政发〔2011〕15号
	19	德钦县燕门乡茨中村历史文化名村	省级	2011年1月	云政发〔2011〕15号
	20	德钦县云岭乡雨崩村历史文化名村	省级	2011年1月	云政发〔2011〕15号
	21	麻栗坡县董干镇城寨村历史文化名村	省级	2011年1月	云政发〔2011〕15号
	22	建水县官厅镇苍台村历史文化名村	省级	2011年1月	云政发〔2011〕15号
	23	红河县甲寅乡作夫村历史文化名村	省级	2011年1月	云政发〔2011〕15号
	24	东川区铜都镇箐口村历史文化名村	省级	2012年4月	云政发〔2012〕63号
	25	泸水县洛本卓乡金满村历史文化名村	省级	2012年4月	云政发〔2012〕63号
	26	师宗县淑基历史文化名村	省级	2013年1月	云政发〔2013〕18号
	27	元江县它克村历史文化名村	省级	2013年1月	云政发〔2013〕18号
省级历史文化街区	1	祥云县城历史文化街区	省级	2007年1月	云政发〔2007〕9号
	2	红河县城迤萨镇历史文化街区	省级	2011年1月	云政发〔2011〕15号

有典型代表性的传统历史村落（镇村）一览表　　　　　表 2-3-2

所在地区		序号	村落名称	民族	民居形式	历史要素
昆明市	石林县	1	圭山镇糯黑村	撒尼人	石板房	
	东川区	2	铜都镇箐口村汪家箐	汉族	石板房	
	陆良县	3	芳华镇雍家村	汉族	合院	
	师宗县	4	五龙壮族乡狗街水寨村	壮族	吊脚楼	
	富源县	5	古敢乡沙营村委会下笔冲村	水族	木结构石墙	
	罗平县	6	鲁布革乡多依腊者村	布依族	吊脚楼干阑	
玉溪市	通海县	7	兴蒙乡	蒙古族	合院	
	元江县	8	青龙厂镇它克村	汉族、彝族	合院	
	新平县	9	新化乡新化村小黑达	彝族	土掌房	
		10	嘎洒镇大槟榔园村	花腰傣	土掌房	
楚雄彝族自治州	楚雄市	11	子午镇以夸村	汉族	合院	
	姚安县	12	官屯乡马游坪村	彝族	土掌、垛木	
	武定县	13	环州乡	彝族	合院	明、清（土司）
	永仁县	14	永仁县中和镇老街	彝族	合院	
	双柏县	15	大麦地镇	彝族	土掌房	
大理白族自治州	鹤庆县	16	六合乡五星村	彝族	垛木房	
	祥云县	17	云南驿镇百长村	汉族	合院	
		18	祥云县东山	彝族	合院	
	云龙县	19	检槽乡师井村	白族	合院	盐井
红河哈尼族彝族自治州	蒙自县	20	蒙自县草坝镇碧色寨	汉族	合院	滇越铁路
	弥勒县	21	弥勒虹溪镇	汉族	合院	明守御所
	建水县	22	建水官厅镇	汉族、彝族	合院	元、明（土司）
		23	建水西庄镇汤伍村	汉族	合院	古驿道
		24	建水县西庄镇下坡处村	汉族、彝族	合院	滇越铁路
	石屏县	25	石屏县坝心镇芦子沟村	汉族、彝族	合院	
		26	龙武镇麻栗树村	彝族	土掌房	
	河口县	27	桥头乡桥头村老董下寨	布依族	干阑	
	红河县	28	宝华乡宝华村	哈尼族、彝族	土掌房	明（土司）
德宏傣族景颇族自治州	瑞丽市	29	姐相乡贺赛村委会大等喊村	傣族	干阑	
	潞西市	30	三台山乡	德昂族	干阑	
	梁河县	31	九保阿昌族乡丙盖村	阿昌族	合院	明清（土司）
	陇川县	32	户撒乡新寨贺姐村	阿昌族	合院	
		33	王子树乡邦角村大寨	汉族	合院	清（土司）
普洱市	景谷县	34	永平镇茂密办事处芒岛	傣族	干阑	
	孟连县	35	娜允镇芒掌村勐外	傣族	干阑	明（土司）
	西盟县	36	岳宋乡永老寨	佤族	干阑	
	墨江县	37	墨江县碧溪镇	哈尼族、汉族	合院	明（州治）
	澜沧县	38	糯福乡南段村	拉祜族	干阑	
		39	惠民乡芒景翁基村	布朗族	干阑	
		40	惠民乡景迈糯干村	傣族	干阑	（土司）

续表

所在地区		序号	村落名称	民族	民居形式	历史要素
文山壮族苗族自治州	广南县	41	者太乡	壮族	干阑	
	西畴县	42	鸡街乡鸡街村么所	壮族	合院	
	马关县	43	马白镇马洒村	壮族	干阑	
保山市	龙陵县	44	龙山镇芒麦村蛮旦寨	阿昌族	合院	
	昌宁县	45	珠街乡谷满村	彝族	合院	
	施甸县	46	由旺镇木榔村	汉族	合院	
丽江市	玉龙县	47	玉龙县宝山乡（石头城）	纳西族	合院	元明（州治）
		48	白沙乡玉湖村	纳西族	合院	（土司）
		49	塔城乡暑明村	纳西族	合院	
		50	玉龙纳西族自治县石鼓镇	汉族、纳西族	合院	古驿道
	宁蒗县	51	永宁乡温泉村瓦拉别	摩梭人	井干合院	
	永胜县	52	永胜县期纳镇清水村	汉族	合院	明（屯田）
怒江傈僳族自治州	贡山县	53	独龙江乡	独龙族	木楞房	
		54	贡山县丙中洛乡秋那桶村	怒族	木楞房	
	福贡县	55	马吉乡古当村	傈僳族	千脚落地	
	泸水县	56	泸水县洛本卓乡金满村	白族勒墨人	干阑	
	兰坪县	57	河西乡箐花村	普米族	木楞房	
迪庆藏族自治州	德钦县	58	奔子阑镇奔子阑村	藏族	碉房	古驿道
西双版纳傣族自治州	景洪市	59	基诺乡巴坡村	基诺族	干阑	
		60	勐罕镇曼听	傣族	干阑	
	勐腊县	61	勐腊镇曼旦	傣族	干阑	
	勐海县	62	布朗山乡勐昂村曼诺自然村	布朗族	干阑	
		63	格朗和乡帕真村帕真老寨	哈尼族	干阑	
		64	格朗和乡帕真村黑龙潭	傣族	干阑	
昭通市	威信县	65	水田乡水田村委会湾子	苗族	穿斗合院式	
临沧市	凤庆县	66	凤庆县诗礼乡古墨村	汉族	合院式	
	沧源县	67	勐来乡丁来	佤族	干阑	

一、国家级历史文化名城

目前，云南被列为国家级的历史文化名城有6个，分别为昆明、大理、丽江、巍山、建水和会泽。其中，在1997年，丽江古城首批以整体保护的方式被列入世界文化遗产名录。云南的这6个历史文化名城，可以分别概括为：高原水乡出"丽江"，滇池北岸筑"春城"，银苍玉洱镶"大理"；南诏古都起"巍山"，滇南邹鲁开"惠历"，八方会馆集"会泽"。且每一个都有其独特的城市风貌和鲜明的地域特征。

（一）高原水乡出"丽江"

1. 古城沧桑

"雪山玉龙恋丽江，化作清流绕古坊。蓝天白云淡花影，生生息息岁月长"。

位于滇西北的丽江纳西族自治县，居住着纳西、傈僳、普米、汉、白、彝、藏等十多个民族。其中，纳西族有18.4万人，占总人口的57%。由于地处青藏高原南端的横断山脉向云贵高原北部过渡的衔接地带，丽江的气候受南亚高原季风影响，干湿季分明，温度变化不大，周围风景秀丽，自然环境优美。

古往今来，丽江一直是人们心目中的理想家园，建筑学家、历史学家、文学家、民族学家，中国的、外国的……不计其数，都来探寻、浏览过这个美丽独特的古城。作为中国历史文化名城和世界文化遗产，丽江古城集中体现了纳西族独特的人居环境、地方历史文化和民族民俗风情。其博大精深的文化内蕴，为研究城市建筑史、民族发展史等提供了珍贵的资料。它不仅是中国的，而且也是全人类珍贵的文化遗产。

当你漫步在那些由坚硬五花石板铺就的街道上，当你静静地躺在古老民居院落中观赏纳西族的居家生活时，当你在月色明净的夜晚用心聆听纳西古乐悠长的乐声时，当你忘却都市繁华和尘世的烦恼在古城小桥流水中找到人与自然的和谐时，你能真正感受到历史的凝重，体会到古城的沧桑（图2-3-2）。

始建于宋末元初（12世纪末～13世纪中叶）的丽江古城，总面积3.8平方公里。其以大江深峡、高山险关为依托，并在城四周设关防守（即西北设塔城关，西设石门关，西南设九河关，东北设太子关，城南设邱塘关），不断发展。

南宋宝祐元年（1253年），丽江木氏先阿宗阿

图2-3-2（a） 丽江古城街巷

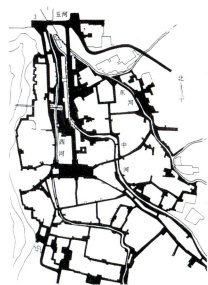

图2-3-2（b） 丽江古城街巷构成平面　　图2-3-2（c） 丽江古城民居内院

图2-3-2（d） 丽江古城街巷

良归附元世祖忽必烈，将其统治中心从白沙移至大研狮子山麓，开始营造房屋城池，称"大叶场"；宋宝祐二年（1254年），在"大叶场"设三赕管民官，其建制隶属于茶罕章管民官；元至元十三年（1276年），茶罕章管民官改为丽江路军民总管府；元至元十四年（1277年），三赕管民官改为通安州，州治在今大研古城。

明洪武十五年（1382年），通安州知州阿甲阿得归顺明朝，设丽江军民府，阿甲阿得被朱元璋赐姓"木"并封为世袭知府；洪武十六年（1383年），木得在狮子山麓兴建"丽江军民府衙署"。旧设土司衙署于城南，周围建宫室苑囿。在一条东西主轴线上，排列着石牌坊、丹池、大殿、配殿、光碧楼、玉音楼等建筑物。徐霞客曾惊叹："宫室之丽，拟于王者。"

清顺治十七年（1660年），设丽江军民府，仍由木氏任世袭知府；清雍正元年（1723年），丽江实行"改土归流"，改由朝廷委派流官任知府，降木氏为土通判；雍正二年（1724年），第一任丽江流官知府杨珌到任后，在古城东北面的金虹山下新建流官知府衙门、兵营、教授署、训导署等，并环绕这些官府建筑群修筑城墙；清乾隆三十五年（1770年），丽江军民府下增设丽江县，县衙门建于古城南门桥旁。

民国2年（1912年），丽江废府留县，县衙门迁入原丽江府署衙内；民国30年（1941年），在丽江设云南省第七行政公署及丽江县政府。

1949年设丽江专员公署及丽江县人民政府，1961年设丽江纳西族自治县。

何以木氏土司要把其统治中心从白沙转移到大研？按照蒋高宸先生的研究观点，主要体现在以下5个方面的因素：

(1) 政治地位需要

元末，木土司任通安州知州、丽江宣抚司副使，直接管辖的地盘很小，借助"阿普三多"神灵的佑护，住居白沙，在性质上尚未完全摆脱部落酋长的身份。当明军南下时，政治上向来十分敏感的木氏即"率众先归"并随军作战，且战功显著而被赐"木"姓和授子孙世袭土官知府，其所统领的地盘，由原来的一个通安州，扩展到通安、宝山、兰州、巨津、临西等5个州县。头衔也由知州提升到知府，既是世袭土司，又是朝廷命官。这一政治地位的变化，必然促使他对巩固既得地位和争取未来更大发展作出相应的选择，中心所在地的变与不变，当为选择的重要内容。就丽江坝的实情而言，白沙偏居于丽江坝一隅，从全局视之，地位远不及居中的大研镇，为尔后的发展壮大弃白沙而求大研，的确为历史所证实大显其利。

(2) 城建发展需要

在以农为本的过去，土地是否肥沃与宽广，是城镇能否生存和继续发展的重要条件。建城选址时要有"环境容量"的概念，白沙较之大研，土地瘠薄浅狭，发展受限，舍白沙而求大研，符合中国传统"度地卜食，体国经野"的营建原则。

(3) 交通优势需要

方便的交通条件，对城镇的发展有十分重要。大研是滇、川、藏大三角交界地区的交通要冲，数条古道在此交会，其中最著名的是"茶马古道"，沿此道向北近可到"三塘"，即建塘（中甸）、巴塘、里塘，远可到拉萨。向南分两路，一路过邱塘关，经鹤庆到大理；另一路过九和关，经剑川至大理；向东南到永胜，向东北则可到永宁、四川，大研如此便利的交通条件，白沙无法相比。把政治、经济、文化的中心，依托于这样一个区位优势明显的地方，无论是对向内聚合力，还是对向外散发力，都十分有利。

(4) 重塑形象需要

城市从起源之初，就已同象征和圣化的意义联系在一起。阿普三多神是白沙的象征，木氏土司借助这个象征的感召力，以民族领袖为标榜，实现了纳西族的统一。自明以后，随着地位的上升，实际上木氏土司已从民族领袖转化为统治一方的世袭命官，因此需要重塑新的形象或象征，以巩固其政治地位。而当时的云南，要让各少数民族接受新的象征，不可能离开儒家教化的轨道，于是"文笔峰"，"大研厢"的命名，是最名正言顺的选择。

(5) 发挥中心作用需要

城市一般有"两个中心"，即地区服务中心和货物中转中心。大研古镇作为滇、川、藏三省交界地区著名的集市，按"中心场"的理论，作为中心集散地，它既是一定地区内的服务中心，能及时提供方便、经济的服务，又是一定地区内的货物中转中心。而地处"茶马古道"要冲的大研，曾是内外货物运输所不可缺少的中转站，因其地处高山峡谷，道路艰险曲折，气候与生活条件异常恶劣，内地的人马不敢再继续深入，只有在大研进行中转，这种状况一直延续到抗日战争时期，而大研在这方面显示出了比白沙更加突出的优越性。

而丽江古城的发展，自身又经历了三个重要的历史阶段，即被称为"巩本芝"的村落集市阶段、明代的木氏土司府城阶段和清代的流官府城阶段。

第一，"巩本芝"村落集市阶段。"巩本芝"是纳西语，"巩"是仓库，"本"是村寨，"芝"则指集市，"巩本芝"即有仓库、有集市的村寨，且这个有仓库、有集市的村寨，以现在的四方街为中心，为后续的城市建设，奠定了重要基础。

第二，明代土司府城阶段。据《古今图书集成》载："明洪武十六年（1383年），土官木得建丽江府公署在大研里西隅，黄山东麓，管理夷民，征解钱粮。"古代大研镇，不仅是木氏土司政权的中枢，丽江政治、经济和文化的中心，同时也是连接滇、川、藏"茶马古道"上的重镇，有了雄厚的经济实力和稳固的统治地位，木氏土司开始在狮山东麓建造府城。

有关土司府城的面貌,徐霞客在其游记中说:"河(指玉河)之西有小山(指狮山)兀立,与象眠南尽处夹溪中峙,其后即辟为北坞。小山当坞,若中门之标,前临横壑,象鼻之水夹其东,中海之流经其西,后依雪山,前拱文笔。而是山中处独小,郡署距其南,东向临玉河,后幕山顶而上,所谓黄峰也,俗称为天生寨。木氏居以二千载,宫室之丽,拟于王者。"

第三,清代流官府城阶段。清代的丽江可谓几起几伏,动荡不安,木氏土司势力及地位日趋下降,其府城亦逐渐衰败,至今其遗址范围虽清晰可查,但那壮丽宏伟的宫室楼阁,早已荡然无存。

清雍正二年(1724年),丽江实行"改土归流",而建城被当作改土归流后的重大政事之一看待。云贵总督高其倬在《丽江府改土设流疏》中说:"丽江府素无城池,既设仓库、监狱,宜建筑围墙,以资防范,应俟新首到日,将该府与经历,千把总衙署,兵丁营房,一并估计,公捐盖造,仍严禁不许苛派累民。"

第一任流官杨馝在《建丽江府城记》中说:"当年(即清雍正二年)春抵郡视事,见其民鸠形,其居巢、附板屋数间,晨星寥落,不禁慨然,谓残虐凋敝,一至于此!且地当内外之枢,民无城之郭卫,常何以居,而变何以守,因条例事宜,而首以建城为请,三年春奉旨建筑,乃延昆明征士恺然王君,共审向背之势,辨阴阳之宜,正方测景,诹日兴工,以孟夏塑日经始,以某月某日造成。周以丈计凡七百二十,高以尺计凡十有二,厚视高之三,下广而上锐,基以石,覆以瓦,环绕以隍……"另据清光绪《丽江府志稿》载:"丽江府城,在金虹山下,旧志丽江旧为土府无城,本朝雍正元年改土设流,总督高其倬巡抚扬名时题请筑土围,下基以石,上覆以瓦,周四里,高一丈,设四门,东曰向日,南曰迎恩,西曰服远,北曰拱极,上皆有楼又别为小西门曰饮玉,以便民汲饮,后圮废。"

从上可看出,流官在云南少数民族地区所推行的是中国传统的城建指导思想。在功能上重视城市的军事防卫,常可以居,变可以守;在选址上,"审向背之势、辨阴阳之宜",而不违背传统的观念之理;在布局上,突出官府与学宫的地位,即不违"京都以朝殿为正穴(即城市中心),州郡以公厅为正穴"之说。

2. 古城风韵

"三山万户巷盘曲,百桥千街水纵横。随山顺水错结庐,因地就势巧安排"。

丽江以玉龙雪山为髻,以玉龙河水为镜,像少女翩然梳妆于山水之间,似俊男洁然俯仰于天地之际,完美地将山、水、城有机地结合在一起,其精巧灵活、山水与共的独特城市格局,错落有致、古朴典雅的民居院落,曲折幽深却四通八达的石街小巷,还有那穿街走巷,入院过墙的清泉活水与勤劳朴素、热爱生活的纳西人,共同构成了一幅人与自然和谐相处、融为一体的动态画卷(图2-3-3),它因"金生丽水"(美丽的金沙江)而得其美名,也因"天生丽质"而为古往今来的文人游客为之倾倒。

丽江是一座独特的古城,历史上曾商贾云集,成为滇西北商品交易集散地。丽江虽有小河淌水却无行船,街巷四通八达却不设城墙。丽江是一座平民化的小城,当你看到背上披着"披星戴月"(缀有七星图案和七根飘带)羊皮披肩的纳西族老妇人,或漫步小巷,或沿街买卖、相互闲聊时,当你看到那些写在民间特制厚绵纸上的古老东巴象形文字时,当你看到那群年逾古稀、双目半闭的老者用传统乐器在演奏音律独特的纳西古乐时,典雅的丝弦古韵,伴随着清清流水,传递着丽江古城地道悠远的历史韵味。

"城依水存,水随城在"是丽江古城的一大特色。古城依山顺水而建,其总体格局以三山为屏,一川相连;以四方街为中心,以联系古城内外的几条主要街道与三条穿城而过的河流为经纬,纵横相连,错落有致,疏密相间,张弛有度。这样的城市形态格局,充分利用了自然水系,形成山、水、路、桥、院相互交织的有机融合(图2-3-4),并

图2-3-3 人与自然和谐的丽江古城

尊重自然，亲和自然。

（2）在选址、布局和修建方式上，古城无一不着意于微生态环境和条件的考虑和利用。

（3）在文化融合历史积淀方面，透过古城的外在形象，你能随处深切体验到纳西民族的自信和丽江文化的宽容，体现出对外来文化的宽容和博采众家之长。如丽江建筑的艺术和技术成就，无一不彰显藏、白、汉等多民族多元文化融合的辉光（图2-3-5）。

（4）在城市形象方面，整个丽江古城，无论是沿街店铺、居家院落，还是官署庙宇，其建筑形态并无高贵者金碧辉煌的炫耀，也无贫民窟般绝望挣扎的呻吟，唯有百姓、青瓦、土墙的本真，充分体现平民化和世俗化特点："狮山下，溪流中，千家万户共相融；东巴文，洞经乐，古色古香万朵花"。

图2-3-4 相互交织自然有机的道路、河流

与其古朴雅致的建筑风格相适应，是纳西族先民根据本民族历史传统和古城周围的地理环境而创建的，集中体现了地方历史文化和民族风情，既呈水乡之容，又现山城之貌，形成丽江古城独特而质朴的自然美，体现了纳西族人们梦寐以求的人与自然和谐统一的生活理念。具体表现在：

（1）在城市平面形态上，丽江古城历经数百年的积累和从内到外的发展演变之后，形成并始终保持着一种看似无序实则有序的自然形态平面格局，

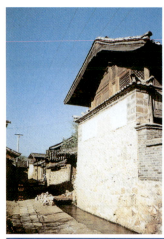

图2-3-5 具有多元文化特点的民居

一条条五花石板铺就的曲折小巷，伴随着穿城奔流不停的小河溪流，三步一桥，五步一院，十步一潭，保存完好的明清古建筑群，承载了太多故事的茶马古道，宛若天籁之音的纳西古乐，活着的东巴象形文字及东巴文化，还有那祖祖辈辈生活在古城里的纳西人家，无不传递古城久远的信息，犹如一坛尘封多年老酒，味道醇厚，回味无穷。

丽江很小，只不过是滇西北高原上的一个古镇，丽江又很大，天南海北的中国人，五洲四海的外国人，操着口音不同的南腔北调，背着五颜六色的大小行囊，每天几乎要挤爆这座小小的古城。

美国专栏作家约翰·帕里斯，1990年游丽江古城时曾留下深刻印象，以优美的文笔发出其内心的赞叹："只要你曾在那清静的大街小巷里走过，那你就一辈子也忘不了这是一个多么美好的地方。""群山怀抱中的大研镇，古朴典雅，风景如画，五花石板铺就的大街小巷，土木瓦顶结构的房舍院落，随风而动的垂柳，唧啾的小鸟，滔滔的小河，都十分迷人。""在这里，人们看到的纳西族房屋，大都是些高22.5英尺的两层砖砌建筑物，一进院子是照壁，正屋通常朝南，这种坐向的房子光线好，空气易于流通。在粉刷过的正屋墙上绘着各种山门和花草画，宽敞的前廊可避风雨，挡烈日，通常是待客的地方。庭院里大都以砖、卵石或瓦片铺地，并以其构成各种优美的图案，增添情趣，房屋的门作都是精雕细琢的。"

3. 古城人家

"家家流水绕诗意，户户垂杨赛画图。姹紫嫣红齐开遍，赏心乐事谁家院"。

早在1938年，著名建筑学家刘敦桢先生就对丽江古建筑进行过专门考察，成为最先发现、认识和宣传丽江古城独特价值的建筑学家，他对丽江古城民居建筑的评价为："云南省内中流住宅，以丽江县附近者最为美观而变化，其平面配置，大体以三合院或四合院为基本原则，但天井面积较大，环绕天井之各座建筑，皆具进深颇大之前廊，以备婚丧典礼时设筵宴客之用。正房之方向若采南向，则大门每位于全建筑之东南或西隅，有倒座者，入门即倒座之走廊；无倒座者，则置大门于东西屋之南次间，或者其廊之南端，皆布局中之特点。墙之结构于下部数尺累石，上部砌土砖，具顶茸于筒瓦，但墙体亦有全用木构者。若墙身过高，则于中部再护以腰檐一列。窗之位置与面积之大小，不为均衡对称所羁束。窗之构图，虽以几何形为主，但式样精巧、层出不穷。窗之上部或再施两塔，或设腰檐一层，以防雨雪。屋顶结构，几乎为坡度平缓之悬山式，正脊仅覆筒瓦一层，但向两端微微反曲，构成秀丽之外轮廓线，至两端各施瓦当一枚，若汉阙与汉明器所示。而屋顶一间或三间之屋顶向上提高，而两端次间、梢间之顶降低，如宋挟屋之状。临街之住宅商店，多数采用楼房，而将屋顶之两际，置于建筑物之正面，利用两际之墙面为窗，以采取光线，尤合适用。此自由配列之窗及雨搭、腰檐与悬山式屋顶，随需而参差配合，故其外观灵活美观，且不拘一格。我国将来之住宅建筑，苟欲其式样结构，保存其传统风格，并使之发皇恢廓适应时代之新需求，则丽江民居不失为重要的参考资料之一也。"（图2-3-6）。

从外部看是质朴简陋的围墙或店铺，而内部却是隐藏着充满盎然生机、花木茂盛的绿色院庭空间（图2-3-7）。这就是丽江古城纳西人居家生活的真实，即便是在庙宇里，虽也有木铎敲响，却难见宗教迷狂。

对于坡地的利用，古城靠山布置免不了要碰到高低起伏的坡地，如何利用这类地形来开辟街道，修建房屋？纳西民族巧妙地利用了地形的高差与房屋的错层相紧密结合，把汉式的合院住宅创造性地结合坡地建盖，做到"有坡不见坡，有坎不是坎"的环境效果，不仅用地紧凑，不破坏自然的山形水势，而且建筑高低错落，宛如自然天成一般。

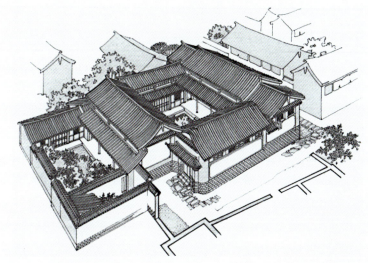

图2-3-6（a） 丽江合院民居鸟瞰图

图2-3-6（b） 丽江合院民居园林内景

图2-3-7 充满盎然生机的内院

古城中的流水给人的印象也极为深刻，正如顾彼得说："丽江城市布满水渠网络，家家背后有淙淙溪流淌过，水上座座石桥，使人产生小威尼斯的幻觉，河水太浅又太急，根本无法通航，……然而这些溪流给城市提供了许多便利，为各种用途提供新鲜水。"事实上，有水就有生机，河流边就是要比山坡地上的人烟稠密、生活方便。难怪在几百年间穿城而过的这些溪流，除了提供物质上的便利外，更化为古城之魂。

丽江古城虽老犹新，作为"府"一级的城市，虽已有500多年的历史，但至今仍具有一种在原始威力驱动下的鲜活生命力，它所创造的那种富有文化理性的聚居生活模式的价值，远远超越了它的时代。它所呈现的不仅仅是一个物态化的生活容器，更是中华传统文化精华的宝贵见证。

丽江不仅吸引了太多人的目光，更承载了太多人的希望，因而在丽江古朴协调的沿街店铺下，装入了大同小异的商品，古城酒吧小院的老板也多半成了南腔北调的外地人，小桥、流水相依旧，"人家"却早已淡出。

此外，你在丽江还能感受到蕴含在古城中的市井容貌、居家生活，以及龙潭古木、寺观庙宇饱含的深厚历史积淀，哪怕是那用五花石板铺就的大街小巷，或是高悬在房屋山面的一块"悬鱼"或"蝙蝠板"（图2-3-8），都会唤起你对远古生活的追忆，都能透射出那古朴、乐生、平和、安详、大同的生活氛围。

水是生命之源，但凡有水之处，必然生机盎然。丽江古城之美，与人们对水的钟情密不可分，因水而得的景观，诸如滨水街道、临水建筑，以及龙潭、水巷、小桥、驳岸、水井等，都是丽江古城景观中的点睛之笔。

丽江古城尽管范围不大，街巷也有主次和功能之分，但其呈现的平民性、静态美、历史感、整洁高雅、连续统一、和谐恬淡，是丽江古城大街小巷所构成的历史环境给人的突出印象。这里有傍山临水的新华街、坡坡坎坎的黄山街、普通经商的七一街、昔日的"藏店"区与今日的新义街、通往富人区的密士巷和光义街，还有"见罗个"的回忆和现文巷的横街与直街，每一条街巷都显示出彼此不同的街道景观和商业特性。比如进入古城的新华街，北起双石桥，南至四方街，顺着狮山脚下的等高线由北向南与西河平行而建，充分结合与利用地形高差，形成高的一面沿街设店，低的一面临水而居，

图2-3-8（a）房屋山面的"蝙蝠板"

图2-3-8（b）房屋山面的"悬鱼"

构成有山不见山、小桥密扎扎的特殊街道景观。难怪人们要把丽江古城比作高原姑苏、东方的威尼斯。

(二)滇池北岸筑"春城"

1. 历史沿革

"五百里滇池，奔来眼底，披襟岸帻，喜茫茫空阔无边……

数千年往事，注到心头，把酒凌虚，叹滚滚英雄谁在……"

地处云贵高原中部滇中盆地的云南省会昆明，具有悠久的历史、灿烂的文化，是全省的政治、经济、文化中心和交通枢纽，是我国通往东南亚、南亚各国的重要门户。被誉为"春城"的昆明，"天气常如二三月，花枝不断四时春"，这里冬无严寒，夏无酷暑，山明水秀，气候温和。同时，拥有2000多年丰富历史文化的昆明，也是被国务院公布的首批历史文化名城之一。

昆明地区经济、社会的发展有着悠久的历史，它与滇池的形成和演变有着密切的关系。约在7000~4000年前，滇池一带已有了定居的农业民族，从事"刀耕火种"的原始农业和捕捞、狩猎、采集、饲养畜禽等多种经营活动，并已能纺纱、织布，滇池地区的稻谷种植至今至少已约有数千年的历史。

青铜器时代，滇池地区各氏族部落，以氐羌族语系的叟族为主，与当地傣僮语系氏族"蒲"、"僚"等部落相融合，共同促进了滇池地区的开发和发展。公元前3世纪左右，楚人庄蹻率众入滇，在滇池地区晋宁一带定居后，"变服，从其俗"，与当地的叟族部落联盟，建立了"滇王国"，自称"滇王"，都城即设在现今的晋城一带。"滇王者，其众数万人，其旁东北有劳浸、靡莫，皆同姓相扶"。"庄蹻开滇"带来了楚国和中原内地先进的文化、技术，对促进当时以滇部落为主的滇池地区的政治、经济发展有一定的积极作用。

西汉王朝建立后，积极谋求对"西南夷"地区的开发。西汉元封二年（公元前109年），以滇池地区为中心设置了益州郡，郡治与滇王驻地同在今晋城附近。郡下设县6个：昆明为谷昌县，昆阳为建伶县，晋宁为滇池县，安宁为连然县，富民为秦臧县，宜良为昆泽县，把中央集权的郡县制度推行到西南边疆，标志着古代云南接受中央王朝直接统治的开始。郡县制度的施行，有力地促进了滇池地区奴隶制社会的解体。昆明作为古都所在地，开创了灿烂的青铜文化和古滇文化。

唐初，昆明由谷昌县改称昆州，唐高祖武德元年（公元618年），唐朝任命爨氏子孙爨弘达为昆州刺史，治理属县，治所仍设在益宁城。唐代中叶，蒙氏势力在洱海地区崛起，建立起地方政权南诏国。由于昆明地理位置重要，是联系巴蜀、交趾的交通中心和控制西南的战略要地，唐天宝二年（公元743年），南诏王阁罗凤巡视昆州时，看到这里"山河可以做屏障，川陆可以养人民"，遂于唐广德二年（公元764年），命子凤加异于昆川（即今昆明城区一带）筑拓东城，成为南诏国的"上都"，将其作为东部重镇，以"威慑步头，恩收曲靖"。唐建中二年（公元781年），又改拓东城为鄯阐城。

拓东城的开辟，为古代昆明的城市发展奠定了良好基础，并发展成为南诏的第二政治、经济、军事和文化中心和往来广西、贵州和安南（今越南）的重要通道，作为当时云南境内的第二大城市，在西南的社会经济发展和与东南亚的国际交往中占有重要的地位。

公元937年，大理段氏建立大理国，统一了云南，在拓东城的基础上设鄯阐府，为大理国八府之一，府治沿袭拓东城。之后随着封建经济的发展和商业贸易的兴盛，城市日趋繁荣，鄯阐府的城市规模进一步扩大，繁华的市中心逐渐移至盘龙江以西（今金碧路、三市街）一带，大理国国主也经常驻节于此。同时，段氏统治者还在鄯阐府营造宫室园林，兴修水利，修筑河堤，发展古代城市建设，使鄯阐城成为滇中地区一座"商工颇众"的繁华城市。

元灭大理攻占云南，赛典赤主滇后，把军事统治时期所设的万户、千户、百户改为路、府、州、县，正式建立云南行中书省。元至元十一年（1274

年），改鄯阐城为中庆路，成为行省府城，并把行政中心迁到昆明。自此"云南"正式成了行省一级行政区划的名称，"昆明"也正式作为全省政治、经济、文化的中心。

明洪武十四年（1381年）明朝进军云南后，仿内地建制，设置云南承宣布政使司和都指挥使司，先将中庆路改为云南府，置知府、知州、知县。云南省治、府治和昆明县治同设在昆明城内。洪武十五年（1382年），将城址向西北移，并改筑为砖城，周围9里左右，高近3丈，设城门6座，城外有护城河，河上可行舟船。城内以五华山为中心，修建了比元代更多的官衙、宅第和牌坊，在风景名胜地修建了亭台楼阁。城南为居民区，划分为若干"里"。东关、南关为"商埠之地"，"列肆纵横"。

清朝建置沿袭明制，昆明仍为云南府和昆明县治所，城市规模没有超出明代的范围。城内除建有府衙官邸外，逐渐形成四牌楼、三牌楼（今正义路）、城隍庙街（今武成路）、长春坊等繁华街市。至清末，城内外已有大小街道150多条（图2-3-9）。

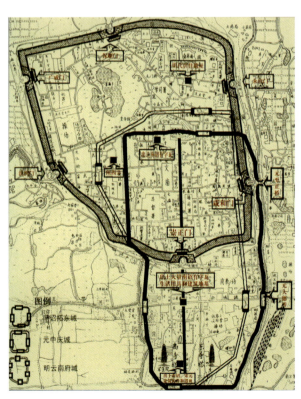

图2-3-9 昆明城址变迁图－南诏－明清

1905年昆明辟为商埠，1910年滇越铁路开通，1911年建立了民国地方政权，1938年成立了昆明市政府。抗日战争期间，省外工商业、金融业、学校、居民等迁入昆明较多，一度呈现繁华景象，城市建设也有所发展。

2. 山水城市

"东骧神骏，西翥灵仪，北走蜿蜒，南翔缟素"。

春城昆明三面环山，一面临水，即东、西、北三面为金马山、碧鸡山和长虫山所环抱，南濒滇池。且居于滇池北岸的昆明城还有在平坝中凸起的圆通山、五华山和祖遍山，与四周的山水紧密相连，浑然一体。正所谓东有金马神骏踏蹄、西有碧鸡展翅欲飞，北有长虫蜿蜒护枕，南有"五百里滇池奔来眼底"。故从南诏置拓东城开始，在其后千年的漫长发展岁月中，昆明城虽几度变迁，历经沧桑，但城市的发展趋势基本上是逐渐向北移的，以便包容更多的青山绿水。到了明代的云南府城，其"半城山水半城街"的古城空间格局已基本定型，并在以后的数百年间，变化甚微，直到清末民初，仍然保持山水绕城、城拥山水、城景交融、自成一体之环境特征（图2-3-10）。

北有长虫山依靠，南有滇池濒临，城东城西各有群山与碧水夹峙环绕。山是逶迤绵亘，水是屈曲生情，城则方正威严。由北到南，官府、衙门，次第摆开。于是通过汪先生的规划，使五华山成为昆明主脉，正义路作为贯穿南北的中轴线，五华山为中心点，现胜利堂（云贵总督府）、巡抚衙门、布政司、蕃台、臬台、粱稻署等衙门一律坐北朝南，一字排开。土地庙、城隍庙，圆通寺、武王庙等寺庙都按这个风水走向，脉络布局各功能旺地，昆明城池的格局由此形成。

有趣的是，昆明古城这种"三山一水"的地形地貌和独特的"龟形"城市格局形态，使整个城市的街巷布局少规整而更趋向灵活，城内大街小巷组成的道路系统多为"T"形相交，而少为十字相交。具体表现为：城北以五华山为中心，结合地形依山

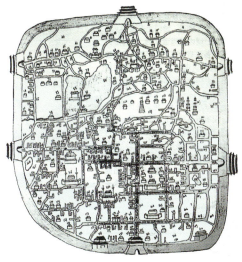

图2-3-10（a） 昆明龟城示意图　　图2-3-10（b） 昆明大观楼

就势灵活布置街巷，形成一条由北而南的城市中轴线，即北起五华山，沿南正街（今正义路）、三市街直达金碧路。而"T"形街道形态又与城市重要建筑布局密切相关，通常都将重要建筑设置在"T"形路口顶端，并向前突出，使建筑前面的道路呈环形或弓形，构成与城市中轴线相协调的"酒杯"形街道格局形态。

而现代昆明城就是以五华山为中轴线布局的，地处云贵高原的昆明风水格局极佳，是一座极有特色的山水城市（图2-3-11）。

（三）银苍玉洱镶"大理"

1. 历史沿革

古老的大理是云南最早的文化发祥地之一，早在3000多年前，洱海周围就已经生活着白族先民。秦汉之际，通过蜀身（yuan）毒道，洱海地区就开始与内地发生经济和文化交流，至元封二年（公元前109年），西汉武帝设立叶榆县（辖今大理、洱源、鹤庆一带），置县治于大厘城又叫史城（今喜洲一带），属益州郡，东汉改属永昌郡，蜀汉时属云南郡，东晋、南朝属东河阳郡，唐初属姚州都督府管辖地。

唐朝建立后，洱海地区形成许多部族，其中较大的有"六诏"（即蒙舍诏、蒙嶲诏、越析诏、浪穹诏、邓赕诏、施浪诏）。唐开元二十六年（公元738年），六诏中最强大的蒙舍诏第四代首领皮罗阁，在唐王朝的支持下兼并其他五诏，初步统一了洱海地区，建立南诏国，迁居太和城②（今大理太和村），形成洱海地区统一的政治经济文化中心。

南诏王皮罗阁定都后，于山水相连、地势险要的上关、下关两关处，筑建了坚固的防卫城："龙首城"和"龙尾城"，作为对王都的保障；龙首城

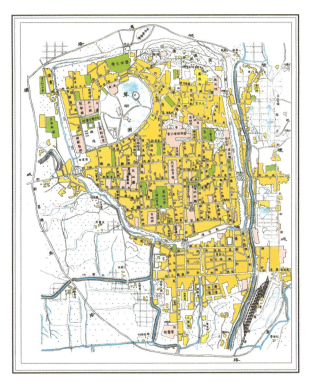

图2-3-11（a） 晚清昆明古城

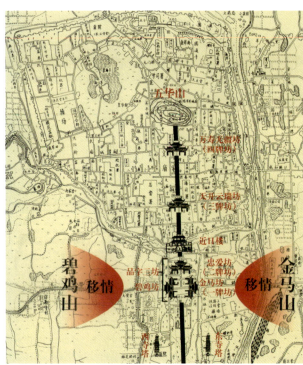
图2-3-11（b） 昆明古城中轴线示意图

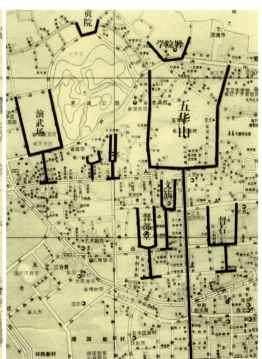
图2-3-11（c） 昆明古城街道特征图

图2-3-11（d） 昆明一颗印老房子

图2-3-11（e） 昆明景星街

图2-3-11（f） 昆明"一颗印"老房子内院

有"气吞西洱水,势扎点苍山"之雄伟气势,与南面的龙尾城共扼苍洱之险,构成了苍山洱海的"珠联璧合"。龙首城虽经千年风雨剥蚀,土城墙还保留较完整(图2-3-12)。龙尾城位于西洱河畔,现下关市北部,现存遗址在江风寺东约300米处,有一段长70~80米、高约1米多的土城墙;在中丞街上有一座古城楼。后其孙异牟寻继位,于今大理古城之西三塔附近筑"阳苴咩城"③。

继南诏之后,大长和国(公元902~928年)、大天兴国(公元928~929年)、大义宁国(公元929~936年)三个小王朝,皆定都于"羊苴咩城"。后晋天福二年(公元937年),段思平推翻"大义宁国",建大理国,仍以"羊苴咩城"为都城,且自称为汉人后裔,与南宋遣使通商。从南诏到大理的500多年间,大理一直是西南丝绸之路和茶马古道的重要枢纽,是云南的政治、经济、文化中心及两大王国的都城所在地。至近现代,大理仍然是滇西重镇、交通枢纽、文化交流和物资集散地。

元宪宗三年(1253年),元世祖忽必烈亲率10万大军,通过"革囊渡江",攻破大理,第二年又攻下昆明城。元至元十一年(1274年)建立云南行省,在押赤城(今昆明市)设置中庆路,同时设大理路及太和县,隶属云南行省,从此云南的中心城市便由大理向东移至昆明。但大理作为云南行省大理路军民总管府,仍不失为滇西第一大城市。据今大理古城西三月街上矗立着的"元世祖平云南碑"碑文记载:大理"城以点苍山西洱河为固,国主段兴智及其柄臣高太祥背城出战,大败"。而元军在战胜段兴智后,因有忽必烈的"止杀之令"而没有屠城,大理古城内的街市才未遭到大的破坏。

明洪武十四年(1381年),明军攻占大理,将大理路改为大理府,仍设太和县。次年修筑新的大理府城,即今大理古城,新城规模壮阔,方围12里,城墙高二丈五尺,厚二丈,分设四座城门及门楼(南门曰承恩、东门曰通海、西门曰苍山、北门曰安远),在城的四角也都设角楼(东北角楼为颖川楼、东南角楼为平西楼、西北角楼为长卿楼、西

图2-3-12 大理龙首城遗物

南角楼为孔明楼)。同时还修筑了方围四里、有四道城门的上关城,以及方围二里、有三道城门的下关城。

南明永历十三年(1659年),清军攻入云南,沿袭明制;大理城仍然作为大理府的府治与太和县的县治所在地。清康熙三十一年(1692年),清朝官吏在明朝基础上,重修了大理古城的四座城门,并将东门城楼改为承清楼,西门城楼改为永镇楼,南北两门沿用明代的名称。还将城内的鼓楼取名为五华楼,从此,大理古城的城市空间格局基本定型(图2-3-13)。

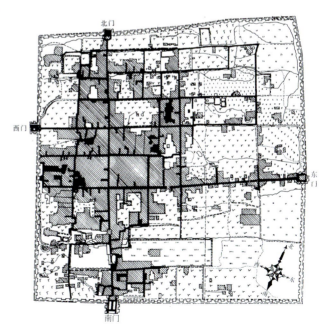

图2-3-13(a) 大理古城平面图

图2-3-13（b） 现代大理古城（卫星照片）

清咸丰六年（1856年）爆发云南回民起义，建立杜文秀穆斯林政权控制云南大部分地区。光绪年间古城又经过三次重修。据《大理县志稿》记载："今城高二丈四尺，砖表石里，上置敌楼十五座，铺三十九所，周围七里三分，垛一千五百六十个。东门名洱海，西门名苍山，南门名双鹤，北门名三塔。四门城楼各高二丈二尺，宽四丈八尺，四隅为角楼，池阔四丈，深八尺。"

中华民国建立后，改太和县为大理县，裁撤大理府，民国2年（1913年），撤府设大理县。1956年11月22日，大理白族自治州成立，州府设在下关市，大理为县政府所在地。之后区划几经调整，1958年9月，合并大理、下关、凤仪、漾濞4县（市）设大理市，1961年分设下关市、大理县和漾濞县，1983年10月撤销大理县、下关市的建制，合并组建为大理市，市府设在下关，大理古城设行政办事处。

据史料记载，1949年大理古城的城门、城墙保持尚完整，但在"文革"中，其东西城门、城中五华楼及部分城墙被拆除。但古城的规模、格局至今仍保持不变。1982年，重修南城门，城门头上"大理"二字系集郭沫若书法而成。

2．山水城市

"水绕青山山绕城，由来人杰地应灵，水光万顷开天境，山色四时环翠屏"。

在云南的历史长河中，大理古城占据十分重要的位置。从公元738年至1254年的500年间，大理作为云南少数民族地方政权的中心而屹立于世。可以说，500多年的大理古城造就了一个时代，更铸就了云南的辉煌。元以前，整个云南的政治、经济、文化中心都在大理。甚至到近现代，大理仍然是西南丝绸之路与茶马古道的重要交通枢纽和多元文化交会的历史重镇，1983年被列为中国首批24个历史文化名城之一。

现存的大理古城是在"羊苴咩城"的基础上建立，始于明洪武十五年（1382年），古城方正平直，坐西向东，"方圆十二里，护城池宽四丈、深八丈，有四道城墙，高二丈四尺、厚二丈，系用泥土夯筑而成，外砖内石，四城门上建楼，各高二丈二尺、宽四丈八尺，东门曰通海，南门曰承恩，西门曰苍山，北门曰安远，四隅有角楼"。现今古城中四隅角楼及四个城门皆已不复存在，现存南北城门是在原址上重建的，城墙也只有部分土夯墙被保留下来。南北两水库是新中国成立后依托古城墙修筑的人工水库。

城市是一个地区活着的历史与文化物质的见证，大理古城以其"古、雅、秀、美"自然山水之美和底蕴深厚的人文景观之美，备受世人青睐。古城东临洱海，西枕苍山，地处著名苍洱景区的中心地带，大面积的自然山体、水体也为大理创造了良好的城市生态环境，形成"一水绕苍山，苍山抱古城"的城市空间形态。"山则苍龙叠翠，海则半月拖蓝"。于山，古城西面巍峨雄伟的点苍山，山色翠碧欲滴，山腰云气成带，长至百里，竟日不散，形成"玉带锁苍山"之奇观。于水，古城东面的洱海，水质清澈，水面宽广（面积约为257.5平方公里），湖光山色，妩媚秀丽、风姿万千。海中有"三岛、四洲、九曲"之胜，沿岸呈"柳屿萦绕，渔歌往还"之景。每当月明之夜，波平如镜，翠碧色的海水，将苍山积雪倒映海中，形成"玉洱银苍"又一奇观。

而且自然流畅的山体走势，作为大理古城秀美的绿色背景及自然的轮廓线，在碧波荡漾的洱海衬托下，呈现出一幅山、水、城交融的秀丽画卷。这种背山面水的布局完全体现了中国古代建城选址的传统理论，使得古城尽收苍山的雄秀粗犷与洱海的秀丽柔美，处于雄秀相间、刚柔并济的山水环境之中。

古城历史悠久，风光秀丽，素有"文献名邦"、"亚洲文化十字路口的古都"和"多元文化与自然和谐共荣的典范"之称，被誉为"东方日内瓦"。明代王仕性在《广志绎》中道："乐土以居，佳山水以游，二者尝不得兼，惟大理得之。"还有人评说："滇迤之西，山水之佳胜，人物之辈出，莫过于大理，故昔人称为文献。"清康熙四十年（1701年），云南提督偏图题写的"文献名邦"匾额，就高悬于古城的"文献楼"上。

其实，早在3500年前，白族先民就开创了"洱海文化"，密切联系中原地区的经济文化，成为与中原文化交融并含有东南亚各国优秀文化的民族文化走廊和聚集地。至今仍然留存有众多的历史文物，如崇圣寺三塔、佛图寺塔、弘圣寺塔、太和城遗址、羊苴咩城遗址、南诏德化碑、元世祖平云南碑、杜文秀元帅府、苍山神祠、洱水神祠、凤仪文庙、观音堂（大石庵）、喜洲白族古建筑群，以及诸多名人故居等国家级、省级重点文物保护单位。历代学者名流不乏其中，尤其是历史上一些重大的事件和传说，如"传说中的大理王国"、"大唐天宝之战"、"杜文秀反清斗争"等，更为古城增添了几分神秘的色彩。

（1）街巷格局

大理古城屏山临海，位于苍山中段的中和峰山麓，整个地势较为平坦高爽，视野开阔。"居苍洱，控两关，出两关可攻，趁敌之虚，入两关可守，固若金汤"。体现了历史上南诏大理国王者城邦的宏阔气概。若说苍山、洱海是秀山丽水，得天独厚，那么，古城里的小街僻巷，则又是大理人营造的另一道人文景观。

大理古城的城市格局与建筑布局独树一帜，整个古城坐西向东，城内由南到北横贯着三条大街，自西向东纵穿了六条街巷，把古城分割成若干街坊，呈棋盘式布局，有九街十八巷之称。且古城的街巷格局主要以双十字街为中心，呈"丁"字形分布，深街幽巷纵横交错，井井有条，尺度宜人（图2-22）。那些深藏在大街小巷的人家，单门独户，自成一寓。院落不大，却布局精巧。清一色的灰瓦屋面，整体风貌别致淡雅，古朴协调，使古城透出一种古雅的诱人气韵。同时城内横贯其中、由南到北联系南北城楼的一条大街（今复兴路），并非居中设置而偏古城西边。东、西两个城门也相错布置，分设于两条不同的街道端口。城墙外不但有护城河，更有南北的桃溪和龙溪为天然"护城河"作为古城屏障。这些布置都是在方形根基与棋盘式街巷布局的基础上，根据实际的地形灵活的变化和创造。

从苍山俯瞰大理古城，文献楼、南城门楼、五华楼、北城门楼一字排开，整个古城雄伟壮观，古朴幽静。自明、清以来，虽遭多次兵燹和地震灾变，除城垣街道稍有改动、城楼官署有毁有建、街道名称多有变更之外，整个古城的形态、规模和路网格局基本上仍保持明代城池的特色，体现"外雅内秀，市井俨然"的传统风貌。是一个"令居之者忘老，寓之者忘归，游之者忘倦"的具有"三忘"境界的一方宝地（图2-3-14）。

（2）民居风格

大理向来是白族主要聚居地，以古城和喜洲为代表的白族传统民居，在吸收了中原汉式合院民居以院为中心组合的基础上，结合本地区气候环境、本民族生活方式和审美情趣，创造了"三坊一照壁"、"四合五天井"、"六合同春"、"走马转角楼"等多种平面组合形式。既延续了中原建筑的庭院格局，又体现出自己独特的建筑风格和建构技艺，特别是在石材的使用、外墙山花及腰檐的绘饰、门楼

图2-3-14（a） 大理古城全景

图2-3-14（b） 大理南门

图2-3-14（c） 大理五华楼

的重点装修、照壁的檐饰及彩绘、门窗的精雕细刻及庭院环境的绿化处理等方面，皆独具匠心。

通常大理古城白族的传统民居建筑，大多坐西朝东，背靠苍山，面向洱海，自成院落。在庭院中，西仰苍山，山色苍翠欲滴，山间浮云如带。东揽洱海，宽阔秀美，月明之夜，波平如镜，胜似蓬莱。在古城东西走向的大街两侧有排水明沟，使由西面缓坡流淌的苍山溪水穿城而过，周边的林木、田园、溪水与街巷、宅园浑然一体，相互映衬。同样构成"户户流水，家家养花"的人与自然和谐共处的居住环境。

古城传统的白族民居院落一般由正房、厢房、门楼、照壁等有机组成，通常坐西向东，将大理地方特产的卵石、青石、大理石等石材，广泛地应用于其传统民居之中，有些直接用卵石砌筑，完全不加任何粉刷，朴拙地展现出石头的天然质感和纹理，而墙头随意长出的野生花草，与房屋周围的树木相映成趣。与喜洲古镇"富甲一方"的深宅大院相比，古城内的民居院落别有一种"书香世第"、"清白传家"的文化氛围，反映出主人追求的是"花荫密，竹影疏，月光照临，如积水空明，可迎远亲，可睦近邻，可闲庭信步"的宁静、淡雅境界。别看小街僻巷里的"寒门小院"，历史上都是曾经"出入有鸿儒"之地。④

（四）南诏古都起"巍山"

1. 历史沿革

"遗落生远凤，古城从容，拱辰星拱文雅中。总是当时绿荫处，马帮徐从。往事忆南诏，兰花依旧，巍宝山上彝祖庙，垅屿图城大小寺，雄关鸟道。"⑤

地处云南西部哀牢山麓的国家级历史文化名城巍山，历史悠久，文化底蕴深厚，文物古迹众多。而作为南诏国（蒙舍诏）的发祥地，始建于元代的巍山古城，至今虽已有600多年的历史，但仍较完好地保存着明、清时棋盘式的城市空间格局，以及大量历史文物古迹和古建筑，1994年被国务院公布为第三批国家历史文化名城。其既是云南省四个

"文献名邦"之一,也是一座具有浓郁地方历史文化特色的城市,被赞誉为"南诏根源、府卫双城、巍山瓜水、古道要冲"。

巍山,古称"蒙化",亦叫蒙舍诏、阳瓜州、蒙化府等称谓。春秋战国时期,楚顷襄王遣庄蹻入滇为王,蒙化属古滇国。西汉武帝元光五年(公元前130年),武帝遣司马相如持节谕西南夷,叶榆诸君长请为内臣,蒙化属汉;西汉元封二年(公元前109年),在云南首置一郡四县时,巍山为邪龙县,又名"蒙化",隶属益州郡。东汉永平十二年(公元69年),在滇西置永昌郡,巍山沿袭邪龙县,隶属永昌郡。蜀汉后主建兴三年(公元225年),诸葛亮南征益州,平定雍闿叛乱,增设云南郡(今云南省祥云县云南驿),巍山仍为邪龙县,属云南郡。晋武帝泰始七年(公元271年),分益州,置宁州,邪龙改属宁州。

魏晋南北朝时期,巍山为白子国属地。唐初,巍山设为阳瓜州,唐贞观二十三年(公元649年),白子国王张乐进求会诸酋于铁柱,禅位于巍山豪酋细奴逻,细奴逻即位后,统一蒙舍川,建立大蒙国,亦称"南诏","遂自立为奇王,筑蒙舍城居之"。于县城北约20公里处筑"垅屿图城"⑥为都。永泰中(公元765~766年),敕置阳瓜州于蒙舍川(即今古城村)。

唐高宗永徽四年(公元653年),细奴逻遣子罗盛赴京都晋见高宗,受封巍州刺史,筑蒙舍城为巍州治所;唐开元十八年(公元730年),皮罗阁通过剑川节度使王昱求合六诏为一,得唐王朝准许,经过征战,以武力统一六诏,并于开元二十六年(公元738年)驱逐西洱河蛮,筑太和城,再筑大厘城驻守;开元二十九年(公元741年),将南诏都城从蒙舍城迁至太和城。南诏国在巍山经营四代,历时92年,在迁都洱海地区后,作为发祥地的蒙舍川古城池,也随着历史岁月的沧桑逐渐废弃。

自细奴逻在巍山建立大蒙国起,南诏共传位13代,历时254年,与唐朝相始终。其中,南诏国在巍山经营4代,历时114年,迁都洱海地区后,作为发祥地的蒙舍川古城池,也随着历史岁月的沧桑逐渐废弃。

后晋出帝开运二年(公元945年),大理国建立,前期仍沿袭南诏旧制,设置蒙舍赕,后期置蒙舍镇、开南县,统领原南诏开南节度地(今临沧和普洱专区的部分地区),一直作为王族亲自管理的重要地区。南宋宝祐元年(1253年)忽必烈率兵攻陷大理,巍山归附忽必烈。并于元初在巍山地区先后设置了蒙舍千户所、蒙化府、蒙化路等,后降为州。因驻军屯田,巍山地区开始有大量回民定居。

明洪武十五年(1382年),南诏后裔、彝族首领天摩牙九部火头⑦左禾,因支持明王朝征战有功被封为土知州,"以土官治土民"的政策,沿袭蒙化州,推行土司制度;明永乐十三年(1415年),左禾之子左伽沿袭土知州。明正统六年(1441年),左伽率部参加明军"三征麓川"之役,战功卓著受嘉奖,升左伽为临安(今建水)府同知,大理府知府,仍掌蒙化州事。明正统十三年(1448年),升蒙化州为蒙化府,封左伽为蒙化掌印土知府,三品官阶,并始设流官通判。

清顺治十六年(1659年),清军入云南,仍沿袭明代建制,命左氏为蒙化府知府;清乾隆三十五年(1770年),改蒙化府为直隶厅,辖漾濞、红岩、马街、赵州(今凤仪)等地。彝族左氏土官世袭蒙化土知府,历经两朝,承袭17代,时间长达513年。

民国初年,改蒙化直隶厅为蒙化府,辖漾濞、弥渡两县。民国3年(1914年),裁府改为蒙化县。新中国成立后,在巍山设立滇西人民行政专员公署蒙化区办事处,辖蒙化、顺宁、昌宁、云县、缅宁、景东等县。1954年改为巍山县,1956年11月,分别建立巍山彝族、永建回族两个自治县。1960年经批准合并建立巍山彝族回族自治县,并沿袭至今。自西汉元封二年(公元前109年)至今,巍山建制共有2111年的历史(图2-3-15)。

另外,巍山还是回族首领杜文秀反清起义誓师之地。清咸丰六年(1856年),杜文秀遥奉太平天国号令,在云南滇西领导反清起义,威震云南,影

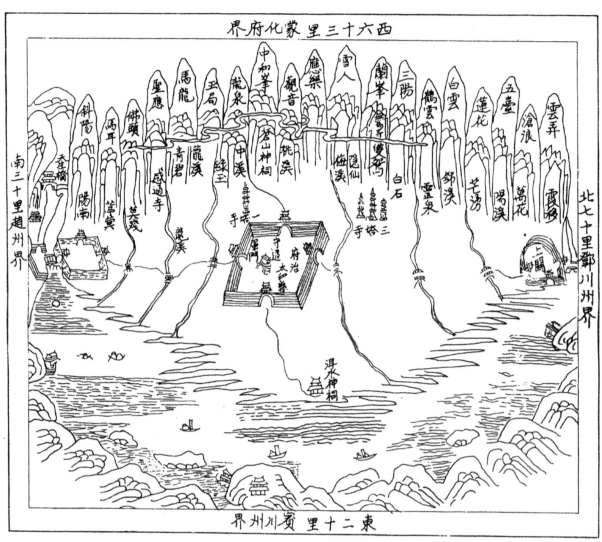

图2-3-15 巍山古城示意图

响全国,并坚持斗争18年,首举义旗就在巍山县永建乡大围埂和小围埂村。

2. 古城格局

曾被清廷御封为云南全省的四大"文献名邦"之一的国家级历史文化名城巍山,山川毓秀,地灵人杰,历史悠久,文化灿烂。集红河源头、彝族祭祖圣地、彝族打歌之乡、茶马古道重镇、中国民间扎染艺术之乡等多项桂冠于一身。

巍山古城也称为"蒙化城",始建于元代,由段氏土总管开始建筑土城。明初随着大量移民的涌入和商贸的兴盛,使巍山的地位变得越来越重要,至明洪武二十三年(1390年),改土城为砖石城,拓建为蒙化府和蒙化卫城,作为蒙化的政治、经济、文化中心。据《蒙化志稿》载:"城周回四里三分,计九百三十七丈,高二丈三尺二寸,厚二丈,砖垛石墙,垛头一千二百七十有七,垛眼四有三十"。于古城的东南西北四方"建四门,上树谯楼,东曰忠武、南曰迎熏、西曰威远、北曰拱辰,北楼高三层,可望全川,下环月城,备级坚固,城方如印,中建文笔楼为印柄"(图2-3-16)。

考其"城方如印,中建文笔楼为印柄"之格局,可从古人张端亮的记载中得到答案。张端亮云："国家封建之典，凿池筑城设郡邑以拱都会，犹星拱辰。在昔人必法天象纬，度地形胜，知有关于风脉者大也。然废兴有数，溯前之兴，鉴后之废，能扶衰起蔽，毅然复古者，则俟乎其人。郡城建自明洪武二十三年，城方如印，中建文笔楼为印柄，居圣宫巽位，既壮金汤，且培文教，三百年人文炳蔚，登科第者，蝉联鹊起，有由来也。"

明代，是中原文化在云南广泛传播的时期，许多现存的古城都是那时按照中原城池的模式与格局兴建的。明洪武二十三年（1390年）修建的巍山古城，当是滇西最坚固的城池，徐霞客游历巍山见此城池后，在游记中也不禁赞叹："蒙化城甚整，乃古城也。而高与洱海相似，城中居庐亦甚盛。"⑧其后，虽经明、清、民国及新中国成立后的多次改造建设，但整座古城仍保持着600年前建城时的棋盘格局，街道也没有太大的变化，风貌依旧。对于这样保持完整、格局方整的城市，原北京故宫博物院副院长杨伯达、中国城市保护规划专家郑孝燮、中国文物保护专家罗哲文等许多学者都先后到过巍山，他们认为："巍山古城风貌如此完整，在云南乃至全国均属少见"。

（1）街巷格局

作为云南推行土司制度时间最长的地区之一，巍山古城自明代改为砖城之后，其悠久的历史孕育了众多寺观庙宇，与多姿的自然景观遥相呼应，相得益彰，构成历史遗存丰富的府卫双城特点。古城的北部为府城，南部为卫城。

以文笔楼（又名星拱楼）为中心的整个古城格局，形成以东、南、西、北四条正街为主，城外以北面小月城延伸的二条街（日升街、月华街）为辅，房屋沿街分布为长方形块状聚落；四条主街十字相交，对应四道主城门楼。南街通过文笔楼与北街相接，北街又通过北门小月城与日升、月华两街相接，向北直至文献楼，其他街巷均与其相连。古城内的大街小巷（共有街道25条，小巷18条）纵横交错，呈井字形路网结构向四面延伸，成为方正整齐的"棋盘式格局"。时至今日，分布在古城街道两旁的前店后宅、下店上宅式民居店铺，都挂着各式招牌，如马具店、碑刻店、裁缝铺、补鞋店、中医堂、古董店、明器铺、杂货店等，其建筑形态完整地保存着明、清时期的瓦顶木架结构，一切都自然而不刻意粉饰。青石铺就的街巷地面，古朴而幽静，徜徉其间，一种宁静幽远的感觉油然而生（图2-3-17）。

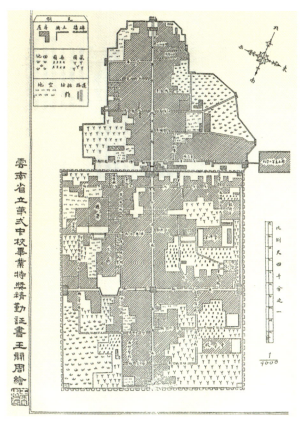

图2-3-16（a） 巍山古城府卫双城示意图

图2-3-16（b） 巍山古城中心星拱楼

图2-3-17（a） 巍山古城北外街　　　　　　　　　　　图2-3-17（b） 巍山古城北正街

图2-3-17（c） 巍山古城民居内院　　　　　　　　　图2-3-17（d） 巍山古城民居入口照壁

图2-3-17（e） 巍山古城民居室内

现在被当地人称为"四方街"的城市中心，是以拱城楼为中心的，这座威武的北城门楼，曾经一直是巍山古城里最高大、最醒目的楼阁建筑。据《蒙化府志》载："北楼高三层，看望全川。"后来在明永历年间（1650年）改为二层，即是人们所看到的悬挂有"万里瞻天"、"魁雄六诏"的古城楼。非常遗憾的是，这座经历了600年风雨的拱辰楼，于2015年1月3日晚，被无情的大火烧毁（图2-3-18）。当人们站在这个古城中心，又该如何凭吊那远去的南诏古国和雄伟的古城标志。

图2-3-18（a） 巍山古城拱辰门

图2-3-18（b） 巍山古城拱辰门（图片来源：云南艺术特色建筑物集锦—下册）

民国年间，古城曾拆建改造。新中国成立后，又拆除了东、南、西三面城墙和三座城楼，延长了东、西、南三条大街，兴修了环城公路，但古城中的诸多传统民居、文物古建等建筑群体空间及街巷格局得以继续保留。

（2）古城格局

处于东西向"博南古道"和南北向"茶马古道"交会之地的巍山，对外交往频繁，迅速崛起为滇西一座初具规模的经济文化中心，成为南诏、大理国对外贸易集散地和宗教场所。南诏国后来迁都大理，其重心北移，直到元代，段氏土司总管开始在唐初已有村舍的巍山古城遗址上筑造土城。

关于巍山古城，其基本格局是明代形成的，明太祖朱元璋在入主中原后，派付友德、沐英、蓝玉为大将征平云南，而坐镇云南的沐英经略云南的主要任务就是城镇建设。明太祖览奏后派当时著名的堪舆大家汪湛海来云南，先后修建了昆明城和蒙化城。

最初，汪湛海的高徒拟定在"唐阳瓜州"旧城基址上（今巍山的古城村）建城，后来发现其地水源短小，不利城市发展，又改选到现在的巍山县城基址上建城，方位正南北向。后汪湛海先生亲自到蒙化实地勘察，经研究，作了调整，即将府城位置向南移动，将府城周长缩小为四里三，把府城中心点的星拱楼由十字街移至现在的位置，并将府城的方位坐向往西北偏移了15度，同时还把北门的城楼建造得特别高大，又在北门外特别增建月城。

古城东北角建玉皇阁，上水坝街建"养济所"（俗称大房子，是收容乞丐的地方）和"养生所"（俗称接生房，是收容被传统习俗视为不洁的外来产妇），又在现十字街下面的关圣街建立了供奉火神的火神庙和供奉雷神的雷祖庙。

明洪武二十三年（1390年），正式修筑砖石城池。

（3）民居风格

在构成巍山"府卫双城"格局的两片区域里，其大街小巷分布着许多知名或不知名的老宅院，这些传统民居宅院，多数是"一进两院"、"前后院"的合院形式，为大理白族典型的"三坊一照壁"、"四合五天井"平面格局，延续了明清时期的建筑风格，古朴典雅。那一座座鳞次栉比的青灰瓦顶，以及照壁墙檐下绘制的精美书画和立体装饰，处处展现出古城独特的风貌和历史文化意味。

古城的北正街为商业街，沿街接连布置的是"底商上住"的两层楼房店铺，而由北门拱辰楼外向北延伸的两条街道，沿街为铺面及大门，后面为住宅，且多为平房。在街道周边除了大量的居民宅院，其他地区便以官署为主，依次为学宫、祠堂、庙宇等，多达40余处，占地较多，且房屋都是雕梁画栋、出阁架斗的殿堂楼阁。

作为南诏的发源地和根源所在，以及多民族迁徙融合之地，巍山古城是云南先民创造的最辉煌的古代文明。同时，悠久的历史，还造就了巍山丰富多彩的历史文化，文物古迹荟萃，风景名胜众多。有巍宝山、巍山古城、玄龙寺、圆觉寺、垅屿图城、云隐寺、陈异叔石棺、慧明寺、东山蒙化灵泉、鸟道雄关、五印山等。

（五）滇南邹鲁开"惠历"

1. 历史沿革

"东楼凌霄，指林弘构，学海文澜，津锁长虹；文笔辉光，桂湖行吟，书院育英，庭院幽廊"，构成了滇南建水的古城八景。

建水古城始建于唐元和年间（公元806~820年），到民国成立之时（1911年）共历时1100余年。在约1100年的发展历程中，大致可分为三个阶段：南诏、大理时期的初创阶段；元代的充实扩展阶段；明清时期的极盛阶段。这三个阶段，就像三个阶梯，每个阶梯各有自己的高度。

史载，唐元和年间（公元806~820年）南诏筑惠历城（即今建水城），归通海都督府管辖[9]。后晋天福元年（公元936年）段思平重新统一云南，建立大理政权，封其舅爨判为巴甸侯，建水成为爨氏封地。

南宋宝祐元年、蒙古惠宗三年（1253年）十二月，忽必烈率蒙古军灭大理国，次年置建水千户，隶阿僰万户，后改为建水州，隶临安路（路治设在通海）。又置纳楼茶甸千户（今建水官厅及红河南岸），隶阿宁万户[10]。元至元十七年（1280年）于建水设临安、广西道宣抚司。宣抚使张立道于至元二十二年（1285年）创办建水庙学，首开滇南文化教育之先声[11]。元至顺二年（1331年）改临安广西道宣抚司为临安广西元江等处宣慰司兼管军万户府。

明洪武十五年（1382年）正月，明将金朝兴率兵平定临安。元右丞兀卜台、元帅完者都、土酋杨政等投降。革临安宣慰司，置临安府治及临安卫指挥使司于建水[12]。洪武十六年（1383年），在元代庙学旧址上设临安府学，洪武十七年（1384年），明朝廷将江南大姓迁移到云南屯田，加上临安卫军屯，建水坝区汉族人口大增。洪武二十二年（1389年），临安卫城（即建水县城）建成，周长六里三[13]。

清顺治四年（1647年）六月，张献忠大西军余部将领李定国率部占领临安城。清顺治十七年（1660年），设临元镇总兵官于建水，掌管滇南军务。清乾隆三十五年（1770年）改建水州为建水县。清宣统三年（1911年），继昆明"重九"起义成功后，农历九月廿一日（11月1日）临安新军和民国起义成功，在临安成立南防军政府。

民国元年（1912年）10月，改临安府知府为府长，兼管建水县行政事务，裁建水县，次年复设县治于建水，改名为临安县，次年又复设建水县。1950年1月，滇南人民行政公署在建水成立。很显然，从建水古城发展演变历史来看，表明它的出现具有三个特点。

第一，服务南诏的军事据点。建水古城登上历史舞台是南诏的军事需要。作为一个军事据点，隶属于通海都督。

第二，展现元代政治的新角色。到了元代，建水在云南城镇体系中的等级地位提高了；城市的功能要素得到充实和丰富，城市的经济基础得到进一步的巩固，已经脱去了早期那种单一军事据点或单一封建领主城邑的外壳，开始走向全面成熟，成为在元代的政治格局中不可或缺的角色，一个具有完善功能和特色结构的地区中心城市形象已初见端倪。

第三，雄踞南滇的第一城。在明代，建水是获得优先发展机遇的城镇之一。古城利用了这种机遇迅速发育成熟起来，以致取代了通海的地位，最终成为雄踞南滇的第一大城市。之所以形成如此结果，与明代在云南实行的制度密切相关。

（1）军屯与移民

在云南实行大规模的军屯是明代的一大决策，目的在于既满足戍边的需要，又能就地解决"军备"，不增加内地的负担。

明代的卫所军屯，有一整套严密的制度，与元代比较起来有以下一些特点：

一是人员来源广泛。"以云南既平，留江西、浙江、湖广、河南四都司兵守之，控制要害"。

二是以垦荒开发为主。"云南土地甚广，而荒芜居多，宜置屯，令军士开耕，以备储待"⑭。

三是卫所军屯分布面广，作用兼有，一举数得。"盖云南之民，多夷少汉。云南之地，多山少田。今诸卫错布于州县，千屯遍列于原野，收入富饶，既足以供齐民之供应，营垒连结，又足以防盗贼之出没"⑮。

四是垦田面积巨大。从全省情况看，在12年内新垦的田比原有的增加约3倍。

五是在强化的组织领导下，进行水利、道路等基础设施的配套开发。

军屯给云南社会带来两大显著的变化：一是军屯不仅极大地扩大了云南农业生产的规模，而且，内地的先进生产工具、先进耕作技术和经验也随之大量输入云南。二是军屯带来了大量的移民人口，改变了云南原先的人口分布状况。

（2）"土流兼治"与"府卫参设"

明代对云南的统治，与元代相比较得到了极大的加强和深化。所凭借的就是"土流兼治"和"府卫参设"这样两套制度。"土流兼治"制度在元代就已出现，明代有所调整和完善，在许多方面又有重大发展。而"府卫参设"，即以地方军事指挥机构的"卫"⑯与地方政权机构的"府"配合设置，使之"文武相维"。

至于何地设"流"，何地设"土"，则根据当时云南的实情，明代又作了大致的划分。明嘉靖《大理府志·地理志》载："国初诸公经略南中，其事具载史牒，其设官之法有曰：三江之外宜土不宜流，三江之内宜流不宜土。盖以潞、澜沧、金沙为三江也。其内可以汉法治，其外非夷自为长不可也。"这样，在云南地域范围内，便划分为两个社会：一个是以原住民为主的少数民族社会；一个是以移民为主的汉族社会。前者在"三江以外"地区和"三江以内"的山区，由土官治理；后者主要在"三江以内"地区，由流官治理。

（3）"内抚诸夷"与"外控交趾"

中国古代，地方城镇的等级体系，一般来说与地方政权机构设置的等级相一致，以明代而论，在地方设置的政权机构，通常分为三级，即省级（布政使）—府级（知府）—县级（知县）。还有一种称为州的地方政权机构，州的级别不尽相同。若是直隶州，其级别大致相当于府；若是属州，其级别或相当于县，仅辖少数属县，级别略高于县。

所以，三级地方政权机构治所所在的城镇，相应地也形成三个等位，即：省城—府城—县城。

建水古城是一座具有特殊重要性的城镇，它的特殊重要性，可以用"内抚诸夷"与"外控交趾"来概括。明代的势力进入云南后，第一要务就是保境安民，而建水"为云南极边"，外部"接壤交趾"，内部"南望车里、八百诸夷"。历代都把建水看作是"边徼重地"，所以立城造郭，置府设卫，文武并用，达到"内抚诸夷"与"外控交趾"，使境得以保，安民得以安。

明嘉靖年间（1522～1566年），建水城虽然已是一座"人民殷实，人文亦盛，自省会而下，称第一"的大城市。但是，到徐霞客游访建水时（1638～1640年）看到的则是另一番情景，"临安府为滇中首郡，而今为普氏所残，凋敝未复，人民虽多，居聚虽远，而光景止与广西（今泸西县）府同也。迤东之县，通海为最盛；迤东之州，石屏为最盛；迤东之堡聚，宝秀（镇）为最盛；皆以免于普祸也。县以江川为最凋，州以师宗为最蔽，堡聚以南庄诸处为最惨，皆为普所蹂躏也"。这样巨大的反差是战争破坏造成的。

2. 古城格局

始建于唐元和年间（公元806～820年）的建水古城，初为土城，明代拓建为砖城，至今已雄踞南滇近1200年，这里人杰地灵，是滇南政治、经济、军事、文化和宗教的中心，建筑遗产十分丰富。

建水古城地处坝子，城南有焕山诸峰拱卫，"缥缈天表，层峦叠嶂、苍翠欲滴"；城东有泸江诸水缠绕，"跨以石桥，如卧长虹，上纪飞阁，凌霄冲汉"。整个城池与周围的自然环境相互交融，浑然一体，形成其空间形态。

在城郊的山际、泉边，散点分布着若干佛寺道观，通过礼佛游乐与城市保持着精神上的联系。同时，在空间上也与城市相呼应，是城市在空间上的延伸和扩大，形成一种双向渗透，从而打破了城市的孤立感和封闭感，城市空间因此而显得宏阔、丰富。

城周筑四门，门外有瓮城，城四角有角楼，城外筑壕堑（图2-3-19）。门楼既是防卫的需要，也是城市景观的需要，其巨大的尺度、精美的造型，正是适应这两种需要的反映。现建水古城城西、南、北三城楼均废圮，惟东楼无损，一直保持存到现在，成为古城难得的历史见证。而在历史上发生过几次兵灾之后，为了达到"卫民"的需要，在东、西城门外，又建造了简易的土城及栅门。城中央是衙署和文庙，衙署现已无存，道路系统亦遵从垂直正交的棋盘式格局，为了防卫的需要，建水古城的平面规划采取了"外自由、内规整"的格局方式，袭用了"门口不对，道路不通"的设计手法，

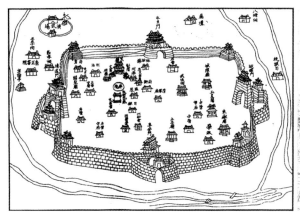 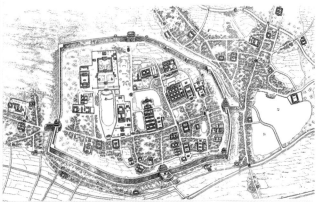

图2-3-19 建水古城平面示意图（清嘉庆年间）

图2-3-20（a） 建水古城东门城楼

图2-3-20（b） 建水古城传统民居

图2-3-20（c） 建水古城传统民居内院

图2-3-20（d） 建水建中路街道

在规整道路布置中表现古城边界的自由，在反映地形环境的自由中体现规整的建城思想，古城空间的基本母题仍为传统的方形根基。这种空间格局一方面与中国传统的礼制思想密切相关，同时也与以方正规格为美的中国传统的审美意识有关（图2-3-20）。

古城内有集中分行的肆市，如菜市、油市、棉花市、布市、马市、蒂子市、槟榔市、泸江市等八大市，昔日的街市店面，至今仍可看见。除了繁华的商业街市之外，还有幽雅静谧的邻里街坊，在街坊内还有小型的综合商店及流动摊点。在这些街市之间充满了大量的民居宅院，既有造价低廉、热工性能的较好的土掌房，至今仍不失为当地人喜爱的民居型制之一；也有随着古城不断的发展、改进和空间的不断丰富，经由土掌房缓慢变革而形成的三合院、四合院或是"三间四耳下花厅"的大型合院等多院落民居形式，这些成为建筑古城的重要组成部分。其建筑空间从简单到复杂，丰富多变，入口方式灵活自由，庭院花厅引人入胜，创造出一个宛如自然、富于地方自然风貌的居住环境，把人与自然密切联系起来（图2-3-21）。

水井，作为旧时建水古城中的重要设施之一，供生活、生产及消防之用，在居住街坊内均匀分布。凡设井的地方均辟一小广场，块石铺地，广场边有遮阴的大树，树下安石凳、饮水坛和洗衣坛。这里往往是汲水前后人们乐于小憩的地方，除来此挑水之外，还可在此交换信息、谈论家常，有浓厚的生活气息，是城市中极富有特色的空间组成部分。

图2-3-21（a） 建水双龙桥

图2-3-21（b） 建水文庙太和元气坊

图2-3-21（c） 建水文庙洙泗渊源坊

城市的景观建设对于充实城市精神功能无疑是十分重要的，这一点早为我国古代人民认识，各地城市由于发展历史的不同，都有不同景观建设的记录。位于建水古城内外的主要景观有：东楼凌霄——朝阳楼；指林弘构——指林寺；学海文澜——建水文庙；津锁长虹——双龙桥；文笔辉光——文笔塔，桂湖行吟——福东寺；书院育英——崇正书院；庭院幽廊——建水朱家花园等，这样，以文庙为核心的八大建筑与文化景观，共同构成了建水古城的城市框架（图2-3-22）。

图2-3-22（a） 东楼凌霄

图2-3-22(b) 桂湖行吟

图2-3-22(c) 津锁长虹

图2-3-22(d) 书院育英

图2-3-22(e) 庭院幽廊

图2-3-22（f） 文笔辉光

图2-3-22（g） 学海文澜

图2-3-22（h） 指林宏构

以上这些地方，至今还保持着当时的城市特点和建筑的典型风貌，它们能够从城市环境这样或那样的一个侧面，反映出那个时代的历史与文明，"一座建筑物，一个城市，在它的面貌上看不到历史，那么它们的活力，也就衰弱了"。

从"惠历"到建水，不论从城市的建制、城市格局、宏观的空间形态，或是从市井街坊、民居风貌看，都容纳了整个社群组织的社会文化内涵，并与社群组织的构成同时发展、进化。这一整体历史环境的形成、发展，是各民族长期合作开发的智慧结晶。

（六）八方会馆集"会泽"

1. 历史沿革

"金钟夕照蔓海青，龙潭月，饮虹云，桃花满幕，温泉柳浪声。石鼓樵歌水城笛，残雪晓春映翠屏"[17]。

位于滇东北的会泽古城钟屏镇，是国家级历史文化名城，这里聚居有汉、回、彝、壮、苗等20多个民族，并且在彝族的发展历史上有着重要的地位。据考证，会泽垦殖甚早，秦汉时修"五尺道"和"南夷道"，都以僰道（即今四川宜宾）为起点，向南延伸渡泸（金沙江）得堂琅（即会泽），西汉建元六年（公元前135年）置堂琅县，迄今已有2000多年的发展历史。而且会泽曾是彝族早期的摇篮，彝族历史上的"六祖分支"[18]就发生在这里。

会泽古城自明洪武十四年（1381年）开置东川土府，设府治于马鞍山麓起，先后在乌龙募建土城，后移至万额山南（即今县城钟屏镇所在地）。后因当地彝族土知府禄氏三子分居，又筑城于今水城、土城两地（现已无存）。清雍正六年（1728年）为东川府及会泽县两治驻地，随着铜矿的大量开采，鼓铸和铜运的兴起，人口逐渐增加，形成街区聚落。雍正九年（1830年）设东川营建参衙门，同年四月组织兴建石城，历时一年半竣工。后又经几次修葺，形成最后面貌，成为滇东北乌蒙山中一颗璀璨的明珠（图2-3-23）。古城的城墙于1956年修街时拆除。

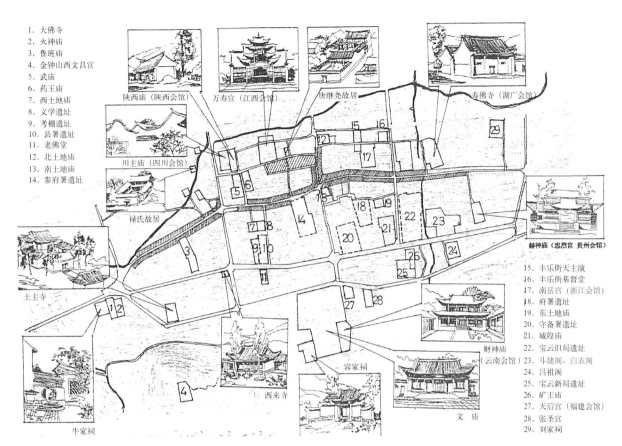

图2-3-23（a） 会泽古城建筑遗迹分布示意图

1. 大佛寺
2. 火神庙
3. 鲁班庙
4. 金钟山西文昌宫
5. 武庙
6. 药王庙
7. 西土地庙
8. 义学遗址
9. 考棚遗址
10. 县署遗址
11. 老佛堂
12. 北土地庙
13. 南土地庙
14. 参府署遗址
15. 丰乐街天主演
16. 丰乐街基督堂
17. 南岳宫（浙江会馆）
18. 府署遗址
19. 东土地庙
20. 守备署遗址
21. 城隍庙
22. 宝云旧局遗址
23. 斗姥阁、白衣阁
24. 吕祖阁
25. 宝云新局遗址
26. 矿王庙
27. 天后宫（福建馆）
28. 张圣宫
29. 刘家祠

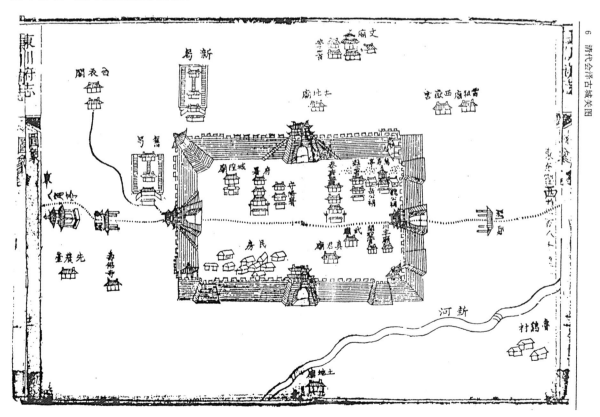

图2-3-23（b） 会泽古城示意图

尽管会泽古城历史悠久，然而会泽真正为世人所知，却是在清代。可以说在会泽铸造的铜钱，支承着康乾盛世的半壁江山。同样，随着熊熊铸钱炉火的熄灭，会泽古城的光芒也渐渐暗淡下去，生活再次归于平淡。或许在辉煌背后的平淡，反而可能是一种永恒。绚烂的桃花终究会化作缤纷落英，但悠扬的渔笛却在若有若无间传达着永远的情思[19]。

在历史上的黄金时代，也即清代乾隆、嘉庆年间（1736~1820年），会泽曾经是八方商旅辐辏云集之地，在古城里竞相办厂建馆。外地各省的建筑文化也随着商业交往先后进入会泽，并与本地文化相互结合，形成了一类多元荟萃、融合发展的建筑空间模式。古城现存的一大批民居院落、宗族家祠、会馆寺庙等建筑遗产，便是充分体现会泽古城历史文化传统与浓厚地方特色的实物见证（图2-3-24）。

2. 古城格局

会泽古城钟屏镇的平面形态、规划布局虽承袭了我国古代城市建制特点，保留有传统的棋盘式道路系统和结构，但远不如北方城镇的严谨、规整，充分反映出结合当地自然地形的布置处理。如整个古城地形南高北低，坐南向北（与传统城址方位选择相反）；作为宣传儒家经典的文庙，不在城中而在城外南面的半山坡上，背靠两峰之间（当地有"九龙捧圣"之说）。构成古城道路系统的7条大街、14条小街、6条巷道，呈现一个显著特点，即各街巷道路之间，既不平行延伸，也不完全垂直相交，但只要对照地形图一看，就会有所发现，这些自然曲折的道路走向，特别是东西方向的街巷，几乎与地形的等高线走向相平行一致，十分有利于城市洪涝灾害的快速排除（图2-3-25）。

冶铜技术的进步和堂琅铜洗的创造，为会泽古城的地域文化增添了闻名遐迩的浓墨重彩，城市的格局也因铜产业发展的需要进行着种种适应性的调整。历史上，会泽曾一度以丰富的铜、铅、锌矿吸引着赣、浙、湘、桂、川、黔、闽、楚等八省的商贾云集，在古城内竞相建馆办厂，成为生产外销之集散地。

经商因素推动了城市发展，而城市的发展又促使其建筑需要突破传统的框限去寻求新的表现形式。于是随着城市的发展，呈现出本土建筑的进步与外来建筑的地方化两大趋势，产生出一大批体现古城历史文化传统和地域特色的会馆庙宇、宗族家祠，以及民居院落，如江西会馆（又称万寿宫）、

图2-3-24（a） 会泽大佛寺山门

图2-3-24（b） 会泽古城西来寺山门

图2-3-24（c） 会泽文庙大成殿

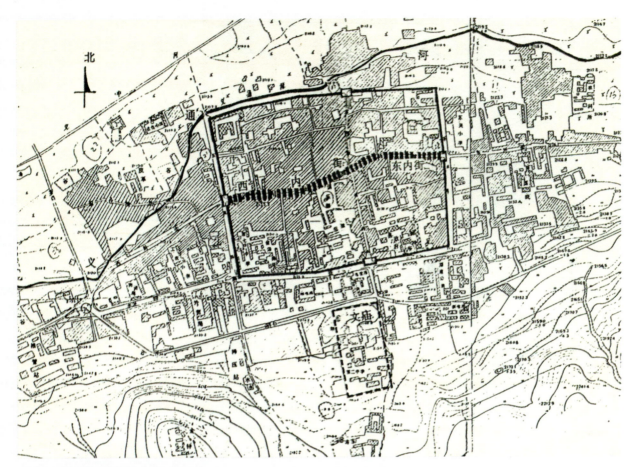

图2-3-25（a） 会泽古城街巷平面图

图2-3-25（b） 会泽古城街区

图2-3-25（c） 会泽古城民居院落

图2-3-26（a） 会泽湖广会馆

图2-3-26（b） 会泽江西会馆真君殿

湖广会馆（寿福寺）、贵州会馆（赫神庙、忠烈宫）等（图2-3-26）。而会泽的民居，就在这些会馆庙宇的周边生长演化。散落分布于古城中的会馆祠庙，既是各自所在街巷居民的公共活动中心，同时又是当年各省客商交易囤积的专门场所，共同体现了一座封建时代商业城市的繁华特点。

会泽古城整体的空间形态则体现了中国封建时代商业城市的特点，在规整的"井"字形网格中包容了其他丰富的空间形式。其中既有线性的商业街道，又有大型的会馆庙宇等点状的多用途空间，而量大面广的民居则成为其空间构成的基本肌理。

位于会泽古城的众多会馆寺庙，其建筑体形一般都很宏大，会馆殿堂粗壮的柱子与其上华丽纤巧的斗栱雕饰相映成趣。会泽文庙大成殿、寿佛寺（湖广会馆）正殿等建筑，虽说是单檐歇山屋顶或硬山屋顶，但它们体形之雄伟令人难忘，而其支承所用的柱直径通常在75厘米以上。同时建筑中的细部装饰也十分精美，此类建筑在会泽为数不少，若无雄厚的财力支持绝难大量存在，由此不难推想会泽经济昔日之繁荣。

铜产业的兴盛，使各省商贾云集会泽、经营会泽，构成了会泽古城独特的空间形态与地域文化特色。这些汇集内地建筑文化精华的会馆庙宇、极富地方生活情趣的历史街区和民居院落，以及历史发展赋予会泽古城的鲜明个性、文化精神，都将成为引导和构成古城未来持续发展的物质基础与精神财富。

二、省级历史文化名城

与6个国家级历史文化名城一样，云南的9个省级历史文化名城，也都有各自的城市风貌和地域特征，其古城格局既有体现受汉文化影响的方形平面形态，如腾冲古城、保山古城、石屏古城、通海古城、剑川古城、广南古城；也有体现因地制宜形成的自然平面形态，如漾濞古城、威信古城和香格里拉古城。而且即便是方形平面，也都作了一些灵活的变化调整。

（一）"极边第一"之腾冲

1. 历史沿革

位于滇西高黎贡山西麓的腾冲，北部和西北与缅甸毗邻。作为西南"丝绸之路"的咽喉，自西汉以来，腾冲就成了工商云集的地方和重要的通商口岸，由于地理位置重要，历代都派重兵驻守，号称"极边第一城"和"三宣门户、八关锁钥"。并且以中缅边境贸易、著名侨乡及二战中缅印战区的主战场著称。1945年中印公路（史迪威公路）就是在这条古丝绸道上扩建修通，使腾冲成为通往缅甸、印度等东南亚、南亚国家的重要口岸。

腾冲，其名始于《旧唐书》。从西汉时至元代，先后设藤越州、藤越县、腾冲府、腾冲平缅宣慰使司（又名腾冲征缅招讨使司），分别隶属益州郡、永昌郡、永昌节度、大理路等。据《明史·地理志》记载："腾越州，元腾冲府，洪武十五年三月属布政司，寻废（麓川军占据）。建文二年（1400年）改腾冲守御千户所，隶金齿司。永乐元年（1403年）九月置腾冲守御千户所，隶金齿军民司……正统十年（1445年）三月升为腾冲军民指挥使司，嘉靖三年十月置腾越州，隶永昌府……十年十二月罢司（军民指挥使司）为腾冲卫。"辖地包括"三宣""六慰"[20]之地。清顺治十六年（1659年）以后，仍置腾越州、腾越卫、腾越州判、腾越镇、腾越厅等。有关史料载，腾冲古城的选址建设也先后经历了三次更替，即：第一次于腾冲城西北一公里处的观音塘北部老草坡建腾冲城[21]（即西源城），为唐德宗时期（公元779~780年）南诏王异牟寻开发边疆时所筑土城；第二次建罗古城与罗密城[22]，在腾冲县界头区东华乡永安街东北建罗古城，在龙川江畔的永安东南，与罗古城相距5公里处建罗密城，此两成均为元代所建；第三次在第一次建的腾冲土城废弃后，移至"来凤山"北麓筑土城。

据《腾冲县志稿》载："明永乐九年（1411年）置守御千户所，有土城。"明正统十年（1445年）三月，守御千户所升为腾冲军民指挥使司，都指挥李升率南征将士1.5万人筑石城，正统十三年（1448年）落成。城形方整，城周围七里三分，城厚一丈八尺，高两丈五尺，门深七丈，广十二丈，门各有楼，高四丈，重檐三滴水，面阔三间，转五十五桓，二十八楹。城埔四面建雉，有阁楼，四门门扇包铁，东门沾化，西门永安，南门靖边，北门溥润。城墙外侧全用石条筑成，四门内侧也用石条，其余为土堆斜坡，城外设城壕。

明嘉靖二十九年（1550年），兵备郭春震四围，各阔二丈，深丈余，有壕无水。北门地势低洼，郑永生仿门式穿墙凿洞，置北城水门，引水注壕。明隆庆三年（1569年），改建小月城于南门，小月城高一丈六尺，广三十二丈，厚一丈三尺，东西两巷门高一丈一尺，后圮。清乾隆三十六年（1771年）重修，清道光七年（1827年）改建小月城门。

明代，腾冲城内主街以四门命名，称东门街、西门街、南门街、北门街，此外还有大街、小街、钟楼街、南关街、东街、西街，有城隍庙巷、中所巷、仓前巷、五显巷、西盟寺巷、守备巷、武侯祠巷、东岳庙巷、左所巷、右所巷、旧局巷、古兵备道巷、旧馆驿巷等。腾冲城于明代建成后，城墙屡次倒塌，又多次修复。民国8年（1919年），城墙东、西、南三面倾倒，四城楼塌陷。民国14年（1925年），腾越道尹汤希禹、腾冲县长李映乙修复南门城楼。在1944年8月滇西焦土抗战中，近500年历史的腾冲古城被夷为平地，变成一片废墟，仅剩城墙之残垣断壁（图2-3-27）。

2. 古城格局

近几年，随着城镇建设发展，腾冲城市规模已较之前扩展数倍，但核心区的古城格局依然保存，包括一些旧时的街巷名称也一直沿用至今。古城为坐西南向东北的方形平面格局，东、南、西、北四条主街十字形设置，在老城中心十字交叉口处，原有重檐八角形攒尖顶文星楼，底层为通四条主街的过街拱门通道。其城市格局明显受到内地方城建设思想的影响，只不过在城市的坐向上，与常规的坐北向南相反，主要是依靠城南的来凤山做靠山，面向视野布局开阔的北向（图2-3-28）。因整个腾冲县城的坝子呈南北走向带状分布，东、西、南三面

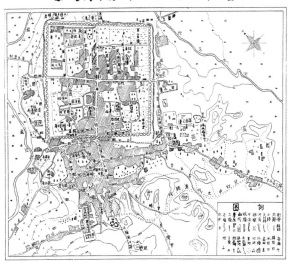

图2-3-27 腾冲古城平面图

图2-3-28 腾冲古城现状卫星图

都有近山封堵,唯北面视野远可眺望高黎贡山,近可看笔尖形的龙苁山,其不按常规朝向建城的选择,也是结合实际因地制宜思考的结果。

(二)"丝路要津"之保山

1. 历史沿革

滇西保山,古称永昌,其历史文化极为悠远深厚,尤其是"保山古猿"化石和"蒲缥人"化石的发现,充分表明保山是人类重要的起源地与人类文明重要的发祥地之一。这里是哀牢古国的发祥之地和立国之基,其开国之君便是中国著名的民族起源神话之一的九隆神话中沙壹"触沉木若有感"而生的"龙的传人"九隆。

保山素有"滇西锁钥"、"丝路要津"之称,是历代兵家必争之地。自西汉元封二年(公元前109年),汉武帝在今保山坝东北的金鸡乡设不韦县开始,就以此为汉文化传播的最初据点,形成"汉德广,开不宾。度博南,越兰津。渡兰沧,为他人"的文化碰撞与融合,最终反客为主使汉文化逐渐取代本土的哀牢文化或永昌文化。东汉永平十二年(公元69年),哀牢王柳貌率族人归汉,东汉王朝以其地置哀牢(今滇西怒江以西地区)、博南两县,合并益州西部属国6县,以不韦为治所,设置永昌郡。

蜀汉以降,永昌郡几度兴废,一分为三,后曾改设为永昌节度、永昌府、永昌三千户、永昌州和

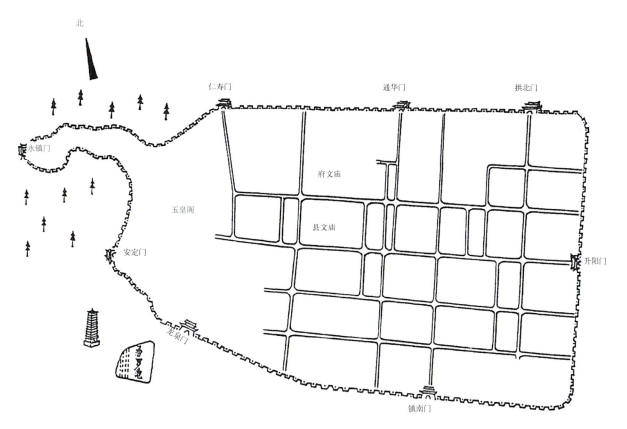

图2-3-29（a） 保山古城

图2-3-29（b） 保山古城远景

永昌府，设大理金齿等处宣慰司，将治所移至永昌（永昌即称金齿），隶属大理总管府、大理路等。明代又先后置金齿军民指挥使司、永昌军民府，辖2县、3州、2安抚司、3长官司。在明嘉靖三年（1524年）改设县治时，因其名与安徽永昌县重名，于是将城内太保山中的"保山"借用为县名，"保山"一名即始于此时。而到民国2年（1913年）废府设县时，同样因甘肃省金昌市有一个县名也叫永昌，所以易名为保山（图2-3-29）。1950年1月，建立保山县人民政府，1983年撤县建市。

2. 古城格局

保山建城历史悠久，唐天宝二年（公元743年）南诏王皮逻阁时期筑土城。明洪武十五年（1382年），指挥王真沿旧基重建城池，路网呈棋盘式布局，纵横有序、经渭分明；洪武十六年（1383年），因麓川王思伦法叛乱，城池被毁；洪武十八年（1385年），云南前卫指挥李观守永昌，用砖石重筑旧城；洪武二十八年（1395年），指挥胡渊将太保山划归城内，加建城墙，使城周长为6.5公里。其中东、南、北城墙高7.3米，西城墙高5米。在城的西面设2门，左为永镇门，右为安定门，城北自西向东依次建仁寿门、通华门（小北门）、拱北门（大北门），城西太保山麓建龙泉门，城南建镇南门（正阳门或南门），城东建升阳门（东门）。据明景泰《云南志》载："金齿司城，周围一十三里，开八门，东曰升阳，南曰镇南，西南曰龙泉，西南曰安定，西曰永镇，西北曰仁寿，北曰通华，东北曰拱北。其上各有楼，又有角楼四，敌台三。"城周围均筑城墙，城墙上筑有雉堞3000多个，周围有宽7米、深1.7米的护城河，河水分别从易罗池和磨房沟引来，绕城向东流去。因历代屡遭战乱，新中国成立初期仅存东门、南门两座城楼及仁寿门，"文革"期间又拆毁东、南两楼，现仁寿门也只幸存局部（图2-3-30）。

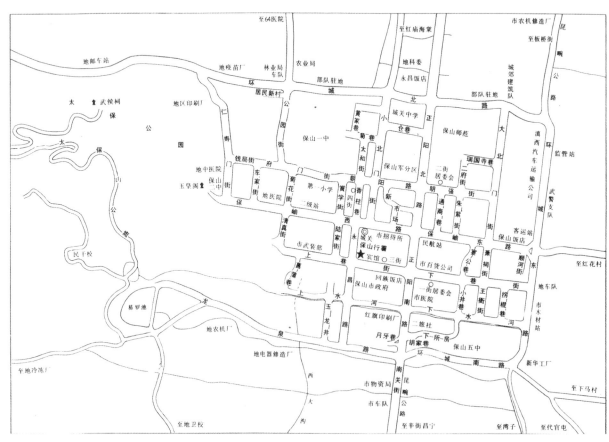

图2-3-30（a） 保山市城区图（1985年）

图2-3-30（b） 保山古城现状卫星图

（三）"博南古道"之漾濞

1. 历史沿革

省级历史文化名城漾濞地处大理州中部点苍山之西，是历史上著名博南古道、茶马古道上的重镇，为著名的"中国核桃之乡"，有"大理后花园"、"绿色宝地"和"横断山脉南麓的明珠"等美誉。境内3000多年前的漾濞苍山古崖画，是省内图像最多、面积最大的一组崖画，画面生动反映了先民们狩猎、放牧、采摘、舞蹈等生活场面，被誉为"苍洱文化之源"，具有极高的欣赏和研究价值。

漾濞古称"样备"，初为部落名，后为巡检司名，今为县名，均得名于境内大河漾濞江。"自古驿道先通，开化不后邻邑"。漾濞自西汉起分属益州郡、永昌郡、云南和永昌两郡。南诏时分属蒙秦睑和永昌节度，大理时分属胜乡郡和蒙舍镇，元分属蒙化州和永平县，明清均属蒙化和永昌两府，其一直以来都是两府两地共管之所。由于漾濞为省府至永昌必经之地，"地当要冲，任重权微"，地方绅民赴县办事、省府官员经办军政事务均多感不便，故辛亥革命时，云南军督府军政部总长李根源署理滇西军政事务时重倡设县。"以永平、蒙化两属为根本地，再割洱源、云龙瓯脱地补之"，"改漾濞巡检为漾濞县"。1912年6月，正式设立漾濞县。

2. 古城格局

漾濞古城建设南面以漾濞江为屏障，其他三面筑有周长1500米城墙，形成占地面积约0.15平方公里的封闭小城，因城郭紧靠漾濞江畔，又有"江城"之称。小城设有东、西、南、北4座城门，4座城门均为碉楼。东门位于今来龙巷与环城路交叉口，南门位于仁民街与新建街交叉口，西门位于云龙桥头面向飞凤山，北门位于小箐边面向枳村坝、脉地。在今上街清真寺路下拐弯处，建有一座过街楼，设有检查站。新中国成立初期，漾濞古城区内有1街5巷，即仁民街、来龙巷、周家巷、汪家巷、文化巷、平政巷，主街仁民街宽3米，长456米，街道路面高低不平，弯曲狭窄。城内还有法国传教士建的天主教堂，当地民众建的文庙、武庙、城隍庙、娘娘送子殿、祖祠等，还有四川人建的川主

图2-3-31（a） 漾濞古城

图2-3-31（b） 漾濞县城现状卫星图

庙、大理人建的太和宫、江西人建的江西祠等，在古城的仁民街东端有一个名为"云集场"的集贸场所，寓"万商云集"之意。1954年以后，县城建设向北、南、东三面拓展，发展迅速（图2-3-31）。

（四）"状元故里"之石屏

1. 历史沿革

位于滇南红河州的石屏县，是云南历史上唯一的状元袁嘉谷的故里，素有"文献名邦"的美誉，也是全国著名的"民族歌舞之乡"。石屏作为一个县级行政辖区，始于元至元七年（1270年）。

两汉时石屏称"旧欣"（彝族族名），意为"居住在山林水边的民族"，属益州郡胜休县[23]。西晋太康三年（公元282年）八月，"罢宁州，置南夷府，以天水李毅为校尉，持节统兵镇南中，统五十八部夷族，都监行事"[24]。之后石屏分属宁州梁水郡、昆州。南诏时属通海郡，始以"石坪邑"[25]出现；大理国时延续南诏旧制，仍属秀山郡。元至元七年（1270年），始置石坪州，设土官，隶属临安路。并建孔庙，立庙学，始有地方教育。明洪武十五年（1382年），改"石坪州"为"石平州"，后改"石屏州"，属临安府。清代沿袭明制，石屏州仍属临安府（图2-3-32）。

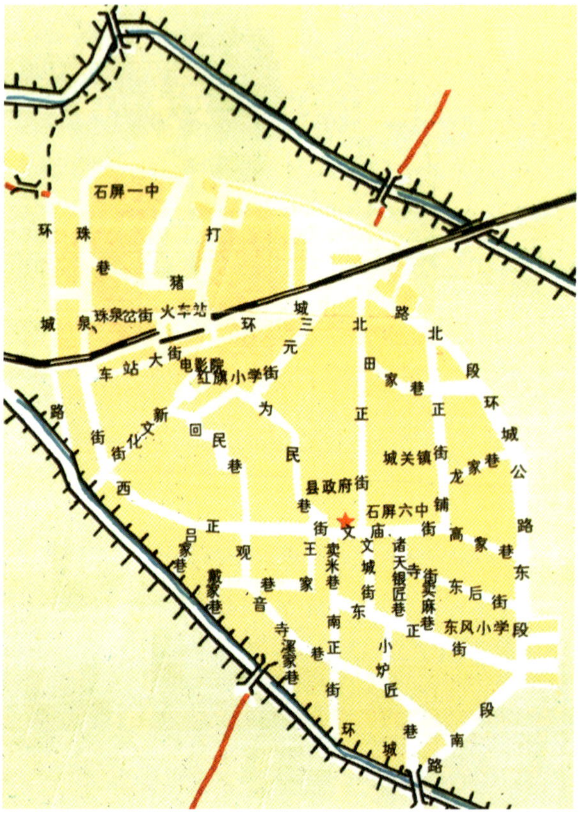

自明洪武年间沐英留滇屯田，大量汉民随之迁入，在带来先进生产技术的同时，也带来了汉文化，形成"家家机杼声，人人诗书契"，"民俗安耕凿，士风敦义礼"风气，士喜向学，人文蔚起，明清以来，滇中称誉。明万历年间就有"文献名区"的赞誉，清雍正六年（1728年），知州龙为霖题联"山川东迤无双境，文学南滇第一州"。清乾隆十七年（1752年），知州史鲁璠题"文献名邦"匾额。明清两代先后设有书院9座，私塾、家塾、教馆上百处，先后出文进士65名（其中翰林15人），武进士11名，文武举人638人，贡生760多人。其中袁嘉谷就是石屏人，成为光绪年间云南唯一的经济特科状元。

2. 古城格局

石屏旧称"石屏州城"，元代称"石坪州"。明代以前，石屏尚无城池，明成化十六年（1480年），知州蒋彝任中始立四城门：东门迎恩，西门通贡，北门拱辰，南门钟秀，为后来建城池奠定了基础。明嘉靖三十年（1551年），因元江兵变，筑土城防御，城周四里三分，并建东、西两城楼。明万历二十四年（1596年），知州萧廷对任中以石砌瓮台，建东、南、北三城楼；二十七年（1599年）重建四城门，更东门名为海日，南门为云台（今尚存），西门为宝秀，北门为龙朋。明天启五年（1625年），石屏连续大旱后又大雨，墙崩楼坍；次年秋，修城竣工，城周七百四十八丈，城楼高两丈，厚两丈，外凿有护城河池，引异龙湖水，同年冬复修四门。

清顺治年间，历经战乱之后，城楼坍塌，清康熙六年（1667年）冬，知州刘维世重修城池；清雍正四至六年（1726～1728年），知州周勋和龙为霖任中，分别修建四周城墙及东、西、北三城楼，十三年（1735年），乡宦何其潘录重修西城楼。清乾隆十九年（1754年）十二月，发生地震，城垣倒塌四十余丈，知州管学宣详明灾情，捐修完固；

图2-3-32 石屏县城略图

四十五年（1780年）春，知州吕缵先任中，重修四城楼，加固城池垛口，并立匾额，石屏州城焕然一新。清嘉庆四年（1799年）地震，城楼、城墙倾坍，知州孙仪率士民捐修。清道光十二年（1832年）地震，东北城隅崩20余丈，知州姚延之倡修。清咸丰六年（1856年），因石羊厂汉回争银矿和清吏"回强助回，汉强助汉"的保全禄位政策，加深了民族间的矛盾，云南统治者命令全省范围内屠杀回族，引起回民报复，遂动员民众筹资运石加土，增修城池，在四门砖城上设置炮台，以保州民安全。清同治三年（1864年），乡练陈连春、黄春亮等兵变，争夺练局权，炸毁城西北炮台及城墙数丈；同治五年（1866年）梁士美复筑月牙墙，竖楼建棚，瓮城外置悬门，加固防守。清光绪年间，城垛再次坍塌，当年即修复。

新中国成立后，1951~1958年，先后拆去四周城墙。石屏城内街道，以县政府为中心，分东、西、南、北四条正街，将居民住宅分成四块，各正街道又分若干巷道，大街小巷弯弯曲曲，宽窄不等，仍不规整，均为石镶路面（图2-3-33）。

（五）"一地三城"之通海

1. 历史沿革

位于滇中杞麓湖畔的通海[26]古城，历史悠久，文化昌盛，被誉为"礼乐名邦"。西汉元封二年（公元前109年），自汉武帝置益州郡领二十四县起，通海属益州郡胜休县。南诏时开"通海城路"，置通海镇，设通海都督，统摄滇南地区，启通海人文之风，使"通海城路"为南下交趾、北入滇中的重要交通枢纽。大理国，在滇南置秀山郡，通海为郡治所在地，成为滇南军事、政治要地。元宪宗六年（1256年）通海置千户所；元至元十三年（1276年）改为通海县，同年置河西州，又在河西北境曲陀关置临安、元江、广西等处宣慰司都元帅府。明代以前并无城墙，明洪武十五年（1382年）置通海守御所后，为加强防御，即派军民筑土城墙为"御城"。洪武二十四年（1391年）改筑砖石城墙，城方正，周围长二里，墙高一丈七尺，开四门，东曰泰和，西曰庆丰，南曰迎薰，北曰镇海，四门均为进深二

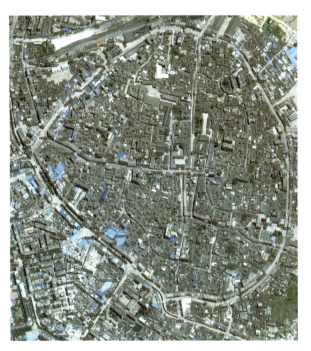

图2-3-33　石屏古镇现状卫星图

丈八尺的石拱门，上建城楼，城楼间建城垛。沿城周筑宽一丈八尺、深一丈的壕沟蓄水为卫，城内按东南西北方位建盖房屋，中央建有石牌坊四座。

明万历三十九年（1611年），紧连御城建通海县城于秀山北麓，东、南、西三面筑土墙，高厚与御城相同，北面以御城南墙为城墙，两城像两个方环紧紧相扣。清沿袭明制，通海属临安府。清康熙五年（1666年），裁通海守御所归并通海县管理，县治迁御城，于御城中心建聚奎阁，高3层。清乾隆二十八年（1763年）地震，城垛及城楼坍塌，知县朱阳任内集资修复，并于四门外筑月城，建照壁，王文治书"海天春晓"、"朝来爽气"于东、西两门，朱阳书"礼乐名邦"、"佳丽殊百秀"于南、北两门；五十四年（1789年）又地震，城垛、城楼尽毁。清嘉庆二年（1797年）民众捐资修复城垛，二十三年（1818年）重建四门城楼，东西南三门如旧，北门城楼加高一层，称振文阁。清光绪二年（1876年）聚奎阁毁于大火，八年（1882年）重建，十七年（1891年），西南面城墙坍塌七丈余，地方绅民筹资修复。至清末，因海外进口的物资多在通海城集散转运，县城十分繁华，被誉为"小云南"。

新中国成立后拆除城墙，填平壕沟，逐渐建成了新的街道和楼房。

2. 古城格局

建于秀山之麓、杞麓湖之滨的通海古城，坐南向北，依山就势，因受到中原儒家文化和传统风水观念的影响，古城格局既符合传统城市方形建制，中规中矩，又体现负阴抱阳、依山傍水的风水特点，形成"山—城—湖"一体相映成趣的天然格局。

明代中期，通海曾经出现过"一地三城"的格局景象，三城即"御城"、"县城"、"迎恩城"。"御城"作为军事机构守御而筑，"县城"为"聚民、防寇"而设，"迎恩城"为方便往来商贾而建，彼此功能分区明确。其中，建于明洪武十五年（1382年）的"御城"，方形平面，周围二里，开四门。明万历三十九年（1611年），又北接"御城"、南连秀山建"县城"，面积与"御城"相当，同为方形平面。之后又在距县城东二里大桥处建"迎恩城"，圆形平面，设三门，与"御城"和"县城"遥相呼应（图2-3-34）。清顺治五年（1648年），"县城"和"迎恩城"毁于兵祸，但"县城"的街巷格局尚存。清康熙八年（1669年），裁守御所归县管，县治迁至"御城"。直到1943年以后，"御城"的城墙被逐步拆除，但城市格局仍然得以保存。现今通海古城的历史城区，即是"御城"和"县城"主体。

作为通海都督府、节度使、通海郡和宣慰司总管府所在地，"御城"以聚奎阁为中心，呈"十"字形分别向东、南、西、北四个方向延伸为东街、西街、南街、北街及其外围的古城东路、古城西路、顺城街和礼乐路，呈正方形布局。其中，位于中轴线上的南北街是进出古城的主街。而且南北街东边与福兴街、阚家巷、东街、高家巷、兴家巷连通，西边与祁家巷、西街、盐店巷、县衙衔接，整个古城街巷空间大致呈九宫格形态布局。

居于"御城"南面的旧"县城"，南北走向的街巷分别有文献里、文星街、文庙街、周家巷、崇文街、极星街，东西走向街巷有马家巷、艾家巷、文昌街、财神街、中栅街，北面街巷空间与"御城"大致相似，彼此联系自然。居中的文庙街直接与"御城"的南北街相连通，向南直达通海文庙东面。而靠近秀山山脚，布局更加灵活自由，加之地形坡度较大，有文庙、书院等建筑收尾，街巷设置相对稀少（图2-3-35）。

在"御城"和"县城"组成的古城历史街区，大大小小的传统民居院落或横向、或纵向、或双向联系组合，与"前店后宅"式的沿街商铺，有机组合在古城的大街小巷之中，成为见证古城发展历程的物质空间载体。

（六）"三江名镇"之剑川

1. 历史沿革

位于滇西北的剑川[27]古城，是云南最早形成农

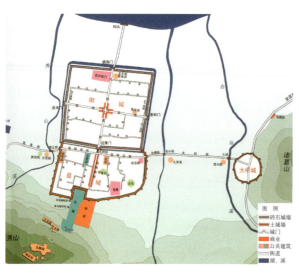

图2-3-34（a） 通海古城构成示意图（上海同济城市规划设计研究院）

图2-3-34（b） 通海古城地理图

图2-3-35（a） 通海古城现状图

图2-3-35（b） 通海古城现状卫星图

耕文化、铜石并用文化的地区之一。这里钟灵毓秀，风光无限，有被金庸先生誉为"南天瑰宝"的石钟山石窟（第一批全国重点文物保护单位），有双A级风景名胜区——有雄居滇西、神奇秀美千狮山，有被列为"三江并流"自然遗产八大片区之一的"滇山之祖"老君山，还有被列为世界101个濒危建筑遗址之一的沙溪寺登街等。有600多年历史的省级历史文化名城剑川古城，自西汉起分属益州郡、永昌郡、云南郡、剑南道姚州都督府、剑川节度、义督睑、义督千户、剑川县、剑川州等。剑川居于汉藏文化的交汇口，历史上曾经是中原—南诏—吐蕃频繁征战争的战略要地。据史料记载，剑川曾经于唐代、宋代、明代建过三座城池。

第一座罗鲁城。在今甸南上、下登二村旁，据《元史·地理志》载："县治在剑川湖西，夷云罗鲁城。"《万历云南通志》载："罗鲁城，在州治南十五里，唐时有此城，即瓦窑村北。"因剑川在六诏时为"矣罗识诏"，在蒙舍诏并吞其他五诏后，洱源北部的邓赕、浪穹、施浪三诏北退剑川，称为"剑流通诏"或"三浪诏"，当时剑川一带为吐蕃控制，三浪诏亦依附于吐蕃与南诏抗衡，罗鲁城为当时剑川政治、经济与军事中心。

第二座望德城。在今剑川南向湖村，据明景泰《寰宇通志》载："望德城，在剑川州南，周围五百余丈，段氏时所筑，今为民居。"《康熙剑川州志》中具体指出："望德城在剑川同三里，周围五百余丈，段氏时筑，即今水寨村。"南诏初期，剑川的政治及军事中心在罗鲁城，是防御南诏要冲，唐贞观十年（公元794年），南诏夺取了剑川一带，罗鲁城即失去要冲作用。为了巩固北防，南诏将军事据点向北推移，所以修筑望德城于水寨村（今向湖村）。望德城历大理国至元代，于明初废弃。向湖村南部过去还保留着古城土墙，民国25年（1936年）修筑滇藏公路时才将东城墙挖去，其他三面城墙至20世纪60年代方毁，至今仍有残迹。

图2-3-36（a） 剑川古城略图（剑川县志）

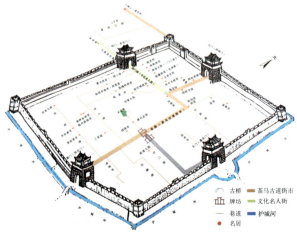
图2-3-36（b） 剑川古城平面图

第三座剑川城。从明洪武十三年（1380年）起，剑川县（州）治逐渐北移，洪武二十二年（1389年），剑川州副州官选择州治地址，定在今县城西北部的柳龙冲，从此剑川的政治中心即定址于此，但没有城墙。据《康熙鹤庆府志》和《康熙剑川州志》载："明弘治间（1488～1505年），知州李文筑土城一围于金华山左麓，地震倾尽。"明嘉靖二十二年（1543年），鹤庆知府周集建议筑剑川城，未获成功，明万历十二年（1584年），剑川知州关志极经营基址，议定工费，后因升任，工种寝搁。此后，"州署大理经历李某（李时茂）奉文行催，筑四门城基"。明崇祯十四年（1641年），知州林明辅申请修筑城池，为石砌垛口。崇祯十六年（1643年），剑川城整座城池才告竣工，筑城时间前后长达100余年。古剑川城东临剑湖，南有西湖，西靠金华山，北枕德峰山，形成天然屏障，山清水秀，地势险要（图2-3-36）。

2. 古城格局

剑川古城"周三里三分，高一丈六尺，厚一丈二尺，砖垛石墙，垛口一千三百二十七，壕宽八尺，深五尺，城内驰道一丈，城外驰道一丈二尺"[28]。城墙东面长176丈（586.1米）、南面长165丈（549.5米）、西面长174丈（579.4米）、北面长147丈（489.5米），周长662丈（2204.5米）。古城平面布置为不规则的平行四边形，东、南、西、北门分别称：嘉庆门、拱日门、金龙门、拱极门，在高一丈二尺的城墙上，耸立有重檐歇山顶飞檐翘角的城楼，在城的四角还设有4个碉楼。城楼高大宏伟的气势，一点不亚于其他古城的城楼。正东向的嘉庆门，位于今东门街与东门外街交接处，清康熙五十五年（1716年），知州罗文灿以东门直冲州治为由，将城门北移数丈，凡重大文诰都必须从此门入城，民间重大庆祝活动亦首先由此通过。正南向的拱日门，位于今南门街南端；正西向的金龙门，位于今西门街与西门外街交接处；正北向的拱极门，位于今北门街与北门外交接处。而且四城门并不正对，街道都为"丁"字街。这样有两个好处，一是防止南北风直接贯通，有藏风聚气的作用；二是遇有战事，便于迂回防守保存实力。

清康熙二十七年（1688年）地震，城墙和东、南、北三处谯楼倾圮，康熙二十九年（1690年），州牧张国卿重修城郭，并将东、南、北谯楼建为鼓厅，沿城壕种植柳树。后因频年淫雨，鼓厅垛口渐坏。康熙五十一年（1712年），州牧王世贵将四城门楼全设作鼓厅，并修复了城墙损坏部分。后又经过清光绪庚寅年（1890年）重修。民国12年（1923年），知县李棋修又一次整修城池，将原垛口填去，加高城墙，另筑垛口，在城墙四角增筑碉堡，东南叫"保障"、东北叫"镇静"、西南叫"兼顾"、西北叫"严肃"，挖深壕沟，城池更加牢固。

图2-3-37（a） 剑川古城鸟瞰图

图2-3-37（b） 剑川古城现状卫星图

剑川古城可算作是云南较好的古城之一，1951年剑川发生6.25级地震，除城楼倾倒外，无重大倾塌。1952年古城墙、谯楼被拆毁，城墙石被移作他用。现四门护城河、壕桥犹存，古城墙基础四至清晰，明代建成的街巷道路走向不变，尺度不变，格局不变，历经沧桑，古貌依旧，传统民居极富特色。剑川古城的总体格局，充分体现汉文化在云南白族地区传播较早、影响较深，以及剑川古城在茶马古道上所具有的特殊地位（图2-3-37）。

剑川古城城中西门、南门古巷通幽，古宅较多，尚保留有明代建筑40余处，其中有21个院落保存完整，布局严谨，如七曲巷的何宅，五马坊的张宅，赵藩故居"光禄第"，原古樵楼下"明建威将军府第"鲁宅，西门赵宅，南门三苏院、羊家大院，周钟岳、赵式铭故居，张子斋、欧根故居等。保留清代建筑146处，其余为民国至20世纪60年代土木结构建筑，传统民居的保有量占全城民居总数的90%以上。其中不少是白族典型的"四合五天井"、"三坊一照壁"传统民居，古朴典雅，充分体现出自明代以来各个时期不同形式的民居建筑和发展特点，为云南传统民居建筑的博物馆。现西门、南门、东门街道基本保留原貌，与两旁民居相衬得体，流水潺潺，古道悠悠，信步漫游，别有情趣。还有西门明代昭宗祠古建筑，其牌坊造型独特，名扬三迤；其大殿基本构件完好，有极高的保护价值。

（七）"铜鼓名乡"之广南

1．历史沿革

地处滇、桂、黔三省（区）交界处的广南古城，是云南省通往广西、广东的交通要道之一。作为世界铜鼓文化的发源地之一，在全球出土的8种铜鼓类型中，广南就有5种42面，其中出土铜鼓6面，传世铜鼓36面，沙果村的Ⅱ号铜鼓是全球最古老的18面铜鼓之一，阿章铜鼓被称为省博物馆"镇馆之宝"。自西汉元鼎六年（公元前111年），汉武帝开南中，设句町县以来，广南分属宁州之兴古郡、南宁州总管府（治所在今曲靖）、昆州（州治昆明）、盘州（州治在贵州普安）、南汉国、特磨道（即今广南、富宁和滇东南）。元至元十二年（1275年）改设广南西路宣抚司，至元十五年（1278年）改为广南西路宣慰司。明洪武十五年（1382年），改广南西路宣抚司为广南府，治所在广南城；洪武十九年（1386年），开始建城池，府城建在平关坡上，建排栅，周四里，设西、南二门。洪武二十八年（1395年），都指挥王俊奉命率云南后卫军到广南筑城建卫，为云南二十二卫之一。

清康熙十八年（1679年）后，开始兴建学宫，创书院，倡文教，关心农稼，兴修水利；清雍正十年（1732年），广南巡抚张允随委员改建砖城，城墙周四里，长八百五丈八尺，高一丈六尺八寸，设垛口1603个，炮台8座，东、西、南、北四门各设城楼，另设小南门，便民取水出入。清嘉庆二十四年（1819年），为"蓄水以备缓急，引流以资灌溉",在城西北隅挖掘一池塘,名承恩塘(即今之莲湖)。清道光十三年(1833年),府城遭地震,城墙数段坍塌;二十二年(1842年),知府施道生、知县沈炳倡捐率士民重新修复城池,并逐步建成与各城门相对应的东南西北四条大街和小南街的街道网络,主街道呈"十"字分布(图2-3-38)。

2. 古城格局

广南古城,因"四周山势开敞,具有川原之象,然岗坡绵延,平壤无多,近治诸山布列,形类莲花,故曰莲城"㉙。古城从明洪武二十一年(1388年)至清光绪年间,先后建有六阁(魁阁、文昌阁、昊天阁、魁星阁、龙光阁、都天阁)、二十四庙(太阳庙、城隍庙、皇姑庙、三英庙、关帝庙、万寿寺、东南各一座观音庙、东岳庙、龙王庙、白马庙、祖师殿、杨公庙、仁武庙、三元宫、牛王庙、孚佑宫、文昌宫、黑神庙、精忠庙、火神庙、仓圣宫、先农坛、雷祖庙)、五座学宫书院(孔庙学宫、青莲书院、莲峰书院、培风书院和莲城考舍),使其整个古城商贾云集,手工业兴盛,规模空前。至1949年前,城内已有9.61万平方米的房屋,其中衙署、会馆、寺庙1.1万平方米,民房8.51万平方米。广南古城规划严谨,构成东、西、南、北及小南街5条主街贯穿全城,50条街巷道纵横交错。5条主街街道平均宽6米,均为三道青石板铺面。城周东南西北各设城楼,皆为2层阁楼,共4座,雄伟壮观。城内民居形式复杂多样,鳞次栉比,各具特色。如富商住宅及官邸均为四合院、三间两耳、五间六耳或三进深大院,檐、枋、门、窗雕龙画凤,石雕、木雕比比皆是,古香古色,富丽堂皇。

新中国成立以后,随着生产、经济的发展和人口的逐渐增多,自1952年起,陆续拆除城墙、城楼及大量古建筑,如今保存下来的还有侬氏土司衙署部分、文庙、昊天阁、都天阁、贞节石牌坊、文笔塔、皇姑坟、寿寺等古建筑(图2-3-39)。

(八)"红色边城"之威信

1. 历史沿革

历史文化名城威信,其"威信"之名源于明朝嘉靖年间,即威望和信誉之意。《辞海》中的威信:"有威则可畏,有信则乐从,凡欲服人者,必兼具威信。""威信"含"宣威立信"之义,明嘉靖改土归流,因夷俗武悍,朝议改芒部土府为镇雄府,设流官知府统之,盖取宣威立信之意。

今威信县地,西汉建元六年(公元前135年),汉武帝置犍为郡(治今遵义,后迁宜宾),威信为郡南广县地;其后分属益州郡、朱提郡(治今昭通)、南广郡、宁州南广郡等。元至元十年(1273年)属芒部路军民总管府强州,隶乌蒙宣慰司;至元二十四年(1277年)属乌撒乌蒙宣慰司芒部路军民总管府易溪部。明太祖洪武十五年(1382年)属芒部卫指挥使司,随后改芒部府、芒部军民府、镇雄军民府、镇雄府、威信长官司(简称威信司)首次正式见诸史籍。至民国10年(1921年),威信

图2-3-38 广南县现状卫星图

图2-3-39 广南县城区示意图

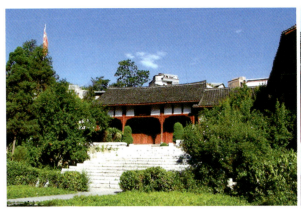

图2-3-40　扎西会议会址

行政公署由长官司移驻扎西。

1935年年初，红军第五次"反围剿"失败后，党中央政治局在贵州遵义召开了扩大会议。随后转折至威信县城扎西镇，并在聚集威信县期间，召开了三次会议，统称为"扎西会议"（即水田寨召开政治局常委会议、在大河滩召开政治局会议、在扎西镇召开政治局扩大会议）。为红军实现新的战略转移和长征胜利奠定了基础，使扎西这一革命纪念地在中国共产党发展历史上具很重要地位与深远的教育意义（图2-3-40）。

2. 古城格局

威信县城扎西，位于云、贵、川三省交界处的滇东北昭通地区，是一个多民族聚居的地方。扎西之名由来有两种说法，一曰：该坝子位于扎岭之西而得名；二曰："扎西"二字在彝族中作"扎息"，释为"周围系茂密森林，中间系一水函"之意，与这里山埂、水溪伸入和汇集扎西坝子的地形相符。

扎西原系自然村，明末清初，开始形成街场。在威信行政公署从长官司（今旧城）迁至扎西后，扎西集镇得到进一步发展。民国20年（1931年）9月，威信正式设县，扎西即为县城，此时仅有上街和老街两条街道，全长约600米。同年，以威信县抗日救国捐款和民众集资款购得从文庙（今公安局驻地）到今县武装部一段约100多亩土地，兴建扎西新街。20世纪50年代初，扎西只有上街、老街和新街，全长1090米，面积7520平方米。随后，先后改造扩建扎西街、建设街、南向街，新建长征路、人民路、保健街、盐井街、新建街等，以连成网络，东西南北贯通，形成一个以老城为轴心呈放射性发展的城镇。老城中多穿斗式木结构坡顶建筑，空间变化丰富，街道尺度得当。有的老街至今仍保持着红军长征时的风貌，十分耐人寻味（图2-3-41）。

（九）"建塘古镇"香格里拉

1. 历史沿革

建塘古镇位于滇西北香格里拉市，是云南进入四川、西藏的交通枢纽，滇、川、藏"茶马古道"的要冲。自古以来，作为茶马古道上的历史重镇和滇藏公路的必经之地，可直达印度、拉萨。建塘古镇分为古城"独克宗"（中心镇）和新城两部分，据《建塘古城史话》记载，香格里拉市古城史称建塘，与巴塘、理塘并称为"三塘"。"独克宗"古城曾经是中国保存得最好、最大的藏式民居群，以其独特的风土民俗勾画了一幅理想与现实交错的"香巴拉"图景。古城始建于唐代，是唐仪凤、调露年间（公元676~679年），吐蕃在此修筑的城堡，建于石山之上，名曰"独克宗"，意为"在白色石头上的城堡"或"月光城"。古城经明、清、民国（1921年）各时期的改建，设有东南西北四处城门，城墙四周筑有16个土碉楼，由防守戍卫。古城依大龟山而建，2014年1月11日火灾之前尚有龟山古井、藏公堂、释迦殿、白鸡寺、陆军墓、十字街卡房、赵典烟馆、鹤庆古驿栈、旧衙门、文武庙等遗址可寻（图2-3-42）。

图2-3-41（a） 威信县现状卫星图

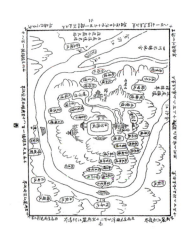

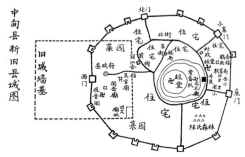

图2-3-42（a） 建塘古镇旧城示意图

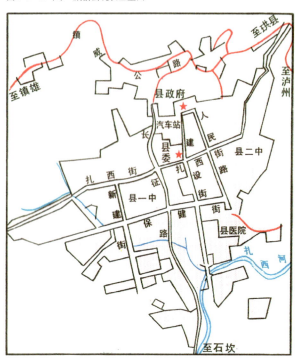

图2-3-41（b） 威信县城街道示意图

图2-3-42（b） 建塘古镇藏经堂远眺

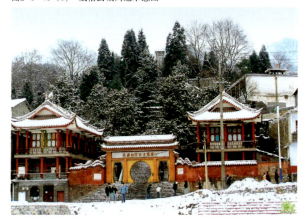

图2-3-41（c） 扎西红军烈士陵园

图2-3-42（c） 建塘古镇大龟山朝阳楼

2. 古城格局

建塘古镇从形态上可归类为"宗教聚落"与"贸易聚落"混合的类型。宗教聚落的元素体现在：其古城之中有至少一处较宏伟壮丽的宗教建筑（群），萦绕古城区域内的宗教主题深刻地浸透在建筑、景观甚至人们的日常生活和生产活动里。其次，通过建塘镇的独克宗古城的空间形态解读，我们可以看到在其"贸易聚落"的空间构成形态上，具备以下特征：第一，聚落多位于坝区或半山区，依山傍水，因地制宜；第二，聚落中通常有一面积较大、规模大小不一的、平面布局方整的广场——"四方街"，四方街的功能集商业贸易、互市和娱乐活动或乡镇会议等于一体，是居民重要的活动场所；第三，建筑屋舍多朝向或围合广场而建或沿主要街道布置，房屋间隔较小，密度较大，越接近聚落中心越是集中，且沿街房屋少树木或林荫环绕；第四，聚落中主要街道由广场向四周辐射，与地形地貌密切相关，呈网格、棋盘或放射状分布。

建塘古镇"独克宗"古城处在群山环抱之中，西靠"主山"，东面有"印心山"、"五凤山"，北有"佛屏山"等，南有"栏马坡"、"朝天阁"，古城中心有"大龟山"，东及东南面开敞，为草甸和农田。在更大的范围内，有石卡雪山、玉龙雪山、哈巴雪山、白马雪山环峙四周。古城内道路、藏居大多以大龟山为中心向四面八方呈放射状布置，平面空间形态形似盛开的八瓣莲花。古城布局依山就势，结合自然并以大龟山为中心，使古城融入优美的自然环境之中，天人合一，情趣盎然（图2-3-43）。

"独克宗"古城亦被称为"石寨之城"，明代曾环绕大龟山垒石为城，毁于清康熙年间战乱。清雍正二年（1724年），总督云贵部院驻兵香格里拉，于白鸡寺东面山腰筑土城一座，安设四门城楼，无垛口、炮台，周围顺筑土墙，墙外也无壕沟，内建兵房数十余所，以为兵寓。后经清乾隆二十四年（1759年）重修；清咸丰三年（1853年）重修四城门楼；清同治二年（1863年），回民起义攻陷香格里拉，将土城及城内的文武官衙署、独克宗藏经堂、陕西会馆、山西会馆等建筑焚毁殆尽。时至

图2-3-43（a）建塘古镇平面示意图

图2-3-43（b）建塘古镇现状卫星图

民国初年（1912年），又屡遭乡城、东旺土匪抢劫烧杀，旧城几被夷为平地。民国10年（1921年），因嫌旧城狭隘，又缺水，故在旧城之东筑建新城，新城与旧城基为连环形，县政府即在连环套中，原为守备衙门遗址——城墙覆木为檐，盖以草饼，以御风雨。

新城平面形状不方不圆，设东、南、西、北四门及小东门，建有城堡8座，城外无壕。在城中大龟山的山顶建有大佛寺，山前有清泉涌出，水源充沛，全城用水皆取于此。整个古镇的民房围绕大龟山而建，以石块铺筑街巷道路。此城名为"本寨村"，即今日"独克宗"古城之雏形。现今的建塘古镇"独克宗"古城，就是以"本寨村"为基础发展演变而来的。古城道路以大龟山为中心呈放射状展开，城中主要街道有北门、金龙和仓房三街。此外，还有众多巷道，形似蛛网；城中心有一亩多空地，称为"四方街"，历史上是居民公共活动和商贸交易的中心（图2-3-44）。

图2-3-44　建塘古镇街巷

三、国家级历史文化名镇名村

(一)"失落的盐都"——黑井镇

1. 历史沿革

位于云南"恐龙之乡"禄丰县的黑井古镇,自古以来就是一个生产贡盐的地方。它依山傍江,是一个久封于龙川江峡谷中的历史文化名镇。黑井历史悠久,据《黑盐井志》记载:"土人李阿召牧牛山间,一牛倍肥泽,后失牛,因迹之,至井处,牛舔地出盐。"遂称此地为"黑牛盐井",后简称为"黑井"(图2-3-45)。其所产之盐虽名为"黑盐",实则"洁白味美",素有"两迤名高第一泉"的美誉。

明洪武年间,黑井设正五品的盐课提举司,直隶于省,大力开发黑井。经过数百年发展,到清朝,黑井盐业到达鼎盛,其盐税竟占到云南盐税的64%。盐业的发展和兴盛,以及盐在古代经济生活中所占的重要地位,给黑井的发展乃至最终的辉煌一时提供了深厚的物质基础,让偏居一隅、交通闭塞的黑井成为名闻遐迩、富甲一方的山沟小镇。就

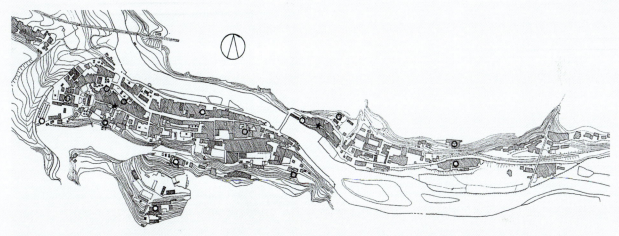

图2-3-45(a) 黑井古镇总平面图

图2-3-45(b) 黑井古镇现状卫星图

是在这块两山夹峙的弹丸之地，汇聚了武家大院、文庙、大龙祠、节孝总坊、诸天寺、飞来寺、黑井文笔塔、摆衣汉文笔塔等众多古建筑，以及大量具有历史价值和艺术价值的古碑石雕。窄窄浅浅的街面全部用红砂石板铺就而成，一些石板上当年留下的马蹄印还隐约可见。

新中国成立前，随着海盐的大举"入侵"以及薪乏柴贵，导致煎盐成本的提高，使昔日富甲一方的盐都，因失去支柱而走向衰落。而民风淳朴、风景秀丽的黑井，也因此得以保存下来，成为一个与世隔绝的地方。斗转星移，在沉寂近百年之后的沧桑变迁中，黑井开始从沉睡中醒来，重新走入人们的视野。

2. 村镇形态

历经千年的"盐都"黑井，尽管早已失去了昔日的辉煌，却风貌依旧，历史脉络清晰，特色鲜明，至今仍保留着较为完整的古村落格局，留下了古色古香的传统风貌坊巷、颇具明清风格的民居，以及大量木雕石刻、古塔、石牌坊、古戏台和古寺庙、古盐井、煮盐灶户、古驿道等遗迹。究其原因，主要得益于其偏安一隅，交通不便，远离战乱的漩涡。深藏于龙川江峡谷的黑井古镇，东有玉璧山插云万仞，西有金泉山壁立苍苍，构成南北长而东西狭窄，龙川江横穿其间将古镇分为东西两块的格局（图2-3-46），当地人用"山出屋上，水流房下，是塞险固"来形容其地形地势的险要狭窄。回顾历史，1274年，赛典赤为云南平章政事主政云南时，派提举司长官完者兀驻黑井，其领一批回民，首先沿河修筑了5条街坊，分别命名为德政坊、安东坊、新附坊、归化坊、太平坊，并在安东坊内修建衙门，之后又兴建了庆按堤，完成了黑井最初的集市格局与规模。

初有小镇，等级森严，回民住东岸俨然皇亲国戚，极有身份，却富不过在西岸居住的汉商。冲着黑井的盐，其后又引来大批汉族移民，致使元代所修建的5条街坊已显拥挤。为了适应人口的快速云集和古镇的发展，限于地形只好跨过龙沟河开发石龙村，使其从原来的"五坊"变为"十三坊"，达到黑井史上发展的鼎盛时期，最终使黑井成为"盐都"

图2-3-46（a） 黑井古镇实景

图2-3-46（b） 黑井古镇

图2-3-46（c） 黑井古镇西片区

的史实。其中扩建的利润坊接通往琅井的驿道，上凤坊接至大姚的驿道，白衣坊接通昆明的驿道，锦绣坊接往川西的驿道，且每条驿道上常常一派"山间铃响马帮来"的繁荣景象。处于极盛时期的黑井，每天都有成千上万驮盐的马帮、盐商往来于此，各种思想和文化在这座山谷小镇中融会、渗透，最终形成了具有独特魅力的古镇风貌及其多元文化。

黑井真可谓依山傍水，狭窄的街巷全由石板铺成，经过长年累月的人踩马踏，显得更加亘古久远。八尺宽的街面两侧是比邻紧靠的店铺，檐下1米高的铺台上摆着各色日杂商品，而与主街相交的是更狭窄的支巷，由红砂石垒砌的厚实高墙及墙面上泛出的盐卤印迹，承载和见证着古镇经商生活的历史。从构成黑井古镇的东西两个片区来看，每个片区主要由一条主街和几条小的支巷交织组成。其中，进入古镇东片区的第一条街，相对浅短、狭窄，弯曲自然的街道颇具古韵，街的尽头便是黑井的标志性建筑之一"节孝总坊"。这座建于清光绪二十七年（1901年）的石牌坊，是为了表彰黑井、琅井、元永井三地共87位贞节女因守节而获皇帝恩准兴建的。该牌坊无论是在规模上还是华美程度方面都十分少见。

经过五马桥进入的第二条街，是黑井的主要商业街，街上到处是旅店、饭馆和林立的商铺，其繁华的景象令人难以想象。不同时期的商人们把云南各地的汉式合院民居都搬移到黑井来相互模仿建造，一时间四合院、一颗印、三坊一照壁、四合五天井、重堂式、前店后宅等多种院落格局纷纷亮相，不论是精巧的还是气派的、省内的还是省外的，甚至还有一些西洋风格的大门，使黑井古镇的民居建筑杂然并陈，毗邻相处（图2-3-47）。

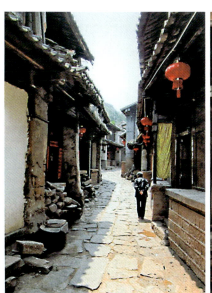

图2-3-47（a） 黑井古镇街巷　　　　图2-3-47（b） 黑井沿街店铺

图2-3-47（c） 黑井古镇街巷　　　　图2-3-47（d） 黑井古镇街巷

（二）"走出的侨乡"——和顺镇

1. 历史沿革

2006年被评为"中国十大魅力名镇"之首的和顺，不但自然山水秀丽，人居环境和谐，而且乡土文化积淀深厚瑰丽，是古代人们追求恬静的田园生活和理想的耕读环境，同时也是云南著名的华侨之乡。和顺古名"阳温登"[30]，明晚期称"河上屯"[31]，是个军屯之所。清初称"河顺"，乡谚中有"河顺乡，乡顺河，河往乡前过"之吟，于是"河顺"便雅化为"和顺"，一直相沿至今。

明清以来，由于地少人多，不得不外出求生的和顺人，一批批涌入邻邦缅甸，且以经商者为多，促成一个长期以农业经济为主的传统聚落，逐渐发展为以侨商经济为主的侨乡。清乾隆嘉庆以后，随着侨商经济的不断发展，和顺的殷实富户也不断增多，从而促进了古镇的全面发展。在外赚了钱的和顺人，回到桑梓起房盖屋，营造村落环境，兴建寺院宗祠，倡办教育，发展文化。从清康熙到光绪年间，先后扩建了中天寺，创建了元龙阁、文昌宫、三元宫、三官殿、关帝庙、观音寺等。嘉庆年间，和顺八姓族人也先后修建了寸氏宗祠、尹氏宗祠、刘氏宗祠、张氏宗祠、李氏宗祠、贾氏宗祠、杨氏宗祠和钏氏宗祠等，构成和顺古村的八大宗族祠堂。

清代到民国年间，和顺经历了从私塾到学校的文化教育转化过程。分别开设了"毓秀山馆"、"明德学堂"、"清河义学堂"、"弘农国学专修馆"、"明德女子学堂"、"和顺乡立两级小学"、和顺"女子简易师范学校"等传学授徒，并于1940年创办"和顺私立益群中学"。

纵观和顺的发展历程，从明正统年间的军屯开始，到清代大量和顺人的侨缅，不仅有效地缓解了当地人口增长给有限土地造成的压力，而且侨商经济的增长，使和顺逐渐趋于繁荣，加速了乡村文化教育的发展，使古镇成为闻名遐迩的华侨之乡和文化之乡。近人王灿曾赋诗道："地甲腾阳地，人行阿瓦城；咸知商贾重，亦觉别离轻；图史新开馆，温敦旧得名；富来施教易，日看进文明。"民国元老郡人李根源先生赋诗曰："十人八九缅经商，握算持筹最擅长；富庶更能知礼义，南州冠冕古名乡。"

2. 村镇形态

20世纪40年代，腾冲古城在滇西焦土抗战中被夷为平地，而和顺古镇却能完整保留下来，并作为旧时腾冲古城的缩影，以其优美的自然环境、旖旎的田园风光、极具人性化的村落空间环境和深厚的文化积淀、传奇的历史信息，展示给人们一个和谐而宁静的人文世界。正如诗中赞道："远山径雨翠重重，叠水声喧万树风；路转双桥通胜地，村环一水似长虹；短堤杨柳含烟绿，隔岸荷花映日红；行过坡陀回首望，人家尽在画图中。"

这里有比邻相连的瓦屋村庄，也有绕村而过的流水潺潺；这里有双虹飞拱的桥梁，也有绿树成荫的堤岸；这里有幽谷丛中的楼台叠起，也有波光粼粼的碧水龙潭；这里有粉墙黛瓦的民居照壁，也有造型优美的闾门牌坊；这里有飞檐斗栱的庙宇祠堂，也有民居古宅的画栋雕梁；这里有蜿蜒曲折的大小石巷，也有庭院深深的宁静安祥（图2-3-48）。

和顺古镇共辖十字路、水碓、大庄3个行政村，构成"形似马褂"的小盆地，呈东、西两小片和南面一大块的三点格局组合。村落围绕坝子周边自由布置，四面青山环抱。这里气候温和，景色极佳，村外是一江穿流、数溪萦绕的田园风光。村内闻名遐迩的和顺图书馆、艾思奇故居、元龙阁、文昌宫等众多的古建筑群落分布其间，古镇周围苍松古柏，林木扶疏。远远望去，鳞次栉比、鸡犬相闻的居家屋宇、宗庙祠堂从东到西环山而建，绵延一二公里。相互拼连的栋栋宅院，依山就势，寻求秩序；粉墙黛瓦，协调一致。沿河长堤横栏，水榭悠然；凉亭拱桥，闾门牌坊，月台照壁，水井方塘，犹如珠串。池塘内莲荷盈盈，香飘数里；溪河上鹅鸭戏水，意趣盎然（图2-3-49）。和顺独特的自然与人文景观环境，仿佛像东晋陶渊明所描述的"世外桃源"，表明和顺人在追求与自然环境和谐相处的同时，还追求一种相对独立和恬淡的村居生活。

图2-3-48（a） 和顺古镇现状卫星图

图2-3-48（b） 和顺古镇远景图

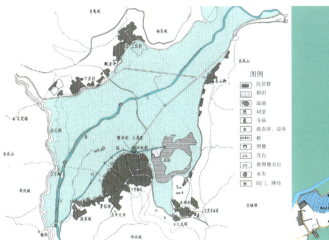
图2-3-49（a） 和顺古镇总平面图

图2-3-49（b） 和顺古镇主村落平面图

图2-3-49（c） 和顺古镇民居群落

图2-3-49（d） 和顺古镇街巷路面

图2-3-49（e） 和顺古镇图书馆

　　漫步村中，映入眼帘的尽是直街曲巷，石色苍苍；暖屋静院，户户书香；闾门牌坊，兴仁礼让；宗庙祠堂，传世流芳……这一切构成了和顺独特的景观风貌与地域特征，将各种相对独立的村落构成要素，通过环村路的有机联系，共同形成一条条相互呼应且韵味无穷的文化带和风光绮丽的风景线，而村前的环村河也成为田野与村落之间一道天然的防线。

　　和顺分别由水碓、尹家坡、寸家湾、大桥、李家巷、大石巷、尹家巷、寺脚、贾家坝、张家坡等大小不同的村落街巷组成，其中李家巷、大石巷、尹家巷为三条南北走向的主巷，北接环村道，南与东西向横街贯通并形成"十字路"集市小广场，沿街店铺比肩而立，晨间菜市、农贸集市全汇于此。

　　全村各大小街巷道路全用石块铺筑，路面平整洁净，并沿山形地势自然曲折起伏（图2-3-50）。每条巷道依地形顺势而下，至环村道交叉点处，几乎都设置一块半圆形或扇形月台，有的还设有照壁。作为巷道入口或视觉底景，月台在空间上有缓冲作用和标志作用。就是在今天，这些月台和照壁仍是最具地域特色、最为人性化的社区建筑景观设计。人们茶余饭后，常集于此闲聊交往，传递新闻信息，如同河边的洗衣亭一样，远远超出其实用功能而成为乡人生活的室外情感空间。那一道道立于街头巷尾的闾门牌坊，以及牌坊上书写的"景物和熙"、"人物咸熙"、"兴仁礼让"、"道义同墩"、"俗美风淳"等，无一不体现出中国传统诗书礼仪的道德风范和文化底蕴。

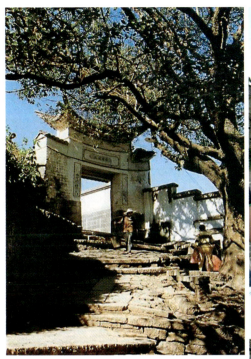

图2-3-50（a） 和顺古镇街巷门坊

图2-3-50（b） 沿河修建的洗衣亭

图2-3-50（c） 和顺古镇石栏月台

（三）"幸存的集市"——沙溪镇

1. 历史沿革

位于剑川县西南部的沙溪古镇，一直是以白族聚居为主的富饶之地，也是茶马古道上一个繁盛的集市，历史悠久。明代徐霞客在其游记中写道："……沙溪之坞，辟于东麓。所涉之峰，与东界大山相持而南，中夹大坞，而与剑湖之流，合驼强江出峡贯于大川中，所谓沙溪也。其坞东西阔五六里，南北不下五十里，所出米谷甚丰，剑川州皆来取足焉。"经济的繁荣必然带来文化的发展，南诏大理国时期，沙溪附近的石宝山就已经有石窟开凿，历时300多年。这是云南现存规模最大、保存较好的石窟群，是研究南诏、大理国社会历史和文化艺术的珍贵实物资料，也是白族和国内其他民族及我国和东南亚、南亚、西亚各国进行文化交流的历史见证，1961年，被国务院列入第一批重点文物保护单位。而建于明代的密宗寺院沙溪兴教寺，其大殿内保存有20多幅非常珍贵的大型壁画，均出自沙溪甸头村古代白族画匠张宝等之手，其中的《太子游苑图》生动地描绘了古南诏、大理国宫廷生活实况，弥补了史书中的缺载，成为研究南诏、大理国的重要历史物证之一。2006年，兴教寺被评为全国重点文物保护单位。

从唐代至民国的1200多年间，茶马古道孕育了古镇的繁华，然而，随着公路交通的发展、茶马互市的衰落，沙溪逐渐淡出了人们的视线，也正因为如此，才使得沙溪古镇得以很好地保存。2001年，沙溪古镇因其保存有完整无缺的古戏台、马店、寺庙、寨门、四方街，被认为是茶马古道上保存最为完整的古集市。世界纪念性建筑基金会宣布沙溪（寺登）区域入选2002年101个世界濒危建筑保护名录。

2. 村镇形态

沙溪因盐而兴，因茶马古道而日渐繁盛，它具有茶马古道上驿站的典型特征。在依靠骡马为主要交通工具的年代，沙溪古镇具有一个完整而便利的交通系统。元末明初，沙溪就逐渐形成了以盐为主，以茶、马为辅，附带丝绸和手工艺品辐射四周的古道网络。往东，经东卡—大折坡哨，南下大理，分成两路：一路南下昆明直至中原地区；一路西经保山，直至南亚、西亚。往南，沿黑潓江而下，经南卡—大树关直通乔后盐井。往西，经马坪关，通傍弥潜井（现弥沙盐井），西连云龙诺邓井，北沿弥沙河而上，过兰州（今马登镇），至啦鸡盐井。往北，经明涧哨，过古剑川州，经梅子哨，过白汉场、丽江、香格里拉，直通西藏（图2-3-51）。

为了应对繁忙的集市贸易，古镇内部开设了数量众多的马店供过往的商旅休憩调整，并在古镇外围设置防御性的寨门，以保护商队和当地居民的安全。至今沙溪还完整保存着三道寨门：东寨门通往大理地区，南寨门连接古镇南面与西面的滇西盐井，北寨门通往西藏地区，西边紧靠鳌峰山而无寨门。这些措施极大地促进了当地商贸的发展，使沙溪古镇真正成为"茶马古道"上一个让人倍感温暖而安全的家园。

沙溪古镇由三条主道构成了它的主要骨架：直通东寨门的东巷和分别通往南北寨门的南古宗巷和北古宗巷，而三条主道的节点就是四方街。四方街位于古镇的中心，是平日集市和举行重要活动的地方，而位于四方街上两两相对的古戏台和兴教寺，则是整个古镇最为重要的公共建筑。它们共同构成整个古镇的灵魂与核心。主道两侧密集排布的是白

图2-3-51（a） 沙溪古镇街道网络形态

图2-3-51（b） 沙溪古镇现状卫星图

图2-3-52（a） 沙溪寺登村戏台

族典型的"三坊一照壁"、"四合五天井"民居，两层楼房，院落大多坐西朝东，还有少数临街店铺。这些传统民居造型朴拙，基本保持了传统的式样，它们一起构成了沙溪最为厚重、古朴、典雅的风貌（图2-3-52）。

（四）"土司的驻地"——娜允镇

1．历史沿革

在"地处极边、界连外域"的滇西南边境口岸，坐落着历史悠久、风格独特的娜允古镇，是我国现存最完整、最典型、最古老、最具傣族特色的古城。虽经历了700多年的沧桑岁月，但至今仍保留着傣族古城的特色和风韵，保存着我国规模最大、最真实的傣族封建土司建筑、宗教建筑和民居建筑，蕴藏着极为丰厚的土司文化、宗教文化、民俗文化、生态文化及建筑文化，其独特的古镇格局、建筑形态构成和风格，全面、集中地反映着古代傣族封建土司制的社会性质、傣族传统观念及文化特征。

娜允古镇始建于1289年，自元代起就是孟连土司府驻地，也是云南建立土司制度最早的地区之一。据《孟连二十八代土司传》记载，元至正二十六年（1366年），元朝设了"木连总管府"，元朝廷曾派使臣前来巡行安抚，催索贡赋。《明史》云南土司传载："孟连长官司，永乐四年（1406年）四月设……"清康熙四十八年（1709年），第十四代土司刀派鼎贡象归附，清王朝改封孟连长官司为

图2-3-52（b） 沙溪寺登村街巷格局

"孟连宣抚司世职"，一直传袭到1949年，共统治了4个时期28任，历时长达660年之久，这在中国土司史上极为少见。

2．村镇形态

娜允古镇东邻南垒河，背靠龙山自然保护区，坐北向南，反映了古代傣族先民在城镇建设方面因循自然、不拘一格的理念。镇内一幢幢干阑式民居

灵活自由地顺道路走势布置，起伏错落、星罗棋布，与自然有机相融，洋溢着温馨的傣家生活气息。

娜允古镇具有"三城两寨"的空间格局特点，是孟连傣族封建领主制在物质空间环境中的有形表征，既反映了土司至高无上的权威性，也满足了以土司家族为核心的社会组织结构的理性要求。其"三城两寨"有明确的界线划分，由上城、中城、下城、芒方岗寨和芒方冒寨五部分组成（图2-3-53）。上城过去是孟连土司及其家族居住的地方，以位置显赫、规模宏大的孟连宣抚司署和上城佛寺为核心；中城原为土司岳父家、土司代办家及其他官员居住；下城是宣抚司署中总揽内外政务的官员、议事庭长和部分官员的居住地。芒方岗、芒方冒两个村寨，分别为宣抚司署的护林人和猎户们居住，过去专为土司守林、打猎、养马、养象，供奉野味。在娜允古镇的"三城两寨"中都有各自的寨神，傣语为"丢拉曼"，它是全村寨的保护神，寨神的居所为寨心，傣语为"宰曼"，村民生活中生老病死、建新房、婚嫁、农事活动等都要举行祭祀活动。

除寨心外，城内还有许多受傣民献祀的古树巨木和林地。傣民多选择枝繁叶茂的大榕树或菩提树作为寨的神树，把对神的崇拜寄托在所选定的树上，村寨的兴盛安宁、五谷丰登、六畜兴旺，都仰仗着神的保佑。"三城两寨"还有一个共同的神灵——允神，傣语为"发烘罕"，以城中的一棵大榕树为其象征。它是全城精神与灵魂之所在，备受傣民的保护与敬奉。而受人们世代保护的神林"竜林"，则是傣族祖先崇拜和丧葬之所，其内一棵棵参天大树遮荫蔽日，给人一种神秘之感（图2-3-54）。

（五）"回形布置"——光禄镇

1. 历史概况

位于姚安县城北约12公里的光禄古镇，古称"旧城"，为姚安北部锁钥，西瞰大理，北界大姚，南金公路纵贯其中，为通往大姚、攀枝花必经之地。不但历史悠久、底蕴深厚，且文物古迹众多，有"迤西文化名邦"、"花灯之乡"、"梅葛故地"等美誉。

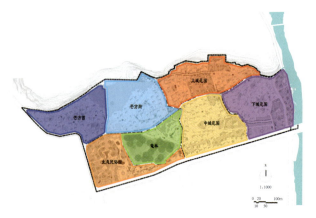

图2-3-53（a） 娜允古镇三城两寨格局

图2-3-53（b） 娜允古镇现状卫星图

图2-3-53（c） 娜允古镇全景

作为"西南丝绸之路"的重镇，光禄自汉武帝元封二年（公元前109年）置弄栋县，为益州郡二十四县之一，《姚州志》在按语中说："州北十余里有旧村，父老相传，古人曾筑城于此。"唐天宝年间，南诏王阁罗凤发兵攻虐陀，遂取姚州，改姚州为弄栋县，置弄栋节度，于弄栋县城北筑新城，即今光禄旧城。大理国时期，选派高氏驻守光禄，

图2-3-54（a） 娜允古镇道路空间

图2-3-54（b） 娜允古镇传统民居

图2-3-54（c） 娜允古镇中城佛寺

元朝升为姚安路，于元泰定五年（1328年）筑姚安路军民总管府，领姚安、大姚等地。直至明太祖设姚安军民总管府，其府城及政治中心才逐渐南移至今栋川。清初沿袭明制，至清雍正七年（1729年），实行"改土归流"，裁府归州，隶属楚雄府。新中国成立前为光禄镇，1992年设立建制镇至今。

光禄原系官名，南诏大理国及明朝先后加封姚州高氏土官为光禄大夫、光禄少卿，后人将其官职与地名相通而得名。光禄古镇保留有明清时期较大规模的寺院建筑群（活佛寺）和大量传统民居，并保存有较完整的古镇结构布局。

2. 村镇形态

坐落在姚安坝子西北的光禄古镇，地势西高东低。古镇西北山川纵横，形若游龙，蔓延不断，是发展畜牧业、种林果的理想之地；东南平畴，沟渠密布，地广土肥，向为全县膏腴之地。在光禄古镇空间形态的发展演变中，逐渐形成了以"回形街"为核心的街巷格局，并在此基础上衍生出各级支巷，辐射整个古镇，且街巷空间尺度亲切宜人，自然协调有序。镇中商业主要集中在"回形街"、东街、南街和龙华路一带，道路宽度为6~9米，两侧多为前店后宅、下店上宅式建筑，沿街民居店铺古朴，屋顶搭接联系自然，外轮廓线丰富且统一（图2-3-55）。以西街、北街为主要交通性的巷道，道

图2-3-55（a） 光禄古镇西关村总平面图

图2-3-55（b） 光禄古镇卫星图

路宽度为4~6米，路面为青石板横铺。生活性巷道多为街巷内小路，宽度一般为2~4米，两侧多为山墙和围墙，开窗极为有限；街道青砖、卵石铺就地面部分保留，部分改为水泥路面。

古镇四关原各有牌坊一座，现仅有南关恢复重建，以标志古镇入口。整个古镇东西长500米，南北宽400米，坐西向东，以"回形街"为核心，向西延伸通过宣化坊、福禄广场和军民总管府，共同构成古镇的东、西向的轴线空间，其他民居紧密围绕四周灵活布置，并结合水井、古树、菜园等呈现"一心多节点"的有机布局形态。从古镇中心出西关，沿龙华路盘山而上，可直达龙华寺、三丰祠、观音殿等宗教建筑群；往南接龙翔街，近抵古镇新区，远可达姚安县城；往东、北皆可通达田野。配合军民总管府修复而新建的福禄广场占地约3000平方米，北接高雪君祠，南临西街，东抵"回形街"。整个广场完全由青石板铺就，宽敞平坦，视野开阔，是村民日常生活休闲、交往的主要场所（图2-3-56）。

作为滇西和楚雄州最古老的城镇之一，古姚州政治、经济、文化中心，光禄以其唐宋风貌的街巷、明清风格的民居和大量的寺观、牌坊、宗祠、古井、驿道、木雕、石刻、古树，以及深厚的历史文化、众多的历史名人、显赫的历史地位，赢得了"一个姚州城，半部云南史"的赞誉，被喻为云南千年兴衰的刻录机。

（六）"叶片形状"——河西镇

1. 历史概况

位于通海县城西北12公里处的河西古镇，是通海县四大古城之一。河西，古称"休腊"，元至元十三年（1276年），改为西河州、河西县。至明万历四十年（1612年），基本形成现有的城镇格局。河西教育发达、文风鼎盛，素有"绝学名儒之邦"的美誉。历史上，河西是"通海城路"古驿道的重要集散地，上过易门、安宁达拓东古城（今昆明），下经建水、蒙自抵河口进入交趾（今越南）。因此，这里成为马帮古道的重要商贸中心，商贾云集，店铺林立。明清两代是古镇的全面发展时期，在外做官或经商的河西人，返乡后纷纷修屋建宅，倡修祠堂，兴办教育，捐建庙宇。至今古镇中仍保存有大量明清古建筑，如葛中选故居、河西文庙、大兴福寺、北极宫等，虽历经沧桑的淘漉，仍能从梁枋雕刻、题壁楹联以及石雕壁画中映射出技艺的精湛、做工的考究、文化的品位。清代改河西县为县中区、第一区；民国时期为台山镇，后改称普应镇；新中国成立后称城关镇，1956年11月通海、河西两县合并后改称为西城镇，1983年改为河西镇。

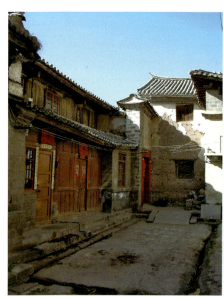

图2-3-56 光禄古镇街巷

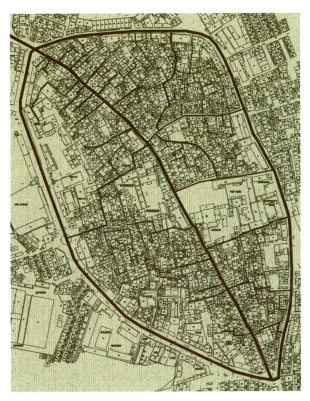

图2-3-57 河西古镇叶脉状路网体系

2. 村镇形态

坐落于通海坝子正西的河西古镇，境内地势西高东低。古镇以普应山做枕，凤岭（凤凰山）为屏，左拥琉璃山之壮伟，右享螺峰山之雄峙，前临浦泽之滨湖，后汲高山之泉源，孕千顷良田育一方生灵，可谓人类的理想生活之所。古镇整体布局呈"叶片"形状，镇内道路以叶脉状自然延伸展开（图2-3-57）。其"叶脉状"街道的主干为北街、中街、南街、东街4条街道，宽度为4～6米，两侧建筑多为2～3层，层高大致为2.5～3米，故其D/H一般在0.8～1.2；其两侧建筑多为前店后宅式，街道空间随底层店面开合呈现变化；街道地面古时全由整齐的石板铺就，现大部分已经被水泥路面取代。次干道较窄的有1米左右，宽的也只有3～4米，其D/H一般在0.3～0.8；几乎所有的垂直侧界面都是建筑界面，它们多由民居的山墙或者院墙组成，开窗极为有限；部分地面现仍保留石板铺地，因历史悠久而平坦光滑。虽然生活性巷道具有较小的D/H，由于街道蜿蜒曲折，店面不断地开合变化，其构成的街道空间仍趋亲切感，这样的尺度还能给人带来心理上的安全感。

河西古镇"叶片"形状原有城墙围合，建有东、南、西、北4个城门，并于城周围凿壕沟蓄水为卫，而现仅存北门和部分河段。整个古镇南北向纵深感较强，并以文庙、古衙门、大兴福寺为核心，其他民居自由、紧密地布置于四周。在人口相对集中的地段，往往会出现以水井、祠堂、古树为主题的小型开放空间，成为村民生活休闲、日常交往的活动场所。镇内的古建筑除了文庙、大兴福寺、圆明寺，还有宗祠、民居、牌坊、桥梁、古井、古戏台、墓碑等，建筑类型十分丰富。现存的建筑绝大部分是明清风格，少数保留了宋元遗构的特点（图2-3-58）。

图2-3-58（a） 河西古镇大兴福寺，梁架结构有宋元遗风

图2-3-58（b） 河西古镇杨保图民居大门

图2-3-58（c） 河西古镇杨保图民居内景

（七）"矿山驮回"的团山村

1. 历史沿革

位于建水城西13公里的团山村，背靠青山，面朝平坝，建于一圆形的小山包上，故此得名"团山"。团山村是个汉族移民的村落，据《张氏和族谱序》中记载："溯我始祖讳福，系江西饶州府潘阳县许义寨原籍，自大明洪武朝贸易至临安，遂家焉。始居于西关外蓝头坡，继迁泸江河上流张宝石寨，其后见团山之地，山川形势，甲于他境，复移而居之，迄今五百余年，子孙繁衍彬彬然而成巨族。"从迁入后的500年中，团山已由一个家族居住地发展成一个大聚落。现在团山村约有200户人家，近800口人，其中张姓居民约有178户。村落一直保持着同姓氏、同宗族的聚居形式，同村的村民之间彼此有血缘关系，是一个典型的靠血缘纽带连接的汉族移民村落。

民国初年，团山村民结伴到附近的个旧开山挖矿谋生，有些逐渐发展为采、选、冶兼营的大商家，当他们积累了足够的财富后，就回到家乡建盖宅。于是，团山村内一栋栋雕梁画栋的精美大院相继建立，同时还捐资修建道路、寨门，建盖寺庙、学堂等，使团山日益繁荣兴盛。

2. 村镇形态

团山村东面为平坝，西面紧靠山冈，其村落顺应山坡地势，呈坐西向东布置，村落道路架构其间，村内的主要道路为一纵二横。一条东西走向的入口主道和与之垂直的两条南北向主街，南北主街基本和山地等高线相平行，有数条东西向次级的小街巷连接南北向的主街道（图2-3-59）。在团山村的东面、南面和北面分别建有寨门。东寨门是村落的主入口，从东面平坝沿着一条坡道前行，远远地就可以看到这座三开间且明间高起为两层的门楼，其门楼建筑造型古朴端庄，比例恰当适宜，有较强的标志性特征。北寨门名曰锁翠楼，为三开间两层高门楼，外形亦是中高两低的形式，明间的底层开设拱形门洞，二层则两面开轩，敞亮通透，是登高望远的好去处。北寨门屋檐下留有精美的诗词绘画，风格气韵与"锁翠楼"雅致的名称相呼应，寓意十足。穿过北寨门，沿着石阶而下便是一片繁茂的林地，其间有涓涓溪水流过，这里皆是苍翠树木，环境优美。与北寨门遥相对应的南寨门，是单开间的碉楼式门楼，形式较为简单。考虑到有防御的需要，这三座门楼均设有防护的枪眼（图2-3-60）。

团山村的公共古建筑有"一寺三庙"之说。所谓"一寺"是指大乘寺，位于村寨西南端，是村民烧香祈福之地。"三庙"指家庙、上庙和下庙，家庙是村里张姓的宗祠祠堂，建在村子的中心位置，入口大门开设于村落中心四方街街边，上庙和下庙分别建在村子的西北角和东北角。从这些古建筑的布局看，除了张氏宗祠位于村子中心的位置外，其他都在村子的边缘。

图2-3-59（a） 团山村现状卫星图

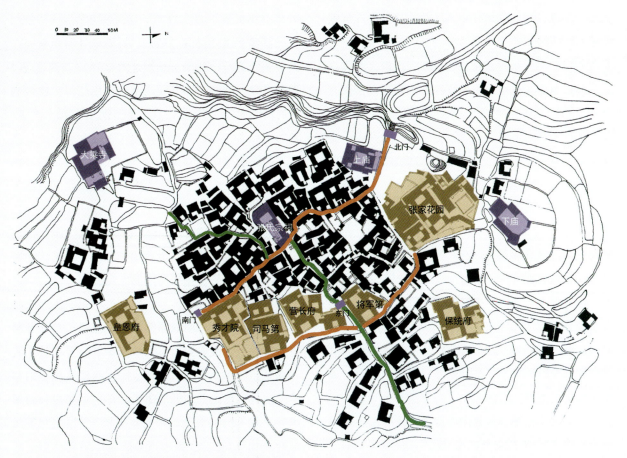

图2-3-59（b） 建水团山村村落总平面图(昆工建筑学系王冬老师提供)

图2-3-60（a） 团山村东寨门

图2-3-60（b） 团山村民宅五段式大门

在村落自然有机的道路网格内，灵活地布置着村落的传统民居，有较为古朴的土掌房小院，也有深宅大院。其分布特点是村子大户人家的大型院落基本都分布在靠近村子入口正东面的南北向主街道上，其余小户的合院和土掌房合院顺应山势居后排布局。就如同照合影时的站队排列，站立在第一排的是重要角色，醒目而美观。其后的第二排第三排虽然仍以合院为主，实际上就没有太多讲究了。

（八）"盐业筑就"的诺邓村

1. 历史沿革

位于大理州云龙县城西北7公里处的诺邓村，早在汉代就在此地域开设盐井。据汉代文献记载，云龙地域设有比苏县，"比苏"为白族语，意为盐水。唐代樊绰的《蛮书》载："剑川有细诺邓井。"方国瑜先生认为，细诺邓井就是今云龙诺邓井。"诺邓"这个名称自此开始有便一直沿用至今，故诺邓有着"千年白族古村"的称号。

明洪武十五年（1382年），中央政府在云南设四个盐课提举司，其中一司"五井课提举司"的治所便在诺邓。五井，即指云龙境内的诺邓井、山井、师井、大井和顺荡井。到明中后期，五井盐课提举司每年上缴给朝廷的盐课银高达3.8万余两。由于盐业经济的发达，诺邓曾一度成为滇西地区重要的经济和文化中心，甚至新中国成立后，诺邓村的井盐还在生产。

盐是诺邓的根本，诺邓村落的产生、发展与昌盛皆由盐而起。但随着海盐的大举"入侵"，诺邓盐业经济衰退，直至1992年完全停产，诺邓正式告别"以井养民"的生活，开始了农耕经济。但诺邓村周边山高坡陡，且地少人多，不如平坝地区适宜农耕，村民经济状况大不如前，昔日的繁荣已成为历史，唯有留存的众多古建筑，默默记录着那些荣耀辉煌的过去。

2. 村落形态

隐居在云龙延绵群山之中的诺邓村，层层叠叠、错落有致地盘踞在几块气势不凡的山坡上，各自保持着淡定的身姿，却又互相照应着彼此的情绪，自由伸展，自由呼吸。诺邓村根据地形地貌，依山就势，层层展开。从入村口最低处直至最高点玉皇阁建筑群，其垂直高差达200多米，放眼看去，蔚然壮观。正如清代云龙知州王泊所言："峰回路转，崇山环抱，诺水当前，箐篁密植，烟火百家，皆傍山构合，高低起伏，差错不齐。如台焉，如榭焉，一瞩而尽在眼前。"

一条诺水汇集两岸高山涓流，从西北方缓缓流出，把诺邓村分为两部分，诺水西北岸山势陡峻，民居建筑分布较多；诺水东南岸地势则较为平坦，房舍密集，毗邻相接（图2-3-61）。整个村落的道路网格全由山势坡度来决定其走向和形态，似乎是先有了建筑之后才有街巷道路，其道路全由建筑相互排挤出来。除了一条纵向的道路从村入口开始起步，垂直等高线设置外，其余基本都是平行等高线的水平向街巷。诺河西北岸上的民居建筑平行山体等高线排列建造，内部的主要的街巷道路也是与山体等高线平行设置。北岸片区共有5个层次的等高线标高建筑，形成5条水平向的道路。诺河东南岸片区因地势稍微平坦，由一条明显的主道从村口引入贯穿其间，至尽端处架桥跨诺河与北岸民居道路相环通。

作为白族最早的盐业经济重镇，诺邓村完整地保留有提名坊、盐井、盐局、龙王庙等与村落盐业发展息息相关的建筑物，拥有滇西最为集中、保留完好的古村风貌以及百年以上的众多古建筑，其中有明清时期建筑90多处，民国建筑近60处，这在云南乃至国内都十分罕见（图2-3-62）。

（九）"军屯开垦"的郑营村

1. 历史概况

地处石屏宝秀坝的郑营村，素有"九冲十二营盘"之称，清末特科状元袁嘉谷曾把它誉为"绿雨桑林，黄云稼稻"之地。自西汉以来，历代王朝在军征云南之后，即屯兵戍守，开垦田地、募民屯垦，以供军食。元以前，因屯田规模较小，对生产的促进作用不大。元至元十一年（1274年）赛典赤·瞻思丁奉旨抚滇，"立州县，均赋役，兴水

图2-3-61（a） 诺邓村总平面图
(引自《诺邓村旅游项目修建性详细规划》云南方城规划设计有限公司)

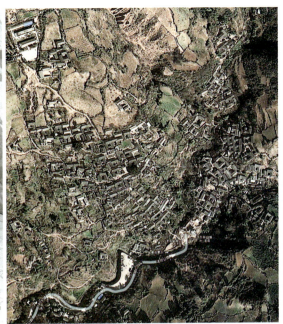

图2-3-61（b） 诺邓村现状卫星图

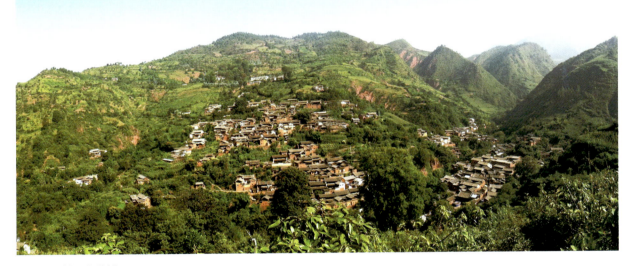

图2-3-61（c） 诺邓村落

利，置屯田"[32]。据《元史兵志·屯田》载，"云南行省所辖军民屯田一十二处"，多集中在滇中、滇东一带。到了明代，移民屯田更达到高潮。明洪武十五年（1382年），明朝平定云南之后，即划出一部分人为世籍军户，分配驻守云南各地，实行卫所制度。郑营村便是洪武年间军屯汉族移民所建。据《郑氏始祖公碑记》载，郑氏祖籍浙江金华府浦江县仁义里，始祖郑太武于明洪武十四年（1381年）随军入滇，仕于临安，卒于蒙自黑波村，其子郑以顺迁至石屏．明初因异龙湖、赤瑞湖水域甚广，为避水患，便选择地势较高的宝秀坝子赤瑞湖南岸山麓普胜村定居，辟地为田，开创基业。继而又有武氏、陈氏、李氏等相继定居郑营。另据村中老人说，普胜村最先为傣族聚居，明军后裔迁入普胜村

图2-3-62（a）诺邓村民居群　　图2-3-62（b）诺邓村三家横向拼连合院

后，傣族被迫迁往元江一带，随后，郑姓汉族改"普胜村"为"郑营"。

郑营古村蕴含着淳朴而浓重的人文精神，自明清以来村民大都安居乐业，男耕女织，教诲子弟，知书达理，整个村庄与自然生态环境高度和谐一致。而那一院院散布于全村、历经风雨沧桑至今保存完好的民居建筑，其精美构造和典雅风格正是古村落历史人文精神与自然生态环境高度和谐统一的体现。

2. 村落形态

郑营村北临赤瑞湖，与宝秀镇隔湖相望，南枕郑家山，西邻张向寨、吴营，东接张本塞，气候温和，土壤肥沃，一直是生态环境极佳的鱼米之乡。整个村子总面积2平方公里，呈东西向带状分布，居住着汉、彝、白、傣、哈尼等民族，有郑、陈、李、杨、余、张等30多个姓，是一个民族杂居、姓氏繁多的村落（图2-3-63）。

郑营村紧贴赤瑞湖建在一个平缓的山坡脚。赤瑞湖旧名为"菜海子"、"宝秀海"等。传说在清康熙五十二年（1713年）湖水赤红，"水色早晚赤如丹砂，经月余"[33]。由此改名为赤瑞湖。村落背山面水，整个村落在山脚顺势展开，自然形成一条由一幢幢房屋院落拼接起来的长带，它中间大，两头小，后面紧靠山林，前面则濒临赤瑞湖，甚至有几户农家房子的石脚，直接就砌在湖里。因此，村中的道路并没有形成纵横交错、阡陌往来的复杂网络，而是以一条主路从村头一直通到村尾，其余的支路则同主路相垂直，曲曲弯弯地通往巷道深处的各户人家。如果把整个村形象地比喻作一条"鱼"的话，那么村中的主路则是这条"鱼"的"脊椎"，巷道小路就形似鱼的"肋骨"，这种村落构成形态正是背山面水的特殊地理环境，使它形成"鱼骨形"的道路结构（图2-3-64）。

图2-3-63　郑营村现状卫星图

图2-3-64　郑营古村主街巷

（十）"土掌叠垒"的城子村

1．历史概况

位于泸西县城西南25公里处的城子古村，拥有西南地区最大的"彝族土掌房"建筑群。整个村子坐落在飞凤山上，山前碧水环绕，绿野茵茵，远远望去，几百间土掌房依山就势，从上到下层层叠落，多则十七八层，少则十余层，彼此相连，密不可分，恰似一座神秘的土筑城堡。城子村历史悠久，史载，西汉元鼎六年（公元前111年）即建漏江县，隶属牂牁郡。唐武德元年（公元618年），改设陇堤县隶属郎州。南诏建立以后，本境系东爨乌蛮三十七部中的弥鹿部（阿庐部）地，为羁縻州，隶黔州都督府。元至元十二年（1275年）置广西路，辖弥勒、师宗两个千户。明洪武十五年（1382年）改为广西府，以土官普德㉞置府事。时至第五代土官知府昂贵于明成化九年（1473年）袭职，以不法事，于成化十七年（1481年）处革职，安置弥勒州为土照磨。由于昂贵土司府的存在，使城子村成为当时滇东南的政治、经济、文化中心之一。民国年间，已故全国政协副主席、著名彝族爱国将领张冲将军幼时，曾在村小学就读。1949年2月6日，中共泸西县委在永宁城子村正式成立，行使县人民政府职权。

很明显，城子村原本就是一座城，在村子北面，至今还留存有城门与护城河的遗迹。并且早在明代彝族先民们就在这里耕种劳作，起房盖屋。据说在昂贵土司鼎盛时期，城中住户达1200多户，土司府的衙门就建在山顶上，以威震四方。而靠近土司府的江西街房屋林立、店铺相接。时光流转，转眼之间城子村已经在大山里默默无闻地隐藏了几百年，直至21世纪初，这个神秘古老的"土筑城堡"才被世人重新认识，其具有很大军事价值的村落格局和独特建筑风格的民居为人们所感叹。有人认为："宁蒗县泸沽湖畔摩梭人的婚姻生活是原始'走婚制'的化石，泸西县城子村的土筑房则是原始唯美主义建筑的琥珀。"

2. 村镇形态

城子古村分别由小龙树、中营、小营三部分组成，其中小龙树为最早建盖的土掌房村落，而后随着人口增加，村落依次向中营、小营发展，最终形成现今格局。古村的整体布局依山就势，几百户人家依山而建，自然相连，户户可通。村落空间西高东低，背山面水。整个古村由层层叠落的"土掌房"形成一级级的大台阶，错落有致地连缀在一起（图2-3-65）。村中道路亦呈自然延伸、纵横交错的分布，街巷宽窄变化有序，上下起承转折自然，村落曲径通达，宛若迷宫。村中各单体建筑顺应自然地

图2-3-65（a） 城子古村总平面图（从左至右分别为小龙树、中营、小营三个组成部分）

图2-3-65（b） 依山而建的城子古村群落

形变化，呈自由灵活的拓扑延展，沿地形等高线自然分布，并以城子大寺（昂贵土司府旧址）为制高点，其余民居建筑均为1~2层的平顶土掌房，鳞次栉比、层层叠叠，形成颇具独特韵味的村落整体。

而在城子村前的带状田野中，除了紧靠村落的护村河之外，一条蜿蜒流淌的中大河也从村前绕过。在村子左侧的"太阳山"和右前方的"月亮山"遥相辉映，形成独特优美的山水田园风光。背靠飞凤山面向中大河的城子古村，村前铺陈良田万顷，从村口望去，依山就势的城子村宛若一顶王冠，而山顶上的城子大寺就是王冠上的明珠。山、水、田、树与土掌房民居共同构成了城子村良好的自然山水景观。平屋顶上除了日常上下交通的楼梯之外，其余的草堆、临时搭建的粮仓囤架，以及檐口下和墙壁上悬挂的金黄玉米、火红辣椒等，均是突出表现居民乡村生活特点、构成村落不同季节和地域景观的特殊元素（图2-3-66）。

图2-3-66（a） 城子古村层层叠叠的土掌房

图2-3-66（b） 城子古村土掌房院落空间

城子古村因其自然及历史的发展，完整而真实地保存了整个村落的空间格局。不同时期所建造的民居建筑，呈现不同的风貌特点及演变过程，为地方民居建筑的发展研究提供了一部活的教材。同时，城子村历史人物众多，如"昂土司"、"李将军"、彝族爱国将领张冲等，加之在民主革命时期，城子村是中共泸西县地下党的核心堡垒，遗存有很多物质和非物质遗产，更丰富了村落的人文底蕴。

（十一）"部落遗存"的翁丁村

1. 历史沿革

翁丁村位于云南省沧源县城西北方向约40公里处的勐角乡，这一区域山势雄奇，植被茂密，历史上被称为阿佤山区，一直是佤族最为重要的聚居地。佤族属濮系民族，孟高棉语系，主要分布于云南西南边陲地带，以沧源、西盟为主要聚居地。佤族的主要分布地区，山峦重叠，平坝极少，气候炎热，雨量充沛，民居形式为典型的干栏式建筑（图2-3-67）。

"翁丁"一词，在佤语中的意思就是云雾缭绕的地方，由于地处阿佤山区，位置偏远，交通不

图2-3-67 沧源翁丁佤族村总平面图

便，迄今为止，翁丁依然较为完整地保留了佤族村落的原生形态，为研究佤族干阑式建筑演变和佤族传统聚落的发展提供了典型例证。

2. 村镇形态

翁丁大寨位于阿佤山区核心位置，现有农户261户，人口1145人。整个寨子地势东南高，西北低，所有房屋因山就势，较为紧密地分布在位于山间朝阳的一块凹地上。寨桩位于整个寨子的中心，是寨子的灵魂与核心，寨子的建造就是以此为起点，环绕寨桩开始的，寨子里所有房屋正门的门向，都要朝向寨桩，对寨桩呈百屋拱立之势。寨子的道路系统也是如此，所有的道路都是以寨桩为起点向四周放射开去，在适应地形与方便交通的基础上设置形成。除此之外，整个寨子在北面、东面、西面各有一道寨门，更早以前还有寨墙环绕，以此来划分寨子的边界，恰如沧源崖画中所绘制的，除了形态，具有较强的防御性特点（图2-3-68）。20世纪90年代后，在寨子北面地势较高的地方陆续修建了佤王府、翁丁公社和民族陈列馆等旅游设施，并平整出一块面积较大的场地用于旅游接待和民族歌舞表演。

从整个翁丁村的总平面来看，其构成形态呈葫芦状，这与佤族自身的文化与生活是息息相关的。佤族人有一个流传久远的神话，传说人是从"司岗"里出来的，"司岗"即佤语"葫芦"之意。葫芦在佤族社会生活中不可或缺，葫芦生长旺盛，可食用，可制成器皿也可用于制作乐器。此外，由于葫芦形似女性母体，由此佤族先民便将葫芦跟母体联系起来。正是葫芦与佤族人们生活的息息相关，使得有母体崇拜的佤族先民创造出了内涵丰富的人类起源的葫芦神话。

（十二）"认主独一"的东莲花村

1. 历史概况

东莲花村位于巍山县北部永建镇坝子中央，而永建镇素有"红河源头第一镇"的美称。这里冬无积雪，夏无酷暑，气候温凉。东莲花村始建于明代初年，至今已有600多年历史，是由咸阳王平章政事——赛典赤·詹思丁之子马德宗分支繁衍发展而成。东莲花村因地势低凹，河水泛滥，种稻难收，多数村民栽莲种藕，因此得名。

明洪武十四年（1381年）朱元璋令大将傅友德、蓝玉、沐英征南，后留回族人沐英镇守云南，

图2-3-68（a） 沧源翁丁佤族村民居

图2-3-68（b） 沧源翁丁佤族村寨心

沐英的部众多为江南回族兵，分散于此屯田，与元初进入的赛典赤·詹思丁后裔及元、明、清从外地来做官、经商的回民，共同聚居形成永建回族村，凭借自身的勤劳智慧，在"戍守屯耕"的同时，发展商贸运输，使东莲花村得到很大发展。清咸丰六年（1856年），杜文秀在大、小围埂揭竿起义，东莲花村回民与众人一起参加起义，后遭到清政府重兵镇压，云南回民惨遭杀害，东莲花村及附近几个回族村几乎房毁人亡，幸免于难的马氏回民逃往他乡。在清政府下令流亡回民归籍后，马姓回民才回归东莲花村，与该村的张氏先辈一起重建家园。通过几代人的艰苦努力，使东莲花村再次走向繁荣。至今，该村不仅完好地保存着建于近代的5座角楼及具有"三坊一照壁"、"四合五天井"、转角楼等式样特点的28座古民居，还完整保留了回族村庄风貌，在宗教古建、民族饮食、风情习俗等方面保存着丰富浓厚的传统伊斯兰文化，2008年被评为国家级历史文化名村。

2. 聚落形态

东莲花村总用地面积5.5公顷，所处环境地势平坦，以清真寺为中心，构成方形的内环，连通公路及村间道路，形成方正的村庄内核和东、西、南、北4块放射状外延，使村落的平面布局形状犹如旋转的风车，最终形成东莲花村"一点四方"完整的聚落平面布局形态（图2-3-69）。"一点"是指以古清真寺为整个村落的核心，"四方"是指马氏三兄弟与张家大马锅头所建的4座大院，在村西还有一座建于明代的风雨廊桥永济桥。

东莲花村的回族民居，因受到大理白族文化的影响，村民在建造住房时，均采用白族传统的"三坊一照壁"民居院落形制，多为两层的正房或耳房，在建筑高度上无明显变化，建筑的外墙也多采

图2-3-69 东莲花村现状卫星图

用夯土材料。由于村落主干街道两侧大多为此类住房,从而形成较为平缓连续的街道空间与边界面,村内巷道一般宽4米,给人一种亲切匀称、宁静深幽之美感。

东莲花村的村落空间构成,从内部到外部均有着固有的逻辑结构,其空间构成要素系统贯穿于整个营造策略之中。在自然要素方面,东莲花村落西侧由米汤河环绕,北侧建有36亩的储水塘"母亲塘",村东入口处以莲花塘作标识,村落南侧则是大片农田,这些共同的地景组成了东莲花村外部空间的自然边界。村落内部则有人工建构的碉楼、清真寺、风雨桥、马厩、马场、合院等,通过巷道与水体的穿插和联系,形成功能清晰、秩序分明的空间特点(图2-3-70)。

本章在对云南聚落城镇的发展演变、类型特征简要梳理总结的基础上,将云南的6个国家级和9个省级历史文化名城,以及选取的8个国家级历史文化名镇、名村,4个省级历史文化名镇、名村作为代表,来具体分析它们的历史发展概况与主要构成特征。其中,既有山地形聚落,也有平坝形城镇;既有方正规整的格局,也有自由延伸的形态;更有形态比较独特的。有以汉族居住为主的,也有部分居住少数民族的,如白族、纳西族、彝族、傣族、藏族、回族、佤族,尽管没有把云南已获得的所有国家级、省级历史文化名镇名村包罗完全,但仍可从中窥见一斑,看得出云南传统聚落城镇所具有的地域风貌,与其他省份的异同。

图2-3-70(a) 东莲花村回族民居群

图2-3-70（b） 东莲花村街巷

图2-3-70（c） 东莲花村清真寺

图2-3-70（d） 东莲花村回族民居内院

注释

① 蔓菁是一种能耐贫瘠和严寒的块茎植物。纳西族有古语赞美蔓菁:"牲畜类的猫虽小,却是长斑纹的虎类,五谷种里蔓菁种最小,果实却是最大的。"详见王世英.初探东巴原始宗教之源.丽江志苑,1989,(6).

② 据唐人樊绰《蛮书》记载:"太和城,……巷陌皆垒石为之,高丈余,连绵数里不断。"太和城西靠苍山,东临洱海,南北宽约1公里,东西长约3公里,南北两城墙从马耳峰、佛顶峰起依山就势而筑。太和城城墙采用土夯筑而成,经千年风蚀,至今尚存北城墙400多米,高约3~7米,宽约4~8米。在太和城内,还有一座小城金刚城,以及南诏避暑宫。

③ 阳苴咩城,位于点苍山的中和峰与龙泉峰两峰下,同样是依苍山、临洱海并有桃溪和龙溪为天然"护城河",沿两溪内侧用土夯筑南北城墙,形成了历史上闻名的城邑,城内城池、建筑完整。如今阳苴咩城遗址只存北城墙残垣一段,西起中和峰北麓,向东延伸约1公里,城墙高出地面6~7米。直至明洪武十五年(1382年)筑大理府城后,阳苴咩城才逐渐废弃。

④ 有明代硕儒名宦李元阳,其"为人正直,才华横溢,著作等身,政绩传世",做过监察御史、荆州知府。有清代同治、光绪年间,住在古城善仁坊的郑家献出过"一间三进士"(郑履端和儿子锡典、辉典)

⑤ 浪淘沙.

⑥ 垅屿图城,建于公元649年,是南诏第一个有历史记载的都城。在垅屿图城遗址周围,西边是陡峭的大黑山,东边紧邻红河的源头西河,南北是笔直的山壁。当年建城的地方虽然不高,但其遗址所在山脉突于巍山坝,可居高临下,俯览全川,便于生活与防卫。

⑦ 天摩牙是地域名,九部火头是官名。

⑧ 徐霞客游记·滇游日记十二.

⑨ 元史·地理志.

⑩ 元史·卷三.万历.云南通志.

⑪ 元史·张立道传.

⑫ 太祖实录·卷一四一.

⑬ 临安府志.

⑭ 太祖实录.

⑮ 正德云南志.

⑯ 一卫有5600人,卫的长官为指挥史,在卫下设千户所(1120人)和百户所(112人),百户又设二总旗(每旗50人)、十小旗(每旗10人)。

⑰ 江城子·东川十景.

⑱ 所谓"六祖分支",是在彝族的历史记载中,为了逃避洪水,由彝族首领阿卜笃慕的六个儿子,分别率领六支人群,向不同的方向迁徙。笃慕的两个大儿子,向着云南的南部和西部方向迁居;三、四儿子向西北大、小凉山迁居;五、六儿子向滇东北地区和贵州、广西一带迁居。当时的会泽,乌蒙山巍峨雄壮,群峰竞秀,森林茂密。小江、金沙江、牛栏江汹涌奔腾,气势磅礴,两岸气候湿润,山川相间,峡谷纵横。在群山怀抱之中,间或出现一些河谷盆地,土壤肥沃,水草繁茂。五、六儿子的部分支系,就在这一带定居下来,繁衍发展。

⑲ 会泽旧时为东川府,在其名胜中有"水城渔笛"与"龙幕桃花"等,号称"东川十景"。

⑳ "三宣"即干崖宣抚司、陇川宣抚司、南甸宣抚司;"六慰"即木邦宣慰司、缅甸宣慰司、车里宣慰司、八百大甸宣慰司、老挝宣慰司、孟养宣慰司。

㉑ 腾充城,据清《腾越厅志》载:"土城址,正统以前之旧土城,为麓夷所毁,今在西北隅有遗址,若小阜然。"土城顺坡而建,呈不规则布局。城内有7条横街,2条纵街,房屋建筑为土木结构,城围有土垛,占地约1.5平方公里,至今民间仍有72条花柳巷的传说。

㉒ 清乾隆《腾越州志·城池》载:"'罗古城'旧为蛮酋所建,有大坝在其处,闻此地有路逾雪山,可通上江。"清雍正《云南通志·城池》载:"'罗密城'旧为蛮酋所居,壕堑犹存。"罗古城城形方整,南北182米,东西177米,城墙以土夯筑,残高4~5米,座宽约5米,四方设城门,每方贴墙体外玄设4个瞭望台,瞭望台形半圆,横宽9米,半径5米,属防守岗哨,俗称"马面",今存11个瞭望台遗址。罗密城似正方形,周围300米,城墙以土夯筑,座宽约5米,高约4米;每方正中设门,城中心为十字通道,连通四门。墙外设壕堑,深1米余,宽约2米,现存城桓仅西北两侧较完整。北门主道宽5米,通往永安坝区,是

古城重要门户。罗密城为中印古道上的重要城池，与罗古城相望。

㉓ 蜀汉建兴三年（公元225年），诸葛亮征南，平益州、越巂、牂柯、永昌四郡，改益州郡为建宁郡，分永昌、越巂部分置云南郡，又分益州、牂柯部分置兴古郡，石屏隶属兴古郡胜休县。

㉔ 华阳国志·南中志.

㉕ （民国）.石屏县志·沿革志.

㉖ 通海之名始见于唐，因境内杞麓湖是一个通洞的湖，故名通海。

㉗ 剑川一名，最早见刘肃《大唐新语》：唐景龙元年（公元707年）唐九征"勒石于剑川"及《南诏德化碑》：唐开元二十四年（公元736年）南诏"与中使王承训同破剑川"事。

㉘ 康熙剑川州志.

㉙ （清道光）.广南府志·城池.

㉚ 立于和顺乡主村落入口双虹桥畔荷池边的明嘉靖残碑上有："腾越州阳温登乡"的称谓。

㉛ 明崇祯十二年（1639年），地理学家徐宏祖游历考察腾冲，其在游记中记今和顺当时的称谓为"河上屯"。

㉜ （明）李京.云南志略.

㉝ （清乾隆）石屏州志·天文志.

㉞ 普德，又作普得，彝族姓昂氏，广西府第一代土知府。《广西府志》卷之三，建置（附官置）第九页记载："洪武十四年，颍川侯傅友德，平西侯沐英克云南改路为府，以土官普得领之。传至昂贵，肆虐不法，明成化十一年（1475年）土官照磨赵通奏闻，下旨着巡抚御史林符核实，逮贵下狱，革职。改土归流，领师宗、弥勒、维摩、三州十八寨所。"

云南古建筑

第三章 寺观祠庙

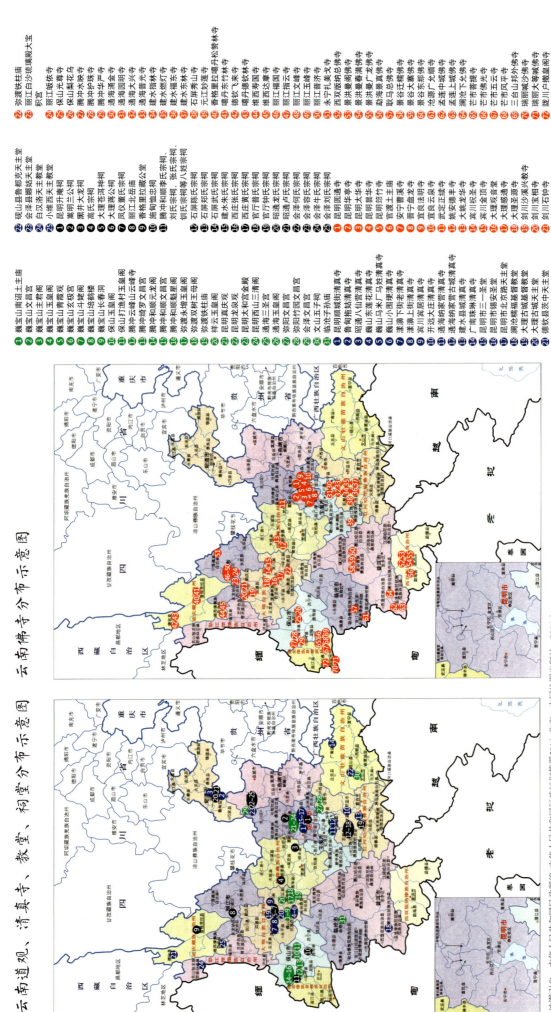

寺观祠庙作为宗教活动的公共性建筑寺院，是宗教信仰发展到一定历史阶段的特殊产物，没有宗教，没有宗教信仰，寺院就不能产生。没有寺观祠庙，与此相关的各种宗教活动、文化习俗的形成，也就成了空中楼阁。

众多反映不同宗教类型、体现不同建筑形式的寺观祠庙，都饱含丰厚的历史文化信息，它们不仅记载着一定时期各民族物质生活和精神生活的历史状况、不可割裂的传统习俗以及自信、自尊、自强的民族精神与审美追求，而且还通过一些外在的表现形式，折射出各民族在历史进程中积淀的世界观、历史观、人生观和价值观，形成各地区、各民族特有的传统文化心理。

云南宗教种类之多，可称全国之冠。早在秦汉时，云南许多地区即以"俗好巫鬼禁忌"①闻名于世，此时的原始崇拜已经相当普遍。之后随着儒、道、佛三教的传播兴盛，云南各民族的宗教信仰逐渐分为2大层次：在汉族为主的地区，以儒教、佛教和道教信仰为主；在少数民族为主的地区则以原始崇拜为主。且在云南地区所居住的民族没有宗教信仰的几乎没有。就宗教品系而言，云南是全国宗教品系最为齐全的地区之一，其中尤以少数民族信仰的各种原始宗教和"两系三传"（即大乘、小乘、汉传、藏传、南传）佛教的影响最为深远，于是伴随而生的宗教寺庙建筑类型也特别丰富。加之社会经济、文化发展上的极端不平衡，各种类型的宗教信仰在云南地区的产生和传播先后不等，信仰范围各有大小。如从其产生或传播的时间先后与信仰范围的大小来看，云南现存的各种宗教大致可顺序排成：原始宗教、儒教、佛教、道教、伊斯兰教、基督教与其他宗教教派，且每一种宗教都有其相应的建筑空间模式（图3-1-1）。

第一节　三宝一体的佛教寺庙

作为世界三大宗教之一的佛教，自东汉永平十年（公元67年）传入中国后，名僧辈出，宗派迭

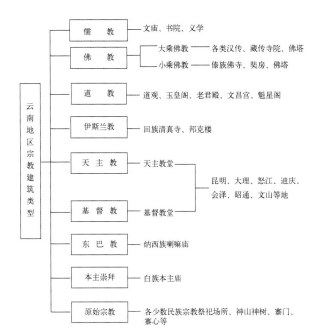

图3-1-1　云南地区宗教建筑类型

起，成为在中国影响最大的宗教之一。

佛教传入中国后，"云南远在荒服之外，未闻有奉其教者"②。至唐，有号观音者进入云南弘扬佛法③，为云南佛教信仰之始。细奴罗（公元649-674年）建立大蒙国，"劝民每家供佛像一堂，诵念经典，手拈素珠，口念佛号"④。此时佛教在云南已具有相当的影响。

南诏国建立以后，大乘佛教各派相继传入云南，而以印度所传密宗尤其是"阿吒力"⑤教派影响最大，深得南诏君臣的广为信奉。"家喻户晓，皆以敬佛为首务"⑥，从而使佛教势力迅速蔓延至云南各地。

据文献记载，最早传入云南的佛教，就是南诏时的印度密教"阿吒力"。因为古代的云南与印度地域相邻近，"此邦之人，西出天竺为近，其俗善浮屠，家无贫富，皆有佛堂，人不以老壮，手不释念珠，一岁之间，斋戒几半，绝不茹荤饮酒，至斋毕乃已。沿山寺宇极多，不可殚记……"⑦。述律杰在《重修大胜寺碑》中也说道："古滇居民慕善，斋洁茹苦食淡，手捻菩提珠，口诵阿弥陀者，比比皆然，由其地连西竺，与佛国通，理势然也。"

大理段思平建国，承南诏之俗，以僧为相，佛教最盛，"家无贫富者皆有佛堂，人不以老壮，手

不释数珠"⑧。

明初，佛师无极率徒入滇，为明太祖朱元璋所悦，授职赐宅，恩遇有加，云南地区的佛教立时声名鹊起，名震域外。明中期以后，由于中原佛教的影响与云南高僧的辈出，尤其是明末抗清复明失败的惨痛，使渐趋势微的云南佛教再振雄风，蓬勃四起，出现了空前的兴盛，"民俗家户供佛，尝重佛而轻儒"⑨。至清，随着明代遗僧的先后谢世，云南地区的佛教影响也逐渐衰落。

一、云南佛寺的兴建发展

按照佛教流派，云南的佛教可分为"两系三传"，即大乘、小乘两系，汉传、藏传、南传三传佛教。每个教派各有不同的地域分布及其相应的寺院建筑。

从汉传佛寺在云南的总体情况来看，不论是宋元时期还是明清时期，绝大多数汉传佛寺，主要分布在云南明清时期实行"改土归流"⑩的云南腹地，这些地区随着汉族移民的迁入和流官制度的实行，在民间信仰习俗上，更多表现为信奉以汉文化为主的汉传佛教（图3-1-2）。

（一）汉传佛教寺院兴建

云南汉传佛教自成体系，有正宗，有支派；有与内地相同的禅宗，也有与内地相异的"阿吒力"密教，更有名目繁多的应侍僧、苦修僧等。概括而言，汉传佛教在云南的基本情况是：历史悠久，多源多流，并与阿吒力密教、儒教和道教相融合，具有"三教合一"⑪的地方化特色。

史载，汉传佛教约于公元7～8世纪传入云南，其传入路线有二条，一是从中原传入；二是从蜀地传入。李京《云南志略》载："晟罗皮立，是为太宗王。唐开元二年（公元714年）遣其相张建成入朝，玄宗礼厚之，赐浮屠像，云南始有佛书。"

由于战争原因，使当时的蜀僧大量流入云南，从而使汉传佛教也随之传入。从中唐至宋、元，汉传佛教在云南处于鼎盛时期，其寺院建筑遍布云南各地，特别是在大理和昆明地区，更是"无山不寺，无寺不僧"；"叶榆（今大理）三百六十寺，寺寺夜半皆钟鸣"；"洱水与苍山，佛教之齐鲁"，成为云南汉传佛教之圣地。

清代以后，随着战乱和经济萧条，汉传佛教在云南逐渐衰落，现今只处于次要地位，其影响远不如南传佛教和藏传佛教。尽管如此，汉传佛教仍然在云南各地的汉族、白族中流传，对其社会生活和精神生活仍有着一定的影响。汉传佛寺仍然是云南古建筑文化遗产的一个重要组成部分。

1. 唐宋时期的寺院：公元737年，南诏立国，为佛教的传播提供了有利条件。南诏统治者深感单凭武力难以降服人心，便转而利用宗教，作为巩固其统治的精神工具。在物质条件具备的情况下，开始大规模地兴建寺院。公元832年，南诏在赵州（今大理凤仪县）建遍知寺，"赵州之北行约百步，地极明秀，蒙氏诏成王保和九年，有高将军者即地此建遍知寺，其殿像壁褶，于今罕见，意非汉匠名笔，不能造也"⑫。

公元836年，南诏建大理三塔寺，《云南备征志》本《南诏野史》载："开成元年（公元836年），嵯巅建大理崇圣寺，基方七里，圣僧李贤者定立三塔，高十二丈，佛一万一千四百，屋八百九十，铜四万零五百五十斤，自唐大和七年（公元833年）

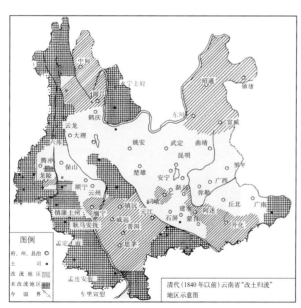

图3-1-2　清代云南省"改土归流"地区示意图

至唐天启元年（公元840年）功始完，匠人恭韬、徽义、徐立。"据有关宗教史学者认为，崇圣寺既非密宗的中心寺院，也不是密宗的一般寺院，而是南诏大理国皇家汉传佛教的中心寺院。崇圣寺塔与西安小雁塔造型、结构相仿，由唐匠建造，这也证明崇圣寺是汉传佛教寺院（图3-1-3）。

汉传佛教之禅宗，约于宋初传入云南，明万历《云南通志》卷十三说："赵波罗，南诏景庄时，居荡山波罗岩修禅观……"但明景泰四年（1453年）立的昆明筇竹寺《无相禅师塔铭》载："佛法自汉朝入中国以来，云南远在荒服之外，未闻有奉其教者，至唐其教渐盛，南夷俗奉佛都尤众，而其戒行与禅宗大相远矣。"可知滇人早期所信奉的并非禅宗。

释氏之居曰精舍、曰道场、曰寺，佛教传入南诏以后，已有佛寺陆续兴建，至其晚期，兴建尤盛。"以四方八表，夷民臣服，皆感佛维持，于是建大寺八百，谓之兰若；小寺三千，谓之伽蓝，遍于云南境中"[13]。不独诏王，元妃师母贤者亦曾"建太和慈恩寺，……开四季道场"[14]。嵯颠也在鄯阐（今昆明）创建觉昭、慧光二寺[15]。据《新纂云南通志》载：当时所建的汉传佛寺，至清末尚存有52所，分布也极广泛（表3-1-1）。

图3-1-3（a） 大理崇圣寺鸟瞰图

唐宋兴建的云南汉传佛寺简表　　表3-1-1

地区	寺数	备注	地区	寺数	备注
昆明	7		楚雄	2	
宜良	1		姚州	3	今姚安县
晋宁	1		赵州	4	今凤仪县
安宁	1		太和	7	今大理县
寻甸	2		邓川	2	今洱源县邓川
河阳	1	今澄江县	浪穹	1	今洱源县
江川	1		剑川	1	
南宁	1	今曲靖市	鹤庆	3	
沾益	1		蒙化	4	今巍山县
弥勒	1		永北		今永胜县
通海	1		保山	4	
石屏	1		腾越	1	今腾冲县

（注：《西南寺庙文化》）

图3-1-3（b） 大理崇圣寺总平面图

到南诏劝丰佑时，随着地方经济文化的发展，汉传佛教在云南也迅速发展起来，如誉满中外的大理三塔寺"自唐大和七年（公元833年）至唐天启元年（公元840年）功始完"。还有昆明城南的东（常乐寺）、西（慧光寺）寺塔，也"自大和元年（公元829年）至大中十三年（公元859年）功完"。这些佛塔被确认为内地匠人设计建造，其造型结构为典型的唐代砖塔，与西安小雁塔大同小异，是中国浮屠的传统风格。

由上可知，南诏时云南地方佛教寺院建造主要经历了两个发展阶段：

第一阶段是南诏前半期，这个时期的寺院延续了汉、爨遗俗，既小又简朴，与高大雄伟的佛塔形成悬殊对比，有鲜明的本土文化特征。即便是在洱海、滇池发达地区，其大寺也仅是"殿开三楹"[16]的小平房，没有配殿和附属建筑，也没有"中轴对称式"、"四合院式"之类的庞大布局，一些寺院仅是塔的附属建筑。

第二阶段是南诏后半期。在前期基础上，加之王室成员的大力推行，从异牟寻至隆舜的120年间，寺院建筑发展极快。同时，因引入内地传来的先进木构技术，寺院的建筑工艺也逐渐向汉地接近，出现建筑文化的趋同现象。

承南诏之盛，段思平建大理国后，"岁岁建寺"[17]。大理重臣高量成亦"善建伽蓝，众山兰若，无不周备"[18]。据传昆明地藏寺、西林寺、法定寺，晋宁法轮寺，安宁曹溪寺、法华寺，易门宗镜寺，嵩明园通寺，大理崇恩寺，祥云金龙寺、般若寺，邓川钟山寺，建水指林寺等均建于此时期。

2. 元明时期的寺院：元朝建立，云南梁王倡导佛法，启建寺宇，佛寺兴建非常兴盛。仅以中庆路（今昆明市）为例，得省官启建护持的佛寺有五华、大胜、大德、罗汉、华亭诸寺。"其在省会之外者，则路府官吏与士人之好善者，为檀越而兴建焉"[19]。

佛教的发展盛行，使一大批汉传佛教寺院如雨后春笋般出现在云南各地。此时的佛寺不独在数量上大大超过了前代，而且在规模上也较以前宏大，十方丛林性质的大型寺院广泛出现。这些佛寺，有的是朝廷宰官发心所建，因有雄厚的资金基础，寺院规模宏大，气势雄伟，成为一方名刹；有的是名僧大德为了弘传佛法而建，一开始规模并不大，但随着信众日增，有时还得到宰官或士大夫的支持，寺院规模逐渐扩大，最后也成为一方佛教中心；还有的则是僧人为了栖居山野，潜心修习而建，远离村落城镇的寺院规模相对较小，后来这些小寺院也有不少成了佛教的胜地。如昆明的大德寺、妙湛寺、华亭寺、海源寺，晋宁的盘龙寺，通海的涌金寺、普光寺，剑川的石钟寺，武定的正续禅寺等，它们直接影响了后代云南地区的佛教发展。至清尚存而基本可以确定为兴建于元代的佛寺，计有近90余所（表3-1-2）。

元代以后的云南汉传佛教，多以禅宗为主[20]，

元、明兴建的云南汉传佛寺简表　　　　　　　　表3-1-2

地区	寺院名称	备注
昆明	大德寺、右灵寺、妙湛寺、华亭寺、佛严寺、海源寺、正觉寺、云居寺、龙华寺、宝珠寺	
富民	觉海寺、灵芝寺	
宜良	龙山寺	
晋宁	罗汉寺、盘龙寺、月林庵	
嵩明	翠峰庵、法界寺	

续表

地区	寺院名称	备注
昆阳	极兴寺、普照寺、大悲寺、万寿寺、华严寺	
寻甸	报恩寺	
禄丰	白云寺、圆通寺、大慈寺	
楚雄	广严寺	
镇南	广佛寺、普照寺、栖仙寺	今南华县
南安	紫石寺	今双柏县
姚州	妙光寺	今姚安县
武定	正续禅寺、圆觉庵	
黑盐井	德海寺、真觉寺、毗卢阁、密塔寺、莲峰庵、观音寺、宝宏寺、接天寺	今禄丰县黑井
琅盐井	观音寺	今牟定县琅井
太和	银相寺、鹤顶寺、法资寺、普济寺、报法寺	今大理县
云南	雪山寺	今祥云县
邓川	万福寺	今洱源县邓川
剑川	石钟寺	
南宁	玉泉寺	今曲靖市
沾益	龙华寺	
陆凉	大觉寺、龙风寺	今陆良县
马龙	云岩寺	
新兴	灵照寺、无量寺、广德寺、宝光寺、永丰寺	今玉溪市
宁州	华林寺	今华宁县
元江	妙莲寺、兴福寺	
河阳	华藏寺	今澄江县
通海	灵宝寺、涌金寺、清凉寺、普光寺	
河西	圆明寺、兴国寺	今通海县河西
弥勒	皈依寺	
蒙自	鹿苑寺、广兴寺	
建水	天王寺、东林寺、接待寺、万明寺、香林寺	
石屏	石屏诸天寺、乾阳寺	
腾越	西盟寺、普香寺	今腾冲县

(注：《西南寺庙文化》)

先自汉地传入,至中庆城(今昆明市),再传到大理洱海地区。

元代,滇池地区的汉传佛教兴盛,"滇俗奉三宝尤甚,户有梵宇,昕夕熏燎,钟馨声相闻,少老牢自持律,不轻毙一蚁"[21]。述律杰《重修大胜寺碑》载:"古滇之民,慕善斋洁,茹苦食淡,手捻菩提珠,口诵阿弥陀者,比比皆然。"此时的"筇竹禅寺"、"曹溪禅寺"、"妙应禅寺"等,均为滇池地区一流的禅宗寺院。

由于得到最高统治阶级的大力提倡,在元朝统治云南的120多年间,汉传佛教得以在云南各地广泛传播和发展,云南王(梁王)及行省宰官兴建了不少寺庙,在中庆城(今昆明市)所建的汉传佛教寺院约30余所,其中较为著名的有10余所(表3-1-3)。

元代昆明著名的汉传佛寺简表　　表3-1-3

寺院名称	建造时间	备注
五华寺	至元十四年(1277年)	中书平章赛典赤所建
圆通寺	大德五年(1301年)	行中书省左丞阿昔恩所建
大德寺	至元三年(1337年)	中书平章督鲁弥实所建
圆觉寺	延祐七年(1320年)	
佛严寺	年代不详	元僧玄鉴所建
海源寺	至正间(1341-1368年)	脱欢普花所建
妙湛寺	至元二十七年(1290年)	
曹溪寺	宋末所建,元代竣工。	
盘龙寺	至正七年(1347年)	
普照寺	元延祐年间(1314~1320年)	
灵芝寺	延祐元年(1314年)	

在上述寺院中,尤以五华寺的香火最盛,支渭兴的《悯忠寺记》云:"夫佛法以慈悲为教而冥昧含弘,若言其有而相不可寻,若言其无而化之者众。能仁降迹西天,教法于东土,自汉之唐之宋,暨我朝隆盛崇重,天下响应。云南去京,里以万数,而真乘佛印,与儒典并兴,上自豪贵,下及贱隶,莫不顶戴钦奉。

至元十四年(1277年),忽哥赤云南王、平章赛典赤公及郁匹麻师,谋为保国安民之计,于中庆城北隅高阜之上创五华寺大殿,扁曰'悯忠寺'。省府县司诸公僚属祀香于兹,遐迩人民祷禳亦时集焉,八九十年香火之盛,有隆无替。"

元初,大理佛教十分兴盛,郭松年在《大理行记》中,详述了当时苍洱之境禅宗的盛行情况,"沿山寺宇极多,不可殚记。中峰之北有崇圣寺,中有三塔。大者高三百余尺,凡十六级,样制精巧;中峰之南有玉局寺,又西南有荡山寺,凡诸寺宇,皆得道者居之。得道非师僧可比也,师僧有妻子,今则不耳,其得道者戒行精严,日中一食,所诵经律,一如中国。所居洒扫清洁,云烟静境,花木禅房,至其处者,使人名利之心俱尽。"

李京在《云南志略》中说:"佛教甚盛,戒律精严者名得道,俗甚重之;有家室者名师僧,童子多读佛书,少知六经者。段氏而上,选官置吏皆出此辈。"可知当时大理地区奉佛之盛。

元代中后期,佛教禅宗传入滇南,建寺庙亦颇多,如江川大雄寺、通海秀山寺、开远归圣寺、建水指林寺。其最著名者为"幡幢杂沓,鼓钟振扬"的建水指林寺,有一殿一阁二庑的规模,史称"临安首寺"(图3-1-4)。

另外,被尊为"盘龙祖师"的元末禅僧崇照,在世时广泛宣教劝世,并尊空庵禅师教导"随处结庵,广进学者"。所以,安宁觉照寺、昆明普照寺、玉溪灵照寺、昆明圆通寺等,都传为其卓锡开建,以致民间有"三照一圆通,证果在盘龙"的说法。还有华宁伏虎寺、禄丰东山白云寺、黑盐井莲峰庵、罗次和宜良县的盘龙祖师殿等,也被认为是崇照宣教的遗迹。"禅宗于元代在云南得以重兴,与(崇照禅师)之宣化不无密切关系。"

除新建之外,重修、重建旧时佛寺,也是元代统治上层在云南崇佛的另外一种表现,进一步促进了云南汉传佛教的巩固和发展。如《大胜寺修造记》中云:"中庆府大胜寺者,昔段氏偏据之时,乃一道场,圣元癸丑(1253年),天兵南下,混一之后,此道场为外道奇居者数载。迄甲午岁(1294年),梁王镇于兹土,都总统节思朵以王师之重。掌释教之权,宣演法门,护持僧众,元贞乙未

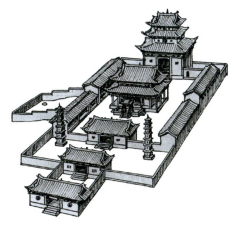

图3-1-4（a） 建水指林寺鸟瞰示意图　　图3-1-4（b） 建水指林寺大殿

(1295年)，都总统律积速南巴继来莅事，下车之初，一乃心力，修葺云南诸寺大小一千余座，特于大胜寺，躬为之盟。"

明代维护佛法，认为佛教可引导民众良善之念，且朱元璋曾做过和尚，对佛教颇有感情。对此，汤用彤先生曾说："明太祖幼时曾为僧，即位后，遂大崇佛教，而加以保护，同时又监督僧侣，以谋其兴隆。……及至武宗，更好佛教，学经典通晓梵语，自称大庆法王，造新寺于内苑，升慈恩、能仁、护国三世禅师为国师。后又升护国寺禅师（西藏喇嘛）为法王。及至世宗则崇道排佛，命毁京师寺院，除宫中佛殿，由是佛教渐衰。"

明洪武十五年（1382年），朱元璋派傅友德、蓝玉、沐英率兵攻伐云南，次年攻克大理，迅速将整个云南纳入明朝的中央统治范围。镇守云南的将领沐氏，在云南兴修寺宇甚多。省城诸寺，每经重修，则沐氏为大檀越。昆明地区著名的佛寺如筇竹寺、正觉寺、海源寺、五华寺、圆通寺、华亭寺，均有他们兴建或重修的记载。同时在云南还设置了僧官，府设僧纲司，设都纲1名，副都纲1名；州设僧正司，设僧正1名；县设僧会，设僧会1名。据明万历《云南通志·寺观志》载，云南府各僧纲司住地及管辖范围如下（表3-1-4）。

明洪武十六年（1383年），大理僧人无极率僧人数名，到南京入觐，献山茶1株，龙马1匹，征南赋1通，进觐诗2章。朱元璋嘉其不远万里来朝，亲自接见。接见中，忽然马嘶花放，"天颜喜，馆之上刹，赐衣赐号，并敕游诸名刹。……敕授僧纲司都纲之职，世世无替。"无极回云南后，扩建感通寺使之成为大理地区乃至云南各地诸佛寺中的领袖。

明洪武十九年（1386年），云南兴祖寺僧侣性海等人，上表求护持山门榜文得到允许，朱元璋颁赐圣旨与天下各寺："禁止诸色人等，毋得轻慢佛教，骂詈僧人，非礼搅扰，违者本处官司约束。"因有皇家及各府、州、县官吏的支持和护法，故明代云南的汉传佛教处于极盛时期。当时的滇池地区已是"无山不寺，无寺不僧"，就连省垣东部的彝族村庄，也呈现出"村村有寺庙，家家有佛堂"的局面。

若以"住持三宝、开宗立教论云南之佛教，固较逊于他省。若以佛化之普及论众生崇信三宝之广，遵行遗教之虔诚，则较他省有过之无不及。"正如唐瑜迁《建观音寺记》中所说："云南俗善佛教，虽衣食弗继，而崇奉者不少。"

而且明代还规定"非赐教不得建寺观，非受度不得为僧道"[22]。与之相应，官府在各地设立了僧纲司管理佛事，对寺院的兴建有所控制。只是由于后来"赐敕"的无度与滥发度牒以济时危，这种旨在控制佛寺僧尼恶性膨胀的措施，才成为一纸空文。而云南的汉传佛寺兴建不仅没有受到影响和限制，反而轰轰烈烈，建设形势更加空前，大大小小的寺院遍及全省各地，至清末犹存的明代所建佛教寺院多达432所（表3-1-5）。

明代设置的僧官一览表（府级僧纲司）　　　　表 3-1-4

地点	住持寺庙	管辖寺数	备注
云南府	僧纲司住觉照寺	辖 29 寺 3 庵	今昆明市
楚雄府	僧纲司住广严寺	辖 10 寺 2 庵	
姚安府	僧纲司住德丰寺	辖 15 寺	
大理府	僧纲司住普宁寺	辖 57 寺 1 庵	
鹤庆府	僧纲司住玄化寺	辖 15 寺 1 庵	
蒙化府	僧纲司住等觉寺	辖 6 寺 3 庵	今巍山县
永昌府	僧纲司住法明寺	辖 17 寺	今保山市
武定府	僧纲司住法明寺	辖 4 寺	
曲靖府	僧纲司住报恩寺	辖 11 寺	
寻甸府	僧纲司住报恩寺	辖 7 寺	
澂江府	僧纲司住华严寺	辖 7 寺	
景东府	僧纲司住开化寺	辖 6 寺	
元江府	僧纲司住万德寺	辖 3 寺	
临安府	僧纲司住指林寺	辖 15 寺 2 庵	今建水县

（注：《西南寺庙文化》）

明代兴建的云南汉传佛寺简表　　　　表 3-1-5

地区	寺数	备注	地区	寺数	备注	地区	寺数	备注
昆明	16		赵州	10	今凤仪县	师宗	4	
富民	2		太和	12	今大理县	寻甸	25	
宜良	7		邓川	4	今洱源邓川	大关	3	
呈贡	3		浪穹	4	今洱源县	文山	1	
昆阳	9		宾川	3		邱北	1	
安宁	8		剑川	13		澄江	4	
嵩明	2		鹤庆	5		江川	2	
晋宁	1		蒙化	6	今巍山县	新兴	5	今玉溪市
禄劝	2		云龙	1		路南	1	
罗次	1	今禄丰碧城	丽江	9		广西	7	今泸西县
禄丰	14		永北	2	今永胜县	弥勒	5	
楚雄	28		中甸	1		宁州	10	今华宁县
镇南	15	今南华县	维西	1		通海	5	
南安	13	今双柏县	保山	4		河西	3	今通海河西
姚州	11	今姚安县	腾越	18	今腾冲县	峨峨	3	今峨山县
大姚	3		云州	4	今昌宁县	阿迷	2	今开远市
广通	6		顺宁	13	今凤庆县	蒙自	4	
定远	7	今牟定县	南宁	10	今曲靖市	个旧	1	
武定	7		霑益	5		建水	9	
元谋	5		陆凉	7	今陆良县	石屏	6	
黑盐井	2	今禄丰黑井	罗平	4		元江	6	
白盐井	1	今大姚白井	平彝	5	今富源县	宁洱	3	今普洱县
易门	2		宣威	3		他郎	1	今墨江县
云南	11	今祥云县	镇雄	1				

尤其值得一提的是，云南佛教名山宾川鸡足山，唐、宋时就已有佛教僧侣上山建寺，结茅修行，到明代嘉靖、万历年间，发展进入鼎盛时期，在鸡足山的岭峰壑谷间，寺院、殿宇、庵堂和塔亭等佛教建筑，如雨后春笋般涌现，形成8大寺、34小寺、65所庵堂、170余个静室及200多处亭、轩、塔、坊的恢宏规模。同时，华严寺等几大寺院，先后获得了明朝廷颁赐的数部藏经，一些寺院僧侣也发愿请来藏经，使鸡足山一时间藏经遍布，高僧集聚，僧众无数，盛况空前绝后（图3-1-5）。此时共计有大、小寺庙270余座，常住僧侣达5000人以上。其中建于明嘉靖年间的寺院11所，寺庵20所；建于明万历年间的寺院15所，寺庵23所。这些大小寺院的先后兴建，使鸡足山在明代一跃而成为全国著名的佛教圣地，与佛教的"四大名山"㉓比肩齐名。

3. 清代时期的寺院：云南清代的汉传佛寺兴建，基本保持了前代的良好势头，"寺庙庵观遍布于全省"㉔。据《新纂云南通志·寺观志》载：可以肯定建于清代的佛寺共计587所，较明代有明显增长，这在全国的佛寺兴建史上具有较为典型的意义。

汉传佛寺在明末清初遍及云南全省各地，特别是清初统治云南的几任总督、巡抚如范承勋、王继文等，他们都大力捐资修寺，并撰文题词，以表崇佛的虔诚。据清道光《昆明县志》卷三图载，清代昆明寺观在县治城以内的计有：螺蜂山圆通寺、祖遍山大德寺、五华山悯忠寺、报图寺、常宁寺、玉龙寺、白龙寺、尽忠寺、金禅寺、占松寺、地藏寺、护国寺、翊灵寺、咸宁寺、土主庙、城隍庙、太阳宫、财神宫、报功祠、永宁宫、史皇祠、大生庵、祝国庵、白衣庵、慧林庵、妙法庵、海朝庵、吉禅庵、水月庵、紫衣庵、吕祖庵等。

道光《云南通志》载：全省共有寺庵1650余所，其中大部分为汉传佛寺（表3-1-6）。仅在昆明4区（即盘龙、五华、官渡、西山）以内，有名有址的寺院就达180余座。清咸丰、同治兵燹之后，

图3-1-5（a） 宾川慧灯庵大雄宝殿

图3-1-5（b） 宾川虚云寺大雄宝殿

图3-1-5（c） 宾川祝圣寺大雄宝殿

大量寺庙被毁，数量急剧减少。如大理有名的感通寺及所属寺院36座全部被焚毁，除清光绪年间重修的感通寺之外，其他寺院早已荡然无存。

清中晚期以后，随着寺院的倒塌焚毁，寺院经济的萧条，佛教寺院迅速减少，僧尼流无定所。许多宗派因无本宗派的专门寺院，于是出现了各宗派僧人共居一寺的混杂局面。"云南佛教，在清末极

清代兴建的云南汉传佛寺简表　　表 3-1-6

地区	寺数	备注	地区	寺数	备注	地区	寺数	备注
昆明	37		浪穹	3	今洱源县	会泽	3	
富民	2		宾川	5		恩安	3	今昭通市
宜良	4		剑川	27		永善	1	
呈贡	8		鹤庆	5		镇雄	1	
昆阳	1		蒙化	6	今巍山县	鲁甸	1	
安宁	9		云龙	1		文山	10	
嵩明	5		永平	3		邱北	4	
晋宁	9		丽江	5		安平	1	今马关县
禄劝	3		永北	1	今永胜县	宝宁	2	今广南县
罗次	15	今禄丰碧城	中甸	2		澄江	19	
禄丰	2		维西	8		新平	10	
楚雄	13		缅宁	12	今云县	广西	12	今泸西县
镇南	4	今南华县	保山	18		弥勒	7	
南安	2	今双柏县	腾越	18	今腾冲县	宁州	7	今华宁县
姚州	14	今姚安县	云州	1	今昌宁县	通海	6	
大姚	7		顺宁	8	今凤庆县	河西	5	今通海河西
广通	15		龙陵	5		阿迷	2	今开远市
定远	14	今牟定县	南宁	20	今曲靖市	蒙自	7	
武定	5		霑益	27		个旧	6	
元谋	6		陆凉	2	今陆良县	建水	17	
黑盐井	2	今禄丰黑井	罗平	12		石屏	6	
白盐井	2	今大姚白井	平彝	6	今富源县	元江	1	
琅盐井	3	今牟定琅井	宣威	1		宁洱	7	今普洱县
云南	11	今祥云县	马龙	3		他郎	1	今墨江县
赵州	16	今凤仪县	师宗	1		景东	8	
邓川	2	今洱源邓川	寻甸	16		威远	2	今景谷县

注：根据《西南寺庙文化》资料整理而成

为势微，各大丛林颓废，而住持僧宝尤为罕见"[25]。

民国后，汉传佛教虽在昆明等地有所振作，但在全省范围依然继续衰竭，各地州县的寺院多已年久失修，加上僧尼流失，对佛教精神真知善意者更为缺少。如张问德的《顺宁县志初稿·宗教》中所载："其他诸山开建，各有尊宿，载在志籍，可睹顺邑前代佛教之盛况矣。咸丰兵燹后，梵刹虽有修复，殊觉凋零。民国以还，势更衰微，出家僧众，不照教旨，鲜识典籍，比丘僧惟知以经忏觅食，比丘尼仅赖纺织自给。佛氏宗风，每况愈下，近虽有佛教全之设立，亦只具虚名而已。"另外，"……近今境内僧人，尤多暗昧无识者，求其高雅尚文，若苍雪、唐大来辈者，已渺不可见矣。世界日进文明，虚伪渐归淘汰，故其教大衰。"可见清以后，汉传佛教逐渐衰落，其影响已远不及南传佛教和藏传佛教。

(二) 藏传佛教寺院兴建

藏传佛教，俗称喇嘛教，是传入我国西藏地区的印度显、密两宗佛教，与汉地北传的大乘佛教以及藏族固有的"苯教"，经过长期的相互斗争、相互融合而形成的具有鲜明地方特征的佛教流派，主要在以西藏为中心的藏族地区形成和发展，并逐渐传播到邻近的一些其他少数民族地区。

藏传佛教是在西藏形成之后才向西南各地传播的。公元8世纪，天竺僧人寂护、莲花生等入藏传播佛教之密宗，得到执政的赞普赤松德赞的支持，强力压制本地的原始宗教"苯教",极力宣扬佛教。既比"苯教"高明,又能迎合当时的统治者民众的期盼心理,所以,很快就被接受并广为传播,在吐蕃社会获得极大的发展,到可黎可足赞普时代(公元814~815年),政府还明确规定"七户养僧"制[26]。

尔后,随着藏族社会向农奴制的过渡,各地农奴主的统治地位日渐巩固,在不同的农奴主各自御用的喇嘛教之间,门户之见日益分明,一些派系陆续出现,按先后顺序依次为:宁玛派(Nyingma)、噶举派(Kargyu)、萨迦派(Sakya)、格鲁派(Gelug),其中格鲁派的势力较大,又得到蒙古统治者的支持,世传法王。

1260年,忽必烈封第五世法王八思巴为帝师,兼管宣政院,使喇嘛教向内蒙古、广西、云南等各地传播。

藏传佛教形成后,随着吐蕃势力淹西藏,浸及四川,于是"政权所及之地,教亦随之。因之佛法教理,渐遍全境"。据史料载,藏传佛教传入云南大约在公元11世纪之后,首先是从西康传入云南的德钦、中甸、维西、丽江、宁蒗等地[27]。至明中叶,三世达赖喇嘛索南嘉措应丽江木氏土司之邀,到达康区的巴塘、里塘弘法。受此影响,云南地区的藏传佛教势力急剧膨胀,遍布于滇西北各地。

从历史来看,藏传佛教传入云南滇西北地区,大致经历了四个传播阶段:

第一阶段:吐蕃时代,前弘期的佛教及苯教,伴随着吐蕃王朝与南诏政治、军事、经济的关系而传入。

第二阶段:宋元时代,特别是元代,随着元朝统一大理,管理整个藏区,重点扶持萨迦派在云南纳西族和普米族地区的发展。

第三阶段:明代,丽江木氏土司与噶举派的噶玛巴系活佛关系密切,因而噶玛巴派在丽江纳西族地区很盛行。

第四阶段:清代,由于蒙古和硕特部及五世达赖对整个藏区的经营,以及清王朝大力扶持格鲁派以安蒙古的政策,使格鲁派在滇川边境的藏族、纳西族和普米族地区传播盛行,并一直延传到现在。

从地理分布来看,云南藏传佛寺主要分布在滇西北地区,根据其教派和势力的不同,可分为三类:

第一类:以迪庆州为中心(包括毗邻的西藏芒康等地),以藏族信仰为主,其教派有宁玛派(红教)、噶举派(白教)、格鲁派(黄教),此外还有古老苯教的残余"黑苯"、"白苯",演变为迪庆藏族的民间宗教"仓巴教"和"顿巴教"。

第二类:以丽江县为中心(包括迪庆州维西县、怒江州贡山县等地),以纳西族信仰为主,其教派有噶举派(白教),分别为"黑帽系"和"红帽系",对丽江纳西族的精神文化曾产生深刻和广泛的影响。

第三类:以宁蒗县永宁乡和四川省盐源县左所、前所(即泸沽湖地区)为中心,以摩梭人和普米族信仰为主,其教派有格鲁派(黄教)、萨迦派(花教)、噶举派(白教),并以前两者为主。特别是萨迦派,现今在其他藏区已极为少见,仅在泸沽湖地区的摩梭人和普米族当中,保持一定的规模和影响(图3-1-6)。

至清末民初,藏传佛教"喇嘛寺"的兴建,也主要分布于滇西北的藏区,"惟永北、丽江、维西、中甸、腾越诸地"[28]。具体的喇嘛寺院数量及所属

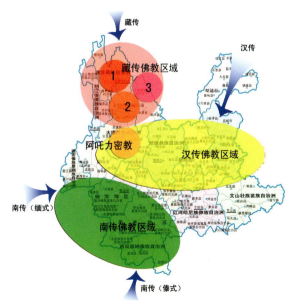

图3-1-6 云南佛教区域分布示意图

派系见书后索引表。而所建造的喇嘛寺院建筑，因受到汉族、白族和纳西族不同建筑文化的影响，呈现出彼此不同的外观形态（图3-1-7）。"故虽村落乡区，莫不有共建之寺庙；而牛厂游牧之民，迁徙无常，生活无定，对于喇嘛兰若之建立，亦不遗余力。往往有一部落，即有一寺庙，而此寺庙，即为该民族人民聚集之中心；天幕连延，环寺而居，商贾骈集，交易货物，又俨似寺庙为市肆矣"。

（三）南传佛教寺院兴建

南传佛教发端于公元前，奠基于公元5~7世纪，在11~16世纪得到充分发展，而且是从南方逐渐向北方推移，特别在13~14世纪的110多年里，在素可泰、兰那、老挝、大城、邦芽、阿瓦、庇古地区掸、泰、傣民族先后建立了自己的国家政权，与之俱来的是迎奉佛教，创立文字，传播佛教文化精神。

大约在公元7世纪，南传上座部佛教首先由泰国的勐润（即清迈）经缅甸景栋传入西双版纳地区。史载："有召帕有者，领其子七人来景栋当召勐（大首领）……傣历八十六年（公元724年），召帕有派佛爷西维苏坦麻书那自景栋来景洪宣扬佛法，经过佛主和他的门徒宣扬，佛教在西双版纳大大发展"。

初传入云南的上座部佛教并无佛经，未被人们真正理解，加之频繁战争，实际上并未广泛流行。直至1180年，叭真统一勐泐，平息战乱，社会稳定，佛教才再次由勐润经过缅甸景栋进入西双版纳，并随之传入泰润文佛经，从此开滇西润派佛教之先河。

南宋景炎二年（1277年），在勐泐第五世主刀良陇执政期间，傣文创制后始刻贝叶经文，佛教才开始在西双版纳流行。而南传佛教在西双版纳形成一定的规模和范围，则要晚至明代，即明隆庆三年

图3-1-7（a） 藏传佛寺——东竹林寺

图3-1-7（b） 藏传佛寺——丽江指云寺

图3-1-7（c） 藏传佛寺——永宁扎美戈寺

图3-1-7（d） 藏传佛寺——德钦飞来寺

图3-1-8（a） 南传佛寺经幡　　　　　　　　　图3-1-8（b） 南传佛寺奘房

（1569年），缅甸金莲公主嫁给第二十五代召片领刀应勐时，缅甸国王曾派僧团入滇传教。

从傣文巴利语佛经中看，云南南传上座部佛教是比较古老的佛教教派，它沿袭了锡兰觉音时代（公元409～431年）的巴利三藏经典，这部经典保留着更多的原始佛教成分，尤其是在17～19世纪，位于中南半岛的几个国家，均受到西方资本主义国家的殖民统治，传统的佛教及其文化均遭到不同程度的摧残。而信仰南传佛教的云南傣族地区，因地处内陆，交通不便，社会经济发展也比较缓慢，因而，可以肯定云南南传佛教所反映的是缅甸沦为殖民地以前较早时期的佛教。

同样在云南德宏傣族地区，南传佛教的传入与统一的麓川王朝密切相关。

11～14世纪初，傣族社会特别动荡。傣族领主思可法建都者阑（今德宏瑞丽江南岸的姐兰），并以此为中心，建立强大的地方统治政权，成为滇西傣族地区的封建大领主，其"服用制度，拟于王者"。明洪武十七年（1384年），思可法之孙思伦法即位，归顺明朝廷，被封为宣慰使，兼统麓川、平缅两地[29]。

至15世纪初，德宏坝区的少数民族已普遍信仰南传佛教，据《芒市土司史略》载：清顺治即位时，芒市乡下修建了许多盖瓦的新佛寺。康熙年间（1662～1722年），仅盖瓦佛寺就有60余座，衙门里的官员人人都信佛，以致发展到后期"每至大村寨，或土司居后，必有缅寺、浮屠，上悬白纸幡竿"（图3-1-8）。

由于当时傣族社会比较盛行原始宗教，严重阻碍了生产力的进一步发展。各种名目繁多的祭祀、禁忌，不仅耗费了大量的人力和畜力，加之一些巫师的干预甚至左右政事，严重威胁着王室政权。南传佛教正是在这种形势下被引入，以适应当时新兴的傣族社会政治、经济等发展需要。究其原因，主要表现为：

（1）南传佛教传入之前，傣族人民因长期战乱，处于民族和阶级的双重压迫下，生活极为困苦、混乱，使人们对注重"短期效应"的原始宗教逐渐丧失信心。而主张寄希望于幸福来世的佛教所弘扬"救苦救难"、"普度众生"、"因果报应"等唯心而又浸透着朴素的平等、博爱的教义，迎合了人们精神生活的普遍需要，使其传播发展有了广泛的思想基础。

（2）南传佛教为一神教，佛主的形象被描绘得至高无上，对于极欲强化统一王权的封建领主来说，这种至高无上的虚构神灵，无疑是最理想的思想武器。于是在德宏地区，南传佛教就被紧紧掌握在傣族封建领主的手中，并作为巩固和强化封建统治的工具。

（3）南传佛教教规禁止杀生，杜绝了原始宗教大量宰杀牲畜血祭神灵的浪费现象，从而保护了当时作为傣族等地区主要生产力的牛、马等牲畜。

(4) 南传佛教的许多教规对维护社会治安、积累社会扩大再生产的资金，都有现实和进步的意义，这对统治者巩固其政权相当有利。

(5) 南传佛教教义有很大的灵活性，为打入所有人的心灵，设立了一套因人制宜的"上天堂"方法，把"因果报应，天堂地狱"等种种宣传简易化、民俗化，利用民间喜闻乐见的绘画、说唱故事等口传形式来进行教化民众。

据1956年的研究资料统计，德宏州约95%的傣族、德昂族和阿昌族群众都信仰此教；约有90%的傣族、德昂族和陇川阿昌族的村寨有佛寺，共有南传上座部佛寺632座。

南传佛寺的兴建，据《泐史》载："傣历913年（1569年），召片领刀应勐娶缅甸金莲公主为妻，公主即在西双版纳的景洪首建佛寺，并由此大力兴建。"随后一直发展至清末。

另据《新纂云南通志》记载："车里（今西双版纳）全境土著概系夷人，每一村寨均有缅寺一所，……而宣慰及土司驻地虽有文字，但无记载，寺之创建时代多不可考。""五福全境有官缅、民缅、猛缅、蛮缅等缅寺八十余所，普称皆曰缅寺"。"佛海全境凡有村寨均置缅寺一所，土司驻地则多一官缅寺，计勐海、勐江、勐板、打洛四区约有缅寺百余所"。"镇越全境有大小缅寺四五十所"。"猛卯（今瑞丽）境内分为十寨，各有寨房一所，均建于清初，尤以弄岛者最宏大"。由于南传佛教是一种全民宗教，出于信仰需要，佛寺需要在数量上达到或接近一村一寺的比例要求，这一要求极其自然地刺激了南传佛寺的兴建，及至近代，即形成几乎逢村即寺的局面。在经历了"文化大革命"的破坏之后，至今保存较好或重修的南传佛寺仍然还有几十座。

南传佛教共分为摆庄、摆坝（德宏称为朵列）、摆顺（德宏称为润）和左底4个教派，它们的势力以前三者为强，其不同点主要是戒律的严格或松弛，并由此造成信众的日常生活方式也互有殊异。

(1) 摆庄派：传入德宏地区最早、势力最大的教派。其戒律较为宽松，不过多干预信仰者的私生活。

(2) 摆坝派：即山林派，是西双版纳等地的主要教派之一。源于印度勐帕拉那西，其佛寺离村寨较远，僧侣每日早晨到村中化缘，过午不食，不吃荤腥，不置寺田，终身不娶。该派戒律较严，仅次于左底派。在德宏该派还有沙弥尼。据说，其僧侣原住在森林里的佛寺修行，每日下山化缘维持生活，村民视其生活清苦，但行善于民，遂请到村寨住下，并建寺于寨中。

(3) 摆顺派：即田园派，是西双版纳和德宏等地的主要教派之一。据传此派主张成群出家，不必在山野修行，常建寺于寨中，寺有田产，不戒荤腥，还俗自由，僧侣可有个人积蓄。在教义、经典等方面与德宏的润派同属一宗。15世纪末，摆顺派自西双版纳传入德宏地区，并得到较大的发展，因佛寺建在村寨中，且戒律较为宽松，故与村民往来甚密。

(4) 左底派：此派颇具特色，有极为严格的戒律，僧侣生活最为清苦，佛寺皆无楼台，无僧侣居住。僧侣组成团体，在村郊另建僧舍居住，常流动迁徙。

二、云南佛寺的类型特征

佛教在云南许多民族中，势力已浸透到民族文化、教育与精神生活的各个方面。有的佛寺不仅占有大量的物质财富，还占有几乎全部的精神财富，成为民族聚落的政治、文化、教育及信仰活动的中心。由于佛教教派和教义的差异及其地域环境等自然条件的不同，云南各地的佛寺呈现出彼此不同的建筑艺术风格。

与一般宫室、官署和民居不同，寺院建筑是人神共居的场所，体现着人与神的双重趣味。一方面，它既要满足为神服务的僧众集团的生活需要，即应该与宫室、民居等适用建筑的功能做法一致；另一方面，它又必须反映出神的喜好，表现出与宫室、民居等适用建筑相异的特点，呈现出一种特殊的建筑类型。

概括而言，由于云南佛教主要有四大派别，分属大乘和小乘两系，在此基础上，又各有不同的信仰派系和与之相应的寺院建筑类型。如"阿吒力"

密教主要是白族和汉族信奉；汉传佛教主要是汉族、白族、彝族和纳西族信奉；藏传佛教主要是藏族、摩梭人、普米族信奉；南传上座部佛教主要是傣族、布朗族、阿昌族、德昂族和部分佤族信奉。这些不同派系的寺院建筑，都以其独具特色的空间形态、建筑技艺，贴切地反映出所在地方的自然环境和信仰族群的文化和审美，形成异彩纷呈的总体特征。

（一）"阿吒力"密教寺院

"阿吒力"密教最早从印度传入，成为云南佛教的四大部派之一和典型的地方佛教。主要分布在大理及昆明地区，为白族、汉族及部分彝族所信仰。

该教以有家室之僧称为"阿吒力"。云南历代的"阿吒力"僧㉚均可娶妻生子，生活方式与俗人相同，传承方式是师徒承传和父子承传。南诏时期，密教似乎都很入世，尽管有其神秘怪异的色彩，却丝毫掩盖不住密教的世俗化倾向。这种"既在红尘浪里，又在孤峰顶上"的人间佛教，其世俗化倾向不仅表现为教徒可在家修行，可娶妻生子，更表现在他们对王权政治的热衷。

南诏大理时，聚居于云南的彝族、白族信奉原始宗教，表现形态为"土主"崇拜和"本主"崇拜。土主是彝族村寨祀奉的社神，本主是白族村寨祀奉的社神总称，其功能是保佑村寨人畜安康、谷物丰富、清宁平安。据《南诏野史》（王崧本）称："蒙氏平地方、封岳渎，以神明天子为国本主，封十七贤、五十七山神。"可见本主信仰于当时的盛行。

自"阿吒力"密教传入之后，融合与吸收了当地彝族、白族和汉族的原始宗教，形成巫化特色，迎合世俗群众的精神需要，使"阿吒力"主神演变为地方民族神，如密教本尊之一的"大黑天神"㉛，完成了外来神在云南本土的安家落户，使其地方化和民族化，更加体现世俗性与功利性。

另外，观音菩萨作为"阿吒力"密教供奉的主神，同样也变成地方民族神。大理白族还把观音奉为本主（图3-1-9）。

元代，因汉传佛教在云南势力较大、影响较广，寺院僧侣增多。"阿吒力"密教逐渐被汉传佛教所排挤和融合。与汉传佛教融合后的"阿吒力"密教，主要的法事活动是结缘应赴，替民众消灾祈福，为死者超度亡灵。明、清以后，被统治阶级视为邪教，禁止传播。现今，云南"阿吒力"密教已无宗教组织和寺庙。

图3-1-9（a）大黑天神　　图3-1-9（b）剑川石窟石雕观音　　图3-1-9（c）鎏金雨铜观音

（二）汉传佛寺建筑特征

唐、宋时期，汉传佛教寺院的平面布局逐渐独立，形成固定格局。一般是将主要建筑摆在南北中轴线上，依次而为山门、天王殿、大雄宝殿、法堂，某些寺院最后还另设毗卢阁、藏经楼等建筑，分别供奉毗卢遮那佛与佛教经典。

山门亦称"三门"，象征"三解脱门"，即佛教所谓的空门、无相门、无作门，必须开门三道，为殿堂式布局，殿内分塑2个金刚力士，守护佛法。

山门之后的天王殿，中供弥勒佛，背立韦驮，左右分列四大天王，东西南北各护一天。过天王殿，是佛教寺院的核心主体建筑大雄宝殿，供奉释迦牟尼本尊或其他诸佛。大殿宝殿后常为演说佛法、皈依集会之所的法堂（图3-1-10）。以上四殿是汉传佛教寺院必须具备的主要建筑，除了山门可以和天王殿合并之外，一般不能省略。在大雄宝殿两旁，一般居东布置伽蓝殿，供奉祇陀太子、玻斯匿王、给孤独长者；西设为祖师殿，供奉达摩、慧能、马祖

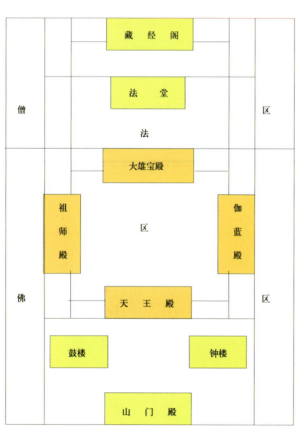

图3-1-10（a） 汉传佛教寺院的平面空间格局

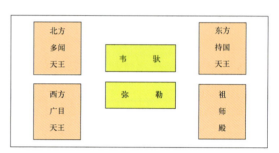

图3-1-10（b） 天王殿佛像布置

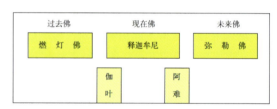

图3-1-10（c） 竖三世佛像布置示意图

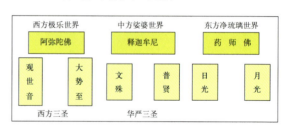

图3-1-10（d） 横三世佛像布置示意图

图3-1-10（e） 三身佛像布置示意图

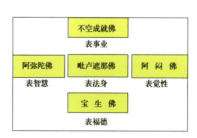

图3-1-10（f） 金刚界五佛示意

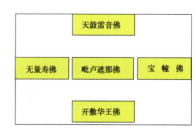

图3-1-10（g） 胎藏界五佛示意

图3-1-11 (a) 筇竹寺山门

图3-1-11 (b) 昙华寺山门

或本寺开山祖师。其他僧房、香积厨、斋堂、职事堂、茶堂、云会堂等环于左右。显然，"中国汉族地区的佛寺在近两千年来的发展过程中，基本上是继承了中国传统的院落形式作为佛寺的布局"。

就云南汉传佛寺的总体格局来看，元明时与南诏大理时并无太大差别，自南诏立国以后，大量吸收了中原文化，不仅"城池郭邑，皆如汉制"。且寺院的规制、建筑风格、工匠乃至佛教文化等方面，都以汉传佛教有关，影响明显。张胜温当时所绘的大理《梵像卷》，甚至可看作汉传佛教绘画艺术的宝藏[32]，因为该画卷"画是中国画，字是中国字"[33]，表现的内容也与汉传佛教关系密切。

尽管各个寺院在布局上会受到具体地形、地势等条件的限制，甚至少数寺院还有一些大的变动调整，云南大多数的汉传佛寺，仍然遵循中原内地汉传佛寺布局的规制，空间上以轴线对称和封闭院落式布局为主。如著名的昆明圆通寺、五华寺、海源寺、筇竹寺、华亭寺、晋宁盘龙寺，大理感通寺、通海涌金寺、清凉寺，建水指林寺，宾川鸡足山上的静室等均如此。

但在继承中原汉传佛寺典型平面布局的同时，云南汉传佛寺敢于突破中原的固有形制，这可以从山门的设置、法堂的有无以及对中原形固有模式的背离3个方面得到验证。如始建于宋代的昆明筇竹寺和始建于元代的昆明西山华亭寺，其山门的设置都双双处理成独门形式。昆明西山太华寺及昆明昙华寺的山门处理更以一座独特三叠式的牌坊代替殿宇式山门，这在中原汉传佛寺布局中极为少见（图3-1-11）。

在昆明华亭寺、太华寺、筇竹寺以及安宁曹溪寺的整体布局上，讲经说法之法堂均已被省去。

始建于唐代的昆明圆通寺，主体建筑分别由山门、牌坊、观音殿、八角亭、大雄宝殿、藏经楼等构成，既无法堂，又无天王殿，并在藏经楼之后复建接引殿，明显背离了中原汉传佛寺的规定形制。而且还在大雄宝殿之前，开挖巨池，池中又建一重檐八角亭的观音阁，通过南北石桥与其前后的观音殿、大雄宝殿相连，池畔采用回廊连接二殿，构成水榭式大殿与池院相围合的独特风格，这在全国汉传佛寺布局中极属罕见（图3-1-12）。

（三）藏传佛寺建筑特征

藏传佛寺的出现与松赞干布的婚姻有关。随着文成公主的入藏，也将佛教文化带进了封闭的青藏高原，其中就包括佛教建筑艺术。松赞干布在位时，为了与西藏本土宗教苯教相抗衡，"制服藏地鬼怪，镇伏四方"，先后修建了12座供奉佛像的寺庙，以"水波圈"的排列方式，由里及外为四如寺、四厌胜寺、四再厌胜寺，这12座寺与印度的"窣堵坡"形制相仿。不过最著名的佛寺还是要数西藏的大昭寺，其依照文成公主的观点设计建造，富有中原建筑风格，其石狮、天井、四合院式的对称布置，以及雕梁画栋都体现了这一点。

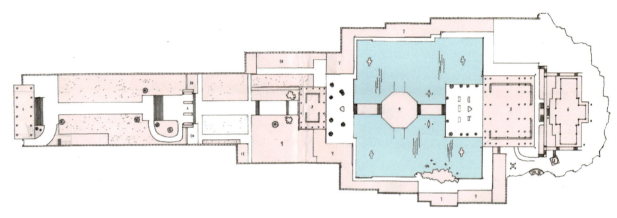

图3-1-12（a） 圆通寺平面图

图3-1-12（b） 圆通寺八角形观音阁

图3-1-12（c） 圆通寺水榭式大雄宝殿

图3-1-12（d） 圆通寺东廊

图3-1-12（e） 圆通寺西廊

公元8世纪后期，由印度僧人主持设计建造了一座具有印度建筑风格的桑耶寺。该寺以摩羯陀国的欧丹达菩黎寺为蓝本，建筑的布置和形式都体现了佛教关于世界结构的理论，是对佛理的一种物质化图解。其中主殿"乌策殿"[34]坐东朝西，高3层，象征世界的中心须弥山；寺的四周建围墙，象征世界之边缘铁围山；在乌策殿和围墙之间还有代表世界各大洲的大殿。

13～14世纪，西藏开始出现典型的喇嘛教寺院，其建筑形制到明、清时仍在沿用，并发展为现在的格鲁派经学院建筑形制。经学院是一座寺庙的主体，建筑以木柱、密梁、平顶为特色，并多采用汉式屋顶，上盖琉璃瓦，屋檐使用斗栱，表现为元、明、清三代内地汉文化对西藏影响不断加大的结果，使两种建筑形式有机结合，形成独特的建筑风格。

与内地汉传佛寺侧重于世俗化相比，藏传佛寺更侧重于宗教性的体现。比如，通过强烈的色彩对比来体现宗教的神圣庄严，到处悬挂佛教幡幢，建筑室内空间没有太多摆设而显得有些空旷，置身其中会产生渺小之感，过分的庄严肃穆，又使人产生巨大的宗教压抑感。

藏传佛寺大多依山势而建在山坡上，布局自由灵活，没有什么人为的对称性及刻意追求。藏传佛寺缺少世俗的人文性而富于宗教的超越性，这是它与汉传佛寺在风格上的最大差异。尽管布局自由灵活，但仍有主次之分、核心与外延之分，并按照藏传佛教相应的佛理、寺院制度来分别设置。

一座大型的喇嘛寺犹如一所综合性的宗教大学，由许多大型建筑组成建筑群。如按功能通常可分为：错钦、扎仓、康村、佛殿、拉让、灵塔殿、佛塔、辩经台等建筑，各建筑功能具体为：

（1）错钦：是整个寺院最高一级的管理组织，全寺性集会的殿堂也称错钦大殿，它规模大，门廊面阔数间，殿堂中央的经堂体量较大，室内柱子林立，柱间挂满经幡和法幢；顶部虽有天窗采光，仅能照亮局部空间，其余地方十分幽暗；地面上有长条形坐垫，供喇嘛们诵经打坐用。错钦外墙多做成夹墙形式的"转经道"，供信徒们围绕经堂转经用。有的中小型寺院不设错钦，只用某一扎仓代替。

（2）扎仓：是错钦的下一级组织，相当于学院。大型寺院通常设显乘、密乘、送学和丁科（专学时轮金刚和历算）四个扎仓。小的寺院只有一个扎仓，类似单科性的高等学校。喇嘛入寺以后，由取得学位的高级喇嘛任教，分别在各个扎仓修习显宗、密宗、天文、医药、工巧、法事等经典。每个扎仓均为一幢独立的大型建筑，平面布置按照佛教活动和教学需要，组成特定的空间序列。正门之内沿着围墙的三面设置1~2层回廊围成的庭院广场，作为念经转法、集会和节日"跳布扎"的场地；然后拾级而上，进入经堂。经堂是扎仓的主体建筑，平面呈方形或长方形，面积大小取决于喇嘛僧人的多少。经堂的平面格局和构架形式多按典型的"都纲法式"来做。其庭院、回廊、经堂、佛殿在外观造型上，形成由低到高的逐层叠起的形象，内部构成一个由开敞到幽邃的渐进空间序列。

（3）康村：是扎仓的下一级组织，僧人进入寺院后，均按其家乡的地域编到一定的康村中去，数量可占全寺建筑的2/3以上。康村建筑有规模大小和贫富之别，质量也有好坏之分，富的康村比一个穷的扎仓还有地位。

（4）拉康：是供佛像的独立殿堂，因为不需要容纳众多的僧侣，所以其面积一般不大。拉康的平面接近于方形，面阔三至七间，高为两层，一般不设经堂，前面的庭院空间也比较窄小。

（5）拉让：意为活佛衙门，是寺院最高首领活佛的公馆，通常包括专用的经堂、佛殿、办公处所、客厅、起居室及各种辅助用房。拉让做工考究，自成院落，活佛地位越高，经堂的规模也越大。大型的经堂甚至不亚于一个扎仓，佛殿是活佛地位的标志，只有获得最上等佛学地位的活佛，其佛殿外墙才可能刷成黄颜色（一般为白色），屋顶才能铺金瓦。

（6）辩经台：是喇嘛升级辩论考试的地方，坛为低矮平台，上建敞厅供主考人用，周围是铺墁平整的广场供听众坐用。

以上6类建筑大致是组成喇嘛寺院建筑群的基本单元，虽然它们同属于一所寺院，但在外形上却有明显区别。

喇嘛寺无论其建筑平面布置有多种组合，外形风格各异，无论是宏大的错钦大殿或是扎仓经堂，均按统一的"都纲法式"建筑形制来营造。其平面是"回"字形空间，纵横排列柱网，外围一圈为二、三层楼房，装修向内，中部屋顶突起，空间直贯上下，形成无窗采光；外形是周围平顶，中部突起，多用歇山式木构坡屋顶，也有用平屋顶的。这种"回"字形平面，中部升高，周围是回廊的形制在元朝已经形成，到了清代则完全定型，喇嘛寺的经堂，佛殿也大都依此模式建造，大同小异。

喇嘛寺虽有统一的"都纲法式"建制，但在不同地形却有不同表现手法，为了效法佛祖释迦牟尼在远离尘世的山林环境中说法修持，许多喇嘛寺院尤其是格鲁派（黄教）寺院的选址多在山坡地，并把具有梯形轮廓的个体建筑外观形象全部显露出来，这些寺院建筑或依倚陡坡，或雄踞山顶或背靠山壁，顺应地势的起伏，密密层层随意布置，几乎覆盖了整个山顶或山坡，构成一种"屋包山"的态势，使建筑与山形地势嵌合而浑然一体，十分巍峨壮观。加上各单体建筑轮廓之间的相互交错、穿插、烘托，使建筑群主次分明，重点突出，总体形象稳重更具凛然不可犯的威严气派。无论是远眺还是近观，均给人以坚如磐石、固若金汤之感。

另外，喇嘛寺充分利用自然地形，将错钦大殿、扎仓、经堂、佛殿及灵塔殿置于全寺的最高位置，配上其巨大的建筑体量，形成整个建筑群落的构图中心。登上这些主体建筑居高临下，俯瞰全寺，大有高瞻远瞩和控制全局之感。

平川式的喇嘛寺虽比其他教派居多，但其建筑群的总体规划布局较为严整，注重对称，突出中心建筑的纵向形象，多反映佛教的宇宙观。形成建筑群构图中心的也是体量高大的经堂，而扎仓、康村等则环列四周，外围绕以方形或圆形的墙垣，体现弃绝尘世的佛教情绪。

在单体建筑的外观造型上，由于受到藏族"碉房"民居形式的影响，喇嘛寺的单体建筑，从下到上外墙收分明显，加之墙上很少开窗，四周轮廓呈现一种强烈的稳重、敦实之感，同时巧妙运用各部分比例与造型的对比手法，在厚重的平顶上再配以汉式歇山屋顶和局部装饰，使整个建筑更显雍容华贵而不矫揉造作，端庄凝重而不僵滞笨拙（图3-1-13）。

云南藏传佛寺，除具备上述的这些建筑共性之外，还主要体现出民族文化之间的多元融合、建筑风格形式的多样性与浓厚的地方本土特色。

大、中型喇嘛寺的建筑组群，一般由经堂、佛殿、噶厦、扎仓与康村（康参）几部分组成，有对称与不对称两类布局方式。经堂用于诵经，佛殿用于供佛，噶厦则是喇嘛教作为"政教合一"的宗教办公机构，扎仓为附设的佛教学院，康村为喇嘛僧舍。小型喇嘛寺的平面布局较为简体，与当地藏族民居相同。

在云南，采用对称布局且有轴线贯穿的喇嘛寺，大多建于河谷、山间的平缓地带，主体建筑居中，附属建筑或呈十字展开，或居于四角，暗合佛教的"五方四天"之说。无明显轴线和不对称布局的喇嘛寺，多依山而建，循山顺势错落重叠，密若鳞栉，并以白色为主调。虽然此类寺院在布局上并无统一规制，但由于建筑材料、色彩相同，主体建筑尺度较大，装饰精美繁杂，具有统一全局的作用，故整个寺院建筑群并不杂乱。如始建于清，位于香格里拉的噶丹松赞林寺（汉名归化寺），既是

图3-1-13 敦实厚重的藏传佛寺外形

图3-1-14 依山而建的噶丹松赞林寺

滇西北地区最大的喇嘛寺，也是康区"十三林"之一，即为不对称布局的大型黄教喇嘛寺。该寺依山而建，大寺、金瓦寺与八大康村是其主体建筑。大寺居于全寺之中，四面立以红、白二色的平直高墙；金瓦寺居于其右；八大康村与能容纳千余喇嘛的养身房舍环绕于大寺周围，整个寺院的庙宇主殿与平顶雕房相结合，鳞次栉比，高低错落，再配以高大的围墙、哨楼，宛如城堡。据传，此寺本为西藏匠人仿照布达拉宫布局设计建造，远眺层楼叠起，极为壮观（图3-1-14）。

（四）南传佛寺建筑特征

南传佛寺[35]的规模通常都比较小，建筑种类也较少，且建筑风格各地不尽相同，没有森严难犯的界限。唯一必须注意的是，佛殿建筑的朝向应是坐西向东，相邻两栋建筑的正脊不能互相垂直。这与汉传佛寺坐北向南的常规布局大相径庭。据传这是因为佛陀涅槃时，面孔正向东方的缘故。佛寺一般由寺门、前廊、佛殿、经堂、鼓房、僧舍及佛塔[36]组成。寺院的布局不像汉传佛寺那样严谨对称及封闭的合院模式，而是随山形地势灵活布局，给人以随缘随份、亲切自然的感受，这是南传佛寺在总体布局上的最大特点。

另外，德宏州的南传佛寺中还建有专门的泼水亭（图3-1-15）。

南传佛寺按组织系统通常分为3个等级，即总佛寺、中心佛寺和基层佛寺。一般在中心佛寺以上的佛寺都设有戒堂[37]和藏经阁，部分较大的佛寺常建有佛塔，也有一些佛塔是单独建在寺院外的。其中位于佛寺中央的佛殿，是佛爷讲经说法之地和供佛之所，其体量为全寺之最，造型也最为精美。在大殿的前面或两侧常建有两个专供保护佛寺的神灵"底布拉"[38]用的神龛。这种独特的"底布拉"神龛，在其他佛寺建筑中并无此类做法。换言之，佛教的其他宗派是绝不允许原始宗教的器物、建筑立足于它神圣的寺院之中。可见，南传佛教的宽容性和与原始宗教之间的密切关系，不论是群众的信仰或是它的某些仪式，都与原始宗教的神灵崇拜紧紧联系在一起。

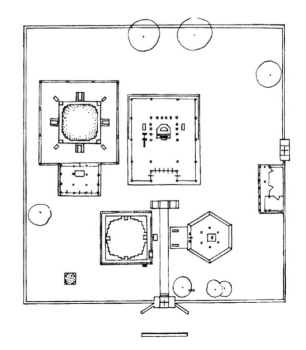

图3-1-15（a） 灵活布局的南传佛寺平面图

图3-1-15（b） 南传佛寺泼水亭

佛寺大殿是僧侣和信教群众进行佛事活动的主要场所，只供奉释迦牟尼本尊塑像，在塑像左右专门设置一对佛前男神"丢合朋"和女神"朗妥落尼"[39]。在殿内悬挂许多经幡、佛伞、墙壁上绘制一些佛传说和佛本生故事经画。这些经画图形优美，线条流畅，具有浓郁的民族风格和较高的研究及观赏价值。在德宏，由于受汉文化的影响，大殿内除供奉释迦牟尼本尊外，也供奉观音菩萨（图3-1-16）。

由佛殿、经堂、僧舍、鼓房等建筑共同组成的南传佛寺院落，其总体布局与当地传统民居一样，灵活多变，既无严格的对称居中要求，也没有形成统一固定的形制，往往是通过寺院的引廊形成大殿的前道过渡空间，以增加佛寺肃穆庄严的气氛。同时，用不同建筑形体之间的尺度变化，来强调以佛殿为中心的空间布置与序列，继而突出佛殿的主导地位，如以佛殿的大体量同其他建筑像经堂、前廊、僧舍等建筑的小尺度形成对比。此外，常用纵向高耸的佛塔，来协调整个建筑群体空间的构图和造型轮廓，给人以均衡、协调的美感，加上佛寺周围浓密的树影竹篷，配上佛寺前空旷洁净的广场，造成一种被"净化了"的神的空间。这无疑体现了"世上一切皆空，唯独法有"的小乘佛教的意念，使信徒们产生一种对物质世界的否定，对佛教精神生活的向往和追求的欲望（图3-1-17）。

南传佛教寺院建筑最突出的部分莫过于屋顶的变化，庞大陡峻的屋顶，轮廓丰富的屋面，构成南传佛寺建筑造型上的最重要部分。无论是分段举折、重叠递升的悬山式、歇山式屋顶，或是凹曲优美的屋面；无论是斜撑挑出如羽斯飞的屋檐，还是装饰华美、变化多端的屋脊瓦饰[40]（图3-1-18），使屋顶庞大的形态变得异常活跃，构成绚丽多彩、雄伟壮观和独特的民族造型艺术，使佛寺本身处处充满着向上升腾的动势，从而反映出超凡脱俗、弃绝尘世的意念（图3-1-19）。同时，佛寺里的各种精美装饰，色彩丰富，在阳光的照射下更显得五彩缤纷、金碧辉煌，体现了一种近乎世俗的亲近感，即人和神的亲近感。这也充分说明，宗教建筑既作为神的象征而存在，又是信徒大众膜拜神灵和祈求祷告的场所，同时还是彼此进行社会交往的特殊娱乐场所。

可见，宗教建筑虽以物质形态来表达宗教观念和宗教情感，但同时为了布道的需要，必须迎合大众们反对抽象哲理、倾向具体的感性体验的心理。

在信仰南传佛教的滇南地区，南传佛寺不但数量多、分部广，几乎是"村村有佛寺"，便于当地民

图3-1-16（a） 南传佛寺"底布拉"神龛　　图3-1-16（b） 南传佛寺室内

图3-1-17　造型轮廓丰富优美的南传佛寺建筑群

图3-1-18　南传佛寺叠落的屋顶

众的日常"赕佛"活动。其佛寺建筑以佛殿规格最高，戒堂次之，僧房又次之。其建筑形式特征，最突出地反映在佛殿与戒堂这两种主要建筑类型上，因受到周边环境和不同民族文化的渗透影响，又呈现各地彼此不同的建筑形态，概括起来可分为干阑式和落地式（殿堂式）两大类。干阑式佛寺主要指德宏州瑞丽地区的"奘房"，而落地式佛殿主要分布在西双版纳、临沧和思茅等地，在建筑类型上又分为版纳型、临沧型。对于处在德宏芒市、陇川一带的傣族、德昂族和阿昌族的佛寺，则介于干阑式与落地式之间，具有明显的汉、傣文化交融结合现象。

图3-1-19（a） 南传佛寺排列有序的屋脊瓦饰

图3-1-19（b） 形式多样的瓦饰"密打"

总之，南传佛寺在云南傣族地区呈现的不同建筑形式，都经历了一个地方化的过程，一方面保持着南传佛寺所独有的建筑空间布局特征；另一方面又体现出南传佛教与傣族信仰的原始宗教、中原汉文化的相互融合、相互吸收，多种建筑技术的交融和稼接，从而形成其丰富多样的建筑风貌和特征。

三、云南佛寺建筑实例分析

（一）密教佛寺

1. 沙溪兴教寺

在"阿吒力"密教的朝圣之地——云南剑川石宝山文化圈内，沙溪兴教寺的兴起和建造发展，无疑都源于"阿吒力"密教。兴教寺，即"祈望阿吒力教兴盛之寺庙"。关于兴教寺的历史，也许被剑川石宝山石窟的光环所掩盖，各代州志中均无具体建制及时间记载。仅清代学者师范在《新纂云南通志》中略有记叙："兴教寺，在（剑川）城南六十里沙溪街，即杨升庵、李元阳咏海棠诗处，明永乐十三年（1415年）建，殿宇巍峨，佛像佛龛，工作尤精"。

沙溪兴教寺是白族地区现存明代典型的密教寺院，兴教寺的建筑和壁画，是研究白族社会历史和文化艺术，以及"阿吒力"密教在明代有关情况的珍贵史料，其木构建筑气势雄伟、朴实大方，结构精巧，展示了素有"木雕之乡"称谓的剑川白族木匠的才华，兴教寺壁画出自剑川白族画师张宝之手，充分反映了大理白族与中原文化的密切交流，也是白族和内地民族及周边国家进行文化交流的历史见证。

（1）兴教寺总体布局：兴教寺的建筑群坐西朝东，由三进院落组成，山门及前院为第一进；中殿及狭长局促的院落为第二进；大殿及正方形的正院为第三进。由内而外经前院过一民居形式的寺院山门门楼，便是寺登街[41]的"四方街"。与山门正前方对应的是楼阁式的戏台，彼此形成良好的视觉对景（图3-1-20）。清乾隆年间，曾于山门内增建3层的观音楼，至民国12年（1923年），被土匪连带山门一并烧毁。现存的山门及厢房均为民国时重建，2005年，兴教寺山门又在世界纪念性建筑保护基金会[42]（WMF）专家和国内相关部门关注下，重新维修一新。

（2）兴教寺的建筑特点：兴教寺的山门面阔三间，进深二间并带有前檐廊，为2层高的悬山顶筒瓦屋面建筑，底层明间架空作过道，实为过街楼做

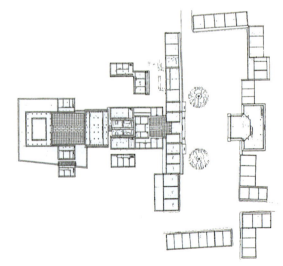
图3-1-20（a） 沙溪兴教寺和四方街总平面图（图片来源：宾慧中绘）

图3-1-20（b） 沙溪兴教寺全景鸟瞰图

图3-1-20（c） 沙溪兴教寺对面戏台

法。山门前院两侧的厢房与山门后第二进院内的厢房，在平面上相互组合成"H"形构图，厢房的二层空间亦可通过连廊彼此连通。从外形上看，这组建筑更像当地白族民居的传统做法，或者说更像当地白族的传统民居合院，其与中殿的结合过于逼仄，尺度不太协调。据杨延福先生回忆，土匪烧了山门及观音楼后，所空出的地皮被周边居民建房扩占，待再建山门时，限于空间约束，仅能布局成如此样式的一座门楼，而没有表现出像一般寺院山门应有的宽阔环境和宗教威严气象，反而体现出因地制宜得到灵活做法（图3-1-21）。

兴教寺的中殿在建筑造型、斗栱及梁架细部方面，与大殿风格一致，无疑为同时期的遗构。中殿台基高出山门及第二进院落地坪1米多，而与大殿及内院处于同一标高上。中殿面阔五间，进深五间，长方形平面16.55米×13.16米，带前、后檐廊。这么宽大的建筑却采用悬山顶，出檐尤其平缓深远，古朴宏伟。中殿室内金柱满堂，柱网密集，梁架满铺，且在两端山墙面上还多加了3根立柱，使进深形成八间，加之室内光线昏暗，为密教寺院的肃杀氛围增添几分神秘，从而营造出一个进入神界的虚幻空间（图3-1-22）。

再入正院，则宽敞荫翳，苍松翠柏之间掩映着风格古拙、飘逸灵空的兴教寺大殿。殿身坐落于低矮的台明之上，面阔和进深均为五间，副阶周匝，重檐歇山筒瓦屋顶。大殿室内无柱，空间较为宽敞，为内外柱同高的殿堂式建筑形制，与中殿的室内空间形成鲜明对比。大殿起坡平缓，屋宇不高，至屋脊不过10米。正脊及下檐有缓缓升起的曲线，副阶檐廊下斑驳残存的"阿吒力"密教壁画，平添了几分兴教寺的历史意味（图3-1-23）。

虽有后期加盖之建筑，但兴教寺的整体布局仍大致可见，不失完美。长达120米的纵深轴线，将兴教寺的大殿、中殿、山门及寺院外的四方街、古戏台统一联系起来，这一系列空间场所的设置，显示出云南"阿吒力"密教所带有的浓厚世俗性：在这里既可以求仙问佛，又能经商买卖，还能交朋会友、听曲唱戏。

因此，这里不仅是善男信女崇佛求道的宗教场所，更是广大群众畅情娱乐的社交去处。整个环境，仅仅一道兴教寺的山门设置，便成了此岸与彼岸的连接过渡，区分了入世与出世的门槛，呈现出一派其乐融融的民间盛境，形成了一个敬神娱人、神人共居的公共场所。或许，这就是"阿吒力"密教从远古传递给我们的一种宽厚、包容、杂糅共生的感受。

2. 大理观音堂

观音塘，又名"大石庵"[43]，坐落在大理市城南5公里处的上末衬口，是明代一座颇具规模专祀观音的密教寺院，也是佛教十方禅堂和参观游览的胜地。清代重修时开始增建殿宇，并依石凿池、安置栏杆，后期部分寺宇毁于水火。同治十二年

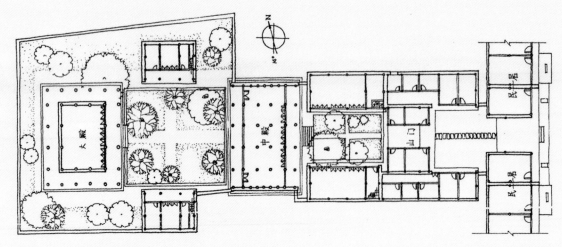

图3-1-21(a) 沙溪兴教寺总平面图

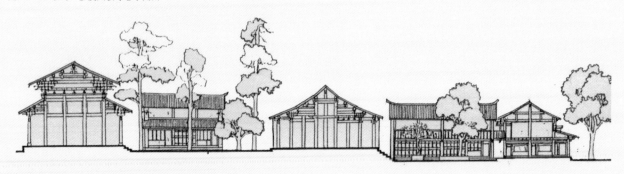

图3-1-21(b) 兴教寺剖面图（图片来源：宾慧中绘）

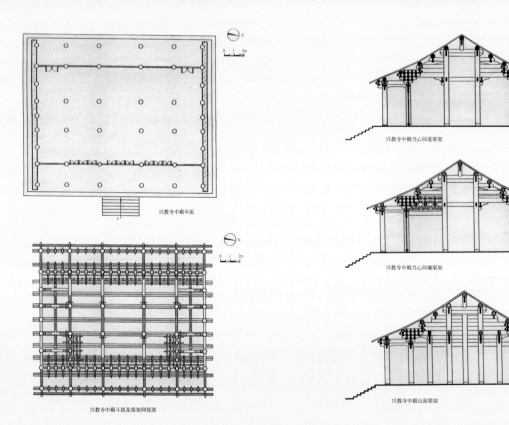

兴教寺中殿平面

兴教寺中殿斗拱及梁架仰视图

兴教寺中殿当心间道梁架

兴教寺中殿当心间墙梁架

兴教寺中殿山面梁架

图3-1-22(a) 兴教寺中殿平面图（图片来源：宾慧中绘）　　　图3-1-22(b) 兴教寺中殿剖面图（图片来源：宾慧中绘）

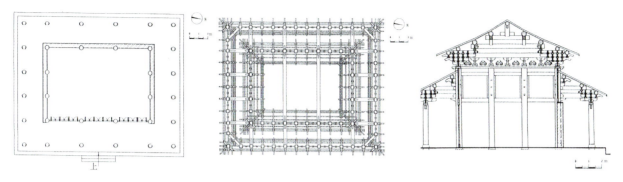

图3-1-23（a） 兴教寺大殿平面图（图片来源：宾慧中绘）

图3-1-23（b） 兴教寺大殿剖面图（图片来源：宾慧中绘）

图3-1-23（c） 兴教寺大殿外形

图3-1-23（d） 兴教寺大殿下檐柱廊

（1873年）清将岑毓英主持再次修建，随后逐渐形成门楼、殿宇、亭阁及戏台等一组建筑群，至今尚保存完整，具有典型地方佛教建筑艺术特色，寺院内的白族石雕工艺有很高的研究价值。

观音塘最初为建在大石块上的大理石观音阁，以此石和亭阁为中心，沿轴线纵深覆盖了几进院的建筑群布局，后历经多次扩建、补修，逐渐发展成为大理汉传佛教圣地之一，现存建筑有山门、观音阁、石亭、罗汉殿、韦驮殿、大雄宝殿以及戏台、两祠、禅房回廊和水榭等（图3-1-24）。

步入山门，即是一座庙堂，庙堂周立石柱12根，每根高1.8米，在石柱上再立木柱相接而支撑歇山屋顶；形式做法颇为罕见，真是鸠工庀材。庙堂内设一尊汉白玉石观音佛像，慈目慧眼。堂前高悬匾额幡旗数幅，全都是"慈航普度"之类，境界超然。

小庙后是一池泓水，碧绿如玉，清澈透底。方形水池由136块大理石栏板围成，池内突起一巨石，石长6米、宽4米、高2.5米，侧观成龟状，石上雕刻一狂草繁体"寿"字，甚为奇观。在石上耸立一亭，玲珑秀雅，雕龙画栋，亭身为重檐楼阁式歇山顶，全部用大理石仿木质结构雕成，巧夺天工。亭阁面宽3.3米，进深约3米，前后各有拱桥四孔与之相连。亭内供有两尊佛像，上为燃灯古佛，下为观音大士。浮雕精巧，桥坊紧凑，石上有回廊、通道可供游人登临观赏（图3-1-25）。亭角八个风铃，飞鸟花卉彩画于亭各部，倒映水面融为一体。

越过石亭，便是一座"十字形"连体建筑，翠竹林立，草木壁影，坐西朝东，一进三重，乃韦驮殿、观音殿、罗汉殿的组合连体。居前的韦驮殿为一回廊式亭榭建筑，而罗汉殿则是与观音殿紧紧背靠在一起，面向大雄宝殿而向外突出明间宽度的一个小室，造型极为独特。出观音殿后，举目望去，即是核心建筑大雄宝殿。大殿院落纵横22米，有古松、紫薇、柏树、古杉数株，并杂置各类花卉。大殿建于明朝，为单檐歇山顶建筑，面宽七开间22米，内部为抬梁穿斗相结合的梁架结构，共38根柱子，斗栱为偷心造。在檐高4米上有彩绘，殿门上有细花浮雕。虽谈不上气势磅礴，但也颇为庄严壮丽（图3-1-26）。

3. 官渡土主庙

在云南许多地方，还有专门祭祀大黑天神的土主庙，其中始建于南诏时期的昆明官渡土主庙大殿，俗称为"大灵庙"，祀奉大黑天神。据《云南通志》载："大灵庙，蒙氏城滇时建，滇人奉为土神，各村邑奉之，独在官渡者灵异"。现存大殿是清光绪十四年（1885年）重建，单檐歇山顶，通面阔五间17米，进深三间13.3米，前廊后厦，穿斗式七架梁结构。在正面前檐下密密麻麻排列着雕花斗栱，斗栱出挑4层九踩，每层又出挑45°如意栱。在每两柱之间设置的斗栱多达6朵，密密匝匝，组成一片巨大的斗栱网格。所有栱头都雕成龙首，施以五彩，使人眼花缭乱（图3-1-27）。

（二）汉传佛寺

分布于云南各地的汉传佛寺，在充分结合其所处地域自然环境之外，还不同程度地融合体现了当地的建筑文化。从地理分布看，可概括为滇中、滇西和滇南等几个有代表性的地方。

1. 滇中伽蓝

（1）昆明圆通寺：坐落在昆明圆通山南侧的圆

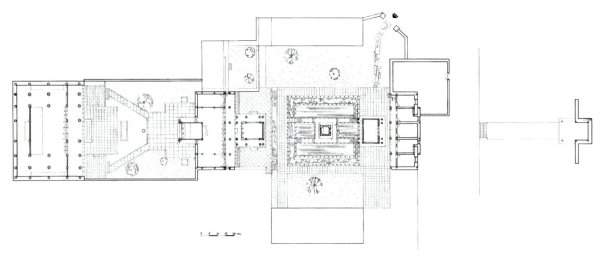

图3-1-24（a） 大理观音塘总平面图

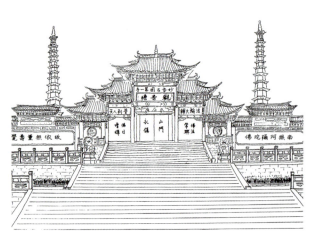

图3-1-24（b） 大理观音堂大门（图片来源：《云南古建筑白描》）

图3-1-24（c） 大理观音塘大门

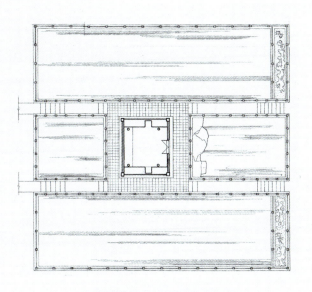
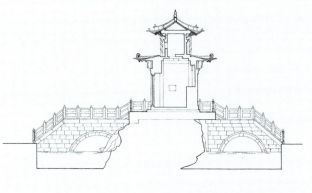

图3-1-25(a) 大理观音塘观音阁石亭平面图 剖面图

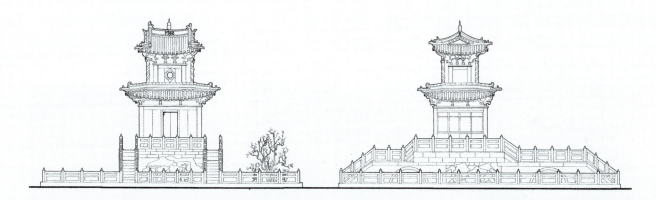

图3-1-25(b) 大理观音塘观音阁石亭立面图

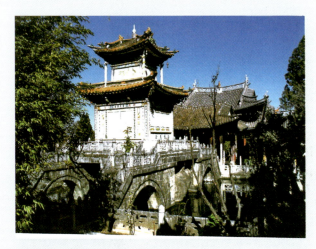

图3-1-25(c) 大理观音塘观音阁石亭

图3-1-25(d) 大理观音塘观音庙

通寺，坐北向南，是市区最大的汉传佛教寺院。史载该寺始建于南诏时期，初名为"补陀罗寺"，是南诏王阁罗凤之子凤伽异筑拓东城时所为，以此镇圆通山潮音洞内的蛟龙祸患。后经元、明、清及民国时期多次重修，其中，于元代延祐七年（1320年）竣工的以大雄宝殿为主的寺宇建筑已具相当规模，并以观音菩萨的一个名号"圆通"为寺名，一直沿用至今。

与一般的汉传佛寺进了山门逐步向上走高的布局模式不同，圆通寺位于中轴线上的几座建筑，却结合天然的斜坡地形顺势而下。山门就开在繁华的城市街道旁，为整座寺院的最高点；进入山门下坡不远处，就矗立着清康熙七年（1668年）修建的"圆通胜景"牌坊；穿过牌坊到回廊式观音殿，再前行到达坡底开阔的放生池，池中央是清康熙年间修筑的八角亭阁，阁内也供奉千手观音塑像，周围石栏环绕，有石拱桥分别连接南北；过北面石桥即是大雄宝殿，殿前有宽敞的台明，其上置明代铸造的巨型铜香炉（图3-1-28）。

大雄宝殿也称"圆通宝殿"，其外形为重檐歇山式殿堂，屋顶空花屋脊、琉璃宝顶。殿内正堂供奉着元代塑造并列结跏趺坐的如来三身佛，即：中间释迦牟尼佛，右边毗卢遮那佛，左边卢舍那佛；堂前的2根圆柱，各有一怒目舞爪的抱柱蟠龙，形象生动（图3-1-29）。殿堂左右两壁有12圆觉及护法诸天等塑像；大殿后堂是文殊、观音、普贤3尊菩萨塑像。

圆通寺经历代修葺扩建，如今已成为"水榭回廊绕碧池，飞檐亭台立池中"的独特格局，被称之为"水榭式神殿"。而且在大雄宝殿后面的高台上，1985年新建的铜佛殿，为"十"字形平面格局的小乘佛教建筑风格，殿内供奉着泰国佛教界赠送的释迦牟尼佛铜像。殿后还有吕祖殿、祖师阁等建筑，寺后面的"潮音洞"深邃玲珑，钟乳丛生，洞上有

图3-1-26（a）大理观音塘观音、韦陀、罗汉殿　　　　图3-1-26（b）大理观音塘大殿与室内

图3-1-27（a） 官渡土主庙大门

图3-1-27（b） 官渡土主庙大门背景

图3-1-27（c） 官渡土主庙大殿

图3-1-27（d） 腾冲土主祠

图3-1-27（e） 巍山土主庙

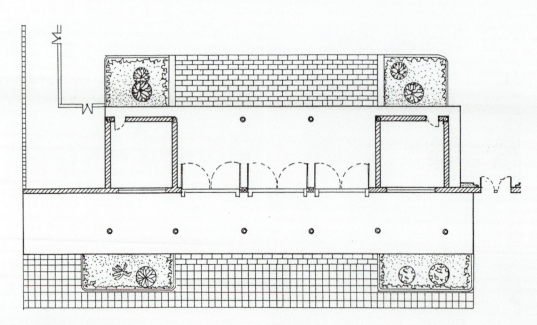

图3-1-28（a） 昆明圆通寺山门平面图

图3-1-28（b） 昆明圆通寺观音阁立面图

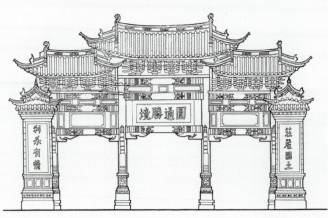

图3-1-28（c） 昆明圆通寺圆通胜景坊立面图

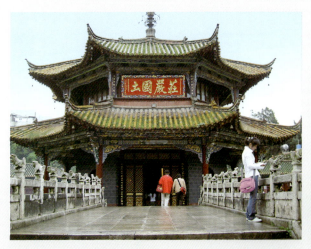

图3-1-28（d） 昆明圆通寺观音阁

图3-1-28（e） 昆明圆通寺圆通胜景坊

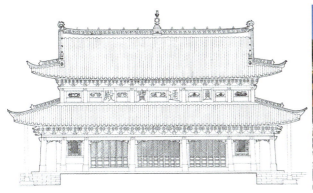
图3-1-29（a） 昆明圆通寺大雄宝殿立面图

图3-1-29（b） 昆明圆通寺大雄宝殿

图3-1-29（c） 昆明圆通寺大雄宝殿俯视图

图3-1-29（d） 昆明圆通寺大雄宝殿室内佛像

图3-1-29（e） 昆明圆通寺大雄宝殿室内盘龙

图3-1-29（f） 昆明圆通寺大雄宝殿檐下斗拱

图3-1-29（g） 昆明圆通寺大雄宝殿与观音阁

咒蛟台。

（2）昆明筇竹寺：位于昆明市西北郊玉案山麓的筇竹寺㊹，始建于元代至元十七年（1280年），是元代汉传佛教再传入云南的第一座禅宗寺院。起初为著名的禅宗高僧洪镜雄辩㊺结茅讲经处所，后经拓建成为梵刹，如今的寺宇建筑，大多数是清末光绪年间修葺营造的。

筇竹寺坐南向北，依山而建，四进庭院逐级升高。主要建筑有：山门、天王殿、大雄宝殿、华严阁（藏经楼）、梵音阁、天台莱阁及厢房等（图3-1-30）。大雄宝殿前供元代塑造的跌坐莲台的释迦牟尼佛、药师佛、阿弥陀三世佛像，但殿后却塑着与佛教无关的民间神关羽、关平和周苍的立像。华严阁为两层殿堂，与塑像相辉映的壁画彩绘，内容丰富，有十二观音图、南诏王出行图、善财童子五十三参图等。

在筇竹寺现存的塑像群中，最引人注目的就是五百罗汉泥塑彩像。这组塑像出自清光绪年间四川民间雕塑家黎广修之手，其应筇竹寺梦佛长老的邀请，率徒5人历时7年完成。500罗汉像分塑在3处；

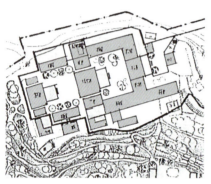

图3-1-30（a） 邛竹寺总平面

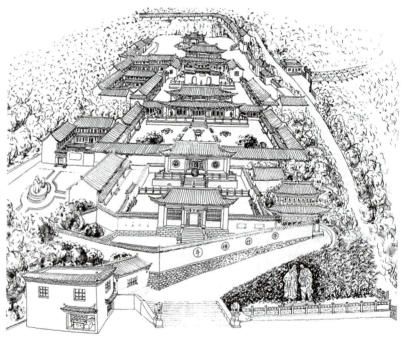

图3-1-30（b） 筇竹寺全景鸟瞰图（图片来源：云南古建筑白描）

图3-1-30（c） 邛筑寺大雄宝殿

图3-1-30（d） 邛筑寺华严阁

图3-1-30（e） 邛筑寺天王殿

大殿两壁68尊，梵音阁和天台莱阁各216尊，如真人大小的泥质塑像分上中下三层排列，坐卧行奔，喜怒哀乐，神态各异，栩栩如生，形象生动且无一雷同，其巧妙的构思和精湛的工艺属国内少见（图3-1-31），被专家誉为"东方雕塑艺术宝库中的明珠"，"是全国罕见的艺术奇迹"，"在我国古代雕塑中确属罕见"。

（3）安宁曹溪寺：曹溪寺位于安宁市西北的葱山，据寺碑记载，曹溪寺的寺名来源于南宗六祖慧能在广东韶州曹溪口宝林寺开创的禅宗曹溪宗法。据说慧能曾派弟子来滇传曹溪宗法，此地便成了"衡六祖之法席"，加之这里山川颇有韶州曹溪之韵，建寺亦似宝林寺之样，故取名"曹溪寺"。

居于半山坡上的曹溪寺，坐西向东的三进殿宇依山而建，布局紧凑（图3-1-32）。其建筑布置与一般汉传佛寺以中轴线对称的布局有所不同。进山门后左拐拾级而上，有厅塑四大天王像；再跨一门，即见16个罗汉塑像按二人一组，依次而上分设于左右两侧的爬山廊内，爬山廊端头紧接着钟楼、鼓楼，更确切地说是两个尺度较小的方形重檐攒尖式亭阁。穿过爬山廊庑，左右相对转折向中，在中轴分台处，又设一个专门供奉韦驮立像的六角亭，沿中轴线绕过六角亭西面不远处的椭圆形水池，便是曹溪寺正院，迎面台基上建有大雄宝殿（图3-1-33、图3-1-34），左右有连廊配殿，再后是宝华阁，阁内有近年完工的观音菩萨金身塑像。

东西座向的大雄宝殿，可谓是曹溪寺内众多建筑中之精髓所在，其重檐歇山屋顶覆琉璃瓦，檐牙高啄、游龙护脊；以木质构架的斗栱梁柱支撑着殿堂，堂内正面设佛龛供木雕东方三圣像：中为药师佛和左右胁侍日光普照菩萨、月光普照菩萨，背面还有三尊仰首的西方三圣铜像；上下两层殿檐正中

图3-1-31 邛竹寺罗汉塑像

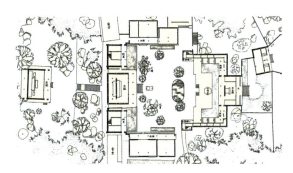

图3-1-32（a） 曹溪寺总平面图

图3-1-32（b） 曹溪寺前景鸟瞰图

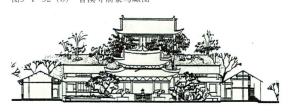

图3-1-32（c） 曹溪寺大殿总立面图

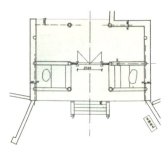
图3-1-33（a） 曹溪寺山门平面图

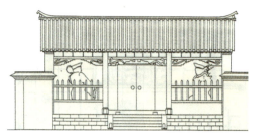
图3-1-33（b） 曹溪寺山门立面图

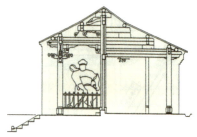
图3-1-33（c） 曹溪寺山门剖面图

图3-1-33（d） 曹溪寺山门

图3-1-33（e） 曹溪寺山门匾额

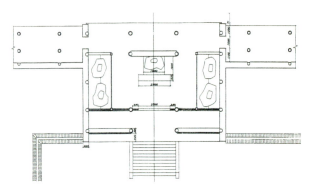
图3-1-34（a） 曹溪寺天王殿平面图

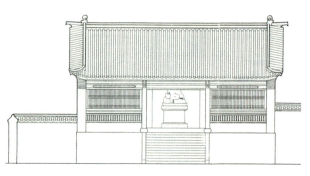
图3-1-34（b） 曹溪寺天王殿立面图

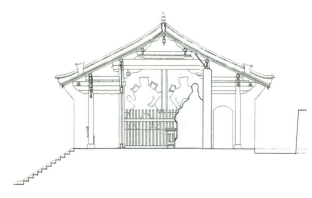
图3-1-34（c） 曹溪寺天王殿剖面图

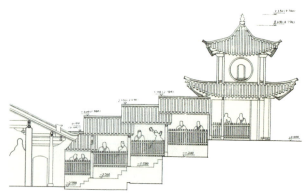
图3-1-34（d） 曹溪寺爬山廊立面图

栱眼板位置设直径约0.4米的圆洞，传说每逢甲子年的中秋夜，月亮升到一定高度，如圆镜般的月光便穿过窗洞直接照在居中的佛像上，是为"曹溪映月"或"天涵宝月"奇观（图3-1-35）。据有关专家考证，大雄宝殿从主要建筑构件到所供华严三圣木雕像，均为典型的宋代风格，故多被称为"南宋古殿"，以当代稀有而弥足珍贵。

（4）晋宁盘龙寺：盘龙寺为云南的几大佛教圣地之一，在盘龙中便有妙禅法师所建的万松寺，随着释、道、儒的逐渐兼容，山曾因此称作"和衲山"。盘龙寺于元至正十年（公元1350年）由崇照禅师[46]开建，初称"大盘龙庵"。

盘龙寺发展到明代进入鼎盛时期，形成佛教、道教、儒教同参的殿宇建筑群落，寺内有祖师殿、大雄宝殿、三清宫、玉皇阁及财神殿等大小寺庙宫观450处，佛、神、圣贤造像千余尊。清以后，盘龙寺建筑因地震兵燹等，屡遭损毁，声势衰微。从20世纪80年代起，盘龙古刹的主要寺观殿宇被陆续重修，至今已具相当规模，气势渐显。

盘龙寺现有20多座殿宇，皆依山势而建，佛、道名称皆有，各奉佛、神、圣人偶像，同受参拜。进寺门即见大雄宝殿，殿内主供三世佛塑像（图3-1-36），南北分踞钟楼和鼓楼；大殿重建于清道光二十六年（1846年），重檐歇山顶，无斗栱，殿堂构架为7架抬梁式前后廊，通面阔五间19米，进深四间6米，明间采用"减柱造"以扩大殿堂室内空间布置佛台。

大殿后是盘龙祖师殿，其结构有点像昆明翠湖公园中的莲花禅院，但建筑规模较大。殿内有祖师塔（为崇照祖师的遗骨塔），塔高5层7米。在祖师殿周围分布着接引殿，主供西方三圣（阿弥陀佛及左、右胁侍观音菩萨、大势至菩萨）；伽蓝殿，供寺院护卫伽蓝神；大悲阁，供观音菩萨。再上有玉皇阁，二楼正堂供玉皇大帝塑像；元和宫，供奉元始天尊塑像；药师殿，供东方净琉璃世界教主药师佛。此外，盘龙寺还设有财神殿等处，供奉赵公元帅、关公等民间神造像，亦即所谓的文财神、武财神。

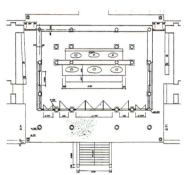

图3-1-35（a）曹溪寺大殿平面图

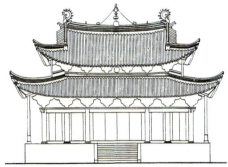

图3-1-35（b）曹溪寺大殿立面图

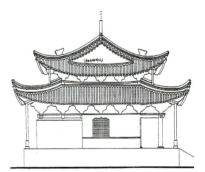

图3-1-35（c）曹溪寺大殿山面图

图3-1-35（d）曹溪寺大殿

图3-1-35（e）曹溪寺大殿室内佛像

图3-1-35（f）曹溪寺大殿斗栱

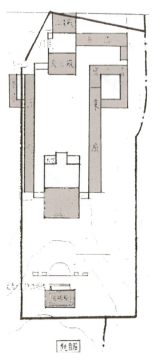
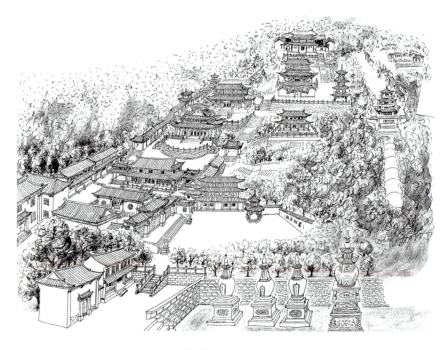

图3-1-36（a） 晋宁盘龙寺总平面示意图　　图3-1-36（b） 晋宁盘龙寺全景鸟瞰图（图片来源：《云南古建筑白描》）

图3-1-36 晋宁盘龙寺大雄宝殿（c）

盘龙寺的其他殿宇也很有特色，有庙、阁、观、庵。其中供奉的神像有佛祖，也有天神，既不纯为释，也不全归道，大致是佛道同参。寺院建筑或一院分为两进，或一殿仅只三楹，或建一楼，或构一阁，大都是随地势营造，无一定的规划布局。

（5）宜良法明寺：法明寺位于宜良县匡远镇，据乾隆《宜良县志》载："法明寺，唐僧摩伽陀建，胡敬德重修，明天启二年（1622年）重修"，"万历间又大修"。法明寺原有山门、天王殿、大雄宝殿等五殿一阁一塔和百余间僧房，现仅存佛寺大殿和法明寺塔（图3-1-37）。大殿重檐歇山式屋顶，平

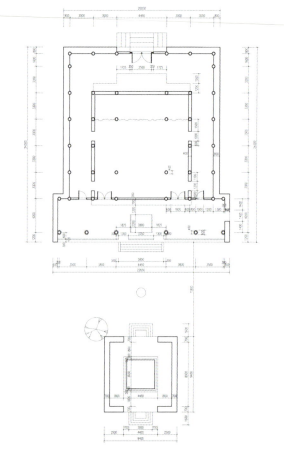

图3-1-37（a） 宜良法明寺平面图

图3-1-37（b） 宜良法明寺大殿正面

图3-1-37（c） 宜良法明寺大殿山面

图3-1-37（d） 宜良法明寺大殿室内佛龛

图3-1-37（e） 宜良法明寺大殿室内佛像

图3-1-37（f） 宜良法明寺塔

面呈正方形，坐西向东，周匝回廊。大殿高20米，面阔和进深皆为五间，呈方形楼阁式外形。大殿室内居中供奉三尊高大佛像（释迦牟尼、药师佛和阿弥陀佛），两侧沿墙设置为千佛小龛。

昔日的法明寺规模宏大，气势磅礴，素称"滇境无双寺，宜城第一山"。大殿的上檐斗栱仅在柱头施双抄五铺作一朵，第五铺作为偷心造。斗栱尺度粗大疏朗，结构承力作用十分明显。殿内以4根直径约为1.44米的粗大通柱支撑着上面的覆斗状屋顶，为整体构架保存较好的云南明代建筑之一（图3-1-38）。

在大殿前的中轴线上，原来耸立着13级密檐方形砖塔法明寺塔，塔体通高22.6米，最下面为须弥座，高3.2米。法明寺塔的束腰砌有柱子和壸门，这是早期建塔的特征。塔身第1层最高，2层以上高度顿减。塔自第8层开始收分，各层出檐以7层平砖叠涩而出，在2层用棱角牙子，檐角略略向上翘起，断面近似枭线而非混线，使其具有唐塔的建筑风格。

法明寺塔2～13层在塔身四面均设凹龛，各奉佛像。塔刹原为铜制，并有"迦楼罗"（能镇水患）4只，现已毁，用水泥葫芦代替，亦为明代重修。后来在20世纪90年代重新维修时，却盲目仿造大理千寻塔做成16级塔身，已失其原貌。

（6）姚安德丰寺：德丰寺位于楚雄彝族自治州姚安县城内。姚安临近巴蜀，是"蜀身毒道"云南段的前方驿站，为中原开发云南最早的疆域之一。汉元封二年（公元前109年）始置弄栋县。唐高宗武德四年（公元641年）开设姚州都督府，成为唐朝督导六诏抗御吐蕃的要地，每年由四川派重兵戍守，因而自古深受汉文化的影响。

德丰寺初为禅宗兰若，又是明代习仪僧纲司所在地，后改设书院、文昌宫。据明《姚安府志》记载："德丰寺旧在城南，因遭兵燹，明永乐二年（1404年）移建南关西（今南正街），明嘉靖三十八年（1559年）知府杨日赞重修"。总兵木昂书扁其堂曰："真如境界"。德丰寺系三重堂二进院落，由山门、前殿、正殿和两厢、两耳组成，整体布局完整，总长90余米，宽35米，具有明显的中轴对称特点（图3-1-39）。

德丰寺山门面阔三间，进深两间，为单檐硬山筒瓦屋面。山门明间施凸出的小牌楼式门楼一间，门楼两端筑有八字墙，山门右侧还有附属建筑地藏寺。自山门进入第一进院落为前殿，面阔五间，进深两间，并带有较深的前廊，前殿外形为重檐悬山式瓦屋面，上层为楼阁。

图3-1-38（a） 宜良法明寺大殿上檐斗栱

德丰寺大殿面宽五间，进深四间，前后无廊，为歇山式屋面，只在32厘米高台基四周加设一圈细小的外檐柱子，以支撑深远出檐的檐椽。德丰寺大殿屋顶正脊两端升起异常显著，两端山面收进较多，举架平缓，檐出较长，翼角平直，殿身的侧脚明显，具有显著的地方特点（图3-1-40）。1957年维修时，配以隔扇门和雕花窗，工艺细腻。门上雕刻的各种山水、花鸟、人物及神话传说故事，形象逼真，风格古雅。殿内由一圈金柱和一圈檐柱上的铺作层分为双槽地盘。金柱尤为粗壮，直径半米有余，支承其上空四品梁架及较为壮硕的斗栱层，檐柱与金柱等高，结构严谨，处理手法与国内其他明代建筑基本相同。

图3-1-38（b） 宜良法明寺大殿下檐柱头 梁架

内檐斗栱外出六铺作里转七铺作，以各跳头重栱、枋木、栱眼壁相互交连成一圈紧密联系的内槽铺作层，补间铺作每间各施两朵。外檐斗栱内外各出一跳，体量较小。其上没有乳栿、剳牵等与内檐

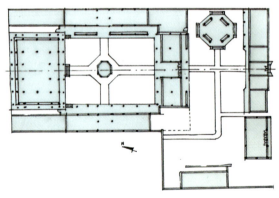

图3-1-39（a） 姚安德丰寺总平面图

图3-1-39（b） 姚安德丰寺（图片来源：《云南古建筑白描》）

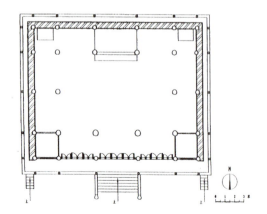

图3-1-39（c） 姚安德丰寺德丰寺大殿平面

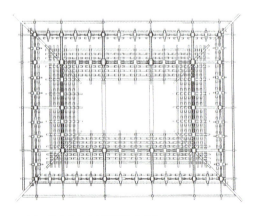

图3-1-39（d） 姚安德丰寺大殿仰视平面图

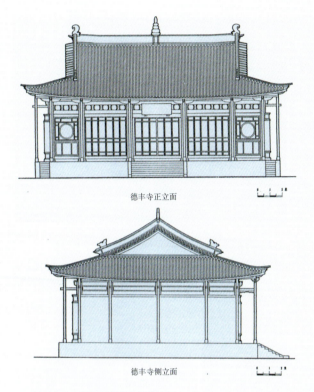

图3-1-39（e） 姚安德丰寺大殿立面图

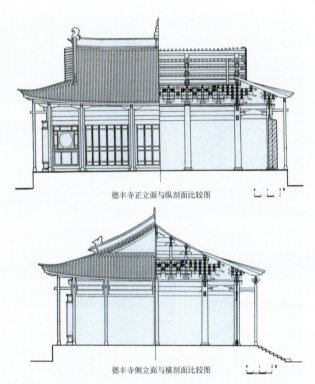

图3-1-39（f） 姚安德丰寺大殿剖面图

图3-1-40（a） 姚安德丰寺全景

图3-1-40（b） 姚安德丰寺山门

图3-1-40（c） 姚安德丰寺大殿

图3-1-40（d） 姚安德丰寺大殿斗栱　　图3-1-40（e） 姚安德丰寺室内斗栱

图3-1-40（f） 姚安德丰寺大殿室内塑像　　图3-1-40（g） 姚安德丰寺木雕花窗　　图3-1-40（h） 姚安德丰寺石雕

斗栱相连，承檐口处屋面重量。补间铺作除稍间一朵，其余每间有两朵。内、外槽铺作层之间成为相对独立的结构体系，金柱与檐柱仅通过阑额、由额穿插而连为整体。这样松散的组合方式，明显是不同时期叠加的结果。

在滇中伽蓝寺院中，还有昆明西山华亭寺、太华寺，武定狮山正续寺、姚安龙华寺等，在其他章节中有相关介绍。

2. 滇西兰若

（1）宾川祝圣寺：鸡足山又名九曲岩、青巅山，是"奇秀甲天下"的风景胜地，清光绪年间，鸡足山发展成为以祝圣寺为中心的36寺、72庵共108座寺庙的宏大佛教建筑群，僧尼多达二三千人，进入"空中香雾迷漫，十里松风吹不断"的鼎盛时期，成为云南最大的佛教圣地。前人有云："鸡山奇秀天下，与峨眉、九华、天台、雁荡为伯仲。"如今鸡足山以范围广阔，地貌复杂的山岭景观为背景，将自然风景与佛教建筑群联为一体，开发出规模宏大、变化万端的宗教圣地。它以宏伟庄严的祝圣寺、悉檀寺和石钟寺为核心，四周散布10多座寺庵，从而形成鸡足山佛教园林景观的庞大胜景。

祝圣寺原名迎祥寺，又名钵盂庵，是当今鸡足山的主要汉传佛寺，于清光绪三十二年（1906年），由著名高僧虚云募资在钵盂庵原址上改建，竣工后为十方丛林，光绪皇帝赐寺名"护国祝圣禅寺"。其四周红墙绿树，交相辉映。

祝圣寺占地13000多平方米，整个寺院为汉传佛寺的传统布局，坐北向南，依山就势，而建筑工艺则糅合了大量的地方民族建筑特色，尤其是大理白族建筑特色。整座寺院由山门、照壁、月牙池及镇宝亭、天王殿、大雄宝殿、藏经楼、东西两厢、四殿四堂等组成。殿堂内供奉的佛、神雕塑，数目众多，技法精湛娴熟。

在祝圣寺巍峨的山门前是半圆形池塘，佛家称为"放生池"，池中建一八角亭，名"镇宝亭"。进入"祝圣禅寺"山门，高大的照壁屹立右侧，上绘有《鸡足山全景图》。东面侧门上书"后退一步想，能有几回来？"令人神思顿起。"镇宝亭"上八面玲珑，放生池中云山徘徊，庄严的天王宝殿，有赵朴初手书的"祝圣寺"匾额。殿后又有一庭院，钟、鼓楼雄峙左右，居中是巍峨的大雄宝殿，重檐歇山屋顶，飞檐斗栱，门窗户壁，造型美观，雕凿精细，全出自白族民间艺人之手。大殿檐口高悬赵朴初题"大雄宝殿"、孙中山题"饮光俨然"、梁启超题"灵岳重辉"三块镏金匾额（图3-1-41）。殿门槛联别具特色："迦叶欲传衣挂盏慧灯照金顶；大士常祝圣留颗牟尼真石钟"，其中暗含鸡足山8座寺庵之名（即迦叶、传衣、慧灯、金顶、大士、祝圣、牟尼和石钟寺）。殿堂内释迦牟尼本尊佛像居中趺坐莲台，迦叶、阿难侍立两侧，四周棋布彩色汉装五百罗汉，百态千姿，形象逼真。寺院东西两厢有四殿（祖师殿、药王殿、地藏殿、伽蓝殿）、四堂（禅堂、斋堂、客堂、云水堂）和方丈室、僧舍等。整座寺院布局井然，规整有序，环境清幽，具有浓厚的地方民族特色和宗教色彩。

另外，在鸡足山还有几个著名寺院，如金顶寺、传灯寺（铜瓦殿）、迦叶殿、慧灯庵、虚云寺等，其建筑形式基本上是中原传统汉式做法与大理白族地方做法相结合的产物。其中金顶寺楞严塔位于海拔3200米的天柱峰顶，是鸡足山最高的佛教建筑。楞严塔的原址是明代先后修建的放光塔、光明塔所在地。由云南省国民政府主席龙云倡议，募款重建，历时3年于1934年告成。修建时间虽晚，但

图3-1-41（a）宾川祝圣寺大雄宝殿

图3-1-41（b）宾川祝圣寺镇宝亭

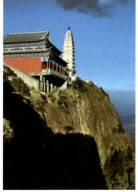

图3-1-42 宾川金顶寺楞严塔（图片来源：www.likefar.com）

楞严塔仍保持了唐代大理佛塔的建筑风格：塔身为方形密檐中空形式，塔高42米，内分7级，外有13层；第13层为塔顶，上置方形须弥座、塔刹，塔刹由覆钵、宝瓶、相轮、宝盖和玉珠组成；塔基内有舍利子、佛像、印章等塔藏（图3-1-42）。

（2）大理感通寺：自南诏以来，大理汉传佛教盛行，苍洱之间，寺庵林立，无山不寺。明代张含

在《写韵楼歌》中曾描写苍山"环山九百六十寺，寺寺夜半皆鸣钟"的情形。而在众多的寺庵中，最负盛名的当属感通寺。对"感通"一词的含义，在《重建感通寺记》中诠译为："况天下之物，未有诚而不通，而感之也又焉有不通者哉……不得其理不能感……感而遂通"。

感通寺又名荡山寺，是云南现存历史最为悠久的佛寺之一。感通寺始建于南诏初年，相传为南诏高僧李成眉所建。到明洪武十五年（1383年），感通寺主持无极禅师到南京朝觐受到嘉奖后，成为大理寺僧之首，使感通寺名声显赫一时。高僧担当有联云："寺古松森，西南揽胜无双地；马嘶花放，苍洱驰名第一山"。

感通寺原规模较大，殿阁层叠，寺僧众多，今仅存大云堂、正殿三间、南北厢房各三间（图3-1-43）。感通寺山门坐南朝北，左右有门联和怒目威严的两尊护法神，其面目狰狞，气势威严；进山门后数步右转上台阶，即进入感通寺之正院，院内坐落在西面高台上的是正殿大云堂，殿前置于左廊内几百公斤重的铜钟，洪亮依旧；殿堂正中最高大的金身塑像为释迦佛祖，其左侧依次是观世音菩萨、迦蓝菩萨塑像，还有木叉和善财童子像随伺观世音旁，右侧是地藏王菩萨和达摩祖师塑像（图3-1-43）。

（3）大理圣源寺：位于大理市喜洲镇庆洞村南，由圣源寺正殿、观音阁、神都（土主庙）3部分组成。圣源寺始建于南诏时期，后续经历代修建或改建，明末重建，清康熙三十八年（1699年）又重建，把山门改向东面，整个圣源寺占地面积为1292平方米。

圣源寺正殿为清光绪十一年（1885年）重修，坐西向东，为单檐歇山顶，采用抬梁与穿斗式相结合的木构梁架，平面布局为五开间，通面宽22米，进深四间14米。正殿前廊较为宽敞去，设在正殿的20扇格子雕花木门，以观音为题材，采用浮雕工艺，雕刻技艺精湛（图3-1-44）。

观音阁始建于明，初为钟楼，后改建为阁，康熙三十八年（1699年）重修，阁亦坐西向东，占地面积600平方米。观音阁面宽三间，进深四间，通

图3-1-43（a） 大理感通寺山门

图3-1-43（b） 大理感通寺大殿

图3-1-43（c） 大理感通寺内院

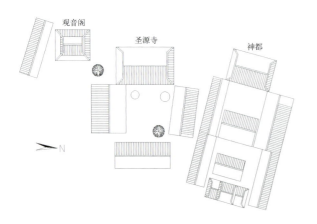
图3-1-44 大理神都、圣源寺、观音阁总平面示意图

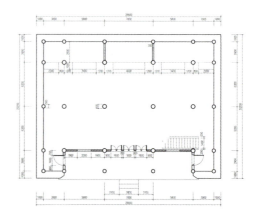
图3-1-45（a） 大理圣源寺观音阁平面图

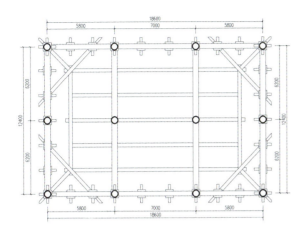

图3-1-45（b） 大理圣源寺观音阁梁架平面图

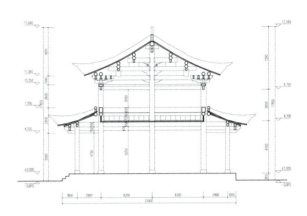

图3-1-45（c） 大理圣源寺观音阁剖面图

图3-1-45（d） 大理圣源寺观音阁

图3-1-45（e） 大理圣源寺观音阁山面

面宽12.6米，通进深9.14米，穿斗式木构架重檐歇山顶（图3-1-45）。其上檐所施斗栱宏大，为大理地区年代较早的木构精湛之一，且阁中所祀奉的建国圣源观世音塑像，为少见的男性老者模样。

在圣源寺北侧，是当地白族著名的本主庙"神都"，为清光绪十一年（1885年）重建的四合院落。整体坐西向东，三开间的叠落式牌楼门坊，上悬"神都"匾额，进门后即正对三开间的大殿，通面宽12.5米，通进深12米，抬梁与穿斗式相结合的木构梁架，单檐歇山顶屋面，殿内供奉着被称为"圣镇五峰建国皇帝"的大理国王族段宗榜（图3-1-46）。而且在大理民间每年举行的"绕三灵"民俗活动，就是以神都为中心开展的。

（4）剑川宝相寺：位于剑川县沙溪明涧哨村西镇佛顶山南麓的宝相寺，始建于元末，名为祝延寺，明代改为石宝寺，康熙二十七年（1688年）重建，称为宝相寺。寺院建于佛顶山上一处高耸险峻的巨大岩石之下，坐北向南。有两条路可抵达宝相寺的东、西山门，东山门立"路接慈云"石坊，西山门立"名山仙境"石坊。由山箐底过西山门石坊、小桥拾级而上，进入山门后分别为天王殿、观音殿，层层向上至正殿，正殿通面宽10米，通进深6.6米，穿斗式木结构，单檐歇山顶，檐下施有斗栱。再往上攀援，便是凌空建造在悬崖深处的弥勒龛和玉皇阁，其构筑方式为凿石挑梁，有欲坠似坠之感，被誉为云南的"悬空寺"（图3-1-47）。清代桑映斗曾形象地描绘了宝相寺的奇险，诗云："宝相忽巍峨，怪石纷蚕蔟；飞崖如巨口，腭齿相错属。是谁摧之碎，龟折如简读。置寺于其颏，犹似屋架屋；云来摇之动，目眩不忍瞩。"

宝相寺建筑群因地制宜，布局得当，建筑物与岩崖组合巧妙，层次错落有致，空间富于变化。其

图3-1-46（a） 大理神都大门

图3-1-46（b） 大理神都门前香台照壁

图3-1-46（c） 大理神都大殿供奉塑像

图3-1-47 剑川宝相寺

娴熟的设计手法，高超的施工技巧，是剑川古代白族匠师智慧的结晶。

（5）丽江白沙寺院：明朝后期，是丽江的极盛时期，政局稳定，经济繁荣，文化昌盛。据《光绪丽江府志稿》载，当时丽江计有寺、庙、堂、阁、祠、庵、坛等92座位于白沙乡的汉传寺庙建筑群，即修建于此时。丽江是云南佛寺建筑数量较多、保存较好的重要地区之一，既有汉传佛寺，又有藏传喇嘛寺。其中汉传佛寺琉璃殿、大宝积宫的建筑和壁画，成为丽江宗教建筑艺术历史成就的"两绝"。

琉璃殿和大宝积宫，是一座三进院汉传佛教建筑的前殿和后殿（图3-1-48）。是著名丽江壁画的重要分布地，壁画至今还保存完好。前殿即琉璃殿，刘敦桢先生认为："琉璃殿，平面正方形，殿身正面一间，背面与山面以中柱分为两间，皆施薄壁。殿身之外，绕以走廊，廊之正面三间……此殿分为上下两层，下层之檐覆于走廊上，上层乃殿身金柱所延长，冠以歇山式屋顶。"后殿大宝积宫平面亦为正方形，每面三间。"殿内置金柱四根……殿之外观，重檐歇山造。下檐斗栱五踩重翘，上檐七踩二翘，但仅正面斗栱与琉璃殿相似，其余三面则骈列甚密，且于座斗左右出斜栱，重叠交搭，构成网目形如意式斗栱"（图3-1-49）。

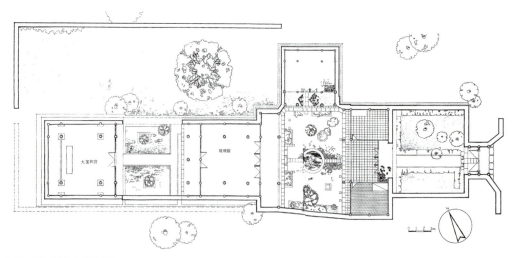
图3-1-48（a） 丽江琉璃殿大宝积宫总平面图

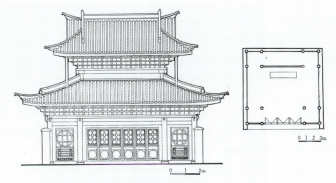

图3-1-48（b） 丽江大宝积宫立面、平面图

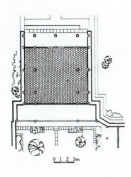

图3-1-48（c） 丽江琉璃殿平面图

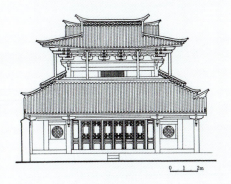

图3-1-48（d） 丽江琉璃殿立面图

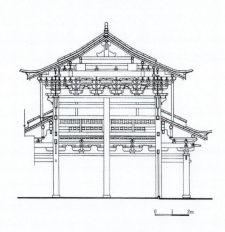

图3-1-48（e） 丽江琉璃殿剖面图

建于明代的丽江皈依寺正殿，殿内明间上部亦构藻井，由于藻井面积太大，特将明间梁架二缝移于左右次间，而在殿身四隅另施转角大梁四根承之，极其富于审美特色。皈依寺正殿柱粗而短，柱础式样介于宋元时的"櫍"与明清时的"鼓镜"之间，代表了西南地区过渡时期的柱础式样。柱上额枋狭而高，平板枋薄而宽，胥存宋元矩矱。皈依寺大殿正面各装佛像木雕屏风一扇，图案精美，雕刻精细，佛像与卷云之间为透空雕，技术处理很别致。

（6）腾冲水映寺：位于滇西腾冲绮罗侨乡的水映寺[47]，是一座佛、道二教并祀的寺院建筑，水映寺倚山而建，坐南向北，占地面积3000余平方米，由山门（与天王殿合一）、观音殿、大雄宝殿、玉皇阁、三官殿和僧舍等30多间房屋组成。由于山势较为陡峻，各殿建筑沿山势及等高线一字排开，自成院落。以山门、大雄宝殿、玉皇阁居中轴线上，层层增高。玉皇阁高居大雄宝殿之后，突出壮观（图3-1-50）。以大雄宝殿为中心，左为三官殿，

图3-1-49（a） 丽江大宝积宫

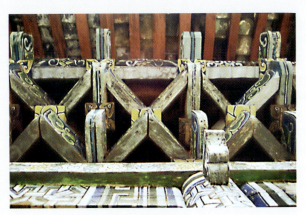

图3-1-49（b） 丽江大宝积宫下檐斗栱

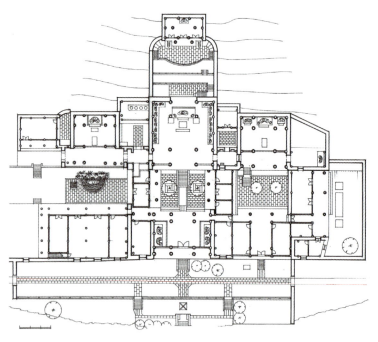

图3-1-50（a） 腾冲水映寺总平面图

图3-1-50（b） 腾冲水映寺建筑群

图3-1-50（c） 腾冲水映寺山门

右为观音殿，分别与对面的山门、对厅和厢房围合成横向的3个院落，方便上下建筑和左右院落之间的相互联系。特别是位于大雄宝殿两侧的观音殿和三官殿，其建筑外观造型和结构十分独特，两殿的屋顶均为重檐歇山式屋顶，而且不用梁架支撑，全采用斗栱组合悬空承托。最有特色的是，在两殿上檐屋顶的后半部分，却似妇女的披肩发型，后檐的坡屋面顺势往下延伸，直接架在后檐柱头，檐口高度较其他三面降低近一半，造型尤为独特。在建筑外形上，此后檐伸出的屋面，具有遮挡南面迎风雨的实际功能（图3-1-51）。而室内高出一层屋面的后檐廊部分，则刚好做成一个供奉塑像的罩子，使室内显得整洁而有层次变化。

在平面布局上，三个殿的前廊几乎相同，彼此之间的横向联系，通过大雄宝殿两侧的小间夹屋及墙端对应的4道圆拱门相连，并利用地形的高差，可从夹屋前廊直接上或下至殿前两层的厢房内。居于轴线最上端的玉皇阁，底层室内为三开间方形平面，但正面外形则是六边形重檐攒尖亭阁，此阁的建筑尺度虽然不大，但因其地处高点和轴线构图中心，正面看形成视觉焦点并统一整个寺院建筑群体（图3-1-52）。而且阁前还依地势辟三重台阶，与大雄宝殿后门紧接一起，分层拾级而上，各台曲栏回环，特别是最上层正面的8块栏板，浮雕动物故事，构图清晰明快，是腾冲现存清代的一组石雕佳作（图3-1-53）。登至寺院最高处的玉皇阁，极目四望，眼界大开，四郊烟水尽收眼底，散布村落，绿野如锦，青山若黛，十里人家连接城中，宛如一幅自然淡雅的山水画，把绮罗侨乡装点得更加妩媚！

3．滇南古刹

（1）建水指林寺：指林寺旧有"基制宏伟，金碧璀璨的临安（建水）首寺"之称，碑记中载："寺始于宋，成于元，而兴于今（明代）"，因其先于临安古城而建造，故有"先有指林寺，后有临安城"的说法。建水自古以来为滇南关隘重镇，是滇南的政治文化中心。作为临安名刹，指林寺的木构技术地方性特色十分鲜明。

元元贞二年（1296年），指林寺由本地人何昌明扩建为一殿二塔，绘塑佛像于内，题扁"指林"为寺名，从此香火渐盛。明永乐五年（1407年），都纲得海首次重修，功半未果。明正统八年（1443年）住持僧温成相继重修并"建阁，翼以层楼丹

图3-1-51（a） 腾冲水映寺观音殿、大雄宝殿　　图3-1-51（b） 腾冲水映寺三官殿　　图3-1-51（c） 腾冲水映寺三官殿屋顶

图3-1-51（d） 腾冲水映寺三官殿室内梁架

图3-1-52（a） 腾冲水映寺玉皇阁远眺　　图3-1-53（a） 腾冲水映寺外石雕栏板

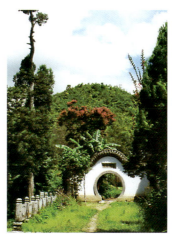

图3-1-52（b） 腾冲水映寺玉皇阁　　图3-1-52（c） 腾冲水映寺玉皇阁室内塑像　　图3-1-53（b） 腾冲水映寺外东圆拱门

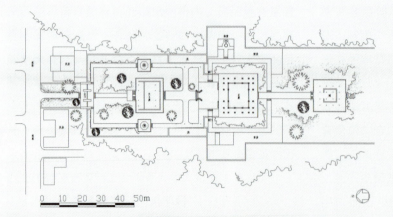
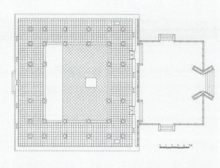

图3-1-54（a） 建水指林寺总平面复原图

图3-1-54（b） 建水指林寺大殿平面图

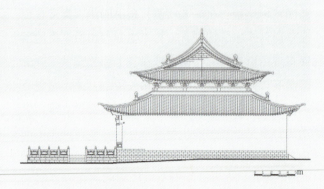

图3-1-54（c） 建水指林寺大殿正立面图

图3-1-54（d） 建水指林寺大殿侧立面

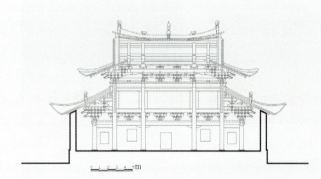
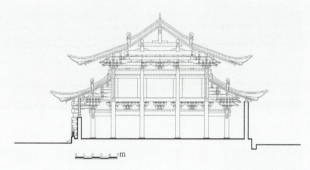

图3-1-54（e） 建水指林寺大殿横剖面图

图3-1-54（f） 建水指林寺大殿纵剖面图

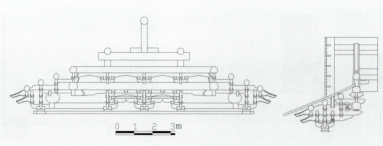

图3-1-54（g） 建水指林寺大殿屋顶梁架大殿上檐收山

图3-1-54（h） 建水指林寺大殿正面（维修后）

梯，碧瓦连云切霞，郡城之胜，一览在目。""殿宇始弘敞壮丽"。从此，指林寺完成总体布局，形成二殿一阁一坊二庑二塔的完整格局，是临安城内的第一大寺（图3-1-54）。清道光二十六年（1846年）又进行了一次较大规模的重修，20世纪50年代初，指林寺殿后高阁被焚毁，寺内的双塔因毁损严重也被拆除，现仅存的正殿、坊、庑等建筑，仍保持原来的格局风貌。

关于建寺时间，虽然县志所载"大殿建于元元贞年间（1295~1297年）"，但并无确凿可信的依据。但据有关学者考证，指林寺大殿木结构更可能是明永乐年间（1403~1424年）的遗存[48]。又有碑刻记载，指林寺"始于宋，成于元，兴于明"。大殿后檐板壁上新近发现的佛教白描壁画2幅，即画于明永乐年间，所以，指林寺现存木构的建造年代更可能是明永乐时期。

指林寺的建筑与布局，既有整体性，又有对称美，其坐南向北轴线上依次排列着的山门、双塔、前殿、牌坊、正殿、高阁，严格遵循中国传统佛教建筑布局的原则，既步步高出，又层层递进，即便是现存的正殿、牌坊和两庑，也是相映成趣。正殿不失庄重雄伟挺拔之气势；牌坊不愧为小巧玲珑之精品。正殿那粗实的柱檩，硕大的斗栱，严密的结构，高敞的殿堂，无不让人折服滇南这一无与伦比的建筑杰作（图3-1-55）。

在建筑技艺上，指林寺正殿平面近方形，殿身面阔三间，进深三间，重檐歇山屋顶带副阶周匝回廊，形成面阔五间、进深五间的柱网布局。通面阔23.1米，通进深20.8米，高近20米座，落在高1.3米的台基上，台基前设置石栏杆。大殿运用了"减

图3-1-55（a） 建水指林寺大殿室内梁架

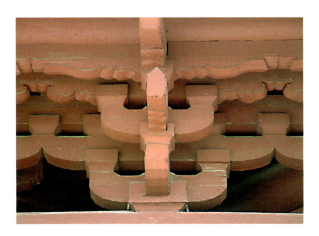

图3-1-55（b） 建水指林寺大殿上檐斗栱

图3-1-55（c） 建水指林寺大殿下檐斗栱

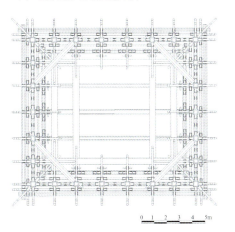

图3-1-55（d） 建水指林寺大殿仰视平面图

柱法"，创造了无柱的室内空间。

指林寺正殿斗栱排列疏朗，除柱头铺作外，补间铺作明间施两朵，次间仅一朵。斗栱用材粗壮，体量宏大，下檐铺作总高相当于外檐柱高的一半以上。整个指林寺大殿高大雄奇，造型古朴，正脊和檐口两端翘曲，屋面曲线柔和优美，升起明显。殿内梁柱枋檩等的构件连接与斗栱构造，沿袭了典型的宋代建筑风格样式。而下檐四周加设的20颗檐柱，斗栱、梁枋的装饰图案均为清代建筑样式，并且杂糅了较为明显的滇南地方建筑工艺（图3-1-56）。

在指林寺大殿前，还有两柱一楹的歇山顶木石结构牌坊一座，檐下布满华美的斗栱，坊楣的正反两面均挂有匾额，正面书"指林寺"，背面题"第一山"。牌坊柱前还有1对雕刻精美的石雕麒麟（图3-1-57）。

（2）建水燃灯寺：坐落在建水古城东北隅的燃灯寺，始建于元大德年间，为建水早期的汉传佛教寺院建筑之一。明初经扩建并塑燃灯古佛塑像于寺内而得名"燃灯寺"，后经清代多次维修，使寺内建筑呈现出晚清建筑的绮丽风格。

燃灯寺坐北向南，有两进院落，布局小巧玲珑（图3-1-58）。这里周边民居环绕，环境优美，前与象征古城历史的朝阳楼遥遥相望，右与滇南首座清真古寺相依为邻，高大的红墙，分开了寺院内与外、圣与俗两个截然不同的空间世界，为燃灯寺平添了几分神秘的宗教气氛。历史上，燃灯寺曾因负责审理临安府治内僧尼犯律案情的"僧纲司"公堂

图3-1-56　建水指林寺大殿下檐花饰斗栱

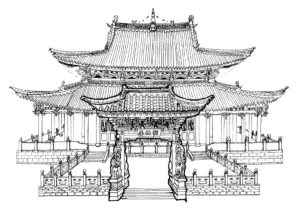

图3-1-57（a）　建水指林寺大殿与牌坊（图片来源：《云南古建筑白描》）

图3-1-57（b）　建水指林寺殿前牌坊

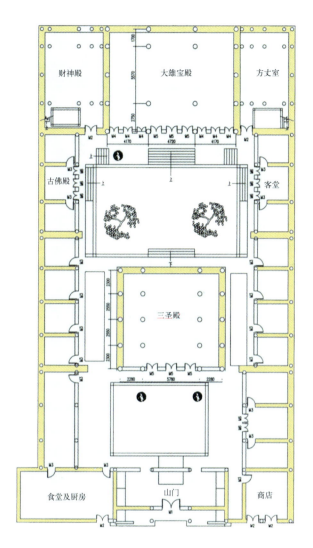

图3-1-58 建水燃灯寺总平面

设于寺内中殿,使其影响扩大,所在街道也因寺得名"燃灯寺街"。

燃灯寺前殿为牌楼式山门,中殿为单檐歇山顶,建筑规模尺度不大,梁柱枋檩等建筑构件用材较小,屋面的举架较为平缓。重建于清光绪元年(1875年)的燃灯寺正殿,为单檐歇山顶抬梁式建筑,举架较高,所用材料比中殿粗大,檐下斗栱为晚清样式。

除受佛教的影响外,还有一个饮誉滇南的人文景观,就是它的中殿瓦作艺术。屋顶正脊用八仙人物的琉璃瓦件和吻兽装饰,屋面主施黄琉璃瓦,间复绿色琉璃并组成2个相交的菱形图案,瓦当图案则用形象逼真的凸出龙头。进入殿内,可看到前檐底瓦的底面,隔一条黑瓦沟安装4块有字的白瓦相间其中。瓦面上或行书书,或隶楷,所写内容是五言、七言古诗、绝句和字数不等的单句、对仗句和骈体文句,笔力雄健,书法颇精,部分落有年款,殿内共铺设有字瓦96块(图3-1-59)。这种情况,在建水古建中绝无仅有,对于研究佛教对滇南建筑文化的影响及其相互关系,具有较为重要的史料价值。

(3)通海涌金寺:涌金寺俗称大顶寺,是位于通海秀山[49]位置最高、规模最大的汉传佛寺,建筑面积6000余平方米,因山势如"地涌金莲"而得名。宋代嘉熙年间(1237~1240年)在青山寺旧址上建造。明清时滇中南的佛教皈依者多云集于此,涌金寺宗风大振,被称为"滇中大刹"。

涌金寺坐南向北,为元代高僧东岩所建,寺分三进,殿宇宏深,楼台亭阁,规模壮丽。总体由山门、古柏阁、大殿、东西配殿、长廊等12座建筑构成三进院落(图3-1-60),院内殿宇宏深,两棵古柏参天,相传为宋人所植。由于寺院所处的地形较为陡峻,在布局上具有不同一般汉传佛寺的显著特

图3-1-59 建水燃灯寺有字瓦

点。寺院山门雄居于半圆形石阶之上，山门左右分塑2个金刚力士。门坊上书一联："云峰禅林静，海天法界宽"。居中悬挂"涌金寺"三个雄浑庄重的贴金大字匾额（图3-1-61）。

进山门后紧接着拾级而上，又分左右再上至居中的"秀山古柏阁"，即天王殿。此阁全为木结构，阁的正面居中设有一远眺景色的圆窗，两侧配一副正反读音都相同的回文对联："秀山轻雨青山秀；香柏鼓风古柏香"。令人回味无穷。古柏阁建筑空间形态奇巧无比，特别是其底层，结合山地做成前半部分的架空干阑式空间形式，多年来一直为建筑学专家所瞩目。山门与"秀山古柏阁"在中轴线上围合成的小院落，比大雄宝殿形成的主院落要小很多，前后空间大小对比强烈，形成类似龟身形状的平面格局（图3-1-62）。

涌金寺大雄宝殿内塑三世佛，慈颜善面，体态匀称。大殿前面的月台上立着"白马"、"黄龙"和"法海圆明"三座木构牌坊，分立于东、西、北三个方位，这种在大殿前面月台上设置牌坊的特殊做法，除在建水指林寺月台正面有一个牌坊外，在省内其他地方均未见到（图3-1-63）。涌金寺的左厢是一套院，门上有一别致的小扁，上书"这里来"。进门更是清静的一院，东为昙花轩，西有酌花楼，正殿原有孔雀真人等铜佛数座。北面另有一小院，可谓院中院。

（4）通海圆明寺：位于通海县河西古镇普应山东麓的圆明寺，始建于元至正年间（1341~1368年），后经明洪武、宣德、景泰年间修葺，清乾隆年间重建，现存建筑为清光绪十四年（1888年）有高僧圆泰募资重建。早在明代，圆明寺就驰名滇南地区，有"滇南无双寺，西宗第一山"之赞誉。整个寺院坐西北向东南，占地面积5729平方米。在中轴线上依次布置有山门、天王殿、大雄宝殿、雨花台、涤尘楼、南北厢房等建筑构成的主体寺院，其

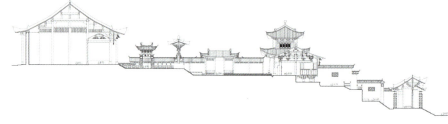

图3-1-60（a） 通海涌金寺总平面图　　图3-1-60（b） 通海涌金寺纵平面图

图3-1-61　通海涌金寺山门

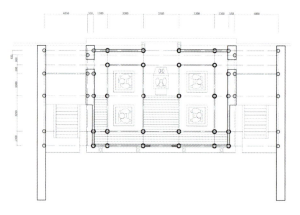

图3-1-62（a）　通海涌金寺古柏阁平面图

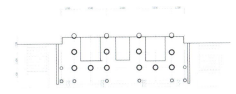
图3-1-62（b） 通海涌金寺古柏阁架空底层平面图

图3-1-62（c） 通海涌金寺古柏阁立面图

图3-1-62（d） 通海涌金寺古柏阁山面图

图3-1-62（e） 通海涌金寺古柏阁正面（天王殿）

图3-1-62（f） 通海涌金寺内院古柏

图3-1-62（g） 通海涌金寺内院亭廊

右侧有玉皇阁建筑群，左侧有娘娘庙、瑞莲池、琼阁等建筑（图3-1-64）。圆明寺大殿为五开间单檐歇山顶，抬梁式结构。通面阔21米，通进深11米。居于中轴线最上端的涤尘楼，即现在的圆通宝殿，为五开间重檐歇山屋顶，抬梁式结构（图3-1-65）。居高近可观寺院全貌，屋宇相连，可远眺河西古镇田园风光。

（5）石屏秀山寺：石屏秀山原名"鹫山"，离人烟幅辏的石屏宝秀镇不远。据地方志载，秀山寺始建于唐天宝十一年（公元725年），如今已几经重建易名。明代叫"真觉寺"，清代改名为"秀山寺"，清光绪二年（1875年），由河西高僧圆泰化缘募捐重建。

这座汉传佛寺，包括憩亭、秀山碑、山门、弥勒殿、大雄宝殿、左右配殿及各殿的东西厢房等大小建筑（图3-1-66）。秀山寺内共塑有弥勒佛、韦驮、十八罗汉、儒释道、文昌真武及释迦牟尼三世佛、观音、药王和十王神像。

1924年，在蒙自道尹邑人陈鹤亭的倡导下，于秀山寺左边新建凌云阁及荷池，成为秀山寺的重要

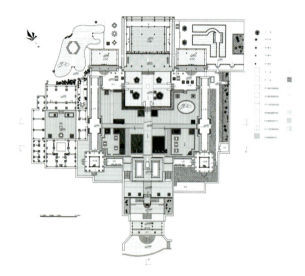

图3-1-63（a） 通海涌金寺总平面图

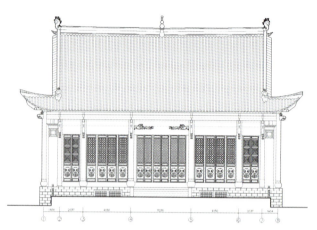

图3-1-63（b） 通海涌金寺大殿立面图

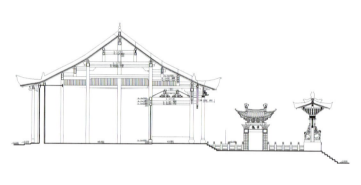

图3-1-63（c） 通海涌金寺大殿剖面图

图3-1-63（d） 通海涌金寺大雄宝殿

图3-1-63（e） 通海涌金寺大殿前黄龙坊

图3-1-63（f） 通海涌金寺大殿前白马坊

图3-1-63（g） 通海涌金寺大殿前法海园明坊

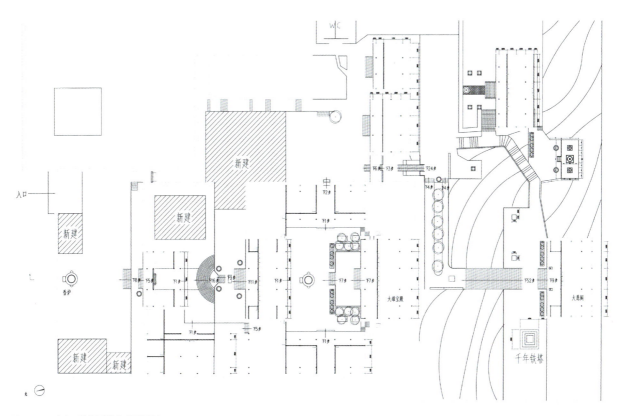

图3-1-64（a） 通海园明寺总平面图

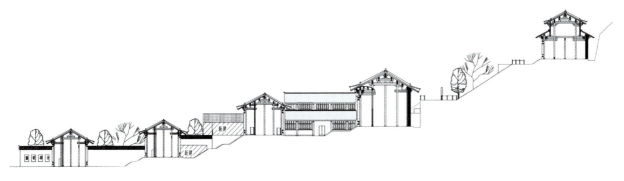

图3-1-64（b） 通海园明寺总剖面图

图3-1-64（c） 通海园明寺建筑群

图3-1-64（d） 通海园明寺山门

图3-1-64（e） 通海园明寺大雄宝殿

图3-1-64（f） 通海园明寺大殿前内院

图3-1-64（g） 通海园明寺天王殿

图3-1-65（a） 通海园明寺圆通宝殿

图3-1-65（b） 通海园明寺圆通宝殿柱础

组成部分。凌云阁楼高3层，拔地撑天，流丹耸翠，梵铃清音，令人神爽。秀山寺周围，修竹成林，古柏参天，浓荫蔽日；寺内梅桂山茶，枝干苍劲，花开时节，幽香满院（图3-1-67）。

（6）元江妙莲寺：妙莲寺位于元江县因远镇市街北端的小学校内，该寺始建于元代，现仅存的大殿建筑，志载建于明正德年间（1506~1521年），清代虽然重修，但梁架仍为明代遗构，距今近700年，主体结构仍保持完好无损。大殿平面呈正方形，面阔三间，进深三间，通面阔通进深均为13米，通高8米，台基高1.8米（图3-1-68）。柱础石为不规则的石块并与地面平齐。大殿屋顶为单檐歇山顶，正脊较短，其屋脊长仅为全殿面阔的二分之一。覆盖绿色琉璃瓦的前后屋面坡度陡峭，使大殿两侧的山花墙形成等边三角形，大殿背面普柏枋以下均用檐墙封实。大殿室内为抬梁式木构架，彻上明造，殿内仅设金柱4根，四周回廊设边柱18根，各柱的"侧脚"、"生起"比较明显，四围檐下施斗栱，斗栱粗壮厚实无昂，不加雕琢，颇似元代遗物（图3-1-69）。

上述众多的云南地方汉传佛寺，每个都在遵从

图3-1-66（a） 石屏秀山寺鸟瞰图

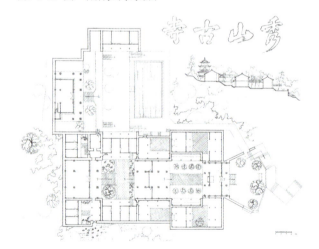
图3-1-66（b） 石屏秀山寺总平面、剖面图

内地汉传佛寺传统格局的基础上，或多或少地表现出一些独创性和地方性，显现出特色鲜明的地方建筑技艺。

（三）藏传佛寺

1. 苯教寺院

苯教在云南藏族、纳西族、普米族地区长期的传播发展过程中，逐渐形成浓厚的地方民族特

图3-1-67（a） 石屏秀山寺建筑群

图3-1-67（b） 石屏秀山寺山门

图3-1-67（c） 石屏秀山寺凌云阁

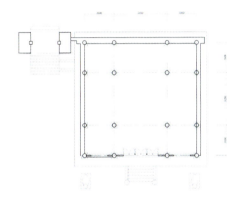
图3-1-68（a） 元江妙莲寺大殿平面图

图3-1-68（b） 元江妙莲寺大殿

图3-1-68（c） 元江妙莲寺大殿屋顶

图3-1-68（d） 元江妙莲寺大殿明间

图3-1-69（a） 元江妙莲寺大殿室内金柱

图3-1-69（b） 元江妙莲寺大殿室内梁架

图3-1-69（c） 元江妙莲寺大殿转角

色，除了对当地藏族的社会文化具有深刻的影响之外，还对纳西族的"东巴教"（达巴教）和普米族的"汗归教"产生过重大的影响，但苯教寺院现今却留存较少。

2. 宁玛派寺院

宁玛派是藏传佛教各派中历史最久远的一派，"宁玛"藏语即古旧的意思，因该派僧人戴红帽，俗称为"红教"。宁玛派约于11世纪末传入云南藏区，主要在德钦和中甸两地发展。其特点是组织涣散，分散发展，没有与当地统治势力紧密结合。故而寺院小而分散，没有形成稳定的寺院集团，其僧人分2类：一类僧人有经典，出家入寺修持，不娶妻，与正统的佛教僧人无异，被认为是正统的宁玛派；另一类僧人被称为"仓巴"、"仓"在迪庆藏语中的含义为"偏僻幽静的修炼之所"，"仓巴"还有"孤独""不合群"的意思。他们没有固定的寺院，不注重学习佛经，亦无佛教理论，在该教派中的地位较低。

宁玛派在元、明两朝盛行云南藏区，寺院林立，僧侣众多，是当地占主要地位的教派，在藏民中有广泛的影响，直到清中叶，中甸县今香格里拉境内仍有寺院近百所。由于新兴的格鲁派（黄教）增强，各教派均告衰落，云南藏区的绝大部分宁玛派僧人被迫改宗格鲁派，寺院亦多被改为黄教寺院或黄教活佛别墅，仅在偏远地区有一定程度的保留，因无力维持而湮没，民国以后，才又有少数寺院恢复出现。

云南的宁玛派寺院，基本继承了藏传佛教的传统建筑风格，因建筑规模较小，布局上主殿一般不再位于寺院的中心位置。僧舍等附属建筑于主殿附近另成一体，与主殿相对分离。由于云南藏区的工匠历史上多有白族和纳西族，因而在寺院建筑的局部，特别是木结构部分与雕刻彩绘方面的加工制作，均表现出白族和纳西族的建筑艺术特色。现存的宁玛派寺院主要有承恩寺、云登寺、英主顶寺、拖拉寺和布公寺等。

如坐落在香格里拉县北部东旺乡境内的云登寺[50]，是滇西北高原保留下来为数不多的几所藏传佛教宁玛派寺院之一，和其他寺院相比，建于20世纪30~40年代的云登寺，可算是一座年轻的寺院。寺院僧侣达80余人，有1位活佛。

建寺不久，即遭毁坏，20世纪80年代后重修恢复。整座寺院坐东朝西，分三级梯式平台布局：下层平台中央是一座高约6米的莲花镇魔白塔；中层平台为广场，是重大佛事法会和僧侣辩经活动的场所；上层平台正面是大殿，两侧设有鼓楼、僧舍和静室、藏医室等。大殿为两层土木结构藏式平顶建筑，占地400多平方米。前殿底层敞开，正面设三层重檐歇山式屋顶，饰鎏金铜瓦，左右为藏式屋檐。后殿为正殿，供奉着"师君三尊"（静命、莲花生大师和藏王赤松德赞）、释迦牟尼佛祖、千手千眼观音菩萨、大白伞盖佛母等塑像，中央4根高大的木柱擎起天窗，直通二楼。大殿北侧用回廊与鼓楼相连，鼓楼二层是护法神殿，供护法神塑像，堂柱上绑有火枪、长剑等驱魔法器，每天有值事僧侣司3次鼓号，从不间断。

3. 噶举派寺院

由于迪庆藏区的噶举派寺院分布较广，既有分布于藏区腹地的，也有位于藏族与纳西族交接的边缘地区，其建筑特色也表现出地域上的相互差异，由较为典型的藏族建筑风格向多民族建筑特色过渡的趋势。其中，在藏区腹地的寺院，以藏族传统建筑艺术为主，与当地的民居形式和构造相仿，采用传统的"干打垒"式和"碉房"式大殿建筑，造型轮廓呈现鲜明的立方体和封闭、厚重的形体；而分布于维西、贡山等地的寺院，则以汉、白、纳西等民族的建筑艺术为主，多采用土木结构形式，虽然大殿内部也体现出中空的"回廊"式布局，但无高大厚重的墙体，顶部亦无敞开的平掌阳台，而且以双坡瓦屋顶覆盖，飞檐斗栱，雕梁画栋，体现以汉传寺建筑形式为主的多种文化交融的风格。噶举派寺院有寿国寺、蓝经寺、云仙寺、禹功寺、来远寺、达摩寺、兴化寺和丽江五大喇嘛寺。

其中位于维西县北澜沧江东岸的寿国寺，是滇西北现存较为古老的藏传佛教噶举派寺院之一。据载，该寺始建于清乾隆六年（1728年），清同治六年（1876年）重修。

寿国寺大殿是"三重檐"的楼阁式建筑，外形与丽江福国寺相近，檐下斗栱亦为清代汉式建筑所常见。大殿内的装饰很有特点，如藻井边缘的图案，富于藏式建筑风格，并糅合着剑川白族木雕的巧妙技艺，形成独特的建筑风格，体现了汉、藏、白、纳西等边疆各族人民在文化上的密切交融。

寿国寺是大乘佛教的密宗寺院，是维西县规模较大的喇嘛寺。寺内原有的大量藏文经典和佛教造像现已无存，唯几幅壁画尚保存完整，皆属天王、菩萨、天龙八部等密宗题材，与丽江大宝积宫、剑川沙溪兴教寺壁画等风格相近。壁画色彩鲜艳，笔法细腻，有相当高的艺术价值（图3-1-70）。

另据有关史料分析，元、明时在纳西族和普米族聚居区，藏传佛教流传的教派主要是噶举派（白教）和萨迦派（花教），清中叶虽然格鲁派（黄教）逐渐在该地区取得统治地位，但噶举派和萨迦派仍以其较大的声势和影响与格鲁派保持着三足鼎立之势。

集中在丽江、维西纳西族地区流传的噶举派，主要有四大支系，即噶玛噶举、帕竹噶举、拨戎噶举和蔡巴噶举之一的噶玛噶举派，由于得到丽江木氏土司的扶持，噶举派在纳西族地区寺院林立，僧侣众多。史载，明正德十一年（1516年），丽江土司木定邀请噶玛噶举"黑帽系"八世活佛弥觉多杰到丽江，"姜结布（即木定土司）可答应，自此十三年内不发兵西藏，每年选送五百童子入藏为僧，且度地建一百寺庙云云"。建寺一百之诺言虽未兑现，但木氏土司致力于藏传佛教寺院兴建的举措，则可窥见一斑。

纳西族地区的噶举派寺院，建筑受汉族和白族建筑技艺影响很深，明显不同于藏族地区的"碉房"式建筑，多采用土木结构。寺院常由大殿、僧房、静室等组成，整个建筑外形精巧，内部庭院花树茂密，环境幽静，可以说是藏、汉、白等民族几种建筑文化交融而成、别具一格的藏传佛寺（图3-1-71），其最具有代表性的当数历史上著名的"丽江五大喇嘛寺"（表3-1-7）即福国寺、指云寺、文峰寺、玉峰寺、普济寺（见第九章论述）。

4. 萨迦派寺院

萨迦派（花教）主要分布于宁蒗县永宁、蒗蕖摩梭人和普米族地区，历史上兴盛一时的寺院多已无存，难以考证，唯有2座寺院留传至今，即者波萨迦寺和蒗蕖萨迦寺。

萨迦派寺院的建筑风格与四川藏族的相近。一般都按照藏传佛教寺院传统的布局方式，主殿居中，经堂和僧舍环绕四周，形成以主殿为中心且主次分明的建筑群。主殿高大巍峨，一般为3层阁楼，盖有镀金铜顶，立体轮廓十分鲜明。而周围的经堂和僧舍则相对矮小，寺院附近常建有藏式佛塔、藏经阁、转经亭等各种建筑及比较齐全的配套设施，寺院壁画为典型的藏传佛教壁画。

5. 格鲁派寺院

格鲁派是藏传佛教各派中势力最大、影响最广的一大教派，自清代中叶至今，格鲁派在迪庆藏区的政治、经济力量以及寺院、僧侣人数和信教人数

图3-1-70（a） 维西寿国寺大殿（维修前）（图片来源：image.haosou.com）

图3-1-70（b） 维西寿国寺大殿（维修后）（图片来源：image.haosou.com）

图3-1-70（c） 维西寿国寺大殿内的壁画（那罗延天女像）

图3-1-71　多种建筑文化交融的丽江文峰寺大殿（图片来源：布鲁斯．里-纳西纸书）

丽江藏传佛教的五大喇嘛寺一览表　　　　　　表3-1-7

	名称	始建年代	分布地点	保护等级	备注
五大喇嘛寺	福国寺（解脱林）	明万历二十九年（1601年）	芝山		现已不存
	文峰寺桑纳迦卓林	清雍正十一年（1733年）	文笔山腰	县级	清光绪六年（1880年）重修
	玉峰寺扎西曲批林	清乾隆二十一年（1756年）	玉龙山南麓	县级	
	普济寺塔白列争林	清乾隆三十一年（1771年）	芝山	省级（铜瓦殿）	
	指云寺额敦品措林	清雍正五年（1727年）	秣度山下	县级	清光绪六年（1880年）重建

等各方面，都位居各派之首，并对人们的社会生活及思想意识有深刻广泛的影响。

格鲁派兴起于15世纪初，在宗喀巴进行"宗教改革"的基础上建立，因其僧侣戴黄色僧帽，俗称为"黄教"。16世纪末传入云南藏区，三世达赖喇嘛索南嘉措曾于1578年接受丽江木氏土司的邀请，到云南藏区传教，1580年又到康区的巴塘、里塘一带传教，并在里塘主持修建了里塘寺。中甸旧称"建塘"，与四川的巴塘、里塘犬牙交错，同为一域，史称"三塘"，均属于丽江木氏土司的辖区。

1643年，为抵抗敌对教派的排挤和限制，五世达赖阿旺罗桑嘉措和四世班禅罗桑确吉坚赞，借助蒙古和硕特部进兵藏区，于清康熙元年（1667年）占据中甸，由西藏委派僧官管理，开始在当地建立以格鲁派为主的"政教合一"政权，《维西见闻纪》载："黄教喇嘛，香僧也……阿墩子之寿国寺[51]、羊八景寺、奔子栏之东竹林寺千余人皆是也。礼佛诵经，其经译似华语，皆与中土同，惟无《楞严经》，盖佛产天竺，即缅甸与土蕃界，相传达摩阐教其地而佛教兴，至今千六百余年以矣。黄教喇嘛兴起之后，阔袖长衣，隆冬亦露两肱，著'古宗靴'而不衣裤。衣黄衣，冠黄冠，故谓之黄教。初红教强，欺黄教。第五世达赖喇嘛预识我大清之必抚有中土也，于太宗文皇帝时，取道蒙古，入贡盛京，获封号，延至今，黄教在维西者，皆达赖喇嘛法子。"

清中叶以后，格鲁派在云南藏区不断强盛，一方面它与当地土司政权相互依存，逐步建立自己独立的寺院经济；另一方面，当地人民也比较欢迎和支持经过"宗教改革"后且戒律严密的格鲁派，于是藏区原来的许多其他教派的寺院，均被强行改宗为格鲁派寺院。格鲁派寺院主要有噶丹松赞林寺、噶丹东竹林寺、噶丹羊八景林寺、噶丹德钦林寺、永宁扎美戈寺、茂顶寺、布顶寺等。

（1）噶丹松赞林寺：在云南藏传佛教各派中，格鲁派的寺院组织机构和僧侣等级制度是最完整、最典型的。噶丹松赞林寺，又称香格里拉归化寺[52]，是云南藏区藏传佛教规模最大的格鲁派寺院，也是藏、川、滇边区著名的藏传佛教寺院。新中国成立前，该寺曾掌管着中甸藏族地区的政治、经济和宗教大权，被列为省级文物保护单位。

噶丹松赞林寺至今已有300多年历史，清康熙十三年（1674年），蒙古和硕特部武力南下，击败了丽江木土司在建塘的经营势力，并把这片土地献给西藏五世达赖喇嘛作香火地。随着格鲁派僧侣的到来传教，由五世达赖喇嘛亲自选址，于1679年在原噶举派"瑟日衮"寺的地基上建盖该寺，2年后竣工，为几座殿堂组成的一组四方院。寺院取名"噶丹松赞林"，其中也蕴含了藏传佛教显宗和密宗兼修的意义。到七世达赖喇嘛掌教期间，因其与松赞林寺的一段甘苦法缘，寺院得到支持又兴土木，聘请能工巧匠大规模扩建，使之具有了布达拉宫的风格神韵。到了清末，寺院已成为一组坐北向南、错落有致的山地型建筑群落，拥有一个扎仓，下设八大康村的组织体系，在寺僧侣也由初期的三五百人增至一千多人。此时的松赞林寺不仅是藏传佛教著名的康区"十三林"之一，滇西北及川、藏交界藏地"三宝"（佛、法、僧）具备的殊胜道场；而且成为本地区"政教合一"制度的最高机构。在寺内，除了有参与中甸县今香格里拉最高行政会议的僧侣上层组织"堪扎会议"，又设有与当地藏族社会基层政权相结合的最低僧侣组织"密参"，还形成健全而雄厚的寺院经济，以及强大的寺院武装。集宗教、政治、经济、军事强权为一体，并一直持续到新中国成立之时。

历史上的松赞林寺，因宗教流源、政教领属及师承关系，与西藏格鲁派之间的联系十分紧密，在寺院建成之后相当长的一个时期内，没有转世活佛。历代寺主都由拉萨的色拉寺派遣堪布来担任，执掌政教事务。

近代以来，松赞林寺陆续形成松谋活佛、更觉活佛、克占活佛、克思活佛、布主活佛等活佛转世系统，共有过11位活佛。如今的松赞林寺是20世纪80年代初在已毁原址上重新修建的，基本上已经恢复了原貌。全寺占地总面积已达26万余平方米。坡顶正中并列着扎仓大殿和宗喀巴大殿，左右环列着释迦佛殿、护法神殿、白塔及八大康参等殿宇建筑，尚有200余幢活佛精舍佛堂和僧人私舍坐落其间，鳞次栉比，错落有致，构成了众星拱月般的椭圆形城垣（图3-1-72）。

扎仓大殿集全寺精华之所在，外观为一座石木结构的四层藏式碉房建筑，前后殿融为一体，外墙涂染成醒目庄重的褚红色。主殿房顶盖有镀金的铜瓦，屋角兽吻飞檐，一组金色的"祥兽法轮"端坐正面前檐，十分耀眼夺目，殿内则以博大精美而著称（图3-1-73）。进殿门的这一层是全寺僧侣的聚会场所，122根方形木柱擎起上层，可同时容纳1600名僧侣跌坐念经。正殿前座供奉的是五世达赖喇嘛铜像，左右壁是藏经书的"万卷橱"，后奉列着寺院诸位活佛高僧遗骨灵塔。后殿直通二楼，3间并排佛堂分别供着宗喀巴、弥勒佛、七世达赖喇嘛的高大塑像，还有诸多佛神塑像分列其中。三楼以上设置精舍佛堂，供奉有名贵的佛像、经卷、唐卡、法器用具和传寺的神圣物件，另有客厅、掌教厅、会议厅及阳台上高耸的鼓楼，晨午鼓声传闻十

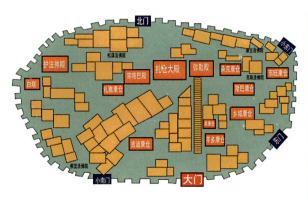
图3-1-72（a） 松赞林寺殿堂平面布置示意图

图3-1-72（b） 松赞林寺殿堂建筑群（维修前）

图3-1-72（c） 松赞林寺殿堂建筑群（维修后）

图3-1-72（d） 松赞林寺大门

里。整座大殿内，寓意藏传佛教意义的壁画琳琅满目，各处回廊和隔扇窗棂镂空木雕装饰精美。

宗喀巴大殿也称"金瓦寺"，位于扎仓大殿的左侧。屋顶外观与扎仓相似，殿内供奉的宗喀巴大师像，镏金铜质，高度超过18米，为云南藏区之最。再往西100米处的护法神殿，是一座占地200平方米的两层藏式碉房，殿内供奉着释迦牟尼师徒三、文殊菩萨、怖畏金刚以及松赞林寺主要护法神"犀甲护法"的塑像。两侧的墙壁上绘制出藏传佛教密宗的各种图案，殿门外即闻诵经及鼓铃之声，营造出一种神秘氛围（图3-1-74）。

噶丹松赞林寺，不仅恢复了庄严恢宏的寺宇建筑，而且各种修行仪轨、诸项佛事活动及节日法会，也正在有条不紊地逐步展开。在松赞林寺扎仓之下还设有八个康参（即康村），亦称"堪千"，是按区域划分的僧人学经的地方，它们是：独克康参、扎雅康参、东旺康参、洋朵康参、卓康参、结底康参、乡城康参、龙巴康参。

凡是一个僧人入寺学经，就要按他家乡的地域编入一定的康参中去，而且不允许任意转换康参。在清代钦定的僧人名额，最初是分到按康参所属的各个村落，并具本分配到户。僧人名额实行世袭制，老僧去世，可由其兄弟姐妹的儿子继承，若无人继承可以出租、出售。

每个僧人都居住于自己所属的"康参"周围，其所住的僧舍叫"厦"，又叫小静室，有2种形式：一种是家庭经济富裕的僧人，由康参划定一些土地给他单独建盖房屋；另一种是租借康参的集体僧舍，按规定交纳房租。无论是自盖或是租借的僧舍，都以家（又称为"呆"）为单位过生活，一个独住或数僧同居。僧舍分成2部分：一部分为厨房即火塘所在处；另一部分为经堂（"拉康"），是僧人念经和睡觉之处。

（2）噶丹东竹林寺：噶丹东竹林寺坐落在德钦县的奔子栏乡，是德钦县境内规模最大的格鲁派寺院。噶丹东竹林寺原名"冲冲措岗寺"，始建于

图3-1-73（a） 松赞林寺扎仓大殿（维修前）

图3-1-73（b） 松赞林寺扎仓大殿（维修后）

图3-1-73（c） 松赞林寺扎仓大殿室内林立的大红方柱

图3-1-73（d） 松赞林寺扎仓大殿室内塑像

图3-1-73（e） 松赞林寺扎仓大殿屋顶"双鹿法论"装饰

图3-1-73（f） 松赞林寺扎仓大殿屋顶装饰

1574年左右，原属于藏传佛教噶举派寺院，1677年改宗为格鲁派寺院。

清朝康熙皇帝与五世达赖喇嘛曾立下誓约，要在康区兴建藏传佛教上部显宗、下部密宗各13座寺院，东竹林寺为下部密院的最后一座，五世达赖喇嘛赐寺名"噶丹东竹林"，不仅寓示"成就二业"（即成就自己的和他人的事业）的教义，也有成就了"上部13显院、下部13密院"之事业的含意。作为格鲁派大规模兴建扩建的康区十三林之一，噶丹东竹林寺在清康熙年间就已名声远扬。与此同时，寺院在修持和佛事活动方面，着重继承了拉萨上部密院的传统，十一世达赖喇嘛又为其制定了大规章，所以寺院的密宗仪轨及戒律较为完备，而且各香火部落皆遍行大乘长净和斋戒等密宗仪轨。到了清末，寺院设有1个大寺、7个"安取"的两级僧侣组织，类似松赞林寺的扎仓和康参，不同的是所有的"安取"均分布在寺属教区各地域内，为寺院所辖静修点，以满足这里的山高路险、冬季冰雪封山交通困难的僧侣和信众的宗教生活需求。

现存的噶丹东竹林寺，重建于20世纪80年代以后，除地址重新选择外，其外观和规模大致都保持了原貌。寺院建筑群依山势层叠而上，大寺主殿坐落中央，静室及僧舍100多间拱卫在其四周，布局井然有序，蔚然壮观（图3-1-75）。主殿为4层土木结构的藏式雕房建筑，82根高大的木柱，擎立起能容纳2000人跌坐诵经的底层大厅，正面供奉着祖师宗喀巴及弟子达玛仁青、一世班禅珠杰的造像，两边为释迦牟尼佛、观世音菩萨及文殊菩萨、度母等像。大殿的中心为铜瓦殿，上有镀金宝鼎5座。二层以上分设着强巴佛殿、护法神殿、白伞盖佛母殿、如来殿、佛塔殿、万万咒轮殿、斋戒堂、印经室和藏书院等。整个殿宇中精致的木雕、鲜艳的彩绘、华美的壁画等随处可见。还有一些珍贵的寺藏，如镀金弥勒佛像、唐卡以及各种法器等。特别是一幅长8.5米、宽5.2米用五彩线精织而成的护法神像，只在每年最隆重的传统跳神大会上才展现一次。

图3-1-74（a） 松赞林寺宗喀巴大殿（维修前）　　图3-1-74（b） 松赞林寺宗喀巴大殿（维修后）

（3）永宁扎美戈寺：扎美戈寺坐落在丽江地区宁蒗县的永宁乡，是滇、藏、川三省区纳西族、摩梭人和普米族地区规模最大的藏传佛寺，古代称"楼头赕"，也有的称"塔洛"（含有通往涅槃之路的意思）。明嘉靖三十五年（1556年）寺院始建，当时属于噶举派寺院，清朝雍正年间改宗为格鲁派。

建寺初期，规模较小，后改宗格鲁派时进行了扩建。清咸丰、同治年间毁于兵燹。后由罗桑活佛的先祖达坡喇嘛募化，再度修葺扩建。全寺占地百亩，院落众多，鼎盛时僧侣超过800人，绝大多数是摩梭人和普米族。和其他藏区寺院不同的是，永宁扎美戈寺的总管"堪布"，无需进藏学经并可取得相应僧衔，可像俗人一样的生活。

扎美戈寺保持了汉藏结合的寺院建筑传统，土木结构，以主殿大经堂和对称的南北配殿为主体。除一偏殿外，其余均为20世纪80年代后期重新修建。主殿大经堂坐西向东，一底二楼，外观呈重檐歇山式建筑，覆盖琉璃瓦面，顶部四脊飞檐，风铎悬挂，中央安置镏金铜质宝顶和幡幢。底层殿堂内，108根高大的藏式雕花彩绘方形柱子矗立其间，十分宽敞，可容纳上千人跌坐念经，尽显庄严而神秘的气氛。大殿左右两侧的偏殿分别为禅房和伏魔殿，亦为重檐歇山式土木建筑。历史上保留下来的是左偏殿伏魔殿，墙体厚重，为典型的藏式碉房（图3-1-76）。殿内主供着一尊弥勒佛坐像，为泥塑镀金，高约12米，头饰五佛冠，手执如意珠，四周围布置6幅佛教经典内容的壁画，这些壁画皆系清代作品。此外，殿内还珍藏着1968年十世班禅大师所赠木雕龙椅、龙伞及法袍。扎美戈寺的绘画琳琅满目，许多佛经故事被巧妙精致地绘制于墙壁、梁柱和布幔上。如大经堂里以神态自然的无量寿佛和菩萨像为主，禅房是生动的千佛像，伏魔殿大多是护法驱恶的密宗神等（图3-1-77）。

（4）达摩祖师洞：位于维西县塔城乡其宗村，是滇西北藏传佛教著名的朝拜圣地。达摩祖师洞为高约30米、进深10多米的天然岩洞，洞中依壁建有禅房，洞旁以岩壁为墙，凿石穿木建成经堂及僧舍一幢，形成奇特景观（图3-1-78）。经堂中供奉着释迦牟尼、莲花生、格鲁派始祖宗喀巴及噶举派止贡、噶玛两系祖师的造像；山洞里留有达摩化缘的骨头碗及静望的痕迹，还有其弟子洽穹的灵塔。祖师洞以其宗教盛名和奇秀风光吸引着无数的朝圣者。

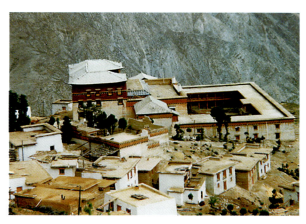

图3-1-75　东竹林寺建筑群俯瞰

图3-1-76（a） 扎美戈寺大门

图3-1-76（b） 扎美戈寺主殿

很明显，云南藏传佛寺建筑既保持了传统的藏族建筑风格，又广泛地吸收与融合了白族、汉族及纳西族等的多种建筑艺术，从而形成多样化和地方民族化的建筑特色。

（四）南传佛寺

1．版纳型佛寺

西双版纳南传佛寺的佛殿为落地式土木抬梁结构，佛殿常由屋顶、梁柱构架和基座3部分组成。其中，屋顶是佛殿最突出、最华丽且最富于变化的部分，主要体现在：

（1）屋顶全为歇山式，其实并非严格意义上的歇山顶，而是由最上层叠置2~3层不等的悬山屋面，再加下面的四坡屋面，构成类似歇山顶的外形。而歇山的上部两坡和下部四坡，按寺院的级别又分成两层或三层。

（2）屋面纵向上分成三至五段，中间一段最高，依次向两端递减，各段高差为一搏风板高度，有的左右两段在檐口处又连到一起。整个屋面重重叠叠，好像在屋脊上骑放着许多巨大的书。

（3）歇山山面巨大，又常在此处横加一重厦檐，用斜撑挑出。

（4）屋顶为坡度十分陡峻的重檐歇山式缅瓦屋面，并通过举折处理使屋面呈优美的凹曲状，使下部坡缓，出水溜远。

（5）在正脊、垂脊和戗脊上密密排列火焰状、塔状、孔雀状琉璃饰品，强化屋顶轮廓装饰，极富渲染效果。

（6）屋面靠正脊中部及角部瓦上施有石灰塑卷草图案，更增加佛寺外观的华美气氛。通过以上的处理，使庞大的屋顶变得异常活跃、绚丽雄奇，构成南传佛寺独特的艺术造型。但是这些多变的处理并没有使结构复杂化，仅仅将柱与檩条视需要而做

图3-1-77（a） 扎美戈寺伏魔殿

图3-1-77（b） 扎美戈寺活佛居住偏殿

成高低不同的构架，"结构简单，却取得如此变化效果。用意之巧，令人赞叹"。

梁柱结构是佛殿的承重骨架，柱是垂直支撑，梁是横向受力，把庞大的屋顶重量巧妙地转移到柱子上。但也有不用柱而用墙的佛寺。用平行的两列柱子支撑沿纵向布置呈矩形平面，仅两端部梁架保留有中柱，常以东西向为主轴线。以西双版纳景洪地区佛寺大殿为代表，大致可将其佛寺梁架结构分为3种类型。

1）无边柱式：佛寺大殿室内不设边柱，将横梁直接搁置在外侧的围墙之上。以曼阁佛寺为例。仅在原应立边柱的地方墙头对应处设置一个支墩，上承梁头。殿内采光主要来自于梁架与墙头之间的缝隙，因而在室内显得昏暗不清。无柱式结构是原始但简便的建筑形式，在景洪寺院中约占一半。为了增加室内光亮，近年来在屋面上多装配了一些玻璃天窗或"亮瓦"。

2）边柱式，即大殿的墙与梁架在结构上完全脱离，在墙的内侧用一排内柱支撑梁架，使梁柱结合为一体，即使墙倒屋也不踏。这种构造间架宽敞，空间广阔，是近现代出现的构架，以曼萨佛殿为代表。

3）墙柱式，即在大殿下檐偏厦横梁与围墙之间，用一根短柱支撑。柱间可以装置木窗或板墙。较之无边柱式，采光性能大大改善，但仍属较原始的作法。以曼广佛寺为代表。

在版纳型佛殿底层的四周，一般都有半截矮墙围护，四边均设有数量不等的门洞，方便僧侣内外出入。殿内正中稍后处为佛座，上置释迦牟尼本尊塑像，有仪仗、佛幢等陈设陪衬；佛像前设平台供参拜佛爷时用，梁柱及围墙上有反映佛祖的故事壁画或天堂地狱图。

僧侣们诵经、研习用的经堂，建筑风格与佛殿基本一致，只是建筑规模和尺度比佛殿略小。僧舍一般为干阑式建筑，内分佛爷住房、学经室、小和尚宿舍3个部分，其大小按僧侣人数而定。前廊连接佛殿，形成过渡空间，既突出佛殿之入口，增加佛寺的肃穆气氛，又可遮阳避雨，供拜佛者存放物品之用。

在西双版纳的南传佛寺中，还有一种与佛殿外观相似、体量略小的建筑即戒堂，是高级僧侣们定期讲经及新人受戒的专用场所，俗人不得随意入内，甚至禁止妇女在其附近走动。多数戒堂的朝向、梁架和屋顶均与佛殿相似，平面亦为矩形，但一般不设檐廊，仅在其中的一端山面开门（图3-1-79）。戒堂的基础底下埋有"吉祥法轮石"，其意义在于象征性地划分出神圣的祭献区域，也是区别佛殿与戒堂的主要标志。最有代表性的版纳型佛寺主要有西双版纳总佛寺；景洪市的曼阁佛寺、曼垒佛寺、曼海佛寺、曼苏满佛寺、曼听佛寺；勐海县的景真佛寺、曼宰龙佛寺、曼广龙佛寺等。

（1）西双版纳总佛寺：坐落在景洪市区的总佛寺也称大佛寺，傣语称谓"洼跋洁"、"洼龙"等，是西双版纳领主召片领驻地的最高级佛寺，统领整个版纳地区的所有佛寺，位于景洪宣慰街曼岗景山顶，属滇西南最早的"润"派佛寺。

该寺院由寺门、前廊、佛殿、塔、僧舍、经堂6个部分组成。建筑布局除佛塔与佛殿处在同一中轴线上外，其他房舍或左或右，随意设置。佛殿特别巍峨雄伟，三重檐歇山顶，基座高出地面3.6米。屋面纵向分成5段，中间一段最高，依次向两边跌落，屋架举折陡峻。歇山檐面的中部和下部坡面，又分成纵向3段，也是中间一段高，左右两段跌落略低。所有正脊、垂脊全部有塔刹、火焰饰物，使

图3-1-78 达摩祖师洞（图片来源：image.haosou.com）

大殿壮丽庄重，凛不可犯。寺门至佛殿有引廊接连，既可增加肃穆气氛，又能遮阳避雨。引廊高低错落，别有风致，殿后佛塔为分档须弥式八边形，大方高基座。塔刹底部为覆钟形，刹杆直冲云天。

（2）景洪曼阁佛寺：傣语称为"瓦拉扎滩曼阁"，意为曼阁中心佛寺，位于景洪市城郊澜沧江北岸的曼阁寨，为"润"派佛寺。曼阁佛寺因其悠久的历史，独具一格的建筑风格和中心佛寺的地位，在景洪地区的影响很大，是目前保存最为完好和最有价值的佛寺。

曼阁佛寺约建于明成化十四年（1478年），佛寺坐西向东，由大殿、戒堂、僧舍、鼓房、走廊及门亭等部分组成建筑群，占地约1307平方米，四周以矮墙围护，形成一组东西向的长方形寺院。入口处是门亭及门亭两侧的高大油棕树，穿过连接门亭和大殿的走廊便可进入大殿。大殿木架结构，屋顶为二级重檐，上层屋顶分成三段，中间一段高起如覆书骑脊，两旁稍低，上下重叠。屋脊有小巧的华盖、莲花托、吉祥鸟等装饰物（图3-1-81）。殿堂由分列两侧高10余米的16根"金水画"[53]圆柱支撑，十分宽敞，平行列柱之间的梁架，用于支撑举架较高的中堂屋顶，而平行列柱外的梁架，直接搁置于大殿的围墙之上，并在梁头与围墙交接的地方，分别垫放一块石块和"伏象结构"[54]，既起承上启下的承力作用，又能让光线从梁架与围墙之间的空隙中透入殿内。

大殿内部的陈设很丰富，殿堂西侧是约2米高的莲台宝座，其上端坐高4米高的释迦牟尼金身塑像，身披红色袈裟；佛座顶部饰方形华盖，后立尖顶屏风；其左右是两条自上而下的金龙，传说佛祖成道前曾以8把茅草为垫，之后草垫变成龙左右护卫佛祖；佛座两侧悬挂着各色织锦长幡（傣语叫"董"），幡上织绘有各种图案，长幡往往被信徒认为是已故的虔诚信教者进入天堂的天梯；另一边有一精致的木质亭阁，以7头小白象雕塑为基础，它取材于释迦牟尼骑七头象战胜辟当的故事，七头象表示无比崇高之意（图3-1-82）。

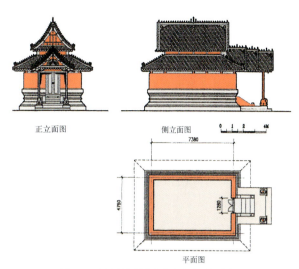

图3-1-79（a） 西双版纳曼春满佛寺戒堂平面、立面图

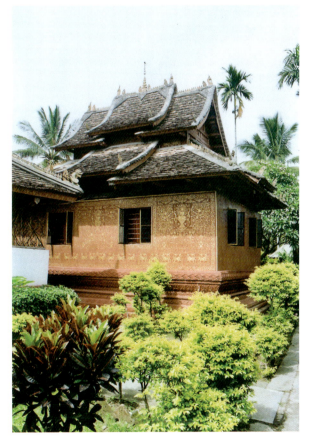

图3-1-79（b） 西双版纳曼春满佛寺戒堂

置身于大殿中，仿佛置身于佛的世界，幽深昏暗的光线下，闪闪发光的佛像，四周墙壁上的色彩斑斓、精工细绘的经画及天花顶棚五彩缤纷的绘图，让人感到佛教世界的神秘莫测，同时也看到傣族人民卓越的智慧和独具匠心的创造。

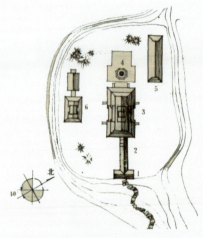

图3-1-80（a） 西双版纳总佛寺总平面图（图片来源：《云南民居》）

图3-1-80（b） 西双版纳总佛寺立面图（图片来源：《云南民居》）

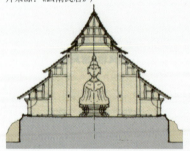

图3-1-80（c） 西双版纳总佛寺剖面图

图3-1-80（d） 西双版纳总佛寺透视图（图片来源：《云南民居》）

正立面图

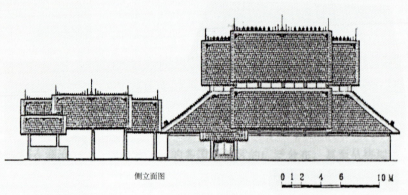

侧立面图

图3-1-81（a） 西双版纳曼阁佛寺立面图

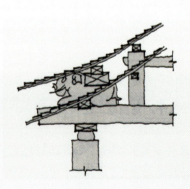

图3-1-81（b） 西双版纳曼阁佛寺伏象结构大样图

图3-1-81（c） 西双版纳曼阁佛寺门廊

图3-1-81（d） 西双版纳曼阁佛寺大殿

图3-1-81（e） 西双版纳曼阁佛寺屋脊装饰

图3-1-81（g） 西双版纳曼阁佛寺伏象结构

图3-1-81（f） 西双版纳曼阁佛寺门廊内饰

  大殿南侧3米处的戒堂是中心佛寺的标志，建筑风格与大殿相似，戒堂门亭的木柱下也垫有2个伏象结构。整个建筑玲珑剔透，颇具民族特色。从北面来看，佛寺大殿建筑外形雄伟壮观，重檐三叠式屋面，比较陡峻、翘曲。屋顶正脊中央用造型精致的铜塔装饰，傣语称之为"帕萨"，代表天界。其他部分的瓦饰为火焰状的"咪挡"，檐边的瓦饰为卷叶状的"咪来"[55]，这些装饰代表云彩，表示天界周围漂浮着的云彩。屋脊的首尾及中部还装饰有栩栩如生的龙凤、孔雀等造型优美的鸱吻，其造型逼真，色彩绚丽，把大殿的外形装点得富丽堂皇。

  （3）曼春满佛寺：始建于傣历1104年（1742年）的曼春满佛寺，由寺门、大殿、鼓廊、戒堂、

僧房和佛塔组成一组造型轮廓丰富的建筑群体。进入寺门，左边为戒堂，右边是佛塔，正面是并列布置的大殿和鼓廊，大殿和鼓廊均为重檐屋面，上层为悬山，下层为四坡顶，大殿建筑规模宏伟，且建筑尺度要比鼓廊的大得多，只不过其上层屋面没有像鼓廊的屋面分为3段。大殿面宽17.5米，进深24.5米，室内外金水画和戒堂的一样，十分精致，是景洪历史较为悠久的寺院之一（图3-1-83）。

殿前的佛塔由基座、塔身、塔刹3部分组成。基座方形，四角各有蹲兽1个，四周围上部为花蕾状的圆形短柱数根。塔身平面为折角"亚"字形，立面由3台逐渐收分的须弥座叠成，四面有3层佛龛。塔刹如覆置的长管金啦叭，上有环状线脚，再上有多个金属相轮。塔身修长优美、挺拔秀丽，为最典型的傣式单塔（图3-1-84）。

（4）勐海景真佛寺：位于勐海县城西14公里的景真山上，因八角亭而著名。景真佛寺由佛殿、

图3-1-82 西双版纳曼阁佛寺室内

图3-1-83（a） 西双版纳曼春满佛寺总平面图（图片来源：《云南民居》）　　图3-1-83（b） 西双版纳曼春满佛寺立面图（图片来源：《云南民居》）

图3-1-83（c） 西双版纳曼春满佛寺建筑群　　图3-1-83（d） 西双版纳曼春满佛寺大门正面　　图3-1-83（e） 西双版纳曼春满佛寺大殿

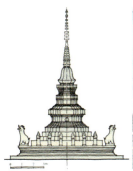

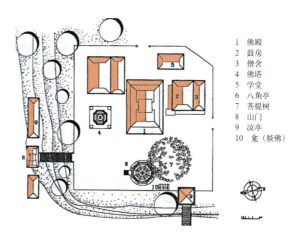

图3-1-84（a） 西双版纳曼春满佛寺佛塔　图3-1-84（b） 西双版纳曼春满佛寺塔

图3-1-85（a） 勐海景真佛寺总平面图

僧房、戒堂（即八角亭）和旁边的一棵参天古木大青树共同组成，近期又在佛殿前面新修了一座小塔。

据傣族史书《博岗》记载，景真是先有佛寺后有八角亭，因为当时勐海尚无高僧，还不具备修建"佛亭"的条件。直到1701年才由僧侣听蚌叫主持修建。

景真佛寺大殿外形宏伟，三重檐的屋顶庞大陡峻，上下檐口几乎相接一起，总体占据了建筑立面高度的近4/5。建筑正面的2～3层屋面被分为叠落五段形式，形态丰富。平面布局如同曼阁佛寺，为无边柱式，大殿四周靠墙体承重，而且在围墙外又加设了一圈副阶围廊，墙壁上绘制着题材丰富的佛经故事（图3-1-85）。

景真八角亭高15.42米，宽8.6米，由基座、亭身和屋顶3部分组成，基座为折角"亚"字形砖砌须弥座，亭身也随基座折角并向内收为多折角

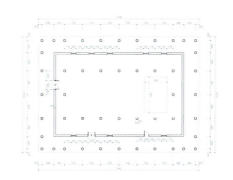

图3-1-85（b） 勐海景真佛寺大殿平面图

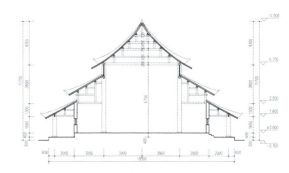

图3-1-85（c） 勐海景真佛寺大殿剖面图

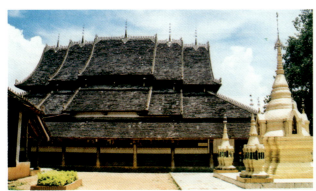

图3-1-85（d） 勐海景真佛寺大殿

图3-1-85（e） 勐海景真佛寺寺前阶梯

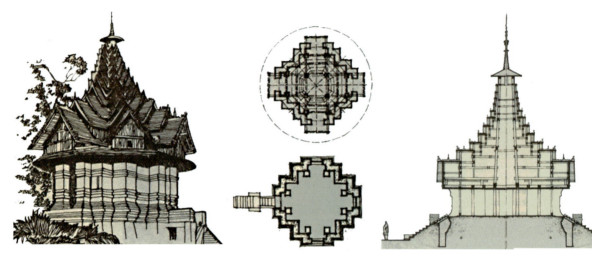

图3-1-86（a） 勐海景真佛寺八角亭平面、透视图（图片来源：《云南民居》）　　图3-1-86（b） 勐海景真佛寺八角亭剖面图（图片来源：《云南民居》）

图3-1-86（c） 勐海景真佛寺八角亭

墙体，内外均粉刷土红色泥皮，外墙上面镶嵌各种彩色玻璃，并用金银粉印出各种花卉、人物图案。屋顶为木结构呈锥形层层叠落的多层双坡缅瓦屋檐，屋脊上安装各式各样的传统花鸟陶器饰品，韵律感很强。顶部再置装有花卉图案银片的刹杆（图3-1-86）。

2. 临沧型佛寺

位于临沧和思茅地区的南传佛寺，其大殿建筑为落地式抬梁结构，但木构架与版纳型佛寺大殿相比，已完全采用了汉式建筑的抬梁式榫卯结构。平面虽仍呈矩形布局，室内均用平行的4列柱子支撑，外加一圈副阶围廊，建筑外形常采用二重檐或三重檐的歇山顶，用筒瓦覆盖的屋面坡度也相对较为平缓。主入口设在山面的一端，有对称开启和做工精细的格子门窗，同时还另外加建一楹二重檐的牌坊式门楼与大殿紧密结合，形成进入室内的过渡空间，并在居中的两根柱子上配置两条张牙舞爪的木雕盘龙，以突出其主入口的鲜明形象。而在大殿的其他三面，则根据实际使用需要灵活设置，方便与布置在大殿周边其他附属建筑的联系。

作为佛寺的戒堂，相对于版纳型戒堂与佛殿形式相同的情况而言，在临沧、思茅两地的戒堂已逐渐趋向于类似于内地的楼阁式建筑，其平面形式有正方形、六角形、八角形等多种，屋顶为2~3层不等的重檐攒尖顶，建筑规模和尺度小巧（图3-1-87）。临沧型佛寺主要有耿马总佛寺、沧源广允缅寺、景谷的大寨佛寺、迁糯佛寺和东那佛寺；澜沧下允佛寺、孟连的上城佛寺和中上城佛寺。

（1）耿马总佛寺：位于耿马县城的耿马总佛寺，当地傣语称"洼楞"，又称为"官缅寺"。清朝乾隆年间（约1771年）由耿马宣抚司主持所建，由耿马佛教最高印长老按雅倘住持，是耿马宣抚司所辖地区南传佛教最高级别的寺院，清咸丰、光绪年间曾两度因兵燹重建。

现存的佛寺建筑，也是1981年以后经当地有关部门主持进行修葺的。其佛寺组成部分有大殿、过厅、戒堂、僧舍、寺门及佛塔等建筑，布局自由灵活。

佛寺大殿在建筑风格和内容上都与德宏、西双版纳傣族等少数民族地区的南传佛教佛寺有所差异，兼具了内地汉文化的建筑特色。大殿基座高出地面约1米，为砖木结构。主殿约高30米、宽15米、长27米；中堂由两排平行的巨大木柱支撑，木柱两侧向外承接出副梁，搭成偏厦，组成三重檐屋顶，上面覆盖青灰瓦。主殿的正门外增设一过厅，过厅顶部不同方位的坡屋顶设置与主殿屋顶巧妙结合在一起，重叠错落，美观别致（图3-1-88）。进入厅堂的石台阶上，是一对呈昂首坐姿的石狮。主殿的西端供奉着释迦牟尼本尊塑像，在佛像的后面还另外供奉着8尊泥塑，一说此即摆庄派、朵列派崇奉的夏沙拉阿等八大罗汉。但当地又有人认为：其中一尊为水神"乌巴谷"，另外7尊罗汉像分别为阿拉罕、阿底牙、微拔、管定牙、麻哈南木、阿达理、麻哈加乍（大肚罗汉）。佛殿内塑罗汉，在南传佛教寺院中极为罕见，显然是受汉传佛教影响之故。

（2）景谷迁糯佛寺：迁糯佛寺在景谷县永平镇迁糯村，属总佛寺，建于清乾隆四十三年（1778年），由山门、大殿、戒亭和僧侣房组成，甚为壮观，全部建筑汉化程度很高，是云南省最大的南传佛寺之一。寺院核心主体建筑大殿高25米，为三重檐歇山顶围廊式建筑，面阔三间15.5米，进深五间22.5米，三重檐下均设密置的七踩斗栱，特别是最上层，在坐斗下与额枋衔接处，还向外挑出雕花板吊脚柱一圈，以增加其檐口下的结构与装饰层次。大殿屋面出檐深远舒缓，翼角飞翘，曲线优美。大殿山面的下檐檐口断开，并向上提高至柱头，居于中下两重檐之间，与两边的围廊屋檐形成三叠式，

图3-1-87　不同形式的楼阁式戒堂

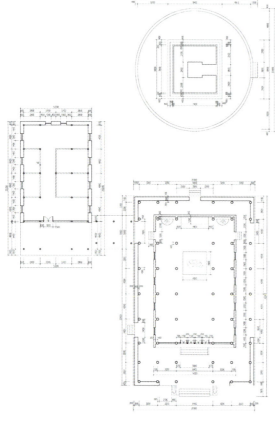

图3-1-88（a） 耿马佛寺大殿平面图

图3-1-88（b） 耿马总佛寺大殿

图3-1-88（c） 耿马佛寺大殿须弥座台基及石雕

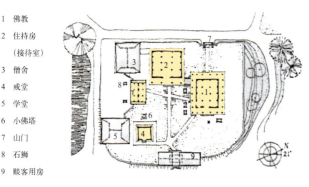

1 佛教
2 住持房（接待室）
3 僧舍
4 戒堂
5 学堂
6 小佛塔
7 山门
8 石狮
9 账客用房

图3-1-89（a） 景谷迁糯佛寺总平面图

图3-1-89（b） 景谷迁糯佛寺大殿山面

图3-1-89（c） 景谷迁糯佛寺室内佛像

突出和强调其端部的主立面。明间的两颗柱为镂空云纹木柱及木雕盘龙，廊柱间有木雕雀替，大殿的隔扇门雕刻有丹凤朝阳、麒麟虎豹和古代人物，雕刻内容已大量渗入汉文化成分，都是剑川木匠手艺，四壁下部墙基石雕还刻有各种动植物和佛经故事（图3-1-89）。

迁糯佛寺的山门为三开间三重檐小歇山顶牌坊，两侧有"八"字形外墙与其相接，山门的重檐屋顶造型别致，檐下出挑密置斗栱4层。中、下层的两重檐屋面都居中断开，下层明间断开的屋面略为提高，和两边的构成三叠式；而中层不仅屋面断开，连斗栱层和支撑斗栱的梁枋都断开，其断开距离约为明间的1/3，在断开的部分设2根木雕立柱支撑上檐屋顶，柱间分段置木板梁枋连接，下段为木板，居中有一圆洞；中段悬挂木雕大扁一块，阳刻鎏金"清佛寺"三个大字，落款"迁糯和尚，乡官

图3-1-90（a） 景谷迁糯佛寺山门　　　　　　　　　　　　　　　　　　图3-1-90（b） 景谷迁糯佛寺方形戒堂

合修"。整个山门有斗栱、吻兽和玲珑剔透的木雕构件，建筑尺度小巧宜人，布局方位刚好与大殿垂直，并正对大殿的进深中间形成对景。

进入山门之后，右侧不远处设有一座四方形小戒亭，为三重檐攒尖顶亭阁建筑，类似汉地之魁星阁，且每层向内收进较多，挺拔向上，外观形态与山门有相似之处。山门左侧在大殿与山门之间，是两重檐的僧舍，建筑方位与大殿一致（图3-1-90）。

组成迁糯佛寺的这4座建筑，前后相互呼应，建筑有主有次，体量有大有小，挺拔向上的山门和戒亭，建筑尺度虽然小巧，但与水平横向的重檐大殿和僧舍形成对比；山门、僧舍和大殿3组建筑联

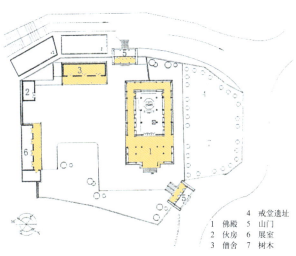

	4 戒堂遗址
1	佛殿　5 山门
2	伙房　6 展室
3	僧舍　7 树木

图3-1-91（a） 沧原广允缅寺平面示意图

图3-1-91（b） 沧原广允缅寺大殿入口

图3-1-91（c） 沧原广允缅寺大殿立面

系紧密，与单独另设的戒亭又形成疏密对比的不均衡平面构图，加之周围的花木衬托，共同组成一个别致而又有机协调的空间环境。迁糯佛寺大殿的木雕、石雕和山门的透雕，都具有很高的建筑艺术价值，同时也是研究南传佛经寺院历史、文化和艺术的宝贵实例。

（3）沧原广允缅寺：始建于清代的广允缅寺，位于沧原县城勐懂镇大街北侧，寺已残废，唯佛殿仅存，是滇西南少数民族信仰南传佛教有重要影响的寺院之一。

广允缅寺大殿的建筑风格，在保持南传佛寺基本格局的基础上，较多地受到内地汉族建筑风格的影响，是汉式传统建筑外形与南传寺院内部格局装饰的有机结合，在建筑技艺上独具一格。

整个寺院占地2200平方米，经过维修的大殿坐落于高1.5米的基座上。大殿面阔三间14.8米，进深五间24.4米，建筑外形为三重檐歇山顶，檐下设一圈副阶围廊，殿前与四方形五重檐的歇山顶楼阁组合而成，形成佛殿的过厅。楼阁结合巧妙，新颖独特，世所罕见。楼阁檐下有装饰斗栱，栱身雕刻有云纹（图3-1-91）。作为殿堂门面和主入口的楼阁，其形成有顶无墙的室内外过渡空间，较其他三面的围廊宽敞，上面覆盖的五重檐屋面，除了上、中、下三重檐与大殿的相互连接外，其余两重檐则错开间隔设在三重檐之中，如果从建筑的转角处看，这些相互错落穿插高翘的翼角，宛如凤凰展翅，如翼斯飞。在入口楼阁的中柱上，对称地倒悬着两条张牙舞爪的木雕巨龙，使入口得到强调和突出，显得格外的醒目（图3-1-92）。

大殿内部空间高敞，采用穿斗式木架结构形式，殿堂四围的门窗隔扇均作透雕处理，图案精美，工艺精湛。殿内使用并列的6根高大金柱及其他梁枋门柱，遍饰刻板漏印的"金水画"图案，使整个大殿内部辉煌华贵。尽管佛殿的建筑构架、斗栱、藻井均为汉式做法，而室内布局、金水、雕饰则是傣式风格，装饰、壁画的内容亦傣亦汉、亦佛亦儒。广允佛寺是极其珍贵典型的傣、汉建筑艺术的结晶（图3-1-93）。

殿堂内外的墙壁上与天花藻井上，均有彩绘，现保存较为完好的是大殿内墙面上的10幅壁画，其中有2幅佛传故事：一为"逾城出家"，绘释迦骑马离家；一为"菩提树下成佛"，绘释迦盘坐树下，一女子即地神"郎妥落尼"梳发成河，冲走魔王叭满。其余8幅为风俗画性质，画面为城池、楼阁、山水、园林，人物有官员、兵丁、仕女、侍从。可辨者有清廷大员、册封土司及文武官佐巡方视察的盛大场面。楼台重叠，殿堂百千，间间有官宰升堂端坐，侍从满立，等级森严。旌旗

图3-1-92（a） 沧原广允缅寺大殿入口盘龙

图3-1-92（b） 沧原广允缅寺大殿入口盘龙大样

图3-1-93（a） 沧原广允缅寺大殿回廊

图3-1-93（b） 沧原广允缅寺大殿梁架

图3-1-93（c） 沧原广允缅寺大殿室内佛像装饰

图3-1-94（a） 景谷东那佛寺大殿佛寺

图3-1-94（b） 景谷勐戛佛寺大殿佛寺

图3-1-94（c） 澜沧下允佛寺大殿正面

飘扬，车骑如云。其内容具有历史学、宗教学和人文学的研究价值。

与景谷迁糯佛寺、沧原广允缅寺大殿做法相同的还有景谷的东那佛寺、勐戛佛寺，大殿也都是三重檐，并在山面加设入口门楼，只是建筑造型与做工相对粗陋简单一些。而位于澜沧的下允佛寺大殿，则简化为重檐，山面的入口门楼也省略，使大殿的外形显得更加舒展和质朴（图3-1-94）。对于孟连娜允古镇的上城佛寺和中城佛寺大殿做法，则介于版纳型与临沧型之间，屋面采用方形缅瓦，外形接近版纳的佛寺大殿，但屋面没有分层叠落，坡度比较平缓，屋脊装饰简化，内部梁柱结构则采用汉式的榫卯抬梁构架（图3-1-95），形成汉、傣两种建筑文化相互嫁接的结果。

3．瑞丽型佛寺

由于地理位置贴近缅北掸邦，受缅文化影响较为深广，所信仰的南传佛教亦比较相似，无论在佛寺的建筑风格、供奉的佛像及装饰艺术等方面，瑞丽佛寺体现出较为浓厚的缅文化倾向。如佛寺建筑多为干阑式草顶或镀锌铁皮多层重叠的屋顶，且屋顶出檐比较短浅，屋面坡度平缓。在佛殿的主入口前设置引廊上至二楼，佛殿室内祭拜偶像仅供释迦牟尼独像，或者佛圣与其弟子的群像。佛爷日常居住的僧舍就紧接着佛殿，虽然屋顶外形各自独立，但室内空间却连成一体。佛寺殿内部装饰多为彩联与佛伞，殿外常立有佛幡[56]和异兽，有的还建有笋塔。

在瑞丽的南传佛教寺院，举凡中心佛寺以上的佛寺皆设1座戒亭，规定每月的初一、十五和三十，中心佛寺所辖的各寺比丘和长老都要到戒亭集会、诵经，共商有关的教务管理工作。这里的戒亭相对较为开敞，多数是底层架空的干栏亭台或是有顶无墙的亭子。瑞丽的佛寺主要有喊撒佛寺、大等喊佛寺、南城佛寺、上下弄安佛寺、金鸭寺、姐东佛寺和雷奘相寺等。

（1）喊撒佛寺：位于瑞丽市喊撒村，属南传佛教"朵列"派佛寺，在瑞丽常被当地群众称佛寺为"奘"，故喊撒佛寺又称喊撒奘或喊撒奘房。

瑞丽喊撒佛寺为典型的干栏式建筑，展现出傣家竹楼的构筑精华。大殿、僧舍以桩柱支撑，楼面、墙壁为木板铺设，房顶为二重檐，上面覆盖镀锌铁皮瓦，正脊饰一塔形宝顶（图3-1-96）。大殿旁建有泼水亭、金鸭亭，有一骑鸳鸯的仙女造像。从庭院中有台阶廊道直通正殿，大殿中堂佛坛供巨大的释迦牟尼佛莲台坐姿塑像，四周围坐5尊小罗汉像。顶部和四壁绘有白象、麒麟、孔雀、鸳鸯及宝塔等彩色壁画，梁上悬挂五彩佛幡，佛坛前设一精致台座，是住持长老讲经布教之处。

喊撒佛寺是德宏州朵列派最有影响的佛寺，据史籍记载，朵列派开始从缅甸传入德宏时，传教者之一就是喊撒村寨的召弄长老。现寺内第五代长老伍并亚温撒，1983年回国后继任喊撒佛寺住持，在他的倡导下，喊撒佛寺率先改革南传上座部佛教僧侣不操俗务的教条，农禅并重，努力实践人间佛教思想，在僧界引起较大的反响。

（2）大等喊佛寺：位于瑞丽市南10公里处的"等喊弄"村寨，佛寺始建于清乾隆年间（1736～1795年），寺旁有一株婆娑如伞的大榕树。佛殿坐南向北，通面宽17.3米，通进深19.6米，室内沿东西纵向布局，入口设在东北角，并有较长的入口引廊。引廊建成与佛殿相协调的重叠屋盖，并设小桥、栏杆，高低错落。殿前设亭阁2座，僧房就紧接在佛殿南面，平面进深与佛殿相同，面宽略小（图3-1-97）。

从外形上看，佛殿为重檐歇山顶干栏式殿堂建筑，墙面基本上类似放大了的瑞丽傣族民居形式。只是两重檐的屋顶上下间距较大，下层实际上是四坡顶，上檐是歇山顶，且歇山面是比较小的三角形。在上檐歇山屋面居中处又升起2～3层不等的气窗式双坡下屋面，其上再置宝顶，以突出佛殿本身（图3-1-98）。

4. 芒市型佛寺

因地理位置毗邻汉族聚居地，芒市的南传佛寺建筑风格，其形式吸收汉文化的特点较多。如芒市的菩提寺、五云寺、佛光寺等皆为歇山筒板瓦顶建筑，屋脊上还设有鸱吻，殿内除了布置有与傣那佛寺相同的装饰物外，还悬有若干灯笼与写有汉字的彩联；门上贴有秦琼等汉族常见的门神。有趣的

图3-1-95（a） 孟连娜允上城佛寺大殿正面

图3-1-95（b） 孟连娜允中城佛寺大殿山面

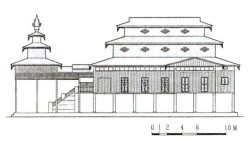
图3-1-96（a） 瑞丽喊撒佛寺立面图

图3-1-96（b） 瑞丽喊撒佛寺大殿

图3-1-96（c） 瑞丽喊撒佛寺泼水亭

图3-1-97（a） 瑞丽喊撒佛寺平面图

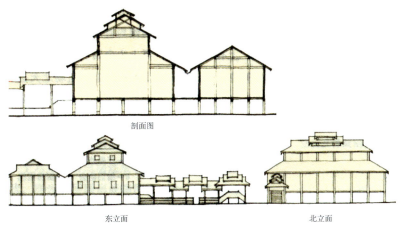
图3-1-97（b） 大等喊佛寺佛寺立面、剖面图

图3-1-97（c） 大等喊佛寺

是，虽同属于小乘佛教的佛寺，竟也接纳了大乘佛教的观音、弥勒佛及道教的八仙等偶像。

另外，处于汉、傣两种宗教信仰、在建筑技艺及建筑文化的共同作用下，芒市型南传佛寺的大殿在平面格局上，虽仍然采用小乘佛教常用的纵向布置、山面进出方式，但在结构技术和建筑外形上，却反映出明显的汉式传统建筑特征。在正面入口处也与临沧、思茅地区的佛殿一样，加建一组突出的三叠式门楼，形成室内外过渡空间，并将佛殿入口处理为外套金色方框的圆洞门，入口两侧则设置为空花栏杆，使佛殿的建筑立面呈对称均衡格局且视觉中心突出。因受汉式建筑的影响，底层架空的干阑式空间处理也在逐渐地趋向于地面化，如芒市菩提寺架空1.5米左右，五云寺仅架空不到0.6米，佛光寺就干脆直接落到地面上。

芒市型南传佛寺主要有菩提寺、五云寺、佛光寺，风平佛寺、三台山德昂族的邦外佛寺、陇川县户撒阿昌族的皇阁寺等（图3-1-99）。

（1）芒市菩提寺：芒市菩提寺是滇西南南传佛教"摆奘"派的著名佛寺，傣语称"奘相"，意为宝石寺。菩提寺之名系1940年中国佛教会等此大师到寺讲经时所取的汉名，据称源自于寺门前的一棵菩提树。

进入山门之后，即见干阑式宫殿与混合式建筑的佛寺大殿。大殿整体以36根木柱支撑立地而起，

图3-1-98（a） 大等喊佛寺佛寺用房　　图3-1-98（b） 大等喊佛寺大殿室内

图3-1-99（a） 户撒皇阁寺　　图3-1-99（b） 芒市三台山邦外佛寺

楼台距地面有近1.5米高的架空空间；楼台上的殿堂高10余米，中堂为佛堂，其两侧各连接偏厦，左为鼓房，右为观音堂；屋顶为二重檐歇山式结构，斗栱飞檐、翘角鸱吻，整个大殿外观杂糅了汉、傣佛寺建筑风格特点（图3-1-100）。大殿前的庭院里，设有戒堂、方塔形香火亭、高挑的幡竿，泼水节行佛像沐浴礼的浴佛亭，以及放有巨大牛皮木鼓的鼓楼亭等设施。其间又有一座小巧玲珑的重檐泼水亭，佛殿造型十分特殊（图3-1-101）。

大殿石阶两旁各设一只怪兽造像，其龙身、象头、鹿角、马腿、鸟翅，传说怪兽原为释迦的武官"混尚"，因对佛祖成道不服而相约比武，输了的"混尚"只得变成一头怪兽为佛祖守门。佛殿内部宽敞，正中供奉2米多高的释迦牟尼金身坐式塑像；其两旁各立一尊神像，左为"威士众"的主司善恶的男神，头戴金盔，右手执笔，左手执簿；右为"朗洼宋特立"的土地女神，赤脚边放着水罐，手理长发作滴水状；殿堂顶部挂满了各种汇集傣族剪纸、装裱艺术的佛伞、灯笼及彩幡等，四壁的绘画、雕刻等精美考究，富丽堂皇。

（2）芒市五云寺：五云寺与菩提寺毗邻，因寺前有5棵常年栖息白鹭群的大青树，远看如云，故

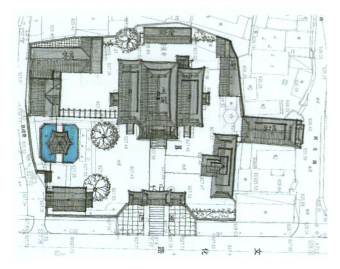

图3-1-100（a） 芒市菩提寺总平面图

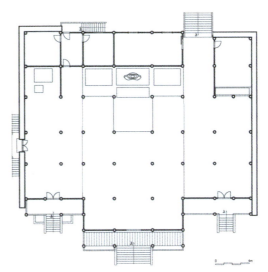

图3-1-100（b） 芒市菩提寺大殿平面图

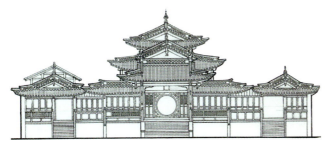

图3-1-100（c） 芒市菩提寺大殿立面图

图3-1-100（d） 芒市菩提寺大殿横剖面图

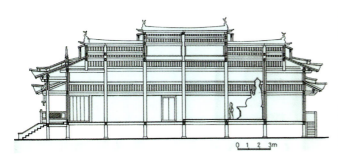

图3-1-100（e） 芒市菩提寺大殿纵剖面图

图3-1-100（f） 芒市菩提寺大殿立面（维修前）

图3-1-100（g） 芒市菩提寺大殿（维修后）

图3-1-101 芒市菩提寺大殿室内装饰

名"五云寺",当地傣语称为"奘罕",有"金寺"之意。

五云寺是德宏南传佛教"润"派(也称耿润)的佛寺,其历史悠久、规模较大。初建于清朝康熙四年(1665年),由泰国清迈来的左密灭长老设计建造并任住持。1946年重建,1984年再度修葺,基本保持原貌(图3-1-102)。

大殿坐西向东,修复时由干阑宫殿式改为落地宫殿结构。大殿为抬梁式木结构,三层重檐歇山顶,覆板瓦。屋脊设禽兽形鸱吻,脊角反翘。殿前有木栏杆、方格棂的横排走廊,中央开圆洞门,佛堂供3米多高的释迦牟尼佛祖坐式塑像。殿内还供奉着被视为佛寺瑰宝的"帕拉过勐"佛像,即1尊高约一尺的铜佛像,其为芒市境内第一尊佛像,据说是建寺之初由长老左密灭从泰国清迈带来的;也有的说是当时主持建寺的土司放廷定从缅甸迎请来的。

寺院内靠近山门一侧有1组金塔,由8座小塔环绕主塔,各座小塔的基座下面都设有佛龛,内置一尊小佛像(图3-1-103)。该寺是芒市境内现存的建寺最早、保存较为完整的南传佛寺之一。

(3)芒市佛光寺:佛光寺,当地傣语称"奘贺兴",意为珍藏地已布经书的佛寺,是德宏境内最大的"左底"派佛寺。

初建于清同治十二年(1873年)的佛光寺,据说开始是芒市二十世土司放庆禄请内地工匠给自己造的宫殿,因其建筑颇具内地皇城风格,竣工之时被告密,朝廷即责成龙陵厅官司员查处,土司只得借建佛寺之名掩盖,遂将另一佛寺内的陈设搬迁入其内,定为土司正印夫人的官寺,一般人不得进去拜佛。抗日战争期间,除下殿和南偏殿外,整个佛寺建筑均遭毁坏,1983年重新进行了修葺。

佛光寺建筑由正殿、南偏殿、牌坊式院门、亭阁及一组白塔共同组成。正、偏殿具有显著的汉式建筑风格,抬梁式结构,三层重檐歇山顶,覆盖青筒瓦,四周镶嵌板壁,门窗为精细的方格棂条,两殿雕梁画栋,殿堂内供有释迦牟尼佛坐式塑像。正殿佛像身边还围坐了8尊小的罗汉像(图3-1-104)。而白塔和亭阁却是典型的傣家建筑,亭阁高约4米,单开间木结构,重檐六角形攒尖顶;白塔则为砖砌实心的笋塔群。主塔高约10米,有16座平均高度约3米的小塔环绕而立。塔尖装有银伞,伞上悬挂黄、白色铃铛,配以塔身耀眼的白色,阳光下的笋塔熠熠生辉,风起铃声四扬(图3-1-105)。

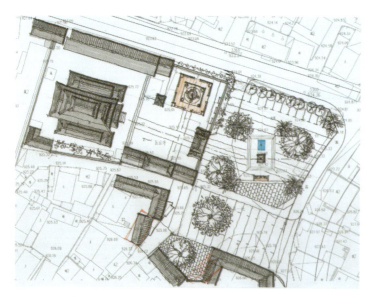

图3-1-102(a) 芒市五云寺大殿总平面图

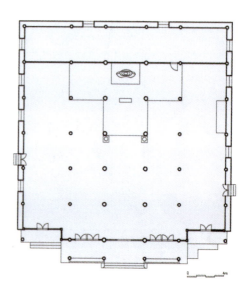

图3-1-102(b) 芒市五云寺大殿平面图

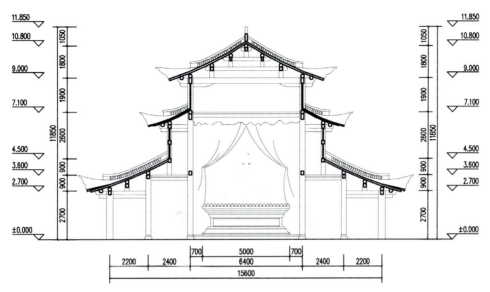

图3-1-102（c） 芒市五云寺大殿剖面图

图3-1-102（d） 芒市五云寺大门（重修后）

图3-1-102（e） 芒市五云寺大殿（新建后）

图3-1-103（a） 芒市五云寺佛塔

图3-1-103（b） 芒市五云寺泼水亭

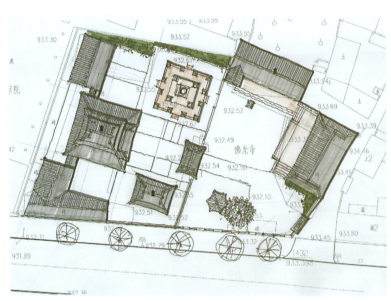
图3-1-104（a） 芒市佛光寺总平面图

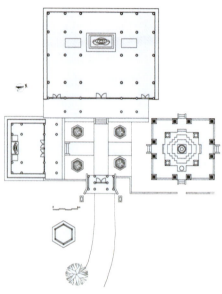
图3-1-104（b） 芒市佛光寺平面图

图3-1-104（c） 芒市佛光寺建筑群

图3-1-105 芒市佛光寺佛塔

第二节 平步青云的道教宫观

一、云南道观的兴衰历史

道教是源于中国本土的一种多神信仰的宗教，以延年益寿、飞身成仙为主要目的。

汉顺帝（公元126～144年）时，沛国丰（今江苏丰县）人张陵入蜀，居于鹤鸣山中，在假借太上老君御造作道书的同时，广泛吸收四川地区少数民族的原始信仰，创立"五斗米"道。张陵死后，其子张衡继续传道于蜀，其嗣张鲁复继父业。汉末，张鲁在汉中建立政教合一的割据政权。魏晋时期，四川地区的"五斗米"迅速发展，百姓官员"竞共事之"[57]，西晋末年，"敬信巫觋"[58]的巴夷賨民在四川建立成汉政权以后，以"民奉之如神"[59]的川西本道教首领范长生为相，加号"天地太师"。范长生即以国师身份大张旗鼓地弘扬道教，使四川的"五斗米"空前兴盛。至唐，随着"五斗米"道的逐渐衰落，经过改革的中原道教回传四川，形成与佛教一争高下的势头。宋、元之际，是中国道教发展的又一繁荣时期，"全真教"、"真大道教"、"正一道"一时并起，管领南北。降及明、清，政府对佛、道加以控制，"非赐教不得建寺观，非受度不得为僧道"[60]，道教的发展逐渐日落西山。

据四川是道教之发展地来推断，汉、晋之时或应有原始道教传入云南。至唐，有《南诏德化碑》载："恭闻清浊初分，运阴阳而生万物；川岳既列，树元首而定八方……官设百司，绍开祖业，阐三教，宾四方，阴阳序而日月不忒，赏罚明而奸邪屏迹"。辅以今云南巍山民间流传的许多有关吕纯阳到当地布教的传说，唐时已有道教传入云南应是确切无疑的事实。元、明时期，道教在云南各地得到了广泛的发展。如元初，邱处机弟子宋德方入滇东传教，全真教由之传入云南。明初，又有长春派始祖刘渊然进入云南弘扬道教，"由是道以日兹，行是以茂"[61]。使云南地区的道教影响达到鼎盛，汉族，彝族、白族、纳西族等少数民族也多有信奉。为了加强对道教的控制，明朝政府还在昆明设立了道教提点司，其下分设道纪司，管理云南全省的道教事务。及清，云南地区的道教仍很活跃，先后有武当山、青城山道士陆续进入云南巍山、保山、昆明、昭通、临沧、丽江等地区，开馆弘法，信徒颇众。清末随着佛、道的融合，两者的真质本义逐渐混淆不清，云南道教也即告衰颓。

作为道士修道、祀神和举行宗教仪式的场所，道教"宫观"，是道宫和道观的合称，"道家之居曰神丛，曰宫，曰观"。道教宫观源于张陵所设的二十四治[62]。"治"为五斗米道的传教地区，其治所亦为道士祀神修道之所。至晋，或称"治"，或称"庐"，或称"靖"（又作"静"），东晋始称"馆"，北朝始称"观"。其始，山居修道之人皆居山洞，旁筑馆舍，故曰"馆"；后始立馆于都邑。"观"者，观望也，登之可以远观之意。由此可见，馆、观之义在当初是不相同的。至唐，改馆为观，其义趋一。唐、宋以后，道观大兴，其中大者又别称"宫"，道教宫观之制最后形成。

魏晋南北朝时，由于道教中心的东移，西南地区的道教影响有所下降，而定于此时的"十大洞天"、"三十六小洞天"、"七十二福地"等，在西南地区所占的比例陡然下降，不隶中原。

隋唐时期，随着统治者提倡道教，敕州祀奉老子，中国的道观兴建形成高峰。与此相应西南地区的道观兴建，也迎来了自己的第一次兴盛，大大小小的宫观遍于以四川地区为主的西南各地。据《新纂云南通志》称："新兴玉皇阁、蒙化悬珠观也均始建于此时"。与前期相比，这一时期兴建的道观，疏远了与原始神祠以及真人结茅的种种联系，其规模、格局以及建筑特色都达到了一定水平。

宋、元时期道教最为兴盛，道观的兴建有了更大的发展、更大的规模和更严的制度。据《新纂云南通志》称："清时尚存的昆明长春观、元江万寿宫、黑盐井玉皇阁等均建于此时"。这些道观的出现，不仅标志着道教势力在云南少数民族地区的进一步渗透，也标志着道教的影响在这此民族地区的空前增加。

由于全真教的兴起，且全盘吸收了佛教"十方丛林"之制，从而使此时兴建的道观穿上了严肃的外衣，一切有了严格的制度。

至明时，"非赐教不得建寺观"，云南的道教宫观兴建与中原一样，受到了中央王朝的控制，发展速度有所减缓。以《新纂云南通志》所记为限，可以肯定，建于明代的道观计有103所，分布于整个云南地区（表3-2-1）。

明时，云南兴建的道观规模更大，组群配合成为一时风气。如昆明西山三清阁，原为元代梁王避暑行宫，至明洪熙、宣德年间（1425～1435年），在世袭镇守云南的沐氏支持下，于山上大兴道观，形成一组气势非凡的群体建筑。明末，徐霞客游太华山，称山上寺观"如蜂房燕窝，累累欲堕"。寺有南、北二庵：北庵有灵宫殿、纯阳殿、玄帝殿、玉皇阁，抱一宫，"皆东向临海，嵌悬崖间，极为陡峭"；南庵有雪神庙、三佛殿、寿福殿、关帝殿、张仙祠、真武宫等，"崖更崇列，中止漾坪一缕若腰带，下悉矗阪崩崖，直插海底；坪间梵宇仙宫，次第连缀。"更南则庵尽崖不尽，穿壁覆云，重崖拓而更合[63]。

在云南众多的道教建筑群中，尤以巍宝山的影

明代时期云南道观兴建简表　　　　　　表 3-2-1

地区	寺数	备注	地区	寺数	备注	地区	寺数	备注
昆明	6		赵州	2	今凤仪县	寻甸	3	
富民	2		浪穹	2	今洱源县	宝宁	1	今广南县
宜良	1		宾川	2		澄江	3	
昆阳	5		剑川	3		江川	1	
安宁	3		鹤庆	2		新平	1	
晋宁	3		蒙化	2	今巍山县	广西	3	今泸西县
禄劝	2		云龙	1		宁州	1	今华宁县
禄丰	1		丽江	5		通海	1	
楚雄	3		永北	1	今永胜县	阿迷	1	今开远市
镇南	1	今南华县	保山	4		蒙自	2	
姚州	1	今姚安县	腾越	1	今腾冲县	个旧	2	
大姚	1		顺宁	2	今凤庆县	建水	1	
广通	3		陆凉	1	今陆良县	石屏	1	
武定	1		平彝	3	今富源县	元江	1	
元谋	1		宣威	1		他郎	1	今墨江县
琅盐井	3	今牟定琅井	马龙	3		景东	8	
云南	3	今祥云县	师宗	1		威远	2	今景谷县

响最大。巍宝山位于云南巍山县东南，南诏时期山上已有道观兴建。明时，复建准提阁、甘露亭、极恩殿、文昌宫、主君阁、玉皇阁、斗姥阁、三皇殿、观音殿、财神殿、太子阁、朝阳洞、元极宫、培鹤楼、含真楼、道源宫、云鹤宫、长春洞、望鹤轩等大小宫观20余所，成为西南地区影响仅次于四川青城山的又一处道教名山（图3-2-1）。

清朝时，伴随着中原道教各派的次第衰落，直接受制于道教影响的宫观兴建日渐稀少。但因云南地区偏离中原最远，受中原道教盛衰的影响也最弱，加上清末社会政治局势纷乱对云南地区的影响极大，道教势力复有抬头，道观的兴建基本上保持了前代的兴建势头。据《新纂云南通志》载："清末云南地区共有道观465所，可以肯定建于清代的约有142所，足见其道观兴建仍然很盛"（表3-2-2）。这与中原道观的急剧衰落正好形成鲜明对比，不仅如此，在整个465所道观中，大多数均为清嘉庆年间以后重修与新修，反映了由于鸦片战争以后政局不稳而使云南地区道教势力有所恢复的趋势。

这时期兴建的道观，多以增建、扩建形成规模，而新建规模可观者极少，仅以昆明太和宫为例可见一斑。太和宫位于昆明市东北，俗称"金殿"。明时已有相当规模，计有真武殿（即金殿），左、右雷神殿，王天君殿，左、右经房，震亨楼，三元阁，左赤脚大仙殿，土地殿，观音殿，第一天门天君殿等近20余所殿堂，"自上帝以至诸真殿阁井井"[64]。至清，鉴于斗母"实为万仙慈母而岁祀不与"，清康熙年间（1662~1722年）复有信徒"助缘建阁于金殿之右"[65]，号斗母阁，随后，殿阁增建更多，依次为：清光绪十六至十八年（1890~1892年），新建雷神殿18间；十九年（1893年），新建棂星门；二十年（1894年），新建山门八字围墙；二十二年（1896年），新建客堂、戏台、太乙宫、土主殿；二十八年（1902年），新铸格门10扇，飞仙走马沟头滴水；

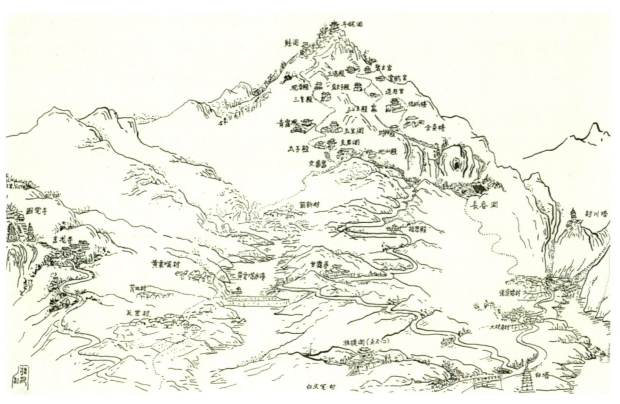

图3-2-1 巍山巍宝山道观建筑群示意图

清代时期云南道观兴建简表　　　　　　　　　　　　　　　　　　　表 3-2-2

地区	寺数	备注	地区	寺数	备注	地区	寺数	备注
昆明	8		浪穹	1	今洱源县	寻甸	5	
呈贡	2		宾川	1		会泽	3	
易门	1		剑川	5		永善	1	
安宁	2		鹤庆	1		大关	6	
嵩明	2		蒙化	2	今巍山县	鲁甸	3	
晋宁	3		云龙	1		文山	2	
禄劝	2		丽江	1		邱北	1	
罗次	3	今禄丰碧城	永北	1	今永胜县	澄江	19	
镇南	1	今南华县	维西	2		江川	1	
姚州	2	今姚安县	缅宁	1	今云县	新兴	1	今玉溪市
大姚	7		保山	8		路南	1	
定远	1	今牟定县	腾越	3	今腾冲县	新平	7	
武定	2		顺宁	1	今凤庆县	广西	1	今泸西县
元谋	1		龙陵	1		通海	3	
黑盐井	1	今禄丰黑井	南宁	5	今曲靖市	河西	3	今通海河西
白盐井	2	今大姚白井	霑益	5		阿迷	1	今开远市
琅盐井	1	今牟定琅井	罗平	2		蒙自	2	
云南	3	今祥云县	平彝	2	今富源县	建水	1	
赵州	1	今凤仪县	宣威	4		石屏	2	
邓川	1	今洱源邓川	马龙	2		景东	2	
太和	1	今大理县						

三十年（1904年），新包铜亭12座，新添打磨石栏杆12板；三十二年（1906年），新建二天门下圣母殿1间；三十三年（1907年），修筑围墙70余丈；三十四年（1908年），新建龙王庙1间。

清宣统元年、二年（1910年），新修大客堂3楹。三年（1911年），新修二天门牌坊3楹。民国时期又先后新建了三丰殿、王马天君殿与两廊客堂，补修雷神殿、钟鼓楼、魁星楼、头天门牌坊、棂星门牌坊、后净宫宫楼、三天门牌坊、净乐宫大殿、太乙土主殿等，形成主建筑为4宫10殿的庞大格局，同时也成为云南地区著名的道教圣地。

由于云南地区少数民族杂居的特点较为突出，反映在道观兴建上的一个显著特点，就是土主与道观并存糅合，不够纯粹。另外，随着商业往来的频繁与会馆在滇的大批修建，一些其他省份特别具有影响的宫观也在云南地区分建，从而形成云南道观建筑的又一地方特色。

二、云南道观的选址布局

（一）云南道观的分布特点

根据文献和实地调研所了解，云南道教的活动场所主要集中在滇中的昆明、玉溪及周边，滇西的大理、保山，滇南的红河、临沧，滇东北的曲靖、昭通等大致的4个地区（图3-2-2），有着分散与集中并存的特点，即在汉族地区分布比较广泛，而在少数民族地区分布则相对集中。各地区道教的发展程度与特色不尽相同，道教宫观的类型、选址、布局与建筑形制等方面也都有明显的差别。因受历史发展与文化因素等方面影响，道观建筑发展至今，以广布或集中的形式分布在云南各个地区，且各地区保留至今的道教宫观数量不一，具体表现为：

1. 滇中地区

（1）昆明地区：滇中地区深受汉文化的影响，昆明更是汉文化最为繁荣昌盛的地区。现保留的道教宫观集中于市内、市郊，得到了良好的保护。白塔路的真庆观、官渡的万寿宫、黑龙潭的黑龙宫与龙泉观、鹦鹉山的太和宫金殿都成为重点文物保护单位，成为著名的历史遗迹保护区与人文旅游风景区。这4座宫观场所都有道士从事道教活动，香火旺盛，但周边如呈贡、嵩明、宜良祭神宫观保存的情况不好，只有民间信徒持守，很多都已经年久失修。

（2）玉溪地区：玉溪地区虽然同昆明一样是云南受汉文化影响较深的地区，但道教不如佛教兴盛，道教活动与宫观的数量甚少，仅有通海县秀山的玉皇阁有道士住持。玉溪地区的道教建筑选址都邻近了风景秀美的山川和林岳或清澈的池水和响泉。除通海玉皇阁为大型的道教宫观，其余道教建筑多数都以供奉当地的龙王俗神为主旋律的小型建筑，也都建在市郊，交通方便。

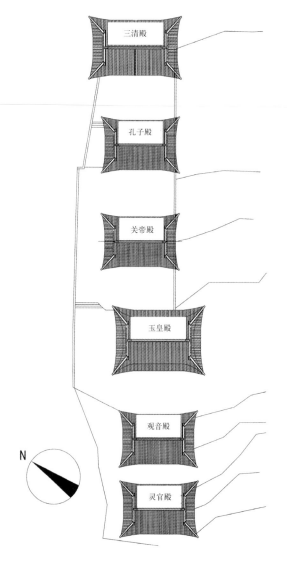

图3-2-2 泸西桃笑玄天阁平面图

2. 滇西地区

（1）大理地区：滇西是云南省现今道教最为发达的地区，宫观分布最为集中。其选择与布局深受当地文化等因素影响。其中大理巍山地区是全省的道教圣地，有正一、全真两派道士住持的道教活动。而且古城内还有东岳宫、玉皇阁；城郊有西纸房村三官寺；玄珠山玄珠观；在道教名山巍宝山的前山与后山中，更分布有文昌宫、青霞观、三清殿等12座道观，可见巍山地区道教的繁盛。

历史上在大理地区有著名的瑞鹤观、栖鹤楼等道教宫观，但如今已经荡然无存。遗存下来的著名道教宫观分布在大理的祥云、弥渡、云龙和永平等各县，类型丰富。其中以玉皇阁和东岳宫最多。

（2）保山地区：保山、腾冲地区是云南道教文化又一发达地区，其不仅是因为分布广阔，而且拥有著名的名山道场。保山地区以市内的太保山玉皇阁最具影响力，其有全真龙门派坤道道长及十几名弟子弘扬道法，拥有众多香客。整个保山市的正一、全真两派道教兴盛于佛教，仅在隆阳区，道教经历了几十年的宗教文化传承与发展，已有宫观12座，全真道坤道29单，信教群众有23000余人，道教兴盛可见一斑。而腾冲地区受汉文化思想的影响崇尚道教文化，不仅在村落里有大量的祀神寺观，更具有著名的云峰山道教建筑群，形成具有规模的道教神仙宫邸。资料记载整个腾冲地区有道教建筑十几处，笔者走访调研的7处，均分散在县中的各个乡镇，类型丰富，但建筑风格都内含了腾冲地域特色。

3. 滇南地区

（1）红河地区：红河州弥勒、泸西、蒙自、建水等地也曾是道教建筑集中的地区。从《红河州文物志》可知，全州大量县、镇都有兴建的文昌宫或者城隍庙。出现过"文昌文化"与"城隍文化"的兴盛。但在调研过程中了解，许多在记载的文昌宫观建筑和城隍庙建筑等道教建筑已经无处可寻，或者破坏严重或者另作他用。如弥勒市的弥阳文昌宫，一层作为当地的文物管理部门的办公室；在弥勒竹园镇、朋普镇的文昌宫已经没有当地居民知道，无法准确地推断其是否存在。蒙自新安所镇的城隍庙已被民居占据，丝毫看不见记载的宫观样式；建水城隍庙，也未有居民听说，疑似是现在小学中的库房。另外，蒙自的玉皇阁虽保存完整，但已全被佛教协会管理。

现今红河地区保存和修葺完好的道教神仙宫观有个旧的宝华山寺、泸西桃笑玄天阁（图3-2-3），和一些民间自己维护的村落寺观等，但红河地区未见道士的活动。

（2）临沧地区：与红河地区相比较，临沧地区是滇南道教文化相对兴盛繁荣的地区，因在地理位置上更靠近滇西大理、保山地区，方便道教文化与活动相互交流。据史料载，临沧地区在明朝时期就建有了道教宫观，清代有道士的活动的记载。按《新纂云南通志》说，此地共修建了大约77所道观，道人达几百人。"文化大革命"后，经政府同意开放恢复的道教宗教活动的场所有临沧县、云县和凤庆县等地区的11所道观。其中临沧县有4座道观，3座在城内，有龙门派坤道住守，1座在县郊；凤庆县有6座道观、2座在县城内，1座在县郊，3座在山林当中，皆有道士住持；云县有1座，在县城内。

4. 滇东北地区

（1）曲靖地区：滇东北的道教宫观散落于几处城镇和村落中，对地区的道教活动影响不大，没有形成地域上的规模，但道教建筑建设的地区仍有道士的活动场所，成为全省著名的道教宫观。会泽县是曲靖地区的道教宫观建设的代表。如会泽古城的文昌宫在南门外近郊金钟山上，有道士举行道教活

图3-2-3　泸西桃笑玄天阁

动，其余大部分道教建筑集中在古城内，且在南方家族传统文化的影响下，形成与会馆商贸、同乡集会相结合的多功能场所，而非纯粹的道教场所，现在会泽古城内共有这样的道观场所5座，具体详见第六章同乡会馆中的介绍。

（2）昭通地区：道教约在东汉末年就由四川传入昭通地区，是与二十四治的稠粳治地域包括今云南昭通、曲靖北部地区有关。以此开始，道教文化与当地傩文化结合，在道教几次传入过程中，道教神仙宫观也逐渐选择了昭通的土壤。据有关资料统计，昭通地区有八所正式登记的道教场所，如今昭通的大龙洞、西岳宫，威信县文阁庙，鲁甸的玄天观等都是著名的道教宫观场所。

（二）云南道教的选址意象

关于道教宫观的选址，主要有两种情况：一种是山林型道观，即在深山名川建造寺观，为道士修身之所，如著名的四川都江堰青城山道教道场、湖北武当山道教道场等，另一种是城市型道观，在城镇或村落之中建立宫祠，为地方民众祭神膜拜，如著名"全真第一丛林"之称的北京白云观、"武庙之祖"的山西运城解州关帝庙。其实两种选址的来源，不外乎是"自然神灵崇拜"与"祖先崇拜"。

云南的道观也存在这两种情况。以临沧地区的2处宫观为例，凤庆石洞寺为典型的山林型道教宫观。从县城出发到经过荒凉的盘山路到寺门，有30多公里，交通不便利，但林间幽静，建筑古朴，古茶清香，符合道士对修身场所的意境追求。石洞寺以"石洞"出名，传说的其开山祖师梅覆贤道长受吕洞宾点化，就在这样环境的石洞中修炼（图3-2-4）。而位于临沧县临翔区南塘街的三清宫，则属于"平地起宫"选址在城市中的代表。其始建于清同治八年（1869年），现主要有山门、洞经楼（观音殿）、三清殿（正在修建）三大殿堂及厢房配殿组成三进院落，形成一条轴线，总占地面积为1540平方米，为全真龙门派寺观，是临沧城内主要的道教活动场所（图3-2-5）。

不仅在云南，几乎所有"山林型道场"的选

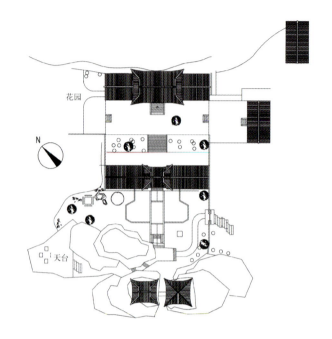

图3-2-4 凤庆石洞寺总平面图

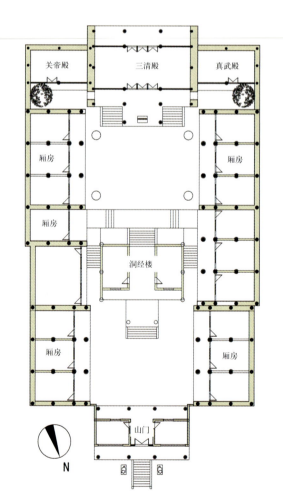

图3-2-5 临沧三清宫平面图

址，都非常倾向于人烟稀少的崇山峻岭，这是为了满足道家或道教信徒出世、修炼成仙等心理要求的体现，包括三个方面：

第一，选择名川大山、壶门胜景，在观念中更接近于通神灵。道教作为具有神灵崇拜的宗教，相信其崇拜的神灵府第就在秀丽险峻的名山，在这里修建宫观道场是为了与神仙相邻。

第二，渲染气氛、增加自身的神秘色彩。注重意境、超脱凡尘的环境气氛渲染，始终是道教建筑的一大主题，也是其精髓所在。道教信徒将自己隔于山中，脱凡脱俗，俨如神仙。

第三，追求修炼成仙、得道升天。道教选择深山幽谷作为生活之处，更容易吸收自然灵气，得道成仙。成仙思想是道教信徒最终境界，这是道士们在宗教信仰支配下的神圣选择，也是他们生活的主要目的。道教主张清静无为，其认为只有接进自然才能"清虚自持"、"返璞归真"、"俭朴隐居"，以至于最后延年益寿、脱凡成仙。所以，自道教创立以来，道士借助远离尘嚣的自然山川之灵气，深居简出、潜心修炼，试图通过这种"隔凡"的生活方式来达到生命永驻的境界。虽然他们一次次地失败在"反抗死亡"的活动中，但在思想追求上从未放弃。有些道观建筑并不主张高屋大堂，而是更崇尚洞殿结合的方式，便于在洞中修炼。可见，道教对所追求的自然仙境有充分的思考。而选择的山形地势主要有昆仑山模式、蓬莱山模式和壶天模式3种模式，其中昆仑山和蓬莱山是道教的两大神山。

1. 昆仑山模式

居于西北方的昆仑山自古就被认为是神山仙境，《山海经海内西经》曾记载："海内昆仑之虚，在西北，帝之下都。昆仑之虚，方八百里，高万仞。上有木禾，长五寻，大五围。而有九井，以玉为槛。面有九门，门有开明兽守之，百神之所在。在八隅之岩，赤水之际，非仁羿莫能上冈之岩"。昆仑神山的基本特征：即空间上是孤立封闭的山川，位置险远，凡人无法到达，强调高峻险绝的特点。

滇西腾冲县固东镇的云峰山寺，即是追求昆仑山境界的代表。云峰山早已冠名为道教仙山，海拔2449米，相对高度700米。道教建筑群始建于明朝初年，现存主体建筑有王母宫、灵官殿、吕祖殿及云峰宫4组建筑。远远望去，云封雾锁之中云峰山拔地参天，孤峰凸起，而山顶一座三层殿宇矗立于云端，气势磅礴。从山脚到云峰山道教建筑群山门（王母殿），要走三个小时的山路，再经近70°的陡坡"三折云梯"才能到达山顶。而最上的那座"云峰帝宫"才矗立眼前，俨然体现出山高难越之境界（图3-2-6）。

图3-2-6　腾冲云峰山云峰寺

2. 蓬莱山模式

蓬莱仙山是东海三神山之一,是中国神话传说中著名的海外仙山。《史记·封禅书》:"自威、宣、燕昭使人入海求蓬莱、方丈、瀛洲,此三神山者,其傅在勃海中"。战国时期,蓬莱仙岛已成为方士所鼓吹的神仙宫殿的最佳选址,受到秦始皇、汉武帝的追捧。其强调的是海中孤立、脱离凡尘的特点。这种情况在云南少见,历史上澄江抚仙湖中央的岛屿曾有祭神场所,类似蓬莱仙山模式。

3. 壶天模式

在道教神话传说中,还有以"壶天"或"洞天"为仙境。"壶"意为葫芦,是古代先民和民族地区常用的生活容器,也是道教崇尚的传统仙器与法宝。据葛洪《神仙传》中记述:"有仙人称壶公者,悬壶卖药,夜则归壶中,有人随壶公入,见其中神仙世界,楼台重门阁道"。壶天模式就如同葫芦一样,口小肚大,空间闭合,充满神秘色彩,强调了隔蔽的特征,所以道教的"洞天"、"福地",大多数都采用了这种"壶天"的模式。

"长春洞"藏于巍宝山西麓,处于苍松古柏包围之中,整个建筑占地面积1656平方米,建筑面积1143平方米,由山门、前殿、正殿、道舍和花园等构成。大殿和前殿始建于清康熙五十四年(1715年),在院中抬望四周为秀丽的群山,犹如身在洞中;临到下雾的时候,长春洞更如仙境。

而在城镇或村落中"平地起宫"兴建的道观,其目的性远大于道教教徒的心理需求,即为民众提供了宗教膜拜的场所。

(三)云南道观的布局类型

云南道观的总体布局,主要以不同规模大小的院落自由组合而成,具体可分为院落式、八卦式、自由式以及其他形式。

1. 院落式

道教作为中国本土宗教,自然不会放弃中国传统的院落型建筑空间格局,道教建筑从最初的"治"的平面形态,就开始用院落式布局。云南的道教宫观,以院落型为最普遍的空间布局形式,把功能和精神需求相结合,融合成一种相对固定的"道教建筑空间序列",即将山门、前殿、主殿、后殿等建筑依据上述的种种因素或规律或自由的布局,满足道士、香客、旅游者等众人各自不同的使用与心理需求。这种院落型空间又可分为单进院、对称院和自由院落。

(1)单进院落:这是云南道教建筑最常用的一种平面形式,主要是一些规模小的乡村道观,信众只有民众信奉者。还有一些道场所受到破坏,在恢复后仅存一进院落,如红河洲建水县的河湾村三官庙、高坡村斗姥阁,临沧市凤庆县的香灯街三清观,后山乡盘陀寺及大理地区部分小道观寺院等,都保留了这种形式。

三官庙与斗姥阁几乎都是乡村单进院落道观的代表。三官庙始建于明弘治十三年(1500年),附近居民为汉族。建筑面对河湾,采用四合五院的传统民居样式。殿门后翻修,为歇山顶、正殿硬山,较特殊。史料记载斗姥阁始建于清嘉庆年间(1796年~1820年),现在的斗姥阁是在原庙的后方重建的,坐西北向东南,大殿供奉斗父、斗姥。两个配殿供奉三世佛、地藏王。厢房简陋,构成有影壁的三合院形式,由3位居民管理(图3-2-7)。

(2)对称院落:采用对称院落布置的道教宫观往往有一定的级别,这种形制的道教宫观建筑,多数是由封建君主敕建或封号或支持建设的。一般的中轴线对称布局形式,主体建筑在中轴线上,再配以厢房、周边跨院,凸显对称格局,如仿宫殿。但云南地处西南边陲,国家开发强度不够,再者云南属于山地地区,缺乏平整开阔的场地,导致有规模的对称宫殿式道教宫观建筑少之又少,往往仅在汉文化影响较强的地区少量出现。在云南,对称式的院落格局的道教宫观建筑有着特殊的形式:

1)规模小。虽然仍然有严格明确的对称轴,但规模与中原地区同种类型的宫观相比,其建筑规模具有天壤之别和出现严重的缩水现象。如巍宝山大型的宫观建筑玉皇阁,规模也只有三院四进。通海杨广乡小兴村三圣宫,为三进两院式的道教宫

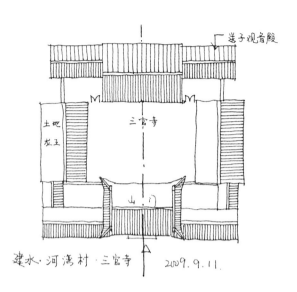
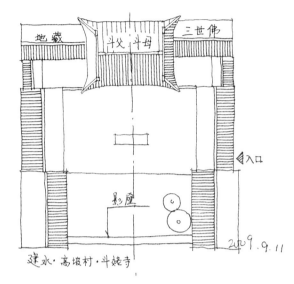

图3-2-7（b） 建水高坡村斗姥阁平面示意图　　图3-2-7（a） 建水河湾村三官庙平面示意图

观，其布局完全对称，由大殿、前东西两厢、前殿及前、中、后的6个厢房等组成，外围墙呈船形，墙外双溪环绕而过。大殿供奉佛、道、儒三圣、三官、王母、地母（图3-2-8）。

2）就山势。道教建筑在云南一般都是按照自然山势的起伏错落成院的，对称规整的院落也可以依山而建。其常常依靠山地的高差，借山势取雄，从而壮大自身的形象。在孤峰等特殊地貌背景上，是占坡叠置、据水而旷的布置。如位于和顺古镇东边水碓村的腾冲元龙阁，为一组"三教合一"的建筑院落，从前牌坊、龙王殿、三官殿、魁星阁到观音殿，每一建筑院落都在不同的坡地标高，巧妙地利用平台踏步将各个群落有机地组合在一起，形成富有变化的竖向空间，使进深不大的院落显得不再局促，表现出高超的建筑布局技艺。

（3）自由院落：自由的院落更靠近传统的民居建筑，其往往依据地形地势的肌理伸展平面空间，多由高到低安排鲜明的层次，形成优美轮廓，但轴线不会十分的明显，两侧的厢房、跨院既不对称也不均衡，或同时出现多条平行轴线。

红河洲泸西县的桃笑玄天阁，有着倾斜的轴线。整个建筑群体由六座正殿拾级而上，由院墙组成院落，分为两组，每组分别错开半个开间。而腾冲和顺乡的"魁阁"也是由多条轴线组合的例子，其位于和顺古镇西南石头山中，也为"三教合一"的建筑群，由数栋建筑灵活布置成3条不同轴线的院落格局，各楼阁殿宇随自然的地形、地势逐渐升高，横向水平则以韵律节奏的石栏，使3组院落跌宕起伏。

2. 八卦式

在道教建筑的布局形式中，有一类特殊的"八卦式"布局，其按照八卦的八边形组成建筑群体，具有很强的图案形态和象征意义。这种八卦式建筑布局形式，按建筑空间划分应该算作是合院式的一种变体与拓展，成为道教建筑布局中的另类手法，可从江西省三清山丹鼎派雷神庙建筑体现其布局的奇特之处。三清山雷神庙的天一水池、龙虎殿、涵星池、王祐墓、詹碧云墓、演教殿、飞仙台八大建筑，都围绕着中间丹井和丹炉，按八卦方位排列。其中，宫观的南北轴线长于东西，其他建筑都在这条中轴线的两端一一展开，构成一个严密的建筑体系。这正是体现道教内丹学派取人体小宇宙对应于自然大宇宙，同步协调修炼"精气神"思想在建筑上的反映。

在云南地区，八卦式的道教建筑布局并不多罕见，据资料记载的祥云玉皇阁（今位于祥强街）即

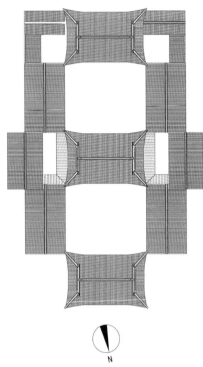

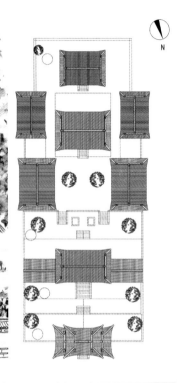

图3-2-8（a） 通海三圣宫平面空间示意图　　图3-2-8（b） 巍宝山玉皇阁鸟瞰图（图片来源：《云南古建筑白描》）　　图3-2-8（c） 巍宝山玉皇阁平面空间示意图

按乾南、坤北、离东、坎西的先天八卦布置建筑格局[66]。在实地调研中，祥云玉皇阁建群由8座建筑组成矩形的院落平面，虽不是明显的八边形，却十分特殊，不能算作合院形式（图3-2-9）。建筑群以天子台为中心，玉皇阁在乾位，老君楼在坤位定出子午线；新翻修的观音殿与保存的灶王殿分别占巽、震两卦。

而巍宝山的长春洞，则在各个方面资料中都确定为八卦格局。根据实地测绘情况，其布局不是严谨的八卦型。长春洞占地不到2亩，是其独特和精巧之处。史料记载长春洞的主殿为坐东向西，是按先天八卦的坎离方位布置的，所以又称"坎离宫"，但实地测绘是坐东南向西北（坐巽向乾），据当地道长介绍，也曾有道教专家来测量过并提出了异议。但在查阅资料后的理解是，因为先天八卦只有"象"没有"向"，坎离不代表方向，只表示水火交融、阴阳并济的象征意义。这样，"坎离宫"的名称就解释了。但是否在历代重修的时候发生了变化，还是出于其他原因导致了坐向的记载与实际的出入，仍有待研究。

3. 自由式

自由式是以适应自然地形地势，与山水环境结合的灵活布局方法。建筑群体在山地布局时，一般沿山地的等高线自然展开，随形就势，分级而建，如临沧灵山寺即为此格局。

灵山寺由山下通向建筑的路径，灵活地处理成甬道或台阶，依次贯穿着朱雀亭、财神殿和凌霄宝殿等。这些建筑建于层层叠落的台基之上，没有明确的轴线，也没有组合成完整的院落，却创造出引人入胜、变化自然的序列空间（图3-2-10）。

昆明西山的三清阁也为自由式布局的典型代表。其原本是元梁王的避暑台，明初改建为玉皇阁，后因道教宫观的建设兴起，又先后增建了灵官殿、三清殿、三丰殿、吕祖殿、元帝殿、真武殿、七真殿、张仙殿、老君殿、抱一宫、飞云阁、斗姆阁等，逐渐发展成为"九层十一阁"的嵌壁建筑

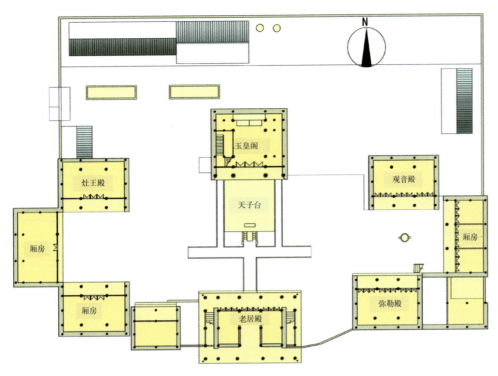

图3-2-9（a） 祥云玉皇阁总平面图

图3-2-9（b） 祥云玉皇阁老君殿

图3-2-9（c） 祥云玉皇阁

群，统称"三清阁"（图3-2-11）。三清阁各个建筑近年来重修，现今发展为旅游胜地。人们可从峭壁下的龙门村拾级而上，沿着1000多级石阶蜿蜒前行，穿古柏之路入云间之上可到罗汉山崖，而眼前的三清阁建筑群按地势建造在绝壁上，全靠锤凿而得立足之地，各殿沿山壁而上，层层叠叠，鳞次栉比，体现道家"神仙"思想所营造的空中楼阁。在建筑风格上保留有明、清建筑的特点。从三清阁往上有龙门石窟，石窟凿于罗汉崖悬崖绝壁上，为全滇最大道教石窟。

4．其他形式

（1）拼连式：与多进院形式不同的是，这种形式如同用单进院在横向上连拼，形成横向的跨院。这种布局与院落式不同的是没有明确的建筑布局轴线，主体建筑也不在显眼的位置。如建于弥渡双花乡坡顶的王母阁，主要是因为坡顶地势狭窄，才导

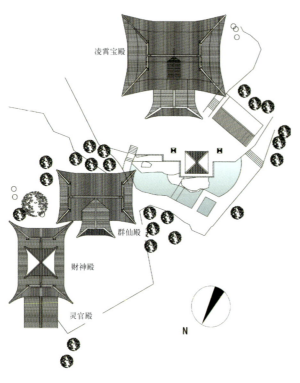

图3-2-10 临沧灵山寺总平面示意图

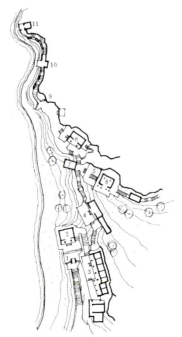

1."三清境"牌坊；2.灵官殿；3.新建茶室；4.真武殿；5.凌云阁；6.玉皇阁；7.祖师殿；8.老君殿；9.别有洞天；10.慈云洞；11.达天阁及"龙门"石坊

图3-2-11 昆明西山三清阁平面位置示意图

致了其选择了横向拼连式。王母阁总占地2990平方米，建筑面积894平方米，由两个三坊一照壁格局的院落横向连拼组成，厢房作为过厅。但整体的体量较大，正殿为宫殿楼阁形制，不与一般大理民居相同。主要殿宇为王母阁、地母阁，均为三开间，不分主次；三教同源殿夹在其间，建筑形制较小（图3-2-12）。

（2）组合式：将合院式与自由式组合为一体，不仅充分利用了地形地势，形成面、线、点相结合的格局，使建筑群落布局丰富。如建于明代的腾冲

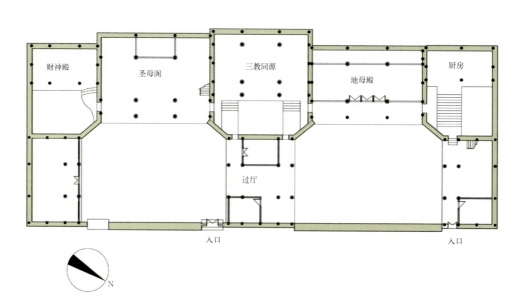

图3-2-12 弥渡双花村王母阁平面图

县洞坪村皇阁寺，是当地著名的祭神场所，整体建筑群在半山腰，山门前的月台可以俯瞰整个腾冲县城。第一部分为三进院落，由关帝殿、观音殿和玉皇阁组成，在玉皇阁背后又有一组陡峭的台阶，通过去可以上到新的一层平台，在平台上有斗姆殿、王母宫、老君殿等建筑横向散列布局（图3-2-13）。

三、云南道观的建筑形态特征

对于云南道教宫观的建筑形态特征论述，主要在上述分析总结的基础上，重点以滇西大理、巍山、保山、腾冲的道观实例为主，兼顾滇中昆明和滇南其他地区的道观建筑来具体分析，有部分内容也会在其他章节中有所分析。

（一）滇西道观

滇西地区是云南道教建筑的集中地，以巍山巍宝山、腾冲云峰山为代表，其中巍宝山既是中国西南部的道教名山[68]，也是南诏的发祥地[68]。在巍宝山的南北两侧，散布有大大小小的道教宫观20余座，其中以清霞观、斗姆阁、培鹤楼、长春洞规模最大。而且与其他道教名山有一个明显区别，即是在诸多宫观建筑群中，有一个名为"巡山殿"的大庙，主祀南诏第一代土主神细奴逻。另外巍宝山也有一些佛教寺院并存，如观音殿、甘露亭等，表明佛教在这里与道教相互间的影响及融合。

据史料载，巍宝山在汉代就有孟优（孟获之兄）导师在山中传教，到明、清时期，有湖北武当山和四川青城山的道人移住巍宝山，先后在山中修建了准提阁、甘露亭、报恩殿、巡山殿、文昌宫、主君阁、老君殿、玉皇阁、三皇殿、观音殿、魁星阁、三清殿、三公主殿、财神殿、青霞观、灵官殿、斗姆阁、培鹤楼、含真楼、长春洞等20多座道观殿宇，鼎盛时期，道人多达上百人。各座道观殿宇依山就势，结合环境巧妙布局，空间结构严谨，建筑形态丰富、品类齐全，建构技艺精湛，风格雄浑古雅。殿宇内外的雕塑形象逼真传神，雕刻壁画和图案多姿多彩，具有浓厚的宗教色彩和民族特色。如文昌宫内文龙亭桥墩上的清代壁画"彝族打歌图"，画面上反映的便是彝族打歌的欢乐场景。

同时，上述这些道观殿宇，还与山中的自然环境相融合，形成有名的巍宝山八景："天门锁胜、拱城远眺、美女瞻云、龙池烟柳、山茶流红、鹤楼古梅、朝阳育鹤、古洞藏春"。正如一副赞誉巍宝山风光的对联所云：

观此山，无峰不奇，无泉不冽，无寺不古，无树不翠、堪称清虚妙境；

过斯境，有洞皆春，有鹤皆鸣，有霞皆青，有龙皆灵，确乃道教名山。

在巍宝山现存的道教建筑中，主要有巡山殿（即南诏土主庙）、文昌宫、主君阁、玉皇阁、青霞观、玄极宫、斗姆阁、培鹤楼、长春洞等建筑院

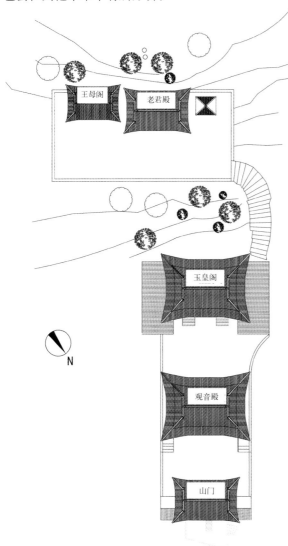

图3-2-13 腾冲皇阁寺总平面示意图

落，他们皆依山而建，紧密结合所处环境，灵活布局，规整而有序。

1. 魏宝山巡山殿

巡山殿，又称为南诏土主庙，始建于唐开元二年（公元714年），清光绪年间（1875～1908年）重建，1980年重修。巡山殿坐南向北，由大门、两厢和大殿组成四合院落，占地面积700平方米。大殿3开间，通面宽10.6米，通进深8米，单檐硬山顶抬梁式木结构，殿内供奉南诏王细奴逻塑像（图3-2-14）。

2. 魏宝山文昌宫

巍宝山文昌宫始建于清初，又名龙潭，坐南向北，主要由关帝殿、魁星殿、金甲殿和文昌殿等建筑组成，占地面积10000平方米（图3-2-15）。其中，位居山门之后的关帝殿，为抬梁式木结构单檐歇山顶，兼顾过厅之用。在文昌宫院落正中，建有方形的龙池与池中的文龙亭形成院落核心，文龙亭为正方形平面单檐歇山顶，南北向设桥廊与前后的关帝殿和文昌宫相联系，在文龙亭石砌的桥墩基座一侧，还绘有"彝族打歌图"壁画，弥足珍贵（图3-2-16）。

3. 魏宝山青霞观

青霞观又名青微观，俗称老君殿，始建于清康熙二十二年（1683年），坐南向北，由山门、过厅、敞廊、老君殿及东西厢房组成（图3-2-17）。青霞观3开间的山门前有宽敞平台，山门两侧各有一开间宽的墙面，与两边闪开的八字墙过渡，视觉舒缓。进山门分左右上一段台阶后，有汇集中间再上一段，通过5开间的中殿过厅，再上一段较高的台阶，至分隔前后两个院落的敞廊，即到后院，居中布置的5开间老君殿坐落在高台上，沿两次间设台阶上至老君殿前廊。老君殿通面宽21米，通进深6.8米，抬梁式木结构单檐歇山顶。殿前的院落十字划分，左右对称设置厢房，并于4坊房屋交接处做倒角处理，有形成4段对应的围墙（图3-2-18）。

4. 魏宝山玉皇阁

位于主君殿后的玉皇阁，原址在三皇殿下，清乾隆十三年（1748年）迁至现址，清嘉庆二年（1797年）复修。玉皇阁坐南向北，由四圣殿、三师殿、三官殿、通明天宫、依云阁和弥罗宫等建筑组成，占地面积2016平方米。主殿通明天宫建于清乾隆十四年（1749年），为抬梁式木结构单檐歇山

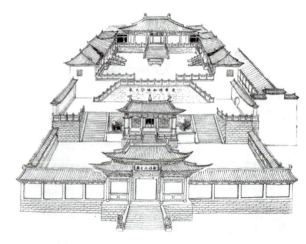

图3-2-14（a） 巍宝山土主庙鸟瞰图（图片来源：《云南古建筑白描》）

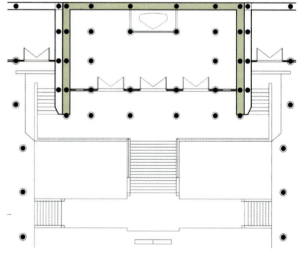

图3-2-14（b） 巍宝山土主庙大殿平面图

图3-2-14（c） 巍宝山土主庙大殿

图3-2-15（a） 巍宝山文昌宫鸟瞰图（图片来源：《云南古建筑白描》）　　　　　图3-2-15（b） 巍宝山文昌宫总平面图

图3-2-16（a） 巍宝山文昌宫大门　　图3-2-16（b） 巍宝山文昌宫文龙亭　　图3-2-16（c） 巍宝山文龙亭下的"彝族打歌图"壁画

顶，通面宽14米，通进深13.2米（图3-2-19）。

另外，在巍山古城东北隅文华书院的右侧，也有一座始建于明代，清光绪二十六年（1900年）重建的玉皇阁。玉皇阁坐东向西，由大门、前殿、中殿、正殿等建筑组成四进三院的建筑群，占地面积约4000平方米。其中尤以大门和正殿建筑最佳，大门为3开间单檐歇山顶牌楼门，前檐设如意斗栱，后檐用垂吊柱，做工精细，大门两山墙用砖做成斗栱样式，装饰华丽。正殿为面宽五间、进深三间的重檐歇山顶建筑，通面宽19.4米，通进深15米，抬梁式与穿斗式混合木架结构。上、下层檐下均设七踩三昂斗栱装饰，在下层前檐设廊，后有8扇透雕八仙过海图案的格扇门，雕镂十分精致（图3-2-20）。

图3-2-17（a） 巍宝山青霞观鸟瞰图（图片来源：《云南古建筑白描》）

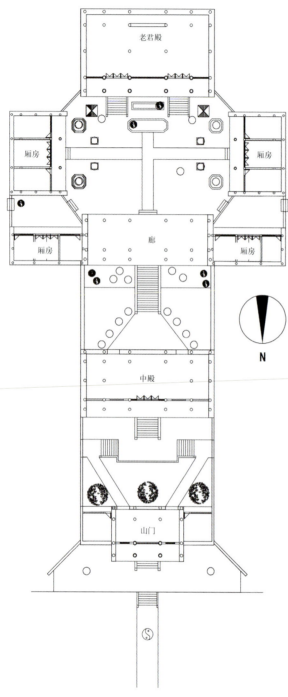

图3-2-17（b） 巍宝山青霞观总平面图

图3-2-18（a） 巍宝山青霞观山门

图3-2-18（b） 巍宝山青霞观大殿

图3-2-18（c） 巍宝山青霞观中殿

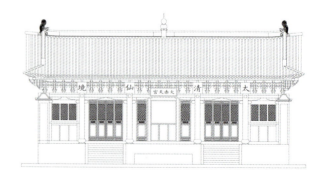

图3-2-18（d） 巍宝山青霞观大殿立面图

5. 巍宝山长春洞

长春洞始建于清康熙年间（1662～1722年），由山门、前殿、正殿、厢房、花园、藏头等组成，其构思严谨，结构精巧。在总体布局上，为八边形含三进院落的空间组合，占地不到2亩却有九楼十院，仅中殿和正殿设在中轴线上，呈坐东南向

图3-2-19（a） 巍宝山玉皇阁山门　　　　　　　　　　图3-2-19（b） 巍宝山玉皇阁通明天宫

图3-2-20　巍山古城玉皇阁大殿

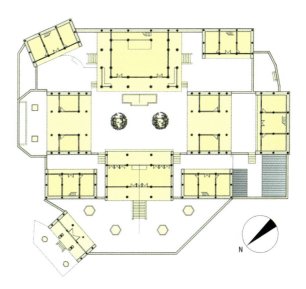

图3-2-21　巍宝山长春洞总平面图

西北，其余建筑按照八卦图示方位布置（图3-2-21）。长春洞大门位居正北，与中轴线呈现45°转向。经中殿进中心内院，即见坐落在1.85米高石砌须弥座台基上的正殿，为重檐歇山顶屋面，上下檐均施斗栱。正殿通面宽14.8米，通进深11.6米，高11米，三面回廊分别与其左右的其他建筑院落相联系。殿内抬梁式与穿斗式相结合的木结构柱头梁枋，均精雕彩绘，在明间居中设八角形藻井，藻井内壁画有八卦图，一条木雕蛟龙盘曲其间，神态逼真，呼之欲出，这条镂空精雕的木蛟龙，堪称巍宝山全山所有建筑镂空木雕之精华。在殿内天花板上还绘有诸天神朝贺玉皇的工笔彩画。整个长春洞建筑布局灵活，院落空间大小变化有序，具有堪称"三绝"的建筑布局、雕刻与彩绘艺术表现（图3-2-22）。

6. 巍宝山培鹤楼

在巍宝山后山的培鹤楼，前身为朝阳洞，清乾隆二十五年（1760年）改建并更名。坐南向北，其由山门、含真楼、培鹤楼、苍夫子殿、财神殿、道源宫等建筑组成，占地面积5112平方米（图3-2-23）。居于轴线高台之上的重檐歇山顶培鹤楼，于清乾隆四十一年（1776年）重建，清光绪与民国年间

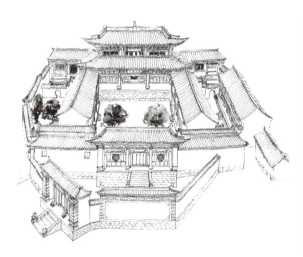
图3-2-22（a） 巍宝山长春洞鸟瞰图（图片来源：《云南古建筑白描》）

图3-2-22（b） 巍宝山长春洞建筑群

图3-2-22（c） 巍宝山长春洞正殿

图3-2-22（d） 巍宝山长春洞正殿前内院

重修，平面为3开间带三面回廊，通面宽13.8米，通进深12米，抬梁式木结构（图3-2-24）。

7. 保山玉皇阁

位于太保山东麓的玉皇阁，原为毗卢阁、迎辉楼，明嘉靖二十四年～三十八年改建为玉皇阁，清康熙二十六年（1687年）重修。玉皇阁坐西向东，与大殿前的八角形钟鼓亭组成院落，占地面积835平方米，并连同其北侧的会真楼、翠微楼及南侧的灶君楼，共同构成一组主次分明的建筑群（图3-2-25）。位于北侧的会真楼，系玉皇阁建成后，由住持道人常演扩建，并在楼内塑奉天、地、水诸天师像，

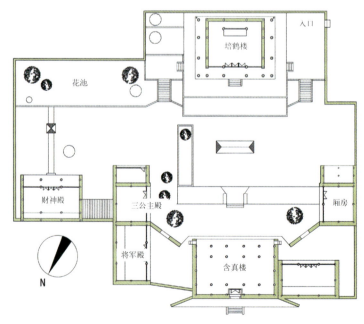
图3-2-23 巍宝山培鹤楼总平面图

图3-2-24（a） 巍宝山培鹤楼建筑群

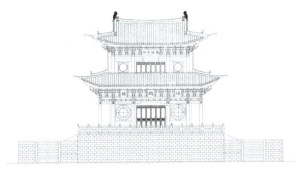

图3-2-24（b） 巍宝山培鹤楼立面图

图3-2-24（c） 巍宝山培鹤楼立面

图3-2-24（d） 巍宝山培鹤楼室内吕祖塑像

故名"会真楼"。

玉皇阁主体建筑为5开间带回廊的三重檐歇山顶楼阁，坐落在1.5米高的条石台基上，通面宽20.6米，通进深14.35米，通高18.55米，建筑构架采用穿斗式与抬梁式混合结构。在柱头梁架之间，各层檐下设置有不同的翼形斗栱相互连接，并在三层的檐内渐收穹顶与覆斗形八角藻井相连，顶部绘有太极图（图3-2-26）。室内大梁上留有"大明嘉靖三十八年十一月十七日吉旦立"的字样。整个楼阁建筑外观雄伟高大，气势恢宏，为滇西现存规模最大的明代木构楼阁建筑，1987年被公布为省级文物保护单位。

8. 腾冲云峰寺

位于滇西腾冲瑞滇乡的道教名山云峰山，以"山高谷深、陡峭险峻"而著称。其形如玉笋挺立，直刺苍穹，且山腰常有云雾缭绕，故名"云峰山"，徐霞客曾赞美它为"似太华之苍龙脊"。始建于明代的云峰寺，坐落在这得天地造化的云峰之巅，依山就势，集结了山门、吕祖阁、斗姆阁、老君殿、玉皇殿等建筑，构成了"云峰三折"的特色景观。其飞檐翘角、临崖御风的建筑组群，远远望去，真有"仙山琼阁"之感（图3-2-27）。

由山下经过漫长的弯弯山道，上至云峰寺的第一折山门（灵官殿），门前有一小块面积不大的缓冲平台可供歇息，回首望，正如山门上挂的李映乙题联所云："边远此奇观，直上天梯，收来群山万壑；登临无限意，欲穷险地，难忘九隘八关"。山门为重檐歇山屋顶，呈方形平面布置，开间进深均为三间，设前廊，后墙于山门后檐柱砌筑并与两边山墙相接形成三面围护（图3-2-28）。

图3-2-25（a） 保山玉皇阁大殿建筑群　　图3-2-25（b） 保山玉皇阁大殿正面　　图3-2-25（c） 保山玉皇阁大殿山面

图3-2-26（a） 保山玉皇阁大殿底层梁架　　图3-2-26（b） 保山玉皇阁大殿二层柱头斗栱

图3-2-26（c） 保山玉皇阁大殿室内藻井　　图3-2-26（d） 保山玉皇阁大殿檐下斗栱

入山门，经山门后墙左右侧面登石阶而上，进入第一折的吕祖殿，吕祖殿为一栋坐西向东的长方形二重组合院落，结合地形采用腾冲本地传统民居"一正两厢带花厅"式的平面布局，先从东北角底层入口进入室内，穿越过厅至后殿，后殿面宽五开间，重檐歇山屋顶，殿前明间设天井，两侧厢房连廊，上二层至前面的屋顶平台，可极目远望。吕祖殿前有联云："我来天外无双寺，此是人间第一峰。"吕祖殿的平面布置看似规整，但竖向空间却设置巧妙，屋面造型组合前后错落有致（图3-2-29）。

图3-2-27（a） 腾冲云峰山云峰寺总平面图　　　　　　　　　图3-2-27（b） 腾冲云峰山云峰寺

 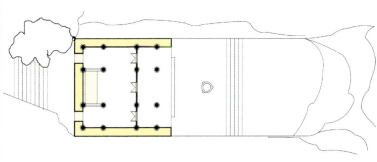

图3-2-28（a） 腾冲云峰寺山门　　　　图3-2-28（b） 腾冲云峰寺山门平面图

   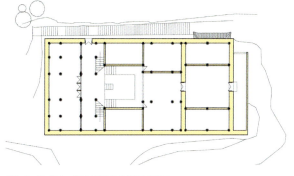

图3-2-29（a） 腾冲云峰寺吕祖阁入口　　　　　　　　　图3-2-29（b） 腾冲云峰寺吕祖阁平面图

　　沿吕祖殿北面狭窄陡峻的石阶继续往上爬行，上至云峰寺最高处的第三折，伫立寺前平台，视野宽阔，气象万千。晴天，山前坝子中铺金镶玉；左右群山拱揖，如来朝拜；雨天，云遮雾罩，雷电轰鸣，如在寺顶爆响，使人惊心动魄。早晨，白云填满了深深的山谷，群峰若浮，似在缥缈有无间；月夜，仰观星斗，近在咫尺，猿啼虎吼，松风涛语，使人顿感天地之辽阔，宇宙之无穷。

　　居于山峰之巅的云峰寺主体建筑，为一组接近坐西向东的三进院落。居中的正殿为玉皇殿，面宽三间，重檐歇山屋顶，与两厢及对厅组合成布局紧密的四合院。在玉皇殿前的天井院内有小泉，称为"圣水"。前置白衣楼，为5开间三重檐楼阁，底层石墙围护，仅在明间设进出门洞，进门后先上一段石阶，再由3开间宽的中空天井分左右木楼梯达二层。白衣楼的二层与玉皇殿前的对厅连为一体。后为老君殿，经玉皇殿南面的过道至后院，即为面宽三间重檐歇山顶的老君殿，老君殿后，群山如涛

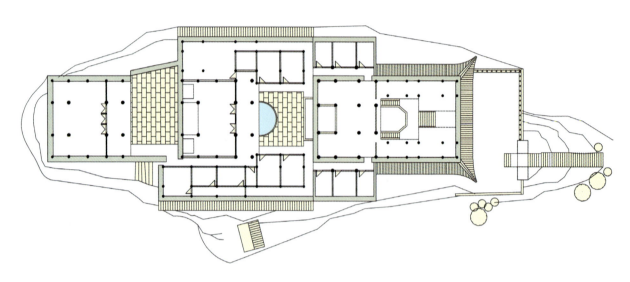

图3-2-30（a） 腾冲云峰寺正殿建筑群平面图

图3-2-30（b） 腾冲云峰寺正殿建筑群

图3-2-30（c） 腾冲云峰寺正殿入口

（图3-2-30）。

尽管因地点狭小，空间有限，加上运送建筑材料之不易，故云峰寺的房屋不甚高大。按照当年徐霞客的观察记录，山顶房屋"皆川僧法界所营构"，其顶"东西长五丈，南北阔半之，中盖玉皇阁，前三楹奉有白衣大士，后三楹奉三教圣人"，"南北夹阁为侧楼，半悬空中，北祠真武"、"南祠山神"。但实际看来，整座云峰寺道观，选地绝妙，屹立峰顶，极为雄奇。从东面观，居前的三重檐楼阁，如峰顶笋尖，直插云天。从南面看，前、中、后三座重檐楼阁殿堂，相互呼应，被南北两面的厢房围墙连为一体，整个建筑造型轮廓变化丰富且有韵律之美。恰如天降琼阁，落于峰巅，得天地之造化，成人间之绝景。

9. 绮罗文昌宫

位于滇西腾冲下绮罗村东河畔一龟状土丘上的文昌宫，始建于明万历十三年（1585年），清乾隆五年至九年（1740~1744年）扩建，清道光七年（1827年）增建后宫，清咸丰元年（1851年）又重建，占地面积2000余平方米。

文昌宫坐南向北，整座建筑仿照文庙格局，布局严谨对称，在中轴线上由北向南依次布置由宫门、泮池泮桥、棂星门、前殿、朱衣阁、两庑、财神殿、正殿文昌宫和后宫启圣楼等建筑组成，大小房屋共20余间，占地面积2000多平方米（图3-2-31）。其中朱衣阁与财神殿左右对应，在文昌宫两侧

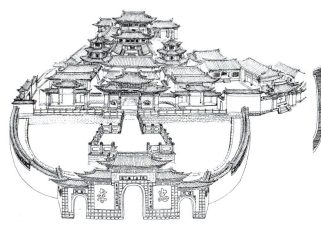

图3-2-31（a） 绮罗文昌宫鸟瞰图（图片来源：《云南古建筑白描》）

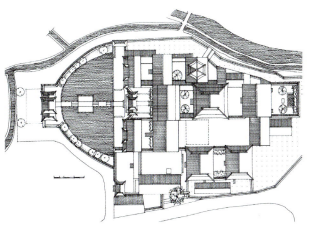

图3-2-31（b） 绮罗文昌宫屋顶平面图

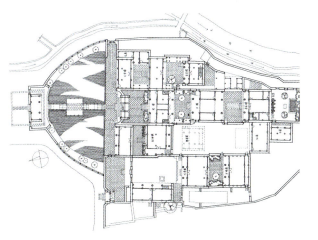

图3-2-31（c） 绮罗文昌宫一层平面图

分别为魁星阁和关圣楼，反映出儒道相融、兼收并蓄的特点。作为腾冲保存布局较完整的古建筑群，绮罗文昌宫是研究云南明清木构建筑的珍贵实物例证，具有较高的历史文化价值和艺术价值。1998年被公布为省级重点文物保护单位，2013年被公布为国家级重点文物保护单位。

文昌宫的宫门为3开间三叠式歇山顶建筑，两侧再与"L"形围墙连接组合，共同构成一道5开间的大门，居中明间的正门宽敞，门头镶嵌有"玉真庆宫"石刻。两次间为刻有"忠"、"孝"2字石墙，两梢间侧门是与正门相同的圆拱门，门头也分别镶嵌有"礼门"、"义路"石刻，形成虚实对比、主次分明且外形相对封闭敦实的宫门，飞檐翘角，十分壮观。据说正门两边与侧门间墙上的"忠"、"孝"2字，是由北京拓套而来的，为宋代哲学家、教育家朱熹的手迹（图3-2-32）。

进入宫门，是近似半圆形的泮池，宫门两侧的围墙沿着池边顺势延伸围合，与棂星门前对称设置的两道门坊相接。较为低矮的围墙上部为透空木栏

图3-2-32（a） 绮罗文昌宫宫门

图3-2-32（b） 绮罗文昌宫宫门背面

支架双坡瓦面，下部为石墙，透过透空木栏可观看内部环境。居中架设在泮池上的泮桥直抵棂星门，与棂星门前的横道组成"T"形通道。泮池南面横道与拱桥两边均有石栏围护，且在桥的中部还做成扩大的方形平台，供游客驻足池中观看莲荷游鱼。

位于轴线上的棂星门，为3开间牌坊式建筑，门两侧通过八字矮墙过渡，与两边对称设置的二层配楼相接，构成一组形态变化丰富、高低错落有致的横向展开画面。且两边配楼的前廊，也处理为与棂星门形态相同的牌楼门形式，左中右相互协调呼应（图3-2-33）。

过棂星门紧接前殿，两边也对称设置配楼，东为朱衣阁，西为财神庙。在前殿的前廊两端山墙面上，也对称书题有"忠"、"孝"2个大字。再往里行进，即到位于最高处的文昌宫正殿。正殿为面宽三开间、进深四开间的重檐歇山顶楼阁，抬梁式木构架，通面宽10.3米，通进深10.9米。正殿室内梁枋均施彩绘，尤其以格扇裙版上雕刻的6幅历史故事[69]最为著名，木雕工艺十分精湛。且在正殿明间二层的重楼脊檩上，书有"万历乙酉始创"的题记，应确属于明代遗构。在文昌宫正殿东侧的魁星阁与西侧的关圣楼，2个建筑形制相同，均为底层3开间方形平面，二层为六角形攒尖顶亭阁。原已毁的魁星阁，现已恢复重建，以保持文昌宫左右对称均衡态势（图3-2-34）。

从棂星门到文昌宫正殿，在中轴线上的3座主体建筑以及两边对称设置的配属建筑，布局严谨紧凑，建筑前后之间的庭院空间进深相对狭窄，庭院两边的厢房已缩减为连廊或不设，基本布置成一个"九宫格"的空间图示。

在文昌宫正殿南面低矮处，沿轴线有布置了后宫启圣楼和后花园，形成在轴线上的建筑空间过渡与收尾。启圣楼内奉以"圣公"、"圣母"塑像。在财神殿与魁星阁的西面，隔墙另设一平行轴线，分前后2部分，居北面的前半部分，有2个较开敞的院落空间和单独进出的大门与门坊，后半部分则设汉景殿与布女娲庙。在中部西面也设有一门，门外有棵高大的百年榕树，成为文昌宫的远景标志（图3-2-35）。

很明显，整个文昌宫建筑组群，经过精心规划设计，平面布局对称严谨，轴线主次分明，建筑形象庄严肃穆，空间形体变化有序，室内木构梁架雕梁画栋，富丽堂皇。檐牙高啄、错落有致的建筑群体十分壮观，并和位于南面与之相距200多米远坐落在山坡上的水映寺遥相辉映。

10. 和顺元龙阁

元龙阁位于和顺乡东边的水碓村[70]，与哲学家艾思奇故居隔水相望。"元龙阁枕凤山头，潭水澄

图3-2-33（a） 绮罗文昌宫棂星门及两侧建筑

图3-2-33（b） 绮罗文昌宫棂星门

图3-2-34（a） 绮罗文昌宫内院

图3-2-34（b） 腾冲绮罗文昌宫前殿的忠孝书体　　图3-2-34（c） 腾冲绮罗文昌宫内院局部

图3-2-35 腾冲绮罗文昌宫建筑群

至清乾隆二十七年（1762年），乡人又在殿前塘边兴建楼阁，取名"元龙阁"（其匾文尚存），有水源龙首之意。

元龙阁是一组儒、道、佛三教合一的建筑院落，现阁内分别建由山门、龙王殿、三官殿、观音殿、魁星阁和百尺楼[71]及厢房等附属用房共同组成（图3-2-36）。山门前，沿龙潭边设有高差不同的两条小径，一条沿龙潭边石围栏绕过百尺楼底下，可至湖心亭；另一条靠山边直接进入山门阁内。在中轴线上布置着山门、龙王殿、三官殿、魁星阁和观音殿。山门后，分左右上台阶和一段巷道，进到龙王殿。龙王殿为单檐硬山屋面，与三官殿和左、右厢房对称布置，共同围成一个天井庭院，庭院中植桂花树两棵。在龙王殿后金柱屏壁前，不按常规布置祭祀偶像，而是在明间居中开设一圆形门洞，下设1米高左右的木栅门。一般情况下此门都不开，但视线是通畅的，而祭祀偶像及进出的后门则分别设在左右两次间。后檐廊主要用于联系两边厢房和庭院（图3-2-37）。此种做法可能是考虑到其处在三官殿上，庭院中和左右两厢的景观视觉要求，将以往封闭围实的后墙敞开，做成后廊式，与两厢廊厦形成协调一致的空间形式，达到室内外空间的自然过渡、互为观赏。

与龙王殿相对的三官殿，分别由两侧厢房拾级

清树影稠"。"灵源绿养潭千尺，幽谷青团树一巢"（元龙阁山门对联）。造型丰富的元龙阁依山傍水，楼台叠起，层次分明，古朴幽静，伴随着潭中的游鱼，周围缤纷的树木倒影和被阳光折射后耀眼的碧波，组成了一幅色彩斑斓而充满生机的山水图画。

再看阁楼内外，古木参天，枝繁叶茂，阁前龙潭，石栏回护，龙潭边上，虬根盘错。凭栏而视，殿阁倒影，宛若龙宫。正如元龙阁山门前牌坊上所书"隔凡"二字表达的意境，到此地仿佛置身于远隔凡嚣纷扰的世外桃源。

元龙阁，原址为观音殿，因殿旁有泉水溢出，水势渐旺，乡人以为有"龙王"显灵，曾大兴"接龙"活动，并兴动土石工匠砌聚为塘，用以农耕。

图3-2-36（a） 和顺元龙阁建筑群

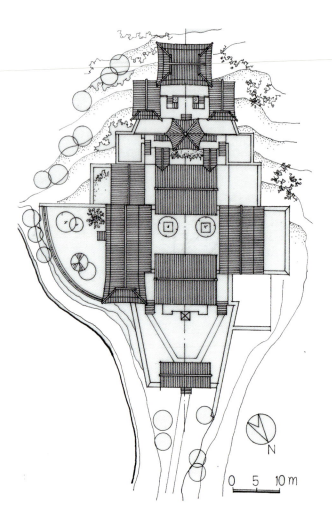

图3-2-36（b） 和顺元龙阁屋顶总平面图

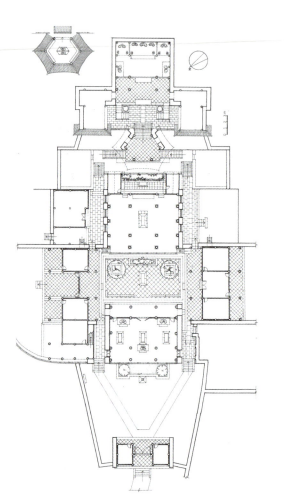

图3-2-36（c） 和顺元龙阁总平面图

而上，前有檐柱外突出不大的石围栏与踏步紧接。后于两次间分别伸出两间耳房，直抵魁星阁前的高台坎，围合成一个很小且分成两台高差的小天井。三官殿为二层硬山屋面，其上层的进出则是从后面的平台，经过两间耳房二层的走廊完成的，两边相互贯通。

紧接着是设置于中轴线及两个不同高差平台上的魁星阁，作为元龙阁的主体建筑，魁星阁为六角形重檐攒尖顶的木构阁楼，底层前半部架空立于方形平台上，平台与两边的石踏相连，前面分左右上下往来的交通于此汇合；后半部居中仍设台阶继续向上前行，左右墙体又各开门洞到两边平台，观看不同景致。人多拥挤时还能起到一定的疏散作用，从空间位置上看，该阁楼起到了联系前后建筑空间起承转合的作用（图3-2-38）。

最高处的观音殿是一组"门阙式"布局的二层房屋，但主殿和两厢地面的高差有一层，重檐歇山屋顶的主殿向后凹进，一则使下层檐柱外的平台部分露在屋椽外，不至感到观音殿与魁星阁之间的空间距离太小而压抑；二则可增加扩展观音殿檐廊外的活动空间平台。因这里是尽端和最高处，游人到此总是会驻足回首观看。站在殿前，近可观前面交错的屋宇院落，远可眺望龙潭古树、水亭、"艾思奇故居"和所在的水碓村落全景。而两厢向前突出与主殿形成三面围合之势，底层封实的山墙和二层观景阁楼形成虚实对比，其舒缓的歇山式屋面与下面的百尺楼相协调呼应。而且在观音殿内所塑的送子观音像，眉清目秀，浩齿朱唇，没有丝毫的佛家威严，倒像是慈祥的母亲。

总体上，这一儒、道、佛三教合一的群体建筑，从前面的牌坊、牌楼式山门入口到最高处的观音殿，几乎在元龙阁内的每一建筑单体都处于不同的坡地标高，而建造者却匠心独具，巧妙地利用平台、踏步的设置，分合转折，将各个单体建筑有机地组合在一起，形成空间变化丰富、造型轮廓错落叠起的整体景观，充分地融入这一独特的位置环境中。在竖向高度上，各殿阁楼台随山地形地势逐渐升高，横向水平则以富有韵律节奏的石栏，犹如条条丝带，

图3-2-37（a）和顺元龙阁山门

图3-2-37（b）和顺元龙阁灵官殿

图3-2-37（c）和顺元龙阁龙王殿

图3-2-38（a）和顺元龙阁魁星阁、观音殿鸟瞰图

图3-2-38（b）和顺元龙阁魁星阁与观音殿

图3-2-38（c）和顺元龙阁魁星阁局部

与不同的高度将各栋建筑、建筑与环境、与龙潭回环萦绕维系在一起，虽经风吹雨打，日见沧桑，却依然可见早期建筑匠师高超的建筑技艺和环境艺术鉴赏力。正如观音殿前题挂的对联表明了元龙阁这组建筑院落的布置特点："曰儒曰释曰道召回日月三千界，称圣称佛称仙扶树乾坤亿万年"。

11. 和顺文昌宫

与和顺图书馆比邻相接的文昌宫，是一组由大门、过厅、正殿和后宫等组成纵深很深、有三进院落沿中轴线对称布置的道教建筑群。在经过乡入口处的照壁背后，往左边上进入图书馆，右边绕过一段围墙至一圆弧形月台，即为文昌宫大门外的缓冲空间，门前有两段台阶过渡（图3-2-39）。

文昌宫门口两侧的围墙成"八"字展开，经过牌楼门（为新近重建）进到第一院，左右为二层厢房，中为开敞的过厅。过厅两山面不砌筑土墙，而

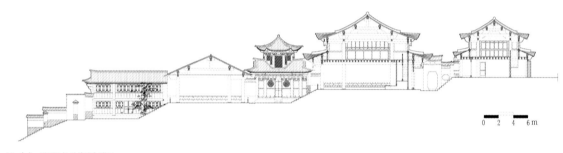

图3-2-39（a） 和顺文昌宫剖面图

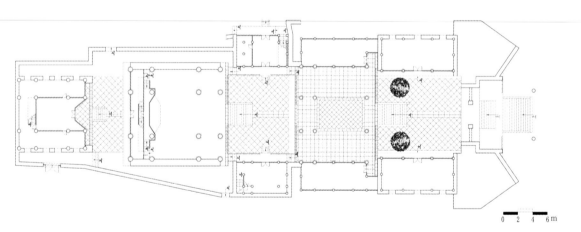

图3-2-39（b） 和顺文昌宫一层平面图

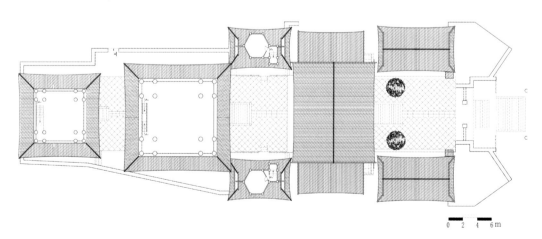

图3-2-39（c） 和顺文昌宫门二层平面图

采用"同柱过梁"的构架方式，直接于两山外再各建一开间的耳房，耳房与过厅的进深相同，面宽外檐与前面厢房后墙齐平，并于过厅前檐廊两端凹和一块，作为进入其内和厢房二层的入口。

由过厅进入第二院，左右分列两栋带浅廊道的精巧阁楼，左为朱衣阁，右为魁星阁，造型相同的两栋楼阁，底层为3开间长方形平面，两次间较窄小，约为明间的1/3宽，其中一端与后墙还有一段距离。二层则在底层明间的基础上内收成六边形平面，一层屋顶为歇山式，二层构成六角攒尖顶，联系上下层的楼梯则利用一层屋顶坡面所形成的空间来灵活设置（图3-2-40）。

两栋玲珑小巧的阁楼烘托高大的文昌宫正殿，加上地形高差形成强烈对比。正殿为3开间重檐歇山屋顶，面宽约12米，平面柱网格局近似正方形。殿内塑奉的文昌帝君及侍童像早已被毁。从正殿后檐廊或两山墙外的过道，进入进深相对较窄的第三院，在高台上的后宫建筑形式格局与正殿相同，仅是将开间和进深尺度缩小。另外，明间向内退出"八"字形入口，使上到台阶后有缓冲空间。这种处理可能是借鉴当地民居正房中明间内收的做法，使进入室内之前有个缓冲过渡，中门做成"八"字形或许与大门入口处围墙形式前后产生呼应（图3-2-41）。

正殿与后宫的木构梁架结构清晰，用料规整，虽为清代所建，但屋面举势（架）不高，屋檐呈柔和曲线，四角飞檐平缓，出檐深远，外观造型上仍有唐、宋建筑舒展之风韵。大殿及其左右两阁楼虽无古建筑常用的斗栱构件，却采用小吊柱与檐枋一起，作为屋檐与屋身的过渡构件，同样使建筑立面形式和檐口部分层次丰富，也是装修彩绘的重点部位。

12. 和顺魁星阁

位于和顺西南石头山的疏秀峰顶的魁星阁，由数栋建筑灵活组成自由分散的群体布局，在轴线上依次布置了门前平台、山门、过厅、魁星阁楼。由山门而进，是一狭小的院落，右为自然形成的摩崖，上镌有多处石刻，摩崖上长树一棵，造型颇佳，岩旁有窄小踏步十余级直通聚宿轩，再转至纯阳楼。左边穿廊进入一稍觉宽敞的四合院，即后期增建的观音殿。出过厅又见一小合院，轴线正面高台上建有一座体形端庄、飞檐翘角的六角形重檐攒尖顶阁楼。阁楼体量虽然不大，但因形借势，大有直通天际之感。阁楼正面二层檐下悬"魁星阁"匾额，一层檐下悬"笔参造化"匾额。登楼远眺，层峦叠嶂，

图3-2-40（a） 和顺文昌宫宫门

图3-2-40（b） 和顺文昌宫魁星阁

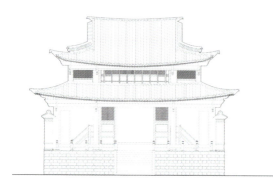

图3-2-41（a） 和顺文昌宫正殿立面图

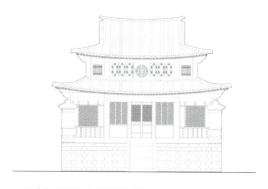

图3-2-41（b） 和顺文昌宫后殿立面图

图3-2-41（c） 和顺文昌宫正殿背面

图3-2-41（d） 和顺文昌宫后殿

美不胜收，仿佛置身于"绿色海洋"（图3-2-42）。

魁星阁造型灵秀，端庄朴实，雕刻细腻，彩绘精美。现存建筑为清光绪十九年（1893年）重建。而建于摩岩上的聚宿轩为歇山顶阁楼建筑，为文人雅士聚集之所。由聚宿轩西行十余步，即至纯阳楼。纯阳楼也称为吕祖殿，建于民国六年（1917年），为3开间重檐硬山顶穿斗式建筑，二楼明间塑有全真道奉为北五祖之一的吕洞宾。楼前院心内卧一石牛，称"青牛"，是利用院子内的原生岩石雕凿而成，形象生动逼真，取材于老子乘青牛过函谷关，关令尹喜被点化而成道的故事（图3-2-43）。纯阳楼位于疏秀峰最高点，比魁星阁还要高，视野极好，为观景的理想之地。

（二）滇中道观

1. 昆明真庆观

位于昆明市白塔路与拓东路交叉口的真庆观，原名真武祠，始建于元代。明宣德四年（1429年），由长春真人刘渊然的弟子蒋日和主持改建，形成真庆观、都雷府和盐隆祠三组建筑院落群体，为昆明市区内最大的古建筑群，占地面积2万余平方米（图3-2-44）。

真庆观坐北向南，由紫微殿、老君殿、真武殿等建筑组成，占地面积约9800平方米。除紫微殿外，其余建筑均为清代建筑。正殿紫微殿，明宣德十年（1435年）重建，面阔五间，进深十间，通面阔20米，通进深16米，占地面积320平方米。但在平面布局上，东西梢间与南北二间各宽2米，似周匝之廊，与北京智化寺的如来殿为同一布置方式。外檐斗栱五踩重昂，材高18厘米，宽12厘米，断面比例3：2。比例较大而式样亦极为简洁，与河南武陟县法云寺大殿印象略同，斗栱后尾所施菊花头、六分头及上昂用斜线二道，类似智化寺万佛阁，唯

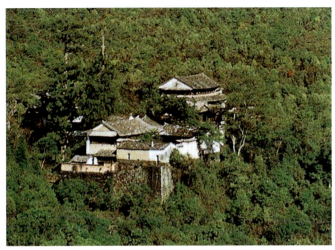

图3-2-42（a） 和顺魁星阁建筑群　　　　　　　　　　　　　图3-2-42（b） 和顺魁星阁总平面图

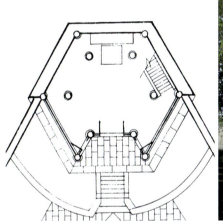  

图3-2-43（a） 和顺魁星阁单体建筑平面图　　图3-2-43（b） 和顺魁星阁　　图3-2-43（c） 和顺魁星阁青牛

材料较诸后者稍大（图3-2-45）。其上搭牵外端刻作驼峰形状，则系宋人之遗法，非明代北方建筑所有，穿插枋前端伸出檐柱外，雕成麻叶云形式，乃南方通行方法，唯平板枋前端平直截割，当保存原宋代矩矱。

内檐斗栱七踩三翘重栱造，所承上部天花全部遗失，仅明间斗八藻井保存尚佳，按九宫八卦设计，井内小斗栱皆微型如意式，繁密华丽，备极神巧，殆受南方建筑的影响。明间七架梁下，承以云形雀替，花纹雄建，不愧为明代之佳作。明间及次间额枋彩画之纹样，亦属明式。

殿顶单檐歇山造，推山花部全部用水磨石砖贴面，其内部梁架制法，如八角形瓜柱及未施彩饰之角背，皆与北京智化寺类似。

前后檐下施五铺作双昂计心造，里转六铺作三抄计心造斗栱（或按照清代的名称为斗口重昂），明间施平身科2朵具有典型的明代建筑风格。而在殿内明间四周普拍枋上，皆设斗栱，每棵柱间施2朵，向内收缩承接上面设置的木构覆斗状九宫八卦藻井。藻井由最下层的方形分别逐层内收为八边形、2个相交的四边形、圆形，共跌退5层，斗栱也随着变化减小，并出45°斜栱构成网状造型，韵律感很强，最后至顶部圆心为八卦和阴阳太极图案（图3-2-46）。

坐落在近2米高台基上的真庆观老君殿，面阔五间，进深四间，单檐歇山顶屋面，抬梁是与穿斗

图3-2-44（a） 真庆观建筑群鸟瞰图

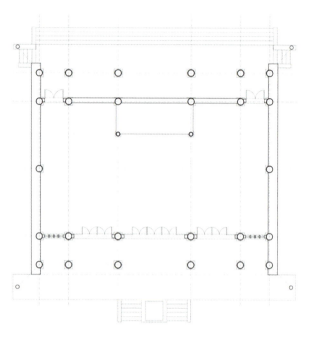

图3-2-45（a） 真庆观紫微殿平面图

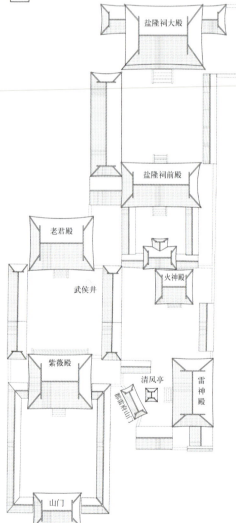

图3-2-45（b） 真庆观紫微殿立面

图3-2-45（c） 真庆观紫微殿　　　　图3-2-45（d） 真庆观紫微殿山面局部

图3-2-44（b） 真庆观总平面图

式混合梁架。在平面布局上，真庆观老君殿与一般不同的是，在殿内前后金柱之间增加了一排中柱，但不在居中位置上，而是向后移了一个步架，仅在两端山面中柱与金柱间加一柱形成前后对称梁架（图3-2-47）。老君殿内如此的柱网平面设置，或

图3-2-46（a） 真庆观紫薇殿前檐斗栱

图3-2-46（b） 真庆观紫薇殿室内斗栱

图3-2-46（c） 真庆观紫薇殿藻井

图3-2-46（d） 真庆观紫薇殿藻井平面图

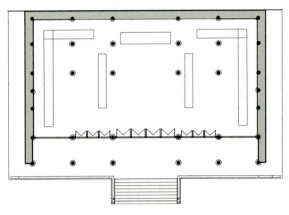
图3-2-47（a） 真庆观老君殿平面图

图3-2-47（b） 真庆观老君殿立面、剖面图

许基于两种考虑：一是为了获得较大的室内活动空间，一般情况都是采用抬梁式结构，将中柱减去，利用前后金柱支撑殿内的七架梁或五架梁，只在两端山面设中柱；二是因真庆观老君殿进深较大，如用常见方法，势必需要有大断面的梁枋，才能满足其大跨度的需要，实际取材并不容易。靠后加一排柱当做后金柱以支撑大梁，往上看，尽管上部的梁架结构前后并不对称，但可以兼顾减小梁跨与增加室内空间使用的实际功用，这大致是老君殿平面柱网布置的精妙之处。另外，在殿内前、后金柱的柱头正面，两面对称设置宽大的华板栱，与进深方向大梁下的雀替和丁头栱相交，构成独特的装饰效果（图3-2-48）。

在真庆观东侧，南边有清康熙年间修建的祭祀雷神的都雷府，北面有清光绪七年（1881年）修建的盐隆祠。都雷府坐东向西，由大门、清风亭、雷神殿及南北两厢组成，布局紧凑，空间尺度较小，且大门与东西向的轴线有个角度。在大门与雷神殿之间的清风亭为重檐歇山顶亭阁，建筑尺度宜人，做工规整精巧，雷神殿为单檐歇山顶（图3-2-49）。

而坐北向南的盐隆祠为昆明盐商集资修建，设盐业工会于其内，单做祭祀之用。盐隆祠由戏台、过厅、正殿与两厢组成二进院落，空间尺度较大。正殿面阔五间21.2米，进深三间11.5米，抬梁式与穿斗式混合梁架，重檐歇山屋顶。其下檐廊轩极为宽敞，柱头梁架精雕细刻，尺寸较大的雀替，镂空透雕，既展现出精湛的木雕工艺，又体现出盐商富裕的经济基础（图3-2-50）。

2. 昆明龙泉观

龙泉观位于昆明市北郊龙泉山下的黑龙潭公园，黑龙潭是昆明著名的道教胜地，主要由上观（龙泉观）和下观（黑水宫）2组古建筑群组成，皆为明洪武二十七年（1934年）和二十八年所建（1935年），徐日邋为第一任道长。

明景泰四年（1453年），黔国公沐氏重修龙泉观，清康熙二十九年（1690年），总督范承勋，巡抚王继文，按察使许宏勋又重修龙泉观。清光绪八年（1882年），总督岑毓英，巡抚杜瑞联再次重修。

龙泉观，又称为"紫极玄都"，始建于明洪武二十七年（1934年），是一组紧密结合山地环境灵活布置的道观建筑群，坐北向南的龙泉观，沿中轴线依次布置为雷神殿、北极殿（现为祖师殿）、玉

图3-2-48（a） 真庆观老君殿室内斗栱

图3-2-48（b） 真庆观老君殿

图3-2-48（c） 真庆观老君殿正面明间

图3-2-48（d） 真庆观老君殿室内梁架

皇殿和三清殿几座重要建筑。两侧配有天君殿、三丰殿、斗姆阁、文昌宫和长春真人、通妙真人祠等，共同构成5进空间和13所大小院落的建筑群（图3-2-51），整个建筑群落顺山势由南向北层层升高，前后相互贯通，空间变化丰富有序。

当沿山拾级而上，步入一个圆弧形平台时，即为龙泉观的第一层空间"紫极玄都"山门，山门为3开间的三叠式牌坊，两侧有八字墙顺山势与围墙相接。山门檐下斗栱层叠，居中悬挂"紫极玄都"匾额，居高临下，蔚为壮观。

进山门，穿庭院，至第二进空间雷神殿，单檐悬山顶的雷神殿，通面宽23米、通进深16米。居中的3开间高于两侧，明间为通道，柱边设冰裂纹花门罩，檐下悬挂"汉黑水祠"匾额，两次间室内供奉有塑像（图3-2-52）。

第三进空间是正殿北极殿，现为祖师殿，其西侧面为斗姆阁。5开间单檐歇山顶的北极殿始建于明，通面宽20米、通进深16米。北极殿檐下所施斗栱硕大，在其明间、次间与梢间，设置有团花格扇与槛窗。殿前有宽敞月台，围以石栏，栏板石雕为云腾致水等图案（图3-2-53）。且在殿前内院植有被世人合称为黑龙潭"三异木"的唐梅、宋柏、明茶，郭沫若1961年在游黑龙潭时，曾赋诗一首赞道："茶花一树早桃红，百朵彤云啸傲中。惊醒唐梅睁眼

图3-2-49（a） 真庆观都雷府大门　　图3-2-49（b） 真庆观都雷府清风亭

图3-2-50（a） 真庆观盐隆祠大殿

图3-2-50（b） 真庆观盐隆祠大殿梁头木雕　图3-2-50（c） 真庆观盐隆祠大殿檐下木雕

倦，陪衬宋柏倍姿雄。崔嵬笔立天为纸，婉转横陈地吐虹。黑水祠中三异木，千年万代颂东风"。

第四进空间为玉皇殿，玉皇殿与北极殿样式相同，建筑规模略小（图3-2-54）。

第五进空间为三清殿，5开间单檐悬山顶的三清殿，穿斗式木构架，通面宽23米、通进深16米（图3-2-55）。在三清殿左右的两庑，原为官绅学士游览歇息之所，后改为"官厅"。

龙泉观上观，从悬挂"紫极玄都"的山门牌坊开始，其每重殿宇均配有殿和厢房烘托，主次分明。而且除了无灵官殿设置外，龙泉观的总体格局基本上还是按照中原道观规制来兴建的。因为龙泉观为元时邱处机弟子宋披云首创，故在观中不仅特设了祖师殿，而且将其设置在中轴线上作为主体核心建筑之一，取代了灵官殿的位置，这与其他道观稍有差异。

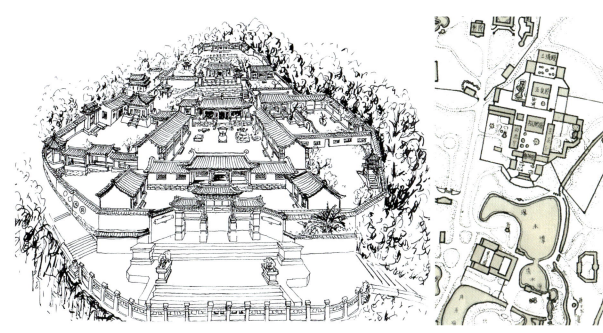

图3-2-51（a） 昆明龙泉观建筑群鸟瞰图（图片来源：《云南古建筑白描》）　　图3-2-51（b） 昆明龙泉观总平面示意图

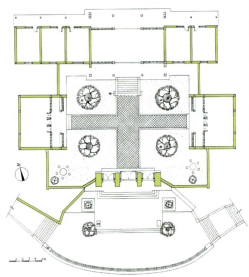
图3-2-52（a） 昆明龙泉观山门平面图

图3-2-52（b） 龙泉观山门后的雷神殿

图3-2-53（a） 昆明龙泉观祖师殿平面图

图3-2-53（b） 昆明龙泉观祖师殿

图3-2-54 昆明龙泉观玉皇阁大殿

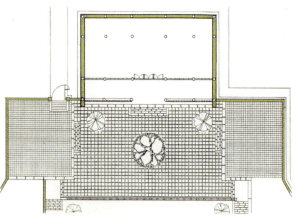
图3-2-55 龙泉观三清殿平面图

龙泉观下观称为黑龙宫，位于山下的黑龙潭旁，坐西向东，分前后两院，正殿居后，面阔三间，进深四间，穿斗式木构架，单檐歇山顶（图3-2-56）。

3. 昆明太和宫金殿

在昆明城市东郊的凤鸣山上，有明代兴建的道观太和宫，一般称之为"金殿"（图3-2-57）。据记载，金殿是明代云南巡抚陈用宾在明万历三十年（1602年）创建。仿湖北武当山上十二峰的中峰——天柱峰的金殿形式建造，冶铜为殿，供奉北极真武大帝，并建砖城加以保护，取名太和宫。明崇祯十年（1637年）被移往大理宾川鸡足山。现在这个"金殿"为清初平西王吴三桂所铸。

坐东向西的金殿为仿木结构建筑铸造的铜质殿阁，榫卯组合，建于石砌双重方形的须弥座台基上（图3-2-58）。底层台基系用砂石砌筑，并在须弥座的束腰、上下石枋部位精雕细刻着各种吉祥瑞兽、花卉图案，雕刻工艺精湛，而上层台基后来改为大理石栏杆。铜质的金殿做重檐歇山顶样式，面阔进深均为三间6.2米，殿通高6.7米，四面用隔扇裙板装置，裙板用连通佛教的万字纹做地纹，在其上星布雕刻着云龙、麒麟、仙鹤与花草的图案。殿内顶部设有方形藻井，饰有云龙纹理图案，居中供奉真武大帝铜像，两侧有金童持卷、玉女捧印配祀（图3-2-59）。金殿檐下置五踩重昂斗栱以承托出檐，内外均出二跳，昂嘴形式为象鼻昂。殿外有一

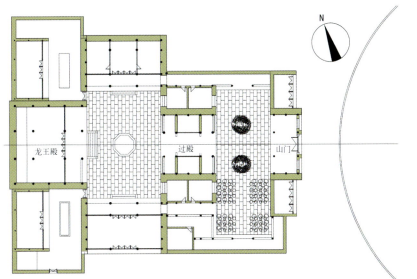

图3-2-56（a） 龙泉观黑龙宫平面图

图3-2-56（b） 龙泉观黑龙宫龙王殿前黑龙雕塑

图3-2-56（c） 龙泉观黑龙宫

图3-2-56（d） 龙泉观黑龙宫前的清水龙潭

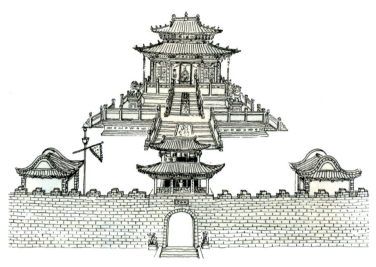

图3-2-57（a） 太和宫金殿鸟瞰图（图片来源：《云南古建筑白描》）

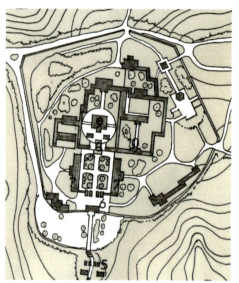

图3-2-57（b） 太和宫金殿总平面示意图

图3-2-58（a） 太和宫金殿侧面

图3-2-58（b） 太和宫金殿正面

对小铜亭，供奉龟蛇二将。在殿前还立有10余米高的铜质旗杆，上悬三角形的"七星镇山旌"旗帜一面，为清咸丰八年（1858年）增铸。

殿外西面环绕设置砖石砌筑的太和宫城墙，高5米，宽1米，在金殿的东西向轴线上，居中开设圆拱门洞，且在门洞上建有城楼，环城又名紫金城，其北通天师殿，南邻三丰殿，前有棂星门，后有净乐宫（图3-2-60）。

作为昆明金殿公园的核心建筑景观，太和宫金殿在1982年，即被公布为全国重点文物保护单位。

（三）滇南道观

1. 通海玉皇阁

在素有"秀甲滇南"美誉的通海古城秀山公园中，有三元宫、普光寺、玉皇阁、清凉台、万寿宫、斗天阁、涌金寺、白龙寺等多座古建筑群。其中的玉皇阁（红云殿），始建于明万历年间（1573～1620年），清代重修，占地面积约2000平方米（图3-2-61）。整个玉皇阁建筑群坐南向北，在中轴线上依次布置有石牌坊、山门、瑶池、玉皇阁、三清殿以及左右爬山廊，且在石牌坊西北台地上，布置一座3开间正方形平面的雷神殿（图3-2-62）。

图3-2-59（a） 太和宫金殿室内装饰　　　　　　　图3-2-59（b） 太和宫金殿台基栏杆

图3-2-60　太和宫金殿城楼

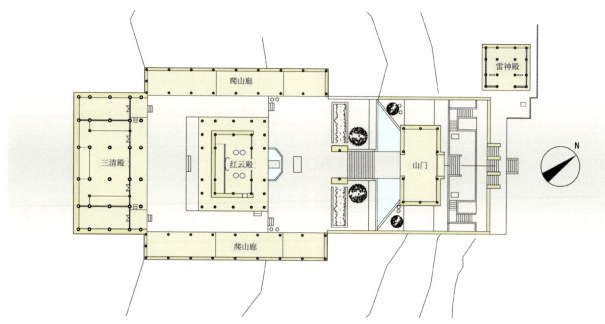

图3-2-61 通海秀山玉皇阁红云殿平面图

图3-2-62（a） 通海秀山玉皇阁山门

图3-2-62（b） 通海秀山玉皇阁雷神殿

图3-2-62（c） 通海秀山玉皇阁石牌坊

由于玉皇阁所处地形坡度较大，在前面布置的石牌坊与山门之间，采用多段石阶左右转折分合。进山门，跨瑶池，再拾级而上过一单间门坊，即为居中布置高台基上的红云殿，殿为5开间单檐歇山顶，抬梁式木结构，通面宽15.5米、通进深12米，稍间为外回廊，四周加设木栏围护。檐下斗栱组成独特，在同一攒斗栱构件组合中，居中内外皆出三跳七踩，在正心瓜栱的栱头，左右对应出二跳五踩（图3-2-63）。红云殿后设5开间的三清殿，两边分别对称布置有八开间的爬山廊，分3段的廊内排列有形态各异是道教神仙塑像（图3-2-64）。

2. 通海三圣宫

位于通海县杨广镇小兴村边的三圣宫，始建于明洪武年间（1368~1398年），坐东向西，由照壁、正门（二层）、中殿、正殿与南北两厢组成三进院落，占地面积约3000平方米（图3-2-65）。三圣宫建筑群的外部围墙形成独特的船形或梭形围合，沿山门、中殿和正殿两山外的厢房依次加宽，中殿、正殿与南北的厢房、耳房，组合成为一个"四合五天井"院落，同时在该院落的南边厢房设过道和侧面，方便进出内院，与此侧门相对应的南面围墙中部，另外又设了一道单独的门坊，其门向与门前巷道呈垂直两向和主体建筑的坐向不同（图3-2-66）。

三圣宫的正殿面阔三间，单檐硬山顶抬梁式结构，通面宽13.9米、通进深10.8米。两山外各设

图3-2-63（a） 通海秀山玉皇阁红云殿立面

图3-2-63（b） 通海秀山玉皇阁红云殿檐下斗栱

图3-2-63（c） 通海秀山玉皇阁红云殿透视

图3-2-64　通海秀山玉皇阁爬山廊塑像

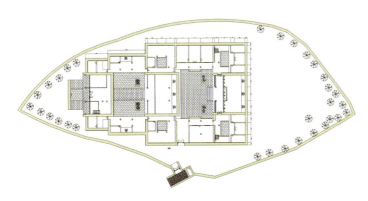
图3-2-65（a） 通海三圣宫总平面图

图3-2-65（b） 通海三圣宫独立门楼

有三开间的耳房和小院，并置楼梯可上至左右厢房的二层。正殿前的廊轩宽敞，两次间有美人靠座凳栏杆，在廊轩两端的山墙上单独设门，通往山墙外的小院（图3-2-67）。特别是安装在明间的6扇镂空透雕镏金彩绘格子门，为当地民间艺人高应美所作，其雕刻图案不但人物众多，人物形态惟妙惟肖，且构图组合疏密有致，表达的传说故事丰富多彩，雕刻手法细腻，工艺十分精湛，堪称国宝（图3-2-68）。1993年被公布为省级重点文物保护单位。

3．蒙自玉皇阁

始建于明万历六年（1578年）的蒙自玉皇阁，又名通明阁，位于蒙自市文澜镇承恩街口东侧，坐南向北，由玉皇阁与东西两阁组成，占地面积1000平方米。蒙自玉皇阁面阔、进深均为19.1米，通高约20米，三重檐歇山顶抬梁式木构架，檐下斗栱梁

图3-2-66（a） 通海三圣宫前殿立面　　　　　图3-2-66（b） 通海三圣宫前殿内院

图3-2-67（a） 通海三圣宫正殿内院　　　图3-2-67（b） 通海三圣宫正殿前廊　　　图3-2-67（c） 通海三圣宫正殿龙凤木雕雀替

图3-2-68（a） 通海三圣宫木雕格子门　　　　　图3-2-68（b） 通海三圣宫木雕格子门局部

架用材粗大。位于玉皇阁两侧的东、西两阁，建于清雍正十二年（1731年），重檐歇山顶，面阔、进深均各为12米，通高12米，具有清代早期的建筑风格（图3-2-69）。三阁鼎立成为蒙自市年代最早的一组古建筑。

4. 弥勒文昌宫

位于弥勒市弥阳镇北门街中段的弥阳文昌宫，始建于明天启三年（1623年），原为弥勒州学府。现存文昌宫于清光绪十五年（1889年），坐北向南，为三重檐歇山顶单体建筑，建立于1.9米高的台基上，面宽五间，进深四间，通面宽17.4米、通进深12.3米。明间设垂带式台阶7级，至殿前宽敞的大月台上。整个建筑端庄高耸、气宇轩昂，木雕工艺精湛，前檐柱础为狮子戏球及云龙纹天球瓶柱脚石雕各1对，造型优美灵动（图3-2-70）。1998年被公布为省级重点文物保护单位。

图3-2-69（a） 蒙自玉皇阁建筑群

图3-2-69（b） 蒙自玉皇阁立面

图3-2-69（c） 蒙自玉皇阁地藏殿

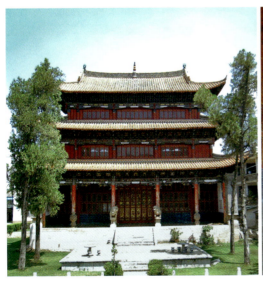
图3-2-70（a） 弥阳文昌宫立面

图3-2-70（b） 弥阳文昌宫前廊石狮柱础

第三节 认主独一的清真古寺

伊斯兰教是世界三大宗教之一，自元、明、清三代，随着大批回族穆斯林移民迁入云南而传入，形成在云南的部分城镇和乡村有回民聚居的地方都信仰伊斯兰教，并且构成"凡所居，皆建寺聚族礼拜"的局面。而清真寺作为穆斯林的朝拜中心，既是伊斯兰文化的象征，也是穆斯林经济文化的集中体现。云南境内的清真寺，在漫长的历史过程中，超越了时空的跨度，以其独特的建筑风格承载着云南穆斯林的光辉与苦难，寄托着穆斯林美好的希望和心愿。每一座清真寺实际上成为了城乡回族社区

存在的唯一象征和标志。因此，不论过去、现在或将来，清真寺将始终是关乎回族穆斯林社会文化延续嬗变的"神经中枢"，储存着回族历史文化的"遗传密码"，是观察和研究回族的钥匙。

"伊斯兰"系阿拉伯文Islam的音译，意思是"和平"和"顺从"，伊斯兰教于公元7世纪初创立于阿拉伯半岛的麦加城，创始人是穆罕默德。伊斯兰教信仰的宗旨是：万物非主，唯有安拉，穆罕默德，是主的使者。我国穆斯林把这句话称为"清真言"，伊斯兰教基本信仰的具体化在思想意识上表现为"六大信仰"，即信安拉、信天使、信圣人、信经典、信后世、信前定，在行动上表现为"五大功修"，即念（清真言）、礼（拜）、斋戒、课（纳税）、朝觐。

据史料载，大量回族进入云南定居起自元代。宋、蒙战争时，元宪宗三年（1253年），忽必烈、兀良合率蒙古军远征云南，其部所辖西域回民亲军多达10万余人。平定大理之后，他们多数留居云南，是为回族入居云南的开端。此后70余年，回民军人多次派往云南，或从事征战，或从事农耕，一些上层人物（如赛典赤·赡思丁、纳速剌丁等）也先后充任地方大员，其随员家属与后裔相继落籍。至元代后期，在云南地区，回民聚居的村落、街道已经出现，开始形成"大分散，小聚居"的居住特点。同时，带有全民宗教性质的伊斯兰教也在云南落籍生根，形成影响。

明初，明军平定云南，以回族人首领沐英率军镇守，随沐英进入云南的士兵中，有相当数量的江南回族因此落籍。之后明军三征麓川，不少江南、陕甘等地回族士兵再次随之入滇。这些先后迁入云南的回族，沿着进军的路线与交通要道落籍定居，形成许多回族聚居点，构成回族移民云南的第二次高潮，伊斯兰教的影响由之扩大。

清初，南明王政权退入西南抗清，部下相当数量的湖广回民随之转战。南明王覆灭之后，他们被迫在西南各地落籍。与此同时，清军在平定西南尤其是吴三桂叛乱的过程中，军队中也有许多河北、山东等地的回民士兵从征，事后留守西南，形成回民迁入云南的第三次高潮。

经元、明两代数百年回族大规模进入云南屯垦定居、繁衍生息，伊斯兰教在云南得到广泛的传播和较大的发展。在此基础上，到了清代，云南伊斯兰教进入向地方化、社会化演变的发展时期。主要表现为两个方面：一方面云南伊斯兰教由早期注重穆斯林生活方式、生活习俗的延续，转变为注重宗教理论演说本身的研究和发展，经堂教育的演变和云南学派的形成，汉文译著经典的出现和学术活动的繁荣，构成了这一转变时期的主要内容；另一方面，因清政府奉行的民族分化和民族歧视政策愈演愈烈，特别是清代后期清王朝对云南回民起义的血腥镇压，严重摧残了云南回族的发展，云南的伊斯兰教也由此横遭打击，此过程在一定程度上加快了云南伊斯兰教的地方化、社会化演变的过程。

一、云南伊斯兰教的传承流布

（一）云南伊斯兰教的发展

13世纪中叶，忽必烈率军分兵三路进攻云南，此时即有大批伊斯兰信徒随军进入云南，蒙古统治者为了加强其统治，采取了两项重要措施：一是行省的建立，二是在全国范围内派军队驻防。

1273年，忽必烈挑选了回族人赛典赤·赡思丁来滇治理云南，他在治理云南的6年时间中，注意调整民族关系，传播种植技术，修浚昆明六河，发展生产，提倡儒学，获得云南各族人民的好评，且赛典赤的子孙中亦多有在云南为官的。

明洪武十四年（1381年），在沐英与蓝玉随傅友德征战云南时，中原和江淮一带的穆斯林，随沐英军民来云南的不少，同时，明洪武至永乐年间曾大批征调军队，组织民力和商人在云南各地大力开展军屯、民屯和商屯。正是由于元、明两朝在云南大规模地屯垦，使大批的"回民"军士、工匠、商人等在云南各地定居，安家立业，正所谓"一个宗教之存在，并非因其教义之存在而存在，实因其拥有若干的信徒而存在。"

元、明两代，伊斯兰教之所以能在云南广泛传播发展，其原因主要有二：

第一，由于"回民"在云南的定居，他们获得了土地或进行商业活动，从而具有一定的经济基础，据云南的地方志和相关家谱、碑文记载，全国除西北外，当时云南已经成为"回民"的第二个主要分布区。随着众多的回族小聚居区的形成，全体回民信奉的伊斯兰教，也在云南广泛传播。

第二，元、明两代，在统治阶级的上层中不乏"回民"官僚，如元代的赛典赤·赡思丁及其子孙三代都在云南做大官，"这更是一个长期地继续吸收各方面穆斯林以建设云南伊斯兰教之很大的力量"。"赛典赤·赡思丁在宗教方面的成就，正如在政治方面的成就一样，他是树立云南伊斯兰教之基础的人。"明初随军征战云南的回族将领沐英，被封为黔国公并世守云南，成为云南穆斯林中的望族之一。

伊斯兰教传入云南后，经过长期的历史发展，特别是到了清代，出现了土著化和地方化的现象。这种演变过程集中反映在汉文译著的产生、经堂教育的兴盛和教派的出现三个方面。

（1）伊斯兰教教义、教规与中国传统的儒家思想相结合，产生了一批有影响力的伊斯兰教学者，写出了一批汉文译著，云南穆斯林称之为"汉克塔卜"，即汉文经典。从这些汉文译著中，可以看出传统儒家思想对伊斯兰教的影响和渗透。比如，用"道统"说来论证伊斯兰教与儒家"道本同源"。云南伊斯兰教学者把"一切非主，唯有真主"的基本信仰，与朱熹的"太极说"巧妙地结合起来，用"真一"取代了"太极"，认为"真一"也同"太极"一样，至善至美，完美无缺，"无一物之不化者，实无一物之不归。此足证大化之流行，而信归真之非偶。"另外，把理学家"格物致知"的认识论也引入了自己的著述中，马注在他的《清真指南》一书中，专门讲了"穷理"和"格物"的问题，提出"万物之理，莫不尽付于人"，"心能格万物之理"。在这些译著中，还可以看到类似儒家"人性论"的"性四品说"等学术思想。伊斯兰教学者们把儒家"五伦"称为"五典"，作为"天理当然之则，一定不移之礼"的"常经"，与伊斯兰教的天命五功并列，比如说："圣教立五功，以尽天道，又立五典，以尽人道"，"五典"是人伦之礼的体现，"三纲"才是人伦之礼"本"，以"君为臣纲"为基础，"人极之贵莫尊于君。君者，所以代主宣传，摄理乾坤万物，各得其所。""命曰天子，天之子民之父也。三纲由兹而立，五伦由此而立。"这些都是伊斯兰教和儒家思想相结合的产物。

上述汉文译著的出现，有其历史的必然性。首先，伊斯兰教传入云南后，经过漫长的历史过程，逐渐成为封建社会上层建筑的一部分，因此必然会受到中国传统文化占统治地位的儒家思想的影响和渗透。其次，汉文译著的面世，"在于把宗教的原理与基础知识，介绍给教外人和不懂阿拉伯文和波斯文的伊斯兰教人，以增进他们对伊斯兰教的理解和认识"。同时，清代以前靠家庭为主传播伊斯兰教的情况已逐渐衰微，伊斯兰教若不适应环境，接受儒家思想的影响，很难继续发展。当然，这种接受反过来也丰富了儒家思想的内容。第三，汉文译著的出现，有坚实的思想基础和群众基础，一方面，伊斯兰教教义与儒家思想都看重今世，很重视人生伦理道德修养及对封建社会秩序的维系；另一方面，伊斯兰教教徒也经常用儒家的眼光去看待、理解自己所信仰的宗教，并用儒家思想与伊斯兰教教义相结合的方式去宣传教义。

（2）经堂教育的兴起。由于"清代伊斯兰教人屡遭歧视和迫害，故有先进之士作了维护宗教的尝试：于是提倡寺院教育……通过经师的传授，把宗教学术的传统保持下去"。

清代，穆斯林与其他民族共同生活在一起，在日常生活中使用汉语。随着时间的推移，他们中懂得阿拉伯文或波斯文且能够读经释义的人越来越少，宗教职业者后继乏人的现象十分严重。于是一些有识之士提出了"经书兼通，回而兼儒"的方针，为适应当时的社会需求和伊斯兰教的发展，开辟了一条自立图存的道路。清初以来，以马注、马德新、马联元为首的云南伊斯兰教学者，他们用汉文译著了不少的典籍，用儒家思想诠释和宣传伊斯兰教教义和教规，力图把伊斯兰教教义和儒家学说结合起来。正是这种结合在理论方面形成了自己的独特体系，促进了云南伊斯兰教的地方民族化，为云南伊斯兰教在中国伊斯兰教发展史上的重要地位奠定了基础。同时，以经堂教育为主要形式的宗教教育制度也日趋完善，在沿袭中国经堂教育传统中，结合自己的实际，对传统学制进行创新，在全国率先实行"中阿并授"的教育制度。

经堂教育是在清真寺内进行的宗教教育，作为伊斯兰教的一项固定制度，早在阿拉伯的倭马亚王朝（公元661～750年）就开始了，"清真寺"作为最原始的学校，男童们在那里学习《古兰经》的阅读和书写。中国伊斯兰教经堂教育在明中叶兴起，无论在形式上和内容上，都具有中国的地方特色。

伊斯兰教经堂教育的产生和兴盛有它的社会原因和宗教原因：一是元、明两代有大批的穆斯林官员、军士和居民在云南定居，逐渐形成信奉同一宗教信仰的稳定聚居的民族；二是在清朝统治阶级的民族压迫下，云南全体回民曾提出保卫宗教的口号以保卫民族利益和生存。汉文译著和经堂教育的兴起，促进了云南伊斯兰教学术研究之风的盛行，使不少穆斯林弟子纷纷前往外省求学，而此时正是中国伊斯兰教形成三大教派、四大门宦的历史时期，因此，新教派也随之由西北传入云南，打破了过去教派单一的局面。

（二）云南伊斯兰教教派

云南的伊斯兰教，在教义上属于正统的逊尼派，在教律上属哈乃斐学派。云南伊斯兰教从传入开始并流传至今的教派，主要有格底木、哲赫林耶和依合瓦尼三派。此外，还有曾经流行过但后来又泯灭的嘎的林耶和虎夫耶派。

1. 格底木

格底木（阿拉伯文Qadim的音译）为最早传入云南的伊斯兰教派，该派严守老规矩，反对不符合传统做法的标新立异。格底木讲"两世幸福"，强调今世和后世是一个统一体，只有立足于今世，才会有后世的幸福，所以它是一个入世的教派。

格底木实行教坊制，教坊即包括一所清真寺为中心的一定范围的穆斯林聚居区域。因为穆斯林总是围绕清真寺而居住，所以后来教坊又变成清真寺的代称。比如一般说"本坊"而不说"我们这所清真寺"，且各教坊之间互不隶属，互不干涉教务，在组织上较为松散。当伊斯兰教新教派传入云南后，开始有些变化，但它仍然是在云南地区传播较广、穆斯林人数最多的一个教派。

2. 哲赫林耶

哲赫林耶（阿拉伯文Jahariyah的音译）是中国伊斯兰教四大门宦之一，主张高声念诵赞词而被称为"高声派"。哲赫林耶是清乾隆四十六年（1781年）前后传入云南境内的一个伊斯兰教新教派，创始人是马明心。哲赫林耶在云南传播的200年间，逐渐形成了既有云南地方特色，又与其他教派所不同的一些特征。比如该派教徒戴一种六角棱形的白帽或黑帽，叫做"六牙帽"，是一个最明显的特征。这种帽子的形状像一个阿拉伯式的圆形建筑屋顶，帽顶由六块等边三角形布拼缝在一起，表示坚信"六大信仰"；帽圈有一块宽2寸的布条或丝线编织的圆点，表示"真主独一无二"。

另外，哲赫林耶认为，不去麦加朝圣而改为朝拱白，并不违反教规。如果教徒缺少朝圣费用，可用朝拱白来代替。故云南哲赫林耶派的多数穆斯林都朝过拱白，而到圣地麦加朝觐的人却很少。

3. 依合瓦尼

依合瓦尼（阿拉伯文Ikhwan的音译）是传入云南时间上最晚的一个伊斯兰教新教派，于民国14年（1925年）始传入滇境，依合瓦尼派主张"凭经行教"、"尊经革俗"，意在改革云南伊斯兰教与阿拉伯国家所不同的某些传统和习俗，故又称之为"尊经派"。

该派传入云南以后，其"尊经革俗"的某些方面，因受云南穆斯林实际条件的限制而不能实行。

如云南伊斯兰教教徒大多数已不懂阿拉伯文和波斯文，需要念《古兰经》的时候，就只有由懂得阿拉伯文和波斯文的人代念。依合瓦尼派的许多主张、传习、礼俗都与格底木派所行差别甚微。

（三）云南伊斯兰教清真寺

云南清真寺创建的年代，与伊斯兰教传入云南的时间几乎同时或者稍晚一点，因为对于信仰虔诚的穆斯林来说，要履行宗教义务和完成宗教规定的多种仪式，必须有一个"麦斯吉德"（阿拉伯语为Masjid，即"礼拜真主安拉的场所"）。在初期，"麦斯吉德"可能不像现在看到的清真寺规模。

云南伊斯兰教的兴盛始于元代，清真寺的兴建亦当以此为始。据说赛典赤治滇时，曾在昆明建清真寺12所，但正式有文献记载的仅为2所。李元阳《云南通志·寺观》称："（昆明）清真寺有二，一在崇正门内，一在崇正门外，俗呼礼拜寺，俱元平章赛典赤建。"民国《昆明县志》则称："清真寺凡二，一在南门内，一在鱼市街，俱元平章赛典赤·赡思丁建。"此二寺即今昆明南城清真寺和永宁清真寺的前身（图3-3-1）。崇正门即南门，南门内清真寺即今昆明正义路清真寺，鱼市街清真寺即今昆明金碧路清真寺，是云南年代最久的清真寺。而据拉斯特《史集》所言："押赤（昆明）居民尽是回教徒"判断，可以肯定，当时庞大的昆明人绝非仅有此二寺。

白寿彝在《赛典赤·赡思丁考》一文中说："赡思丁与云南回教之建立最有关系者，有两件事，一件是云南清真寺之创始……"另据史料载，大理人的"玉龙清真寺系元代咸阳王赛典赤长子纳速拉丁迁大理路宣慰使都元帅府时修建"。赵清的《辩冤解冤录》载："玉龙清真寺系元朝咸阳王赛典赤长子纳速拉丁迁大理路宣慰使都元帅府时修建。"马石生《致各界请更正"回匪"、"回逆"等称谓书》亦说："咸阳王命长子延安王纳速拉丁领族西上，于大理四牌坊北首建清真寺一所，即今考棚也。"大理西门清真寺也是元代建盖的。

明代由于屯垦的普遍实行以及众多军士落籍为民，因而在云南三迤回族穆斯林聚居的乡村和城镇街道，普遍建盖有清真寺。如《康熙蒙化府志》载："凡所居皆建寺，聚族礼拜。"雍正八年（1730年），哈元生的回民军队随鄂尔泰入滇住乌蒙土府（今云南昭通、鲁甸一带），改土归流后，首在当地建盖清真寺48座。

《红河州史料》说："清真寺的修建是与穆斯林的迁徙、屯垦、发展密切联系着的"，"境内现有清真寺七十五座，这些清真寺最早的建于元朝。"

《建水县志稿》载："回民随大吏赛典赤·赡思丁到建水，信奉回教，奉阿母·穆罕默德为教主，教义阐发《古兰经》，以清真为宗旨，所在之处有清真寺，凡是回民均是教徒。"建水城内最大的清真古寺（燃灯寺街清真寺《重修并常住碑记》），"郡有清真寺，创于元皇庆（1312～1313年），盛于我

图3-3-1（a）昆明金碧路清真寺大殿正面

图3-3-1（b）昆明金碧路清真寺墙面装饰

明朝，五百年来户口繁兴，衣冠盛典，四时，赡拜者实繁有族，盖边隅所未有也"。

由于清王朝实行残酷镇压各族人民的反动政策和以杜文秀为领袖的各地回民起义的失败，致使云南的伊斯兰教徒遭到空前的浩劫，几十万无辜的云南回民惨遭屠杀。全省清真寺几乎无一幸存，毁于兵火。"殿宇楼阁，遂成颓墙瓦砾；画栋雕梁，竟是暮草寒烟"。而昆明地区的全部清真寺，也均遭毁灭，"寺宇无存"。

明时，随着回族的大批入滇，清真寺在云南更为广泛的地区兴建，凡穆斯林所到之处，均设有进行宗教活动的教寺，顺宁（今凤庆县）礼拜寺即为明万历二十四年（1596年）所建。发展至清，凡有回族集中的城乡，几乎都有相当数量的清真寺陆续兴建，仅昭通地区即有清真寺48所。据不完全统计，大理地区的清真寺，在当时已达"一百七十五所之多"。此外，宜良、禄丰、阿迷（今开远）、河西（今通海河西）、广通、顺宁、缅宁（今云县）、霑益、寻甸、宣威、剑川、宁洱（今普洱）、威远（今景谷）、景东、新平等地，均有大型的清真寺兴建，而且多数建于道光（1796~1820年）以前。是故，从元代历经明清两代，随着云南穆斯林人口的增加，回族的分布地遍及三迤。"各属都建立了清真寺，崇教兴学"。除大理州一地，当时就建有175所清真寺之外，其他地区如红河州、昆明地区、曲靖地区、玉溪地区、昭通地区等，都建有很多的清真寺。如《新纂云南通志》称：在宣威诸寺中，"尤以清真寺为著"，可见其规模之巨、影响之大。咸丰年间（1851~1861年），云南回民起义，在某些地区（如大理等地），将被清政府所毁的清真寺加以重修，刺激这些地区清真寺的兴建。

然而起义失败之后，云南各地的清真寺先后遭到灭顶之灾，或被焚、被毁，或私占，改为他寺。如大理原有的6所清真寺，咸丰之变后尽被改为城隍庙、武庙等。直至辛亥革命成功，40年间竟无一所清真寺。辛亥革命之后，云南地区的清真寺修建重新兴盛，并迅速恢复到回民起义前之情形，达到凡有回族居住即有清真寺的局面。

在众多的清真寺中，比较著名的清真寺是表3-3-1、表3-3-2中所列的，并且大多数都是在清

民国初期云南清真寺兴建数据简表　　　　表3-3-1

地区	清真寺数	备注	地区	清真寺数	备注
昆明	4		大理	10	
呈贡	3		邓川	5	今洱源县邓川
晋宁	1		洱源	2	
嵩明	3		漾濞	2	
寻甸	56		永仁	1	
罗平	1		永平	1	
霑益	8		腾越	13	今腾冲县
马龙	1		永善	1	
楚雄	3		曲溪	8	今玉溪市
祥云	1		华坪	1	
弥渡	1		峨山	1	
凤仪	1		丘北	4	

比较著名的清真寺简表　　　　表 3-3-2

地点	清真寺名称
昆明市	南城清真寺、东门清真寺、顺城街清真寺、永宁清真寺、迤西宫清真寺
嵩明县	回辉村清真寺、积德村清真寺
寻甸县	北营街大清真寺、柯渡丹桂清真寺、回民村清真寺
澄江县	左所清真寺
华宁县	盘溪镇清真寺
玉溪市	大营清真寺
通海县	纳家营清真寺、大回村清真寺
峨山县	大白邑清真寺
弥勒市	小寨清真寺
开远市	大庄清真寺
个旧市	沙甸大清真寺
建水县	回龙清真寺、馆驿清真寺
巍山县	回辉登清真寺、大围埂清真寺、小围埂清真寺
大理城	东门清真寺、南门清真寺
昭通市	中营清真寺
鲁甸县	拖姑人清真寺
文山市	田心清真寺

末及民国以后陆续重建或新建的。

二、云南清真寺的建筑特征

在漫长的历史发展过程中，云南回族人民用自己的双手和聪明才智，同各族人民一道，创造了众多独具特色的清真寺，无论在建筑技术上还是在建筑艺术上，都给我们留下了许多珍贵遗产，它们不仅记载着建筑及其文化艺术的发展，也记载着云南伊斯兰教的兴衰，具有重要的历史、艺术和科学价值。有回族史研究专家认为，回族文化的最大特点在于它是一种"合金文化"，它继承和吸收了阿拉伯文化、中国传统的儒学文化及其他民族文化的精华，形成了一种独特的民族文化。云南现存的清真寺建筑，尽管大多数都是在民国时期重建，但在建筑的平面布局、外观形态和局部的装饰彩绘方面，均融合体现出汉族、回族、白族、彝族等民族不同的建筑技艺与审美表达，从一个侧面反映了这种"合金文化"的特点。因为，云南回族在与汉族和其他少数民族的交往过程中，形成了在经济、文化方面相互依存、相互影响而又密切的关系，从而使云南穆斯林"在宗教传统文化的基础上，大量吸收了云南各族人民的文化技术，使其打上了云南民族的共同烙印"，使云南回族及其信仰的伊斯兰教、伊斯兰教礼拜场所具有鲜明的地方特色和多民族文化特点。

清真寺，既是云南穆斯林进行宗教活动的礼拜场所，也是民族教育的摇篮，同时还是穆斯林进行各种社会活动的场所。每一座清真寺都将其周围的穆斯林自然地组织在一起，形成一个地区性的宗教和民政组织单位，兼有宗教的、教育的、经济的和社会的多种职能，是云南回族社会经济、文化的集中体现。

从总体分布上看，云南的清真寺主要呈现四个特点。

1. 分散与集中

在全省各市县乡镇，凡是有回族穆斯林聚居的村镇街道，都建有清真寺，而且相对集中于三个片区，以大理、巍山为中心的滇西片区，以昆明、昭通为中心的滇中和滇东片区（滇东北、滇东南），以玉溪、通海为中心的滇南片区（图3-3-2）。

2. 数量较多

据有关资料数据统计，云南全省有不同规模大小的清真寺近600所，平均每700人拥有一所。

3. 规模适中

各地清真寺的建造规模，均与当地的经济文化发展水平相联系、相协调。

这些特点的形成，主要是由于云南回族穆斯林居住上的大分散、小聚居的状况决定的，加之云南省内各地的经济发展水平本来就不平衡。

4. 特色鲜明

云南的清真寺，一般分为寺门、叫拜楼、对厅、厢房、水房和礼拜大殿等六个部分，寺门多为门楼形式，黑漆木门，上悬黑底或红底金字的"清真古寺"或"教崇西域"木匾（图3-3-3）。叫拜楼常为四方形或六角形楼阁式的木构建筑，多数是三层，有的高达五层，是清真寺中最高的建筑物，

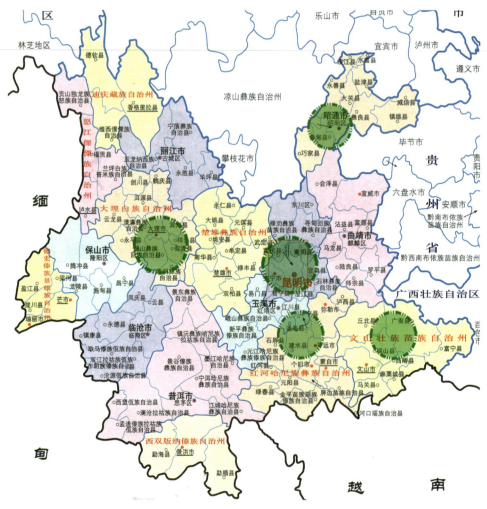

图3-3-2 清真寺分布区位图

图3-3-3 清真古寺匾额

图3-3-4（a） 方形叫拜楼　　图3-3-4（b） 六角形叫拜楼

为呼唤穆斯林进行礼拜而创建（图3-3-4）。规模较小的，常把寺门与叫拜楼合二为一组建在一起。对厅和厢房与当地民居建筑相同，水房选取相对隐蔽的位置，或置于厢房侧面，或置于大殿侧面，隔为单人浴室，专供穆斯林礼拜前沐浴净身。

礼拜大殿是清真寺的主体建筑，一般采用歇山顶厅堂式建筑，单檐居多，檐下匾额题"朝真殿"三字，并配有相关的楹联。殿身开间、进深规模大小不等，设前廊，全开式雕花格子门。门外沿门槛通置脚踏一条，用于搁鞋，廊子两边靠檐柱一般设长条木凳（图3-3-5）。殿内为露明穿斗式木构梁架，地上铺有礼拜毯，西墙面正中作凹入式拜龛，呈拱门状，名叫"米哈拉布"（阿拉伯文Mihrab的音译）。俗称"遥阿"，用阿拉伯文绘上图案，"遥

图3-3-5 清真寺大殿走廊

阿"两侧置有存放伊斯兰教经典《古兰经》的藏经柜，"遥阿"的右边设有一可转动的木雕亭阁，装有木梯木栏的宣讲坛，名叫"敏拜尔"（阿拉伯文Minbar的音译），俗称"宣谕台"（图3-3-6）。

图3-3-6 不同装饰的"米哈拉布"

纵观云南的清真寺，其建筑特色主要表现为简朴、典雅，在采用典型中国传统古建形式的基础上，既保持了伊斯兰教独有的艺术风格，又融合了其他民族的建筑艺术。主要体现在以下几个方面。

1. 传统木构运用

云南的许多清真寺，寺中的礼拜大殿和宣礼楼（叫拜楼）等主要建筑，都运用了中国传统的厅堂式梁架榫卯结构技术，利用层层挑出的斗栱来承托出檐深远的屋顶，并在主体梁架及门窗各个部位节点，起到较好的装饰作用。

2. 建筑组群布局

云南清真寺不论规模大小，都是以四合院为核心的庭院布局，沿着一条中轴线依次有序地布置大门、过厅（含叫拜楼）、朝真大殿等主要建筑，组成二进、三进合院院落，从而形成一组完整的空间递进序列。而周边环境和其他附属建筑，则根据各清真寺的具体情况灵活经营，使每一进院落都有自己独特的功能要求和艺术特色。并且在朝向上采用固定的坐西向东布置，即以礼拜殿和宣礼楼为主来确定。因为按伊斯兰教的规定，"朝拜时只能面向圣地麦加的克尔白天房"，以中国所处的地理位置，清真寺礼拜殿都只能坐西向东。

3. 宗教气氛创造

云南的清真寺在合院布局的基础上，善于利用一些建筑空间尺度的对比变化、巧妙组合来渲染必要的宗教气氛，如一进寺门，高高的宣礼楼耸立面前，仰望之下给人以挺拔威严之感；进入宽敞的庭院，面对庄重高大的礼拜大殿，马上让人感到自己的渺小，在不知不觉中人会很自然地肃穆起来，产生对真主的敬仰；寺内种植的许多树木，既有古老挺拔的苍松翠柏，又有宜人的各种花草盆景，使清真寺展现出"四时花盛开，清风送香来"的园林气息。在产生一种幽静典雅、增加朴实无华、清真肃穆气氛的同时，又能够给人以多彩的世俗生活情趣，符合伊斯兰教注重"两世幸福"的宗教理念。

4. 丰富的建筑艺术

由于受到汉族传统建筑风格的影响，到了明清时期，云南清真寺的汉化演变已趋成熟，形成了云南特有的清真寺建筑艺术风格，主要体现在将压力装饰风格与中国传统建筑手法融会贯通。比如，云南的许多清真寺大殿建筑外形，除了在寺门、屋脊、檐下、墙壁上饰有伊斯兰教突出的星月标志图案、阿拉伯文及相关的宗教内容题材装饰绘画之外，其余与佛教寺庙和地方民间建筑的传统做法相似（图3-3-7）。在一些条件较好的礼拜殿屋顶上，也用黄色或绿色琉璃瓦铺盖。正脊饰塔幢，脊的两端安饰龙头兽吻。房屋的梁架门窗着各种花草动物图案，大殿室内则安置有阿拉伯文字的楹联、匾额和藻井图案，以及重点部分"米哈拉布"处的装饰、火焰形券门的使用等。

对于分布在不同民族地区的清真寺，则又体现出伊斯兰建筑风格与地方民族建筑风格的有机结合。如大理地区的回族清真寺深受白族建筑文化的影响，所以在清真寺的屋顶上都雕有龙的形象，其余的门窗、立柱等多部位，也都反映出白族人民所喜爱的各式装饰绘画图案。傣族地区的回族[72]清真寺建成竹质草顶落地形式，带有傣族建筑风格；藏族地区的回族清真寺"是藏区喇嘛庙式，土墙土顶，楼板铺地，大殿门上、墙壁上雕刻和彩绘山水图案"[73]。彝族地区的回族[74]清真寺也同样具有当地彝族传统民居建筑的一些特点（图3-3-8）。

三、云南清真寺建筑实例分析

（一）滇中和滇东地区的清真寺

滇东和滇中地区是云南历史上开发最早、经济最发达的地区。明清以来的汉族移民和汉文化传播，都是从川南和贵州进入滇东和滇中地区的，是云南接纳外界文化最集中的地区，因此滇东和滇中地区的文化是以汉文化为主体、移民色彩较重的文化。作为云南与中原进行交流的重要交通枢纽，昭通位于滇东北云岭山脉北端，与四川、贵州相邻，古称朱提，素有"滇中锁钥，西蜀咽喉"的称号，是中原文化传入云南的重要通道，滇中和滇东地区的回族则具有较浓厚的汉文化特征。

图3-3-7 (a) 清真寺大殿

图3-3-7 (b) 清真寺宣礼楼

图3-3-8 (a) 凤仪芝华清真寺大殿

图3-3-8 (b) 凤仪芝华清真寺大殿翼角

1. 昆明顺城街清真寺

位于昆明市的顺城街清真寺，是昆明地区最大的一座清真寺。始建于明洪熙年间（1425年），据寺中现存的《重建顺城清真寺碑》记载，扩建后的清真寺"高其□□，广其垣墉，正殿五楹，皆重檐复构"。在云南回民起义失败后，顺城街民房和该寺"皆焚于兵火"，后曾历经九次修葺。2005年，该寺礼拜殿又在整体提升2.2米后改建而成，建筑面积约400平方米。顺城街清真寺地处昆明主城核心区，虽历经多次修葺，但总平面布局仍然遵循传统布局方式（图3-3-9）。

现顺城街清真寺已无宣礼楼，礼拜大殿为面阔五间的单檐歇山式屋顶，左右各带一3米宽回廊，明间开间4.8米，面阔19.2米，回廊纵深五进，进深14.7米。由于进深较大，故屋顶举架很高，外形略显笨重。为了提供较大的室内空间，大殿内部柱网设置使用了减柱和移柱处，即在殿内减去前排金柱，四棵中柱也向后移，使山面中柱与殿内四棵中柱形成错位，后移的中柱与另一端的柁墩共同支承三架梁。而在距山面中柱前后1.8米的位置，又各增加一柱来承担九架梁，以减少因梁跨度过大所带来的不稳定因素。整个大殿内部装饰简单清新，开竖条长窗，采光较好（图3-3-10）。

顺城街清真寺的东面，还有一栋三层单檐歇山式的辅助用房，两厢的楼房设有"经书堂"及"掌教屋"，院中置"园亭"一座，亭中立有经文石碑，规模颇为壮观。其他教学楼、食堂等功能用房齐全。入口处有对联一副："克己复礼有物有伦，此心此理途不二殊"，将儒教文化中"克己复礼"的修身养性，追求为"仁"的道德境界与伊斯兰文化的善行信仰结合在一起。

2. 鲁甸拖姑清真寺

位于鲁甸县城东10公里处桃源乡的拖姑清真寺，始建于清雍正八年（1730年），当时大批穆斯林随哈元生将军到了昭通、鲁甸、大关等地，首建了拖姑清真寺，使拖姑清真寺成为滇东北回民的祖

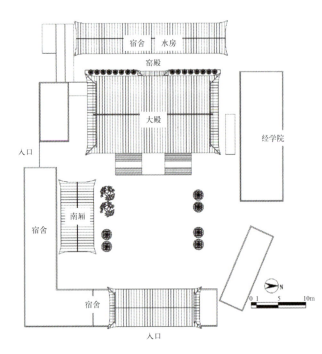

图3-3-9 昆明顺城街清真寺总平面图

图3-3-10（a） 昆明顺城街清真寺礼拜大殿

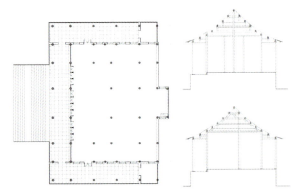

图3-3-10（b） 昆明顺城街清真寺礼拜大殿平面图　图3-3-10（c） 昆明顺城街清真寺礼拜大殿剖面图

寺。据《民国昭通县志稿》卷六载："前清哈元生两次平昭，所带兵丁多系回民，领土占籍，择取地方，悉得东南一带高原。其俗强悍，重耕牧，习武事。科举时代常中武魁。及入伍者，亦列显宦。但居乡人多，除农畜外，以走场贸易为事。住城中者，皆聚积东南岗，以造毡子做皮货为生计。在当时所设清真寺，共有四十八所"。可见哈元生与云南昭通一带回族之来源的密切关系。

拖姑清真寺由正殿、宣礼楼（唤醒楼）、无倦堂、后殿、厢房、水房、照壁等建筑组成，共有殿、阁、亭、楼30余间，大小庭院4个，占地4000平方米，且体现了典型的清真寺布置方式（图3-3-11）。寺门前的照壁独立设置，与寺相映成趣。照壁横批为"认主独一"，左右分别为"道本热爱一切不外仁慈"和"教为清白凡事皆为清白"。儒家的仁、爱在此也体现得十分明显（图3-3-12）。

作为全寺最为引人瞩目的建筑宣礼楼（图3-3-13），通高25米，为五重檐六角攒尖顶，高大挺拔。从入口处看，为五重檐，四层，从楼背后看，又在一楼上方加设一层挑檐，故成五层分布。一层、二层为重檐四边形，三层至五层逐渐内收为六边形，三重檐攒尖顶，底层东西立面为三开间，入口处采用牌楼形式，其上如意斗栱纵横交错，明间斗栱十一踩五攒，次间斗栱九踩五攒。过宣礼楼，居中为一大院子，两旁为厢房，用作主寺阿訇、宗教管理委员会和教学用房。

礼拜大殿是全寺的主体建筑，为重檐歇山式灰瓦屋顶，殿身三开间，面宽14.2米，明间宽5.1米，次间4.5米，进深三进15米。大殿左右设有2.4米宽回廊，殿内柱网结构布置采用了"减柱造"，使整个室内宽敞无柱。与一般的减柱不同，殿内减去了前后两排4棵内金柱，在两山前檐柱与金柱之间的2棵金柱则为后期加设。而在两侧山柱与前后檐柱之间，采用尺寸硕大的抹角梁支撑上部梁架结构，在前后檐柱之间又各设一根尺寸较大的单步梁，然后在抹角梁和单步梁上设童柱和采步金，构成重檐歇

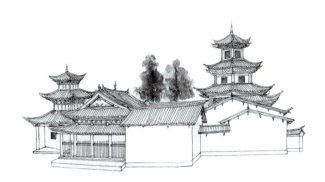

图3-3-11（a） 鲁甸拖姑清真寺

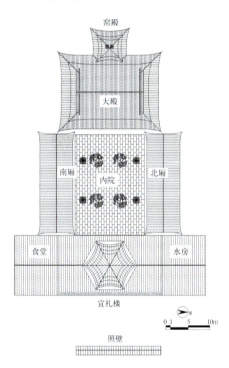

图3-3-11（b） 鲁甸拖姑清真寺总平面图

图3-3-12 鲁甸拖姑清真寺照壁

山山面（图3-3-14）。大殿立面回廊屋面围脊上绘有回形花纹，梁柱之间施斗栱，均为平身二攒，三跳七踩偷心造。大殿正后方是六角形三重檐攒尖顶的亭式建筑，称为窑殿，其建筑总高15米，与前门的"唤醒楼"遥相呼应（图3-3-15）。

3. 昭通八仙营清真寺

八仙营清真寺坐落在昭通市守望回族乡的一个小山包上，该寺始建于清雍正八年（1730年），乾隆四十四年（1779年）重修，是云南现存较早的清真寺之一。原为一完整的四合院落，有对称的两庑、天井花园，曲径回廊穿插其中，占地700平方米。1962年复修后仅存大殿。现存大殿为穿斗式结构，重檐灰蓝色琉璃瓦顶，建筑规模宏大，面阔三开间外带四周回廊，进深五间。大殿内仅设置4棵金柱，支撑起整个歇山屋顶，殿前有"克尽己私方是道，复还天理可朝真"对联。后面凸的窑殿为方形平面，三重檐攒尖顶，建筑尺度较大，收分明显。底层老檐柱至二层顶，二层梁上均设抹角梁，抹角梁上再设檐柱，4棵内收的檐柱构成四角攒尖屋顶。整个大殿，建筑体量虽然不大，但尺寸比例合适，显得华丽壮观（图3-3-16）。

（二）滇西地区的清真寺

滇西地区地处横断山脉南部，金沙江、澜沧江、怒江三江流域构成了以畜牧文化为主体的藏族地区、怒族和独龙族地区和以农耕文化为主体的白族、纳西族地区，而回族则散居于河谷和坝区，其生活习惯与建筑形态及其文化特色深受汉族、白族、纳西族等多民族文化的影响。

1. 巍山东莲花清真寺

位于巍山县东莲花村的东莲花清真寺，占地约8亩，始建于清末，大殿始建时是五开间。民国10年（1921年），新建宣礼楼，扩建大殿，由五开间增至七开间。1987年再次扩建，又由七开间增至十一开间，当属云南古建筑开间数最多的一座殿堂建筑，而且十一开间也达到了中国殿堂建筑的最高级别开间数（图3-3-17）。

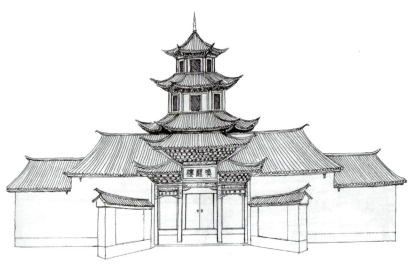

图3-3-13（a） 鲁甸拖姑清真寺宣礼楼立面图

图3-3-13（b） 鲁甸拖姑清真寺宣礼楼

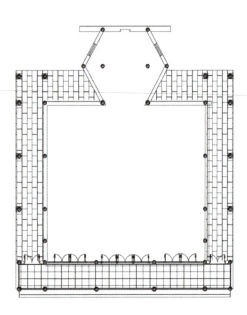

图3-3-14（a） 鲁甸拖姑清真寺礼拜大殿平面

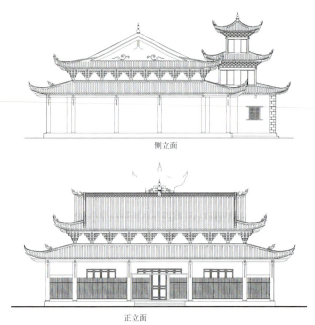

图3-3-14（b） 鲁甸拖姑清真寺礼拜大殿侧立面、正立面图

图3-3-15（a） 鲁甸拖姑清真寺礼拜大殿背面

图3-3-15（b） 鲁甸拖姑清真寺礼拜大殿上檐柱间斗栱

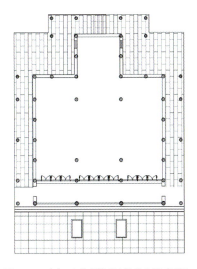
图3-3-16（a） 八仙营清真寺礼拜大殿平面图

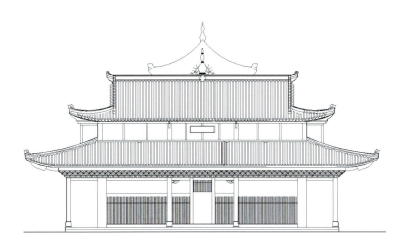
图3-3-16（b） 八仙营清真寺礼拜大殿正立面图

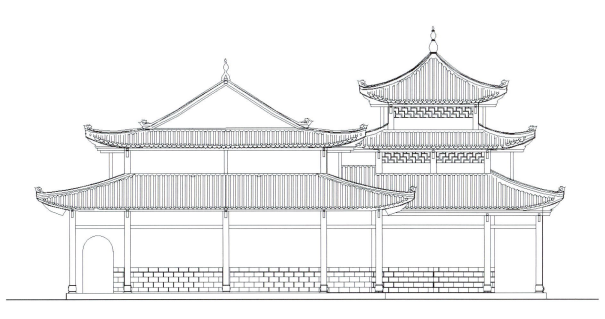
图3-3-16（c） 八仙营清真寺礼拜大殿侧立面图

图3-3-16（d） 八仙营清真寺礼拜大殿

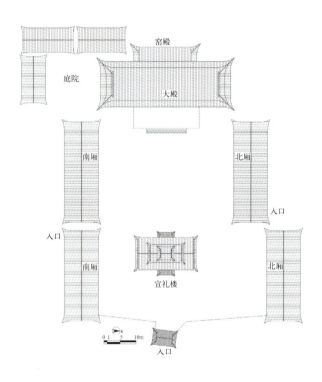

图3-3-17（a） 巍山东莲花清真寺总体平面图

图3-3-17（b） 巍山东莲花清真寺建筑群

图3-3-17（c） 巍山东莲花清真寺内院

宣礼楼建筑的底层和二层均为五开间，除底层明间为进出门道，加设门楼外，其余主要作教学用房，面积约为856平方米。第三层收为三开间作仓储之用，四层仅剩一开间。结构形式为通柱造，在一层抱头梁上竖立二层檐柱，二层抱头梁上又立三层檐柱，宣礼楼正面四层重檐，中部厦檐较高，在坐斗上均施如意斗栱（图3-3-18）。

现存礼拜大殿为重檐歇山式屋顶，面宽十一开间共41.2米，进深19.5米，建筑面积为803平方米。大殿正面檐下施清式斗栱，对应设外挑吊柱，正面额枋下施挂落，且挂落尺寸偏小。明间及各开间斗栱均为平身五攒，三跳七踩偷心造。在尽间和梢间处加设一中柱，承担歇山收山后的脊檩。除梢间为五扇格子门外，其余各间均为六扇格子门，大小尺寸不相同。在上屋檐之间每开间设点窗一个，以增加大殿内部的采光。大殿前设置三开间宽敞月台，前廊两侧外围设置有美人靠，在廊心墙面上绘麦加"卡尔白"图像（图3-3-19、图3-3-20）。大殿侧面墙体为大理白族传统民居的"金包玉"做法，檐下开两个小侧窗，上部四个小侧窗，歇山山面绘有当地特色山花。大殿一层向外凸出的窑殿为五开间，是始建之形制，并由大殿屋顶往下顺延而成，不再向上突出。窑殿开一侧窗。

大殿前的南北两座厢房，作教室、宿舍，东西两进大小院落，大殿南侧一进院落，花木繁茂，古木参天，清净幽深。

2. 巍山马米厂马姓清真寺

位于巍山马米厂的马姓清真寺由东西两进院落组成，前院规模颇大，宣礼楼位于前院中部，礼拜大殿位于前院后部，北厢房是学生宿舍，南楼则是教学楼，后院设篮球场和花架、休息桌凳等设施，环境幽雅。

宣礼楼为重檐歇山式琉璃瓦屋顶，底层有基座，基座上设月台，四面开放，中间通道，仅在一侧有楼梯上下。宣礼楼平面形式为下四上六，共四层重檐六角攒尖顶，规模宏大（图3-3-21）。礼拜大殿由前廊、殿身和窑殿三部分构成，结构形式是二层土木结构。殿身七开间，总长27.6米，进深五间，内部置金柱三列，梢间和尽间的柱缝上各加一山柱（图3-3-22）。上檐各外柱均不落地，由下

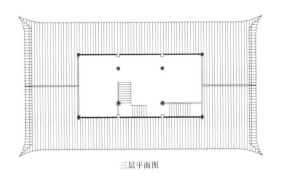
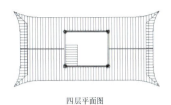

三层平面图   四层平面图

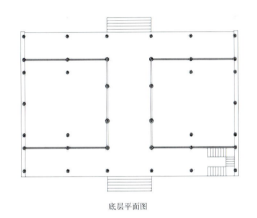
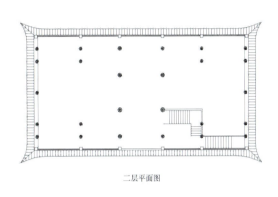

底层平面图   二层平面图

图3-3-18（a） 巍山东莲花清真寺宣礼楼平面图

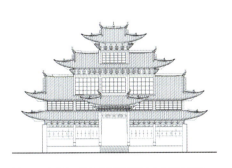

图3-3-18（b） 巍山东莲花清真寺宣礼楼立面图   图3-3-18（c） 巍山东莲花清真寺宣礼楼

层檐柱上的梁承托，上层梢间后退下层梢间面阔的一半，上层两端进深也同样后退下层两端进深的一半，二层山花面板与上层梢间及尽间柱平齐。大殿前廊施井口天花，两端书写汉译《古兰经》段落。后面凸出的窑殿共三层，二层顶部通过抹角梁上立柱的方式，使其平面从二层的四边形转为三层的六边形。

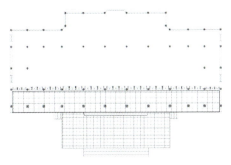

图3-3-19（a） 巍山东莲花清真寺大殿平面图

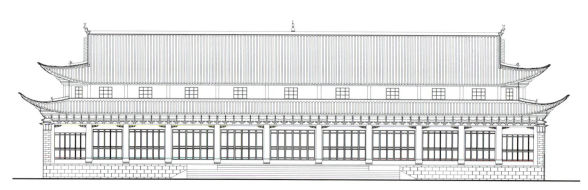

图3-3-19（b） 巍山东莲花清真寺大殿正立面图

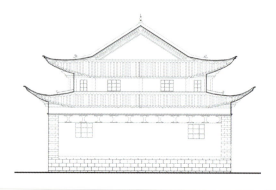

图3-3-19（c） 巍山东莲花清真寺大殿侧立面图

大殿正面下檐面额枋部位尽绘经文书法，上施清式斗栱，下施挂落，明间平身四攒，其余各间平身三攒，四跳九踩偷心造；除尽间设格子圆窗外，所有开间皆六扇雕花格子门，仅明间尺寸偏大。上层面额枋上尽绘经文书法，檐下施清式斗栱，较下层繁密，明间平身七攒，次间及梢间平身五攒，尽间平身二攒，四跳九踩偷心造，上下檐之间设条窗，贯通整圈，增加二层大殿的采光。内部通过尽间小门的楼梯联系上下的交通层。大殿侧面下设五扇窗，墙基为块石砌筑。

大殿背面底层檐下仅做封檐板，二层施斗栱，与正面相似。中部向外伸出的三层窑殿，一层开设一扇窗，屋檐与殿身厦檐连通。二层做歇山屋顶山面，屋顶呈六角略带盔顶形式，上置莲花座葫芦宝顶（图3-3-23）。

3. 巍山小围埂清真寺

巍山小围埂清真寺建筑规模宏大，由礼拜大殿、宣礼楼和南北教学楼组成，宣礼楼居中，把院落分隔为两进。通过宣礼楼楼下通道进入第二个庭院。

宣礼楼高四层，一层五开间，进深四间。一层居中为进出院内的入口通道，并加设三开间牌楼式门坊，构成层次丰富的建筑立面形态。两侧各设一间教学用房，通道左右的6棵柱子是宣礼楼建筑的主要承重支柱，中部2棵通天柱柱径达38厘米。二层仍

图3-3-20（a） 巍山东莲花清真寺大殿透视

图3-3-20（b） 巍山东莲花清真寺大殿正面

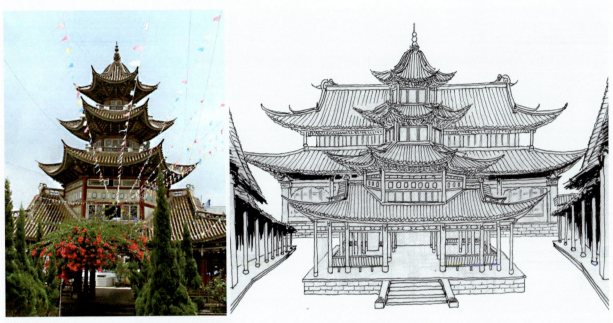

图3-3-21（a） 马米厂马姓清真寺宣礼楼　　　　图3-3-21（b） 马米厂马姓清真寺宣礼楼立面图

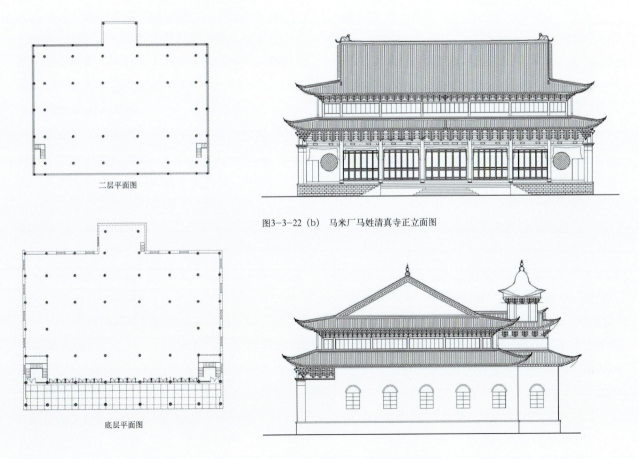

二层平面图

图3-3-22（b） 马米厂马姓清真寺正立面图

底层平面图

图3-3-22（a） 马米厂马姓清真寺平面图　　　　图3-3-22（c） 马米厂马姓清真寺侧立面图

图3-3-23（a） 马米厂马姓清真寺大殿

图3-3-23（b） 马米厂马姓清真寺后窑殿

为五开间，前后廊各向后退收一间，进深两间，作仓储之用。三层、四层平面则由四边形变为六边形，形成重檐六角攒尖顶。其主体结构是从二层檐柱之间的边梁上相应位置立起2棵柱，同中部2棵通天柱与二层山柱之间的大梁上立起的2棵柱，共同构成三层的6棵檐柱。且该宣礼楼的结构设计处理颇为独特，即在二层顶檐柱之间的纵向梁上，又加设了一条与边梁平行的横梁，在两边横梁上立起4棵柱子，与中部的2棵通天柱一起构成四层的六角形平面支柱（图3-3-24）。也有一些匠人对针对结构形式的疑虑采取了一定的补救措施，例如，在抱头梁处或地面上加设擎檐柱承担屋面出挑大所带来的荷载，在次梁下增加柱子以减少主梁的弯矩等。

从正面看，宣礼楼居中为三重檐，两侧的两层辅楼为重檐，屋顶六角攒尖处略微凸起，有盔顶形式的味道，使整个建筑显得气宇轩昂。两层辅楼歇山重檐，收分齐山柱，且有明显的生起。墙体使用"金包玉"的传统砌筑方式，厚度达到60厘米，一、二层檐下均绘彩画，辅楼的歇山面绘有山花。宣礼楼背面四层重檐，一层厦檐与辅楼一致，二层厦檐较辅楼稍稍翘起，三、四层重檐与正面一致。

礼拜大殿始建于元末明初，并于1990年再次重建。大殿面宽37.5米，进深22.5米，高18米，上下两层，有地下室。主楼两侧是两座具有浓郁伊斯兰风格的望月塔，塔有四层，每层都是尖拱券门、铁栏围杆，塔顶是绿色的半圆球顶。此殿风格为中西合璧式，已看不到原有大殿之痕迹（图3-3-25）。

4. 漾濞下街老清真寺

位于漾濞县下街乡西南公路边的老清真寺，原有大门、宣礼楼、二门及其建筑群。原大门为三开间牌坊式，明间高，重檐飞角。大门后为照壁，照壁后的宣礼楼三层重檐。通过宣礼楼进入二门，双柱架斗出阁，二重檐。在二门后的水池上架有大理石拱桥及石栏杆，桥前竖有一座四柱三间的大理石牌坊。左右的庙房各五间，房前清水环绕，左右各建有石拱桥，桥前亦有双柱单间石牌坊。院内种植有古柏、紫薇、垂柳等植物，大殿后院建有亭台石廊。据史料载："清军于1872年正月初一起不断围攻漾濞，至次年三月十一日夜自雪山河尾放三道水皮桥突破防线，进入上下街，放火斯杀三昼夜。下街古寺宣礼楼被拆毁；大门左侧厨房、沐浴室、停尸房等一律烧尽。从此，古寺被没收改为文庙。地方权绅决定裁去'领拜间'，塑立孔丘像，塑毕倒毁，改立木质牌位；每年八月进入祭孔"。

现清真寺采用白族传统民居三滴水式牌楼大门，开三道圆券顶形大门，券脸石绘制云纹花饰。在大门左侧的照壁为五滴水形式，中部照壁顶层绘有原下街清真寺的示意图，中层题"厚德载道，

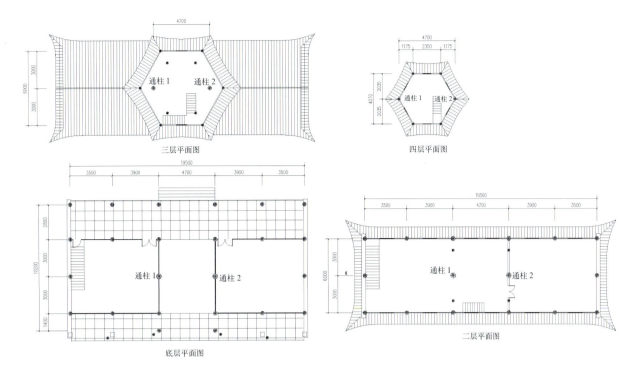

图3-3-24（a） 巍山小围埂清真寺宣礼楼平面图

图3-3-24（b） 巍山小围埂清真寺宣礼楼正面

图3-3-25（a） 巍山小围埂清真寺背面

图3-3-25（b） 巍山小围埂清真寺礼拜殿正面

教普环球"，底层题有阿文书法和劝诫词一首（图3-3-26）。

而清真寺内部仅存礼拜大殿，大殿坐西向东，为重檐歇山式灰瓦屋顶，建筑体态端庄。通面阔21.5米，进深16.7米，高11.8米，大殿内柱网减去明间的2棵外围金柱，在里金柱和外檐柱之间用巨大的梁枋承担上部的梁架（图3-3-27）。且在大殿内的梁枋、内檐斗栱和藻井均绘满伊斯兰经书图案，显得富丽堂皇。大殿正面檐下施清式斗栱，面额枋下施挂落，下层明间平身六攒，次间

图3-3-26 漾濞下街清真寺照壁

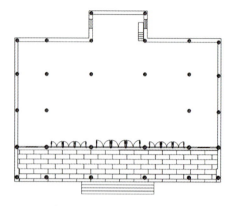

图3-3-27（a） 漾濞下街清真寺礼拜大殿平面图

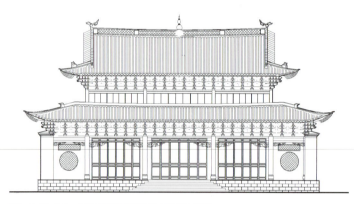

图3-3-27（b） 漾濞下街清真寺礼拜大殿正立面图

图3-3-27（d） 漾濞下街清真寺礼拜大殿正面

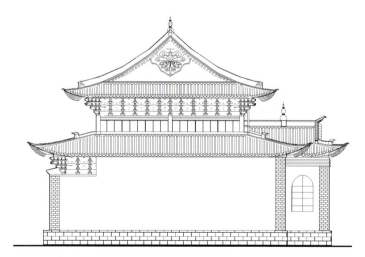

图3-3-27（c） 漾濞下街清真寺礼拜大殿侧立面图

图3-3-27（e） 漾濞下街清真寺礼拜大殿背面

图3-3-28 漾濞下街清真寺礼拜大殿室内

图3-3-29（a） 漾濞下街清真寺礼拜大殿廊轩

平身五攒，梢间平身二攒，均为四跳九踩。明间和次间各置六扇格子门，梢间为格子圆窗（图3-3-28）。二层设条窗贯通整圈，其歇山面绘有大理地方的特色山花。大殿一层背面居中凸出窑殿，并开一圆弧窗，绘大型壁画。窑殿为歇山屋顶，与大殿坡面垂直相交，窑殿底座为横向方整石砌筑（图3-3-29）。

5. 漾濞上街清真寺

漾濞上街原来的清真寺，据《云南文物古迹辞典》载："寺中大殿（原殿）坐西朝东，右为五间厢房，左边栽有花果，前为照壁，院中砌有花台，大殿后为花园，建有亭台、曲廊、水池……大殿后檐歇山顶，通间面阔22.33米，通进深15.12米，高13.64米。14扇格子门和2洞月形窗，饰以彩绘、木雕和浮雕图案"。可惜该清真寺于1989年失火被焚，1991年按原样复修大殿。

图3-3-29（b） 漾濞下街清真寺礼拜大殿门窗

新建清真寺由大门、照壁、斋房、教学楼和礼拜大殿组成。入大门有照壁，大门右侧为斋房，左侧是教学楼。大殿坐落于山腰，重檐歇山屋顶，面阔五开间总长22.6米，进深四间17米，下层高5.3米，上层到脊桁高4.2米，内部金柱三列，在梢间和尽间的柱缝上各加一山柱，是二层歇山收山后的山柱（图3-3-30）。上层的外檐柱全由下檐柱上的梁所承托，二层山面板与上层檐柱平齐。大殿正面底层檐下施清式斗栱，面额枋下施挂落，明间和次间各设六扇格子门，梢间设格

图3-3-29（c） 漾濞下街清真寺礼拜大殿下檐斗栱

子圆窗和小门，通过小门由楼梯上到二层。二层设三面外廊，外廊设通窗，正面外廊明间和次间均设六扇格子门（图3-3-31）。大殿侧面基座用块石砌筑，前廊用砖砌筑至平板枋下，在围墙中部开两扇火焰形窗洞，歇山面绘有大理地方特色山花。

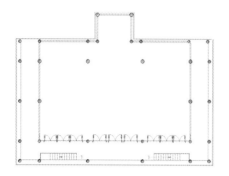

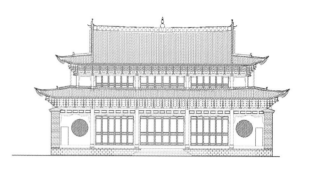

图3-3-30（b） 漾濞上街清真寺礼拜大殿正立面图

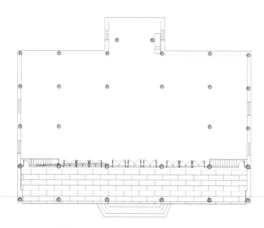

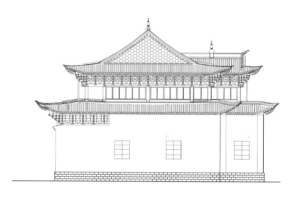

图3-3-30（c） 漾濞上街清真寺礼拜大殿侧立面图

图3-3-30（a） 漾濞上街清真寺礼拜大殿平面图

大殿背面向外伸出的二层窑殿为通柱结构，收分明显。窑殿下层开一个火焰形窗，屋檐与殿身连通，二层的歇山屋与大殿相交（图3-3-32）。

6. 宾川宾居清真寺

位于宾川县城宾居镇的宾居清真寺，始建于清嘉庆七年（1802年），咸丰、同治时期被毁。民国十二年（1923年）重修，占地面积2514平方米。宾居清真寺是宾川县建筑年代最早、保存最完好的伊斯兰教寺院，现为县级重点文物保护单位。宾居清真寺被宣礼楼分为东西两进院落，东部院落宽敞，西部院落分布礼拜大殿、宣礼楼、南北厢房（图3-3-33）。

宣礼楼位于朝真殿前30米，高约12米，为三层重檐六角攒尖顶亭阁式建筑，平面形式为下层四边形上层六边形，底层由6棵主要承重柱作为内柱和其余各外檐柱组成长方形的平面，二层6棵主要承重柱作为檐柱构成六角形平面。二层顶出抹角梁，在抹角梁中部上立三层的檐柱。宣礼楼正面一层为三开间，明间设双扇门供通行，次间设方形格子窗

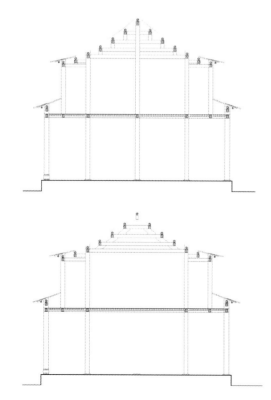

图3-3-30（d） 漾濞上街清真寺礼拜大殿剖面图

图3-3-31（a） 漾濞上街清真寺礼拜大殿前檐斗栱局部

图3-3-31（b） 漾濞上街清真寺礼拜大殿前檐斗栱

图3-3-32（a） 漾濞上街清真寺礼拜大殿背面

图3-3-32（b） 漾濞上街清真寺内院

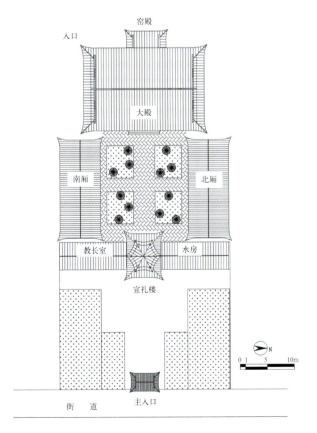
图3-3-33 宾川宾居清真寺总平面图

图3-3-34（a） 宾川宾居清真寺宣礼楼立面图

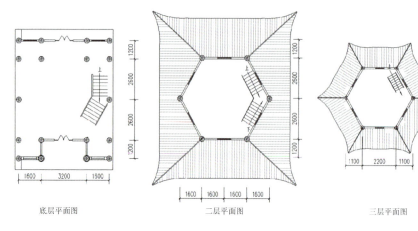

底层平面图　　　　　二层平面图　　　　　三层平面图

图3-3-34（b）　宾川宾居清真寺宣礼楼平面图

图3-3-34（c）　宾川宾居清真寺宣礼楼

（图3-3-34）。山墙用砖石砌筑，厚度达0.8米，上部做叠涩。面额枋下施挂落，檐下施清式斗栱，下层明间平身二攒，梢间平身一攒，带栱眼壁，四跳九踩偷心造。二层、三层六边，每边均开一窗，檐下所施斗栱，其形制做法与下层相同。在六角攒尖屋顶上置葫芦宝顶和星月标志。宣礼楼背面和正面大体一致，二层和三层面额枋上书写《古兰经文》，文字俊秀，内部雕刻精美，整个宣礼楼收分明显，体态轻盈，制作工艺实属上乘。

礼拜大殿为单檐歇山屋顶，面阔三间13.6米，进深三间12米，内部金柱一列，山面中柱各置1棵（图3-3-35）。大殿正面底层檐下面额枋下施挂落，枋下施垂花柱，前廊梢间设美人靠，明间设六扇格子门，梢间设格子圆窗和小门。殿门外高挂"万有真源"的黑漆木匾，木板楹联有："经一经精教本意真罗万象，不二不杂道包天地贯三才"。

（三）滇南地区的清真寺

滇南地区因受地理环境制约和古代百越系文化的影响，与傣、壮等民族有关的文化因素表现得较为突出，也是云南少数民族文化最为丰富的地区。中国内地文化由此南下传播，而东南亚文化则由南传入这个地区。

1. 开远大庄清真寺

位于开远市大庄乡的大庄清真寺，始建于明万历年间，清乾隆六年（1741年）重建，嘉庆十二年（1807年）再修建，至今犹存。寺内环境幽静，绿树成荫，是滇南著名的清真古寺。

开远大庄清真寺总体布局严谨有序，由两条明显的轴线构成，在东西向轴线上顺序布置有礼拜大殿、宣礼楼、山门，大殿两侧设南北厢房，分别为讲经堂和学生宿舍，水房设于山门一侧，方便学生日常大净小净的使用需要。而位于大殿左侧的"伊玛目"室，单独自成院落，环境更为雅致。为了不影响正常的宗教活动，用山门将其隔开，位于最东部，围合成一个广场，满足节日时全村穆斯林在广场内聚餐的需要。南北向轴线上布置有入口、书院，书院也是另辟的一组院落，单独设出入口，布置有阅览室、图书室、藏经阁等用房，内部环境清幽。这种双轴线布置的清真寺，在云南所有的清真寺中尚属孤例（图3-3-36）。

图3-3-35　宾川宾居清真寺礼拜大殿明间

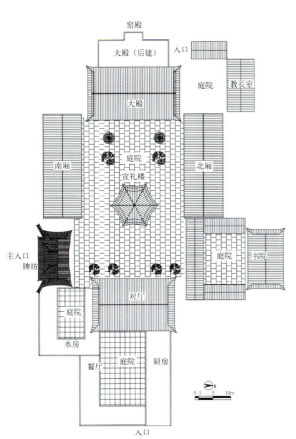

图3-3-36 开远大庄清真寺总平面图

图3-3-37（a） 开远大庄清真寺大门

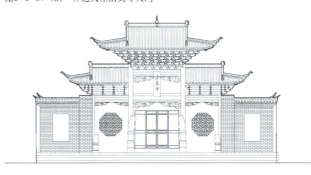

图3-3-37（b） 开远大庄清真寺大门立面图

大庄清真寺大门为四柱三间的重檐牌楼，外侧带八字形砖砌影壁，影壁上绘制有山水画。比较奇特的是，该清真寺大门的外檐柱不是一列，而是并排的3棵檐柱，分别承担两次间和明间主楼的屋面荷载，而最内一列檐柱则与向内的另一侧檐柱承担内侧歇山屋顶。正楼龙门枋上施如意斗栱，下施龙形雀替，整个大门屋顶形式变化丰富多样，明间主楼是歇山屋顶，出檐尺寸较大，体态轻盈，两次间正面为半歇山屋顶，背面则变化较大，与向内的另一侧檐柱共同构成另一歇山屋顶。门前两侧的石雕麒麟，姿态逼真，"麒麟"脚下各有精湛的龙凤石雕，主楼下两扇大门分别刻着"存诚"、"主敬"四个大字。门头有二龙戏珠的木雕，中有"清真寺"金字匾额。次楼下各分设一八边形格子窗（图3-3-37）。

大庄清真寺宣礼楼建于清道光十五年（1835年），为三重檐六角形攒尖顶，建筑通高16.2米。宣礼楼底层设6棵通柱，对应每一棵通柱外围各加了3棵檐柱，在建筑内部的6棵通柱与6棵角柱之间还增加了6棵小柱，这6棵小柱作为二层的檐柱。同样在二层檐柱和通柱之间的抱头梁中部各加1棵小柱，作为三层的檐柱，中部悬垂花柱（图3-3-38）。正立面和背立面一层分别开两扇门，两侧各两扇方形格子窗，面额枋下施挂落，二层每边设方形六扇格子窗，平板枋上施斗栱，出45度翼形斗栱，平身四攒，四跳九踩。大殿一层入口处赋联相赞："平地起高楼直透九重仙府，半天喧宝训唤醒一邑迷人"。

礼拜大殿为单檐歇山式屋面，建于清嘉庆十七年（1872年），因礼拜人数的不断增加，于1990年在原窑殿后又增建了二进深的用房，混凝土结构。原大殿保留了前廊和殿身，前廊卷棚、架梁用45度翼形斗栱托起，斗栱又用柁墩、抱头梁支撑，两侧立有石碑数座。大殿面阔五间20.7米，进深四间

图3-3-38（a） 开远大庄清真寺宣礼楼

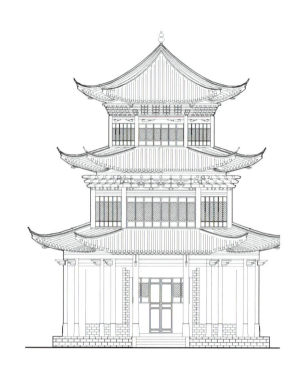
图3-3-38（b） 开远大庄清真寺宣礼楼立面图

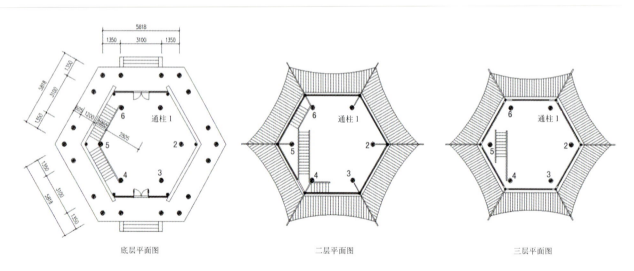

底层平面图　　　　　二层平面图　　　　　三层平面图

图3-3-38（c） 开远大庄清真寺宣礼楼平面图

13.8米，殿身金柱四列，明间的2棵金柱被减去，老檐柱和里金柱之间用五架梁撑起，在五架梁中部各加一根斜梁向次间外侧老檐柱过渡，以分担五架梁中部的弯矩。大殿正面檐下施清式斗栱，四跳九踩偷心造，面额枋下施龙形木雕雀替，明间和次间各置六扇格子门，梢间为四扇。礼拜大殿屋顶举架高昂，屋顶正脊用空心花饰，中部设葫芦宝顶（图3-3-39）。

清真寺的山门为单檐歇山式屋顶，平面采用五间四进，前廊有汉白玉栏杆，正面檐下的做法较简单，砖筑山墙厚度较薄。前殿建于清道光八年（1828年），面阔三间，通高11.18米，单檐歇山顶、五架梁穿斗式木结构，现外迁200多米作为清真女寺，院中正殿、两厢、女生宿舍等又自成院落。以

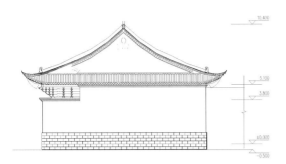

图3-3-39（a） 开远大庄清真寺礼拜大殿侧立面图

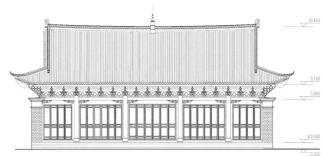

图3-3-39（b） 开远大庄清真寺礼拜大殿正立面图

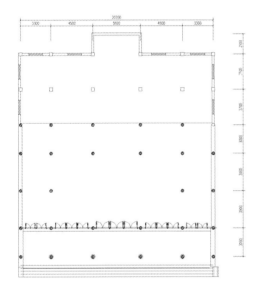

图3-3-39（c） 开远大庄清真寺礼拜大殿平面图

上种种做法均体现出附属建筑与礼拜大殿的尊卑、主次之分。

2．通海纳家营清真寺

通海纳家营清真寺，始建于明朝初期洪武三年（1370年），赛典赤·赡思丁的重孙纳素鲁率兵戍边屯驻纳古，修建礼拜朝房，名曰"朝真殿"，后又历经多次修葺。2001年因在原址新建纳家营大清真寺，故将老殿东迁250米，保持原貌，作为清真女寺，可容纳200名女教胞礼拜，精巧端庄，面积215平方米。

纳家营清真寺礼拜大殿面阔五间，进深四间，殿内设两列金柱。并且将明间与次间柱缝处的2棵中柱减去，前后金柱之间用尺寸硕大的七架梁承担上部梁架，并且使用四根递角梁向次间与梢间柱缝上的金柱过渡（图3-3-40）。大殿前廊为卷棚式廊轩，月梁和四架梁明显。因该殿历经多次修葺，故

无后窑殿，只在面西的墙中部绘制"米哈拉布"的装饰纹样。四周角柱处有抹角梁，作为老角梁和子角梁的后尾支点，又从角柱处相继伸出两根角梁来与檐桁和架梁共同承担抹角梁的中部弯矩（图3-3-41）。上层角梁和抹角梁之间用一类似柁墩的圆形构件连接起来，殿内七架梁和金柱相交接处施斗栱，在梁枋上有彩画或书写经文文字"清真言"等，使殿内装饰富丽堂皇，让人感到处处皆"清真"！

清真寺大殿为单檐歇山式屋顶，屋面举架高昂，正脊空花装饰，其间用实心墙间隔，正面书写"清真言"的上半部分——"万物非主，唯有真主"，背面书写"清真言"的下半部分——"穆罕默德，是主使者"，中部设绿色葫芦宝顶及星月标志。

在大殿前廊台基外设美人靠，供礼拜人或参观者休息驻足。大殿侧面开两扇窗，中开一圆形格子窗。山墙有挑梁和随梁枋，挑梁上施清式六角斗栱，平身皆三攒，梁下与穿插枋交接处对称设5个垂花吊柱。大殿背面檐下施清式六角斗栱，平身皆四攒，梁与穿插枋交接处设6个垂花吊柱。

3．通海纳家营古城清真寺

纳家营古城清真寺位于纳古镇古城村，占地面积约15亩，由礼拜殿、宣礼楼（教学楼）、厢房、沐浴室等几部分组成。该清真寺于1986年从旧址迁到现址重建，四层教学楼顶圆穹隆形，两侧高高耸起的宣礼楼，混凝土结构，有明显的阿式风格。

礼拜大殿由前廊、殿身、窑殿三部分构成，土木结构。二层楼重檐歇山式屋面，底层有基座，殿前设月台。大殿前廊施海墁天花，两端廊心墙上绘

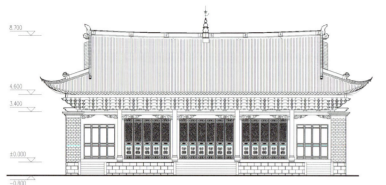

图3-3-40（a） 通海纳家营清真女寺礼拜殿正立面图

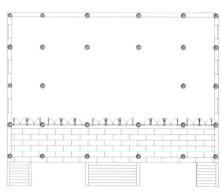

图3-3-40（b） 通海纳家营清真女寺礼拜殿平面图

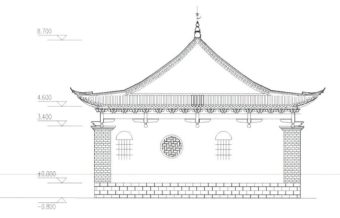

图3-3-40（c） 通海纳家营清真女寺侧立面图

图3-3-40（d） 通海纳家营清真女寺礼拜殿正面

制麦加"卡尔白"图画。大殿平面九开间，面宽33.6米，进深五间，内部金柱三列，梢间和尽间的柱缝上各加一山柱，为二层歇山收山后的山柱。上层梢间后退下层梢间面阔的一半，上层两端进深也同样后退下层两端进深的一半，二层山面板与上檐外柱平齐，简化了屋顶构造（图3-3-42）。窑殿共有三层，二层顶部通过抹角梁上立柱的方式，使平面从二层的四边形转为三层的六边形。大殿正面檐下施清式斗栱，栱眼壁绘制经文书法，下层明间平身六攒，次间、二次间及梢间平身五攒，尽间平身四攒，四跳九踩偷心造；明间六扇格子门，各次间五扇格子门，梢间又为六扇，尺寸较小，尽间为格子圆窗（图3-3-43）。二层檐下施清式斗栱，二层的明间和次间设三块山水画墙板和六块《古兰经》书法墙板，二次间至尽间设六扇格子窗。

大殿前檐廊柱有"道冠古今"等中阿文匾额楹联，侧面一层为砖墙，二层设格子花窗，歇山山面绘有山花。而从大殿中部伸出的三层窑殿，其与殿身紧密结合，建筑侧面空间层次丰富。窑殿一层做厦檐，二层为歇山屋顶与大殿屋面相交，三层出歇山屋顶为六角攒尖顶，上置葫芦宝顶与星月标志。大殿后还有一水潭，潭水就像大殿背面的一面镜子，交相辉映。

4. 建水县城清真寺

该寺又名燃灯寺街清真寺，或名城区清真寺。始建于元朝皇庆年间（1312～1313年）。清康熙四十九年（1710年）建大门厅房，雍正八年（1730年）重建下殿，乾隆二十七年（1762年）再次续修扩建，形成较大规模。主要建筑有前殿、正殿，厢房10间、陪殿厨房5间、月宫房3间和月宫门3道。礼拜正殿为单檐歇山顶，抬梁式屋架，卷棚式前檐，元代初建的前殿虽屡有修复，现仍破损不堪，面目全非。寺内现存石碑6块，均记有伊斯兰教活动和历次修寺之史实，大门悬挂"清真古寺"木

图3-3-41（a） 通海纳家营清真女寺大殿室内构架　　　　　图3-3-41（b） 通海纳家营清真女寺礼拜殿斗栱

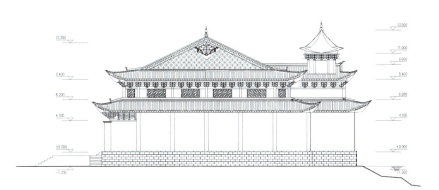

图3-3-42（a） 通海纳家营古城清真寺礼拜大殿侧立面图

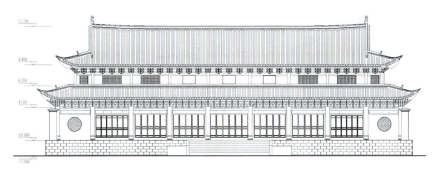

图3-3-42（c） 通海纳家营古城清真寺礼拜大殿正立面图

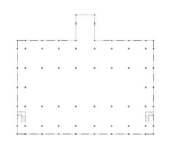
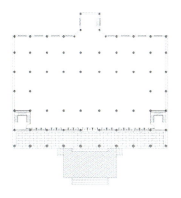

图3-3-42（b） 通海纳家营古城清真寺礼拜大殿平面图

图3-3-43（a） 通海纳家营古城清真寺礼拜大殿斗栱装饰　　图3-3-43（b） 通海纳家营古城清真寺礼拜殿后窑殿　　图3-3-43（c） 通海纳家营古城清真寺礼拜殿正面

匾，正殿门顶中央有"于穆不已"、"真理为极"匾，殿门中央两柱垂挂有"尊主命立行五功，守教规享受乐园"楹联。全寺占地面积2.7亩，为云南建筑年代最早的清真寺之一，现属县级文物保护单位。

5. 广南珠琳清真寺

位于广南县珠琳镇西后街的珠琳清真寺，始建于清乾隆年间，主要由前厅、宣礼楼、朝真殿及两侧厢房等建筑组成，占地面积约734平方米。其中宣礼楼为重檐攒尖顶亭阁式建筑，通面阔13.7米，通进深8米，高约12米，楼上有吊钟一口，建筑古朴雄伟。朝真殿为五开间，通面阔15.5米，进深四间宽10米，单檐歇山顶穿斗式木构架，而且大殿的木构架梁枋、栱眼板与门窗，均用阿拉伯文雕刻装饰（图3-3-44、图3-3-45）。在朝真大殿左侧走廊上立有道光二十九年（1849年）碑记一块，礼拜大殿室内正中向外突出，砌有凹形窑殿，旁设宣谕台。

另外，在朝真大殿的右边，还建有一个专门供女性进行礼拜的偏殿，其平面格局为三开间，进深四间，单檐硬山屋顶，居中明间向内凹进，设六扇木雕格子门，两次间对称设置一个点窗。该偏殿立面高敞，明间的木雕雀替与格子门的木雕图案，造型古朴（图3-3-46）。

（四）云南边缘地区的清真寺

聚居于云南边缘地区的穆斯林族群，具有"卡力岗现象"[75]的特点。"卡力岗现象"本意特指青海省化隆县卡力岗藏族地区，语言、生活习俗同于藏族却又虔诚信奉伊斯兰教的特殊穆斯林族群，然而这种现象不仅存在于卡力岗地区，在云南一些少数民族与穆斯林杂居地区，也都存在这种现象。这些地区的清真寺一直扮演着传承伊斯兰文化的作用，它源源不断地为穆斯林边缘族群提供着各种伊斯兰教知识，它的存在促使穆斯林在多族群共生的文化环境下始终未被同化。而由于各地自然条件与风土习俗的差异，又使云南清真寺建筑在形式上呈现出既顺应自然的特征，又或多或少地反映出当地的主体民族文化。例如傣回、藏回、白回等的清真寺，

图3-3-44（a） 广南珠琳清真寺礼拜大殿侧立面图

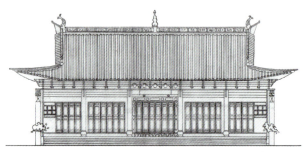

图3-3-44（b） 广南珠琳清真寺礼拜大殿正立面图

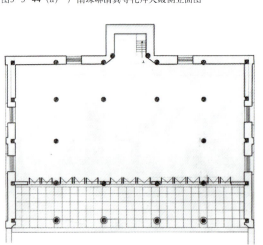

图3-3-44（c） 广南珠琳清真寺礼拜大殿平面图

图3-3-45（a） 广南珠琳清真寺礼拜大殿侧面

图3-3-45（b） 广南珠琳清真寺礼拜大殿回文装饰门扇

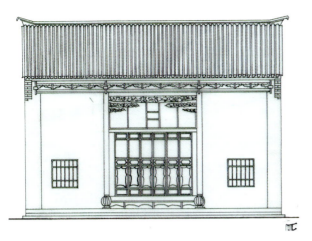
图3-3-46（a） 广南珠琳清真女殿正立面图

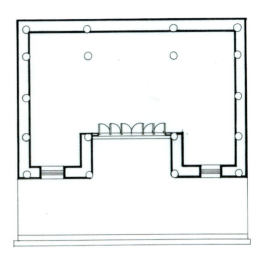
图3-3-46（b） 广南珠琳清真女殿平面图

图3-3-46（c） 广南珠琳清真寺女殿木雕门

图3-3-46（d） 广南珠琳清真寺女殿正面

其建筑形态就受到傣族、藏族、白族建筑文化不同程度的影响，体现了清真寺建筑多样性与多元文化的特征。

1. "傣回"地区的清真寺

"傣回"称为"帕西傣"（傣语"不吃猪肉的傣族"），主要居住在勐海曼写峦寨子里。他们与傣族通婚，在居住、服饰、语言等风俗习惯上受到傣族的很大影响，但仍然保持着伊斯兰教信仰。"傣回"曼写峦清真寺的建筑造型非常独特，整体五开间，底层中间开辟一通道供出入。右半部分是两层歇山屋顶，底层火焰拱券造型下是走廊。走廊内侧是讲经堂，二楼则为礼拜大殿，礼拜殿墙外绘制古兰经文。左半部分则为五层六边形的宣礼楼，顶层是一个六面通透的绿色圆顶，顶上有星月标志，侧面墙壁上绘制古兰经文，歇山屋顶侧面绘有星月标志图案（图3-3-47）。

2. "藏回"地区的清真寺

"藏回"主要是指居住在香格里拉县建塘镇旺次卡村、吾吕村及三坝乡水磨坊村和哈巴雪山下的兰家村、龙旺边村的回族。由于文化生活比较接近藏族，他们穿藏装，讲藏话，饲养牦牛，和藏族通婚，吃酥油，住藏式传统民居，但仍然保持着部分伊斯兰教信仰。所以这一地区的回族被称为"藏回"，当地藏族称为"古格"，意思是"戴白帽的人"。"藏

图3-3-47（a） 勐海曼写岔清真寺山面　　　　　　　　　　　　　　图3-3-47（b） 勐海曼写岔清真寺宣礼楼

图3-3-47（c） 勐海曼写岔清真寺窑殿　　　　　　　　　　　　　图3-3-47（d） 勐海曼写岔清真寺正面

回"地区的清真寺修建具有很深刻的社会意义，对于当地作为穆斯林边缘族群"藏回"的信仰起到了很重要的提升作用。龙旺边村清真寺和兰家村清真寺大殿分别是由沙甸、纳家营等地的穆斯林集资新建的，为三开间单檐歇山式，与其他地方传统的清真寺大殿并无二样。但兰家村清真寺一侧的龙泉清真寺，在其正脊端部的博风板上设一条悬鱼装饰，透露出建筑文化的多元相融性（图3-3-48）。

3. "白回"地区的清真寺

"白回"主要指居住在大理洱源县士庞、鸡鸣、三枚三个村的回族，他们讲白族话，穿白族衣服，生活习惯与白族相似。三个村庄均混居着"白回"与回族。三枚村清真寺院内多处设照壁，大殿前廊两侧绘制有浓郁的白族彩画，其间嵌入大理石碑刻，上题写清真寺建寺历史，大殿、窑殿的"米哈拉布"装饰也采用白族的三滴水牌坊式，其间书写《古兰经》经文和绘制白族彩画，牌坊上部绘制额枋与斗栱。窑殿后檐两侧各有一只雄鸡，形若展翅高飞，而鸡是白族喜爱的图形。整个清真寺充分体现了中国传统建筑文化、伊斯兰建筑文化与白族建筑文化多元融合共生的特征（图3-3-49）。

另外，在新平县桂山镇、平甸乡、嘎洒乡等地分散有"彝回"族群，他们长期与彝族杂居，语言、文化、习俗彝化现象比较明显。

图3-3-48（a） 德钦县兰家村哈巴雪山清真寺　　　　　　　　图3-3-48（b） 德钦县兰家村清真寺博风板上的悬鱼装饰

图3-3-49（c） 洱源三枚村清真寺礼拜大殿

图3-3-49（a） 洱源三枚村清真寺礼拜大殿廊墙装饰　　图3-3-49（b） 洱源三枚村清真寺礼拜大殿内窑殿　　图3-3-49（d） 洱源三枚村清真寺宣礼楼

第四节　天赐福音的基督教堂

云南一直以多种民族、多种宗教乃至多种文化形式并存而为世人所瞩目。自古以来，随着众多民族先民不断地南迁西移，各种各样的文化形态在云南这块相对狭小且相对封闭的红土地上发生交融、碰撞。同时，云南这块神奇的红土地却又几乎完整地将各种不同的文化延续保存下来，以其令人惊叹的26个民族以及门类相当齐全的各种文化形态，在后人眼前展现出一幅多彩的画面。

近代以来，随着基督教的进入，云南红土地上又展现了一场引人注目的文化碰撞。在此期间，众多的来自不同文化背景下的传教士们，积数十年之苦心经营，终于使这块古老的红土地展开了宽广和

宽容的胸怀，在其间留下了西方文化深深的烙印，揭开了不同文化之间相互交融的序幕。一方面，作为一种西方文化的基督教，曾经在这里遭到历经数千年积淀的传统汉文化的强烈抵制，几经起伏之后，最终在与自身文化背景完全不同的少数民族之中找到了适合发展的土壤，获得了早期传教士们意想不到的成功和巨大的影响；另一方面，在众多的少数民族当中，由于自身文化背景及文化需求的缘故，他们在对待基督教传播和发展的态度方面也是千差万别，从而形成了今天显现在世人面前的基督教与少数民族传统文化之间的某种特殊关系。这种特殊关系就体现在教堂建筑上，不同程度地反映出两种或多种建筑文化交融的结果。

一、云南基督教堂的发展

按照基督教教义和教规的不同，基督教又分为天主教、东正教和新教三系，在中国，基督教通常是指基督教之新教（俗称耶稣教）。除了东正教以外，云南兼有天主教和新教两系。

据相关资料，基督教在云南的传播活动始于1877年，早期的活动具有较强的西方传统文化色彩，其惯常做法是以城镇为依托，面向市民和士大夫阶层，走上层路线以争取统治者的支持。然而这种单一的活动方式难有出路，一旦离开城镇便寸步难行。鉴于此，基督教之"内地会"率先调整自己的传教策略，并把传教的对象集中在西南地区的少数民族之中。特别是自1895年英国内地会总部指示其在中国西南各地活动的传教士，要求他们尽快学习和掌握土著语言，开展在少数民族中的布道工作，以避免内地深厚的中国传统文化对传教工作的阻碍。1904年"循道公会"的英国传教士柏格理（Samuel Pollard）在滇、黔交界的苗族村寨"石门坎"修建教堂传教并获得初步的成功，由此打开了向苗族地区纵深扩展的缺口，成为各教会在少数民族地区"垦荒"布道的典范。

1913年，或是出于对基督教在云南难以发展状况的担忧，或是受到教会在云南少数民族中活动初见成效的鼓舞，伴随着殖民势力侵华重心的逐步西移，入滇活动的教会组织和传教人员激增，仅在1912~1915年短短的4年里，就先后有青年会、美国长老会、德国内地会、路德会、圣公会和瑞典神召会6个教派组织（包括一些独立的传道人）进入云南展开活动，由此形成教会组织入滇活动的第一次浪潮。

1918年，中国基督教各教会负责人在庐山会晤，专门就在云南的传教问题进行磋商，联合组成中华国内布道会，首选云南作为开辟传教活动的对象，并于1920年设立了云南教会，专事向云南派遣传教士进行传教活动。与此同时，美国神召会、伯特利教会、丹麦神召会、安息日会和基督会等教会组织，在1922~1926年期间，也相继到云南寻求立足之地，从而形成教会组织入滇活动的第二次浪潮。

上述两次教会入滇活动的浪潮，打开了基督教在云南迅速传播和扩张的局面，并充实了教会在少数民族地区的传教力量。在此推动下，1920~1950年，基督教在云南少数民族地区的活动获得了很快的发展并建立了独立的教堂。仅在滇西北，教堂数目由数座增加到近300座。

基督教在云南开设教堂，肇始于清光绪八年（1882年）。内地会英籍传教士乔治·克拉克（George Clarke）夫妇，在大理吉祥巷租用许姓民宅设立布道所，建立起云南第一个基督教会，为基督教在云南建堂设点之滥觞。

而云南地区基督教堂的兴建情况，据光绪十九年（1893年）的统计，在镇雄角魁大湾子与羊角岩地、恩安（今昭通市）县城、昆明东门外金马寺狗饭田等地，均已建有基督教堂，至20世纪30年代教堂数量至少也在65所以上。据《续云南通志长编·宗教》统计，至20世纪40年代，整个云南地区有基督教堂77所。其中，昭通位居榜首，有17所之多。可见基督教堂在20世纪40年代兴建极盛，也反映出基督教影响在此时期的空前扩大。

天主教传入云南地区的时间虽早，而直到清乾隆时期（1736~1795年），才真正有教堂兴建的记载。当时由于清政府禁止洋教，四川地区的教徒纷纷南下，聚居于云南的盐津、龙溪、大关县城凤山与田坝头等地，"滇省天主教徒之会所，当推上述三处为最古"[76]。道光三至四年（公元1823～1824年），龙溪兴建了一所初期修道院，教授国文及拉丁文，培植中国传教司铎。至道光末，在永胜、巧家、大理等地陆续有教堂兴建。咸丰年间（1851～1861年），天主教堂在云南各地大兴，迅速遍布于主要的府州县镇，然而，这种势头很快就被云南回民起义所遏制。建水、通海、江川等地的教堂尽为起义军所毁，滇北教堂亦多受重创，部分教徒纷纷移居昆明太和街，新创教堂。回民起义被镇压后，天主教堂兴建复又呈现繁盛局面，发展很快，至光绪十九年（1893年）云南地区已有天主教堂45所，分布于全省21个州县。

光绪二十六年（1900年）昆明教案发生后，昆明数处教堂或劫或焚，损失惨重。"滇东师宗、陆凉（今陆良）二教堂俱被拆毁；大关之田坝头，陆（彝）良之小堡子，盐津之龙溪、冷水溪、叭哕岩，镇雄之大湾等处之教堂、教友亦俱有被劫掠之情事"[77]。民国以后，天主教堂的兴建又陆续兴盛，至20世纪30年代，云南地区共计有教堂（含新教教堂）131所，分属昆明、大理、昭通三大教区[78]。至20世纪40年代，又续有增建，总计大约有67所[79]。详见清末至20世纪40年代的云南地区教堂兴建简表[80]（表3-4-1～表3-4-4）。

清末时期云南天主教堂兴建简表　　　　　　　　　　　　　　　　　　　　　表3-4-1

地区	教堂数	备注	地区	教堂数	备注
昆明	2		姚州	1	今姚安县
嵩明	1		太和	1	今大理县
南宁	3	今曲靖市	邓川	2	今洱源县邓川
罗平	1		浪穹	3	今洱源县
巧家	2		维西	3	
平彝	5	今富源县	蒙化	4	今巍山县
会泽	3		永北	1	今永胜县
陆凉	1	今陆良县	永平	1	
路南	2		大关	5	
禄丰	1		恩安	2	今昭通市
大姚	1				

20世纪30年代云南天主教堂兴建简表　　　　　　　　　　　　　　　　　　　表3-4-2

地区	信徒	预备入教者	外籍教士	本国教士	大教堂	小教堂
昆明	11482	4162	29	13	11	45
大理	5038	11941	17	2	5	55
昭通	5204	236	1	11	0	15
总计	21724	16339	47	26	16	115

20 世纪 40 年代云南天主教堂兴建简表　　　　表 3-4-3

地区	教堂数	备注	地区	教堂数	备注
昆明	2		永胜	3	
曲靖	4		永平	1	
陆良	6		漾濞	1	
平彝	5	今富源县	华坪	4	
师宗	1		通海	1	
巧家	2		开远	1	
禄丰	1		蒙自	2	
楚雄	2		文山	2	
大理	10		彝良	3	
邓川	1	今洱源县邓川	永仁	1	
洱源	1		昭通	3	
宾川	2		盐津	4	
蒙化	1	今巍山县	盐兴	2	

20 世纪 40 年代云南基督教堂兴建简表　　　　表 3-4-4

地区	教堂数	备注	地区	教堂数	备注	地区	教堂数	备注
富民	1		缅宁	2	今云县	绥江	1	
昆阳	1		腾越	3	今腾冲县	盐江	1	
安宁	1		云州	2	今昌宁县	文山	2	
嵩明	3		顺宁	1	今凤庆县	澄江	1	
晋宁	1		曲靖	1		曲溪	1	今玉溪市
罗次	1	今禄丰碧城	霑益	1		泸西	1	
禄丰	1		陆良	1		开远	1	
楚雄	2		寻甸	7		华宁	3	
大姚	1		平彝	1	今富源县	通海	1	
牟定	2		昭通	1		河西	1	今通海河西
武定	3		永善	2		蒙自	1	
弥渡	1		镇雄	9		个旧	1	
大理	2		鲁甸	1		峨山	1	
剑川	3		威信	1		元江	1	
丽江	1		彝良	1		景东	1	
永胜	1							

二、云南基督教堂的分布

从全国的一般情况来看，基督教多分布在城镇地区，而在云南则主要分布在边远的少数民族地区，这种分布状况是由云南特定的社会历史条件以及教会活动的特点所决定的。从地理分布上看，基督教主要分布在滇东北和滇西北地区，其大多数又都处于外界入滇的关口位置。其中滇西大部分地区与缅甸接壤，而缅甸又是英美殖民者向中国渗透的跳板；滇东北地区的昭通、曲靖及昆明和楚雄的北部，则形同楔子，插入四川与贵州之间，是内地经川、黔两省入滇的重要通道，也是基督教传入云南的重要路线之一。在地理位置上，最终形成天主教派系的分布如同一个"H"形，东面从滇东北南下至与越南接壤的滇东南地区，西面从滇西北迪庆高原顺江（怒江、澜沧江）南下至滇西南澜沧江一带，东西一线则由昆明横贯大理。而基督教派系的分布则以滇西北高原为顶点，形同一个斜放的"个"字。其中怒江地区、德宏州、临沧地区及思茅地区西部，构成"个"字的一撇，迪庆州南部、丽江地区西部、楚雄州北部、昆明市北部及昭通地区，构成"个"字的一捺，而大理州、临沧地区东北部、思茅地区东部则构成了"个"字中间的一竖。这种地理分布，与从外界入滇的传教通道相吻合（图3-4-1）。

从地理环境上看，这种地理分布，与云南大山大江的分布和走向也是基本一致的，大体上都分布在云南的高山峡谷地区（图3-4-2）。

从民族类型来看，除了部分汉族之外，基督教在云南主要为傈僳族、怒族、景颇族、拉祜族及部分地区的苗族、佤族、哈尼族和彝族所信仰，其中以教会在傈僳族聚居区的分布最为广泛。

从社会文化的角度看，虽然基督教在城镇及内地农村也有较广的分布，但真正具有影响并对云南基督教发展起到决定性作用的，还是在边远少数民族地区所获得的发展。这些地区大多处于资本主义社会以前的社会文化形态之中，而且基本上没有形

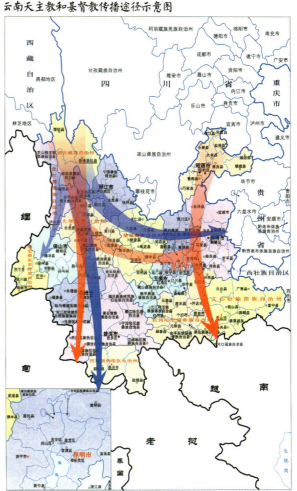

图3-4-1 云南天主教和基督教传播途径示意图

成自己的文字。

云南基督教的派别虽然繁多，但影响最大、分布最广并最能体现云南基督教活动之风貌的，当属内地会（China Inland Mission）、循道公会（Methodist Church English）、浸会（Baptist Churches）、五旬节派教会（Pentecostal Churches）和安息日会（Seventh Day Adventists）五大派别。它们占了全省基督教同类数的80%以上，构成了云南基督教活动的主流，并对当地群众的社会生活产生了极大的影响。

三、云南基督教堂的特征

教堂是基督徒举行崇拜仪式的建筑空间。教堂一词源于希腊文kyriakon，意为上帝的居所。在中

图3-4-2 云南天主教和基督教教堂分布示意图

似地建造高耸的哥特式建筑。基督教则不同，在它的教堂建筑上，表现出明显的"入乡随俗"倾向，即便是新建的教堂，也只基本上是参照当地的民居建筑形式作为教堂模式。因此，由于云南传统建筑形式的多种多样，致使云南基督教的教堂建筑也随之呈现出像"一颗印"、干阑式、土掌房等多种多样的外观形式。

也由于云南基督教在教堂建筑上的这种"入乡随俗"倾向，使它们失去了像天主教堂那种神秘肃穆的气氛而更加贴近当地民众的生活，很容易被当地居民所接受，并对当地的民居建筑产生影响。事实上，在云南许多地方，基督教堂所表现的宽敞、明亮和易于保持清洁等方面的建筑特点，都不同程度地为当地居民所接受。如在景颇山上，传统低矮的"矮脚竹楼"也渐渐变得宽敞舒适起来，这一差别在某个时期信徒和非信徒的民居住房上，表现得尤为明显。显然，这样一种文化上的相互影响和渗透作用，绝不单单是依靠教会势力的大小或教堂建筑的多少所能实现的。

比起基督教的上千座教堂来说，云南天主教的百余座教堂，是很难与之在数量上相匹敌的，而且就分布的地域之广阔来说，天主教堂也远不能及。但就教堂建筑本身来说，天主教堂却显然可以大占风头。而且正如基督教堂的分布有其特点一样，云南天主教堂的分布也表现出相当鲜明的特点。当然，二者的分布特点似乎都不是表现在自然地理方面，而是具有相当浓厚、鲜明的人文色彩。

如果从地图上看，云南天主教堂的地理分布也如同其教派分布一样，同样是一个"H"形，这样的地理分布显然与天主教在云南的扩张和发展有关。但若从教堂分布的社会环境上看，又会发现，云南的天主教堂的分布，基本上可以划分为两大类型。第一类是分布在城市的教堂；第二类是分布在农村的教堂。这两种类型都具有其特殊的社会氛

国，基督教称为礼拜堂，天主教称为天主堂。

教堂作为教会生活活动的重要场所，其发展在天主教会中达到了登峰造极的顶点，并具有了相当鲜明的格式化造型和表现形式。回顾历史，从早期简陋的棚舍变成尖细高耸的哥特式建筑，再到雍容华贵的巴洛克式建筑，教堂建筑无不具有浓厚的民族特性和文化特点，并强烈地表现出特定时代的精神。然而，作为对天主教的反叛，基督教从一开始似乎就完成了教堂建筑形式上的大回转，重新又回到了简易的屋檐之下，并表现出一种相当彻底的"非形式化"倾向。

在云南，天主教堂一般总是采用哥特式的建筑形式。早期活动中，它虽然也以租借民房为主，并不拘泥于其建筑形式，但一有可能，便要鹤立鸡群

围。城市的教堂主要面向易于接受新文化的上层市民开放，处于一种相对多样化的社会环境之中；而农村的教堂则主要面向底层的农民，处于一种封建化和保守性均较浓厚的社会环境之中。按理说，封建保守的农村社会对外来文化具有一种天然的抵御能力和排斥倾向，为什么却又能够对天主教采取容纳的态度呢？这个问题的关键就在于，以土地为核心的社会状况为天主教提供了立足的条件。事实上天主教会在农村的扩张活动，往往是从土地开始入手的。在云南，几乎每一座教堂的存在都意味着它同时占有大量的土地。这在土地关系较为严密的地区，也就意味着它通过土地占有关系而占有了依赖土地生活的农民。在滇西北的德钦县，茨中天主教堂即是采用帮助康普喇嘛寺代收租粮的办法，将当地佃农转移到自己的控制之下，从而迫使他们信教的。因此，云南天主教堂的立足之处，均是封建土地关系较为严密的地方。而在那些土地关系较为松散的地区，则不得不由后起的基督教所取代。

一般来说，居于中心城镇的基督教堂，大多采用欧式建筑风格而又带有明显的中国传统建筑特征。因为基督教传入中国后，其教堂的建筑原则和特色亦被引入中国，从最初对西方教堂的全面模仿、局部移植到有选择地借鉴等多种引入方式，随着其"中国化"、"本土化"的发展，最终采用的是中西合璧式的教堂建筑。另外，中国基督教教堂也较为简朴，无奢华、重彩之笔。

如昆明市北京路天主教堂与金碧路锡安圣堂（基督教堂），均在突出欧式建筑风格的同时，带有中国传统建筑的格调。而建于边远山区的基督教堂，则有欧式和中式两种外观的建筑风格（表3-4-5）。

清末时期云南各地教堂外观造型一览表　　　　　　　　表3-4-5

州县	地点	教堂名称	兴建年代	外观造型
昆明	平政街	天主堂	1876年	西式
	平政街洋角巷	女学堂	1882年	中式
	金马寺狗饭田	若瑟堂	1882年	西式
嵩明	效古里得自村	天主堂	1883年	中式
南宁（今曲靖）	东乡曹家营	天主堂	1871年	中式
	南乡三百户营	天主堂	1879年	中式
	南乡马房屯	天主堂	1880年	中式
罗平	北路一窝风	天主堂	1888年	中式
陆良	小堡子村	天主堂	1889年	中式
会泽	附郭正东大街	天主堂	1877年	中式
	丰乐街	天主堂	1883年	中式
	崇礼乡	天主堂	1883年	中式
巧家	头甲乾夷村	天主堂	1876年	中式
	头甲噜咘官村	天主堂	1880年	中式
平彝（今富源）	正街	天主堂	1881年	中式
	聘伍硐上村	天主堂	1886年	中式
	长二甲双龙潭	天主堂	1891年	中式
	阿舌克	天主堂	1886年	中式
	黄泥河	天主堂	1886年	中式

续表

州县	地点	教堂名称	兴建年代	外观造型
路南	宝乡牛圈子	天主堂	1886年	不详
	宝乡滥泥箐	天主堂	1893年	不详
大关	龙潭乡龙台镇	天主堂	1736～1795年	中式
	大坝乡成凤山	天主堂	1796～1820年	中式
	仁里乡叭哩岩	天主堂	1821～1850年	中式
	吉昭乡石呦子	天主堂	1821～1850年	中式
	河东乡天星场	天主堂	1875～1908年	中式
镇雄	角魁大湾子	圣堂	1864年	西式
	羊角岩	三山学堂	1878年	中式
恩安（今昭通）	府街	真原阁	1867年	中式
	李子园	小经堂	1883年	中式
	府街	天主堂	1887年	中式
大姚	大田街	天主堂	1862～1874年	中式
	大田街	天主堂	1892年	中式
姚州	白盐井	天主堂	1873年	中式
太和	高家巷	天主堂	1875年	中式
邓川	寅塘里下档二甲小米庙	天主堂	1835年	中式
	寅塘里小米郎	育婴堂	1835年	中式
浪穹（今洱源）	上节约摩梭营	天主堂	1876年	中式
	下江约长邑村	天主堂	1881年	中式
维西	茨菇	天主堂	1864年	中式
	小维西	天主堂	1881年	中式
阿墩子		天主堂	1872年	中式
永平	曲洞村	天主堂	1877年	中式
永北	旧衙坪	天主堂	1875年	不详
	马上	天主堂	1881年	中式
	片角新街	天主堂	1883年	中式

如1935年竣工的贡山丙中洛钟丁村基督教堂，其外观造型完全采用法国建筑式样；建于1926年的圣心教堂，是大理教区的主教座堂，因其位于白族文化的中心，不仅采用中式建筑外观，在很多地方还表现出白族特有的传统建筑风格。而建于20世纪40年代中期的澜沧糯福基督教堂，则又以当地民族的干阑式建筑外观为其特征，再融入西式教堂的平面功能。

就其建筑空间而言，基督教教堂一般为一长方形礼堂，不用柱廊间隔，空间宽大，以容纳更多的信徒和会众。且基督教注重讲道，讲台一般置于室内显著地位，多面向会众以缩短牧师与会众的距离。以圣餐桌取代祭坛，而诗班的位置一般设在会众的右首。这类教堂室内较为朴实无华，与天主教教堂的金碧辉煌形成鲜明的对比和强烈的反差。而教堂的建筑外形也比天主教堂显得矮小和简陋，以体现其不强调外在形式而追求的信仰精神。

与基督教堂不同，天主教的教堂十分注重建筑风格，即使在民族地区或具有浓厚地域建筑风格的地区，尽管也"入乡随俗"地采用一些当地的建筑形式，但总要在教堂建筑的某些显著部位如整体轮廓或门窗等处，突出其自身的传统建筑风格。虽然它们早期也曾是当地的普通民居形式，但一有可能，就要建起鹤立鸡群般的哥特式教堂。然而即便如此，也终究摆脱不了当地建筑风格对它的强烈影响。

在云南，天主教堂所采用的哥特式建筑风格，主要体现在其尖细高耸的整体建筑轮廓上，也有许多教堂着力于采用厚重的墙壁和拱顶门窗来体现这种风格。而且，最易产生变形的是它的屋顶部分，几乎所有的教堂，其屋顶都不同程度地体现了汉式传统建筑风格。我们可从下面的实例分析中窥见一斑。

四、云南基督教堂实例分析

1. 昆明市三一圣堂

昆明三一圣堂，原位于昆明市武成路218号。清光绪二十年（1894年），内地会于中和巷购得房产开始设立教堂。1897年昆明受义和团运动影响，传教士被迫离境，但教堂未受到破坏。《辛丑条约》签订之后，传教士重返昆明，并依仗不平等条约趁机扩大土地面积，遂于清光绪三十年（1904年）建成了占地1008平方米、建筑面积850平方米的武成路三一圣堂。其教堂就坐落于沿街的民居群中，为砖木结构，临街为一栋三层的传统民居建筑，左右各有两个开间房屋，正中大门上端悬有"三一圣堂"匾额。进门后有一门厅，楼上为教会的办公用房。穿过门厅后是可容纳500余人的南北向长方形礼拜堂，讲坛位于礼拜堂北端。教堂后面有一小花园，花园旁有教牧人员的居房等配套建筑。三一圣堂的整个建筑群，其建筑结构、式样均与两侧的沿街民居融为一体，富有地方、民族特色。而新建的三一圣堂则完全采用哥特式风格，正面是一高耸的尖塔（图3-4-3）。

2. 昆明市锡安圣堂

位于昆明市金碧路61号的锡安圣堂，是1921年

图3-4-3（a）昆明市武成路原"三一圣堂"

图3-4-3（b）昆明市武成路新建的"三一圣堂"

循道公会于广聚街（今金碧路）购得房屋和地皮修建的教堂。该教堂由英国传教士易理藩规划设计，于1922年正式开工修建，历时两年建成，定名为"锡安圣堂"。锡安圣堂采用基督教传统教堂建筑格局，临街有大铁门，铁门东西两侧建有假三层楼房各一栋，东边铺面销售《圣经》，二楼为办公室，三楼为宿舍；西边铺面是宣教堂，二楼为教室，三楼为宿舍，为钟楼。正中建礼拜堂。礼拜堂大门上端主墙嵌有"锡安圣堂"四字。堂内设读经台、讲经台，台前围有栏杆。所有设备均刻有带宗教色彩的图案花纹。礼拜堂上面无顶棚，中间为主堂，可容500人。主堂东西两侧各有四间厢房，用门装隔。两厢打开后可容近千人。礼拜堂后面设有更衣室及供中国牧师居住的住宅。1947年，锡安圣堂曾做过一次改建，拆除堂内的两边厢房，合并为一整堂。目前的锡安圣堂为1993年重建后的教堂，坐南向北，正面四柱三开间，其式样稍具新哥特式风格。

教堂正面是高大的山形尖顶、竖立十字架，进入大门后有一门厅。大堂内为南北向长方形礼拜堂形式，两侧内墙有尖顶窗户，有楼厅。讲坛位于大厅南端，讲坛前左右两侧为唱诗班。教堂背后有一附属建筑，为教会办公用房及部分生活辅助设施。

虽然建筑外形具有突出的柱墩、窗形及其线脚处理，仍然体现哥特式基督教堂向上、飞升的竖向构图，但已大大减少了其宗教神秘色彩。墙面处理也相对简化了一些较为繁琐的装饰细节，整个建筑的形体尺度较小，显得亲切宜人，没有西方教堂那般高大和神权至上的空间压抑感（图3-4-4）。

3. 昆明市北京路天主教堂

1935年由天主教云南教区主教、巴黎外方传教会比利时籍传教士雍守正（De.Jonhge）策划并主持前阶段修建的昆明市北京路天主教堂，据说按原设计应是一座哥特式建筑，门前应有两座钟楼，中间有一道牌坊。教堂开工后不久，雍守正因病离职

图3-4-4（a） 昆明市金碧路锡安圣堂北面

图3-4-4（b） 昆明市金碧路锡安圣堂室内

图3-4-4（c） 昆明市金碧路锡安圣堂西面

回国，续建者因经费等问题缩减了原定的建筑规模及设计尺寸、礼拜堂外观和面积，于是形成今日遗留保存之形状。

该天主教堂紧靠北京路西侧，建筑主体坐西向东，由教堂和原主教府两部分组成，占地面积近6亩。宽约15米、长约29米，建筑面积约440平方米。其建筑空间为中厅较高的砖木结构形式，与中厅对应的是较扁平的"八"字形外轮廓山墙，墙面简洁，无多余装饰物，仅在边缘起简单的线脚，居中立有十字架和天主堂标识。大门为有厦式门楼，凸出一门廊，门廊上直接顶着一歇山式门檐屋顶，屋顶与柱墩之间缺少必要的过渡构件，显得相对简陋、粗糙。教堂室内梁柱全部采用钢架结构，立柱外或是包砖或是包木，故历经近70年风雨其建筑并无偏斜（图3-4-5）。

教堂最突出的装饰是门楣和窗上檐，门窗的设计并不采用西方建筑的半圆拱顶，远看像中式的方框形门窗，但近看则可见门楣上的木料两端，为经过加工后呈圆弧状上翘，而且门框和窗框的轮廓全部做成仿教堂正立面的"凸"字形状，与整个建筑

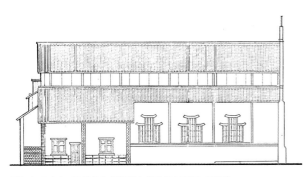

图3-4-5（a） 昆明市北京路天主教堂侧立面图（局部）

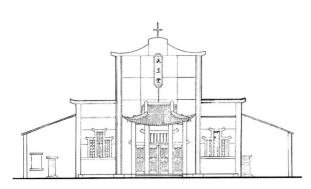

图3-4-5（b） 昆明市北京路天主教堂东立面图

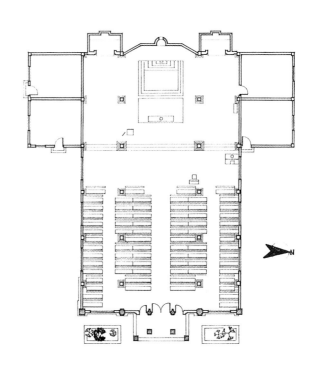

图3-4-5（c） 昆明市北京路天主教堂平面图

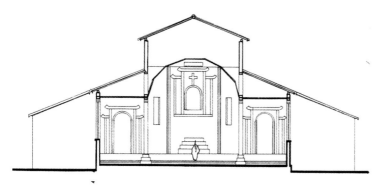

图3-4-5（d） 昆明市北京路天主教堂剖面图

图3-4-5（e） 昆明市北京路天主教室内透视图

立面相呼应。一般门窗框是隐入墙内，而该教堂的门窗框却凸出墙壁约半厘米，经过油漆使之装饰更为突出，这一设计显示出全局与细部的和谐统一（图3-4-6）。

4. 澜沧糯福基督教堂

糯福教堂是西南边远地区带有少数民族特色的教堂之典型。据民国19年（1930年）《澜沧县造报云南省通志资料》记载："本县有美国浸信会牧师永伟里于民国初年到县传耶稣教，来往不定，民国11年（1922年）始在糯福地方建盖总教堂一所，并于蛮大、安康、猛滨、南栅、猛角董及野卡（佤族）等处设立教舍，每处设撒拉一二人主持教务，现在汉人、倮黑（拉祜）、摆夷（傣族）入教者男女约两千人，以外卡佤（佤族）及未归化野卡地方各野卡入教者，月在一万人以上"[81]。

糯福教堂就建在糯福乡政府西北500米远的小山上，为基督教民国浸信会牧师永伟里、永亨乐、永文生父子的传教地，作为澜沧、双江、沧源、耿马等地的教会总部，其传教活动直到新中国成立时。该教堂为拉祜族干阑式围廊建筑，内部装饰为欧美教堂风格，总建筑面积为506.6平方米，平面布局呈纵向双十字形相连之木构架，由一个正堂、四个耳房与一个后室组成。正堂为礼堂，长27.6米、宽11.4米，格板后室为牧师休息室。左右四耳房则为教习拉祜文的教室，每间设置为6米×8米的方形空间。教堂的四周均为木质板壁，开设欧美式三角长方形窗和半圆形门洞。教堂的屋顶采用平挂缅瓦屋面，屋檐板均做成仿拉祜族服饰的犬齿状图样，在屋顶前沿居中设有一高度为1.5~1.8米的悬山式钟楼。教堂正面楼下部有干阑架空矮脚柱12排，共129棵呈梅花柱形排列（图3-4-7）。

每当做礼拜时，由教堂前厦走廊两侧的木踏跺上下至半圆形门前，而后再进入室内。该教堂土洋结合，建筑形态别致，风格特异，将西方建筑文化与本土建筑文化有机地嫁接在一起，具有较高的艺术价值。

5. 大理古城基督教堂

1913年传教士韩纯中购买大理北门大水沟北街口私宅及公房铺面七间和空地一块，次年建成滇西最大的礼拜堂，定名中华基督教礼拜堂，后于1926年重新修复。

由于场地的限制，该教堂无法遵循教堂圣坛必须设在东方的规定，因地制宜地把圣坛设在北方，使其成为南北向布局。教堂由门厅、大厅和后厅组成的"凸"字形平面，门厅在大厅的南面，面宽7.35米，进深3.3米，中间设圆拱门一道，两侧各设一樘对称的尖券形窗。大厅为单檐四坡瓦顶，檐高6.6米，檐下为青石板封檐，其面宽11.2米，进深21.06米。在大厅靠门厅一端的第二开间屋顶上，加设突出屋顶的四角攒尖顶钟楼。

整个教堂建筑的外墙均为清水石砌石灰勾缝墙体，墙角和墙裙用条石支砌，成组排列的尖券形竖窗有节奏地镶嵌在粗犷、简洁的卵石墙上，加上对钟楼、门厅错落有致的造型处理，使该教堂具有朴实明快、肌理明显的视觉效果。这也反映出白族匠师将中西建筑文化和木石结构体系有机组合在一起，形成有地方民族特色的教堂建筑（图3-4-8）。

6. 大理古城天主教堂

图3-4-6 昆明市北京路天主教堂

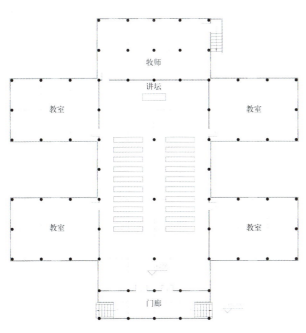

图3-4-7（a） 澜沧糯福基督教堂平面图

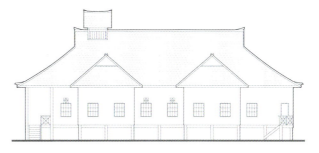

图3-4-7（b） 澜沧糯福基督教堂侧立面图

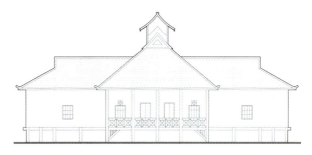

图3-4-7（c） 澜沧糯福基督教堂正立面图

图3-4-7（d） 澜沧糯福基督教堂

大理天主堂，又称为"耶稣圣心堂"，位于大理古城内新民路。始建于19世纪末20世纪初，1925年大地震时毁圮，现保留的天主堂是1930年在原址上重建的样式。在云南所有的天主教堂当中，除了仍以民居形式为教堂外，最具有地方民族特色的教堂建筑，当属大理圣心教堂。

圣心教堂于1926年开始动工，历时5年完成。在建造的过程之中，选聘了大理精于白族寺庙建筑的能工巧匠主持施工。教堂大量使用的木构架，雕梁画栋，极富白族建筑的传统工艺和变形手法。虽然在门窗部分仍然保留了哥特式的拱顶造型，并且有意将钟楼设计在教堂顶层，借以增加教堂的整体高度，体现哥特式向上高耸的表现形式，但同时又极其夸张地采用了三层白族传统寺庙建筑常用的曲线大飞檐，从而将垂直向上的哥特式造型与白族传统横向飞檐展翼的表现特征巧妙地结合在一起，使整个教堂建筑构成不同建筑形态艺术完美融合之典范（图3-4-9）。

圣心教堂由教堂、生活区、学校三部分组成。教堂主体建筑坐东向西，建筑木构架为抬梁式转京木构体系，与白族民居两面有廊的过厅式建筑空间处理很相似，但无楼面。堂内按巴西利卡形制布局，用立柱将南北向分为三个空间，中厅宽6.8米，两边侧廊各2.6米，中厅设座椅，前设圣坛，坛上设祭台，祀圣母像。大门内有柱廊、过厅，教堂东西长34米，南北宽13.2米，占地约470平方米。

教堂正立面门廊构图是白族传统民居三滴水形式，屋顶一高二低，两侧屋顶侧廊厦檐相交形成两大串角。门廊次间施面额、平板枋，上承四攒五跳七踩斗栱。明间面额枋下加花枋，中间夹花板，下施挂落，突出了建筑中心部位的艺术感染力。平板枋上施四攒五跳十一踩斗栱，雕刻彩画繁杂。门廊后墙上开三道圆券顶形大门，门边用两根大理石螺旋形立柱支承拱券，门头上及门间墙上有砖花空，

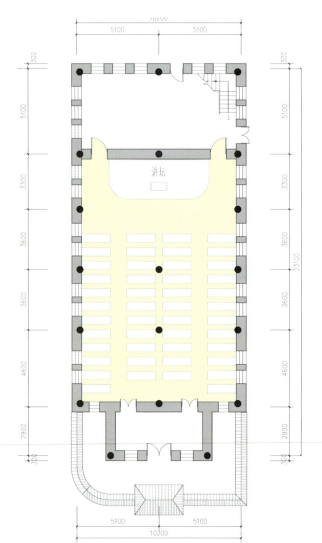

图3-4-8（a） 大理基督教堂平面图

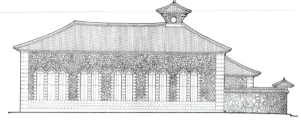

图3-4-8（b） 大理基督教堂南立面图

图3-4-8（c） 大理基督教堂西立面图

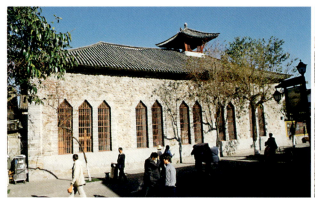

图3-4-8（d） 大理基督教堂

图3-4-8（e） 大理古城基督教堂附属建筑

内绘淡墨山水花鸟画。门廊屋顶上面还有层大屋顶，其出檐与两侧大屋顶出檐相交为两个大戗角，大屋顶上部高耸出3米见方、檐高2.7米的四角攒尖瓦顶钟楼，使教堂整个西立面更显得高低错落、层次丰富。教堂的侧立面是重檐大出厦，檐下施清式斗栱，明间、次间平身四攒，梢间平身三攒，均为四跳九踩偷心造。大屋顶面额枋下和厦檐屋脊间安装排窗，大屋顶上排窗和厦檐墙上具有欧式风格的

图3-4-9（a） 大理古城天主教堂鸟瞰

图3-4-9（b） 大理古城天主教堂西立面

图3-4-9（c） 大理古城天主教堂大门

图3-4-9（d） 大理古城天主教堂入口

图3-4-9（e） 大理古城天主教堂下檐斗栱

图3-4-9（f） 大理古城天主教堂屋檐局部

圆拱形窗，重檐下为二层斗栱，墙体勒脚为横向方整石砌筑，并形成多层次的横向线条，使立面构图既丰富多彩，又协调统一。教堂背立面是重檐歇山端面造型，其檐下斗栱、墙体、色调处理，均与侧面相同，仅仅是檐下墙身不开窗（图3-4-10）。

7. 德钦县茨中天主教堂

位于迪庆藏族自治州德钦县燕门乡茨中村北。清同治元年（1862年）法籍传教士余伯南（Jules-Etiennc Dubernrd）在与茨中村毗邻的茨菇村主持建盖了云南藏区的第一座天主教堂，并使之成为当时所谓的"天主教西藏教区云南总铎区主教座堂"。这是一座重檐歇山式木结构建筑。据《云南交涉世增奏报云南教堂册》一文载：堂有"三台楼房五间，西楼房三间，北楼房七间"（图3-4-11）。光绪三十一年（1905年），"维西教案"爆发被焚毁。次年"维西教案"结案时，教会为报复茨中村民在教案中积极参与"反洋仇教"行为，与清政府达成协议，决定在茨中村重建新教堂，霸占茨中村土地的约十分之一。

清宣统二年（1910年），由法国传教士彭茂美（Emile-Cyprien-Mondeig）设计并主持兴建茨中村天主教堂，1914年竣工。茨中天主教堂由一个院落多座建筑物组成，其主体建筑即大经堂坐西向东，为中西结合样式的砖木结构建筑，由经堂和钟楼两部分组成。经堂内部结构为传统的巴西利卡教堂形制，即长方形大厅被两排立柱分隔为中厅与侧廊，中厅末端为半圆形圣所，祭坛设于圣所前沿，圣所上部为半球形拱顶，中厅和侧廊之上为抬梁式木架屋顶，并形成高差，屋顶为中国建筑传统的悬山顶。钟楼底层是经堂的主入口，平面布局呈正方形，共四层建筑，钟楼屋顶为中国传统的亭阁式四角攒尖顶，第四层为立柱仿亭式建筑，而下面的三层外形却突出显现了罗马式建筑的风格特点：入口正门是罗马式建筑模式的半圆形拱门，厚实的墙体，第一、二层之间装有一排立柱拱券浮雕装饰，也有券柱墙围栏式装饰浮雕。第三层的四壁分别各开设两扇狭长、并列、有圆券拱顶装饰的窗户，其狭长、并列的窗形设计，又有几分哥特式建筑窗户的感觉。在第三、四层之间却做成斗栱装饰浮雕，一楼大门两侧墙面上各有一个安放照明用灯的灯龛。经堂建筑面积约600平方米，可容纳数百人。在茨中村藏族碉房民居低矮的建筑群中，该教堂显

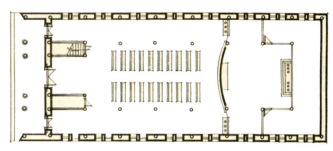

图3-4-10（a） 大理古城天主教堂平面图　　　　图3-4-10（b） 大理古城天主教堂侧立面图

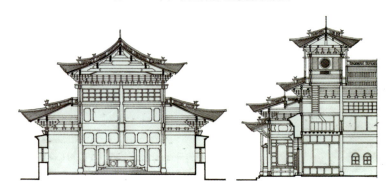

图3-4-10（c） 大理古城天主教堂正立面图　　　图3-4-10（d） 大理古城天主教堂剖面图

图3-4-11（a） 德钦县茨中天主教堂　　图3-4-11（b） 德钦县茨中天主教堂碑刻　　图3-4-11（c） 德钦县茨中天主教堂室内

现出鹤立鸡群般的高大，尤其是它突出的钟楼及圆券拱顶的门窗，与周围建筑形成强烈的反差，这也是云南省天主教教堂建筑中最富有西方建筑特点的教堂之一（图3-4-12）。大院东、南、北三面为瓦顶二层楼房，原系传教士住房及学校教室；此外还有马圈、厨房及一片葡萄园。现为德钦县天主教活动场所之一。

8．砚山县鲁都克天主教堂

位于文山壮族苗族自治州砚山县西南约96公里的阿舍乡鲁都克村，始建于1908年，次年春竣工，由法国传教士布格尔主持建盖。教堂为一四合院布局，建筑占地面积约4亩。院内由经堂、仓库、伙房、耳房组成。主体建筑即经堂坐西向东，占地约700平方米，整体为砖木结构建筑，具有法国建筑风格。大门西侧建有一座钟楼，为法式尖顶塔楼，高9.9米，下圆顶尖，用毛石和青砖砌成，四面开有窗户。据说塔楼内原安装一个90斤重的合金大钟，由外地铸造并运到大庄羊街，再由八名汉子轮流抬回安装。正房和耳房檐下为通廊式结构（图3-4-13）。

9．会泽县娜姑天主教堂

位于会泽县娜姑镇白雾村的天主教堂，又称为圣诺瑟堂，坐北向南，占地面积1225平方米。教堂临街而建，由入口门楼、东西厢房和教堂主体组成。该天主教堂始建于清光绪九年（1883年），由意大利传教士出资主持建造，民国2年（1913年）重建于现址。教堂为中西合璧式建筑，平面为T字形格局，通面阔三间13.5米，建筑立面对称设置圆拱门窗，覆盖青瓦硬山屋顶，室内为穿斗式木构架。明间为礼堂，面宽6.5米，进深15.8米，坡

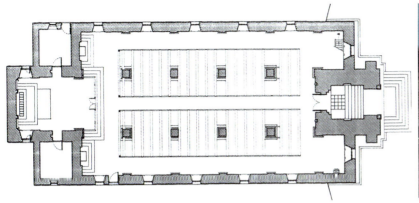

图3-4-12（a） 德钦县茨中村天主教堂平面图

图3-4-12（b） 德钦县茨中村天主教堂立面

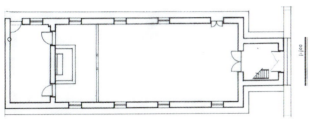

图3-4-13（a） 砚山县鲁都克天主教堂平面图

图3-4-13（b） 砚山县鲁都克天主教堂立面图

图3-4-13（c） 砚山县鲁都克天主教堂附属建筑立面图

图3-4-13（d） 砚山县鲁都克天主教堂剖面图

图3-4-13（e） 砚山县鲁都克天主教堂透视

图3-4-13（f） 砚山县鲁都克天主教堂室内

度较陡的人字形屋顶檐高6.5米。在顶部竖十字架，门口上方镶嵌有圆形花饰图案，并置圣诺瑟堂横匾。左右两次间均为二层，面宽3.5米，进深6.5米。教堂除了供天主教徒们进行宗教活动外，还设有西医门诊，方便村民就诊（图3-4-14）。

10. 白汉洛天主教堂

白汉洛天主教堂，位于贡山县丙中洛乡白汉洛村，清光绪二十四年（1898年）法国传教士任安守建。建于半山坡上的教堂为中西合璧式的木构建筑，占地454平方米。三开间的教堂正面为牌楼样式，建筑形态与细部门窗装饰造型丰富，具有明显的白族建筑特点。所有门窗设置统一协调，变化有致。一层均处理为连续的三个圆拱形，明间向内凹进，门扇皆用六抹头隔扇窗装饰，二层明间用圆拱形窗，两次间为圆形窗，三层为钟楼，正面隔扇窗与侧面的圆形窗，与一层、二层的门窗相互呼应。除了三层的钟楼屋顶为筒板瓦，其余两层屋顶均用片状的石板瓦覆盖（图3-4-15）。还有位于贡山县丙中洛乡的迪麻洛天主教堂，其建筑外形类似白汉洛天主教堂，但建筑的墙体采用的是当地怒族的井干木楞壁体，覆盖的瓦也是石片瓦，入口门窗及二层钟楼处理比白汉洛天主教堂的简单（图3-4-16）。

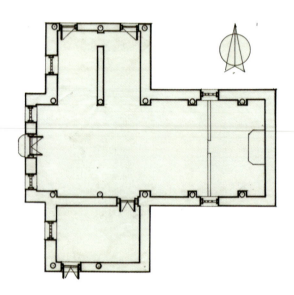
图3-4-14（a） 会泽县娜姑天主教堂平面图

图3-4-14（b） 会泽县娜姑天主教堂正立面图

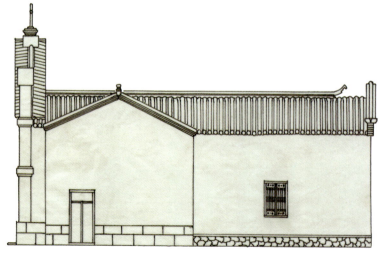
图3-4-14（c） 会泽县娜姑天主教堂侧立面图

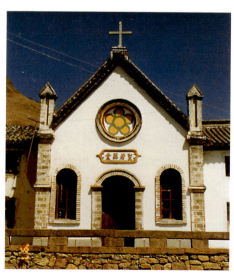
图3-4-14（d） 会泽县娜姑天主教堂正面

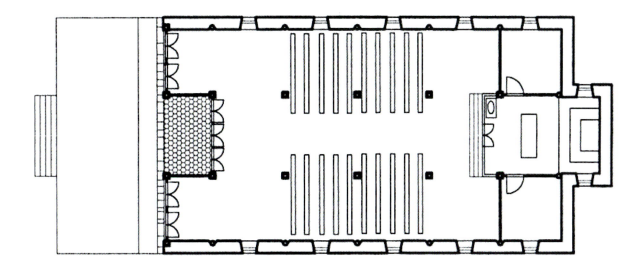

图3-4-15（a） 贡山县白汉洛教堂平面图

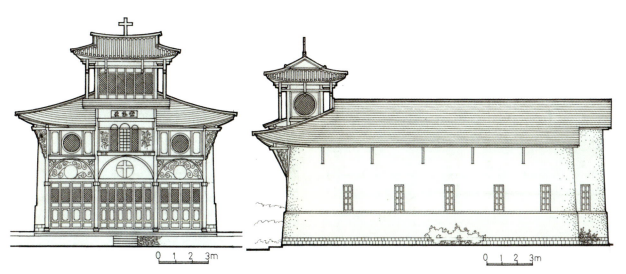

图3-4-15（b） 贡山县白汉洛天主教堂正立面图　　图3-4-15（c） 贡山县白汉洛天主教堂侧立面图

图3-4-15（d） 贡山县白汉洛天主教堂正面

图3-4-15（e） 贡山县白汉洛天主教堂门窗细部

寺观祠庙

11. 小维西天主教堂

小维西天主教堂，位于维西县城北面40公里澜沧江东岸的白济汛乡统维村，始建于清同治十三年（1874年），由法国传教士建造，为省内较早的天主教堂之一。教堂坐西向东，由大门、圣堂、厨房等组成，占地240平方米。圣堂面宽20.5米，进深18.3米，通高15米，重檐砖木结构，外形既有中国传统建筑风貌，又具有西欧建筑特色。

此外，始建于清光绪二十三年（1897年）昭通市内毛货街的天主教堂，据教内人士回忆：天主教

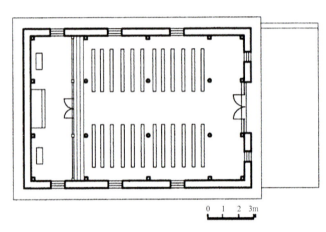

图3-4-16（a） 贡山县迪麻洛天主教堂平面图

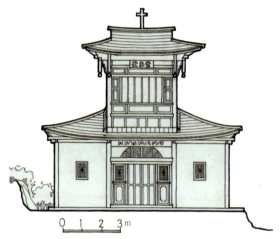

图3-4-16（b） 贡山县迪麻洛天主教堂正立面图

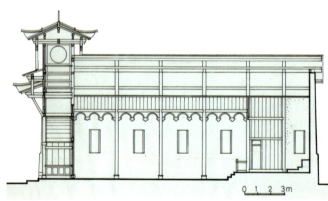

图3-4-16（c） 贡山县迪麻洛天主教堂剖面图

图3-4-16（d） 贡山县迪麻洛天主教堂侧立面图

图3-4-16（e） 贡山县迪麻洛天主教堂（维修前）

图3-4-16（f） 贡山县迪麻洛天主教堂（维修后）

传入昭通初期是租用民宅传教，后因发生"教案"，由官方将毛货街原五属会馆抵赔，拆除新建天主教堂。位于石林彝族自治县（原路南县）路美邑镇，安（宁）石（林）公路距离县城6公里处西侧的路边，原有教堂始建于1887年。初由法籍传教士邓明德（Paul-Felix-Angele Vial）在此选址，并建造了住宅、厨房、马厩、教堂、学校，1948年又扩建了教堂。1999年5月由路美邑村的华侨企业家麟先生投资，拆除旧教堂，在原址上新建了"路美邑天主慈悲堂"。

从以上分析不难看出，由于基督教信仰传统对教堂建筑的原则强调简朴，因此从建筑艺术的角度上看，基督教的教堂建筑要远逊于天主教的教堂。基督教在云南所建的教堂，其建筑格局大致可分为两类：一类是在省会昆明及各地中心城镇所建的教堂；另一类是散落在云南各地乡村及部分城镇所建的教堂。前者多具宗教改革以来基督教教堂的传统建筑风格，教堂正面是高大的半圆拱顶或山形尖顶、竖立十字架，多用半圆形拱门和拱窗，如昆明市的锡安圣堂和近年新建的部分教堂；后者的建筑结构、式样则与当地民居接近或相同，如昆明市的原三一圣堂。特别是在贫困地区的农村教堂，与当地的普通民房并无差异，外观上看很像一座小礼堂或一间大教室，简陋质朴，仅靠屋顶上的十字架或门楣上的教堂名称或十字架图案与周围的民房相区别，而在教堂内的讲台上大多都有一块用于讲道和教授少数民族拼音、文字的黑板。

天主教注重礼仪传统，从而也十分注重教堂的建筑布局、建筑形制。在坚守天主教教会制定的西方文化传统的同时，又要在有深厚东方文化积淀的地区打开局面，这本身就是个矛盾。而缓解这一矛盾的结果，就是在教堂建筑形式上的相互融合。因此，无论是在喧闹繁华的大都市，还是在偏僻荒凉的乡村或山寨，所建教堂在外形上一般都"入乡随俗"地尽量采用当地的民居建筑风格，但其却都遵循巴西利卡（Basilica）的形制，即教堂正立面均为尖顶的"凸"字形，顶端再竖起"十字架"标志，

显示教会明确的标记。教堂内部纵向设立柱列，构成一个中厅和两个侧廊的格局。内部摆设则是完全统一的：矩形平面的大厅两端分别是大门和一小凸出的半圆形圣所，堂内圣坛上悬挂圣像或安置圣像雕塑；坛下中间设较宽的过道，过道两侧都安放带跪凳的靠背椅，两边设立柱、侧廊（在礼仪改革后均撤销），两侧的墙上悬挂相应的圣像。

第五节　传递情感的血缘宗祠

中国古代常见的宗祠，是专门用于祭祀祖先的一种宗教建筑，这也许是在宗法社会里孕育出的一种独特的建筑文化现象。

西周是中国古代宗法制度基本成熟的历史时期。所谓宗法制度，是指以宗族血缘为纽带，以嫡长为大宗，以男性家长为尊所构成的社会典章规范、文化制度及其文化观念。其有大宗、小宗之分，这样，从全国最高"家长"的帝王到普通百姓人家，都有他们的先祖需要祭祀。于是不同品格、规模级别的宗庙建筑便应运而建，使周代人立下一条营建宗庙的"规矩"，即"君子将营宫室，宗庙为先，厩库为次，居室为后"，足见其对宗庙的重视。

《礼记·王制》云："天子七庙，三昭三穆，与大祖之庙而七；诸侯五庙，二昭二穆，与大祖之庙而五；大夫三庙，一昭一穆，与大祖之庙而三；士一庙；庶人祭于寝。"明显地反映出因社会地位和等级的不同，导致在庙制规模上的大小之分。

宗庙的伦理道德意义在于"尊尊"，古人以左为尊，故有"左祖右社"[82]之制，反映了宗庙在古人心目中的分量。贺业钜在《考工记营国制度研究》一书中说："奉祀王室祖先之地，它代表王室宗族，是为宗法观念—'亲亲'的标志，将宗庙配置在主轴线的左前方，和外朝联成一体，借其显示周王天下大宗子的身份，进一步突出王权，从而体现'亲亲'与'尊尊'结合的宗法血缘政体特色。"

《三辅黄图》云："宗，尊也，庙，貌也；所以

仿佛先人尊貌也。"崇拜宗庙，也就是崇拜祖宗，宗庙在中国古代建筑文化中的价值，也就是它在宗法制度中的价值，换言之，是祖宗在整个宗法制观念中的地位，决定了宗庙在中国传统建筑文化中的独特文化意义。

宗庙在中国人的观念中是极其崇高的，不仅岁岁祭祀祖先，而且历代王朝举凡册命封典、出师授兵、祝捷献俘，或是告朔听政、外交盟会，大多都在宗庙中进行，以便求得祖先的庇荫和保佑。从某种意义上说，宗庙是国家政权的象征，因为它显示了强烈的等级观念；宗庙是国家宗教的标志，因为失去了宗庙，便意味着失去国家政权。《吕览》说："安危荣辱之本在于主，主之本在于宗庙"。"宗庙之灭，天下之失"。故灭他人之国，往往"毁其宗庙"[83]。由此不难看出，中国历史王朝之更替，后朝也多以焚毁其前朝之宫室、宗庙为主，然后又不遗余力地在其旧址上大兴土木，重新再建新宫、新庙，目的便是把这些宫室、宗庙当作国家政权的象征，从精神层面上将其彻底消毁掉。

从古至今，中国人历来一直把人自身的生产繁衍看作是无比重要的事情，而崇拜祖宗的目的就是为了追根寻源，使在早期对生育之理一无所知的人们，能够从祖先那里获得福佑，达到传宗接代、人丁兴旺发达的愿望。从更深层的民族文化心理根源来看，各种类型、规模大小不等的宗庙建筑，不是一般对祖先之灵的祭祀，而是与儒家伦理道德规矩相紧密联系的生殖崇拜祭祀。

一、云南宗祠的情感纽带

（一）祀奉广泛的原始神祠

神祠，也称祠庙，主要指原始宗教的寺庙。

秦汉时，随着"五岳四渎"的敕封，云南地区大大小小的自然崇拜神祠也相继产生，据《汉书·地理志》载："益州郡滇池县（今云南晋宁）西北有黑水祠"。世传即昆明黑龙潭所在。然《一统志》载："云龙州黑水神祠在澜沧江滨，秦有风涛覆溺之患，建祠以祀江神，患遂息。"

魏晋南北朝时期，原始神祠的兴建除了继续保持部分自然崇拜的神祠兴建而外，反映神祇崇拜的神祠一时并起，成为此一时期原始神祠兴建的突出特点。

隋唐时期，神祇崇拜在更为广泛的地区蓬勃展开，与此同时，动物崇拜开始崭露头角。两种崇拜的结合，直接促进了云南地区数目众多的文武贤达神祠与龙王庙之类的寺庙的兴建。唐玄宗时期（公元712年～756年），杜光庭仕南诏[84]，曾书《南诏德化碑》，在南诏与唐停战和好方面颇有政绩，鉴于此，大理建杜公祠以祀。

与隋唐相比，宋、元时期云南地区原始神祠的兴建不大，据《新纂云南通志》载：云南地区清时尚存的原始神祠之中，约有16所可以肯定始建于宋、元之际。其中神祇崇拜的神祠占据主流，除了赛典赤、张立道等有功于云南而受崇祀之外，对于关羽、岳飞等的崇拜也随着云南与中原交往的日益频繁而逐渐兴盛。

云南神祠的兴建至明代时猛增，据史料载，清时尚存而可以肯定始建于明的神祠高达200余所[85]。因中央王朝对原始宗教有目的引导与控制，各种有利于封建统治和符合封建首选的神祇推而为尊。此一时期，云南地区敕建的神祠特别丰富，其中城隍庙位居第一，占23所；关帝庙第二，占20所；东岳庙第三，占13所；武侯祠、文昌祠各占9所；乡贤祠、名宦祠分别为8所和5所。而且，源于中原的神祠也有相当数量，以真武庙、奎星阁等较为普遍。它们的普遍兴建，构成了明代云南地区神祠兴建的自身特色。

清朝时，有助于德行教化的各路尊神，得到了政府更为宽容的扶助，敕建神祠在云南更为广泛的地区推开，文庙、崇圣祠、名宦祠、乡贤祠、节孝祠、忠义祠、关帝庙、文昌祠等成为云南地区各府州县必须具备的几大神祠，"其间无祠庙之处，令择洁净公所设位致祭"[86]。以昆明为例，清时列在政府典祀之列的神祠即有武帝庙、文昌庙、龙神祠、城隍庙、矿神庙、盐龙王庙、火神庙、金马山神祠、碧鸡山神祠、史皇祠、奎星阁、忠诚庙、诸葛武侯祠、名宦祠、乡贤祠、忠义孝悌祠、节孝祠、贤良祠、昭忠祠、三贤祠、报功祠、三忠祠、甘忠果公祠（祀甘文焜）、蔡公祠（祀蔡毓荣）、潘忠毅公祠（祀潘铎）、劳文毅公祠（祀劳崇光）、恒公祠（祀恒春夫妻）、王刚介公祠（祀王国才）、褚武烈公祠（祀褚光昌）、林文忠公官吏（祀林则徐）、刘武慎公祠（祀刘长佑）、岑襄勤公祠（祀岑疏英）、谭公祠（祀谭均培）、三纲祠（祀忠孝节义者）、马公祠（祀马子贤）、大灵庙等43所，足见清政府对原始宗教的引导与控制视前更甚。至于俗祀，"其有民间习俗，相沿立为庙祀者，醵钱祭铺，合乎古人二十五家置社之意，春祈新报，亦向例所不禁"[87]。

清末，昆明一地共有俗祀神祠44所，分别为东岳庙、南岳庙、中岳庙、西岳庙、北岳庙、三义庙（祀刘备、关羽、张飞）、武安王庙、关圣行宫、土主庙、五灵庙、五显庙、龙王庙、马王庙、白马庙、天王庙、药王庙、财神庙、黑神庙、晏公庙、祠山庙、文齐庙、阿姑岳庙三姑嬢庙、永宁宫、金冶宫、三皇殿、三官殿、四官殿、悯忠寺、荩忠寺、吕祖庵、黑龙祠、杨泗庙、萧公祠、寿佛寺（即禹王宫）、西来寺（即川主宫）、彩云观、福国寺、兴福寺、浙江先贤祠、明贤祠（祀鲁班）、王子渊祠（祀王褒）、张立道祠、三丰祠（祀张三丰）等。此外，由于清时经济往来的频繁，各省之间的神的交叉极其明显，各式地方神祇纷纷直出藩篱，如川主庙在云贵两地的普遍兴建即是一例。另一方面，各省会馆在云南地区遍建落足，如福建天后宫（祀天妃）、江西禹王宫等地方意味很浓的神祠，也先后出现于云南部分地方。

原始神祠的兴建在云南寺庙兴建史上历时最久、范围最广，代表了云南地区寺庙建筑的一般水平。

早期的原始神祠，平面布局一般取法简单，或一屋一祀，或一屋多祀。主祀居中，配祀分列左右或后，如一些地方的土主庙、龙王庙、关帝庙等多采用此种布局（图3-5-1）。清代以降各地奉敕兴建的崇圣祠、名宦祠、乡贤祠、忠义祠、节孝祠等，其平面格局仍与此无多大区别，只是随着规模的增大，在此基础上不断扩充，形成相对复杂的多重院落，组合产生一定的建筑空间和层次。如一个由三重院落空间以上组成的神祠，一般主要建筑置于中轴线上，附属建筑分列各院左右。主祀置于主要建筑之内，前院、中院附属建筑多为配祀或公共场所，后院附属建筑则多为居室。

（二）人神共居的宗族祠堂

祠堂，又称祠庙、祠室，也有称作家庙、宗祠的，是旧时民间祭祀祖宗之所在。它广泛分布于全国各地，可称为血脉崇拜的圣殿。旧时的汉族居住区，总建有祠堂，凡宗族迁居某地居住数年后，或人口兴旺发达，则可以从原迁出地的祠堂中分出一支谱牒，另立宗谱，另建一祠堂。

祠堂是血脉崇拜的圣殿，祖先的象征，祭祖则是全族的大事。同时，祠堂又是正俗教化，族人会聚的场所。明中叶以后，随着家族的繁衍，祠堂的规模不断扩大，并与住宅相脱离，形成了独立于居家之外的大型祠堂——家庙。

从理论上讲，这类独立于居室之外的祠堂建筑是有具体要求的：即"凡造祠宇为之家庙，前三门（应为'山门'……引者注），次东西走马廊，又次之大所，此之后明楼、茶亭、亭之后即寝堂。若汝修自三（山）门做起至内堂止，中门开四尺六寸二分，阔一丈三尺三分，……两边耳门三尺六寸四分、阔九尺七寸，……中门两边俱后格式。家庙不比寻常，人家子弟贤否都在此处钟秀，又且寝堂昕雨廊至三（山）门只可步步高，儿孙方有尊卑"[88]。

可以看出，该类祠堂其中轴线上的一般布局为：大门—享堂—寝室。享堂应称祭堂，是拜祭祖先神主、举行祭祀仪式及族众团聚之所；寝堂为安放祖先神主之所。一些名宦世家，在祠堂前还建有照壁或牌楼，画栋飞甍，甚为壮观。

祠堂本是一组建筑，是宗族同人祭祀祖先的地方，但在明清时期，它却成为宗族的代称，是族人

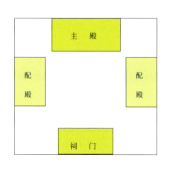
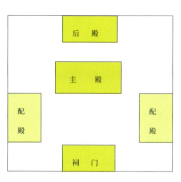

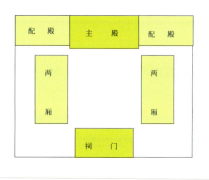
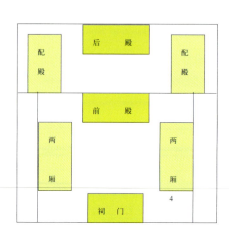

图3-5-1 原始神祠单体平面空间格局

集体活动、族长施政的地方，不同于先前的祠堂。以建祠堂为标志的宗族，规模大小不一。在民间，作为各类祭祖仪式展开的祭祀场所，祠堂一般建于宗族聚居地的附近，岁时由族中人共同致祭。一因为祭祀祖先；二在于着重春祭。于是，祠堂被视为高于一切，关乎家族命运之所系，具有神圣不可侵犯的地位。因此，名宦巨贾，同姓望族，均建祠堂，以显其本，以祭其祖，由此强化其血缘观念。这种祠堂对联系家族的作用，受到人们的高度重视，祠堂便成了家族具有凝聚力的象征。

人类社会初期，人们就产生自然崇拜和祖先崇拜等，特别是对祖先崇拜最虔诚、最经久，并同后来的英雄崇拜结合在一起。原因很简单，因为它同人类生存及自身再生产联系在一起。古人认为死人灵魂不灭，可以保护子孙，令子孙得福，繁衍昌盛；又因为祖先在世时开辟的基业，使子孙安享福利，因而被子孙当作英雄敬仰。于是，由祖先崇拜产生出"孝"的观念及其表现形式之一的祭祀。

"孝，礼之始也"[89]。"忠"、"孝"是人生的大节，而孝又是忠得以实现的前提。所谓孝，即是儿子对父母时的敬养（包括生活上的赡养和态度上的尊敬，为父母考虑以比父母想到的还早、还多），死时的安葬以及葬后庄重的祭祀。在祭祀时，要通过文字或语言，表示心愿，或歌颂祖先功德，或报告事项，或表达某种意愿，请求祖宗指示。元人苏伯衡曾说：礼莫大于祭，若不祭祖，忽视对祖宗、天神的祭祀，会招致灾难降临，也就是祖先不保佑的后果。正如《汉书·五行志》记载的那样："简宗庙、不祷祠、废祭祀，逆天时，则水不润下"。由此可见，祖先崇拜和祭祖在社会生活中的重要价值。

祠堂的产生与流行，几经兴衰。建设祠堂，作为祭祀祖先的场所，目的是以实现孝思。

祠堂，由于是祭祖的神圣处所，就必然会有相应的规范和要求。一般而言，宗族要尽自身的财力，用上好的木料、石料、建盖高大雄伟、宽阔的建筑群。从族谱所描绘的祠宇图和田野实际调查、测绘所见到的旧时祠堂，获知多数祠堂呈四合院形式，内有大堂、两厢房舍，前有山门，围护院墙，只不过其建筑规模大小依宗族的强弱、经济财力投入的多寡和建盖时与实际地形结合的情景而定。有的华丽庞大，有的比较简陋。

祠堂祭祀对象，系由小宗法的祭祖观念所决定。一般而言，全宗族的祠堂，祭祀始祖以下的祖先。这是元朝以来宗族强调崇"一本"⑩思想的体现。起到增强宗族凝聚力的作用，使宗族规模不断扩大。

祠堂为什么如此重视实践祭祖仪礼？清初经学家万斯大在《学礼置疑·宗法》中说："统族人以奉祀也，祭已德之祖，而收见在之族"⑪。认为宗族通过祭祀祖先，团结了现在的族人，用当时的语言表达是起到了"收族"的作用。诚然，祭祀的意义也即在此。另外，还有一些宗祠祭祖的倡导者与实行者也认为："国有宗庙，家有宗祠，所以崇报享，而齐众志也。""宗祠之建，上以报本始，下以恰子孙，尊尊亲亲，莫急于此"。"夫宗祠所以报本追远也，……本之为言根也，欲事其支者必沃其根"，等等，这些言词，皆为活人的团结、发达而祭祀过去的先人，讲尊祖是为收族，强调了祠堂祭祖的意义和作用。

在中国传统封建社会中，自给自足的自然经济及僵化不变的居住环境，机械古板的谋生手段，枯燥乏味的生活方式，致使平民百姓缺乏必要的精神生活。而尊祖敬宗的祭祀活动却为同姓子孙提供了适宜的精神寄托，祭祖在生动地反映人们对血脉重视的同时，还可以借此宣泄他们的群体意识，在雍雍睦睦的祭祀活动中弥补社会交往的不足。封建社会不可避免的社会动荡，不仅加深了人们对家族群体的物质依附，也使人们追求精神安顿的愿望更为追切，他们以祠堂为精神上的归宿，通过对祖宗之灵的顶礼膜拜，来沟通同宗族成员之间的精神联系与情感交流。于是祠堂祭祖，这一血脉崇拜仪式，自然显示出其特殊深长的意味。

云南现存的祠堂建筑较多，除了有与各地方佛教、道教、本主崇拜和土主崇拜相结合的地方神祠之外，还有很多的宗族祠堂。

二、云南宗祠的空间格局

（一）地方神祠

云南现存的地方神祠，主要是清代以降在各地方奉敕兴建的崇圣祠、名宦祠、乡贤祠、忠义祠节孝祠等，当然也有少数是祭祀山川龙神的特殊祠堂。作为地方民众共同祀奉、承先启后与集会交往的公共场所，其平面格局以大门、过厅、正殿、厢房、庭院等不同建筑组成，建筑的规模大小根据祀奉对象声望与影响的大小，建盖祠堂时的经济投入多少而定，采用中轴对称与院落组合的方式布局。并在此基础上不断扩充，形成相对复杂的多重院落和不同的建筑空间层次。

1. 大理苍洱神祠

位于大理古城西面苍山中和峰东麓的苍山神祠，是祭祀中岳（南诏王异牟寻仿中原王朝做法，对南诏境内的名山胜水也封五岳四渎，大理点苍山就被封为中岳）苍山的祠庙，据史料载："唐贞观十年（公元794年）正月，剑南西川节度使韦皋遣巡官催佐时与南诏王异牟寻在此结盟，将盟誓之一就贮藏于神祠后的石室"。清道光六年（1826年）重建神祠，成为大理西门外7个村的"本主庙"，塑杜光庭像，民间封他为"苍山公公"加以祀奉。在神祠大殿的正中立有一块石碑，上刻"敕封点苍昭明镇国灵帝神位"字样，将苍山神做人格化表示。

苍山神祠现存建筑为清光绪年间所建，占地面积1411平方米。由门楼、正殿与两厢组成的四合院落。门楼为二层木构单檐硬山屋面，通面宽10.2米，进深7米，其背面楼下设有戏台。正殿为三开间抬梁式木构单檐歇山屋面，通面宽13米，进深10

米，台基高1.2米，通高10米。与之相配的还有为供奉洱河神而建的洱水神祠，其位于大理镇才村村委会龙凤村东洱海之滨，始建于南诏时期，后几经毁建，现仅存大殿和北厢房，改称为"龙王庙"（图3-5-2）。大殿为3开间单檐歇山屋顶，面宽13.7米，进深10.8米，殿内供奉有白族斩蟒英雄段赤诚塑像。

2. 丽江北岳庙

位于丽江白沙乡玉龙村，即南诏王封的北岳。元世祖敕封"大圣北岳定国安邦景帝"，庙名由此而得，现存建筑为清光绪年间（1875～1908年）重建。

北岳庙又名玉龙祠，坐北向南，由山门、花厅、鼎亭、正殿、后与两厢等共同组成一院三进院落，占地面积2328平方米（图3-5-3）。正殿为五开间抬梁式木构单檐歇山屋面，带周匝回廊，通面宽22.3米，进深五开间21.3米，台基高1.2米，通高10米。由正面台基左右分设的垂带踏跺上下，回廊上的额枋、门窗格扇作彩绘图案和蝙蝠、寿字等木雕（图3-5-4）。正殿室内供奉"三多"塑像

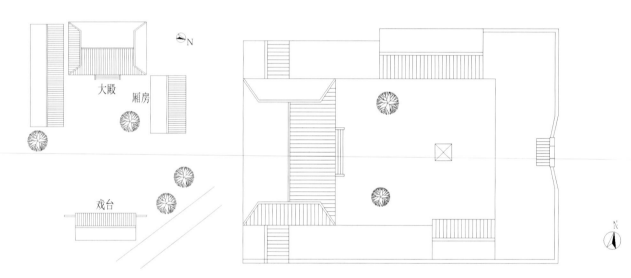

图3-5-2（a）苍山神祠总平面示意图　　图3-5-2（b）洱水神祠总平面示意图

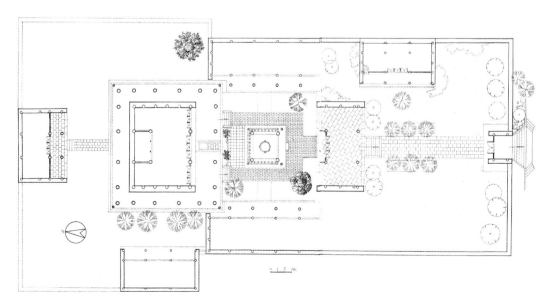

图3-5-3（a）丽江北岳庙平面图

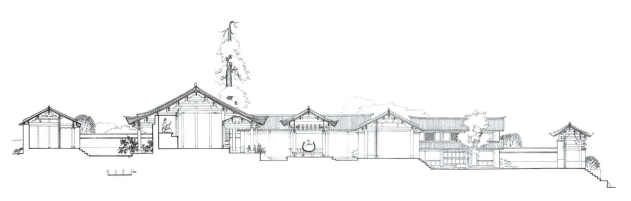

图3-5-3（b） 丽江北岳庙剖面图

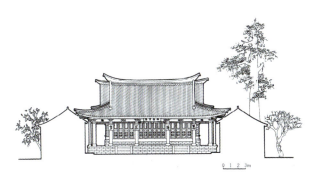

图3-5-3（c） 丽江北岳庙大殿立面图

（"三多"即北岳神，也是丽江纳西族的保护神）。殿前尚存古柏一棵，绿荫参天。

3．黑井大龙祠

具有浓郁明代建筑风格的大龙祠，是黑井遗存古建筑的一个精品，虽然已有几分残破，但这里的古戏台、精美木雕，以及雍正皇帝亲笔题写的"灵源普泽"牌匾，都是前人留下的不可多得的文化财富。大龙祠依山而建，由入口大门（戏台）、正殿与两侧二层厢房组成四合院落。大门为三开间三叠

图3-5-4（a） 丽江北岳庙鼎亭

图3-5-4（b） 丽江北岳庙

图3-5-4（c） 三多塑像

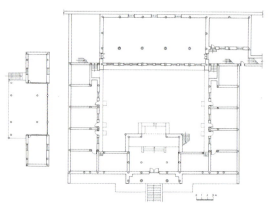

图3-5-5（a） 黑井大龙祠平面图

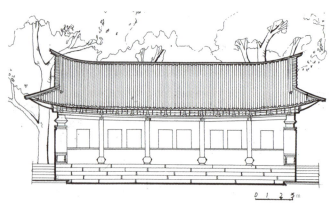

图3-5-5（b） 黑井大龙祠大殿立面图

图3-5-5（c） 黑井大龙祠大门

图3-5-5（d） 黑井大龙祠大殿（图片来源：余承奇《国家摄影》）

图3-5-5（e） 黑井大龙祠戏台局部（图片来源：余承奇《国家摄影》）

式牌楼，居中设门由向内院凸出的戏台底层穿过，正面对着坐落在高台上的大殿，大殿为面宽五间、进深三间带宽敞前廊的歇山式屋顶，左山面有耳房二间（图3-5-5）。在大龙祠殿内还悬挂着上书"灵源普泽"的四字大匾牌，匾额长2米多、宽80厘米，匾上雕有9个龙头，"灵源普泽"四字也正是雍正皇帝对当时黑井卤水惠泽普天下的评价（图3-5-6）。

4. 中甸藏经堂

藏经堂又名藏公堂，建于清雍正二年（1724年），藏公堂大殿呈平面正方形，面阔、进深各14米，三重檐歇山顶，外形为汉藏结合的建筑风格，堂内构架为藏式建筑结构，有藏传佛教壁画170平方米，东西两侧厢房为藏式建筑（图3-5-7）。公堂原名"本寨经堂"（藏名为独肯瑞巴西康），为全城藏民集会、议事、佛事活动的场所。清咸丰三年（1853年）重新修缮，同治二年（1863年）毁于战乱。光绪八年（1882年），又由民众捐资重建。1936年，中国工农红军第二方面军长征经过迪庆时，贺龙、萧克将司令部设于藏经堂，并在此召开重要军事会议。"文革"期间，遭严重破坏，1984年修复，现建为"红军长征纪念馆"。1987年被列为省级文物保护单位，1995年被列为国家级重点文物保护单位。

藏经堂是全城藏民议事、集会和宗教活动的中心，也供群众办理婚丧宴会之用。主座高三层，造型独特，其建筑外观为古朴的汉式楼阁楼，内部却是典型的藏式佛殿，室内墙上保留有清代藏族艺人所绘壁画，门西边山壁上绘有藏传佛教四大金刚，绘工极精美且富丽，它以藏式宗教画为主体，兼收汉、白、纳西绘画特色，体现了藏地罕见的文化交融现象。建筑顶端金碧辉煌，宝鼎耀目。

5. 施甸恤忠祠

位于施甸县姚关镇南乌龟山下的恤忠祠，原名清平寺，建于明万历十四年（1586年），崇祯年间姚关守备道雷声扬改建为祠，设邓子龙像祀之。现存建筑为崇祯时所建，由前殿、正殿和两厢楼组成四合院，占地面积750平方米。正殿为五开间单檐硬山顶，通面宽20米，通进深8米。正殿所采用的抬梁式木构架，沿用元代的减柱法，用过梁垫枋承托檩条，使整个建筑屋顶的举架增高（图3-5-8）。

恤忠祠内现存明万历十五年（1587年）立的《恤忠祠记碑》，刻记了明代将领邓子龙率军转战滇西，驱逐外来入侵者获取胜利的经过，达到了"渠魁擒，诸夷贡，郡复，地方平"。《恤忠祠记碑》记录的内容，补充了明正史志缺，具有重大的历史价值，1983年公布为省文物保护单位。

6. 昆明升庵祠

在昆明滇池岸边，西山脚下的高峣村，有明朝谪滇状元杨升庵的故居"升庵祠"和碧峣精舍。升庵祠修建于明朝万历年间，清康熙二十八年（1689年）重修，咸丰七年毁于兵火，光绪七年再次重建（1881年），更名为升庵祠。据载，祠与精舍清幽雅致，花木亦多，且有流泉，虽然精舍已不存在，可是杨升庵在昆明人的心目中，却留下了许多优美的传说。因杨升庵对云南地方文化有较大贡献，历代滇中人士及地方官府每每对升庵祠均加以修葺。如今，这座花木繁茂、环境清幽的祠堂已成为"杨升庵纪念馆"，吸引了无数吊故的游人前往观赏（图3-5-9）。

升庵祠坐西向东，为木结构四合院布局，由大殿、两厢及门楼等建筑组成。大殿面宽五间、进深三间，穿斗式木构梁架，单檐歇山屋顶，檐下施有

图3-5-6 黑井大龙祠"灵源普泽"匾额

图3-5-7 藏经堂

图3-5-8（a） 施甸恤忠祠

图3-5-8（b） 施甸恤忠祠大殿

图3-5-8（c） 施甸恤忠祠过厅

斗栱，通面阔19.8米，通10.3米。正面格子门浮雕花草及暗八仙图案，雕刻精细。1987年公布为省文物保护单位。

7. 嵩明兰公祠

兰公祠位于嵩明县杨林镇，始建于明成化十二年（1476年），康熙年间重修，民国初被毁后又重修。祠由前院、祠堂和后院三部分组成，后院为兰茂墓地所在。整个祠堂坐南向北，由门楼、正殿及东西两厢楼组成四合院。正殿为三开间单檐硬山顶穿斗式木结构，通面宽11米，通进深9.2米。二层楼上设周匝回廊，现祠作为"兰茂纪念馆"（图3-5-10）。1983年公布为省级文物保护单位。

8. 大理蒋公祠

位于大理古城玉洱路123号的蒋公祠，是祭祀清代将领蒋宗汉的祠堂，于光绪三十一年（1905年）奉旨在大理古城四牌坊下建成，称为蒋公祠，辛亥革命后曾改为鹤庆会馆，新中国成立后为大理中和幼儿园。蒋公祠为一进两院建筑，坐北向南，祠堂正门三开间，居中一间较高为歇山顶，左右两间悬山顶，门前两侧有八字矮墙。入门后为第一进院落，中为三开间过厅，单檐歇山顶。进入过厅后为"四合五天井"格局的后院，正殿为单檐歇山顶，抬梁式与穿斗式相结合木结构，通面阔14米，进深10米。殿前有1.2米高方形月台，东西厢房各3间，后院四面均有2间耳房各，总面积1100平方米（图3-5-11）。

蒋公祠是大理古城内保存最完好、最具白族建筑特色的清代祠堂建筑群（图3-5-12）。2012年，在原蒋公祠建筑院落的基础上，经过改扩建而成为大理非物质文化遗产博物馆。

（二）族姓宗祠

"凡立宫室、宗庙为先"。传统聚落精神空间的形成是以礼制为基础，礼制又以秩序化的集体为本，要求社区集体中的每一个人，都要严格地遵守封建等级的社会规范和道德约束。礼制空间表现的是一种精神，一种对家庭和祖先至高无上的崇拜和

图3-5-9（a）昆明升庵祠大殿（图片来源：WWW.CLZG.CN）

图3-5-9（b）昆明升庵祠门楼（图片来源：WWW.CLZG.CN）

图3-5-10（a）嵩明兰祠内院

图3-5-10（b）嵩明兰公祠大殿

图3-5-10（c）嵩明兰茂墓

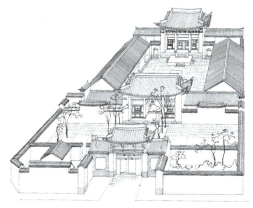
图3-5-11（a） 大理蒋公祠鸟瞰图

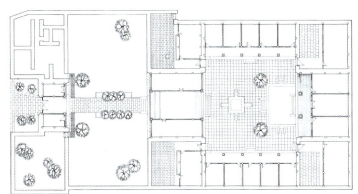
图3-5-11（b） 大理蒋公祠平面图

图3-5-12（a） 大理蒋公祠大殿

图3-5-12（b） 大理蒋公祠大门

绝对服从，历代王朝都大力提倡敬祖和孝道，这也是维持社会稳定的政治需要。历史上自宋代起，文人地位提高，崇尚礼教之风更浓，聚族而居盛行，且明清不减，此后形成了中国传统社会宗族文化的重要载体，追求"睦族惇宗"。因此作为宗族社会象征的宗祠，成为聚落构成的核心，一切其他建筑都以此为重心而布局，正如清代《宅谱掼·宗祠》中所言："自古立于大宗子处，族人阳宇四面围位，以便男妇共祀其先，切不可近神坛寺观。"于是宗祠便成为礼制空间的核心体，其他居住建筑为围合体，核心体与围合体的关系，正是社会伦理与家庭秩序的象征，和顺乡几个族姓宗祠遵循这一精神空间的构成原则。

构成同姓家族聚居地精神活动中心的族姓宗祠，尽管都按照一定的格局，由大门、过厅、正堂、厢房、庭院、花厅、照壁等依中轴线递进关系形成系列空间，但因各自所在的地理环境不同、选择的具体方位地形不同、建造的规模大小不同，投入的人力、财力不同，因而表现出各个族姓祠堂对自身所处地形的不同处理和综合运用，形成不同的空间格局与相应的景观效果。在经历了历史的动荡之后，留存至今的整体环境和房屋质量、完好程度也彼此各异。如现今保存得较好的有滇西腾冲和顺古镇的八个族姓宗祠，其中尤以李氏宗祠、刘氏宗祠、张氏宗祠和贾氏宗祠最具特点。

滇南石屏的郑营古村的陈氏宗祠、郑氏宗祠，在祠堂的整体布局上，引入了局部的园林景观设置。而建水古城的朱家花园、张家花园，也都以朱氏宗祠、张氏宗祠为核心建筑空间，依次扩展，将祠堂与花园连为一体。滇东北会泽古城内遗存的牛氏宗祠、容氏宗祠和刘氏宗祠，则在当地传统民居院落格局的基础上，把庭院空间略微扩宽，形成建筑尺度较大公共院落。

三、族性宗祠建筑实例

1. 和顺李氏宗祠

在腾冲和顺古镇水碓村龙潭附近松杉林茂的黑龙山东麓，镶嵌着一组殿堂楼阁、拱门台阶的建筑群，这就是与艾思奇故居遥遥相望的李氏宗祠[92]。

由于该祠堂所处地形环境坡度较陡，整个祠堂就背靠山坡面向东北，依地形高差布置为前后三部分的序列建筑空间，设踏步层层联系，有分有合。

1）前导空间：沿路边开口，在轴线上设十余级台阶，拾级而上呈一平台，中分两路，从左右再上台阶，至台阶转折处，矗立着两道石砌方形拱门牌坊，左为"登龙"坊，右为"望凤"坊，意即登上黑龙岭，遥望来凤山。由此穿过拱门拾级而上至祠堂大门前的月台，昂首仰望，一座堂皇雄伟，居高飞檐的三叠水牌楼式大门耸立天际，颇有气势，门两边的墙垣呈八字形闪开，中间是一组三十余级的三折式扇形石阶，显得十分气派（图3-5-13）。上得门来，气呼呼呼，其势之高峻由此可见。中门上悬挂有一块红底金字的"李氏宗祠"大匾，两边各配有对联曰："型族型宗，排启礼门义路；乐山乐水，放开智眼仁眸。后裔循规，止孝止慈止敬；先民有则，立德立功立言"。

2）过渡空间：跨槛入门，是一块宽敞的场地，视野开阔，此处远可俯览眺望龙潭、田园景色和绵延山峦，近可环顾浓荫的林木。抬头向后，二门巍然在望。当中也是一组整齐且窄而长的石阶，石阶前端左右分踞一对雕刻精致的石狮子，两旁分植梧桐二株，枝繁叶茂，象征子孙繁昌，并有"庭栽梧桐待凤栖"之诗意。二门上也嵌有"木本水源"四个大字之横额，门两边配联为："我先人远出巴川，自奉调从征，安居乐土；予小子勿忘祖德，当诵知木，饮水思源"。

二门以及建在高墙石基之上的祠堂厢房山墙、围墙，构成一组对称但起伏有致的优美外形轮廓，墙上开设的圆拱门、窗洞口打破了墙体的封闭，墙后有枝叶交错的花木古柏争相展颜，使幽静的祠堂增添无限的生机，正所谓"满园春色关不住"。

3）核心空间：进入二门后，呈现在眼前的又是一宽敞的庭院，园林清幽，花木扶疏；每当春明景丽之时，莺歌燕舞，姹紫嫣红。仰望居中建盖于高台之上的祠堂大殿，巍峨辉煌，两侧对称设置的三面回廊歇山式厢楼，卧檐飞角，展翅临空，十分壮观。二层厢楼，窗明几净，常作为族人聚合议事、接待客人之所。厢楼后又各设花园，并把围墙做成三叠式照壁，壁间书画琳琅满目，园中竹梅疏影，碧草成茵，墙内墙外相映成趣，浑然一体（图3-5-14）。

两边回廊式厢楼下端，又各建有尺度相对低矮且带檐厦的厢房，比厢楼更远离中轴线。大殿与厢楼、厢楼与厢房彼此的高差接近一层，其布局体现出充分利用坡地台坎，形成叠落有序、联系方便而又主次分明的格局特点。

庭院花园中央呈十字形布置，便于联系各房屋。由于大殿与庭院高差约3米，其上下联系石阶设置尤为特别。分成两段布置，先分别从两侧上至一六边形月台，然后再居中合一往上。月台高度约占高差的一半，台边围有石栏，每根石栏柱头，均有雕刻精美的石盆，内植花草。台下是一石拱，正中伸出一石雕龙头，口吐清泉，流入台前的月牙池中，喷珠泄玉，淙淙有声，清幽雅观。此处独有的

图3-5-13 和顺李氏宗祠远景

图3-5-14（a） 和顺李氏宗祠鸟瞰图

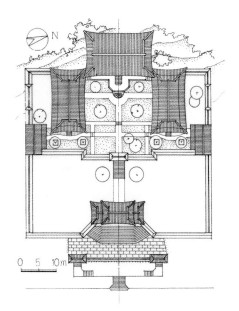

图3-5-14（b） 和顺李氏宗祠平面图

山泉水井，设置构思巧妙，既是祠堂核心空间中的景观视觉中心，又解决了居于山坡之上的祠堂内部用水需要，游人到此总会驻足观赏，仰观殿堂，俯赏流泉，清风徐来，花香扑鼻，顿觉心旷神怡，消除了此前连续登台爬阶的劳累，待神清气爽后，再沿两厢回廊绕上月台，直登大殿或来回游览。

李氏宗祠大殿为三开间大五架单檐硬山屋顶，明间前檐梁枋上高悬"道德开基"大匾，中堂正门上也悬挂有一匾"声垂无穷"，为谭延闿所书，笔力万钧，实系近代墨宝。横楣两旁有一幅李日垓所撰长联，联云：凤岭龙潭，龟坡马岫气佳哉，固宜赢育奥区，历汉唐宋元几朝，犹在羁縻，问谁蓝缕启疆，俭絺尝蒸，报腾冲卫功德，亦为乃祖考。士师藏史，飞将谪仙族大矣，且慢攀援往哲，计寸刘尹贾五姓，同来缔造，即今闾阎扑地，睦姻任恤，有和顺乡声名，以御于家邦。对联共98字，意含本乡地理、人文及历史、诸景观，实为不可多得之佳作。

明间中堂正面神龛中，设立有"大明从征卫所千户始祖黑斯波李公之神位"牌位。每年春秋祭祀之时，裔孙集聚一堂，供桌上宝鼎焚香，烟雾缭绕，庄严肃穆，敬仰之心，油然而生。环观殿内，逢梁有匾，遇柱有联，壁间书画，均出自名家手笔，实为乡中文物荟萃之所。出中堂之门，凭栏远眺，贡山横亘，云雾缭绕，白雪皑皑；近看凤岭龟山，罗列环拱，盈江小河，蜿蜒奔流，烟村错落，阡陌纵横，荷池处处，杨柳依依，宛如一幅彩色的山水画。凡游此处者，莫不流连忘返，实一游览胜地也。

迄今，建于民国十二年（1923年）的李氏宗祠整体环境保存得较为完整，且其院落规模，建筑气势在和顺留存的几个族姓祠堂里当数第一。

2. 和顺刘氏宗祠

和顺古镇的刘氏宗祠即在距李氏宗祠不远处，位置则选择了相对向内凹进的山谷边，祠居中间，两边的山坡地形构成环抱之势，不失为一处良好的风水宝地。环村道位于祠堂前，使祠堂大门、院落丰富的造型景观完全露出，一目了然。

刘氏宗祠为前后两进院落格局，除大门外，祠堂的过厅、主殿、厢房及内部环境均有不同的损坏或改造。其最精彩之处在于祠堂大门及前面的空间处理，刘氏宗祠在大门前有近似半圆的池塘（图3-5-15）。这种布局很符合民间风水观所认为的理想建筑环境，即："……前有泾池，谓之朱雀；后有丘陵，谓之玄武；为最贵地。"

跨过池塘在中轴线上建造有一道形式优美的双孔石拱桥，拱桥与祠堂门楼之间为半圆形缓冲场所，共同构成祠堂门前的外部景观环境，而这一座拱桥也象征着将祠堂里供奉的本族姓祖先和现实生活于村落中的后代联系起来。

刘氏宗祠大门为三叠水牌楼式大门，与李氏宗祠大门相比，造型相同，但尺度稍小，更显得亲切近人，端庄秀丽。门两侧的八字形墙不长，与两边的围墙连接自然，所围合的小平台同前面的半圆形月台、桥廊一道，用石栏围护，形成统一而有层次整体效果，共同衬托出祠堂大门的中心主导地位（图3-5-16）。门前的平台、月台均重建于民国9年（1920年）。

进入大门，有一过渡的庭园空间，后居中拾级而上到达过厅，过厅为三开间五架单檐硬山顶，清光绪六年（1880年）重建。庭院围墙一面紧接过厅山墙，另一面则与过厅山墙间留出进至后面厢房的小巷。

穿越过厅，便是一个由大殿、两厢及过厅四面围合的方形天井，然后分左右沿两厢的檐廊经过大殿两山前端开设的圆拱门至大殿。大殿建于高台基之上，为三开间大五架单檐硬山顶穿斗式建筑，建于清咸丰五年（1855年）。

大殿明间设神台，神台上建有暖阁，阁内设置祖宗牌位，正中牌位书："大明从征总旗官始祖讳继宗刘公之灵位。"原神台、暖阁及祖宗牌位等物于"文革"中被毁，1997年由族人捐资重建。

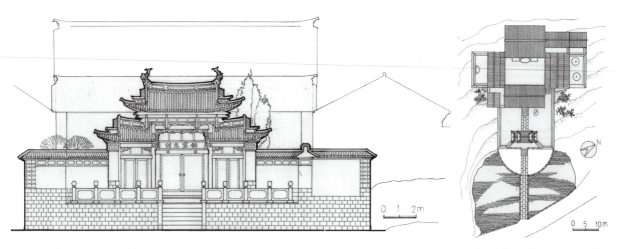

图3-5-15（a）和顺刘氏宗祠大门立面图　　　　　　　　图3-5-15（b）和顺刘氏宗祠平面图

图3-5-16（a）和顺刘氏宗祠院落

图3-5-16（b）和顺刘氏宗祠大殿

3. 和顺尹氏宗祠

尹氏宗祠位于和顺古镇主村落大尹家巷口前西侧的田野边，祠堂坐东南向西北面对开阔的田园，为四合院建筑，始建于清道光十年（1830年）。

大殿为三开间单檐硬山顶穿斗式建筑，殿下左右两侧为二层厢房，对面为三开间过厅平房，厅房右边次间设为通道，厅房外有一个长方形池塘（图3-5-17、图3-5-18）。

尹氏宗祠的大门布置并没有按常规放在过厅前的中轴线上，而是单独另设在过厅的右侧，朝向东北向，与过厅相隔一段距离。自然，出于交通出入的方便，进入祠堂大殿的通道也就设在过厅右边的次间，不再循规蹈矩地居中布置，这反映出在满足大格局不变的前提下结合实际地形现状所做出的一些灵活处理。一则尹氏宗祠地处环村道下紧接田野，在主体建筑方位朝向已确定的前提下，如再将大门沿朝向轴线对称布置时，势必要再修筑到祠堂大门外的道路，多占耕地；二则改变大门朝向后，很便捷地与大尹家巷通往田园河边的延长线相联系，而且，门前也有足够的过渡引导空间，往上可进入大尹家巷和环村道，往下可至河边洗衣亭。尹氏宗祠的大门为八面风折线形五段式组合的圆拱牌坊门，对外有迎合之势。

4. 和顺镇贾氏宗祠

贾氏宗祠位于和顺贾家坝村前的环村道上，紧靠路边，始建于民国12年（1923年）。祠堂建筑为"一正两厢式"院落格局，坐南向北，祠堂大门居中开设，大门额头上悬挂"贾氏宗祠"木匾，两边门联云："望出洛阳原一脉；名高清慎重千秋。"

门外隔路对面筑有半圆形月台，台边石栏回护。东可近看顺坡地比邻而建的高墙宅院，西可远眺嵌入田间的张氏宗祠及紧接其后的民居院落。

进入大门是一个空间尺度不大的天井，三开间单檐硬山的正堂，建于高台基之上，略比二层的两厢楼房稍高，殿前种有两棵紫薇花。明间正堂设祖宗牌位，中间题书："钦命腾越指挥所世袭千户始祖寿春贾公之魂位。"中堂悬匾："绳其祖武"，两边柱联云："显亲扬名，此即为尊祖敬宗；修己务实，斯不愧孝子贤孙"。

正殿左侧厢房后又设一个花园，右侧厢房隔狭道与另一户贾姓宅院相连。在沿环村道路上呈现的外形轮廓，使贾氏宗祠与其右边的宅院合为一个整体，四个造型处理相同的厢房山墙连续排列，颇有韵律。贾氏宗祠本身融于民居群体，其宗祠意象也显得不那么明显，要不是门前的月台提示和门上的匾额标明，恐怕会被当作是一户人家的普通宅院。

5. 和顺张氏宗祠

张氏宗祠位于和顺古镇村落西面的张家坡村口，前临田野河道，后面紧接民宅。从整体环境布局上看，张氏宗祠较有特点。由于地形所限，祠堂

图3-5-17 和顺尹氏宗祠内院

图3-5-18 和顺尹氏宗祠大门

主体院落为坐东南向西北的一四合院带一花厅照壁的格局，而祠堂大门却与主体院落转了近50°角（图3-5-19）。这一朝向变化是建盖匠师的独到选择，使祠堂本身的空间增加了变化，既兼顾了多方位视觉效果，同时也缓解了把大门置于主体院落轴线上所带来地形局促和对称呆板，保持了花厅空间的完整，而且使之能在祠堂大门前从容地设置一个宽敞舒展的扇形月台，避免了和环村主要道路的交通冲突（图3-5-20）。这种在地形限制下对环境场所的处理值得我们借鉴。

张氏宗祠大门为三开间木构牌楼式大门，明间两中柱前后有抱鼓石，置于石台基座上，门额上悬挂"张氏宗祠"和"永振家声"两块大木匾。纵向耸立的祠堂大门与水平展开的八字形围墙，在视觉构图上形成空间对比，同面前由石栏围护的舒展月台相互组合成围抱之势。从月台到大门前的通道两侧各植香樟树一棵，恰如一对守门护卫立在门前，门前原立有石制标杆，毁于"文革"中。

从外部舒展的月台，通过大门进到门后一个狭小的过道空间，迎面设一道粉墙灰瓦照壁，壁上横书"同敦本根"四个大字及两侧对联，联曰："力行忠孝事，多读圣贤书"。通过这一空间的转折，再由厢房二门进入四合院，本也不大的天井一下就觉得豁然开阔，运用欲放先收的空间处理形成对比，真正达到和取得了不同的视觉效果和心理感受。也许先在门外还说说笑笑，一旦过渡到祠堂院落中心对称方正的内部空间便会肃然起敬。

张氏宗祠主体建筑为四合院带一花厅，其中轴线一端是位于高台基之上的三开间单檐硬山面殿堂，堂后与围墙形成一个不规则的小园子，另一端则是一片造型优美的三叠水式照壁和种植花木的花厅，两者之间安置了一幢五开间重檐歇山顶的二层过厅，且周围带有一圈环廊，中心天井是族人祭祖跪拜的室外场所，而过厅与照壁之间的花厅却是在祭拜之余的交流休闲场所。

大殿筑于高台基上，居中置台阶5级，居中设神台供祖宗牌位，正中书"张氏鼻祖明援总旗正公位"。殿内梁檩上悬挂匾额数块：有"气接衡湘"、

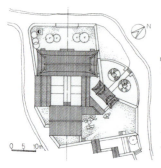
图3-5-19（a） 和顺张氏宗祠平面图

图3-5-19（b） 和顺张氏宗祠鸟瞰图

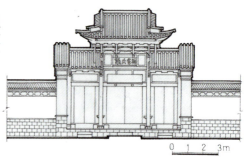
图3-5-19（c） 和顺张氏宗祠大门立面图

图3-5-20（a） 和顺张氏宗祠大门景观

图3-5-20（b） 和顺张氏宗祠外景

"积厚流光"、"俎豆维新"、"流泽孔长"等，皆为清光绪和民国年间所书题。

大殿下左厢为三开间二层楼房，上下楼梯置于靠大殿一端山墙处，二层与过厅串连在一起，可观览窗外之田园美景。左厢有匾"笃庆锡光"。右厢为不规则的一层平房，靠大殿一端较宽。正因如此，才同时保证了与大门平行的后墙壁和内部天井庭院的方正、完整。

五开间的过厅下面，有长方形花园，园内栽有梅一株，金桂两株，紫薇、扁柏各一株。厅房一层明间东西两面的木板壁上镌刻有"横渠先生两铭"，称"东铭"、"西铭"，为乡中举人张励书。

另外，还有和顺的寸氏宗祠、许氏宗祠、杨氏宗祠、钏氏宗祠，除格局尚存，其中之殿堂和厢房均有不同程度的改变，已难再看到其全貌（图3-5-21）。

6. 大理董氏宗祠

位于大理市凤仪镇北汤天村法藏寺北面的董氏宗祠，建于清乾隆二十五年（1760年），道光二十七年（1847年）重修。（法藏寺创建于明洪武二十五年即1392年为大理地区密教首领董贤所建，董贤在永乐十九年即1421年入京觐见明成祖，被封为国师，故又称为国师府）宗祠坐西向东，由正殿、过厅、西厢、照壁等建筑组成。建筑2.4米高台基上的正殿，为单檐硬山屋面，采用抬梁式与穿斗式相结合的构架形式。三开间正殿通面宽11米，通进深6.6米，祠内有董氏宗谱石碑6块。

7. 姚安高氏宗祠

高氏宗祠位于光禄镇旧城村高陀山麓的九街子，是光禄镇历史最为久远的宗祠，具有元代建筑风格和白族建筑文化内涵。高氏宗祠由祠门、两厢和正堂组成，坐西朝东，依山就势。宗祠的正堂为三开间两层单檐硬山屋顶。在二层楼上供奉着11家祖宗神灵牌位，上载："高氏、张氏、马氏、朱氏、黄氏、蔡氏、夏氏、代氏、朱氏、布氏、陈氏祖宗神位"，故高氏宗祠又称合氏宗祠。正堂前为南北两厢，厢房面阔三间，进深三间，历经多次修缮风格稍有改变。宗祠大门高大，门额设计新颖，勾头滴水，飞檐花砖等建筑构件精致独特，墙体为"金包银"做法。

8. 河西苏氏宗祠

现存较好的祠堂有西北街的王氏宗祠、东街的葛家宗祠与李家巷的李氏宗祠等，而以苏家营村的苏氏宗祠最具代表性。

苏氏宗祠是河西镇现存最早的祠堂，2004年被列为玉溪市级重点文物保护单位。苏氏一族随元军入滇定居苏家营，并于元朝末年始建祠堂。该祠堂占地850平方米，坐西向东，一进两院，由大门（牌楼）、前厅、大殿和两厢、四躲间组成。宗祠规模适中，建筑严谨精湛，特别是牌楼式大门，斗栱

图3-5-21（a） 和顺钏氏宗祠外景

图3-5-21（b） 和顺寸氏宗祠西式大门

铺作五迭架并设藻井，门外雕石象，内雕石狮，明台基座高起，八字闪墙嵌云峨石，加上前厅、大殿和神秘的木雕，显得气派森严。

9. 石屏陈氏宗祠

始建于1925年的陈氏宗祠，位于石屏县宝秀镇郑营村内，祠门为牌坊式砖石结构，三开间瓦顶、门框均以砖石拱券。祠门正反面皆有楹联，皆用青石阴刻嵌于砖壁之上，明间门额上石匾四块，正方形，上明刻华宁人朱家宝书"陈氏宗祠"四字（图3-5-22）。匾下有陈鹤亭题书的对联，上联为"阀阅焕群祠，争夸妙水长流，弓冶箕裘锦百世"，下联为"祠堂临秀，更喜瑞湖在望，波光山色满一门"。次间的匾联为滇督唐继尧所书，上刻楷书"源远流长"四字，对联为隶书："祖德从太邱来，难兄难弟增辉明第；祠堂临瑞湖上，采萍采藻永荐馨香"。祠门背面明间额壁上有昆明名士陈荣昌撰书"迪光贻令"石匾，次间额壁上有剑川文化名人赵藩题的行书石匾"继志述事"。明间和次间砖壁上有对联两副，其一为"穆矣，于宗有光，祀事孔明，不如我同姓；钦哉，成父之志，孝思惟则，无添尔所生"。联上题小序："石屏陈氏之有宗祠，由来旧矣，岁久寝记。鹤亭先生承村翁之志，拓□亲□古人以修祖庙，征继述之，考此其义也。予与先生为故交，欣逢盛事，援为此楹联也，其实乃赞美之。乙丑（1925年）之秋七月昆明陈荣昌敬撰并书"。其二为"聚族而居，世德承太邱长；合祠以享，家礼准朱文公。民国乙丑年（1925年）赵藩并题"，楷书。

从祠门沿中轴线而进，依次为石桥，莲池、中殿、正殿（图3-5-23）。中殿、正殿前院子两侧均建有对称的偏殿楼阁，中殿前莲池两侧为两层结构楼阁，重檐歇山顶（图3-5-24）。祠门前分列石亭、石狮各一对。石桥下有莲池，三孔、桥上有栏板、望柱，望柱头为石雕十二生肖动物（图3-5-25）。中殿为单檐歇山顶，抬梁式，明间和东西向台基上建有如意式踏步五级。正殿为重檐歇山顶抬梁式建筑，明间有垂带踏步七级，楼上有吊脚柱，明间有椿木六抹头格扇门六扇，次间窗棂为圆形，图案为四蝠（福）捧寿。正殿檐檩上有墨书题记："中华民国十四年岁次乙丑（1925年）仲春月二十四日卯时吉旦，陈阖族人等统梓匠李嘉璧、泥匠王兆青鼎建。"

10. 石屏郑氏宗祠

郑氏宗祠位于石屏县宝秀镇郑营村内，重建于清光绪十三年（1887年）。据《郑氏宗祠重建祖祠碑记》所述，郑氏始祖太武公"原籍浙江金华浦江县人也，明洪武中以世袭武职代父从戎，入滇先居于蒙自，至二世祖迁屏，慕西乡山水之胜，依山为屋，旁水立营，遂止居焉"。郑氏在此定居后，子孙繁衍，兴旺发达。为彰显祖宗功德，早就建有祠堂，但"旧有祠堂，居山之麓，因地方僻静，移置

图3-5-22 郑营村陈氏宗祠入口门坊

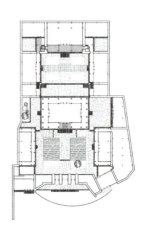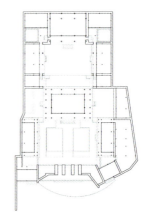

图3-5-23（a） 郑营村陈氏宗祠平面图

图3-5-23（b） 郑营村陈氏宗祠剖立面

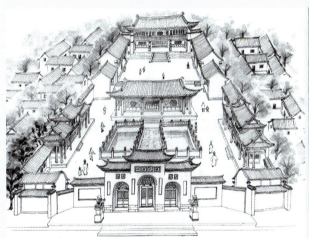

图3-5-23（c） 郑营村陈氏宗祠全景鸟瞰图
（图片来源：刘佩、刘玉明《云南古建筑白描》）

图3-5-23（d） 郑营村陈氏宗祠院落群

图3-5-24（a） 郑营村陈氏宗祠过厅正面

图3-5-24（b） 郑营村陈氏宗祠过厅背面

图3-5-25（a） 陈氏宗祠大殿垂花吊柱　　图3-5-25（b） 陈氏宗祠大殿石狮柱础　　图3-5-25（c） 陈氏宗祠石雕生肖

寨东，第规模狭隘，形势不张"。至郑氏十六世，在族伯丹亭公的主持下，不辞劳苦，多方筹资，改建大门，升高享堂，使祠堂初具规模。但至咸丰己未春（1859年）村中遭受一场大火，"村舍悉为丘墟，祠宁竟成灰烬"，丹亭公老当益壮，历经十载，将享堂大门三层焕然一新，重建起来。至光绪丁亥年（1887年），在丹亭公的二子咏韶主持下，重建中厅，"由是祖祠三层，规模略备"，保存至今（图3-5-26）。

郑氏宗祠分三进，由祠门、中殿、正殿、偏殿组成四合院。祠门为穿斗式土木结构，有垂带踏步四级，门为两扇椿木，门前有石门枕一对。檐枋上用雕花拱八攒，雕龙凤、鳌鱼。檐板上有圆形雕刻九个，自东向西分别为"白象卷荷花"、"鲤鱼跃龙门"、"犀牛望月"、"猴子摘桃"、"麒麟呈祥"、"龙马吐珠"、"仙山蓬莱"、"狮子啸天"、"猛虎出山"，其余为花鸟纹饰，皆鎏金。

中殿为单檐硬山顶抬梁式土石结构房屋。殿前有半月形如意踏步四级，为三开间两进深结构。中殿脊檩上墨楷书题记："大清光绪十三年郑氏合族人等重建"。正殿为三开间，进深二架，檐柱四棵，金柱八棵，为清光绪年间重建。殿门前有如意踏步五级，青瓦铺顶，土坯墙，青石板墁地。檐枋上有雕花拱十攒，雕花枋四层，雕有香草龙、鳌鱼、麟凤、石榴、牡丹、金蟾、皆鎏金。正殿西侧耳房有水井一口，井栏青石雕刻，井旁有紫石雕的石磨和石礁各一座。

11. 石屏武氏宗祠

武氏宗祠坐南朝北，由三进院组成。祠门前有垂带踏步七级，为穿斗式土木结构，檐上有斗栱十二攒。中殿有垂带踏步七级，面阔三间，进深二架，两侧山墙为穿斗式结构，中间为抬梁式结构。石雕柱础为灯笼形状，上部刻雷纹，腹部刻如意云纹，足部刻覆莲纹，为浅浮雕。正殿同样面阔三间，进深两架，殿前有垂花踏步九级，鼓镜式柱础，檐枋上有雕花棋八攒。正殿和中殿脊檩上有墨书题记："民国四年岁次乙丑年冬月初三日，时武氏合族人等统梓匠李家壁，泥匠王兆清重建。"宗祠地面用方砖墁地，房顶用青瓦，祠内原有碑刻、匾联，已毁于20世纪50年代。

另外的李氏宗祠，现仅残存正殿及偏殿一厢，正房面阔三间，进深两进深两架为穿斗式水结构。厢房

图3-5-26（a） 郑氏宗祠大殿

图3-5-26（b） 郑氏宗祠厢房

为抬梁式结构，二层有吊柱，外有走廊。

12．建水张氏宗祠

张氏宗祠建于清乾隆四十八年（1783年），宗祠内的对联、石碑，记载了五百年前张姓家族自江西迁往建水团山，子孙繁衍的历史。宗祠入口门头悬挂"张氏宗祠"匾额，三开间的正房宗祠建筑檐柱上写一幅对联，上联是"张氏始祖发籍江西鄱阳许义寨先辈正宗"，下联为"氏族兴旺迁移云南建水团山村后世立祠"。横批"百忍家风"。"百忍"是张姓门宗的祖训，靠着"忍"，族人得于立足他乡，得于繁衍发展。村子里许多传统民居家里都贴有与"忍"相关的楹联，如"百忍传家，积金莫如积德；一经教子，恒产不外恒心。""兵书三卷桥边授，忍字百篇家内存"等，这些楹联强调家族后人要依循"百忍"的为人处事态度，这样方才有太平（图3-5-27）。

13．建水黄氏宗祠

黄氏宗祠位于建水县西庄镇新房村南面，坐西北朝东南，为绅黄鸿年于清光绪十八年（1892年）所建的家族几组祠堂。占地约5000平方米，建筑面积2500平方米。

黄氏宗祠主体建筑呈"横三竖二"的对称布局。现存门楼为1913年重建，门前一堆形象逼真的石狮驮着歇山门楼檐柱，两个石鼓分立大门两侧，门楼雕刻精美，未彩绘（图3-5-28）。大门高大宽

图3-5-27 张氏宗祠大门

敞，为对开实榻门，与大门处于中轴线上的是两进主庭院。二进院建筑，共有六个天井，正殿、中殿和前殿为单檐歇山顶瓦屋面，两边侧殿为卷棚顶，厢房为单檐硬山顶，正殿及中殿均为抬梁式七架梁结构，前院左右两边各由一面花墙、正殿和中殿均为三开间两进间。整个建筑气势宏伟，各种装饰雕刻精美，建筑级别极高（图3-5-29）。

14．建水普氏宗祠

普氏宗祠位于建水县官厅村南侧，坐南朝北，始建于民国年间，占地规模宏大，三进院落布局，为纳楼土司家族祭祖之地。现存建筑有牌坊、正殿、后殿、四厢、两耳。雄伟的牌坊为法式建筑（图3-5-30），坊的顶端有金马、碧鸡雕塑。正殿为三开间，单檐悬山顶抬梁式木结构，殿内宽敞高

图3-5-28（a） 新房村黄氏宗祠右院

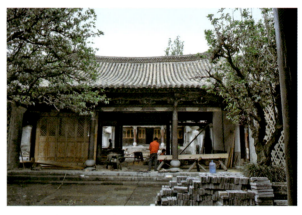

图3-5-29（a） 黄氏宗祠中殿

图3-5-28（b） 新房村黄氏宗祠大门

图3-5-29（b） 黄氏宗祠侧殿

图3-5-28（c） 新房村黄氏宗祠左院

图3-5-29（c） 黄氏宗祠正殿

大、空旷庄严，是纳楼土司供奉祖先牌位的场所。后殿亦为三开间，单檐硬山顶抬梁式木结构。花枋、斗栱雕刻精美。四厢均为五开间、二层楼木结构（图3-5-31）。普氏宗祠作为反映中国西南土司制度的现存实物，对研究西南土司历史及制度具有重要史料价值。

15. 建水钟氏宗祠

钟氏宗祠位于建水县汤伍村中部，坐北朝南，始建于民国年间，占地面积为1055平方米。为两进院落布局，现存大门、花厅、正殿、四厢、两耳。大门青砖须弥座，青瓦顶，四翼角起翘，雄伟壮观。花厅三开间、单檐五檩硬山顶抬梁式木结构二层楼，

图3-5-30（a） 官厅村普氏宗祠入口景观　　　　　　　　　　　　　　图3-5-30（b） 官厅村普氏宗祠入口牌坊

图3-5-31（a） 官厅村普氏宗祠大殿　　　图3-5-31（b） 官厅村普氏宗祠后殿　　　图3-5-31（c） 官厅村普氏宗祠厢房

图3-5-32（a） 汤伍村钟氏宗祠花厅正房　　　　　　　　　　　　　　图3-5-32（b） 汤伍村钟氏宗祠大门

四厢均为三开间（图3-5-32）。正殿三开间、单檐五檩硬山顶抬梁式木结构二层楼。整组建筑规制宏整、布局科学合理、用材粗大、抗震性强，对研究民国民居建筑具有重要史料价值（图3-5-33）。

16. 会泽何氏宗祠

何氏宗祠位于会泽县金钟镇石鼓村，坐南向北，始建于清乾隆四十三年（1778年），占地面积为1387平方米，为两进院落布局，主体建筑为完整的"四合五天井"院落，祠堂内院古柏苍翠、丹桂飘香，所处环境十分幽雅。在祠堂建成以后，除供奉何氏祖先之外，还内设学堂，延师授课，何姓族人子弟皆入读（图3-5-34）。据何氏家谱记载："清乾隆四十九年（1784年），祠内请先生教书，其中奉束修银30两，族人子弟求学免摊馆金，应童试者给填册银一两，游泮者给银三两，补廪者给银二两，赴乡试者给卷银三两，入毂者给银二十两"。

记录了何氏宗祠名为祠堂，实以教育为主的一段历史。后因房舍有限，于民国15年（1926年）扩建了过厅、厢房，并在前院设大门，与原有合院建筑连为一体。后一直为石鼓村小学所用，成为兼办乡村

图3-5-32（c） 汤伍村钟氏宗祠花厅

图3-5-32（d） 汤伍村钟氏宗祠

图3-5-33（a） 钟氏宗祠厢房

图3-5-33（b） 钟氏宗祠正殿

图3-5-34 会泽何氏宗祠内院

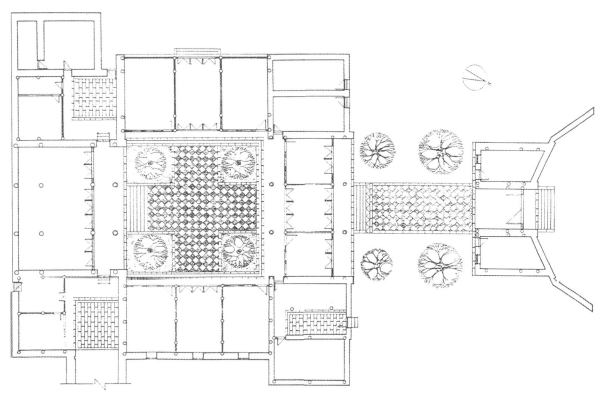

图3-5-35（a） 会泽容氏宗祠平面图

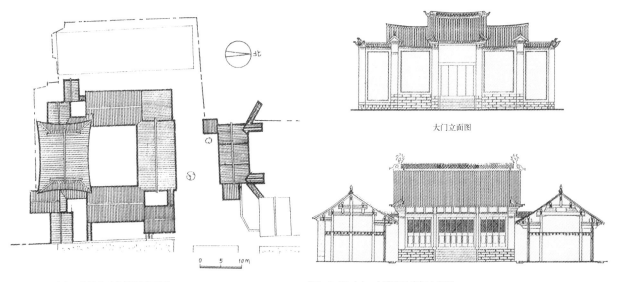

图3-5-35（b） 会泽容氏宗祠总平面图

图3-5-35（c） 会泽容氏宗祠立面图

教育的私家祠堂。

17. 会泽容氏宗祠

容氏宗祠位于会泽县城南门外会泽一中校园内西侧，与会泽文庙仅有一墙之隔。祠堂坐南向北，为典型的"四合五天井"二进院落布局，始建于民国初年，占地面积为1756平方米，建筑面积740平方米。由会泽富商容瑞庭兴建的容氏宗祠，随南高北低的地势环境，沿中轴线依次布置有大门、过厅、祠堂正殿和两厢，且在祠堂西面还另辟有小花园，使整个祠堂显得端庄秀雅（图3-5-35）。大门为三开间单檐硬山屋顶，抬梁式木构架，明间屋顶比两次间高出1.1米，沿次间两侧设八字排墙烘托

图3-5-36 会泽容氏宗祠大门

大门主体。

一进院过厅为单檐硬山屋顶，二进院正殿为单檐歇山屋顶，抬梁式木构架，明间设雕花格子门6扇，两次间各设格子门4扇，柱头雀替透雕。容氏宗祠在祠堂建造的选材用料和工艺技术上非常考究，苏氏彩绘色调明快，木作雕刻保持完整，建筑院落对称规整，虽经仅百年风雨吹打，仍依旧保存往日风采（图3-5-36）。与容氏宗祠布局相似的，还有位于古城东内街东段北侧县农技推广中心院内的刘氏宗祠，也是典型的"四合五天井"二进院落。刘氏宗祠在进入大门后的一进院落，其空间围合比容氏宗祠的更完整，形成前后两个大小相近但有主次区别的天井空间。而且还把祠堂东侧的前后厢房与居中的漏角天井设为开敞连续的走廊，面向东面另辟的优美花园环境（图3-5-37）。

18．会泽牛氏宗祠

牛氏宗祠位于会泽县城西南大佛寺西侧，祠堂坐南向北，为"三坊一照壁"与"四合院"共同组成轴线对称的二进院落布局。其中，一进院与过厅相对的是一透空形态的花照壁，在照壁两段对称开设2个圆形门洞，照壁前有平台过渡，前后有半圆形水池相呼应，有园林化景观处理。穿越过厅到二进院，正方形天井，建筑的四面几乎对称，整个院落空间简明规整、封闭而有层次（图3-5-38）。

本章分别就云南现存的佛教寺院、道教宫观、伊斯兰教清真寺、基督教教堂和地方宗祠进行了较

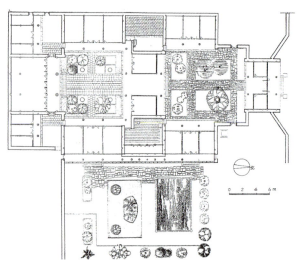

图3-5-37（a） 会泽刘氏宗祠平面图

图3-5-37（b） 会泽刘氏宗祠院落

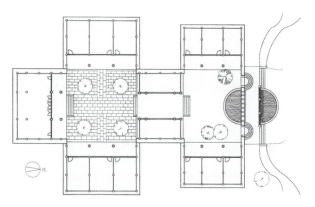

图3-5-38（a） 会泽牛氏宗祠平面图

图3-5-38（b） 会泽牛氏宗祠入口花照壁

为系统的梳理分析，既表明各自独特的建筑空间形态组合、类型特征与建构技艺，以及与之相应的宗教信仰习俗与崇拜需求，也反映出彼此互补交融的关系，呈现出佛道同参、二教并祀，"三教融合"、三教合祭，甚至是多教多派同祭共敬的局面，各敬各的神，各拜各的佛。而且还可以从不同宗教寺院形态丰富的殿堂建筑中，明显看出汉藏、汉傣、汉回、汉白等两个或多个民族建筑文化、本土文化与外来文化彼此交融互渗、相互影响的多元文化特征，还有一些敢于突破传统固有形制的创新创举，进一步显现出云南本土开放、吸纳、包容而又不失自我的民族文化心态。

注释

① 后汉书·南蛮西南夷列传
② 昆明筇竹寺.（明）镌：无相禅师塔铭
③ 按：白古通记中所称的"观音"，绝非真正的观音，实乃化名观音的僧人。
④ 白古通纪笺述·蒙氏世家谱
⑤ 阿吒力，是梵文Acarya的译音，自古用无定字，即为密教上师的称谓。云南阿吒力则为有家室的佛僧，常接缘应赴，专门替人做法事。阿吒力一词，准确称谓应为密宗（瑜伽密宗）。云南大理一带称其僧人为阿吒力，是为阿遮黎耶之讹。阿吒力作为印度密教的一种变种，其轨常设坛，对神祇进行供奉，持咒念诵，并有吞刀吐火等巫术，与南诏时乌蛮、白蛮所信奉的巫鬼教极为相似，因而易为社会和下层人民所接受、传播。
⑥ 白古通纪笺述·蒙氏世家谱

⑦（元）郭松年.大理行记
⑧ 张道宗.纪古滇说集
⑨ 诸葛元声.滇史.卷14
⑩ 所谓"改土归流"，即明清两代在少数民族地区废除世袭土司，改行临时任命流官统治的一种政治改革。清朝雍正年间，在西南一些少数民族地区废除土司制，设立府、厅、州、县，派遣有一定任期的流官进行管理，在政治、社会经济和文化方面，都有其进步意义。
⑪ 唐宋以来，一般将所说的"儒、道、佛"习称为"三教"。尽管在中国传统文化的历史发展过程中，儒、道、佛三家时而抗衡，时而融合，但在总体上是以儒教为中柱，道教和佛教为夹辅，互济互补的。
⑫〔元〕郭松年.大理行记
⑬ 白古通纪笺述·蒙氏世家谱
⑭ 白古通纪笺述·蒙氏世家谱
⑮ 张道宗.纪古滇说集
⑯ 见昆明圆通寺《创修圆通寺碑记》
⑰ 倪辂.南诏野史
⑱ 楚雄（宋）镌.《护法明公德运碑》
⑲《新纂云南通志》卷104
⑳ 禅宗传入云南，当以滇人雄辩法师为始，明代郭文的《重修玉案山筇竹禅寺记》碑文略云："滇人所奉皆西域密教，初无禅宗也。前元既一，南诏鄯阐人有雄辩大师者，以奥学宏器归自中华，始倡教宗于兹寺，滇之缁流俊秀者，翕然从之，而其道日振，自是名蓝巨刹弥布遐迩。南诏之有禅宗，师实启之也……"
㉑ 李源道.创修圆通寺记
㉒（明）嘉靖.夷州通志.卷8
㉓ 中国佛教的"四大名山"：即山西五台山、四川峨眉山、浙江普陀山和安徽九华山。
㉔ 新纂云南通志.卷104
㉕ 续云南通志长编.卷76
㉖ "七户养僧"制：即"每七户平民供养一名僧侣，以便使其专一修行。僧人分三等，第一等名喇嘛，意为上师，以后则泛称一般的僧侣为喇嘛"。
㉗ 张士麟.云南通志稿·宗教考
㉘ 中国科学院四川少数民族调查组.甘孜藏族自治州塘理寺、太金寺、甘孜寺、八邦寺
㉙ 据《百夷传》载："百夷即麓川、平缅也，地在云南西南，东接景东府，东南接车里，南至八百媳妇，西南至缅国，西至戛里，西北连西天古剌，北接西番，直北接永昌。"
㉚《景泰志》卷一《云南俯风俗》载："阿阇梨僧有家室"，又"僧有两种，居山寺者净戒，居家室者阿吒力"。"凡诸寺皆得道者居之，得道者非师僧比也，师僧有妻子"。这里所说的"得道者"，是指禅宗僧侣，而非"师僧"阿吒力。
㉛ 大黑天神：其梵语名为"摩柯迦罗"（Mahakala），是大自在天的化身，在密教中，大黑天神为护法神，亦为战神。此神在云南倍受殊荣，不仅在"阿吒力"甚至在汉密、藏密中，都占有重要的地位。礼祭此神，可增威德，举事能成。故从南诏开始，云南就出现了供奉大黑天神的大灵土主庙，此习俗一直延续至今。史载："云南各县多有土主庙，所供之神非一、而以大黑天神者为多，塑像三头六臂，青面獠牙，狰狞可畏。大黑天神乃阿吒力教之护法神，初谓之大灵庙，后乃名为主也。"
㉜ 全卷设色帖金，线条流畅自然，富于变化，人物比例恰当，神态形貌，刻绘生动；布局上疏密有致，其绘画水平去高，完全可以作为汉传佛教绘画的典范，详见杨学政.云南宗教史[M].昆明：云南人民出版社，1999:60-74.
㉝ 李根源.胜温集.又题.大理图画卷题咏
㉞ 因为桑耶寺主殿乌策殿的下、中、上三层分别依藏、中、印的建筑形式和构造，所以"桑耶寺"又称为"三样寺"。
㉟ 南传佛寺：傣那语称"奘"，傣泐语称"洼"，一般通称为"奘房"或"缅寺"。"奘"是德昂语，意即佛寺，因中南半岛上最早信奉上座部佛教的民族是德昂族，后缅族、傣族、阿昌族等均袭用此称谓。南传佛寺既是僧侣生活和信徒从事宗教活动的场所，也是青少年学习文化的学堂和群众拜佛祈祷的精神娱乐活动场所。
㊱ 佛塔：巴利语称为"吉地"，缅语叫"广母"，意为做好事，傣那亦称"广母"，傣泐叫"塔"。如按其埋藏品分，可分为佛骨、佛发舍利塔；佛祖用物塔；经书塔和纪念佛祖巡游的足印塔4种。西双版纳的佛塔皆为舍利

塔，故赕塔比赕佛更为隆重。如按建筑形式分，可分为群塔和独塔，主色调为白色和金色两种。佛塔由塔基、塔座、塔身、塔刹、塔冠五个部分组成。塔身首层呈石鼓状，次层为石钟状，之上为5～12层相轮。塔刹由莲花座托宝瓶组成，塔冠是金属制的宝伞风标。佛塔与佛寺常合建一块，有时也可分开独建。

㊲ 戒堂：或称戒亭，傣那语叫"幸"，傣泐语叫"布书"。举凡中心佛寺以上的佛寺，寺内皆设一座戒亭，按规定每月初一、十五及三十日，中心佛寺所管辖的各寺比丘和长老都要到戒亭集会、诵经忏悔，同时共商有关教务管理工作。此举亦称"团佛"，届时禁止沙弥、沙弥尼及百姓入戒亭，严禁妇女到戒亭附近走动。

㊳ 所谓"底布拉"神，即为当地的原始宗教神祇，有护寺庙神和方位神的属性和职能，是一种灵魂转化的观念性神，并无具体偶像。

㊴ "丢合朋"和"朗妥落尼"为佛前的男神、女神：是傣泐语称谓，傣那语则称为"威示众"和"朗袜送特立"。"丢合朋"供于佛台左下方，专司记录世间善恶。取左手持簿，右手握笔之势，此神源于《佛经故事·成佛》一节。佛主成佛之日，他是第一个向佛主献花者，故又称他是佛的功德证人。"朗妥落尼"，供于佛台右下方，取扭干长发上的水之造型式样。此神系土地女神，源于释迦牟尼成佛前夜，用稻草做床，坐着念经。天快亮时，妖魔突然闯入，欲夺佛主的坐床，佛主不理睬他，心想："这是我的坐床，土地可以出来作证"。蓦地，地下迸出一位女神，她梳发成河，冲走妖魔。天明时，佛主成佛。

㊵ 瓦饰：西双版纳地区佛寺大殿屋顶正脊上的瓦饰呈火焰状，傣泐语称"密打"，下檐戗脊的饰呈卷叶状，叫"密来"。戗脊首端皆竖有鸱吻，傣那语叫"贺画"，通常是些异禽怪兽。在正脊中央有一塔形装饰，傣那语叫"梯奘"，傣泐语叫"帕萨"。西双版纳的僧房上则有一种装饰叫"字磨"，是5株含苞欲放的荷花。这些专用于佛寺建筑上的瓦饰多是红陶塑，它们有各自特定的含义，如"帕萨"表示天堂；鸱吻表示圈定的天界范围，"密打"、"密来"表示云彩，于是，信徒走进佛寺，就像走进了天界。

㊶ 2001年10月，剑川县沙溪寺登街以"茶马古道上唯一幸存的古集市与中国古老的长城一同，荣登世界纪念性建筑保护基金会公布的"值得关注的101个世界濒危建筑遗产名录"。这个古集市拥有明、清时代完整无缺的戏台、马店、寺庙、寨门，完整地保留了茶马古道上传统的古集市风貌，具有很高的文化遗产价值。

㊷ 世界纪念性建筑保护基金会（WMF）是唯一的致力于世界范围内遗址保护的私人非营利性组织机构，1956年设立，从1995年起在全球实施项目，调用世界各国文化部门，各国外交大使，每一个国际建筑和遗址保护协会（ICOMOS）、国际和地方保护团体以及保护方面专家，每2年召集一个国际专家评审小组，从上百个备选项目中选出101个项目公布于世，引起国际对受到威胁的文化遗产的关注，并给予他们拯救资金的帮助，2年后被保护起来的濒危建筑遗址将从名录中自动消失。

㊸ 即指观音塘寺院里巨石上建的亭阁，据传说汉朝时有兵犯境，观音菩萨化为一老妪，背负一嶙峋巨石阻于道上，拯救了苍洱黎民。后人为感恩报德，建亭于"妇负石"上，这就是"大石庵"来历。

㊹ 据说宋代大理国时，鄯阐（即昆明）侯高氏兄弟到西山打猎，追赶一头犀牛到玉案山，远见几位奇异僧人，近却不见其踪影，只有地上插着他们的筇竹手杖，怎么用力也拔不出来。次日再去，筇竹手杖已长叶成林了，惊诧中悟出此为圣灵之地，于是建寺并取名"筇竹寺"。这只是传说，但其开山祖师洪镜雄辩法师，却被后世尊为元代汉传佛教再传云南的第一人。

㊺ 雄辩法师，生于南宋理宗绍定二年（1229年），祖籍昆明，俗家姓李，少时为大理国师杨子云的高足弟子，初习南诏大理的地方佛教，后削发，于1254年赴内地拜高师求佛法。1280年得元世祖赐法号"洪镜"，学成回滇后，选择昆明玉案山开山建庵，结茅传教。1301年，在筇竹寺圆寂。

㊻ 崇照禅师于1350年与道友无文等开创了晋宁盘龙寺，立碑严格教规，远近闻风争相皈奉，该寺很快成为驻僧数百的十方丛林；另外，昆明圆通寺、安宁觉照寺、玉溪灵照寺等滇中名蓝，大理崇圣寺及祥云水目山等滇西古刹都有其传教的足迹。1364年在盘龙寺坐化示寂，法

身不朽，由弟子建塔盖殿奉置。

㊼ 由于水映寺靠山面田，周围皆水，且寺内有清泉溢出，汇为月池，故名水映寺，“水映寺，寺映水，水在寺中流，寺在流水中”，是其真实的写照。

㊽ 参见熊正益.建水指林寺正殿

㊾ 通海秀山，又名青山，与昆明金马山、碧鸡山、大理点苍山并列为云南四大名山，素有“甲秀滇南”的美称。

㊿ 1937年以前，汉地信奉宁玛派的僧侣为四川巴塘竹瓦寺所属，因入寺聚会不便，这一年，应东旺头人及僧侣的请求，竹瓦寺开始在这里修建分寺，历时10年建成。寺院名称原为“玉丹寺”，藏语意为僧侣聚会研习经典的地方，后因译音关系通写作现名云登寺。

(51) 据近年来的考证，寿国寺为白教噶玛噶举派寺院而并非黄教格鲁派寺院。

(52) 清雍正二年（1724年），“建塘”更名为中甸，归云南设治，清朝廷为松赞林寺赐取汉名为“归化寺”。

(53) 金水画：傣泐语称“滴夯”，这是傣族、德昂族等佛教流行的一种风格独特的装饰艺术，类似于汉族古建筑的彩画。其做法是先以黑漆打底，再涂红漆成暗红色底面，用白纸剪刻成各种图案花饰贴于底面，然后再上金箔。不但在构架梁上使用，还广泛用于佛殿、戒亭的内壁，其图案内容丰富。在梁头柱间常用花卉、藤萝及其他几何图案，内壁则用塔、亭、佛像、仕女等图形，这些图案线条流畅，精确而且富有规律。

(54) 伏象结构：用一粗短的木料，雕琢成伏象的形态，象腹和象背分别穿过一条撩檐檩，承接屋面，起承上启下的承力作用。

(55) 咪挡、咪来：均为傣语，脊瓦称为“咪挡”，檐头瓦称为“咪来”。

(56) 佛幡：傣那语称“焕布”，傣泐语叫“波董”，佛寺旁常常有数根高约15米左右的龙竹幡竿，上悬长幡。色彩缤纷的佛幡是献给佛的；白色长幡则是举办丧事的人家献给祖先和死去的亲属。佛幡用纱布以细竹框架绷平制成，长约8～9米，宽约50厘米，上贴各色精美的剪纸图案。赕佛时挂于幡竿顶端，再以金碧辉煌的塔状帽固定装饰，过年节时所立之幡、竿尖顶，还装有当年所属之生肖动物。

(57) 三国志·张鲁传.注引《滇略》

(58) 晋书李刘载记

(59) 崔鸿.十六国春秋·蜀录.太平御览.卷123引

(60)（明）嘉靖.夷州通志.卷8

(61) 昆明真庆观（明）镌.《真庆观兴造记》

(62) 二十四治为：阳平治、鹿堂治、鹤鸣治、漓沅治、葛埪治、庚除治、秦中治、真多治、昌利治、隶上治、涌泉治、稠粳治、北平治、本竹治、蒙秦治、平盖治、云台治、浕口治、后城治、公慕治、平冈治、主簿治、玉局治、北邙治

(63) 徐霞客.徐霞客游记卷9

(64)（清）镌.《斗母阁常住碑记》

(65)（清）镌.《斗母阁常住碑记》

(66) 张振生的《玄释奥域玉皇阁》一文

(67) 中国大百科全书宗教卷将巍宝山列为中国的14座道教名山之一

(68) 据胡蔚本的《南诏野史·细奴逻》条记载：“唐太宗贞观初，其父舍龙，又名龙伽独，将细奴逻自哀牢山避难至蒙舍川，耕于巍山”。随后受建宁国白蛮王张乐进求的禅让建立了大蒙国，自称奇嘉王。以后又由他的子孙统一了五诏，建立了中国西南显赫一时的南诏国家政权。南诏国的最初发祥地就在巍宝山。

(69) 雕刻在6扇格子门上的6组历史故事，分别是“明刑弼教”、“范公书院”、“历代文门”、“提戈取印”、“孟郊救蚁”、“斐渡还带”。门下部还刻有鸟兽，全是镂空雕刻，立体感强，并施彩绘，其构图严谨，雕工精致，景物逼真，人物生动，为腾冲现存最有价值的一套木雕艺术珍品。在“文化大革命”的年代，文昌宫内的部分木雕门扇，幸亏得到下绮罗小学校长张自省先生的冒险珍藏，才免于全毁，留存至今。

(70) 元龙阁北岸的水碓村，古名为“蕉溪村”，因村中原有水碓，故得名水碓村。

(71)“百尺楼”一名，取自汉时陈元龙的住所名称。该楼结合地形，设置为外廊式歇山顶楼阁。

(72) 傣族地区的回族，主要集中在西双版纳勐海县的曼赛、曼乱两寨，约数百人，当地称之为“回傣”、“帕西傣”。

(73) 藏区的回族，主要集中在迪庆州中甸县和德钦县，当地称为“藏回”、“饿给”。

(74) 彝族地区的回族，主要集中在小凉山宁蒗县部分地区及哀牢山区新平县桂山镇等地，当地称为“黑黑”。

(75) “卡力岗”是藏语山名，地处青海省化隆回族自治县西南，是由尕加山、尕吾山、路曼山、尕加昂山等诸山组成的一个山系，这里分布着德恒隆、沙连堡、阿什努三个行政乡。卡力岗地区居住着一支使用藏语安多方言、生活习俗同于藏族却又虔诚信奉伊斯兰教的特殊族群——卡力岗人，是多民族地区文化调适、整合的产物，也是文化变迁“正在进行时”的典型个案。卡力岗人所处的地区，是我国西部多民族杂居、多元文化共存、多种宗教信仰共生的民族走廊，这么一个极富特色的区域。

(76) 新纂云南通志·卷108.

(77) 新纂云南通志·卷108.

(78) 新纂云南通志·卷108.

(79) 续云南通志长编·卷76.

(80) 文中表3-4-1至表3-4-5所列的相关数据，参见1954年的《云南省天主教、基督教概况统计表》。

(81) 云南省图书馆藏本，民国19年的《澜沧县造报云南省通志资料》，第48页。

(82) 周礼·考工记.

(83) 孟子·梁惠王下.

(84) 据陶岳《五代史补》与民间传说，五代时期杜光庭曾经隐于青城山修道，距玄宗时期不啻150年之多。故方贵瑜先生认为当是“同名而误为一人”。

(85) 新纂云南通志·卷109.

(86) 新纂云南通志·卷109.

(87) 新纂云南通志·卷112.

(88) 鲁班经卷一

(89) 春秋左传·文公二年

(90) 一本：即把宗族比成树，祖宗是根，宗族叔伯兄弟是枝叶裔孙都是同一宗族的后人。

(91) 皇清经解卷49

(92) 李氏宗祠文中的联、匾，均摘自旅缅十八代裔孙李生龙1987年写于缅甸东枝的“和顺李氏宗祠回忆记”。

云南古建筑

第四章 文庙书院

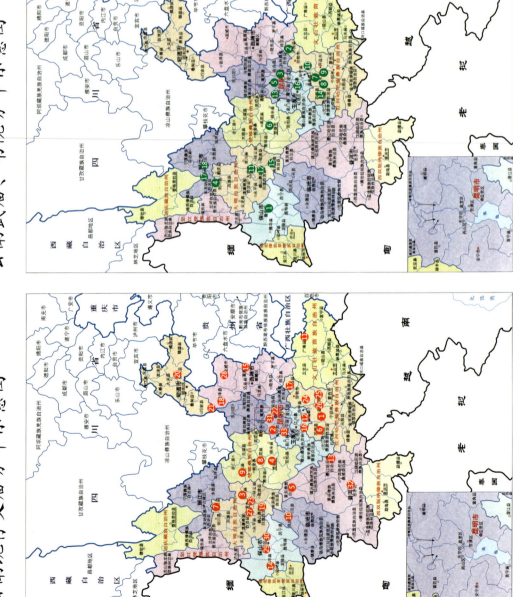

第一节　云南儒学的历史流变

儒学产生以前，作为祭祀祖先的宗庙这种特殊建筑形制早已有之，只不过是在祖宗崇拜方面，儒学规范中对祖宗的礼制和宗庙建筑文化之间，存在着历史的沟通与契合，加上血缘关系在一切"蒙昧民族"和"野蛮民族"的社会制度中所起的决定用，使得中国古代建立在生殖崇拜基础上的祖宗崇拜的心理定式非常顽强和牢固，从而导致了中国古代宗庙建筑的兴盛。

历代儒家最重祭祀，祭祀对象除天地、山川之外，便是祖宗。祭祀典礼的隆重与神圣，大大激发了中国坛庙与宗庙这类礼制性建筑的发展。而在宗庙中，有一种建筑形制尤为令人注目，这就是被历代尊为人文之代表的"孔庙"。孔庙又称文庙，是全国各地分布最广、规模与形式多样的宗庙，它与一般的家族宗祠有所不同，既有儒家所推崇的一般崇拜祖宗的意义，又具有"尊孔昌文"的特殊人文精神。

孔庙是宗庙建筑类型之中特殊的一种，也只有像孔子这样的"至圣先师"，才得以为其营造专门的崇奉场所——孔庙。其中山东曲阜孔庙，自古以来成为了中国其他地方无数孔庙的"领袖"，堪称中国古典庙堂建筑的杰出代表。

孔庙被称为文庙，文者，文运昌盛之谓也。举国上下建造文庙，不仅在于尊孔，也为了祈求本乡本土通过建造文庙并且祭祀香火长年不断，能够出个进士、举人之类的人才来光宗耀祖，光耀本乡本土。所以，全国各地广泛地建造文庙，虽不免有些迷信的思想成分掺杂其中，但人们更看重的，却是地方文化的昌盛，这种愿望在云南边地也毫无两样。

一、儒学对云南的浸润教化

以儒学为核心和以汉语言文字为载体的传统汉文化，由于它自身的先进性，以及不断吸收、融合各民族文化并具有加以消化的能力，对各个少数民族都有着巨大的吸引力和强劲的渗透力。

而孔子所开创的儒家思想，更以其独特的生命力获得较大发展，自汉武帝"罢黜百家，独尊儒术"之后的2000多年里，儒学犹如长江大河，纳百川于一体，成为中国传统文化的主脉。

作为地处祖国西南边疆的多民族省份，云南也在儒家思想覆盖之下，受到其不同程度的影响，即便是在云南省内的不同地方，由于所受影响程度的不同，均表现出各自鲜明的地方特色。从某种程度上讲，儒学在云南的发展和影响，等于汉学及汉文化在云南的发展和影响。尤其令人感兴趣的是，在明代以前，完全是以"学"的形式传播，基本不带有任何宗教的色彩，也就是说此时的儒家学说不带有宗教的性质和品格。而后随着中原移民的大量涌入，儒家学说在云南落地生根，广为发展，才随着移民的普遍信仰有了宗教的意味和表现。

回顾历史，早在汉晋时，云南地方即有人开始学习儒家经典，尤其以学习汉族的语言文学为盛，尽管所学者的行文用典不尽规范，但其思想内容却不失于儒家的准则。在唐宋期间，云南人创作的文学作品也"卓然唐音"。唐时曾有不少云南贵族子弟到成都就学，少数则进入长安学习。到了宋代，则主要通过在家庭和寺庙学习，了解和熟悉汉文化。故有既读儒书，又念佛经的"释儒"[①]，而大理的地方政权，当时也是从"释儒"中开科取士的。

于是，在汉唐期间，云南的儒学就有了文学先行、汉化移植、兼收并蓄和思想观念上的双轨并行等特点，尽管此间总体上尚处于自发和被动的学习阶段，其实已进入了"言音未会意相合，远隔江山万里多"的境界。

自元代至元十一年（1274年）建立云南行中书省之后，云南曾先后在中庆（今昆明）、大理、临安（今建水）、永昌（今保山）、鹤庆、姚安、威楚（今楚雄）等各地建文庙，置学田，设儒学提举，使云南儒学初具规模。明代，云南所有的府州县均设立了学宫和书院，至清代更盛，并由此形成了云南的地方教育体系。

重道崇儒，实行教化，这是儒学的重要功能之一。在历经了汉唐的潜移默化，宋、元、明、清几代的蓬勃发展之后，儒家的《春秋》"大一统"之义和"礼"教在云南被广泛接受，主要表现为云南人的积极入世和参与国家朝政，从仕途跻身于国家的政治舞台，具体表现如下。

（1）当时滇人参与国家朝政的就有"识量宏大，文武长才，沉几先务，果毅好谋，投之艰大，绰有余裕"②的杨一清，"独立不阿"的李元阳，"为人清正，仕官四十年始终一节"③的严清等诸多贤达和有识之士。

（2）还有成批的"忠臣义士"出现。他们后身先义，身可杀，名不可死，义在与在，义亡与亡。

（3）孝行和义友风行于世。他们事父孝敬，事君忠贞，兄弟和睦，朋友信诚，从官忠慎，立身康明，待士谦让，莅民宽平，理讼正直，察狱审情④。

（4）促使民风民俗的变化。在儒教思想的熏陶下，云南民间思想观念发生了巨大的变化，儒家的"仁、义、礼、智、信"和三纲、五常成为了社会的主流。

同时，儒教的发展，对云南的政治也产生了重要的影响，突出地表现为"改土归流"⑤政策的顺利推行，撤除了府、州、县世袭土官，改任流官的管理制度。这既是扩大中央集权的需要，也是云南土官地区地主经济发展所使然，很多少数民族地区"改土归流"的顺利实现，充分体现出儒家思想在其中所起的促进作用（图4-1-1）。至元二十二年（1285年），张立道建庙学于临安府（今建水），继后规模有所扩大，设施不断完善，致使临安府一时人文蔚起，在明代云南的200多名进士中，临安府就有40多人，近全省总数的五分之一，而建水文庙的设立也使之成为保留至今全国第二大的文庙（图4-1-2），建筑规模仅次于山东的曲阜孔庙。

儒家思想在云南，可以说代表了汉文化在云南，体现了儒家"大一统"核心思想的一脉相承。从儒教在云南发展壮大的历史轨迹来看，儒学越发

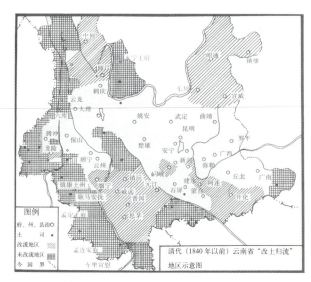

图4-1-1　清代云南省"改土归流"地区示意图

图4-1-2（a）　建水文庙学海

图4-1-2（b）　建水文庙洙泗渊源坊

图4-1-2（c）　临安府学宫

展，其边疆归于中央政府的向心力就越强；儒学越发展，边疆的经济文化也就越发展，即便是一些地处云南边境的市、县，也无例外，比如被称为"极边第一城"的滇西腾冲县，就是深受儒家思想与汉文化熏陶的一个典例。

（一）儒学对云南的浸润

儒家思想教化的内容很多，对于云南的浸润与影响结果也非常明显，受其影响，归纳而言主要体现在汉化移植、兼收并蓄与观念上的双轨几个方面。

1. 汉化移植

元代以前，由于迁移至边疆，少数民族地区的汉族移民数量少，影响也小。如楚庄蹻入滇后，也只能"变服，从其俗，以长之"。"变服，从其俗"成为当时移民的生存出路。

另一方面，当时边疆地区的少数民族社会，大都处于封建社会以前的种种社会形态，还没有自觉接受汉文化的基础，于是，汉文化只好随着汉族移民的"夷化"，逐步或有限地移植到少数民族之中。

2. 兼收并蓄

元以后，随着大规模的屯田戍边，保持边疆稳定的政策实施，汉文化也随移民迁移，逐渐传播扩展，影响越来越多。于是在少数民族与汉族交往中，学习汉族语言文字、汉文化先进知识与技术经验已是必不可少。

另外，云南地处祖国西南边疆，与东南亚地区山水相连，存在着自然和地理上的亲缘关系。云南境内所居住的众多少数民族，与境外的其他民族也多是亲缘民族，在经济和文化上都有不少共同之处，加上受汉文化、印度文化及东南亚文化的影响，云南以本地区原有的民族传统文化为基础，吸收、消化了来自另外几方面的文化，逐渐形成了自己独特的地方性文化特色。其中"南诏文化"即是最典型的例子，主要体现在：

第一、基于与发展农业生产、兴修水利有关的许多龙神话。如《浪穹龙王》、《苍山九十九条龙》等。

第二、反映南诏建立地方民族政权、巩固政权和发展政权所需要的宗教文化。如有关"本主"⑥的神话传说及形成的本主崇拜（图4-1-3）；创造了独树一帜的工艺技术、富有民族特色的绘画和雕刻技术。具体表现在佛教寺塔的建造与石窟造像的创作等，其中大理崇圣寺三塔（图4-1-4）、剑川石宝山石窟（图4-1-5）堪称精品。

3. 观念上的双轨

历史上，儒家思想的传播，主要是靠国家自上而下的教育系统来实现。自西汉武帝起，便"兴大学，置明师，以养天下士"。"立大学以教于国，设痒序了以化于邑"⑦，这是中原内地的普遍情况。而在边疆少数民族地区，大凡已经设置的区域，当有地方的学校，即郡学、县学之类。

但在云南，因为自身的特殊性，并受到边郡制和羁縻州制所限，云南各地更多是从间接渠道来接受儒家思想的。且在接受儒家思想时的障碍极大，只能"各取所需"，有限地吸收具体的某些观念，不可能全面而系统地接纳。即如大理地区，其"宫室楼观，言语书数，以至冠婚丧祭之礼，干戈战阵之法，虽不能尽善尽美，其规模、服色、动作，云为略本于汉，自今观之，犹有故国遗风焉"。这应该算是对汉文化接受较多较好的典型了。

（二）儒学在云南的成长

相关史料表明，从大理后期至元代初期，云南地区的生产力水平，已经达到了足以冲破封建领主制经济桎梏的程度，一方面使云南与内地频繁往来，在经济和文化上的联系得到进一步的加强。

图4-1-3　白族本主崇拜

图4-1-4（a） 崇圣寺三塔

图4-1-4（b） 镏金雨铜观音

图4-1-4（c） 弥渡铁柱

图4-1-5（a） 剑川石宝山石窟

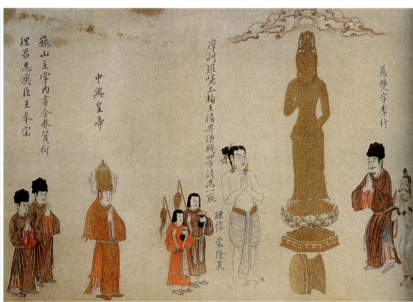
图4-1-5（b） 南诏史画卷

元初，从赛典赤行云南中书省主政滇事开始，结束了军事管制局面，建立路、府、州县，着重于治，通过采取一系列有效措施，便利贸易，澄清吏治，增加地方财政收入等，促进了滇池、洱海地区地主经济的进一步发展。比如屯田制度的实行，其意义和作用正如方国瑜先生所论："对确立地主经济，稳定郡县政权，推动农业生产起重要作用"。同时，也开始在云南置田建庙，兴办儒学，促进了儒学在云南地区的成长。据邓麟《王升墓志铭》载："充云南诸路儒学提举，重治大理、永昌、丽江、鹤庆、姚安、威楚诸路学庠，所致庙宇圣像一新，复学田一千四百九十双，皆摩崖记之。"并先后采取一系列政策措施，也很明显，儒学在云南的成长发展，由地主经济的发展和加强行省权力所促成，而儒学的发展，反过来又进一步促进了前者的发展。所以元代在云南兴儒学，置文庙，促进了云南地区经济文化的发展，并为明代云南儒学的新发展提供了有利的前提条件，使整个明代云南的儒学蓬勃兴盛。

二、儒学在云南的推广影响

（一）儒学在云南的推广

随着明王朝在云南采用更加广泛的屯田戍边、置驿设堡等的政策，形成军事上的保障系统之后，进而又因地制宜，形成或流官、或土官、或土司的多种地方治理统治方式，完善了对云南地区的统治，致使云南与中央的关系达到前所未有的紧密程度。为保持这种有利局面，在元代基础上，明代又将儒家思想在云南推进到一个新的阶段，其主要措施是：

1. 广设学校

据《明实录》载，明洪武十五年（1832年），置云南、大理、临安、元江等府学，蒙化等州儒学。永乐年间增设楚雄县、镇南州、武定府、寻甸府、广西府学⑧，嶍峨县、顺州、乌撒军民府、宝山州、巨津州、通安州、兰州、云龙州儒学⑨。正统年间增有金齿边民指挥司、景东府儒学⑩。嘉靖年间增有永平县、保山县、马龙县、禄丰县、广通县、定远县、沾益县、大姚县儒学⑪。隆庆年间增有江川县、武定军民府⑫、罗平州学、路南州、云州⑬等。实际上这些记录并不完全，除土司地区外，云南所属各府、州、县皆有学校。

据明代云南诸志及《新纂云南通志·学制考》卷131～136载，除了有11所学宫沿袭元代之外，其余61所均为明代期间增设（表4-1-1）。

明代云南府州县学校设立一览表　　　表4-1-1

时代	府州县学校	备注
沿袭元代（11所）	云南府学宫、安宁州学宫、嵩明州学宫	永昌（今保山市）临安（今建水县）河西（今通海县河西镇）
	大理府学宫、邓川州学宫、鹤庆州学宫	
	永昌府学宫、临安府学宫、石屏州学宫	
	河西县学宫、澄江府学宫	
洪武年间（17所）	晋宁州学宫、呈贡县学宫、楚雄府学宫	南安（今双柏县）太和（今大理县）赵州（今凤仪县）蒙化（今巍山县）阿迷（今开远市）嶍峨（今峨山县）
	南安州学宫、太和县学宫、赵州学宫	
	云南县学宫、剑川州学宫、蒙化府学宫	
	曲靖府学宫、通海县学宫、阿迷州学宫	
	嶍峨县学宫、永丰县学宫、宁州学宫	
	元江府学宫、顺州学宫	
永乐年间（3所）	昆阳州学宫、镇南州学宫	镇南（今南华县）姚州（今姚安县）
	姚州学宫	

续表

时代	府州县学校	备注
正统年间	景东府学宫	
成化年间	腾越州学宫	腾越（今腾冲县）
	广西府学宫	广西（今泸西县）
弘治年间	昆明县学宫、宜良县学宫、宾川州学宫	
正德年间	寻甸州学宫、平彝县学宫	平彝（今富源县）
嘉靖年间（13所）	马龙州学宫、宣威州学宫、路南州学宫	陆凉（今陆良县）
	霑益州学宫、陆凉州学宫、江川县学宫	定远（今牟定县）
	弥勒县学宫、大姚县学宫、广通县学宫	缅宁（今云县）
	定远县学宫、保山县学宫、镇雄州学宫	
	缅宁县学宫	
隆庆年间（4所）	禄丰县学宫、武定府学宫、河阳县学宫	河阳（今澄江县）
	新兴州学宫	新兴（今玉溪市）
万历年间（16所）	富民县学宫、罗次县学宫、易门县学宫	罗次（今禄丰碧城镇）
	云龙州学宫、顺宁府学宫、云州学宫	顺宁（今凤庆县）
	罗平州学宫、师宗县学宫、新平县学宫	云州（今昌宁县）
	建水县学宫、黑盐井学宫、白盐井学宫	
天启年间	元谋县学宫、琅盐井学宫	
崇祯年间	禄劝县学宫	

在上述72所学宫中，属于土官地区的有安宁州、邓川州、蒙化府、云龙州、嶍峨县、宁州、霑益州、陆凉州、马龙州、罗次县、姚安府、寻甸府、广西府、弥勒州、路南州、武定府、姚安府、鹤庆府、顺宁府、景东府、元江府等20个府州县。

2. 设立卫学

明代在云南各地遍设卫所，一共有二十卫⑭，加鹤庆、永平、通海三御，共一百三十三千户所。大抵卫所有卫学，惟"卫所独治城者，特设卫学、教授一员，训导二员。官舍曰武生，俊秀曰军生，不给廪。其卫所与府州同治，不另设学，一体食廪，岁贡与民生同"⑮。景泰元年（1450年），云南按察司提调学校副使姜浚曾提出："各卫所军生，多有人物聪俊，有志于学。禄，不得补。廪，无人养赡，难于读书，乞不拘常例，军民生员相兼廪膳，庶使生徒向学，不负教养"⑯。足见卫学之存在，是与府州县被视为同等重要的机构。

3. 设置书院

"科举必由学校，而学校起家不由科举。学校有二，曰国学，曰府州县学，府州县学入国子监者乃可得官，不入者不能得也"。"学校以教育之科目以登进之，荐举以旁招之。铨选以布列之，天下人才尽于是矣……学校则储才以应科目者也"⑰。故云南书院亦随之兴起，从景泰至崇祯年间，共有书院65院，这些书院并非一建立就延续下来，有的废毁后，又重新修建（表4-1-2）。

至清代，儒学在内地开始僵化衰落，而在云南地区却正走向成熟，主要反映在书院和义学⑱的兴建两方面。云南的学校，清代比明代大有发展，有的是将明代书院继续扩建、增建，而另外有一大部分则为新建（表4-1-3）。

明代云南府州县书院一览表　　　　　　表 4-1-2

时代	地点	书院名称	备注
景泰年间	浪穹县	龙华书院	今洱源县
弘治年间	太和县	苍麓书院	今大理县
	浪穹县	凝川书院	今洱源县
	腾越州	秀峰书院	今腾冲县
	蒙化州	明志书院	今巍山县
正德年间	嵩明州	鹿元书院	
	云南县	青华书院	今祥云县
	姚州	栋川书院	今姚安县
	寻甸州	养正书院	
	鹤庆州	龙溪书院	
嘉靖年间	云南府	五华书院	今昆明市
	赵州	玉泉书院	今凤仪县
	太和县	桂林书院、玉龙书院、崇敬书院 桂香书院	今大理县
	安宁州	云峰书院	
	云南县	五云书院	今祥云县
	宾川州	秀峰书院	
	建水县	景贤书院、崇文书院	
	楚雄县	龙岗书院、南峰书院、龙泉书院	
	定远县	文龙书院	今牟定县
	寻甸州	萃华书院	
	保山县	正学书院	
隆庆年间	昆明县	文昌书院	
	晋宁州	梅谷书院	
	安宁州	泊阳书院	
	禄丰县	文明书院	
	昆明州	海春书院	
	易门县	文昌书院	
	蒙自县	见湖书院	
	鹤庆州	变性书院	
万历年间	剑川州	金华书院	
	赵州	凤仪书院	今凤仪县
	云南县	九峰书院	今祥云县
	浪穹县	桂亭书院	今洱源县
	石屏州	龙泉书院	
	姚州	南中书院、三台书院	今姚安县
	路南州	敬一书院	
	保山县	见罗书院	
	武定州	文峰书院、武阳书院	
天启年间	南宁县	兴古书院	今曲靖市
崇祯年间	蒙化州	文华书院	今巍山县
	邓川州	新州书院、桂香书院	今洱源邓川
无年代记载	罗次县	碧城书院	今禄丰碧城
	安宁州	升庵书院	
	禄丰县	桂香书院	
	邓川州	象山书院	
	石屏州	州前书院、无亩书院、崇正书院、 宝山书院、秀山书院	
	河阳县	澄心书院、点苍书院、玉笋书院	今澄江县
	顺宁县	龙泉书院	今凤庆县
	南宁县	靖阳书院	今曲靖市
	腾越州	春秋书院	今腾冲县

清代云南府州县书院和义学一览表 表4-1-3

地点	书院名称	义学　馆数	备注
云南府	五华书院、经正书院	义学　6馆	今昆明市
昆明县	育才书院	义学　13馆	
富民县	万庆书院（明九峰书院）	义学　8馆	
宜良县	雉山书院、雪堂书院、鹅塘书院		
罗次县	碧城书院、罗旧书院	义学　7馆	今禄丰碧城
晋宁州	象山书院	义学　7馆	
呈贡县	山台书院	义学　7馆	
安宁州	泊阳书院、大极书院	义学　13馆	
禄丰县	桂香书院	义学　5馆	
昆阳州	信天书院	义学　12馆	
易门县	聚奎书院、桂香书院	义学　4馆	
嵩明州	崇文书院、龙泉书院、巢经书院	义学　16馆	
太和县	玉龙书院、中和书院、苍麓书院、桂香书院 波罗书院、敷文书院、西云书院	义学　5馆 大理义学　3馆	今大理县
赵州	玉泉书院、凤仪书院、凤鸣书院、龙翔书院	义学　4馆	今凤仪县
云南县	青华书院、五云书院、九峰书院 龙翔书院、鹏飞书院、万青书院	义学　8馆	今祥云县
邓川州	桂香书院、宏文书院、联云书院、毓英书院 龙登书院、罗俊书院、玉泉书院、养正书院 登云书院	义学　4馆	今洱源县 邓川
浪穹县	万奎书院、凤翔书院、洱源书院	义学　4馆	今洱源县
宾川州	育婴书院	义学　10馆	
云龙州	修翔书院、云龙书院、龙门书院、彩云书院	义学　9馆	
建水县	崇正书院、崇文书院、焕文书院、曲清书院	义学　6馆	
石屏州	秀山书院、龙泉书院、登龙书院、玉屏书院	义学　4馆	
阿迷州	灵泉书院	义学　10馆	今开远市
宁州	凝阳书院、龙门书院、星湖书院、学源书院 玉溪书院、海镜书院、龙潭书院	义学　6馆	今华宁县
通海县	秀麓书院	义学　9馆	
河西县	螺峰书院、乐育书院	义学　8馆	今通海河西
嶍峨县	萃秀书院、登云书院、	义学　7馆	今峨山县
蒙自县	见湖书院、观澜书院、载道书院 养正书院、道成书院	义学　6馆	
楚雄县	龙泉书院、卢公书院、凤山书院 鹿成书院	义学　2馆 楚雄府义学　8馆	
镇南州	龙川书院	义学　5馆	今南华县
南安州	山天书院	义学　6馆	今双柏县
姚州	三台书院、大成书院、栋川书院	义学　10馆	今姚安县

续表

地点	书院名称	义学 馆数	备注
大姚县	日新书院		
广通县	树人书院	义学 13馆	
定远县	文龙书院	义学 6馆	今牟定县
河阳县	凤山书院、养正书院	义学 7馆	今澄江县
江川县	钟秀书院、起凤书院	义学 4馆	
新兴州	玉溪书院、敬一书院	义学 7馆	今玉溪市
路南州	鹿阜书院	义学 10馆	
广南府宝宁县	莲峰书院、培风书院	义学 9馆	
顺宁县	育贤书院、养正书院、右人书院、凤山书院	义学 5馆	今凤庆县
云州	云州书院	义学 5馆	今昌宁县
缅宁厅	文昌书院、班凤书院、同仁书院、凤翔书院、龙门书院	义学 1馆	今云县
南宁县	兴古书院、南城书院、胜峰书院、越州书院	义学 5馆 曲靖府义学 3馆	今曲靖市
霑益州	西平书院、龙华书院	义学 7馆	
陆凉州	凤山书院、荧峰书院、钟灵书院	义学 10馆	今陆良县
罗平州	罗峰书院、龙源书院（原名沂溪）、鬣峰书院	义学 14馆	
寻甸州	萃华书院、凤梧书院		
平彝县	平彝书院	义学 3馆	今富源县
宣威州	龙山书院、榕城书院	义学 9馆	
丽江县	玉河书院	义学 27馆	
鹤庆州	龙溪书院、鹤阳书院、玉屏书院	义学 13馆	
剑川州	金华书院	义学 8馆	
宁洱县	凤鸣书院	义学 6馆	今普洱县
思茅厅	思城书院	义学 7馆	
他郎厅	联珠书院	义学 2馆	今墨江县
威远厅	钟山书院	义学 14馆	今景谷县
保山县	永保书院、九隆书院、摩苍书院	义学 5馆 保山府义学 1馆	
腾越厅	秀峰书院、凤山书院	义学 21馆	今腾冲县
永平县	博南书院、化平书院	义学 7馆	
龙陵厅	龙山书院（后改为义学）	义学 1馆	
文山县	开文书院、文山书院、萃文书院、凤鸣书院	义学 11馆	
会泽县	西林书院	义学 11馆	
巧家厅	月潭书院	义学 5馆	
恩安县	凤池书院	义学 5馆 昭通府义学 4馆	今昭通市

续表

地点	书院名称	义学	馆数	备注
镇雄州	凤山书院、奎垣书院	义学	3馆	
永善县	五莲书院	义学	8馆	
大关县	景文书院、关阳书院	义学	14馆	
鲁甸县	文屏书院	义学	5馆	
景东直隶厅	开南书院、保和书院、凌凤书院	义学	15馆	
蒙化直隶厅	育德书院、文华书院、兴文书院 罗公书院、学古书院	义学	8馆	今巍山县
永北直隶厅	晴川书院、凤鸣书院	义学	11馆	
镇沅直隶厅	碧松书院	义学	6馆	
恩乐县	文明书院			
广西直隶厅	鹤山书院、鹤峰书院、钟秀书院	义学	10馆	今泸西县
师宗县	丹凤书院	义学	5馆	
丘北县	明新书院	义学	8馆	
弥勒县	养正书院、桂香书院、甸溪书院	义学	5馆	
武定直隶州	狮山书院	义学	14馆	
元谋县	桂香书院、马街书院	义学	4馆	
禄劝县	秀屏书院	义学	12馆	
元江直隶州	澧江书院、敬业书院	义学	4馆	
新平县	桂香书院、五桂书院	义学	6馆	
黑盐井直隶提举司	龙江书院、万春书院、鹫峰书院	义学	7馆	今禄丰县 黑井镇
琅盐井直隶提举司	鳌峰书院	义学	1馆	
白盐井直隶提举司		义学	5馆	今大姚县 白盐井镇
迤西道		义学	4馆	
琤嘉		义学	5馆	
马龙州		义学	7馆	
中甸厅		义学	3馆	
维西厅		义学	5馆	
威信县		义学	1馆	

以上193个府州县书院，最多的是昆明和大理地区，其次为曲靖与红河地区，且大多数建于18世纪，即使在清咸丰至光绪年间，当清王朝迅速走向崩溃之时，云南还新增建了29个书院。如果说元代的云南儒学是生长、明代的儒学是扎根的话，那么清代的云南儒学则是向纵深发展，是时云南人才辈出，儒学之盛成为洋洋大观，表明儒学在云南方兴未艾。

而总共有674馆的府州县义学，则分为几种不同情况：

（1）没有学校而设义学的，如维西厅和中甸厅。

（2）设置书院较晚，距离省城较远或沿边一线地区，义学较多的，如丽江义学，就有27馆。

（3）土司以及社会形态落后的地区则无义学。

（二）儒学对云南的影响

儒学对云南的影响，某种程度上是汉学及汉文化对云南的影响，而且在明代以前是"学"的传播。它使云南人习礼让，举知风化，促进云南社会风气的转变。

1. 使云南人习礼让，举知风化

儒学对云南的突出影响，主要通过提倡儒学，使云南人习礼让，举知风化。赵子元《赛平章德政碑》载："中庆首建文庙，岁祀于春秋二丁，仍收儒籍，使南方之人，举知风化"⑲。《元史·赛典赤传》载："云南子弟不知读书，创建孔子庙、明伦堂，购经史，授学田，由是义风稍兴"⑳。《天启滇志》卷八·学校志曰："滇学仿于汉，自后递有兴废，至元而诸路建学几遍。"

不仅在省城昆明，在云南腹地的一些地州，也大都已办起了庙学。如大理路庙学、又建水庙学、澄江庙学等，甚至曲靖宣慰司也有庙学。据邓麟《止菴王公墓志铭》载："充云南诸路儒学，董治大理、永昌、丽江、鹤庆、姚安、威楚诸路学痒，所至庙宇圣像一新。"

2. 促进云南社会风气变化

明洪武二十八年（1395年），户部知印张永清提出云南诸地边夷世袭土官"于三纲五常之道，懵焉莫知"，建议设学以教其子弟，太祖就其谕礼部："边夷土官皆世袭其职，鲜知礼义，治之则激，纵之则玩，不预教之，何由能化！其云南四川边夷土官，皆设儒学，选其子孙弟侄之俊秀者以教之，使之知君臣父子之义，而无悖礼争斗之事，亦安边之道也"㉑。正是在风化边夷思想的指导下，云南各土府、州、县办起了儒学，顺应了土官要求将弟子送府州县学和国子监读书的愿望。故自洪武以来，云南所属府州县学校学生，"不分流土官衙门，一例选贡"㉒。

随着儒学在云南的壮大，"人才渐盛，往往与中州之士联中甲科"㉓，致使汉文化以前所未有的速度在云南传播扩展，以转变民风、施行科举制度、标榜忠臣义士、孝行和义友等一系列反映忠君、崇官、孝悌的道德行为，促进了云南社会风气的大转变。既使云南人的意识形态发生深刻的变化，让仁、义、礼、智、信和三纲、五常成为社会意识主流，又有力地作用于地方的政治、经济制度，使"改土归流"政策在云南得到全面、顺利地推行。

3. 在云南树立三个典型

（1）临安府儒学：临安府儒学由张立道至元二十二年（1285年）建庙学于建水起，经历次的重修与经明、清两代扩建，"一依制度，其宏敞恢扩为云南各府所不及，展拓棂门前泮池占地二十余亩，在国内罕见"㉔。最终形成一池、一殿、二庑、二堂、二阁、三亭、四门、五祠、八坊共6个庭院的建筑规模，占地约114亩，主要建筑有对称的六坊、二庑、二堂、二阁。使临安府"遭际圣明，道化翔洽，人文蔚起，一时称为滇南邹鲁"㉕。据统计，明代临安进士41人，近全省（223人）的1/5，而乡举近300人，成为滇南之文献名邦。

（2）元江土府儒学：洪武二十六年（1393年），元江府土知府提出："土官子弟编氓多愿读书，于是置府学"㉖。永乐年间重修府学、庙庑、门堂、学宫、斋舍具备。嘉靖年间其经籍、雅乐和祭器齐备。元江文庙铸孔子铜像，"明时少有，自来学宫供奉孔丘有木石雕、泥塑或绘像，元明时用木主，全国皆然。范之以铜，盖就通行之中而务为永久之计。则仿两京阙里塑像，而以铜铸之也"㉗。

（3）丽江土府儒学：丽江未设府学，惟土知府木氏应科举，附于鹤庆府学。土知府木氏家族读儒书，习礼义，故有"云南诸土官知诗书，好礼仪，以丽江木氏首"[28]之赞誉，其中又以木公、木青、木增最著称。

如以著述而言，有木公的《雪山诗选》，木青的《玉水清音》，木增的《云薖淡墨》及《山中逸趣》等。木增曾求徐霞客批点其著作，"又命其子从学，谓'此中无名师，未窥中原文脉。'得一日之师以为荣"[29]。如以忠君而言，朱元璋得天下，丽江顺乎其势，率众顺明，可谓木氏之有功于滇也。如以孝行而言，木增尤盛。其祖父死，仅九岁却"哀毁如成人"。父去世，"号天泣血，水浆不入口者三日"。

可见，木氏土府从思想到行为，几乎为儒家思想所左右。

第二节　道德经纬的儒家圣殿

一、倡导仁义礼制的文庙

如果说传统民居建筑贴切地体现了人与自然的对话，那么，宗教寺庙却更多地体现了人与神祇、与上苍、与其他崇拜对象之间的"对话"。特别对云南少数民族来说，在他们的本土文化意识里，往往还存在着一种信念，即在茫茫人世之外，还有一个神秘而遥远的"彼岸世界"。这种态度的具体形态表现为各种宗教信仰活动礼仪，同时也表现为相应的各种宗教寺庙。

文庙，作为历代尊孔崇儒的专门场所，是宣传儒学教义的一种物质空间，由于它的特殊地位和要求，终于从小到大，从古到今，逐渐发展成为介于天子与庶民之间的共祭殿堂。如今这种具有东方建筑特色及规模宏大的建筑组群，已然成为一种象征，象征中国封建社会至尊的传统思想，成为凝聚和积淀全部儒家思想、儒学文化的精神圣殿，并且时间给了它无穷的魅力，使一代又一代帝王将相、达官贵人、文人骚客抱着各自的信念，纷纷前往祭祀。

就一个建筑组群而言，其空间组织的要义，正是在于通过恰当的建筑布局，以求得天地的和合与阴阳的谐调。而欲达到这一点，就要使组群内部有一个能够表征社会尊卑关系的等级秩序。因此以儒教文化为主要表征宗旨的中国传统建筑，尤其特别重视社会礼制规范中君臣父子、中外华夷的等级尊卑关系。

而且，带有统治者宗教之意味的儒学，一方面强化了天、地、人的纵向空间系列，并通过"君权神授"的宗教性诠释，使天在人间的最高代表"天子"，居于这一纵向系列的最上端。因此形成了一整套自上而下，自天子到庶民的纵向等级系列，将宇宙的秩序社会政治化；另一方面又追求儒学中庸思想所表现的"居处就其和，劳佚居其中，寒暖无失适，饥饱无失平"[30]的理想状态，使所建造的宫室建筑不偏不过，不亏不盈，方为和适。人生活在这样的宫室中，不以宫室的巨大与高耸，而感觉空旷和压抑；不以宫室的幽广和阴暗，而感觉迷蒙和沉郁；不会因此而感受不到阳光雨露、花草树木和虫鸟的存在；也不会因此而感受到内和外的隔绝。人与自然同在，这才是真正的和适。

一切的礼仪设置，其实都是某种空间关系的设置。儒家礼制规范所关心的也正是某一礼仪环境中，参与其中的社会成员各自的长幼尊卑等级，在该特定的礼仪空间中的各自的相对位置与朝向，而这种强调方位朝向与位置核心的礼仪环境，已经与建造的空间布局与经营之间，建立了某种联系。

如周代礼制规定："楹：天子丹，诸侯黝，大夫苍，士黈。天子之堂九尺，诸侯七尺，大夫五尺，士三尺。天子龙衮，诸侯醣，大夫鲛，士玄衣熏裳。天子之冕，朱绿藻，十有二旒，诸侯九，上大夫七，下大夫五，士三。"

唐太宗太和六年（公元682年）曾对当时官庶舍屋等级作了详细的规定：王公之居，不施重栱藻井；三品堂五间九架，门三间五架；五品堂五间七架，门三间两架；六品、七品堂三间五架，门一间两架；庶人堂三间四架，门一间两架；常参官施悬鱼、对凤、瓦兽、通栿、乳架。转引自台湾叶大松的《中国建筑史》（宋代）也对"臣庶室屋制度"作了专门的规定:"凡公宇栋施瓦兽,门设梐枑。诸州正牙门及城门,并施鸱尾不得施拒鹊。六品以上宅舍,许作乌头门。父祖舍宅有者,子孙许仍之。凡民庶家不得施重栱藻井及五色文采为饰,仍不得四铺飞檐。庶人舍屋许五架,门一间两厦而已"㉜。

基于儒家思想的这一系列等级规范,是一种将表面上混沌无序的天地宇宙与世事万物有序化、制度化的一个过程,惟其如此,才能够"使衣服有制,宫室有度,人徒有数,丧祭械用皆有等宜,是以用挟万物,尺寸寻丈,莫不循乎制度数量而后行"。(《荀子·王霸》)

具体反映在文庙建筑群中,布局坐北向南,强调中轴线,以大成殿为核心主体,周边采用对称均衡布置,并通过一道道门坊层层递进,形成有始有终的纵向空间序列,来展现建筑空间的大小和长幼尊卑的社会等级秩序。同时又从"和"与"适"的基本点出发,通过大小不同的室外空间院落,内庭天井,形成建筑与建筑之间的过渡与联系。让居于其中的人既感受相关礼制规范的约束,又与自然同在,充分体现儒学的"礼"、"乐"精神。

正是这种从儒学的理智与巫术的禁忌两方面出发,既约束了人对上天神明遐思梦呓般的追求和向往,又约束了人们对于其最高等级基址之内部空间与外部体量的膨胀与扩张愿望。甚至在理论上,渐渐完善了一种对于这种愿望的压抑和弱化的观念,从而使得包括文庙在内的中国传统寺观庙宇,在建筑空间与体量的发展方面,展现了与基督教建筑和印度佛教建筑完全不同的趋势。

云南地方的文庙,均受到中原内地儒学与汉文化不同程度的影响,几经风雨,传承至今仍然保存有几十座,主要分布在受汉文化影响较大的部分地区(图4-2-1),既有排名全国第二大规模的建水文庙,也有其他小巧玲珑的地方乡镇文庙;其建筑的规模建制,既有遵从中原文庙建构形制布局之规定,也有展示结合地方民族文化之创造,均充分表明了云南地方民族在积极吸收借鉴汉文化的同时,没有忘却和抛弃自我的创造智慧。这些均具体体现在以下对各个文庙的分析论述中。

1. 建水文庙

建水文庙是我国西南地区保持完整、规模最宏大的文庙。其始建于元泰定二年(1325年),经明清两代扩建,形成坐北向南、中轴线对称设置为"中庙左右学"的大型建筑群布局,占地114亩。现存主要建筑有一殿(先师殿),二庑(东庑、西庑),二堂(明伦二堂),二阁(文昌阁、魁星阁),五祠(崇圣祠、二贤祠、乡贤祠、名宦祠、仓圣祠),六坊(太和元气坊、洙泗渊源坊、圣域由兹坊、德配天地坊、道冠古今坊、贤观近仰坊)。文庙碑文记载:"殿堂门庑,圣贤肖像,刻雕藻绘,金碧辉煌,遂成一观焉。"现除了杏坛、射圃、尊经阁、文星阁、敬一亭和斋宿亭等建筑不存外,其余37座建筑均被保存下来。据《建水州志》记载,始建时,仅先师殿一座,经明清扩建,清康熙五十三年(1714年),其"规制焕然一新",出现了中国少有的七进院落、纵深达625米的文庙建筑群。而且这37座建筑保持了清代式样和基本格局㉝(图4-2-2)。

另外,建水文庙的四门八坊,也具有浓厚的地方建筑特色。四门即礼门(石牌坊)、义路(石牌坊)、棂星门、大成门。八坊为太和元气坊、洙泗渊源坊、圣域由兹坊、德配天地坊、道冠古今坊、贤观近仰坊、金声坊、玉振坊等,这些牌楼式建筑均为砖、石、木结构,四柱三间三叠式歇山顶,琉璃瓦顶檐下斗栱密集交错,须弥座夹杆石上雕刻有龙狮像(图4-2-3),且每座牌坊上的题字均为楷书,字体工整圆润。在这八个牌坊中,以"洙泗渊源"和"万世宗师"合一的牌坊最为精美壮观,此坊位于月台正中,通过牌坊两侧的八字形墙壁延伸到左右的礼门、义路门坊,并与文庙入口的"太和元气"坊隔"学海"遥相呼应。

建水文庙留存的众多牌坊和祠阁,是一般地方文庙尤其是州县级文庙所不具备的。如今在大成门前又新建了一座"杏坛"。以上各个建筑由三进院落有机地组合成轴线对称的建筑群,并且有块碑刻相配,环境肃穆,颇有气势。

图4-2-1 云南现存文庙位置示意图

当进入临街的"太和元气"坊后，迎面便是场面宽阔的一池清水，即泮池。建水文庙的泮池又称"学海"，其位置处在太和元气坊与洙泗渊源坊之间，规模很大，呈不规则椭圆形状，水面几乎占总面积的一半。泮池中有一小岛，岛上还有清代所建的方形木构攒尖顶的"思乐亭"（又称为"钓鳌亭"），岛和堤之间由一座三孔石拱桥相连（图4-2-4）。这种规制的泮池在全国确属少见，为国内文庙之唯一范例，具有浓郁的地方特色。

建水文庙棂星门，为三开间单檐歇山顶抬梁式建筑，斗栱布置属于分心槽四柱伸出屋面呈"乌头门"形式（图4-2-5），现存建筑为清乾隆五十年（1785年）重建。棂星门通面阔14.6米，进深3.6米，高6.8米。四颗穿脊而出的柱头上有青花盘龙

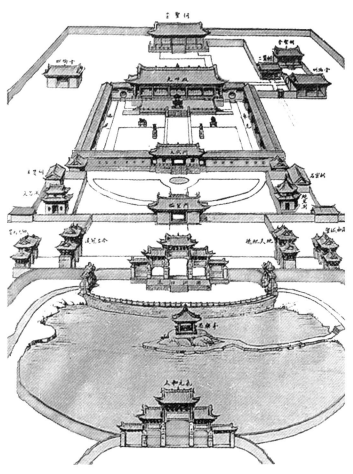

图4-2-2（a） 建水文庙鸟瞰示意图

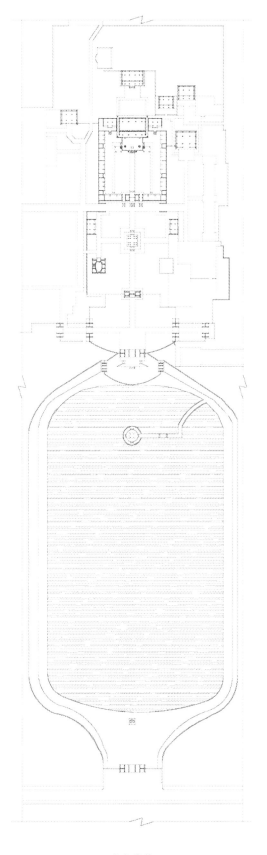

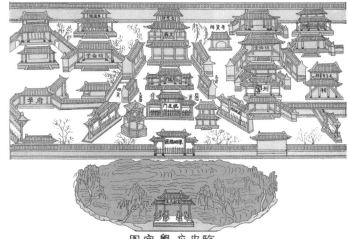

图4-2-2（b） 建水学宫

图4-2-2（c） 建水文庙总平面图

图4-2-3（a） 道冠古今坊

图4-2-3（b） 德配天地坊

图4-2-3（c） 礼门坊

图4-2-3（d） 圣域由兹坊

图4-2-3（e） 太和元气坊

图4-2-3（f） 洙泗渊源坊

图4-2-4（a） 建水文庙思乐亭

图4-2-4（b） 建水文庙学海

瓷罩，接下有木制龙文装饰物，极为罕见。

建水文庙大成殿面阔五间22.6米，进深三间13.9米，为木结构单檐歇山式屋顶，上铺黄色琉璃瓦。全殿由20根整块青石柱支撑，大殿前廊檐左右两边的2根戗角柱，为透雕云龙石柱（图4-2-6）。殿身檐下施单翘双下昂斗栱，明间为一朵，次间为三朵，梢间为一朵。大殿正面由8道格子屏门组成，门上雕有飞禽走兽与花草。该殿重建于明弘治年间，具有明显的明代建筑风格。大成殿题名是由书法家王文治任临安知府时题写的"先师庙"，至今仍高悬檐下，且在明间与两次间的门额上，还悬挂有"斯文在兹"、"圣协时中"和"德齐帱载"3块清代皇帝御题的匾额。（图4-2-7）。

大成殿正面的22扇雕花屏门，以中国传统吉祥图案为主，将诸多动植物与花卉组成一幅幅形象生动、寓意深长的画面，采用镂空雕花手段，充分表现出当地工匠高超的技艺，具有很高的观赏价值（图4-2-8）。

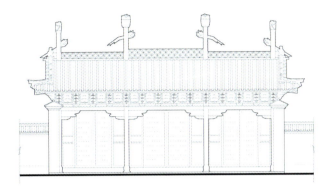

建水文庙棂星门立面

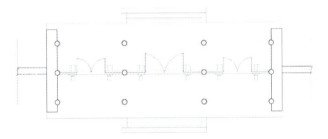

建水文庙棂星门平面

建水文庙棂星门剖面

图4-2-5（a） 建水文庙棂星门平面、立面、剖面图

图4-2-5（b） 棂星门

图4-2-5（c） 棂星门望柱

图4-2-6（a） 建水文庙大成殿

图4-2-6（b） 建水文庙大成殿钢笔画

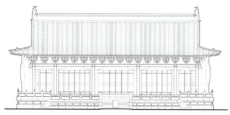

建水文庙大成殿正立面

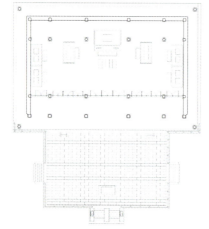

建水文庙先师殿平面

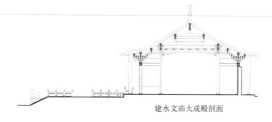

建水文庙大成殿剖面

图4-2-6（c） 建水文庙大成殿平面、立面、剖面图

图4-2-6（d） 建水文庙大成殿前石雕龙纹御路　图4-2-6（e） 建水文庙大成殿石雕戗柱

图4-2-7 建水文庙大成殿"斯文在兹"匾额

建水文庙大成殿两侧有东西碑亭。其中西碑亭内立有两块分刻满汉文字的《御制平定回中告太学碑文》，通高5米，宽2米，两块石碑并列在一块完整的碑座上，石碑之上镶一块完整的碑顶，将其连为一体。碑文记载乾隆年间清军平定新疆准噶尔叛乱、统一祖国的史料。原碑立于北京孔庙内，临安知府摹刻于建水文庙。东碑亭内立汉文刻写的《平定青海告成太学碑文》。

大成殿后为崇圣殿，单檐歇山屋顶（图4-2-9）。在殿前的石栏板上有"西湖二十四景风光"浮雕图案。建水文庙1983年被列为云南省重点文物保护单位，2001年被公布为第五批国家级重点文物保护单位。

究其建水文庙的与众不同之处，可以发现这样一个事实：在遵循文庙建筑组群的基本礼制的前提下，根据地方政治、经济、文化发展状况，尤其是地方统治者对儒教思想的追求程度，文庙建筑的形制并非一成不变。建水文庙的历史沿革表明，其是由原来本只有大成殿的一般州县文庙发展来的。因建水在历史上先后经过州、府、县历史，特别是在明代临安府移至建水时，为建水文庙的发展奠定了良好的基础。一方面，王文治任临安知府时，推崇儒学，为建水文庙建设做了大量工作。明洪武年间建临安府学、万历年间建建水州儒学，清代先后又建了崇正、焕文、崇文和曲江4个书院。当时就有"临半榜"之称。另一方面建水文庙的庙学格局，

图4-2-8 建水文庙大成殿雕花屏门

图4-2-9（a） 建水文庙崇圣祠

图4-2-9（b） 建水文庙崇圣祠廊轩

图4-2-9（c） 建水文庙崇圣祠明间木雕雀替

如临安府学、东西明伦堂建筑，为学校规模也奠定了良好基础。

2. 安宁文庙

安宁文庙又叫连然文庙，坐落在安宁市连然镇，现仅存大成殿和崇圣祠两座建筑。据清雍正年间留存的"学宫图"可知，当年的安宁州文庙建筑多达20余座，颇具规模，并于学宫中设义学，形成"左庙右学"的建筑格局（图4-2-10）。

现存的文庙大成殿始建于元大德六年（1302年），至元三年（1337年）重修，明永乐元年（1403年）再建，是云南保存完好的元代古建筑之一。大殿坐北向南，面阔五开间，进深三开间，通面阔16.6米，通进深12米（图4-2-11）。大殿瓦顶为单檐歇山顶，屋面陡峻，前后檐下的斗栱粗大疏朗，为斗口重昂形制。殿内为殿堂式梁架，清一色的六铺作斗栱，排列整齐，居中设方格藻井（图4-2-12）。殿内柱网布置有"减柱"、"移柱"的做法，即减去前面的2根金柱，后移2根金柱（图4-2-13）。不论是建筑外形尺度，或是室内斗栱梁架结构处理，基本保留元代建筑之风格，是研究元代建筑的重要资料。

现院内还存有文庙碑记数通，它们是元大德十一年（1307年）的"圣旨碑"，御制儒学箴碑，安宁科举题名碑，康熙六十一年（1722年）碑首题有"滇南第一文宗"碑，杨慎亲书的碑、联等，是研究安宁历代教育事业的重要资料。同时还有一对硕大的红沙石雕刻的石狮，形态古拙，也是云南文庙石雕

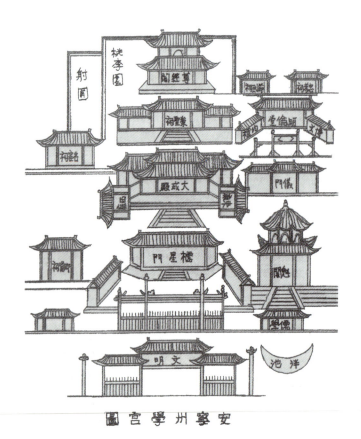

图4-2-10 安宁学宫

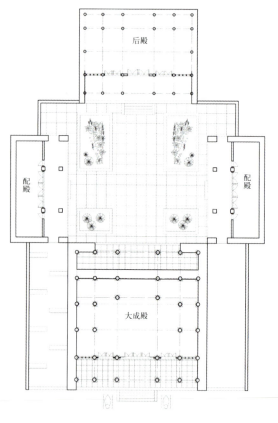

图4-2-11（b） 安宁文庙大成殿及后院

图4-2-11（a） 安宁文庙大成殿匾额

图4-2-11（c） 安宁文庙先师殿正面

图4-2-12（a） 安宁文庙大成殿斗栱　图4-2-12（b） 安宁文庙大成殿内斗栱

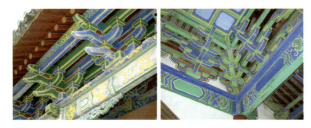

图4-2-12（c） 安宁文庙大成殿柱头与补间铺作　图4-2-12（d） 安宁文庙大成殿转角铺作

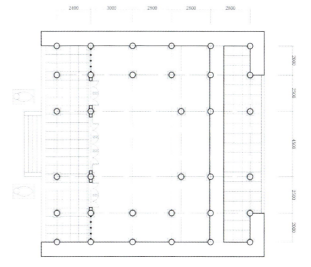

图4-2-13　安宁大成殿平面图

图4-2-14（a）　安宁文庙"古连然"石碑

图4-2-14（b）　安宁文庙碑廊

图4-2-14（c）　安宁文庙石狮

狮子中最大者，很有地方特点（图4-2-14）。连然文庙1987年被公布为云南省第三批重点文物保护单位，2006年被公布为全国第六批重点文物保护单位。

3．宾川文庙

宾川文庙位于宾川县城南12公里州城镇西南，文庙始建于明弘治七年（1494年），后于清代初期与中期重修。宾川文庙坐东向西，原有大门、泮池和照壁，现存棂星门、大成门、大成殿、乡贤祠、名宦祠和崇圣祠等建筑，组成二进四合院建筑组群，并且与武庙相连建造，共同构成"T"形格局（图4-2-15），总占地面积约20000平方米，整体布局严谨规整，这种连建组合形式在全国鲜有。在文庙右侧原为儒学之明伦堂，形成"左庙右学"格局。

宾川文庙临街的大门是棂星门，四柱三间，三叠式重檐歇山屋顶。棂星门两侧紧接八字红墙（图4-2-16）。文庙的大成门和大成殿均为单檐歇山顶青瓦屋面，大成殿面阔五间，殿前有宽敞月台（图4-2-17）。棂星门与大成门到大成殿所组成的两个

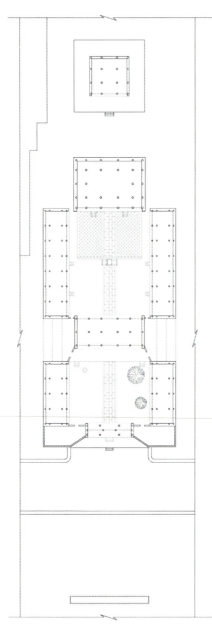

图4-2-15（a） 宾川文庙总平面图

图4-2-15（b） 宾川文庙大成门

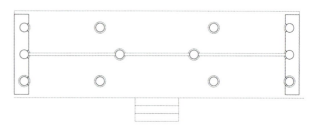

图4-2-16（a） 宾川文庙棂星门平面图

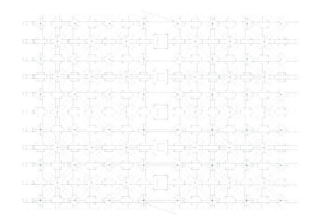

图4-2-16（b） 宾川文庙棂星门斗栱仰视图

图4-2-16（c） 宾川文庙棂星门

图4-2-16（d） 宾川文庙棂星门门头斗栱

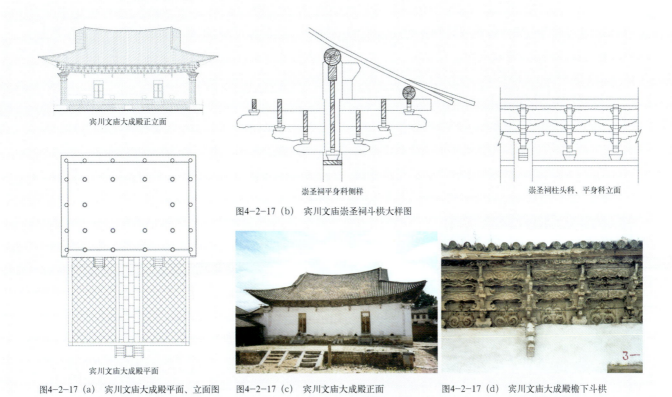

图4-2-17（b） 宾川文庙崇圣祠斗栱大样图

图4-2-17（a） 宾川文庙大成殿平面、立面图　　图4-2-17（c） 宾川文庙大成殿正面　　图4-2-17（d） 宾川文庙大成殿檐下斗栱

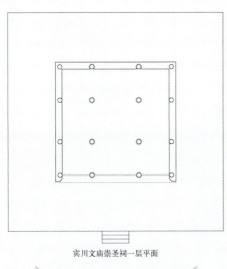

图4-2-18（b） 宾川文庙崇圣祠

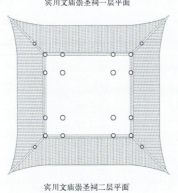

图4-2-18（a） 宾川文庙崇圣祠平面图

图4-2-18（c） 宾川文庙崇圣祠斗

院落空间比较紧凑，位于大成殿后的崇圣祠，为重檐歇山亭阁式建筑（图4-2-18）。

4. 楚雄文庙

楚雄文庙位于楚雄市内东门街，据清康熙《楚雄府志》载，明洪武十九年（1386年），文庙在府治东。清康熙十九年（1680年）地震崩，康熙二十二年（1683年）照旧制重建，此后又重建重修10余次。由学宫图可知，楚雄文庙原有建筑较为齐全，分别有大成殿、两庑、棂星门、文明坊乡贤祠、名宦祠、聚奎楼、会讲亭、文昌阁、魁星阁、"万世宗师"坊、"德配天地"坊、"道冠古今"坊，还有府明伦堂五间、县明伦堂三间、道义门三间等诸多建筑（图4-2-19）。泮池前左有义学，为一四合院，与府学、县学、共同构成"一庙三学"的总体格局。现文庙仅存泮池、泮桥、大成门、大成殿及月台、两庑和尊经阁等建筑，为坐北向南布局（图4-2-20）。1987年被公布为云南省第三批重点文物保护建筑，2013年被公布为全国第七批重点文物保护建筑。

楚雄文庙的泮池在云南文庙中独具一格，完全仿制山东曲阜的璧水池，呈长方形，长140米，宽20米，池上架三座单孔石拱桥，用白石护栏，造型优美，当地称为"三元桥"，泮池由三桥分为四区，喻意四海之大观（图4-2-21）。"一水横穿，碧波涣涣"。两岸植桃李，喻"桃李满天下"。"地势宏敞，与临安府埒，谓之甲于全滇可也"[33]。

楚雄文庙大成殿是重檐歇山顶，面阔五间，进深三间，正面18扇格子屏门，雕刻有各种民间工艺图案，雕工精湛（图4-2-22）。红沙石的雕花柱础和须弥座保持完整，其雕花柱础的"二龙戏珠"图案雕刻十分精致。重檐屋顶正面下檐斗栱粗大疏朗，为品字科三踩；上檐四面的斗栱均为斗口重

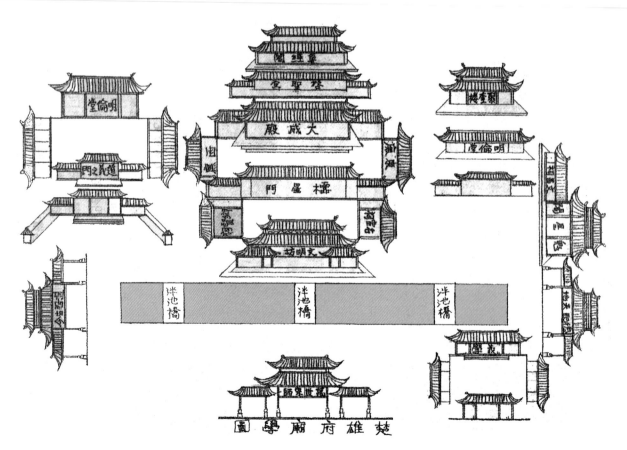

图4-2-19 楚雄学宫

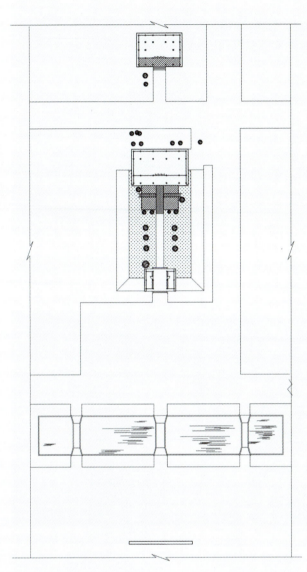

图4-2-20 楚雄文庙总平面图

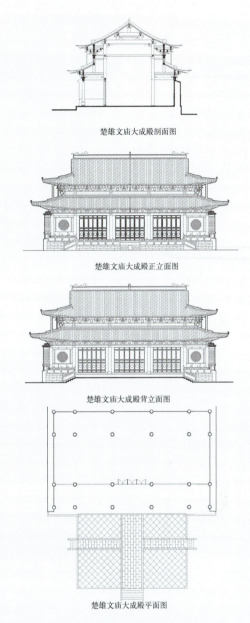

图4-2-22（a） 楚雄文庙大成殿平面、立面、剖面图

图4-2-21 楚雄文庙长方形泮池

图4-2-22（b） 楚雄文庙大成殿正面

图4-2-23（a） 楚雄文庙大成殿前檐柱础　　图4-2-23（b） 楚雄文庙大成殿上檐斗栱

图4-2-23（c） 楚雄文庙大成殿下檐柱头斗栱　　图4-2-23（d） 楚雄文庙大成殿殿内梁柱构架

昂。整个大成殿室内梁柱构架结构清晰，色彩丰富（图4-2-23）。

尊经阁为二层五开间重檐歇山顶建筑，其后立有明嘉靖七年（1528年）的"楚雄府新迁儒学记"古碑一块（图4-2-24）。

5. 石屏文庙

位于石屏古城异龙镇北正街内，始建于元至正元年间（1341~1368年），明洪武二十二年（1389年）重建，明嘉靖二年（1523年）和天启五年（1625年）又有两次修葺扩建，清顺治、乾隆年间也进行过多次修缮。石屏文庙的兴建，对该民族地区的教育产生很大的影响，使其文教昌盛，人才辈出，并获得"文学滇南第一州"和"文献名邦"的美誉，达到旧联中所记述的"临安山水人才甲于通省，而石屏尤为临安之冠"；"人物独钟灵鹫岭龙湖胜地瑰才常辈出，制科先博学夏弦春颂前贤芳躅许肩齐"。

历经沧桑的石屏文庙，占地4257平方米，现存棂星门、泮池、拱桥、大成门、先师殿、尊经阁等建筑，坐北朝南，整体格局保存较为完整。在尊经阁后面是占地2464平方米的"玉屏书院"，至今保持完好（图4-2-25）。原文庙东边还有文昌宫、明

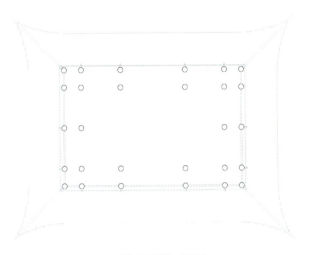

楚雄文庙崇圣祠二层平面

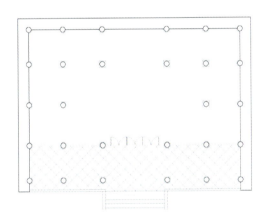

楚雄文庙崇圣祠一层平面

图4-2-24（a） 楚雄文庙崇圣祠平面图

图4-2-24（b） 楚雄文庙崇圣祠

图4-2-25（a） 石屏文庙鸟瞰图

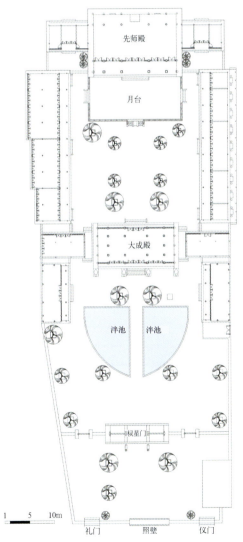

图4-2-25（b） 石屏文庙总平面图

伦堂节孝祠、昭忠次等建筑，与文庙组成"右庙左学"格局。

石屏文庙临街左右两侧原有牌坊，正面刻有"礼门"、"义路"，背面刻有"金声"、"玉振"题字（图4-2-26）。由此而进即至棂星门，棂星门为四柱三间的木构牌楼，三开间居中明间正面为"棂星门"，背面为"洙泗渊源"，左右两次间分别为"德配天地"和"道冠古今"。三叠水式的单檐歇山屋面由层层出挑的斗栱支撑，明间柱子前后高大的石构须弥座和抱鼓石直到柱头梁枋。现经过恢复重建，将"礼门"、"义路"两门坊移至棂星门两侧，共同形成一组建筑形态变化丰富门坊群。

相较与其他文庙的布局，石屏文庙的泮池设在棂星门与大成门之间，棂星门后的泮池石雕凭栏，

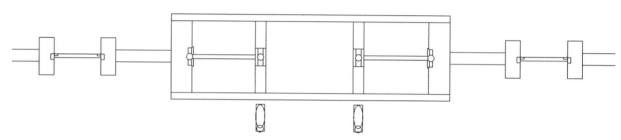

图4-2-26（a）　石屏文庙棂星门平面图

图4-2-26（b）　石屏文庙棂星门正面

图4-2-26（c）　石屏文庙棂星门与礼门义路组合

图4-2-27　石屏文庙泮池

雕刻细致（图4-2-27）。过泮池为大成门，五开间单檐歇山青瓦屋顶（图4-2-28）。在大成门左侧通道的墙壁上镶嵌有明天顺二年（1458年）"石屏州庙学记"碑，碑文记载了文庙的复建情况。

大成殿五开间，单檐歇山青瓦屋顶，屋面曲线柔和，做工严谨。檐下斗栱粗壮，为斗口重昂，昂嘴为象鼻昂，且向外出挑至耍头的三层斗栱均有斜栱，呈"米"字形八方交斗栱组合（图4-2-29）。殿前的月台较为低矮，月台边有石栏板围护，石板上双面雕刻瑞兽花鸟吉祥图案，形象生动。大成殿

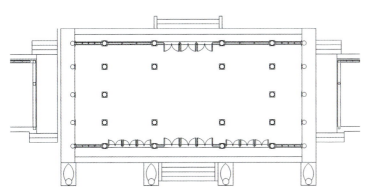

图4-2-28（a） 石屏文庙大成门平面图　　　　　　　　　图4-2-28（b） 石屏文庙大成门

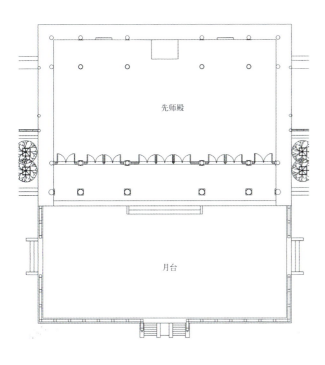

图4-2-29（b） 石屏文庙大成殿正面

图4-2-29（c） 石屏文庙大成殿前檐斗栱

图4-2-29（d） 石屏文庙大成殿前檐龙纹木雕雀替

图4-2-29（e） 石屏文庙先师殿月台龙纹石雕御路

图4-2-29（a） 石屏文庙大成殿平面图

前左右两庑各九间。

6. 鹤庆文庙

位于鹤庆县城西南隅，始建于元，明洪武二十九年（1396年）迁于现址，现存照壁、泮池、拱桥、大成门、先师殿、崇圣祠（图4-2-30）。鹤庆文庙最具特色的建筑应是居于核心空间的先师殿，于明崇祯五年（1632年）由丽江土司木增所建。先师殿坐北向南，为重檐歇山灰瓦屋顶建筑，平面为近似正方形，面宽与进深均为三开间带副阶回廊，总面宽达22.83米，进深21.3米，且明间较宽，整个大殿的建筑形态庄重素雅，出檐深远，屋面檐口舒展，线性柔和（图4-2-31）。对鹤庆文庙的评价，徐霞客曾有："文庙宏整，甲于滇中"的赞语。

鹤庆文庙先师殿因明间开间较宽，约为次间的2倍，于是在下檐的明间内，又对称增设2根方形小柱，而增加的小方柱与明间柱的距离和回廊等宽，最终形成一宽一窄有韵律变化的廊柱排列。先师殿前有天子台，台高90厘米，台沿三面围于石栏。先师殿二层四角戗檐柱上分别镂雕4条云龙，玲珑剔

图4-2-30（b） 鹤庆文庙泮池泮桥

图4-2-30（c） 鹤庆文庙大成门

透，工艺精湛（图4-2-32）。

在结构上，鹤庆文庙先师殿室内殿身的4根通高内柱，除了四边有梁枋相互连接之外，还在上、下两层的梁枋上增设4根抹角梁，在有效缩减上檐屋面梁架构架尺寸的同时，进一步加强了屋面方形梁架的稳定性和抗震性，充分反映了云南地方工匠在古建筑营造方面的高超建构技术水平，使该文庙能够完好地保存至今。而先师殿的外檐斗栱应用也很特别，下檐为品字科五踩斗栱，上檐为品字科七踩斗栱，栱头的卷杀弧度较小，并在坐斗出异形斜栱，上下檐的耍头出挑较长，外形类似尺寸比较宽厚的象鼻昂，里外拽挂栱均为雕花云栱（图4-2-33）。

7. 景东文庙

位于景东彝族自治县城西玉屏山下。据载，景东文庙始建于于清康熙二十一年（1682年）改建，

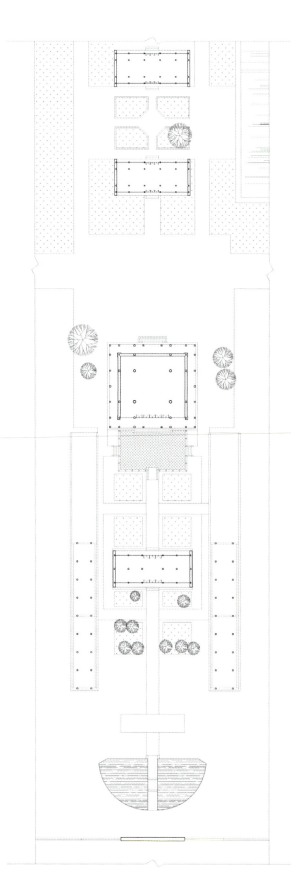

图4-2-30（a） 鹤庆文庙总平面图

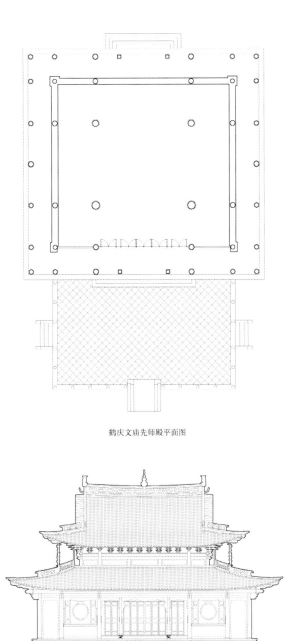

图4-2-31（a） 鹤庆文庙先师殿平面、立面图

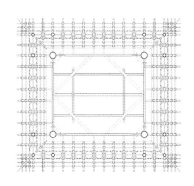

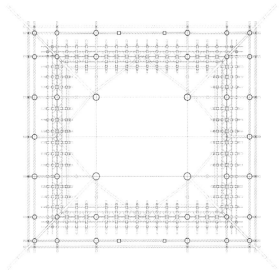

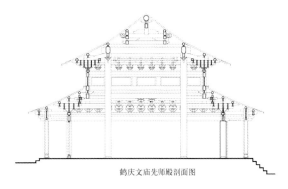

图4-2-31（b） 鹤庆文庙先师殿剖面图、斗栱构架仰视平面图

后又迁往唐窑，清乾隆十七年（1752年）又迁回玉屏山旧址至今，经清道光年间（1821～1850年）重修，民国《景东县志稿》的"厅学宫图"记载了当年的规模盛况（图4-2-34）。现存文庙依次由大门照壁、泮池、拱桥、钟鼓楼、棂星门、大成门、大成殿、南北两庑、魁阁等建筑组成（图4-2-35）。整个文庙布局依山就势，坐西向东，按照中轴线对称排列相关建筑，构成不同高差的多台庭院式空间格局，层层拾级向上递进，环境氛围肃穆幽静。

景东文庙的大门居中，尺度较小，即在照壁居

图4-2-32（a） 鹤庆文庙先师殿正面

图4-2-32（b） 鹤庆文庙先师殿背面

图4-2-32（c） 鹤庆文庙先师殿下檐明间

图4-2-32（d） 鹤庆文庙先师殿转角梁架结构

图4-2-32（e） 鹤庆文庙先师殿二层盘龙戗柱

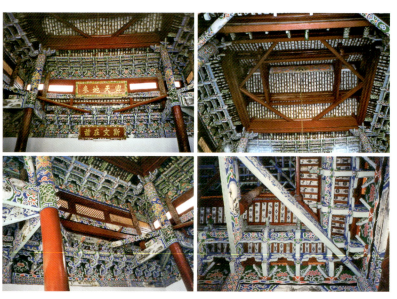
图4-2-33 鹤庆文庙先师殿室内梁架结构

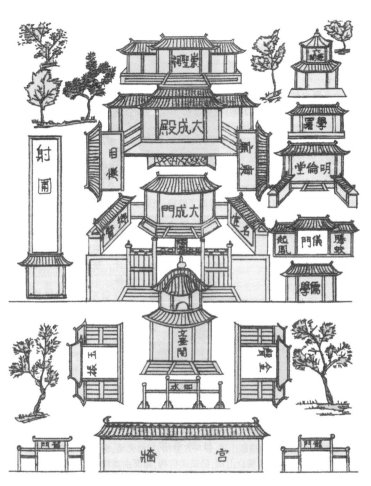

图4-2-34 景东学宫

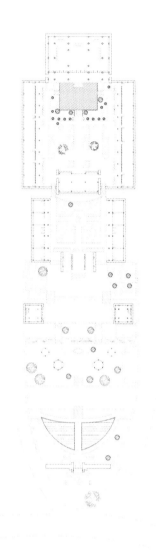

图4-2-35（a） 景东文庙总平面图

图4-2-35（b） 景东文庙纵剖面图

中开设修建的雕花飞檐门楼。在大门左右蹲置石狮一对，其造型和神态已远离中原样式。进门后紧接泮池、拱桥，为第一平台，空间较小。后居中上两个平台，对称布置六角重檐攒尖顶小亭一对；分左右再上一平台，靠围墙分别对称设置重檐歇山顶钟楼和鼓楼，尺度小巧宜人，为第四平台（图4-2-36）。

居中坐落在第五平台上的棂星门气势轩昂，是景东文庙中最显眼的建筑，其平面形制是前后双柱设置为一个进深的重檐歇山顶木结构，琉璃瓦项，明间有斗栱八攒七层（图4-2-37）。其与后面的大成门及两厢收缩围合成一个联系前后空间的内庭院。

三开间单檐歇山顶的大成门居于第六平台上，

图4-2-36（a） 景东文庙泮池　　　　图4-2-36（b） 景东文庙照壁大门

图4-2-36（c） 景东文庙泮桥　　　　图4-2-36（d） 景东文庙钟鼓楼

图4-2-37（a） 景东文庙棂星门正面　　　　图4-2-37（b） 景东文庙棂星门斗栱

建筑尺度较为低矮。与其说是门,不如说是空间开敞的连廊,在大成门前后檐的两边还专门设置有"美人靠",可供人闲坐,凭栏观看位于其前后的棂星门、大成殿及其院落环境(图4-2-38)。

大成殿单檐歇山顶,居于第七平台,通面阔五间20.7米,通进深五间14.95米,大殿立柱彩绘金龙,屋面铺设黄绿图案琉璃瓦,殿前有凸形月台,过渡自然,月台围边的石雕栏杆图案生动,放置于月台踏步两侧的石狮,形态古拙,石雕工艺精湛(图4-2-39)。

景东文庙大成殿室内梁柱构架明间为抬梁式、两次间为穿斗式结构,且明间宽大略为弯弓的大梁直接横跨大殿的前后京柱,而2根内柱似乎只是简单的支撑,强调室内开间的中心地位。大成殿前檐斗栱为品字科七踩,向外出挑的三层栱分别为象头、龙头,最上的耍头为虎头形态(图4-2-40)。斗分别设为圆盘、八边形、四瓣花形三种。檐柱柱头两侧的雀替明间为龙纹木雕、两次间靠中间的为凤纹木雕,两梢间的为鳌纹木雕,且在雀替与柱交接处内外单设雕花形栱,增加其装饰效果。

在大成殿前两边紧接的是九开间的南北两庑厢房,其透空的"美女灯笼格"花窗变化有致,协调统一,相互对映并起到烘托主体的作用(图4-2-41)。

景东文庙整个建筑群体依山势层层抬高,整体气势庄严宏伟,前后空间收放变化有序,为滇西南保存较完整的古建筑群之一,1987年被公布为云南省文物保护单位。

8. 牟定文庙

据道光《定远县志》载,位于牟定县城一中校园内的牟定文庙,始建于明嘉靖二十六年(1547

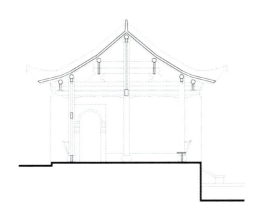

景东文庙大成门剖面

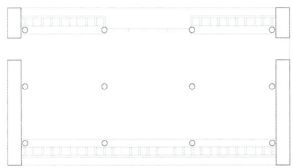

景东文庙大成门平面

图4-2-38(a) 景东文庙大成门平面、剖面图

图4-2-38(b) 景东文庙大成门

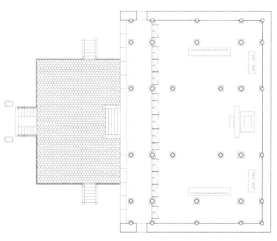
图4-2-39（a） 景东文庙大成殿平面图

图4-2-39（b） 景东文庙大成殿

图4-2-39（c） 景东文庙大成殿月台石雕栏板

图4-2-39（d） 景东文庙大成殿月台石雕石狮

图4-2-40（a） 景东文庙大成殿木雕龙凤纹雀替

图4-2-40（b） 景东文庙大成殿室内构架

图4-2-40（c） 景东文庙大成殿外檐斗栱

图4-2-40（d） 景东文庙大成殿内檐斗栱

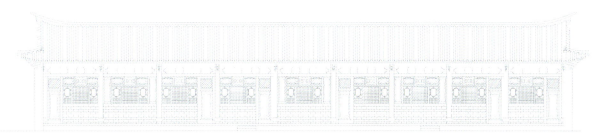

图4-2-41（a） 景东文庙大成殿左右两庑立面图

图4-2-41（b） 景东文庙大成殿左右两庑门窗

年），明末毁于兵燹，清康熙十年（1671年）重建后，后续修建扩建10余次。当时有泮池泮桥、大成门、棂星门、大成殿、两庑、启圣祠、尊经阁、明伦堂、乡贤祠、名宦祠、文明坊、"万世宗师"坊、"德配天地"坊、"道冠古今"坊、道义门、儒学门、闲敬亭等建筑。在辉煌时期，呈现出"大成之轩昂，宫墙之爽豁"及"庙貌巍峨"之景况[30]。

牟定文庙现存泮池、泮桥、大成门、大成殿和两庑，形成完整的合院围合空间（图4-2-42），建

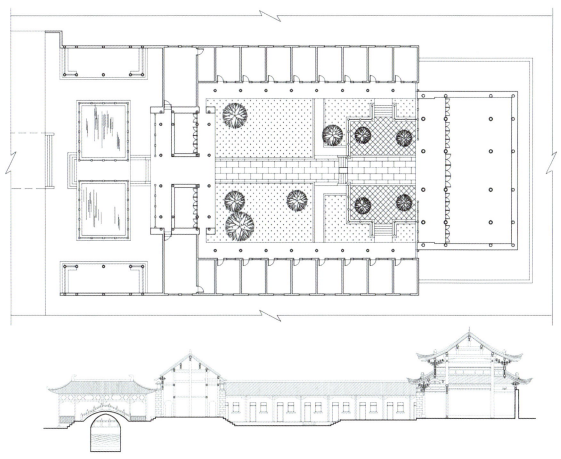

图4-2-42（a） 牟定文庙总平面图、纵剖面图

图4-2-42（b） 牟定文庙院落群体

筑占地面积约2400平方米。主体建筑大成殿为面阔五间、进深三间的重檐歇山式屋顶，虽然在清乾隆十一年（1756年）进行修复，但仍具明代建筑风格（图4-2-43）。大成殿前月台栏板有雕刻精美的青石吉祥图案，殿后侧放置四块红砂石古碑，其中有明代杨慎为文庙修撰"楚雄府定远县儒学碑记"。1993年，牟定文庙被公布为云南省第五批重点文物保护单位。

牟定文庙的泮池为长方形，与大成门紧密连接，居中为跨单孔半圆形拱桥（图4-2-44）。进入大成门即是一个完整的围合院落，居于大成门和大成殿两侧的廊庑各为九间。

重檐屋顶的牟定文庙大成殿，其室内的梁柱结构构架关系简明，层次清晰。而作为联系上下檐屋顶的斗栱组合比较独特，主要体现在上下檐斗栱和

牟定文庙大成殿剖面

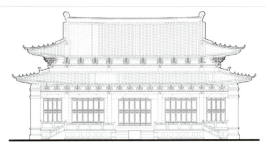

牟定文庙大成殿正立面

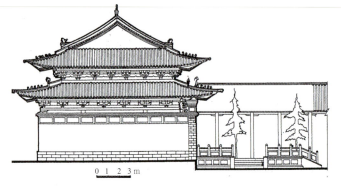

图4-2-43（b） 牟定文庙大成殿侧立面图

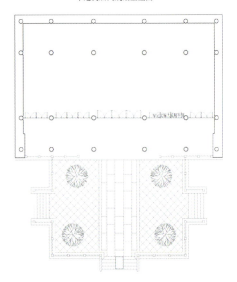

牟定文庙大成殿平面图

图4-2-43（a） 牟定文庙大成殿平面、立面、剖面图

图4-2-43（c） 牟定文庙大成殿正面

图4-2-44（a） 牟定文庙大成门

图4-2-44（b） 牟定文庙泮桥

图4-2-45（a） 牟定文庙大成殿上檐正面斗栱　图4-2-45（b） 牟定文庙大成殿下檐斗栱

图4-2-45（c） 牟定文庙大成殿室内木构架

图4-2-46 石羊文庙孔子铜像

前后檐及两山面斗栱的做法均不相同。如正面上檐斗栱为品字科七踩，下檐斗栱为品字科五踩，但栱头都做成象鼻昂形态，且在下檐斗栱的坐斗还出45°木雕花朵形斜栱，仰视为具有云南地方建筑特色的米字栱。而其他三面的上檐斗栱为品字科五踩，下檐斗栱为品字科三踩，同样栱头也是做成异形处理，不是柔和弧线形的卷杀，而是仿佛像昂一样向外挑的尖嘴形（图4-2-45）。五开间的大成殿，最边上的两梢间比较窄小，前后檐的斗栱排列疏朗，为常见的品字科三踩斗栱，且平板枋下两额枋之间留空的间距较宽。

9. 石羊文庙

位于距大姚县城36公里的石羊镇，呈坐西向东布局。文庙始建于明洪武元年（1368年），"旧无学，仅有文庙"。明万历三十七年（1609年），"选胜象山之麓"，"卜地于象山之阳"，"垒基高踮五尺，移门向吉"，自此学风大兴。清康熙四十七年（1708年），石羊盐课提举郑山对文庙进行大规模扩建续修，并组织铸成高2.3米、重约2吨的孔子铜像。其头戴冕旒，手捧朝笏，正容端坐，神态威严。为云南各地文庙中所少见，据专家称，这也是现今全国唯一保存完好的一尊孔子铜像（图4-2-46）。

扩建后的文庙有泮池泮桥、大成门、棂星门、大成殿、南北两庑、乡贤祠、名宦祠、"德配天地"坊、"道冠古今"坊等建筑。文庙左侧有朱子阁、仓圣宫、明伦堂、黉学馆、魁星阁等形成建制统一，为颇具规模的"右庙左学"格局之学宫（图4-2-47）。其"庙貌巍巍，直窥之则洞然深邃，升望之则昂然其首，而与前峰之晴日佳气过雨鲜标，拱相吞吐摩"，令人胸次顿开。又"近俯四山，环水如带，恍乎舞雩"[31]。

原仅存棂星门、大成门、大成殿和两庑，后经陆续重建，基本恢复了原貌建筑格局，再现了往日具有的建筑气势（图4-2-48）。恢复后的文庙泮池、泮桥，重新设置了汉白玉的石雕栏杆，并在轴线上加建了照壁墙，在照壁左侧建盖了文庙大门，照壁墙与棂星门前的空间形成文庙的第一进空间。

泮池后面即为三开间的棂星门，该棂星门为殿式建筑，前后有较浅的檐廊，明间设门，且两中柱

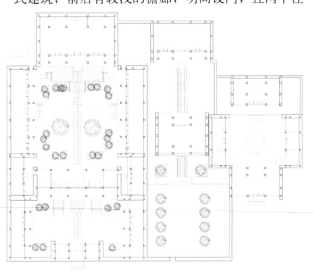

图4-2-47 石羊学宫

图4-2-48（a） 石羊文庙总平面图

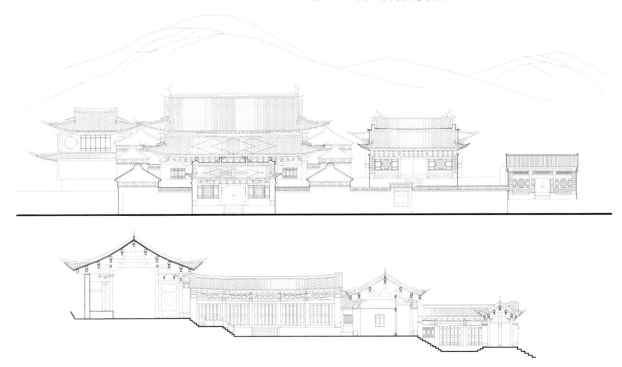

图4-2-48（b） 石羊文庙立面、剖面图

图4-2-48（c） 石羊文庙院落群体

图4-2-48（d） 石羊文庙立面

伸出歇山顶屋面（实际上是硬山屋顶）呈"乌头门"形式，与建水文庙棂星门柱头类似，有木制雕花装饰物（图4-2-49）。

石羊文庙大成门紧接棂星门之后，地面比棂星门高约1.5米。五开间的大成门有三开间设门，分别对应设置三条台阶踏步联系上下。大成门与棂星门及两厢房围合的较小院落，形成文庙的第二进空间。

进入大成门，透过第三进院落空间的古柏，即是建于高大月台上的石羊文庙大成殿，面阔五间，单檐歇山黄绿色琉璃瓦顶，外形辉煌壮观，成为整个文庙之核心（图4-2-50）。殿内供奉着重约2吨的孔子铜像，神态威严。五开间的大成殿立面檐柱粗壮，屋宇高敞，置于梁柱之上的是多层"米"字形八方交的网状斗栱。另外五开间大成殿的平面柱网排列，其最边上的两末间尺度较小，近似廊宽。大成殿两端山墙墙头还专门处理为歇山顶屋宇式造型，十分特别。

仓圣宫位于大成殿左侧，同样是五开间平面格局，只是建筑整体尺度缩小，进深也减了后面的一间。在仓圣宫之前的是封氏节井祠堂，其内有石刻壁画。再左为黉学馆院落，该合院空间尺度宜人，组成黉学馆院落的建筑，除了大门外其余三面均为二层。紧接黉学馆左侧为重檐歇山顶的魁星阁（图4-2-51）。

10. 凤庆文庙

位于凤庆县城西文庙街，旧时称"黉学"，是云南省仅次于建水文庙的滇西第一座文庙。凤庆文

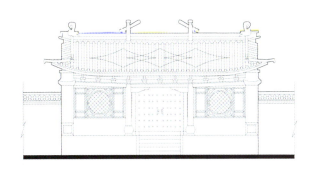

石羊文庙棂星门立面

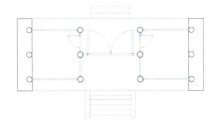

石羊文庙棂星门平面

图4-2-49（a） 石羊文庙棂星门平面、立面图

图4-2-49（b） 石羊文庙棂星门

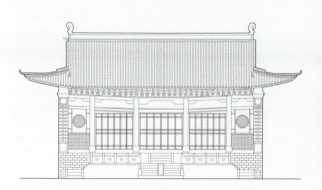

石羊文庙大成殿立面

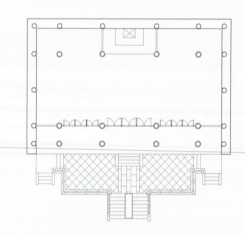

石羊文庙大成殿平面

图4-2-50（a） 石羊文庙大成殿平面、立面图

图4-2-50（b） 石羊文庙大成殿

图4-2-51（a） 石羊文庙仓圣宫

图4-2-51（b） 石羊文庙黉学

图4-2-51（c） 石羊文庙魁星阁

庙始建于明万历三十四年（1606年），清康熙八年（1669年）迁建现址。现存有泮池、泮桥、龙门石坊、棂星门、大成门、大成殿、崇圣殿、鸣凤阁、乡贤祠、名宦祠和南北两庑等建筑（图4-2-52），整个文庙建筑坐西向东，占地约12000平方米。

进入文庙大门，便是半圆形泮池，迎面是三间四柱的龙门石坊，明间坊额前后书"龙门"二字，两次间前书"汉江"、"秋阳"，后书"金声"、"玉振"。龙门石坊后紧接着棂星门，棂星门为三叠式歇山屋顶，斗栱飞檐（图4-2-53）。

大成门为三开间单檐歇山顶，修复后分别由两侧石阶通行至内院，居于高台上的大成门仅是一个通透的空间（图4-2-54）。南北两厢分上下各有三开间，北厢为二层。

大成殿重檐歇山顶，通面阔五间18.3米，进深三间13米，上层檐下悬挂"圣集大成"四块大字匾额，下层檐下悬挂"斯文在兹"和"万世师表"御题匾额，正面的透雕格子门技艺精湛。对于重檐屋顶的凤庆文庙大成殿，其上层屋檐下的明间梁柱结构处理非常特别和少见，即明间设置的2根檐柱，一直向上延伸至上檐的檐檩下，使普拍枋直接插进柱中，而不是常规地设置在柱顶上，且把明间的阑额与普拍枋脱开，并在其间加设垫块，使明间与左右两边的阑额形成错位（图4-2-55）。

在大成殿后，原崇圣祠的位置已改建为剧场，其后是一块宽敞的室外活动场地。沿文庙中轴线一直往后，拾级直上到坡顶，是一座修复一新的鸣凤阁（也叫魁星阁）（4-2-56）。鸣凤阁建于清光绪十八年（1892年），为三重檐攒尖顶，底层为三开间方形平面，上面两层为六边形，阁楼高16米，飞檐翘角，挺拔高耸，巍然壮观。每当登临眺望，凤庆县城及周围山水景观，尽收眼底。正如所挂长联云："更上一层楼，看东屏乐嶂，南俯凤岫，北倚磐院，况复双城烟火，四面云山，百里风光归眼底；远稽往古事，想唐属姚州，宋名庆甸元置土府，明设流官，益以勐氏孤忠，尚书大节，千秋史鉴注心头"。

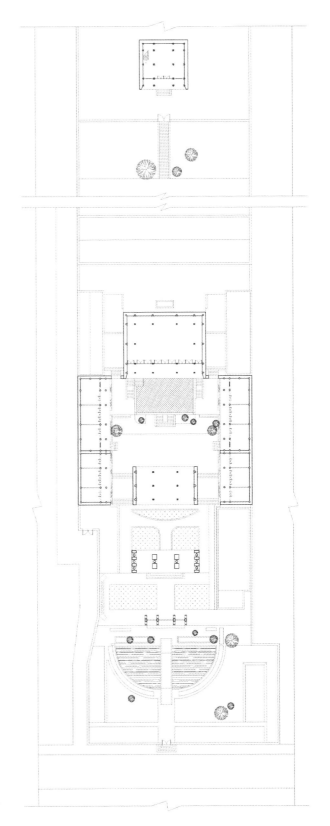

图4-2-52 凤庆文庙总平面图

图4-2-53（a） 凤庆文庙泮池

图4-2-53（b） 凤庆文庙龙门石坊明间坊额

图4-2-53（c） 凤庆文庙龙门石坊

图4-2-53（d） 凤庆文庙棂星门正面

图4-2-54 凤庆文庙大成门

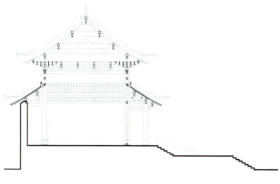

凤庆文庙大成殿剖面

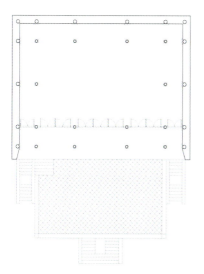

凤庆文庙大成殿平面

图4-2-55（a） 凤庆文庙大成殿剖面、平面图

图4-2-55（b） 凤庆文庙大成殿

图4-2-56（a） 凤庆文庙凤鸣阁

图4-2-56（b） 凤庆文庙凤鸣阁室内构架

11. 广南文庙

位于广南县莲城南后街，据清道光二十八年（1848年）《广南府志》"重建府学宫碑记"载，广南文庙始建于清康熙二年（1663年），现存文庙为清康熙四十八年（1709年）始建，占地约9000平方米，分五进院落，现存泮池、棂星门石坊、大成门、大成殿等（图4-2-57）。广南文庙花木繁茂，环境幽静，庙内并设有莲峰书院。

在文庙的棂星门前有半圆形泮池，周边以条石砌筑，中为双孔弧形拱桥，池周有石雕样板围护。棂星门石坊位于大成门前，为四柱三开间青石结构，须弥座上前后各有伏卧翘首的石狮，栩栩如生（图4-2-58）。石坊上刻有"棂星门"匾额，左右两边横额前、后分别刻有"腾蛟"、"起凤"、"鱼跃"、"鸢飞"八字。

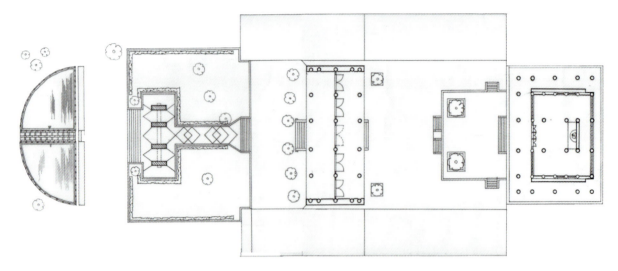

图4-2-57（a） 广南文庙总平面图

图4-2-57（b） 广南文庙纵剖面图

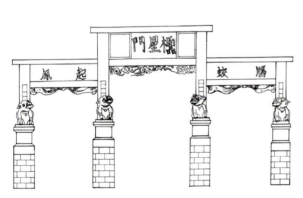

图4-2-58（a） 广南文庙棂星门立面图

图4-2-58（b） 广南文庙棂星门1

图4-2-58（c） 广南文庙棂星门2

图4-2-58（d） 广南文庙泮池泮桥

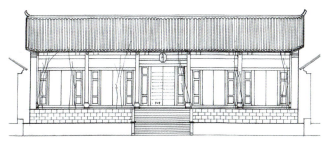

图4-2-59（a） 广南文庙大成门　　　　　　　　图4-2-59（b） 广南文庙大成门剖面图

图4-2-59（c） 广南文庙大成门正面　　　　　　图4-2-59（d） 广南文庙大成门局部

大成门五开间，单檐硬山青灰瓦顶，柱础为鼓状形石雕龙纹柱础，且五开间都连续开设五道大门，非常有气势，在云南地方文庙的大成门建筑形式中，仅见此一例（图4-2-59）。

大成殿为单檐歇山顶，通面阔19.73米，通进深15.5米，三开间带两山面的回廊，形成三面回廊的平面格局，且两山面靠中柱后半部分还开设了凹龛（图4-2-60）。之所以把平面布置成三面回廊，其实是将大成殿的后墙向外移至檐柱位置，增加了室内进深，墙外仅剩较窄的檐边。大成殿屋檐下的枋、昂、翘等构件都精雕龙、凤、象、花卉等图案，明间开设刻工精细的雕花隔扇门窗。殿前月台三面上下，台边石雕栏杆围护，居中踏步的石雕龙纹御路与月台栏板图案，其雕琢工艺粗犷有力。

12．通海文庙

位于通海县城南秀山北麓，整个文庙建筑组群坐南向北，依山就势，筑台向上层层递进，形成四进院落，对称排列在中轴线上。据清雍正十三年

图4-2-60（a） 广南文庙大成殿前石雕龙纹御路

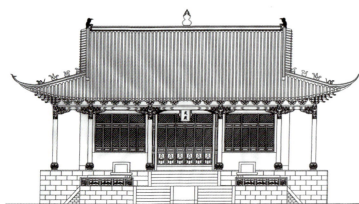
图4-2-60（b） 广南文庙大成殿1

图4-2-60（c） 广南文庙大成殿2

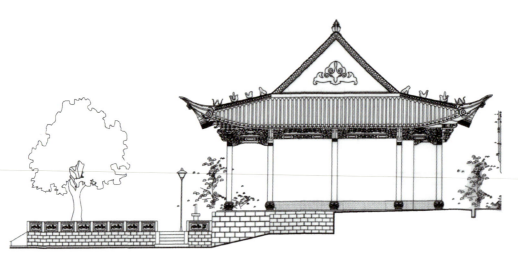
图4-2-60（d） 广南文庙大成殿山面

（1735年）《重修通海县学宫记》载："学宫始于元，旧址在城西北渚天堂，有明迁建秀山之麓。"今址的文庙为明洪武二十五年（1392年）始建，明弘治十七年（1504年）和清雍正十年（1732年）重建扩建。现今的通海文庙占地约9000平方米，由照壁、泮池、文明坊、左右乡贤祠、名宦祠、大成门、大成殿、崇圣殿和尊经阁，以及文庙被东边的秀麓书院等建筑组成，构成"左庙右学"的学宫格局（图4-2-61）。1998年通海文庙被公布为云南省级重点文物保护单位。

其中，正对文庙街的红色照壁十分高大，长约50米，与狭窄的街巷形成强烈的尺度对比，镶嵌在照壁外墙面上的"礼乐名邦"四个大字格外醒目，成为街道对景。照壁内墙面上同样镶嵌"鸢、飞、鱼、跃"四个楷书大字（图4-2-62），笔力苍劲，与建水文庙的四字同出一人之手。

高大雄伟的"文明坊"，亦即棂星门，就坐落在向上走37级台阶之后的平台上（图4-2-63）。该坊建于清雍正十一年（1733年），四柱三间牌楼式建筑，单檐歇山顶叠落屋面，面阔15.9米，高11.6米，飞檐双重，斗栱密集交错（从坐斗至耍头共出挑8层），建筑工艺甚为精湛。门坊两侧对称设立有两根青石基座的高大石柱，柱头蹲置石狮一个，有云龙头花纹和云日花纹的两翼，形似华表状。

通海文庙大成门为五开间单檐歇山顶，居中三开间开设六扇朱红色板门，每扇门上的门钉有七七四十九个。大成门前左右分别是乡贤、名宦祠（图4-2-64）。

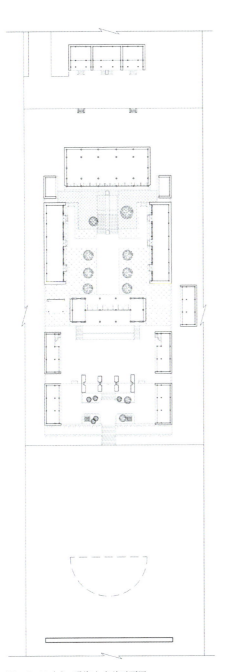

图4-2-61（a） 通海文庙总平面图

图4-2-61（b） 通海文庙建筑群

图4-2-62（a） 通海文庙照壁内侧

图4-2-62（b） 通海文庙照壁外侧

图4-2-63（a） 通海文庙文明坊

图4-2-63（b） 通海文庙文明坊前华表石柱

通海文庙大成殿侧立面

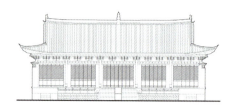

通海文庙大成殿正立面

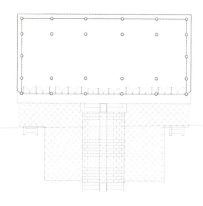

通海文庙大成殿平面

图4-2-64（a） 通海文庙大成门

图4-2-65（a） 通海文庙大成殿平面、立面图

图4-2-65（b） 通海文庙大成殿　　图4-2-65（c） 通海文庙大成殿转角斗栱

图4-2-64（b） 通海文庙大成门背面

图4-2-65（d） 通海文庙大成殿前檐瓜形柱础　　图4-2-65（e） 通海文庙大成殿室内柱础

大成殿面阔五开间22.5米，进深四间13.3米，单檐歇山琉璃瓦屋顶，坐落在较为低矮的月台上，月台栏板为红砂石镶嵌。其室内为抬梁式结构，为典型的清代建筑风格，室内斗栱为三个一组的组合，比较特别。通海文庙大成殿的檐柱柱础十分高大，高约1米，为分瓣带棱的灯笼状石雕柱础，而殿内柱础则是低矮的直边覆盆式柱础（图4-2-65）。

在大成殿左右两山面靠前檐柱角部，遥相对应设置了钟楼、鼓楼，钟鼓楼前面紧接各七开间的两庑，与大成门共同围合成为一个四合院（图4-2-66）。

大成殿后的崇圣殿，是三开间单檐硬山顶，两侧再紧密连接各为三开间的两座配殿（配殿屋面为歇山顶），共同组成一栋形似九开间三叠式屋面组合形态的建筑，背靠秀山，颇有气势（图4-2-67）。居中三间的崇圣殿梁柱构架用料粗壮，柱头额枋下的木雕龙、鳌纹饰雀替硕大，雀替下方设有像头形状的丁头栱，栱上置莲花状的圆盘斗支撑与雀替交叉的方形透雕花板栱。与檐柱交接的抱头梁下也另设两层栱翘，使梁柱节点的装饰处理非常丰富，显得十分耀眼。

崇圣殿后是尊经阁，这是一座三开间带有回廊的二层重檐攒尖顶楼阁式建筑，室内放置有清嘉庆二十二年（1793年）"重建尊经阁赊内功德碑记"两块。

13. 墨江文庙

位于墨江县城东正街口，建于清道光元年（1821年），整个文庙坐东向西，依山就势而建，规

图4-2-66（a）通海文庙大成殿左侧钟楼　图4-2-66（b）通海文庙大成殿右侧鼓楼

图4-2-67（a）通海文庙崇圣祠

图4-2-66（c）通海文庙两庑（维修前）

图4-2-67（b）通海文庙崇圣殿柱头花板栱　图4-2-67（c）通海文庙崇圣殿柱头雀替与象头栱、花板栱

模不大，但前后共分为六个不同标高平台，高差较大，使该文庙显得气势恢宏。层层递进拾级而上相继为大门、凌霄阁、魁星阁、两厢、大成殿和崇圣殿（图4-2-68）。

按照进入文庙的空间秩序，从西面首先经过文庙大门后，是一个较小的三合院，为第一台。与大门相对的是设在南面的厢房。穿过三合院北边的过厅，是一南北较长的场地，即原文庙主轴线上的泮池位置。先居中拾级而上，再分左右到第二平台，在第二平台南北对称布置重檐硬山屋面厢房，正面带廊并在廊边设有美人靠栏杆。同样分左右再往上到第三平台，居中布置在高台上的是文庙棂星门，棂星门为四柱三间歇山式三叠水式屋面，柱下为1.2米高的石构须弥座，三开间的棂星门设置三条上下的台阶踏步，并在这三条台阶前的平台上对称布置昂首眺望的石狮，石狮形象健壮，石雕纹理清晰，工艺精湛（图4-2-69）。

分居棂星门南北两侧的建筑，是两栋屋顶形式彼此不同的凌霄阁与魁星阁。其中凌霄阁居左，为重檐歇山顶，魁星阁居右，为重檐方形四角攒尖顶（图4-2-70）。两阁楼之间是三条铺地甬道，正好连接居中的棂星门与大成门（已无存）。经过大成门到达文庙的第四个平台，是由文庙大成殿和南北两庑共同围合的宽大院落。南北两庑均为七开间单层，且在两庑的西山墙面另外建二开间厢房，地面也不在同一标高上，几乎与其西面的两阁楼相接。

重檐歇山屋顶的大成殿，坐落在第五个平台上（图4-2-71）。大成殿通面阔五间20.5米，通进深三间14.4米，檐下饰网状斗栱，分别悬挂"斯文在兹"、"圣协时中"、"德齐帱载"三块木匾。殿前有石柱围护的天子台，从月台三至大成殿的台阶分左、中、右对应的三开间设置。

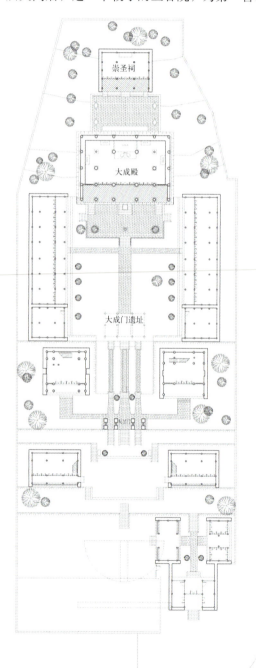

图4-2-68　墨江文庙总平面图

图4-2-69（a）　墨江文庙大门

图4-2-69（b） 墨江文庙棂星门

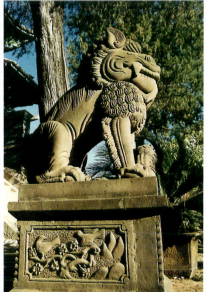
图4-2-69（c） 墨江文庙棂星门石狮

图4-2-70（a） 墨江文庙凌霄阁

图4-2-70（b） 墨江文庙魁星阁

图4-2-71 墨江文庙大成殿

位于大成殿后面的崇圣殿，为三开间单檐歇山式屋顶，居于第六平台，建筑尺度相对较小，也与周边地形两边均向内收缩的情况相协调。

从墨江文庙的总体布局来看，除了文庙大门的第一平台和院落不在中轴线上，其余的建筑均与中轴线对称或居中布置，并在空间系列上形成一收一放之势，依地形高差、平台宽窄变化，灵活布局，共同形成相互呼应的一个整体。

14．腾冲文庙

位于腾冲县城南城关中心小学内，始建于明成化十六年（1480年），清康熙四十四年（1750年）移到现址。腾冲文庙旧称"黉学",整体坐南向北,占地约40000平方米。由照壁(现已毁)、泮池、泮桥、棂灵门、大成门、乡贤祠、名宦祠、大成殿、启圣宫、明伦堂等建筑组成,布局严谨,气势宏伟(图4-2-72)。腾冲文庙的泮池(当地俗称为"砚塘"),是以大车湖为天然水面,经过人为加工,呈半圆形水面,面积约4490平方米,池上建三孔石拱桥,桥长55米。泮池两旁原设有外围墙,北面有大照壁(照壁墙上有3个圆孔,已毁于"文化大革命"后期),显示出充分利用自然环境进行布置的浓郁地方特色。

过泮池分左右上20多级台阶,迎面看到的是一面较长而有高矮变化照壁墙,且在灰瓦白墙照壁上开设有两道方形的门洞,一道为文庙的棂星门,另一道为进出明伦堂的大门。棂星门后为一小院落,东西方向较宽,对应设置四开间的辅助厢房,对面居中为大成门,透过大成门明间门框,可以看到文庙的主体建筑大成殿(图4-2-73)。

大成殿为重檐歇山顶,通面阔五间20.6米,进深四间9.6米,东西两庑为五开间的单檐硬山。大成殿后面的启圣宫也是重檐歇山顶,面阔三间,进深三间。腾冲文庙为保山地区保存较为完整的学宫建筑,整体建筑装饰极少,外形朴实无华(图4-2-74)。而且在云南地方文庙建筑中,腾冲文庙的大成殿是唯一一座不设斗栱的殿堂建筑。

从腾冲文庙的总平面布局来看,组成文庙的三进院落及位于轴线上的棂星门、大成门、大成殿、启圣宫等建筑,以及文庙泮池、对称的高大台阶所形成的轴线并不一致,在空间的面宽尺度应用方面,也是随着院落的递进逐渐收小,宽大的泮池与文庙主体建筑并不十分对应,或许正是利用了这种地形环境的高矮与宽窄变化,兼顾了位于文庙左侧的明伦堂、紧邻的秀峰山及在更远处的来凤山等实景,在县城中营造出"背山(来凤山)面水(泮池或砚塘)"的山水格局。

当然,除了上述这些国家级和省级文物保护单位的文庙建筑之外,云南还存在着一些其他州市县级文物保护单位的文庙建筑群,也很有地方特点。

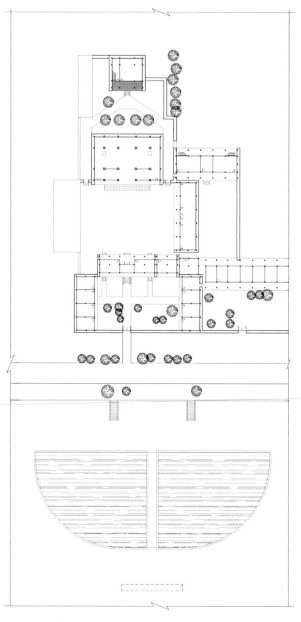

图4-2-72 腾冲文庙总平面图

图4-2-73(a) 腾冲文庙棂星门前对称设置的台阶

图4-2-73（b） 腾冲文庙大成门

图4-2-73（c） 腾冲文庙泮池、泮桥

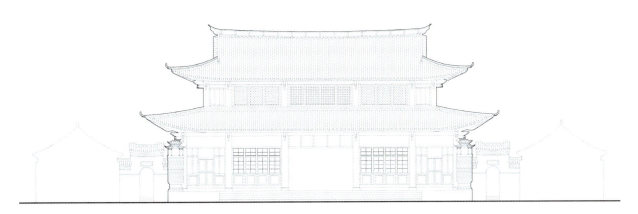
图4-2-74（a） 腾冲文庙大成殿立面图

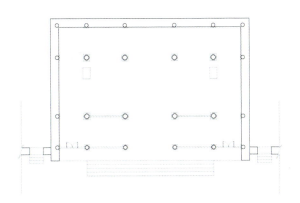
图4-2-74（b） 腾冲文庙大成殿平面图

图4-2-74（c） 腾冲文庙大成殿（维修前）

图4-2-74（d） 腾冲文庙大成殿前廊"礼、义"书体　　图4-2-74（e） 腾冲文庙大成殿与两庑连接的拱门

图4-2-74（f） 腾冲文庙启圣宫（维修前）　　图4-2-74（g） 腾冲文庙大成殿室内构架

图4-2-74（h） 腾冲文庙西庑

具体如建筑布局紧凑的富源文庙（图4-2-75），其文庙合院的东面紧接着布置中山礼堂和魁星阁，泮池的尺度小巧，大成门为带四面走廊的重檐式楼阁，大成殿可以直达两庑的二层，形成三面环通的回廊（图4-2-76）。还有通海河西文庙，其大成门高敞，仅有前廊，且大成门山墙外有唐代遗存的龙形古柏（图4-2-77）。河西文庙大成殿的前檐柱廊为石质和木制两种材料组成，柱础的形式也非常特别，有石雕花瓶形和石狮两种（图4-2-78）。

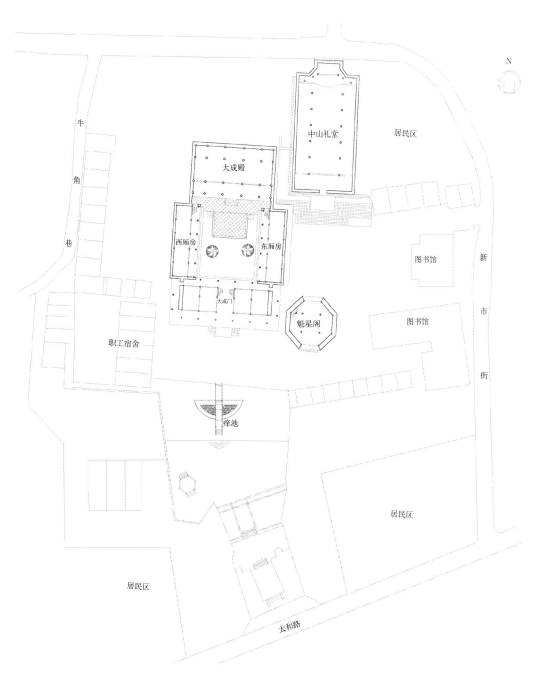

图4-2-75　富源文庙总平面图

图4-2-76（a） 富源文庙中山礼堂

图4-2-76（b） 富源文庙魁星阁

图4-2-76（c） 富源文庙泮池、泮桥

图4-2-76（d） 富源文庙大成门与魁星阁

图4-2-76（e） 富源文庙大成殿

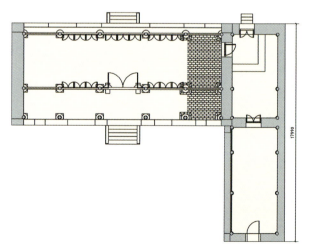
图4-2-77（a） 河西文庙大成门平面图

图4-2-77（b） 河西文庙大成门

图4-2-77（c） 河西文庙大成门边的唐柏

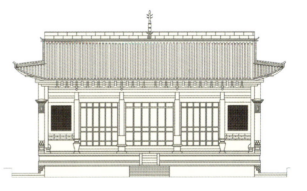

图4-2-78（b） 河西文庙大成殿立面图

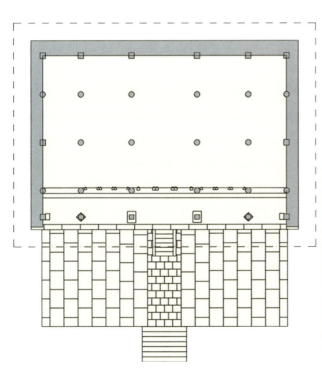

图4-2-78（a） 河西文庙大成殿平面图

图4-2-78（c） 河西文庙大成殿前檐石狮柱础

图4-2-78（d） 河西文庙大成殿前檐石雕花瓶柱础

二、宣扬忠孝节义的武庙

武庙是以文庙相对应的宗庙，武圣人关帝，是相对于文圣人孔子而言的。文庙文采风流。武庙却是英武辉煌，它所赞颂的是对王权的忠诚，忠孝节义，尤其是忠义，是武庙主要强调的文化主题。

文庙遍及天下，但对其祭祀主要局限于官方，在方志书中，常将文庙列入"公廨门"，具有独尊而特殊的意义，是儒家文化的象征。而武庙却是官方与民间广泛同祀。在最著名的武庙当中，当首推关帝庙，其次是岳王庙和武侯祠，在宣扬主题相同的前提下，它们所表现的具体内容又各有区别。

（一）关帝庙

关帝者，关羽也。关羽，字云长，为三国时代的蜀国名将，小说《三国演义》把关羽描写为武艺高强、作战英勇、万人不敌的一个传奇式人物，如温酒斩华雄、过五关斩六将、单刀赴会等，但书中更加推崇的，还是他的忠义。自桃园三结义起，关羽对刘备的忠诚就矢志不渝，如"身在曹营心在汉"，表现了关羽的忠；而"义释华容道"，放走落败的曹操，表现了关羽的义。于是关羽便成为儒家所宣扬的忠义之典型人物（图4-2-79）。

古人建关帝庙以铭其志，扬其格，给社会民众树立起一个忠义、英伟与义勇的人物榜样。据史料载，最早关帝庙初建于隋开皇九年（公元589年），庙宇建在关羽的老家。宋明时期不断有所扩建，清康熙年间，曾被毁于大火，不久又重修。这座关帝庙分正庙和桃园结义两部分，在建筑上，以正庙的春秋楼和崇宁殿为主体建筑，整体空间布局合理，庙内庙外古柏苍劲，气氛森然，古有"英风宇庙人皆仰，血食乡邦世所钦"的赞誉，很符合关羽忠义刚勇的人格特征。

（二）岳王庙

岳王庙是为纪念岳飞的武庙。岳飞是南宋时期著名的抗金将领，20岁时就投军跃马于疆场，战功显赫，最后被秦桧以"莫须有"的罪名加害于风波亭。

岳飞不仅英勇善战，很有谋略，而且文辞飞扬，其一首《满江红》尤为后人所赞颂。建庙宇纪念岳飞，主要是突出岳飞"精忠报国"的浩然正气，即便身陷佞侯也毫不改志，对国家忠心耿耿，同样也符合儒教所倡导的对王权的忠君和对父母的孝义礼制（图4-2-80）。

图4-2-79（a）"忠义"

图4-2-79（b）忠义神勇的关公

图4-2-80 忠孝兼顾的岳飞

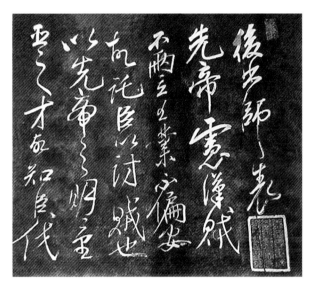

图4-2-81　后出师表局部

（三）武侯祠

武侯祠是为纪念蜀汉贤相诸葛孔明的武庙。诸葛亮，字孔明，在刘备"三顾茅庐"出山之前，即有三分天下之纵论。其后撰写的前、后《出师表》，陈述了刘备托孤之重及辅佐后主刘禅执政之忠心耿耿（图4-2-81）。文曰："臣本布衣，躬耕于南阳，苟全性命于乱世，不求闻达于诸侯。先帝不以臣卑鄙，猥自枉屈，三顾臣于草庐之中，咨臣以当世之事，由是感激遂许先帝以驱驰。"表达了他对蜀汉的一片忠心，尤其是"鞠躬尽瘁，死而后已"的千古名言，不知激励过历史上的多少忠臣良将。孔明的人生追求和人格理想，完全符合儒家之礼。

由此可知，后人建造武侯祠，是对诸葛孔明的政德与忠心耿耿人格的敬重，同时也是为了体现儒家所谓的建功立业、荣宗耀祖的那些入世的思想意识。如四川成都武侯祠，便是一处规模较大的建筑群落，占地37000平方米，主体建筑诸葛亮殿，雄伟高大，气宇轩昂。武侯祠大门内立有著名的"三绝碑"，武侯祠还配有刘备殿，表明君、臣合于一祠并以武侯为主，这在中国古代同类建筑中是十分少见的。

以上三种祀奉对象不同的武庙，都与文庙一样，对地方的儒教思想传播有着异曲同工的影响作用。

1. 保山武侯祠

位于保山市太保山顶，据载：明嘉靖十四年（1535年）由兵备副使任惟贤建，清康熙二十六年（1687年）总兵偏图重修，后毁，清光绪五年（1879年）保山知县刘云章重健。原殿单檐歇山顶，通面阔12.1米，通进深10.2米。民国初立"松山元祠"石坊于山门之前，1984年迁移城内明代建筑关帝庙、财神庙于武侯祠前后，在后殿内重塑武侯并吕凯、王伉二臣神像。祠南北两侧扩为花园，又将原清代腾阳会馆大门和戏台移建祠外，扩修后的武侯祠，用行将毁弃的四栋明清建筑重新组合，反映了当地对古建筑传统风格的重视与保护利用（图4-2-82）。

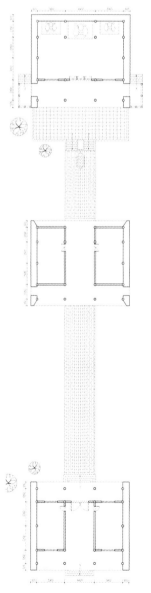

图4-2-82（a）　保山武侯祠平面图

图4-2-82（b） 保山武侯祠大门

图4-2-82（c） 保山武侯祠中殿

图4-2-82（d） 保山武侯祠大殿

图4-2-82（e） 太保山武侯祠诸葛亮塑像

2. 泸西武庙

泸西县武庙，又称关岳庙，是泸西县"三庵六阁七寺八庙"中的"八庙"之一。在"八庙"中，其建筑规模和地位仅次于文庙，至今已有400余年历史，是当地文物中的重要瑰宝之一。

据泸西《鼎修关圣庙碑记》所载，武庙建于明万历四年（1576年），为太守邵公鸣歧所建。当时，兴建武庙意味深远，《碑记》中有云："建关帝祠于上，谓府改土未久，四面环夷，卜此地以妥神灵，意深远矣。"可见目的就是震慑四野，守护一方平安。当然，选址也颇下功夫，在泸西县城东二里处，鹤山山麓，南面诸峰环绕，《碑记》中称："宛若端拱来朝之象，叠落石山。"用意跟兴建的目的类似。虽然带有迷信色彩，但却反映出当时人民对安定和平生活的向往。

泸西武庙现存大门、大殿、戏台、两耳、两庑，保存状况基本完好。大门为门楼式，单檐硬山屋顶，穿斗梁架结构，面阔五开间20米，进深二间6米，高约8米。中为极宽敞的院子，与院相连是为大殿，殿为单檐歇山屋顶，殿前为戏台（图4-2-83）。廊深3米，上部卷棚天花。殿和戏台建于高约2米的石基上，使殿和戏台极显壮观。左右两庑原绘有三国志壁画，据《新纂云南通志》云："按三国演义分回摹绘……惟妙惟肖……凝视久之，则栩栩然人，马离壁间，托空活跃，目眩神移，恍若置身其间。故有谓见关公所秉之烛燃，所骑之马嘶，可执之刀动者"，故赞为神来之笔。

图4-2-83（a） 泸西武庙外景

图4-2-83（b） 泸西武庙大殿

图4-2-83（c） 泸西武庙大门正面

3. 官渡关圣殿

官渡关圣殿又名华严阁，在昆明市官渡镇螺蜂村北，其东邻妙堪寺，西接观音寺，殿内原有舍利塔三座（已毁），现仅存大殿，为单檐歇山顶（实际是假歇山顶，即在硬山基础上把前檐做戗脊翼角，成为歇山顶，两山面加排山沟滴），关圣殿通面阔12.6米，通进深10米，高8米。檐下雕梁画栋且置雕花隔扇门，整幢建筑古朴典雅。该殿始建于明嘉靖年间，清康熙五十七年（1718年）重建，保存尚好（图4-2-84）。

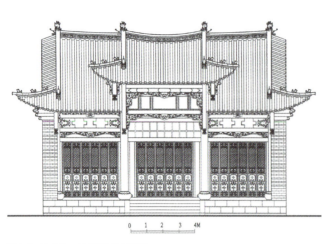

图4-2-84（a） 官渡关圣殿立面图

图4-2-84（b） 官渡关圣殿平面图

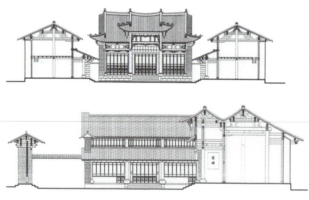

图4-2-84（c） 官渡关圣殿剖面图

图4-2-84（d） 官渡关圣殿

4. 剑川武庙

在剑川文庙右边的建筑群即为武庙，一文一武紧密结合。武庙由大殿（关圣殿）、后殿、厢房组成，大殿和后殿均为单檐歇山顶建筑，1997年进行维修后，与剑川文庙一起辟为景风公园的一部分（图4-2-85）。至今，当地居民尚保持习俗：即婴儿满月出行，由父亲撑伞抱入文庙，去承接至圣先师的垂荫，长大后知书识礼；人死了，都要到文庙武庙去取一瓶"文武土"，埋于圹穴，以喻后辈文昌武运。

三、传播知识的地方书院

与文庙相比较，书院类似官学而低于官学，是中国古代一种以私办为主的教育组织形式，是特有的教育机构和学术知识研究传播场所。

中国书院始于唐，兴与宋，沿时千年，遍及全国各地，建造多达数千所。书院的名称始于唐代，最初是官方修书、校书和藏书的场所。书院主管人员的职责是"掌刊辑古今之经籍，以辨明邦国之大典，而备顾问应对"，同时兼作皇帝的侍读，"以质史籍疑义"。唐末五代，由于连年的战乱，官学废弛，教育事业多依赖于私人的讲学维持。宋初，统治者仍然无暇顾及兴学设教，于是，用于私人讲学的书院得以进一步发展壮大，形成影响极大、特点突出的教育组织。这时的书院多为民办的学馆，由富室、学者自行筹款，于山林僻静之处建学舍，或置学田收租，以充学费。当时著名的书院，历史上有"四大"或"六大"书院之说，即白鹿洞书院、

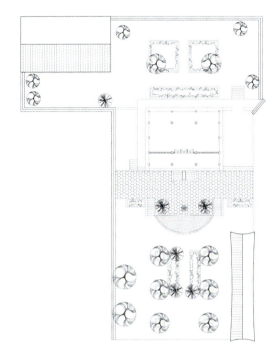

图4-2-85（a） 剑川武庙总平面图　　　　图4-2-85（b） 剑川武庙大殿平面图

图4-2-85（c） 剑川武庙大殿正面　　　　图4-2-85（d） 剑川武庙大殿山面

嵩阳书院、岳麓书院、应天府书院、茅山书院和石鼓书院，这些书院后来都由朝廷赐敕额、书籍，并委派教官，调拨田亩和经费等，逐渐变为半民半官性质的地方教育组织。

元代十分重视文化教育，官府提倡办书院，任命山长，授官给禄，几乎与官学相类，使书院更加普及。全国各地相继创立了许多书院，但管理与讲学的层次都较低。到了明初，因朝廷力兴官学，提倡科举，致使书院在沉寂百年（从洪武到成化年间）至成化年间以后（1465～1487年）才又得以复兴，至嘉靖年间（1522～1566年）达到极盛。明末，由于书院积极参与当时的政治活动，裁量人物，讽议朝政，受到统治者的迫害。天启五年（1625年），太监魏忠贤下令拆毁天下书院，造成了中国历史上有名的迫害东林党人的大案"东林书院事件"。清初，朝廷对书院实行抑制政策，直到雍正十年（1733年），才令各省会重新设书院，属官办。后发展到2000余所，由于没有独立自主的权力，没有开展活动。清末行"新政"改学制，光绪二十七年（1901年）令废书院，改学堂，至此书院制度告终。

在云南，书院制度于明代中叶普遍推行，到万历年间，全省有书院30多所，主要集中在云南（今昆明）、大理两府。大理府的苍山书院建于弘治十三年（1499年），以后该府及下属州县又相继建了一些书院。大小书院的兴建，为这一地区的民族培养了很多颇有儒学教养的文人雅士。后人评说：大理地区"明以迄清朝，学风日盛，人才蔚起，考其进化较速之原因，皆由多贤辈不惮艰难，广建书院义塾，进子弟而课之"㉜。

明代在云南彝族地区兴办起了书院，在傣族、哈尼族地区也办起了学校。据李元阳《明志书院记》载，嘉靖、隆庆年间，湖南有儒生吴绍周，早年接受阳明之学，他到蒙化府任通判后，"悯书院之黍离，慨功德之未祀，修建了明志书院。诸生从者如云，公（指吴绍周）乃升讲堂，布师席，以平日所闻于师者铺张而扬厉之，诸生抠衣问难，公亦忘倦，自是盖朝往而夕忘归焉，环桥门而观者召立堂下，告以孝弟，众日益集，则申乡约以教之，鸣歌钟、咏风雅，顿使四境之内，蔼然兴弦诵之风矣"㉝。明志书院的建立，对当地彝族文化教育的发展，有重要作用。

书院教育在清代发展很快，全省建有200多所，其中民族地区也建了不少，如丽江有雪山、玉河、天鸡三大书院；永昌有永保、九隆书院；腾越有春秋、秀峰、来凤书院；漾濞有平化书院；永平有博南书舍；大理有西云书院。这些书院的宗旨不外"兴教化，以正人心；厚风俗，以储才用"。正如杨玉科在《西云书院序》中说："欲振民风，先端士气。士气既端，嚚凌自化……区区之心，敢谓振兴文教？但念杜陵广厦，聊以抒其素志；今念肄业生童，穷理尽性，致知力行，深得夫修身立政之大本，咸然有笃行君子之风，数年后恍然见西周菁莪、棫朴之盛，而多士青云直上焉。"

鉴于历史原因，加之书院的规模与建制，因多逊于文庙学宫，云南书院在经历了后续岁月的风雨动荡之后，完整保留遗存至今的已寥寥无几。即便尚存的，也仅有一院，或一门或一殿，但都具有明显的地方建筑特点。具体如下：

1. 云南贡院

云南贡院在昆明市云南大学校院内，明永乐九年（1411年）云南举行乡试，始建贡院于云南府城布政司之东。明弘治十二年（1499年）始建贡院于保顺门内（即北门，今云大校内）。贡院中为至公堂，堂后为监临、提调、监试、考试四房、列弥封、誊录、对读、供给四所。现存至公堂及"重修至公堂碑记"等，为省级重点文物保护单位，是研究云南科举制的重要资料（图4-2-86）。

2. 龙泉书院

龙泉书院在楚雄市城南楚雄一中内，始建于明嘉靖四十年（1562年），彭谨捐资兴建。书院有堂三间、厦四间，莲池有泉数孔自地涌出，故题名"龙泉书院"。清康熙十一年（1672年）地震毁，光绪二十一年（1895年）重建，规模超过旧日。1932年建立中学，龙泉书院建筑群得以更好地保护和完善（图4-2-87）。

3. 学政考棚

学政考棚位于建水县城建中路中段，明代旧址在城内东南隅，清康熙三十年（1693年）迁建于现址，为云南提督学政定期到此举行院式的考场。考棚纵深150米，面宽40余米，占地6000余平方米，房舍栉比。以甬道为中轴线严格对称，形成四进院布置，建筑空间庄严肃穆，给人们以层层奋进之感。依次为照壁、龙门、仪门、致公堂，最后一院为学政署，清光绪年间维修后，现保存完好（图4-2-88），为省级重点文物保护单位。

4. 崇正书院

崇正书院位于建水县城书院街，创建于明嘉靖二年（1523年），清道光十七年（1837年）迁至现址。书院由照壁、大门、监院公馆、乡绅公社、讲堂、学舍、藏书楼等建筑组成，纵深162米，宽70米，占地1.1万平方米。书院格局严谨，环境清秀，为云南省保存完整的一座古代书院（图4-2-89）。

图4-2-86（a） 云南贡院至公堂　　　　　　　　　　　图4-2-86（b） 云南贡院

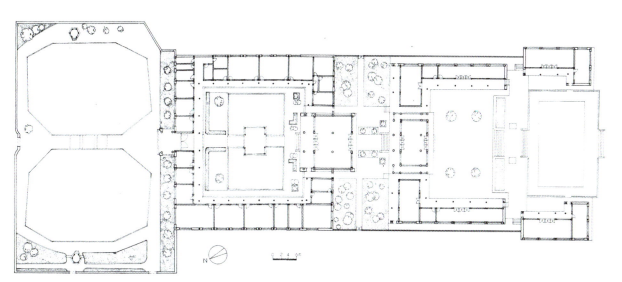

图4-2-87（a） 楚雄龙泉书院总平面图

图4-2-87（b） 楚雄龙泉书院

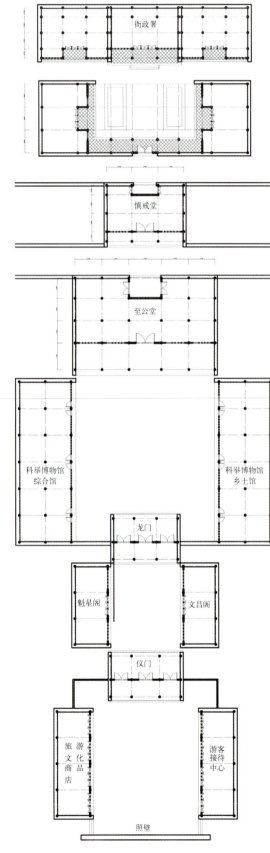

图4-2-88（a） 建水学政考棚总平面图

图4-2-88（b） 学政考棚仪门

图4-2-88（c） 学政署大殿

图4-2-88（d） 学政考棚致公堂廊轩

5. 焕文书院

焕文书院位于建水县城，始建于清康熙五十五年（1716年），光绪二十三年（1897年）重建。书院格局及主体建筑与崇正书院相同，但用地面积只有4500平方米，书院内广植树木花草，环境幽雅（图4-2-90）。

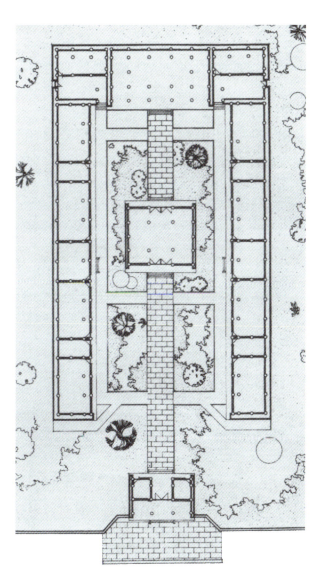

图4-2-89（a） 崇正书院总平面图

图4-2-89（b） 崇正书院大门正面

图4-2-89（c） 崇正书院讲堂正面

图4-2-89（d） 崇正书院藏书楼

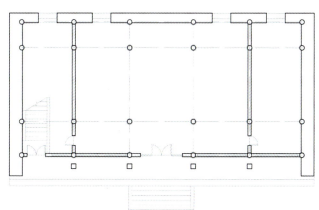

图4-2-90（a） 焕文书院藏书楼平面图

图4-2-90（b） 焕文书院讲堂

图4-2-90（c） 焕文书院藏书楼立面

6. 虹溪书院

虹溪书院位于弥勒县虹溪镇中书院街，是虹溪镇唯一的书院，建于清光绪二十五年（1899年），书院占地宽广、环境清幽。现存藏书楼，坐北朝南，重檐歇山顶抬梁式结构，平面三开间，通面阔13.6米，进深三间14.2米，占地面积193平方米，是虹溪书院的主体建筑。二层屋檐下悬挂"藏书楼"三块木质大匾，系临摹滇南名士尹壮图手书（图4-2-91）。

重建这座书院时，王炽捐资四千八百八十三两银子，同时还出资购置学田作为书院的教育经费来源，又赠《古今图书集成》等书籍万余册给藏书楼。

7. 凤鸣书院

凤鸣书院位于大理市凤仪镇西门外的凤山下，凤鸣书院始建于明，清末重修。原为儒学，后改为书院，整个书院坐西向东。前面大门仿照白族民居门阙，中间明间为歇山顶楼阁，檐下设有斗栱。入门后迎面是一块粉墙照壁，照壁西面为泮池，池中修建一座歇山屋顶的小巧方亭。亭子东西有拱桥相接，其后为中殿和大殿，两者均为单檐硬山顶，占地约2000平方米（图4-2-92）。

8. 文华书院

文华书院位于巍山县城外东北隅玉皇阁故址，清光绪元年（1875年）创建，光绪二十九年（1903年）成立劝学所，改文华书院为高等小学堂。书院占地4000平方米，分别由大门、二门、泮池、雁塔

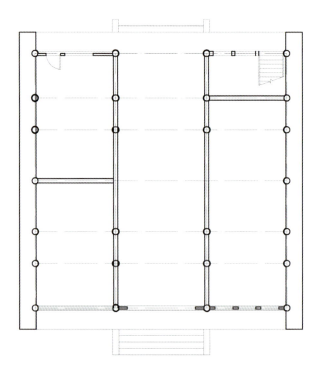

图4-2-91（a） 虹溪书院藏书楼平面图

图4-2-91（b） 虹溪书院藏书楼

图4-2-91（c） 虹溪书院厢房

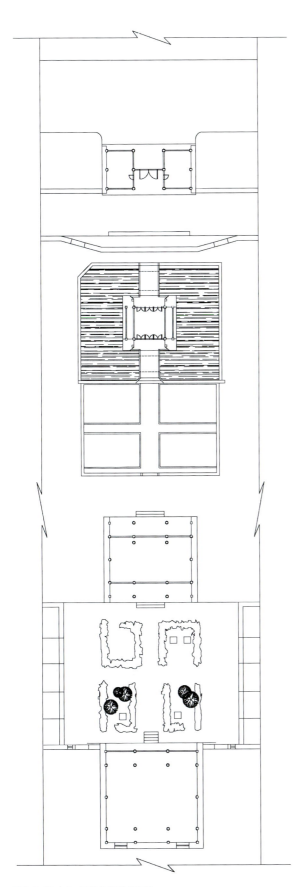

图4-2-92(a) 凤鸣书院总平面图

图4-2-92(b) 凤鸣书院大门

图4-2-92(c) 凤鸣书院照壁

图4-2-92(d) 凤鸣书院水亭

图4-2-92(e) 凤鸣书院水亭山面

坊、魁星阁、藏书楼及两厢等大小9个院落组成，现仅有藏书楼、魁星阁、雁塔坊及部分厢房（图4-2-93）。魁星阁为重檐歇山式建筑，面阔五间，下层四周设回廊，上下层檐下都设七踩斗栱。

藏书楼建于高台之上，通面阔五间20米，通进深15米，高11米，重檐歇山顶，翼角出檐甚长，整个建筑气势宏伟。

第三节　云南文庙的建筑特色

云南地方的现存文庙，其建筑的规模建制，既有遵从中原文庙建构形制布局之规定，也有展示结合地方民族文化之创造，充分表明了云南地方民族在积极吸收借鉴汉文化的同时，没有忘却和抛弃自我的创造智慧，具体体现在其建筑布局的多样性、鲜明的地域性和灵活的创造性等三个方面的特点。

一、布局的多样性

云南文庙的多样性特点，可以从其总体布局、建筑坐向、建筑规模建制、建筑单体形态与空间组合等多方面表现出来，如按照文庙建筑的空间秩序，从入口开始，可以看出有以下诸多彼此不同的设置。

1. 整体布置朝向的多样。从建筑布置的朝向方位看，云南文庙的总体布局，除多数按照传统的"坐北向南"之外，还有其他"坐南向北"、"坐东向西"、"坐西向东"，或者非四个正方位的坐向。"坐南向北"者如通海文庙、腾冲文庙和会泽文庙；"坐东向西"者有宾川文庙、墨江文庙、晋城文庙；"坐西向东"者有景东文庙、石羊文庙、凤庆文庙、凤仪文庙、永昌县文庙、富民文庙等。

2. 建筑格局组合的多样：在建筑功能布局上，除了以独立的文庙设置为主，云南文庙仍然还有一部分是庙学结合、庙学并存的组合。其中既有左庙右学格局，如宾川文庙、姚安文庙、大理文庙、凤仪文庙、永昌县文庙、昆明文庙、晋城文庙（图4-3-1），也有右庙左学格局，如安宁文庙、石羊文

图4-2-92（f）　凤鸣书大殿

图4-2-93（a）　文华书院魁星阁

图4-2-93（b）　文华书院藏书楼

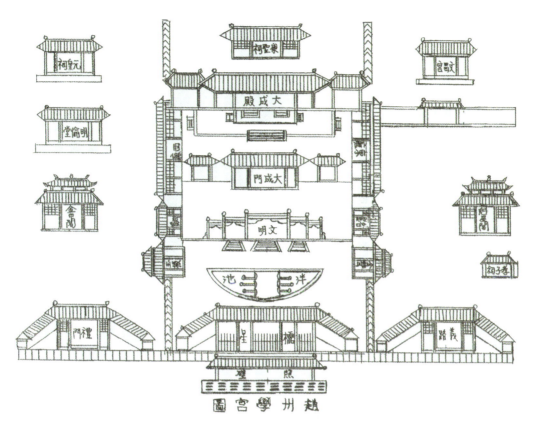

图4-3-1（a） 凤仪学宫

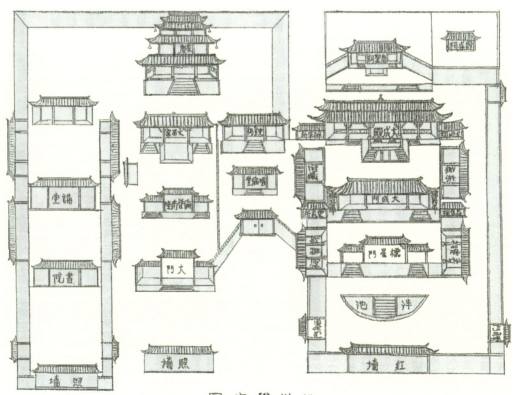

图4-3-1（b） 姚安学宫

庙、景东文庙、通海文庙、腾冲文庙、石屏文庙、江川文庙、嵩明文庙、玉溪文庙等（图4-3-2）。还有前庙后学格局的巍山文庙，中庙左右学格局的建水文庙和一庙三学的楚雄文庙（图4-3-3）。

3．"万仞宫墙"形式的多样：在文庙建筑之南始端，设置有如"万仞宫墙"的大照壁且仍然保持完好的，有宾川文庙、鹤庆文庙、景东文庙、通海文庙、泸西文庙、巍山文庙和宜良文庙，其中通海文庙的照壁十分高大，长约50米。景东文庙在照壁中间开设一方形门洞作为文庙进出的主入口，宜良文庙则在照壁中间开设圆形拱门（图4-3-4），照壁门后紧接泮池和泮桥。

4．泮池规模形式的多样：在文庙的泮池设置上，其规模有大有小，形态方圆不一。最大者为建水文庙，呈不规则椭圆形状，水面几乎占总占地面积114亩的一半，被称为"学海"，属全国仅有。最小者为富源文庙，月牙形的泮池长边也不过10米，宽仅为4米。开设长方形泮池的有楚雄文庙、牟定文庙，设椭圆形泮池的有思

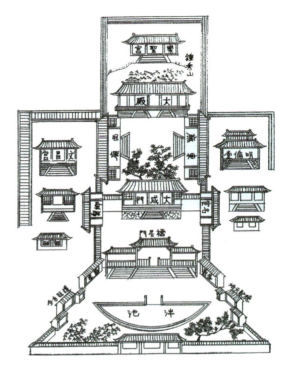

图4-3-2（b）江川县文庙

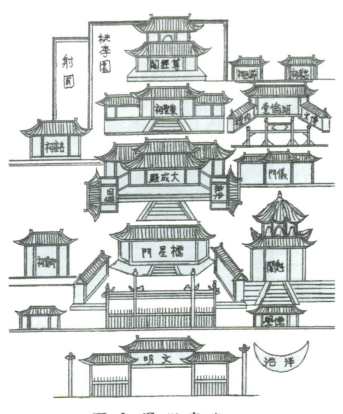

图4-3-2（a）安宁学宫

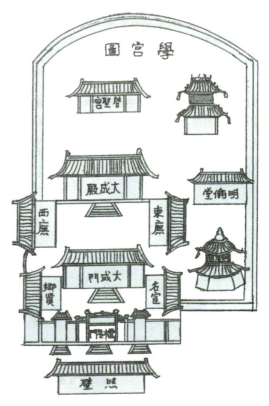

图4-3-2（c）嵩明学宫

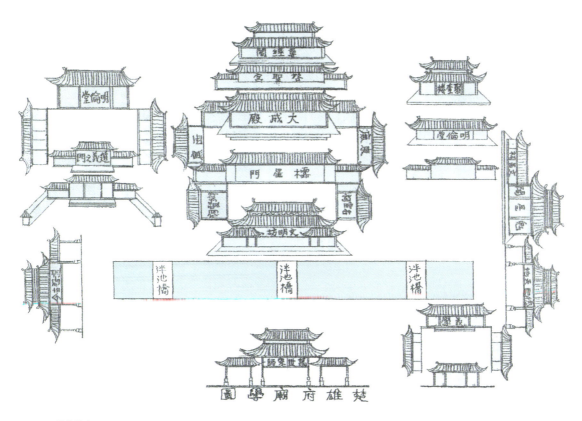

图4-3-3 楚雄学宫

图4-3-4（a） 宜良文庙大同门

图4-3-4（b） 景东文庙大门

茅文庙，方形与半圆形结合的泮池如宜良文庙。在泮池上多数都架设拱桥，有单孔、双孔和三孔，三孔桥最长者为宜良文庙，并排架设3座泮桥的如楚雄文庙。

5. 棂星门形式的多样：在文庙棂星门的设置上，除建水文庙、石羊文庙的棂星门为三开间单檐歇山顶抬梁式建筑，且四柱均伸出屋面呈"乌头门"形式之外，其余多数皆设为四柱三间三叠式重檐歇山屋顶的牌楼式门坊。而把棂星门设置为四柱三间石牌坊的有昆明文庙、广南文庙、黑井文庙。在棂星门前设华表石雕柱的如通海文庙，门后设的有宜良文庙、江川文庙（图4-3-5）。还有一些文庙在这个位置就只设一座文明坊，如凤庆文庙则将其设为龙门坊。

6. 大成门规模建制的多样。文庙大成门的规模建制也是大小不同，建筑的开间从常规的三开间到五开间都有，甚至还有七开间的，如石林文庙的大成门。在设五开间的大成门中，只有一间开门的有楚雄文庙、鹤庆文庙、牟定文庙、河西文庙、泸西文庙、

图4-3-5（a） 宜良文庙石雕华表柱　图4-3-5（b） 江川文庙大成殿前月台石雕柱

富源文庙、巍山文庙、黑井文庙，有三间开门的有建水文庙、石羊文庙、通海文庙，五间都开门的为广南文庙。而设置了大成门，不从门内直接进出却往大成门两山墙外走的是景东文庙、凤庆文庙。

7. 大成殿规模建制的多样：云南文庙的大成殿，屋面形式以歇山屋顶为主，且单檐、重檐的均有，殿前也都多带有宽窄大小不等的月台，有从正面上下的，也有三面都可以上下的。大成殿的建筑规模主要以五开间为主，三开间的有几个，七开间的仅有巍山文庙大成殿，虽然会泽文庙看似七开间，实际上是五开间带两边山面的回廊。与此做法类似的还有富民文庙，只不过在富民文庙大成殿山墙面两侧的柱廊较为短浅，檐柱与山墙面的实际间距不足1米，人只能从柱外檐下通过。

8. 附属建筑配置与形式的多样：在云南文庙建筑组群里，上述提到的万仞宫墙、棂星门、泮池、大成门、东西庑、大成殿、崇圣祠（启圣殿）等主要建筑，在一般的文庙中都有设置，只是保存至今且较为完备的并不多，而一些附属的魁星阁、文昌阁、明伦堂、碑亭和尊经阁等建筑，也只在一些建筑规模较大的文庙中出现。同时配置相应的一些门、坊、亭、阁之类的附属建筑，则根据不同时期、各个文庙修建时的具体设置，并且每个建筑的位置、建筑空间形态、屋顶形式等都彼此不同，以丰富各个文庙建筑组群的空间层次。如凤庆文庙在棂星门前单独另设了一道四柱三间的石构牌坊"龙门坊"，而凤仪文庙则在棂星门后同样另设一道石构牌坊。巍山文庙在大成殿与崇圣祠之间设了一道木构的牌坊"雁塔坊"，实际上是一座面阔三间、进深二间的三叠式歇山屋顶亭阁建筑。富源文庙则将八角形三重檐的魁星阁紧靠在大成门的右山面设置，尺度较大。

9. 建筑结构构架应用的多样：云南文庙建筑群中的门、殿、祠、阁、楼等不同单体建筑，其建筑的木架结构应用，主要以抬梁式和穿斗式为主，特别是文庙的主体建筑大成殿、崇圣祠等，居中明间与次间的构架一般是采用抬梁式结构，便以获得较为宽敞的室内活动空间，仅在两山墙面的构架采用式穿斗结构。文庙大殿的平面布局通常为面阔五间、进深三间的长方形，也有少数面宽与进深都是三间的正方形平面，如鹤庆文庙。而殿内柱网的排列，既有规整的前后四列单排柱，如大多数文庙的大成殿，也有前后五列单排柱，如会泽文庙大成殿。还有在两梢间加中柱形成内外两圈柱的排列，如宾川文庙、凤庆文庙、墨江文庙、泸西文庙、凤仪文庙和澄江文庙。

10. 斗栱组合及细部构造的多样：云南文庙中的门、坊、殿堂、楼阁等建筑，其檐下的斗栱组合应用，同样体现出多样性和鲜明的独特性，每组斗栱尺度既有大小之分，也有出挑层数多少与斗栱形态、花饰繁简不同之分，如有单层出挑的四铺作、斗口单昂，或是出挑多层的六铺作、斗口重昂，单翘单昂、单翘重昂和重翘重昂等多种斗栱组合，最多的可达五层十一踩，而一些正心瓜栱、里外拽瓜栱、万栱的栱形处理有麻叶云或花瓣形等多种形式（包括45度出挑的斜栱）。昂头造型除了常见的之外，还有象鼻昂、凤头昂等。

二、鲜明的地域性

云南现存的文庙建筑，不但丰富多样，还具有鲜明的地域性特点，主要体现在文庙的总体布局与地形环境相结合、群体建筑空间组合、单体建筑形制和建筑结构构架几个方面。

1. 与地形环境的结合。一方面是整体布局与地形环境紧密结合，建筑群布局的朝向，在遵从以"坐北向南"为主的基础上，充分结合其所处的实际地形环境，或坐东或坐西，或反过来"坐南向北"；甚至还有非正南北或正东西坐向的灵活布局。

另一方面，则根据坡地的地形高差变化，分层设置，所设的石阶踏步或多或少，建筑与建筑之间或远或近，在保持建筑主体空间原来的轴线对称关系的基础上，完全顺应自然地形，十分巧妙地组织协调好各建筑之间的前后空间关系，层层递进并形成良好的视觉联系，如景东文庙、石羊文庙、凤庆文庙、广南文庙、通海文庙、墨江文庙、腾冲文庙、富源文庙、宜良文庙、富民文庙、黑井文庙等，都是中轴线明确清晰，周边则进退自如地灵活设置。

2. 群体建筑空间的组合。照壁的设置应用，如景东文庙、通海文庙、巍山文庙、泸西文庙、宜良文庙等的照壁，从文庙外面看，主要作为其所处城市街道环境的主要景观对景，起着鲜明的标志引导作用，甚至进入文庙的大门就直接开设在墙上，如景东文庙大门、宜良文庙的大同门。从内部看，通过泮池和泮桥的联系过渡，又作为文庙较为开敞的前导空间广场，与棂星门或文明坊相互呼应的对景，往往还在墙面上镶嵌有"鸢飞鱼跃"几个石刻大字。

而从棂星门之后的院落空间组合，则院落多少不等，宽窄大小不同，所配置的相关附属建筑，门坊连廊、楼阁亭台，均配合文庙建造的规模需要配置。如在墨江文庙大成门前对称设置两个重檐屋顶的楼阁凌霄阁和魁星阁，凌霄阁是歇山顶，魁星阁则是攒尖顶。在景东文庙的棂星门也分左右对称设置两个形态小巧的重檐歇山顶楼阁。巍山文庙大成殿后还设置有独特的亭阁式"雁塔坊"。

3. 单体建筑的形制处理：如文庙大成门的开设，同样是面阔五开间的大门，也有不同的门扇开启设置。仅有明间设一道门的，如楚雄文庙、鹤庆文庙、牟定文庙、河西文庙、泸西文庙、巍山文庙、富源文庙、黑井文庙的大成门。开三道门的则有两种设置，一是明间与两次间连续开设三道门，如通海文庙、石羊文庙的大成门，另外一种则明间与两末间开门，其中的两次间封闭，形成相互间隔的三个门道，如建水文庙。五开间都开门的仅有广南文庙的大成门，非常有气势。即便是设置有七开间的石林文庙大成门，其也只开有三道门，如同建水文庙的开设方式一样，明间开，两次间封闭，两梢间再开，两末间又封闭，虽然整个大门的面阔尺度最宽，但从形式上看，比起广南文庙的大成门要逊色得多。

对于三开间的大成门，不论建筑规模和尺度都显得较小。其中景东文庙的大成门既是联系前后左右的一个交通枢纽，也是一个观景的台榭。与此设置相似的还有凤庆文庙的大成门，不直接从门内进出，而是从大成门两侧的山墙外面进出。

最具特点的应是富源文庙的大成门，其建筑形态为面阔五开间带回廊，重檐四坡顶屋面，明间设门，在门后左右分置楼梯上至二层，二层楼面也为回廊式布局，可环通连接左右厢房的二层走廊，可以向外环顾远眺。

文庙大成殿的建筑形制，平面布局上，在体现常规的三开间、五开间布局时，还专门有带回廊的，如鹤庆文庙、广南文庙、会泽文庙、剑川文庙的大成殿。在云南，有些文庙大成殿的歇山屋顶形式，并非真正传统歇山屋顶结构的做法，只不过是在硬山屋顶的基础上，处理成为带有地方特点的"假歇山顶"，即把大殿正面的两边翼角出挑加长，形成歇山顶样式，而侧面的排山沟滴仅仅是盖住山墙，并加设联系前后檐的一条山墙面上的腰檐，与屋面前后的翼角出檐形成自然过渡。而类似的做法还包括大成门和崇圣祠等有关建筑。

在大成殿后面设置的崇圣祠或启圣殿，一般是三开间的重檐或单檐歇山式屋顶建筑，但通海文庙大成殿后的崇圣殿，却是五开间单檐硬山顶，两侧再紧接各为三开间的两座配殿（配殿山面为歇山顶），共同组成一栋形似九开间三叠式屋面形态的建筑，背靠秀山，颇有气势。

4．建筑梁柱结构的应用：文庙殿堂的平面柱网布置有比较特殊的处理，如景东文庙大成殿在内圈柱之内，又分别前后对称设置四根明间柱。鹤庆文庙大成殿因明间开间较宽，约为次间的2倍，于是在下檐的明间内又对称增设两根方柱，而增加的方形小柱与明间柱的距离和回廊等宽，最终形成一宽一窄有韵律变化的廊柱排列。还有应用减柱造和移柱造的柱网排列，减柱造做法如剑川文庙大成殿，三开间的殿身，前两根金柱被减去。永昌府文庙明间的两根后金柱被减去；移柱造做法如安宁文庙大成殿，其殿内明间的后排两根柱向后移约70厘米。永昌府和永昌县文庙的大成殿，它们两次间与梢间设置的中柱均向两山外移，永昌府的外移了半个开间，永昌县的外移了近三分之二开间。

特别是文庙殿堂楼阁的檐口梁枋与檐柱的结合，虽然绝大多数都是明清时期建造或重修的，但仍然保持有宋元时期的建筑风格特点，主要体现在：柱头梁枋的断面，是宽扁的普拍枋与阑额构成的"T"形组合。建筑开间方向的梁柱结构处理仍然具有明显的生起，檐口与屋脊的曲线明显柔和，处理为花脊形式的五条正脊和垂脊，降低了歇山式屋脊的厚重感。

另外，还有一些文庙的大成殿，在其两末间的尺寸应用上产生突变，不是按照从明间、次间到末间的依次递减，而是在末间变化使用较小的尺寸，类似在面宽三开间的基础上，再加上一个空间尺度较小的走廊，这个宽度与两次间的对比变化特别明显。如宜良文庙、宾川文庙、楚雄文庙、景东文庙、牟定文庙、石羊文庙、富民文庙和凤庆文庙等大成殿的末间设置。

在柱子材料使用上，建水文庙大成殿室内外的四列柱子全部为方形的整石柱，河西文庙的大成殿却把高大的前檐柱做成石柱，只在柱头与梁枋交接处用一段短木柱来构成柱头的榫卯节点（图4-3-6），使外露的石质柱身能够抵御风雨和日晒，有效延长其使用的寿命。而重檐屋顶的凤庆文庙大成殿，其上层屋檐下的明间梁柱结构处理特别少见，即明间设置的两根檐柱，一直向上延伸至上檐的檐檩下，使普拍枋直接插进柱中，而不是常规地设置在柱顶，且把明间的阑额与普拍枋脱开，使之与左右两边的阑额形成错位，并在脱开的两横向构件之间设置垫块（图4-3-7）。究竟为何要建造成这样，目前尚无肯定的说法和有力的依据。

图4-3-6（a） 河西文庙大成殿前檐走廊

图4-3-6（b） 河西文庙大成殿前檐石柱身与木柱头

图4-3-7（a） 凤庆文庙大成殿梁柱构架

图4-3-7（b） 凤庆文庙大成殿上檐斗栱

三、灵活的创造性

云南文庙建筑的灵活性特点主要体现在布局上，其在遵从内地文庙建筑格局的基础上，按照实际所处环境的地形，灵活变通，使各建筑与自然环境有机地结合在一起。如富源文庙，以大成门、大成殿及两庑围合的院落为核心，将中山礼堂（民国建筑）与魁星阁紧密结合，分别构成两个平行的南北向轴线，而大成门以南的泮池、小六角亭和入口大门的"太和元气坊"则自由布局在不同标高的地形台地上，再由不同走向的台阶踏步走道相连接，形成视觉轴线的多次转折。

墨江文庙的主体建筑大成殿与棂星门相对应组合于不同的标高台地，中间经过对称设置的两个重檐楼阁与两庑廊坊的收放组合，形成轴线空间的有序变化。再以棂星门为核心，与棂星门前低处台地上又对称配置两栋厢房形成屏障，而其中右边的厢房又与文庙大门形成对景，共同组合成为一个较为狭小的入口院落，来形成建筑空间上的先抑后扬，平行的两条轴线，却有多个不同的空间组合层次，变化收放自如而且有序。

其他的附属建筑设置，也是根据文庙建设规模的大小和建制的完备等实际需要来灵活布局。如重檐或三重檐的尊经阁、魁星阁的设置，与文庙主体建筑联系或远或近，而有的已单独成景，如凤庆文庙、宜良文庙的魁星阁，已布置在较高较远的小山坡顶上，自成一体。

本章通过对遗存至今的部分云南地方文庙、武庙和书院实例进行分析，反映出儒家的道德思想在这种类型建筑中的不同表现，进而归纳总结出云南地方文庙的建筑特色，表明云南本土民族及各地匠师在积极学习中原汉族先进木构技术及其建筑文化时的开放心态与创新应用。

注释

① 大理国时期的知识分子大致分为两类：一类是先在家读儒书然后进佛寺的，称为"儒释"；另一类是先进佛寺后读儒书的，称为"释儒"。大理国统治者效法中原开科取士，就是从这些"儒释"或"释儒"中选拔的。

② 《明实录·世宗实录》卷117。

③ 《明实录·神宗实录》卷224。

④ （明）刘文征，《天启滇志》。

⑤ 所谓"改土归流"，即废土官而任流官。以流官代土官，从政治上讲，意味着中央集权在归流地区的最终实现；从社会经济上讲，意味着在归流地区封建地主经济取代领主经济；从文化上讲，改土归流地区办起了儒学，并在此基础上推行科举制度，这是一种社会变革与进步。改土归流顺乎历史发展，具有进步意义。

⑥ 本主，是大理地区白族独特的全民宗教信仰，集自然崇拜、鬼魂崇拜、祖先崇拜、英雄崇拜为一体的村社神崇拜。它"以死勤事则祀之，以劳定国则祀之，能御大灾则祀之，能捍大患则祀之。"

⑦《汉书·董仲舒传》卷56，2512，2503。

⑧《明实录·太祖实录》卷144、162、223。

⑨《明实录·太祖实录》卷21、43、82、91、104、106、109、113。

⑩《明实录·英宗实录》卷14、140。

⑪《明实录·世宗实录》卷142、266、334、349。

⑫《明实录·穆宗实录》卷6、27。

⑬《明实录·神宗实录》卷226、325、423。

⑭ 在云南的卫所，具体有云南左、右、中、前、后五卫，广南、曲靖、越州、平夷、陆凉、临安、楚雄、大理、大罗、洱海、蒙化、永昌、腾冲、景东、澜沧十五卫。

⑮ 查继佐，《罪惟录·学校志》卷26。

⑯《明实录·英宗实录》卷192《景泰附录十》。

⑰《二十五史·明史·选举志》第10册，7957。

⑱ 义学，义学又称义塾，由为官者、为贤者、为绅者倡办。

⑲《二十五史·元史》第9册，7588。

⑳《明实录·太祖实录》卷82。

㉑《明实录·英宗实录》卷231，《景泰附录》卷49。

㉒《明实录·宪宗实录》卷127。

㉓《临安府碑记》。

㉔《明实录·太祖实录》。

㉕ 方国瑜，《云南史料目录概说》，中华书局，1984年，1160

㉖《明史·云南土司·丽江》，《二十五史》第10册，8661。

㉗ 方国瑜，《云南史料目录概说》，中华书局，1984年，1163

㉘《春秋繁露》。

㉙《宋史》卷154。

㉚ 清康熙《楚雄府志》。

㉛（清）《续修白盐井志》。

㉜（民国）《大理县志稿》。

㉝（清）康熙《蒙化府志·艺文志》。

云南古建筑地点及年代索引

	名称	地点	年代	变化情况及特点	文保等级
宁玛派红教	英主顶寺（赤尼寺）	德钦县	清道光元年（1821年）	1984年后修复	
	拖拉寺（拖拉主寺）	德钦县	清道光元年（1821年）	1986年后修复	
	布公寺（布隆寺）	德钦县	不详	1987年后修复	
	云登寺（原名玉丹寺）	中甸县	1948年	1989年后修复	
噶举派白教	承恩寺（哈批衮巴）	中甸县	明代	1990年后修复	
	云仙寺（松主衮）	德钦县	不详	1990年后修复	
	禹功寺（扎史曲品）	德钦县	不详	1987年后修复	
	寿国寺（扎西达结林）	维西县	清雍正七年（1729年）		
	兰经寺（扎西绕丹林）	维西县	清雍正十二年（1734年）	原建筑已毁	
	达摩寺（丹培林）	维西县	清康熙元年（1662年）	1958年被毁	
	来远寺（绕介林）	维西县	不详	1958年被毁	
	普化寺（桑珠达结林）	贡山县	清乾隆四十八年（1783年）		
	福国寺（俄命囊珠林）	丽江县	明万历二十九年（1601年）	已毁，寺属五凤楼与解脱林迁至黑龙潭内	
	玉峰寺（扎西曲批林）	丽江县	清康熙三十九年（1700年）		
	文峰寺（桑昂嘎泽林）	丽江县	清乾隆四年（1739年）		
	指云寺（额敦品措林）	丽江县	清雍正五年（1727年）		
	普济寺（塔白列争林）	丽江县	清乾隆三十六年（1771年）		
	林昭寺（噶参林）	不详	不详		
噶举派白教	达来寺（达结林）	维西县	不详		
	兴化寺（特钦达结林）	不详	不详		

续表

名称		地点	年代	变化情况及特点	文保等级
萨迦派花教	则波萨迦寺	宁蒗县	清光绪元年（1875年）	现已逐步修复	
	浪蕖萨迦寺	宁蒗县	清代（不详）		
格鲁派黄教	噶丹松赞林寺（汉名归化寺）	中甸县	清雍正二年（1724年）	1984年后修复	
	噶丹羊八景林（红坡寺）	德钦县	明万历三年（1574年）	1989年后修复	
	噶丹德钦林寺（德钦寺）	德钦县	初建于1509年	现已重建	
	噶丹东竹林寺（冲冲措岗寺）	德钦县	1667年已初具规模	20世纪80年代修复	
	书松尼姑寺	德钦县	不详	现迁入东竹林	
	叶日尼姑寺	德钦县	不详	现与书松寺合	
	扎依寺	德钦县	不详	现已逐步修复	
	扎加寺	德钦县	不详	现已逐步修复	
	扎史曲里寺	德钦县	不详	并入扎依寺	
	哲母寺（建国寺）	德钦县	不详	现已逐步修复	
	觉顶寺	德钦县	不详	现已逐步修复	
	布顶寺（路布顶寺）	德钦县	不详	现已逐步修复	
	茂顶寺	德钦县	不详	现已逐步修复	
	扎美戈寺	宁蒗县	明代		
	格鲁巴寺	宁蒗县	不详		
	挖开格鲁巴寺	宁蒗县	不详		
	洼坝姐	勐海县	公元615年	亦有史载在景洪境内	
	勐海寺	勐海县	公元671年	毁于蒲甘入侵	
	曼拉闷寺	勐海县	公元671年	毁于蒲甘入侵	
	洼迈新寺	勐海县	公元713年	于公元771年撤销	
	达谢海寺	勐海县	公元671年	毁于蒲甘入侵	
	景真佛寺	勐海县	1701年	景真八角亭戒堂	
	曼宰龙寺	勐海县	1868年	有精美壁画	
	金莲寺	景洪市	1570年	金莲公主建，现已毁	
	曼阁寺	景洪市	1598年	高僧祜巴阿领建	

续表

名称	地点	年代	变化情况及特点	文保等级
洼曼宰寺	景洪市	1663年		
洼庄董寺	景洪市	1828年		
曼勒寺	景洪市	1839年		
曼匡寺	景洪市	1839年		
曼泰寺	景洪市	1848年		
曼听寺	景洪市	1861年		
洼轰乃寺	景洪市	1887年		
东老寺	景洪市	1879年		
曼迈寺	景洪市	1898年		
广瓦寺	景洪市	1894年		
曼栋寺	景洪市	1902年		
洼札棒寺	景洪市	1907年	宣慰街副总佛寺	
洼科松寺	景洪市	1908年		
龙冯寺	景洪市	1918年		
洼宰	景洪市	1918年		
洼龙	景洪市	1932年	宣慰街总佛寺	
户撒寺	陇川县	1380年	清雍正年间改名皇阁寺	
广母寺	陇川县	1623年	有群塔	
菩提寺	芒市	清初	摆庄派寺院，1982年重建	
五云寺	芒市	1665年	摆庄派寺院，1985年重建	
佛光寺	芒市	1873年	摆庄派寺院	
庄原寺	芒市	清末	左抵派寺院	
玛厄寺	芒市	清初	朵列派寺院	
风平寺	芒市	清代	有双塔	
邦外佛寺	芒市	不详	德昂族规模最大的佛寺	
庄恩寺	遮放镇	清代	朵列派寺院	
庄相寺	遮放镇	清代	摆庄派寺院	
庄罕木寺	遮放	清代	润派寺院	
雷庄相寺	瑞丽市	明末	中缅佛教信徒朝圣地之一	
姐东庄寺	瑞丽市	1945年	有壁画45幅	
等喊弄庄寺	瑞丽市	清乾隆年间	干阑式殿堂建筑	

续表

名称	地点	年代	变化情况及特点	文保等级
喊沙寺	瑞丽市	清末	有护经女神塑像	
南城佛寺	瑞丽市	清代		
芒约佛寺	瑞丽市	11世纪中期	1983年重建	
庄崩龙	盈江县	清代	德昂族信众创建	
半满燕寺	耿马县	1473年	1548年迁至山顶	
南掌丁寺	耿马县	1565年	朵列派寺院	
洼楞	耿马县	清代	又称为官佛寺、总佛寺	
洼坎	耿马县	清代	即官佛寺，副总级	
洼勒	耿马县	清代	即甘东寺，副总级	
洼吾	耿马县	清代	野佛寺	
洼东户寺	耿马县	清代	小街佛寺	
洞景佛寺	耿马县	不详	1962年重建	
广允寺	沧源县	1828年	金水、壁画极精美	
大寨佛寺	景谷县	清初	总佛寺，有树包塔两座	
迁糯佛寺	景谷县	1644年	勐嘎中心佛寺	
永平寺	景谷县	清代	中心佛寺	
茂密寺	景谷县	清代	中心佛寺	
仙人洞	景谷县	不详	上座部佛教信众朝拜圣地	
大仙人脚寺	景谷县	1785年	1982年重建	
东那佛寺	景谷县	1879年	隔板木雕极精美	
八角亭	景谷县	清代		
曼岛佛寺	景谷县	1899年		
景谷大石寺	景谷县	清代	佛寺依山岩而建	
中城佛寺	孟连县	1841年	1910年重建	
芒中佛寺	孟连县	清末		
下允佛寺	澜沧县	1860年	金水、壁画和雕刻极精美	
芒洪八角亭	澜沧县	不详		
南归佛寺	西盟县	1916年		
圆通寺	昆明市圆通山	清康熙八年（1669年）	坐北向南，由山门、圆通胜境坊、前殿、八角亭、大雄宝殿、接引殿等组成，大殿重檐歇山顶	1998年省级
华亭寺	昆明市西山森林公园	清康熙二十六年（1687年）	坐西向东，由雨花台、莲池、山门（天王殿）、功德池、大殿、藏经楼等组成，大殿重檐歇山	1983年市级

续表

名称	地点	年代	变化情况及特点	文保等级
太华寺	昆明市西山森林公园	清光绪九年（1883年）	坐西向东，由石牌坊、山门（天王殿）、大雄宝殿、大悲阁等组成，大殿重檐歇山顶	1983年市级
邛筑寺	昆明市西北郊玉案山	清光绪年间	由山门、天王殿、大雄宝殿、华严阁等组成，有著名的五百罗汉塑像，大殿重檐歇山顶	市级
昙华寺	昆明东郊瑞应山路	清代	坐东向西，由山门、关圣殿、观音殿、藏经楼、方丈室等组成	市级
法定寺	昆明市官渡镇	清代	坐北向南，仅存正殿，单檐歇山顶	区级
观音寺	昆明市碧鸡镇观音山	清代	坐西向东，由碑楼、山门、天王殿、大殿、配殿等组成，大殿单檐歇山顶	区级
石龙寺	呈贡区大渔乡海晏村	明代	坐南向北，现仅存正殿、后殿和西侧悬崖上的望海阁	区级
曹溪寺	安宁市温泉镇葱山东麓	始建于宋代	坐西向东，由山门、天王殿、钟鼓楼、大殿、后殿等组成，大殿重檐歇山顶	1983年省级
慈云寺	安宁市县街村葱蒙山	清代	由前殿、中殿、后殿及两厢等组成，殿单檐歇山顶	市级
盘龙寺	晋宁县晋城镇盘龙山	清道光二十六年（1846年）	坐南向北，由天王殿、大雄宝殿、祖师殿及东西配殿等组成，大殿重檐歇山顶	1993年省级
觉海寺	富民县勤劳乡觉海寺村	清代	坐东向西，由山门、水池拱桥、前殿、正殿等组成，正殿单檐硬山顶	县级
白龙寺	富民县款庄乡马街村松山	清代	坐东向西，由照壁、山门、前殿、中殿、正殿等组成，正殿单檐硬山顶	县级
法明寺	宜良县匡远镇寿山路东段	明天启二年（1622年）	坐西向东，现仅存大殿与佛塔，大殿重檐歇山顶	1993年省级
云泉寺	宜良县狗街镇玉龙村	清代	坐南向北，现存观音殿、罗汉殿、正殿与凉风亭等组成，正殿重檐歇山顶	县级
温泉寺	宜良县羊街乡张家村	明代	坐南向北，由山门、前殿、中殿、正殿及配殿等组成，大殿重檐歇山顶	县级
万福寺	宜良县汤池镇西北隅金山顶	明代	坐北向南，由前殿、正殿与两厢等组成，大殿单檐悬山顶	县级
弥勒寺	宜良县古城镇古城街	清代	坐东向西，由前殿、中殿、正殿等组成，大殿单檐歇山顶	县级
正续寺	武定县狮子山	清光绪年间	坐西向东，由石牌坊、山门、天王殿、南北两厢、大雄宝殿、迦叶殿、藏经楼观音阁等组成，大殿单檐歇山顶	1987年省级
华严寺	楚雄市苍岭镇西营村	清代	现仅存大殿与两厢，大殿单檐歇山顶	市级

续表

名称	地点	年代	变化情况及特点	文保等级
德丰寺	姚安县栋川镇南正街	明嘉靖三十八年（1559年）	坐北向南，由山门、前殿、中殿、正殿与两厢两耳等组成，大殿重檐歇山顶	1983年省级
龙华寺	姚安县光禄镇西山山麓	清光绪二十一年（1895年）	坐西向东，由山门、钟鼓楼、碑亭、正殿、大悲殿、过厅与两耳等组成，大殿单檐硬山顶	1993年省级
德云寺	大姚县仓街乡妙峰村	清嘉庆年间	由钟鼓楼、莲池、佛阁、天王殿、大雄宝殿、藏经楼等组成，大殿单檐歇山顶	1998年省级
兴教寺	剑川县沙溪镇寺登村中	始建于明永乐十三年（1415年）	密宗寺院，坐西向东，现存山门、中殿、大殿等建筑，大殿重檐歇山顶	1987年省级
宝相寺	剑川县沙溪镇佛顶山南麓	清康熙二十七年（1688年）	坐北向南，由山门、天王殿、观音殿、正殿弥勒龛、玉皇阁等组成，大殿单檐歇山顶	1993年省级
祝圣寺	宾川县鸡足山	清光绪二十九年（1903年）	坐西向东，由照壁、镇宝亭、放生池、天王殿、正殿、藏经楼方丈室等组成，大殿重檐歇山顶	1993年省级
金顶寺	宾川县鸡足山	清代至民国	由三官殿、睹光台、天王殿、楞严塔、大雄宝殿等组成	州级
圣元寺	大理市喜洲镇庆洞村	清代康熙三十八年（1885年）	由圣元寺正殿、观音阁、神都（土主庙）3部分组成	1987年省级
感通寺	大理市点苍山圣应峰南麓	清代	坐西向东，由山门、天王殿、大殿及厢房组成，大殿单檐歇山顶，山门南北坐向	州级
光尊寺	保山市板桥集镇东北部	清代	坐东向西，依山建成七进五院，由山门、过厅、文昌宫、大雄宝殿、观音殿、斗姥阁、瑶池楼、戏楼等组成	市级
梨花坞	保山市郊西南隅九隆山	清光绪年间	坐西向东，依山势布置为三院一殿，由慈云阁、藏经楼、养云池、雨花亭、瑞雪岑、读书楼、翰鹤泫、韦驮殿等组成	市级
水映寺				县级
琉璃殿				市级
圆明寺	通海县河西镇普应山东麓	清光绪十四年（1888年）	坐西北向东南，由山门、天王殿、大雄宝殿、雨花台、涤尘楼、玉皇阁等组成，大殿单檐歇山顶	1998年省级
大兴寺	通海县河西镇	清代	现仅存山门、正殿，大殿单檐歇山顶	
涌金寺	通海县城秀山山顶	明代重建、清代重修	坐北向南，由山门、古柏阁（天王殿）、钟鼓楼、大雄宝殿、东西配殿等组成，大殿单檐歇山顶	1987年省级
普光寺	通海县城秀山	清代重修	坐南向北，依山势横向排列东、西两院	县级
开化寺	华宁县盘溪镇盘溪村西	清代	坐南向北，由圣母殿、二圣宫、魁阁、龙王庙等组成	县级
慈光寺	华宁县宁州镇城东万松山	清代	坐东向西，由天王殿、大佛殿、玉皇阁、藏经楼等组成	县级

续表

名称	地点	年代	变化情况及特点	文保等级
指林寺	建水县临安镇建中路	元元贞二年（1296年）	坐北向南，原有山门、二殿、二庑、二塔、一坊，现仅存牌坊和正殿	1987年省级
燃灯寺	建水县临安镇燃灯寺街	清代	坐北向南，现存中殿、大殿及东西两厢，大殿单檐歇山顶	县级
东林寺	建水县临安镇东林寺街	清代	坐南向北，现存中殿、大殿及东西两厢，大殿单檐歇山顶	县级
福东寺	建水县临安镇东正街太史巷	清代	坐北向南，由水榭、正殿与东西两厢组成，大殿单檐歇山顶	县级
普庵寺	建水县临安镇城北	清代	坐南向北，由山门、中殿、大殿及两厢组成，大殿单檐歇山顶	县级
黄龙寺	建水县西庄镇马厂村	清	坐北向南，由龙王庙、雷神庙、龙潭禅院和清风亭等组成。其中龙潭禅院有5殿4院，大殿单檐歇山顶	县级
大兴寺	建水县临安镇新桥街	清代	坐西向东，由中殿、大殿、准提阁及两厢等组成，大殿单檐歇山顶	县级
永宁庙	建水县西庄镇汤伍村	清代	坐北向南，由照壁、前殿、中殿及两厢等组成，中殿单檐歇山顶	县级
龙泉寺	建水县曲江镇龙街	清代	坐东向西，由下殿、中殿、上殿及两厢等组成，上殿单檐歇山顶	县级
大乘寺	建水县西庄镇团山村	清代	坐西向东，由山门、中殿、大殿及两厢等组成，大殿单檐歇山顶	县级
朝阳寺	建水县官厅镇官厅村	清代	坐西向东，沿山自上而下有前殿、中殿、正殿及厢房等组成，正殿单檐歇山顶	县级
西林寺	建水县临安镇梨园街	清代	坐北向南，由山门、正殿、观音殿、关圣殿、文昌殿、祖师及两厢组成，正殿单檐歇山顶	县级
秀山寺	石屏县宝秀镇吴营村	清代	坐西向东，由山门、前殿、中殿、正殿、配殿及两厢、凌云阁等组成，正殿单檐歇山顶	州级
善觉寺	石屏县陶村乡万家营吴营村	清代	坐西向东，由山门、中殿、正殿等组成，正殿单檐歇山顶	县级
云窝寺	开远市中和营乡响水村	清光绪二十年（1894年）	坐北向南，依山势布置有龙王庙、关圣宫、大雄宝殿、文昌宫等建筑	1993年省级
归圣寺	开远市小龙潭乡狮子山村	清	坐东向西，由前殿、大殿及两厢组成，大殿单檐歇山顶	市级
宝华寺	个旧市锡城办事处宝华路	清代	坐东向西，现存灵官阁、白猿楼和梁公祠。灵官阁为重檐歇山顶	市级
妙莲寺	元江县因远镇市街北端	明正德年间	仅存正殿，为坡面陡峻的单檐歇山顶，据元代建筑风格	1998年省级

续表

名称	地点	年代	变化情况及特点	文保等级
诸天寺	蒙自市新安所镇南屯街	明代至清代	坐东南向西北，由山门、大殿、后殿及两厢组成，大殿单檐歇山顶	县级
大兴寺	文山市开化镇城南	清代	坐东向西，现仅存关圣殿、大殿，大殿为单檐歇山顶	州级
护国寺	广南县莲城镇东街青云巷	明代	现仅存前殿，殿为单檐硬山顶	县级
大觉寺	陆良县城南门外真理街	清代	坐北向南，由山门、钟鼓楼、天王殿、大殿、文昌宫、千佛塔等组成，大殿单檐歇山顶	县级
巍宝山巡山殿	巍山县巍宝山	光绪年间（1875～1908年）	坐南向北，由大门、两厢和大殿组成四合院落，占地面积700平方米	县级
巍宝山文昌宫	巍山县巍宝山	清	坐南向北，由关圣殿、魁星殿、金甲殿和文昌殿等建筑组成，占地面积10000平方米	县级
巍宝山青霞观	巍山县巍宝山	康熙二十二年（1683年）	坐南向北，由山门、过厅、老君殿及东西厢房组成。老君殿单檐歇山顶	县级
巍宝山玉皇阁	巍山县巍宝山	清嘉庆二年（1797年）	坐南向北，由四圣殿、三师殿、三官殿、通明天宫、依云阁和弥罗宫等建筑组成，占地面积2016平方米，通明天宫为单檐歇山顶	县级
巍宝山长春洞	巍山县巍宝山	康熙年间（1662～1722年）	坐东南向西北，山门、前殿、正殿、厢房、花园、藏头等建筑组成，按道家的八卦图示方位布置	国家级 2006年
巍宝山培鹤楼	巍山县巍宝山	清	坐南向北，由山门、含真楼、培鹤楼、苍夫子殿、财神殿、道源宫等建筑组成，占地面积5112平方米，培鹤楼为重檐歇山顶	县级
巍山玉皇阁	巍山古城东北	清	坐东向西，由大门、前殿、中殿、正殿等建筑组成四进三院的建筑群，占地面积约4000平方米	省级
保山玉皇阁	保山市太保山	明嘉靖二十四年至三十八年（1545～1559年）	坐西向东，由大殿、八角形钟鼓亭组成院落，占地面积835平方米，大殿为三重檐歇山顶	国家级
打渔村玉皇阁	保山市河图乡	清	坐西向东，玉皇阁为重檐歇山顶	市级
保山金鸡寺	保山市金鸡镇	清	坐西向东，由山门、观音殿、玉皇阁、正殿等建筑组成	市级
保山白鹤观	保山市太保山	清	坐西向东，由前殿、中殿、后殿等组成二进院落。三殿均为单檐硬山顶	市级
腾冲云峰寺	腾冲县云峰山	明至清	坐西向东，由山门、吕祖阁、斗姆阁、老君殿、玉皇殿等建筑，构成了"云峰三折"的特色景观	县级
绮罗文昌宫	腾冲县洞山乡	明万历十三年（1585年）	由宫门、泮池泮桥、棂星门、前殿、朱衣阁、两庑、财神殿、正殿和后宫等建筑组成，占地面积2000平方米	国家级
和顺元龙阁	腾冲县和顺镇	清	坐南向北，由山门、龙王殿、三官殿、观音殿、魁星阁和百尺楼等组成	县级

续表

名称	地点	年代	变化情况及特点	文保等级
和顺文昌宫	腾冲县和顺镇	清	坐南向北，由大门、过厅、大殿和后宫等组成纵深很深、有三进院落沿中轴线对称布置	县级
和顺魁星阁	腾冲县和顺镇	清光绪十九年（1893年）	坐南向北，由山门、过厅、魁星阁楼等建筑组成	县级
云龙白衣阁	云龙县宝峰镇	清	坐西向东，由前殿和正殿组成四合院落，正殿单檐歇山顶	县级
永曾玉皇阁	弥渡县新街乡	清光绪二年（1876年）	由山门、戏台、龙祠、玉皇阁等建筑组成三进院落，玉皇阁为三重檐六角形攒尖顶	省级
双树王母阁	弥渡县太花乡	清	由王母阁、地母宫、诸天寺、静虚寺等组成的佛、道二教建筑群。现存王母阁与地母宫两院，王母阁为重檐剩下的式楼阁	县级
弥渡五台寺	弥渡县苴力乡	清	坐东向西，由观音阁、王母阁、玉皇阁、弥勒殿、孔子殿和老君殿及附属建筑组成	县级
祥云玉皇阁	祥云县	清	坐北向南，以天子台为中心，由居中的老君殿、玉皇阁与左右观音殿、灶王殿等组成	县级
牟定三清阁	牟定县军屯乡	明至清	由山门、两庑、两厢和三清阁等建筑组成，三清阁为重檐攒尖顶	县级
姚安文昌宫	姚安县栋川镇	清	由照壁、魁阁、两厢与正殿组成，正殿单檐歇山顶，魁阁为寺重檐攒尖顶	县级
昆明真庆观	昆明市盘龙区	明宣德四年（1429年）	坐北向南，由真庆观、都雷府和盐隆祠三组建筑院落构成，其中真庆观又由紫微殿、老君殿、真武殿等建筑组成，占地面积约9800平方米	国家级
昆明龙泉观	昆明市盘龙区	洪武二十七年（1934年）	上观龙泉观由居中的山门、雷神殿、北极殿、玉皇殿、三清殿五座重要建筑和天君殿、三丰殿、斗姆阁、文昌宫和长春真人、通妙真人祠等组成。下观黑龙宫，坐西向东，分前后两院	国家级
昆明太和宫	昆明市盘龙区	明万历三十年（1602年）	坐东向西，由铜质金殿与太和宫城组成核心建筑群	国家级
昆明三清阁	昆明市西山区	清	整个道观依山循势而建，观门后依次有灵宫殿、纯阳殿、三清阁、玉皇阁、太清宫、真武宫、吕祖殿、七圣殿、凌霄殿、老君殿、太极宫等九层十一座建筑，参差错落地镶嵌在陡峭的山岩中，别有气势	市级
宜良文昌宫	宜良县框远镇	清	坐北向南，由山门、文昌宫、正殿及东西两庑等组成，正殿单檐歇山顶	县级
嵩明黑龙宫	嵩明县白邑乡	清	坐东向西，由山门、正殿组成，正殿单檐歇山顶，光绪帝赠九龙匾"盘江昭佑"4字	县级
嵩明青龙宫	嵩明县白邑乡	清	坐东向西，由山门、正殿与两厢组成，正殿单檐歇山顶，悬挂陈荣昌题书"盘江之源"4字	县级
昭通西岳宫	昭通市城关镇	清	坐北向南，由山门、两厅、中殿、正殿与两厢组成二进四合院落，正殿单檐歇山顶	市级

续表

名称	地点	年代	变化情况及特点	文保等级
巧家南华宫	巧家县新华镇	清	坐东向西，由山门、正殿与两厢组成，正殿单檐歇山顶	县级
宣威东山寺	宣威市	清	坐东向西，现存祖师殿、灵官殿、大士阁白宅洞、海会塔等组成，祖师殿为单檐歇山顶	市级
会泽文昌宫	会泽县钟屏镇	清	坐南向北，由牌楼、魁阁、戏台、前殿、正殿与两厢组成，正殿为单檐歇山顶	县级
会泽吕祖阁	会泽县钟屏镇	清	坐西向东，现存白衣阁重檐歇山顶	县级
通海三圣宫	通海县杨广镇	清	坐东向西，由山门、正殿、后殿与南北两厢组成，正殿单檐硬山顶，明间有6扇透雕鎏金格子门，堪称国宝	省级
通海玉皇阁	通海县秀山	清	坐南向北，由石牌坊、雷神殿、山门、瑶池、玉皇阁、三清殿以及左右爬山廊等组成	
华宁开化寺	华宁县盘溪镇	清	坐南向北，由圣母殿、二圣宫、魁阁龙王庙及厢房组成	
蒙自玉皇阁	蒙自市文澜镇	明至清	坐南向北，现存玉皇阁与东西两阁，玉皇阁为三重檐歇山顶抬梁式结构	省级
弥阳文昌宫	弥勒市弥阳镇	清光绪十五年（1889年）	坐北向南，三重檐歇山顶单体建筑，台基高1.9米，殿前有大月台	省级
朋普文昌宫	弥勒市朋普镇	清	坐北向南，现仅存正殿，单檐歇山顶	县级
竹园文昌宫	弥勒市竹园镇	清	坐东向西，由宫门、五经楼、正殿、后殿与南北配殿组成，占地面积2000平方米，正殿单檐歇山顶	县级
建水玉皇阁	建水县官厅镇	明至清	坐北向南，现存楼阁、正殿及东西厢房，楼阁平面为正方形，重檐歇山顶	省级
建水白衣楼	建水县临安镇	清	坐北向南，由前殿、正殿、白衣楼与左右厢房、耳房组成，白衣楼为三重檐歇山顶，四面开设廊轩	县级
建水土主庙	建水县临安镇	清	坐西向东，由山门、正殿、后殿及南北厢房、耳房组成，主体建筑后殿为单檐歇山顶	县级
建水普庵寺	建水县临安镇	清	坐北向南，由山门、中殿、正殿及东西厢房、耳房共25间组成，正殿为单檐歇山顶	县级
云龙山真武宫	建水县南庄铺	清	坐北向南，现存大殿单檐歇山顶	县级
文山五子祠	文山市开化镇	明至清	坐北向南，现存大殿与两厢，大殿单檐硬山顶	省级
广南昊天阁	广南县莲城镇	清光绪四年（1878年）	坐北向南，底层方形，二三层为六角形三重檐攒尖顶楼阁	省级
普洱文昌宫	普洱县宁洱镇	清	坐北向南，由门楼、大殿、后殿组成，大殿为单檐歇山顶	县级

续表

名称	地点	年代	变化情况及特点	文保等级
顺城街清真寺	昆明	明洪熙元年（1425年）	大殿为五开间单檐歇山顶，带围廊，无宣礼楼	区级
金牛街清真寺		元代	大殿为五开间单檐硬山顶，无宣礼楼	区级
迤西公清真寺		清代	无宣礼楼	
南城清真寺		明嘉靖十九年（1540年）	大殿为五开间单檐歇山顶，无宣礼楼；大殿已拆，搬至嵩明梨花村	
永宁清真寺	昆明	明永历年间（1647~1663年）	大殿为三开间单檐歇山顶，无宣礼楼	
海口里仁清真寺		清同治十一年（1872年）	大殿为三开间单檐歇山顶，平面呈"品"字形布局，有宣礼楼	区级
东川乌龙清真寺		清道光年间（1821~1851年）	不详	区级
县城清真寺	宜良	不详	不详	县级
西山清真古寺		清代	大殿为三开间重檐歇山顶	
丹桂村清真寺	寻甸	清光绪二十二年（1896年）	大殿为三开间单檐歇山顶，有宣礼楼	县级
回辉村清真寺		清乾隆五十九年（1794年）	钢筋混凝土大殿顶，有宣礼楼	
毛货街清真古寺	昭通	不详	大殿为三开间单檐歇山顶，无宣礼楼；已拆，原址已建新寺	
八仙营清真古寺		清雍正八年（1730年）	大殿为三开间重檐歇山顶，带围廊，无宣礼楼	市级
宋家山清真寺		清雍正八年（1730年）	有宣礼楼	市级
拖姑清真寺	鲁甸	清雍正八年（1730年）	大殿为三开间单檐歇山顶，带围廊，有宣礼楼	省级
大营村清真寺	玉溪	明万历三十八年（1610年）	大殿为三开间单檐歇山顶，有宣礼楼	市级
东营村清真寺		清光绪年间	大殿为三开间单檐歇山顶，无宣礼楼	
华光清真寺	澄江	不详	不详	县级
纳家营清真女寺	通海	明洪武三年（1370年）	大殿为三开间单檐歇山顶，无宣礼楼；大殿移新址组建	
纳家营古城清真寺		清康熙年间	大殿为九开间双层重檐歇山顶，无宣礼楼	
纳家营古城新寺		清光绪元年（1875年）	大殿为三开间单檐歇山顶，无宣礼楼	
盘溪清真寺	华宁	清咸丰六年（1856年）	大殿为五开间单檐歇山顶，有宣礼楼	县级

续表

名称	地点	年代	变化情况及特点	文保等级
大庄乡清真寺	开远	明万历年（1573~1620年）	大殿为五开间单檐歇山顶，有宣礼楼	省级
县城清真寺	建水	元皇庆年间（1312年）	大殿为三开间单檐歇山顶，无宣礼楼	县级
馆驿清真寺	建水	明崇祯六年（1633年）	大殿为三开间单檐歇山顶，有宣礼楼	县级
珠琳清真寺	广南	清道光年间（1821~1851年）	大殿为五开间单檐歇山顶，三开间单檐歇山顶，不详	县级
钱粮桥清真寺	楚雄	明洪武二十五年（1392年）	大殿为三开间单檐歇山顶，有宣礼楼	
南门清真寺	大理	明代	大殿为五开间单檐歇山顶，无宣礼楼	市级
西门清真寺	大理	元初	大殿为五开间单檐歇山顶，无宣礼楼	市级
南五里桥清真寺	大理	不详	大殿为五开间单檐歇山顶，有宣礼楼；明间改通道，后建新寺	
芝华清真寺	大理	不详，1906年曾大修	大殿为五开间单檐歇山顶，无宣礼楼；已拆，原址已建新寺	
大围埂清真寺	巍山	元末明初	大殿为十一开间双层重檐歇山顶，有宣礼楼	
小围埂清真寺	巍山	元末明初	大殿为七开间重檐歇山顶，有宣礼楼；新建	
深河村清真寺	巍山	不详，1917年重建	大殿为重檐歇山顶，有宣礼楼；新建	
三家村清真寺	巍山	不详，1914年重建	大殿为重檐歇山顶，有宣礼楼；新建	
营尾村清真寺	巍山	不详，1872年重建	大殿为九开间单檐歇山顶，有宣礼楼	
马米厂马姓清真寺	巍山	元末明初	大殿为九开间双层重檐歇山顶，有宣礼楼	
营尾村清真寺	巍山	不详，1872年重建	大殿为九开间单檐歇山顶，有宣礼楼	
东莲花村清真寺	巍山	清初	大殿为十一开间重檐歇山顶，有宣礼楼	
回辉登清真女寺	巍山	明洪武二年（1369年）	大殿为五开间单檐歇山顶，无宣礼楼	
宾居清真寺	宾川	清嘉庆年间（1796~1821年）	大殿为三开间单檐歇山顶，有宣礼楼	县级
上街清真寺	漾濞	清咸丰九年（1859年）	大殿为五开间单檐歇山顶，无宣礼楼	县级
下街清真寺	漾濞	不详	大殿为三开间单檐歇山顶，无宣礼楼	县级
下街古清真寺	漾濞	明末	大殿为五开间重檐歇山顶，无宣礼楼	州级
三枚村清真寺	洱源	1908年	大殿为五开间单檐歇山顶，有宣礼楼	州级

续表

名称	地点	年代	变化情况及特点	文保等级
曲硐清真寺	永平	1913年	大殿为九开间单檐歇山顶，有宣礼楼；后部建新寺	县级
公郎清真寺	南涧	清嘉庆年间（1796~1821年）	不详	县级
勐廷清真寺	昌宁	清康熙九年（1670年）	大殿为七开间二层重檐歇山顶，带回廊，有宣礼楼	县级
云城清真寺	云县	不详	不详	县级
林街清真寺	景东	清光绪二十年（1894年）	不详	省级
苍山神祠	大理古城苍山	清代	四合院落，坐西向东，由门楼、正殿及两厢组成	1987年省级
洱水神祠	大理市城邑乡	清代	仅存大殿和北厢房，称为"龙王庙"	州级
北岳庙	丽江市白沙乡	清代	三进院落，由山门、花厅、鼎亭、正殿、后殿及两厢组成，占地面积2329平方米	1993年省级
大龙祠	禄丰县黑井镇	清代	四合院落，由山门（戏台）、正殿及两厢组成	州级
龙神祠	呈贡区大渔乡	清代	坐东向西，由山门、龙神祠、观音殿及后殿组成，依山势自下而上布置，占地面积1500平方米	县级
藏公堂	香格里拉建塘镇	清代	坐北向南，由正殿和两厢组成	1996年省级
恤忠祠	施甸县姚关镇	明代	四合院落，由前殿、正殿及两厢组成，占地面积750平方米	1983年省级
升庵祠	昆明市碧鸡镇	清代	四合院落，坐西向东，由门楼、正殿及两厢组成	1983年省级
兰公祠	嵩明县杨林镇	清代	三组院落，坐南向北，由前院、祠堂、后院组成，祠堂由门楼正殿及两厢组成四合院，占地面积418平方米	1983年省级
赵氏宗祠	东川区汤丹镇	清代	坐东向西，由前殿、正殿及南北两厢组成，占地面积2500平方米	区级
陈氏宗祠	石屏县宝秀镇	民国	四合院落，坐南向北，由祠门、石拱桥中殿、正殿及偏殿组成，占地面积3427平方米	1993年省级
郑氏宗祠	石屏县宝秀镇	清代	四合院落，坐南向北，由祠门、中殿、正殿及偏殿组成，占地面积1453平方米	1996年省级
武氏宗祠	石屏县宝秀镇	民国	三进院落，坐南向北，由祠门、中殿、正殿及偏殿组成	县级
高氏宗祠	姚安县光禄镇	民国	坐西向东，由祠门（戏台）、前殿和正堂殿组成	县级

续表

名称	地点	年代	变化情况及特点	文保等级
张氏宗祠	建水县团山村	清代	二进院落，坐西南向东北，由大门、北厢、正殿组成	州级
黄氏宗祠	建水县西庄镇	清代	二进院多天井，坐西北向东南，由大门、前殿、中殿和正殿和两厢组成，占地面积5000平方米	州级
普氏宗祠	建水县官厅镇	民国	三进院落由牌坊、正殿、后殿、四厢与两耳组成	州级
钟氏宗祠	建水县汤伍村	民国	二进院落，坐北向南，由大门、花厅、正殿、四厢与两耳组成，占地面积1055平方米	州级
戴氏宗祠	建水县下坡处村	民国	单进院落，坐北向南，由正殿与两厢组成，占地面积360平方米	州级
何氏宗祠	会泽县金钟镇	清代	二进院落，坐南向北，由大门、过厅、正殿与两厢组成，占地面积1387平方米	市级
容氏宗祠	会泽县钟屏镇	清代	二进院落，坐南向北，由大门、过厅、正殿、两厢及四耳房组成，占地面积1756平方米	市级
牛氏宗祠	会泽县钟屏镇	清代	二进院落，坐南向北，由花照壁、过厅、正殿与前后两厢组成	市级
刘氏宗祠	会泽县钟屏镇	清代	二进院落，坐南向北，由大门、过厅、正殿、前后两厢与东侧花园组成水池	市级
昭忠祠	开远市武庙街	清代	二进院落，坐西向东，由大门、中殿、正殿与两厢组成	市级
蒋公祠	大理市中和镇	清代	二进院落，坐北向南，由大门、过厅、正殿与两厢组成，占地面积1100平方米	市级
肖公祠	巍山县巍城镇	清代	二进院落，坐西向东，由大门（戏台）、过厅、正殿与两厢组成	市级
董氏宗祠	大理市凤仪镇	清代	二进院落，坐西向东，由照壁、过厅、正殿及西厢组成	1987年省级
李氏家庙	昭通市城关镇	清代	二进院落，坐北向南，由照壁、碑亭、前殿与两厢组成，占地面积800平方米	市级
侯氏宗祠	宣威县落水乡	民国	四合院落，坐西向东，由过厅、主堂与两厢组成，占地面积600平方米	市级
李定国祠	勐腊县城北	清代	又称汉王庙，面宽五间，进深一间	1987年省级
李氏宗祠	腾冲县和顺镇	民国	二进院落，坐西向东，由门坊、大门、二门、两厢、对厅和正殿组成	县级
刘氏宗祠	腾冲县和顺镇	清代	二进院落，坐西向东，由拱桥、大门、过厅、正殿及两厢组成	县级
尹氏宗祠	腾冲县和顺镇	清代	四合院落，坐东南向西北，由大门、正殿及西厢组成	县级
贾氏宗祠	腾冲县和顺镇	民国	"一正两厢式"院落，坐南向北，由祠门、正殿及偏殿组成	县级

续表

名称	地点	年代	变化情况及特点	文保等级
张氏宗祠	腾冲县和顺镇	清代	四合院带花厅二进院落，坐南向北，由月台、大门、正殿、西厢与过厅、照壁组成	县级
苏氏宗祠	通海县河西镇	清代	二进院落，坐西向东，由大门、前厅、大殿、两厢和4个躲间组成，占地面积850平方米	县级
李氏宗祠	文山市乐寺冲	清代	三进院落带戏台，由大门（戏台）、中堂、大殿和两厢组成	县级
五子祠	文山市城内	清代	二进院落，现存过厅、大殿与两厢房组成的1个四合院落	县级
忠烈祠	广南县莲城镇	清代	又称义勇祠，现存门楼和一间耳房	县级
建水文庙	建水县	元泰定二年（1325年）	现存泮池、棂星门、大成门、大成殿、两庑、崇圣祠；坐北向南，中庙左右堂；大成殿为五间间，单檐歇山顶，带月台	1983年省级，2001年国家级
连然文庙	安宁市	元大德六年（1302年）	现存大成殿、崇圣阁；坐北向南，右庙左学；大成殿为五开间，单檐歇山顶	1987年省级，2006年国家级
宾川文庙	宾川县	明弘治七年（1494年）	现存照壁、二门、大成门、乡贤祠、大成殿、崇圣祠；坐东向西，左庙右学；大成殿为五开间，单檐歇山顶，带月台	1998年省级，2006年国家级
楚雄文庙	楚雄市新维修	明成化五年（1469年）	现存泮池、大成门、大成殿、两庑；坐北向南，一庙三学；大成殿为五开间，重檐歇山顶，带月台	1987年省级，2013年国家级
景东文庙	景东县	清康熙二十一年（1682年）	现存照壁、泮池、钟鼓楼、棂星门、大成门、大成殿、两庑；坐西向东，右庙左学；大成殿为五开间，单檐歇山顶，带月台	1987年省级，2013年国家级
石屏文庙	石屏县新维修	元至正元年间（1341~1368年）	现存棂星门、泮池、大成门、先师殿、尊经阁；坐北向南，右庙左学；大成殿为五开间，单檐歇山顶，带月台	2003年省级，2013年国家级
鹤庆文庙	鹤庆县新维修	明洪武二十九年（1396年）	现存照壁、泮池、棂星门、大成门、先师殿、崇圣祠；坐北向南；大成殿为三开间带副阶回廊，重檐歇山顶，带月台	1987年省级
牟定文庙	牟定县	明嘉靖二十七年（1547年）	现存泮池、大成门、大成殿、两庑；坐北向南；大成殿为五开间，重檐歇山顶，带月台	1993年省级
石羊文庙	大姚县新维修	明洪武元年（1368年）	现存棂星门、大成门、大成殿、魁星阁、乡贤祠名宦祠等；坐西向东，右庙左学；大成殿为五开间，单檐歇山顶，带月台	1993年省级
凤庆文庙	凤庆县	明万历三十四年（1606年）	现存泮池、龙门坊、棂星门、大成门、大成殿、两庑、凤鸣阁；坐西向东；大成殿为五开间，重檐歇山顶，带月台	1993年省级
广南文庙	广南县	清康熙四十八年（1709年）	现存泮池、棂星门、大成门、两庑、大成殿；坐北向南；大成殿为三开间带山面回廊，单檐歇山顶，带月台	1993年省级
通海文庙	通海县新维修	明洪武二十五年（1392年）	现存照壁、泮池、文明坊、左右乡贤祠、尊经阁、两庑；坐南向北，右庙左学；大成殿为五开间，单檐歇山顶，带月台	1998年省级

续表

名称	地点	年代	变化情况及特点	文保等级
墨江文庙	墨江县新维修	清道光元年（1821年）	现存棂星门、凌霄阁、魁星阁、两庑、大成殿、崇圣殿；坐东向西；大成殿为五开间，重檐歇山顶，带月台	1998年省级
腾冲文庙	腾冲县	明成化十六年（1480年）	现存泮池、棂星门、大成门、大成殿、两庑、启圣宫；坐南向北，右庙左学；大成殿为五开间，重檐歇山顶	1998年省级
富源文庙	富源县	明正德九年（1514年）	现存泮池、大成门、大成殿、两庑、魁星阁；坐北向南；大成殿为五开间，单檐歇山顶，带月台	1989年县级，1998年省级
河西文庙	通海县新维修	元泰定二年（1325年）	现存文明坊、大成门、大成殿、两庑、明伦堂；坐北向南；大成殿为五开间，重檐歇山顶，带月台	1986年县级，2004年省级
泸西文庙	泸西县	明成化十七年（1481年）	现存照壁、泮池、大成门、大成殿、两庑、崇圣殿；坐北向南；大成殿为五开间，重檐歇山顶，带月台	1983年县级，2012年省级
会泽文庙	会泽县	清康熙六十年（1721年）	现存大成殿、崇圣祠、文昌阁、魁星阁；坐南向北；大成殿为五开间带山面回廊，单檐歇山顶，带月台	1986年县级，2012年省级
巍山文庙	巍山县	明洪武年间（1368~1398年）	现存照壁、泮池、棂星门、大成门、大成殿、两庑、雁塔坊、崇圣祠、尊经阁等；坐南向北，左庙右学（前庙后学）；大成殿为七开间，单檐歇山顶，带月台	1987年县级，2012年省级
宜良文庙	宜良县	明天启四年（1624年）	现存大同门、泮池、文明坊、大成殿、崇圣祠、尊经阁；坐北向南；大成殿为五开间，单檐歇山顶，带月台	1987年县级，2012年省级
白雾文庙	会泽县新维修	清雍正年间（1723~1735年）	现存大成殿、两庑、魁星阁；坐西向东；大成殿为三开间，单檐硬山顶，带月台	1995年县级，2012年省级
官渡文庙	昆明市	明天顺年间（1457~1461年）	现存孔子楼、两庑；坐南向北；大成殿为三开间，重檐硬山顶	2012年省级
凤仪文庙	凤仪县新维修	明洪武十八年（1385年）	现存棂星门、大成门、大成殿、两庑、藏经楼；坐西向东，左庙右学；大成殿为五开间，单檐歇山顶，带月台	2006年州级，1985年市级
虹溪文庙	弥勒县	清代	现存棂星门、大成门、大成殿；坐北向南；大成殿为单檐歇山顶，带月台	2013年州级
开远文庙	开远市	清雍正六年（1728年）	现存大成殿；坐北向南	1983年市级
马街文庙	开远市	清乾隆年间	现存泮池、大成门、大成殿、两庑；坐北向南	1983年市级
大理文庙	大理市	元至元二十二年（1285年）	现存大成门；坐西向东，左庙右学	1985年市级
宣威文庙	宣威市	清乾隆元年（1736年）	现存大成殿；坐西向东；大成殿为五开间，单檐歇山顶，带月台	1986年市级
永昌府文庙	保山市	明正统十一年（1446年）	现存大成殿；坐北向南；大成殿为五开间，重檐歇山顶	1988年市级
永昌县文庙	保山市新维修	明嘉靖十二年（1533年）	现存大成殿；坐西向东，左庙右学；大成殿为五开间，重檐歇山顶，带月台	1988年市级
昆明文庙	昆明市	清康熙二十九年（1690年）	现存棂星门、泮池、魁星阁、桂香阁；坐北向南，左庙右学	1986年市级

续表

名称	地点	年代	变化情况及特点	文保等级
思茅文庙	普洱市新建	清道光二十三年（1843年）	现存泮池、大成殿（为新建）；坐北向南；大成殿为单檐歇山顶	1987年市级
八街文庙	安宁市	清代	现存棂星门、大成门、大成殿、两庑、魁星阁；坐西向东；大成殿为三开间，单檐歇山顶，带月台	1995年市级
澄江孔庙	澄江县	清康熙四十一年（1702年）	现存泮池、棂星门、大成门、大成殿、两庑；坐北向南；大成殿为五开间，单檐歇山顶，带月台	1981年县级
晋城文庙	晋宁县新维修	明宣德四年（1429年）	现存大成殿、崇圣阁、两庑；坐东向西，左庙右学；大成殿为三开间，重檐歇山顶，带月台	1983年县级
富民文庙	富民县	清康熙四十七年（1708年）	现存棂星门、大成殿、崇圣阁、两庑；坐西向东；大成殿为五开间，重檐歇山顶，带月台	1985年县级
嵩明文庙	嵩明县新维修	清康熙八年（1669年）	现存泮池、魁星阁；坐北向南，右庙左学	1985年县级
江川文庙	江川县	清乾隆四十四年（1779年）	现存泮池、大成殿、两庑、孝义祠；坐北向南；大成殿为五开间，单檐歇山顶，带月台	1985年县级
西洒文庙	西畴县	清光绪六年（1880年）	现存大成殿；坐北向南；大成殿为三开间，单檐硬山顶	1985年县级
石林文庙	石林县	明嘉靖三十五年（1556年）	现存大成门、大成殿、两庑、文昌宫；坐北向南；大成殿为五开间，单檐歇山顶，带月台	1986年县级
罗雄文庙	罗平县	明万历十九年（1591年）	现存大成门；坐北向南；大成殿为单檐歇山顶，带月台	1986年县级
丽江文庙	丽江市	清康熙三十九年（1700年）	现存大成殿、东庑；坐北向南；大成殿为五开间，单檐悬山顶	1988年县级
黑井文庙	禄丰县	明万历四十五年（1617年）	现存棂星门、泮池、大成殿；坐北向南；大成殿为五开间，单檐歇山顶，带月台	1993年县级
剑川文庙	剑川县	明洪武二十三年（1390年）	现存照壁、棂星门、大成殿、启圣宫、景风阁；坐北向南；大成殿为三开间带副阶回廊，单檐歇山顶，带月台	县级
峨山文庙	峨山县	清乾隆四十一年（1776年）	现存大成殿；坐北向南；大成殿为五开间，重檐歇山顶	县级
广通文庙	禄丰县	明嘉靖二十五年（1546年）	现存泮池、大成门、大成殿、两庑；坐北向南；大成殿为五开间，单檐歇山顶	县级
玉溪文庙	玉溪市	清康熙五十二年（1713年）	现存大成殿、文星阁；坐北向南，右庙左学；大成殿为五开间，单檐歇山顶，带月台	县级
龟山文庙	易门县	清嘉庆四年（1799年）	现存大成门、大成殿；坐北向南；大成殿为五开间，单檐歇山顶	县级
邓川文庙	洱源县	清光绪二十六年（1900年）	现存泮池、泮桥、大成殿、两庑；坐北向南；大成殿为五开间，重檐歇山顶，带月台	县级

注：以上藏传佛寺绝大部分均于"文化大革命"期间被毁坏，20世纪80年代中后期陆续重建修复。

参考文献

[1] 张仁福.中国南北文化的反差[M].昆明:云南教育出版社,1998.

[2] (日)石毛直道.住居空间人类学[M].鹿岛出版社,转引杨大禹.云南少数民族住屋形式与文化研究[M].天津:天津大学出版社,1997.

[3] 严如娴,宋兆麟.永宁纳西族的母系制[M].昆明:云南人民出版社,1990.

[4] (美)怀特文化科学.人类与文明研究[M].沈原等译.济南:山东人民出版社,1988.

[5] 张文勋.滇文化与民族审美[M].昆明:云南大学出版社,1992.

[6] 杨知勇.西南民族生死观[M].昆明:云南教育出版社,1992.

[7] 刘小兵.滇文化史[M].昆明:云南人民出版社,1991.

[8] 列宁全集.第5卷[M].北京:人民出版社,1972.

[9] (德)黑格尔.美学.第2卷[M].朱光潜译.北京:商务印书馆,1979.

[10] 蔡毅,尹相如.幻想的太阳[M].昆明:云南人民出版社,1992.

[11] (日)鸟越宪三郎.倭族之源——云南[M].段晓明译.昆明:云南人民出版社,1985.

[12] 沈福煦.人与建筑[M].上海:学林出版社,1989.

[13] 李泽厚.美的历程[M].北京:中国社会科学出版社,1989.

[14] 马德邻.宗教,一种文化现象[M].上海:上海人民出版社,1987.

[15] 任乃强.羌族源流探索[M].重庆:重庆出版社,1984.

[16] 刘敦桢.刘敦桢文集(三)[M].北京:中国建筑工业出版社,1987.

[17] (法)丹纳.艺术哲学[M].傅雷译.北京.人民文学出版社,1994.

[18] 赵钢.地域文化回归与地域建筑特色的再创造[J].华中建筑,2001,(2):12.

[19] (美)刘易斯·芒福德.城市发展史[M].北京:中国建筑工业出版社,2005.

[20] 史津.城市发展要素及其生态作用机制//建筑历史与理论文集[M].北京:中国建筑工业出版社,1997.

[21] 云南各族古代史略编写组.云南各族古代史略[M].昆明:云南人民出版社,1977.

[22] 汪宁生.云南考古[M].昆明:云南人民出版社,1980.

[23] 蒋高宸.丽江——美丽的纳西家园[M].北京:中国建筑工业出版社,1997.

[24] (美)约翰·帕里斯.古朴如画的大研镇.漫步玉璧金川丽江游记散文[M].昆明:云南民族出版社,2001.

[25] (俄)顾彼得,被遗忘的王国[M].李茂春译.昆明:云南人民出版社,1992.

[26] 昆明日报编.老昆明[M].昆明:云南人民出版社,1997.

[27] 大理—亚洲文化十字路口的古都[J].山茶人文地理杂志,1999(1).

[28] 赵敏.大理古城——苍洱古城秀[M].昆明:云南美术出版社,2008.

[29] (清)蒋旭纂.康熙蒙化府志[M].巍山彝族回族自治县地方志办公室编.芒市:德宏民族出版社,1998.

[30] (清)梁友檍.蒙化志稿[M].巍山彝族回族自治县地方志办公室编.芒市:德宏民族出版社,1996.

[31] 汪榕.巍山 南诏古都[M].昆明:云南美术出版社,2007.

[32] 陈志华.谈文物建筑的保护[J].世界建筑,1986,(3).

[33] 石克辉,胡雪松.云南乡土建筑文化[M].南京:东南大学出版社,2003.

[34] 张家翰,张宾.城子村[N].春城晚报,2007.11.2516.

[35] 王树五．白古通纪[M]．昆明：云南人民出版社，1979．

[36] 颜思久．云南宗教概况[M]．昆明：云南大学出版社．1991．

[37] 刘长久．佛祖西来——佛教在中国[M]．成都：四川人民出版社，2002．

[38] 杨学政，韩学军，李荣昆．云南境内的世界三大宗教[M]．昆明：云南民族出版社，1993．

[39] 杨仲华．西康纪要[M]．北京：商务印书馆，1937．

[40] 颜思久．小乘佛教入滇考[J]．宗教调查与研究，云南省社科院宗教研究所．1986．

[41] 张建章．云南边疆宗教文化论[M]．芒市：德宏民族出版社，1993．

[42] 高振农．中国佛教[M]．上海：上海社会科学院出版社，1986．

[43] 杨学政．云南宗教史[M]．昆明：云南人民出版社，1999．

[44] 吴为山，王月清．整个佛教文化艺术[M]．杭州：浙江文化出版社，2002．

[45] 张旭．南诏 大理史论文集[M]．昆明：云南民族出版社，1993．

[46] 程裕祯．中国名胜古迹概览[M]．北京：中国旅游出版社，2001．

[47] 杨永生．古建旅游指南[M]．北京：中国建筑工业出版社，1986．

[48] 王明生．云南寺庙塔窟[M]．昆明：云南科技出版社，1996．

[49] 李刚．张佐．云南揽胜[M]．昆明：云南人民出版社，1999．

[50] 云南民居编写组．云南民居[M]．北京：中国建筑工业出版社，1986．

[51] 邱宣充．西双版纳景洪傣族佛寺建筑[M]//云南民族民俗和宗教调查．昆明：云南民族出版社，1955．

[52] 杨昌鸣．东南亚与中国西南少数民族建筑文化探析[M]．天津：天津大学出版社，2004．

[53] 《南诏德化碑》．见方国瑜．云南史料丛刊．第2卷[M]．昆明：云南大学出版社，1985．

[54] 沈薇薇．山海经译著[M]．黑龙江：黑龙江人民出版社，2003．

[55] （汉）司马迁．史记[M]．北京：中华书局，1999．

[56] （晋）葛洪．神仙传[M]．北京：学苑出版社，1998．

[57] 白寿彝．中国伊斯兰史存稿[M]．银川：宁夏人民出版社，1983．

[58] 刘智．天方典礼择要解：卷十：五典[M]．

[59] 纳润章．云南伊斯兰教简志[M]//云南省编辑组，《中国少数民族社会历史调查资料丛刊》修订编辑委员会．云南回族社会历史调查（二）．昆明：云南民族出版社，1985．

[60] 白寿彝．回民起义（第1册）[M]．上海：上海神州国光社，1952．

[61] 红河州民委．滇南回族社会历史资料[Z]．

[62] 云南回族概况[M]//云南省编辑组，《中国少数民族社会历史调查资料丛刊》修订编辑委员会．云南回族社会历史调查（三）．昆明：云南民族出版社，1986．

[63] 嵩明县积德村清真寺重修碑记[J]//李荣昆．嵩明县伊斯兰教初步调查．云南宗教研究，1986（1）．

[64] 云南省编辑组，《中国少数民族社会历史调查资料丛刊》修订编辑委员会．云南回族社会历史调查（四）[M]．昆明：云南民族出版社，1986：30．

[65] 王连芳．试论云南回族的基本特点和发展战略[M]//云南伊斯兰文化论文选集．昆明：云南民族出版社，1993．

[66] 马维良．云南傣、白族和小凉山彝族地区的回族[J]．宁夏社会科学，1986（1）．

[67] 卢金锡总纂．杨履乾，包鸣泉编辑．民国昭通县志（铅印本）．云南省图书馆，1992。

[68] 邱宣充．云南名胜古迹辞典[M]．昆明：云南科技出版社，1999．

[69] 韩学军．基督教与云南少数民族[M]．昆明：云南人民出版社，2000．

[70] 蒋高宸．云南大理白族建筑[M]．昆明：云南大学出版社，1994．

[71] 刘鼎寅，韩军学．云南天主教[M]．北京：宗教文化

出版社，2004．

[72] 王振复．宫室之魂[M]．上海：复旦大学出版社，2001．

[73] 方国瑜．云南史料目录概说[M]．北京：中华书局，1984．

[74] 段玉明．西南寺庙文化[M]．昆明：云南教育出版社，1992．

[75] 冯尔康．中国古代的宗族与祠堂[M]．北京：商务印书馆．1996．

[76] 许儒慧．云南文庙[M]．北京：民族出版社，2004．

[77] 程勉中．中国书院书斋[M]．重庆：重庆出版社，2002．

[78] （元）郭松年．大理行记[M]//方国瑜．云南史料丛刊（第3卷）．昆明：云南大学出版社，1998．

[79] 方国瑜．彝族史稿[M]．成都：四川人民出版社，1984．

[80] 方国瑜．云南史料目标概况[M]．北京：中华书局，1984．

[81] 白文详．建水文庙[M]．云南文物，1984（6）．

后记

又到写后记的时候了，写后记总是令人心情愉快的。

自从2011年底接手由中国建筑工业出版社组织的《中国古建筑丛书——云南古建筑》一书的编撰任务以来，一直是压力与动力并存。这部历经了4年时间编著的《云南古建筑》，终于在多方的鼓励与不断的催促下，得以交稿，总算是对自己多年来一直关注的和所做的相关研究工作，有一个较为系统全面的梳理和总结，成为在《中国民居建筑丛书——云南民居》出版之后，对云南历史建筑遗存的又一综合介绍。

说实在的，当初之所以敢接下这个编著任务，主要原因有三。

一是有鞭策。自工作以来，作为高校教师，笔者本人不论是在校内教学工作岗位，还是在校外调研收资或是学习提高，一路走来，都深受蒋高宸教授、朱良文教授、彭一刚教授、吴庆洲教授他们在学术研究上的引领指导和言传身教，使自己能结合所承担的教学任务，利用课余时间做一些学术研究，在丰富教学内容的基础上，也逐渐提高了自身的学术视野。对于如何搞科研，这里借蒋高宸教授在2014年教师节给我们学院一些老师的"师教一则"①作为鞭策鼓励，牢记之，笃行之。

早在20世纪80年代，蒋高宸教授他们就认为，云南地方情况特殊，建筑资源丰富，且有相当高的成就，建筑史很值得"搞"。要"搞"就要扎扎实实的"搞"，有深度地"搞"；从实际情况出发去"搞"，不要急于求成，结论要有充分的依据才有说服力；要尽快充分收集资料，实地调查，研读文献，难度很大，但不这样做不行，资料一定要自己"搞"，并争取得到相关部门的支撑帮助。对于研究如何求深，一要追根溯源，上引下连，左右对比求证；二要从个体深入到群体、总体。从建筑到环境，包括自然环境与人文环境；三要把文化的脉络理清楚，因文化是个重要因素，云南又是多种文化的交汇处，把每一种文化的分布地区、影响范围、边缘地界的混杂情况加以分析说明，将是一个很有意义的工作。

在研究步骤上，可先从宏观着手，然后再有选择有步骤地逐个进行深入探索，一个一个地提出成果，最后把前后成果集中起来，就是一个完整的东西。同时要注意边缘学科与学科交叉的问题，不要只就建筑谈建筑。看得见的要谈，看不见的更要谈。把看不见的说清楚了，看得见的就能谈得更深。看发展要理出一条纵向发展的线索，从云南的情况看，在同一个时间横断面上，会出现多种情况，因此得分块、分片地去发展说明。虽然这种纵横交叉、点线面结合的工作量很大、难度也很大，但意义重大。

二是有基础。编撰本书之前，在做国家自然科学基金资助项目"云南地区宗教建筑研究"课题时，与昆明理工大学建筑与城市规划学院的师生，就先后对云南各地一些具有代表性的宗教古建筑进行过调研及测绘，并先后指导了几届建筑历史与理论专业方向的研究生完成了相应的硕士学位论文，具体如2000级研究生胡炜的《云南明清文庙建筑实例探析》、罗文海的《云南大理本主庙建筑研究》；2001级马云霞的《云南寺观园林环境特征及其保护与发展》、谭蔚的《地域性特征的形成与演替——汉化影响下的云南历史文化城镇空间形态比较研究》；2005级余穆谛的《云南清真寺建筑及文化研究》、孙菲的《云南土司府建筑研究》、张亚军的《云南古桥建筑特征探析》；2006级张炯的《云南基督教堂及其建筑文化》、巩文斌的《云南古代传统楼阁建筑特色研究》、2007级何鑫的《云南道教建筑特色及其文化研究》、侯黎春的《西双版纳傣族小乘佛教建筑装饰艺术分析》、2009级曹帆的《云南名人故居建筑特色解读》、张婕的《云南汉传佛教罗汉造像艺术及其文化研究》；2010级陈鹏的《云南会馆建筑地域特征及其文化与研究》，2011级施

润的《历史文化村落的地域文化及营建规律比较研究》；2012级孙鹏涛的《云南历史文化村镇街道网络空间形态与文化生态研究》。当然，也包括我本人在2008年底完成的博士学位论文《云南佛教寺院建筑特征研究》（东南大学出版社2011年出版），毋庸置疑，以上这些研究探讨为本书的编撰汇总打下了良好的基础。

三是有拓展。后期在承担国家自然科学基金资助项目"以村镇建设为主的建筑文化多样性保护与发展对策研究"（项目编号：50868008）、"历史文化村镇遗产及其文化生态保护的研究与示范"（项目编号：51268019）。研究期间，以及在撰写《中国民居建筑丛书——云南民居》的过程中，每当踏入不同的城镇乡村去收资调研时，总会在有限的时间内，尽可能多地去获取一些新的发现，并在原有的基础上不断地补充，使有关云南地方历史文化城镇与古旧建筑方面的资料更加丰富、完善。

正是有了这些前期的研究基础和相应的资料收集，才能保证在书中展现出众多形态各异、多姿多彩的古建筑实例给读者。尽管如此，在具体的编写过程中，仍感头绪很多，难度较大，剪不断，理还乱。一方面云南古建筑所涉及的内容和建筑类型与云南传统民居一样丰富多彩，甚至比传统民居涵盖的还要广博，从整体的聚落城镇，到表现不同信仰的寺观祠庙，从形态各异的楼阁桥塔到府署馆驿等建筑单体、群体，从建筑空间结构到装饰技艺特征，都要分别进行梳理总结，想要在区区一本书里完全反映出来或表述清楚，难度实在不小。客观而言，具体就某一个城镇、村落，或是某一种建筑类型的完整描述，都可以单独成册。比如"文庙书院"在《云南古建筑》书中只为其中的一章，主要以国家级和省级文物保护单位的10余座文庙建筑群为重点实例来论述，总感觉不足以完整地反映出云南文庙书院所具有的多样性特点，特别是儒家思想文化对云南地方民族文化发展产生的影响和促进作用。于是就在此之间，单独把"文庙书院"这章列出，然后对这类文庙建筑再进行补充，同时增加了

部分武庙、书院建筑以及儒家体现的人生境界等内容，使之形成"一文一武，以文为主"的《儒教圣殿——云南文庙建筑研究》书册（云南大学出版社2015年出版），比较系统完整地展示出云南不同地方的文庙、武庙建筑特征及其所反映的"忠孝、仁义"核心思想。

当然通过系统梳理，自己也发现，其实在编写过程中仍然还有许多的不足和遗漏。包括书中对一些古建筑的分析论述，也只能以点代面作概括性的和不完整的论述，而且前后涉及的同一座建筑难免会出现重复之处，整体上会有失之偏颇的地方。而之前关注较少的戏台、门坊、石窟、陵墓以及雕塑、绘画之类的内容，则更多参考了其他学者的研究成果。在第六章府驿馆桥的编写中，作为云南多条古驿道上的交通建筑"驿站"，如今很难再找到保持完整的，多数是遗址，即便还有极少数曾经做过驿站的，也都改作他用，面目全非了。

当然，从研究者的认识角度来看，对云南古建筑的关注和研究，本身也是处在一个不断提高认识和不断深入发掘的探讨过程之中。本书的梳理编写，实际上是在借鉴前辈们所取得的诸多研究成果的基础上，做的一点较为系统的总结和补充。从书的内容和章节构成的整体性来看，主要是基于云南古建筑所反映的不同类型以及它们共有的特性来系统论述，书中的内容与观点，除了表述笔者现阶段对云南古建筑粗浅的体验认知外，以期通过各种图片资料，提供更多相关的信息内容，力求把一个客观真实的、多元交融并存的面貌展现在读者面前，希望使读者对云南多民族、多元化、多层次的古建筑能有一个总的印象。

对云南地方历史文化城镇、宗教古建、传统民居和人居环境的关注和研究，多年来一直得到国家自然科学基金和云南省自然科学基金的资助，笔者作为基金资助的受益者，结合自己所学的专业知识，与学院有关师生一道，共同在持续地关注和不断地研究积累着。特别是近期获得的国家自然科学基金资助项目"历史文化村镇遗产及其文化生态保

护的研究与示范"（项目编号：51268019）、"以村镇建设为主的建筑文化多样性保护与发展对策研究"（项目编号：50868008）、云南省财政厅专项研究为项目研究项目"古旧建筑保护开发利用前期研究工作"（项目编号：2050205-高等教育）等，除完成预期的研究内容之外，对本书中收集测绘的大量图片资料，提供了多方面的支持。

本书中所选用的插图，拍摄于不同的年代，有的是在古建维修之前就拍的，可能与现在的实际情况有所差别。有少部分图片引用于《云南民居》、《云南民居·续篇》、《云南大理白族建筑》、《云南民族住屋文化》、《丽江——美丽的纳西家园》、《丽江古城与纳西族民居》、《建水古城的历史记忆》、《云南乡土建筑文化》、《云南少数民族图库》、《云岭之华——云南少数民族写真集》、《云南宗教与旅游》、《云南名城建筑特色集锦》、《云南艺术特色建筑物集锦》、《春城昆明历史许多未来》等相关文献著作，极少数的几张来源于百度百科网和好搜网络，因图面整体效果需要，以及个别师生所提供的图，未能在文中一一对应地标注出所引用的图片，在此特别表示歉意与谢意。

看当下，一座座古老的历史文化城镇聚落、一组组不同宗教信仰的寺观祠庙、一栋栋形态各异的楼阁桥馆，它们静静地躺在云南各地城镇乡村，任凭历史浪潮的起伏搏击，依然安宁肃然，伴随着社会与时代的进展。每当我们面对或置身于这些墙红高壁、琉璃屋檐下，或是穿梭行走于古镇街巷、深宅大院时，恍如与世隔绝，回到了某个历史场景。从古建筑这些既相同构而又各有讲究的门坊楼阁、殿堂厅堂、庭院连廊之间，其既开放又封闭，既高尚又世俗的空间表现，已经充分透出了中国古建筑及其文化的复杂性和矛盾性，同样需要人们穿越一道又一道的坊，跨过一重又一重的门，走进一个又一个的院落，才能品鉴与探寻到历史的真谛。

历史是前人用生命和智慧凝聚成的经验和教训，而文化又是历史的积淀，存留在建筑之间，融汇于日常生活。从地方古建筑的历史遗存中，无疑可以"鉴前世之兴衰，考当今之得失"。古建筑专家罗哲文先生在题《中国古建筑艺术》一书的序言中说："中国古代建筑具有高度的历史、艺术与科学价值，是中华民族悠久历史文化遗产重要的组成部分，其中已有不少列入了世界人类共同文化财产的项目，如何更好地保护它、悠久它、宣传它、弘扬它是我们炎黄子孙共同之责"。

最后，仍然免不了要表达一下感激之情，这并非俗套，而确确实实是内心的真情表述。在本书的梳理编写过程中，先后得到了有关前辈、专家教授和学院广大师生的关心支持，包括在这些年调研收资过程中相伴前往的师生、涉及的相关部门和具体人员、国家自然科学基金委的资助、中国民族建筑研究会民居建筑专业委员会同仁、中国建筑工业出版社有关编审人员的关心和支持，当然更关键的是得到了家人的极大理解和支持，在此一并表示诚挚的谢意，谢谢你们。

杨大禹

2015年12月于昆明理工大学

作者简介

杨大禹，汉族，生于1966年，现任昆明理工大学建筑与城市规划学院教授、博士生导师。为"云南省中青年学术和技术带头人"，"云南省高等学校教学、科研带头人"，兼任"建设部历史文化名城专家委员会委员"、"中国民族建筑研究会民居建筑专业委员会副主任委员"、"中国建筑学学会建筑史学分会学术委员"、"云南民族博物馆特约研究员"。

自1988年参加工作以来，在完成本科专业和研究生教学工作之余，长期致力于云南地方民族建筑与人居环境、云南历史文化城镇与建筑遗产保护与更新、云南地方宗教古建的相关研究工作。先后主持承担国家自然科学基金项目3项、云南省自然科学基金项目3项，并参与完成国家级、省级各类基金项目研究10项。发表学术论文40余篇，出版《云南少数民族住屋形式与文化研究》、《历史和顺》、《环境和顺》、《人居和顺》、《中国民居建筑丛书——云南民居》、《云南佛教寺院建筑研究》、《儒教圣殿——云南文庙建筑研究》、《云南记忆——民族建筑钢笔画集》等学术专著多部，参与编写《云南民族住屋文化》、《云南乡土建筑文化》、《中国传统民居类型全集》等专著6部；并结合有关课题研究，主持完成工程设计项目20余项，为云南的地方建设与发展作出积极贡献。